CHARLES SANDERS PEIRCE

Religionsphilosophische Schriften

Übersetzt unter Mitarbeit von Helmut Maaßen,
eingeleitet, kommentiert
und herausgegeben
von
Hermann Deuser

FELIX MEINER VERLAG
HAMBURG

PHILOSOPHISCHE BIBLIOTHEK BAND 478

Die Deutsche Bibliothek – CIP-Einheitsaufnahme

Peirce, Charles Sanders: Religionsphilosophische Schriften / Charles Sanders Peirce.
Übers. unter Mitarb. von Helmut Maassen, eingeleitet, kommentiert und hrsg. von Hermann Deuser. – Hamburg : Meiner, 1995
(Philosophische Bibliothek ; Bd. 478)
ISBN 3-7873-1202-1
NE: Deuser, Hermann [Hrsg.]; Peirce, Charles Sanders: [Sammlung ⟨dt.⟩]; GT

Gedruckt mit Unterstützung des Förderungs- und Beihilfefonds Wissenschaft der VG Wort.

 – Satz: Hümmer, Waldbüttelbrunn. Druck: Strauss Offsetdruck GmbH, Mörlenbach. Einbandgestaltung: Jens Peter Mardersteig. Einband: Schaumann, Darmstadt. Gedruckt auf säurefreiem, alterungsbeständigem Werkdruckpapier. Printed in Germany

INHALT

II. Wissenschaft und Religion (1877–1901)

III. Gottesargument (1905–1911)

VORWORT

Die Realisierung dieser ersten Edition von Peirce' *Religionsphilosophischen Schriften* geht auf lange Vorarbeiten zurück und wurde schließlich ermöglicht aufgrund der Finanzierung des gleichnamigen Forschungs- und Editionsprojektes durch die *Fritz Thyssen Stiftung*, Köln. Seit 1990 gehörten der Peirce-Arbeitsgruppe der *Bergischen Universität Wuppertal* Helmut Maaßen, Marc Grünewald, Evelyn Reinohs und Heike Ronsdorf an, seit 1993 an der *Justus-Liebig-Universität Gießen* Heiko Schulz und Gesche Linde.

Der durch ein Sabbat-Stipendium des *German Marshall Fund of the US.* im Wintersemester 1990/91 ermöglichte Forschungsaufenthalt an der *Boston University, School of Theology*, war die Basis für intensive Kontakte mit der amerikanischen Peirce-Forschung und vor allem für die Arbeit an den Original-Manuskripten des Peirce-Nachlasses an der *Houghton Library, Harvard University*.

Für die Erlaubnis, die Peirce-Manuskripte für diese Übersetzung und Edition auszuwerten, habe ich vor allem dem *Philosophy Department* der *Harvard University*, namentlich Israel Scheffler, zu danken; für die Erlaubnis, den Briefwechsel zwischen Peirce und Victoria Lady Welby in der Ausgabe von *Semiotic and Significs* zu benutzen (s. u. III.9), danke ich *Indiana University Press*, namentlich John Gallman; für die Erlaubnis der Auswertung des Briefwechsels zwischen Peirce und Cassius J. Keyser (s. u. III.5, Anm. + 1; III.6, Anm. + 31, + 63, + 68; III.9, Anm. + 4) danke ich der Bibliothek der *Columbia University in the City of New York*, namentlich Jean W. Ashton.

Die im Detail ausgesprochen schwierige Arbeit an den Manuskripten wäre nicht durchführbar gewesen ohne die freundschaftliche Hilfestellung durch das *Peirce Edition Project*, Indianapolis: Christian J. W. Kloesel, Nathan Houser und André De Tienne – das gilt ganz besonders für die Entzifferung von Textstellen in III.5! – In gleicher Weise habe ich Kenneth L. Ketner, *Texas Tech University*, Lubbock, und nicht zuletzt Carl R. Hausman und Douglas R. Anderson, *Pennsylvania State University*, zu danken; Doug Anderson besonders für die gemeinsame Textarbeit zum *Gottesargument* (III.6).

Herzlich zu danken habe ich auch den Wuppertaler Kolleginnen und Kollegen im Fach Anglistik, die immer wieder zu sprachlichen, historischen oder literarischen Fragen ihr Wissen zur Verfügung gestellt haben: Annegret Maack, Uwe Multhaup, Jürgen Wolter; und ganz besonders: Alice und Werner Beile; und für viele Hilfen bei der Ursprache überhaupt: Constance Bichat. Für naturwissenschaftliche Beratung danke ich meinen Freunden und Kollegen Lorenz Paul und Friedhelm Zabel.

Zu nennen sind auch frühe Vorarbeiten des Wuppertaler Peirce-Projektes in Zusammenarbeit mit Dirk Glatthaar und Ralf Klein – und die freundliche Beratung von Beginn an durch Klaus Oehler und Helmut Pape. Die bibliographischen und handwerklichen Arbeiten wären nicht ohne die ständige Unterstützung durch die Hochschulbibliothek der *Bergischen Universität Wuppertal* erfolgreich gewesen, mein Dank gilt Dieter Stäglich, Dietrich Becker und Martin Wittenberg. Schließlich verdanke ich dem Entgegenkommen und Verständnis von Heinz Bauer, dem Präsidenten der *Justus-Liebig-Universität Gießen*, daß das Projekt – jetzt in der verläßlichen Zusammenarbeit mit Heiko Schulz und Gesche Linde – am *Institut für Ev. Theologie* in Gießen pünktlich zu Ende geführt werden konnte. Dem *Felix Meiner Verlag*, last but not least, danke ich für die kompetente Betreuung der Editionsarbeiten und den *Förderungs- und Beihilfefonds Wissenschaft der VG Wort* für die Gewährung des Druckkostenzuschusses.

Es bleiben zwei Namen, deren nur noch in Erinnerung gedacht werden kann: Marc Grünewald (* 17. 2. 1963, † 30. 1. 1993), dem Doktoranden und Peirce-Experten, soll diese Edition gewidmet sein, er hat standhaft und (im Peirceschen Sinne des Wortes) optimistisch gegen das malum physicum gekämpft; und Knut Rybka, dem Freund und Meister in Sachen Sprache, der grammatisch und stilistisch die letzten Fassungen des Manuskripts noch gelesen hat. – „Endlich flogen hin und wieder schon lange rötliche Scheine über den Himmel, ganz leise, wie wenn man über einen Spiegel haucht, auch eine Lerche sang schon hoch über dem stillen Tale. Da wurde mir auf einmal ganz klar im Herzen bei dem Morgengruße, und alle Furcht war vorüber" (Joseph von Eichendorff, *Aus dem Leben eines Taugenichts*, Werke II, München 1978, 592).

Gießen, Januar 1995 Hermann Deuser

EINLEITUNG

> And, except the geological eras, there are no periods of time so vast as those which are measured by some of these organized faiths. Take them as one, as at bottom they are, and who is the individual who shall stand up and place his dictum against theirs? They lay claim to a divine authorship; and certainly men have no more invented them than the birds have invented their songs.[1]

1. Peirce' Religionsphilosophie

Charles Sanders Peirce (geb. am 10. September 1839 in Cambridge, Massachusetts; gest. am 19. April 1914 in Milford, Pennsylvania), in allen Fasern seines enzyklopädischen Arbeitens ein überragender Wissenschaftstheoretiker und Lebensphilosoph, ein leidenschaftlicher Logiker, philosophisch gebildeter Naturwissenschaftler und unermüdlicher Verteidiger des religiösen Glaubens, blieb all seinen Initiativen zum Trotz mehr als ein halbes Jahrhundert ein vergessener und verkannter Autor. Damit teilt Peirce als Amerikaner um die Wende zum 20. Jahrhundert in gewisser Weise das Schicksal des intellektuellen Einzelgängers, wie er im Europa des 19. Jahrhunderts so typisch war. Dieses Muster eines Künstler- oder Gelehr-

[1] MS 1009, p. 4 (p. 40 der Originalpaginierung).

tendaseins, das sich wegen seiner Distanz zu Leben und Wissenschaft in gekonnter Selbststilisierung zu höherem Ausdruck berufen sah, entsprach aber keineswegs Peirce' naturwissenschaftlich geprägter Wissenschaftsauffassung. Im Gegenteil, seine These von der Gemeinschaft der Forschenden, der Wahrheitssuche „in the long run", der menschlichen Instinktivität, der Divination und des Common Sense in logischen wie in religiösen Fragen wollen nichts sehnlicher als die Sozialität von Austausch und Kritik, zuletzt die Normativität von Harmonie, Güte und Wahrheit in der Gemeinschaft aller Menschen. Es gehört zur Tragik seines Lebens, daß es gerade die geltenden Wissenschaftsauffassungen waren, nämlich die sich inzwischen populär ausbreitenden Denkvorschriften von Positivismus und Materialismus, die Peirce' Genialität an den Rand drückten.[2] Nach seiner eigenen, philosophisch besser begründeten und sehr viel gelehrteren Einstufung ging es in jenen beiden Richtungen des Zeitgeistes – erkenntnistheoretisch wie metaphysisch gesehen – nur um Ausläufer des modernen *Nominalismus*: alles Denken allein auf Sinnesdaten festzulegen; während doch die ungehinderte menschliche Erfahrung mit diesem Diktat niemals konform ging. In dieser Analyse seiner Gegenwart verbinden sich Peirce' Logik-Studien der antiken und scholastischen Autoren mit moderner Mathematik und seiner epochalen Kritik am (nominalistischen) Theoriebegriff der Neuzeit – vorgetragen im Namen eines Wahrheits- und Erfahrungsbegriffs, wie ihn die naturwissenschaftliche Forschungshaltung repräsentiert. Doch ausgerechnet unter seinen Fachkollegen der exakten Wissenschaf-

[2] Einen ersten Eindruck von Peirce' Lebenswerk, der Breite und Intensität seiner wissenschaftlichen Interessen vermittelt der von ihm 1904 geschriebene Überblick *A Brief Intellectual Autobiography*, in: Peirce (1987), 26–31; im Zusammenhang mit der biographischen Einleitung von K. L. Ketner, ebd. 13 ff.; bzw. der von Ketner (1986) hg. *Comprehensive Bibliography of the Published Works of Charles Sanders Peirce*.

ten wurde Peirce zur Unperson; und auf der anderen Seite, in den Geisteswissenschaften europäischer Prägung, hat man ihn schlicht als einen positivistischen Einzelgänger des 19. Jahrhunderts gesehen, der außerdem noch mit der – zumindest in Deutschland – generationenlang in Mißkredit geratenen Schule des *Pragmatismus* ursächlich in Verbindung stand.[3]

Die Berechtigung, Peirce als den größten und bedeutendsten Philosophen der amerikanischen Tradition anzuerkennen, steht heute ebenso außer Zweifel wie seine Epoche machenden Entdeckungen und originalen Begründungen von *Relationenlogik, kategorialer Semiotik* und *Pragmatizismus*[4]. Die inzwischen in den USA begonnene große Werkausgabe belegt dies ebenso wie die jetzt detailgetreuen Auswahlausgaben in Deutschland.[5] Dabei stehen sicher nicht religionsphilosophische Fragen im Vordergrund, aber diese gehören doch ebenso konstitutiv zu Peirce' Gesamtwerk wie Logik, Metaphysik oder Kosmologie, und es ist die für Peirce selbstverständliche Integration der Religionsphilosophie, die uns – geprägt vom Nominalismus des 19. Jahrhunderts – leicht irritiert oder überhaupt entgeht.

[3] Auf die im engeren Sinne *biographischen* Hintergründe dieses Lebensschicksals soll hier nicht Bezug genommen werden. Die ersten Schritte zur Erkundung geht der auch darin neue, original geschriebene und überhaupt erste Versuch einer wirklichen Biographie von J. Brent (1993). – Zur Einführung in Leben, Werk und Wirkung vgl. vor allem K. Oehler (1993); zu speziellen wissenschaftsgeschichtlichen Aspekten der beginnenden Peirce-Rezeption in diesem Jahrhundert E. Walther (1989), Kap. XV; zu den kosmologischen und religionsphilosophischen Aspekten H. Deuser (1993), Kap. 1 u. 4

[4] Zur Begründung dieser nun allein für Peirce typischen Schulbezeichnung vgl. III.2, S. 296.

[5] Die vom *Peirce Edition Project* in Indianapolis herausgegebenen *Writings* erscheinen seit 1982; in Deutschland ist jetzt vor allem die Edition der *Semiotischen Schriften* zu nennen, vgl. Peirce (1986, 1990, 1993), und die Auswahl kosmologischer Texte, vgl. Peirce (1988).

Peirce hat kein Lehrbuch und auch keine abgeschlossene Monographie zur Religionsphilosophie geschrieben, in den letzten Lebensjahren aber immer wieder konzipiert. Das schönste Beispiel dafür ist das *Little Book on Religion*. Peirce hat es am 20. Juni 1906 in einem eigens dafür angelegten Notizheft und mit dieser Überschrift begonnen[6], in dieser Form allerdings nicht weitergeführt. Entwürfe dieser Art aber bleiben charakteristisch für die Manuskripte aus jener Zeit, und das *Gottesargument* von 1908 ist dann nur der markanteste und öffentliche Ausdruck dieser religionsphilosophischen Projekte gewesen. Diesen Tatbestand zu begründen und im Gesamtwerk die Integration der religionsphilosophischen Fragestellung von Beginn an zu belegen, ist die Aufgabe der hier zum ersten Mal unternommenen Textedition der *Religionsphilosophischen Schriften*. Beim Stand der älteren Textausgaben konnte dieser Sachzusammenhang noch nicht mit der gleichen Deutlichkeit gezeigt werden, wie er sich heute der möglichst detaillierten und auch in dieser Frage interessierten Durchsicht des Nachlaß-Werkes der Peirce-Manuskripte darstellt. Die biographischen Verstrickungen hatten dazu geführt, daß Peirce zunehmend als Sonderling am Rande des offiziellen Hochschulbetriebs galt und seine immense und nie unterbrochene wissenschaftliche Arbeit schließlich nur über seltene Vortragseinladungen, Rezensionen, Zeitschriften- und Lexikonartikel – wenn überhaupt – bekannt wurde, während seine wirkliche Kreativität und Erneuerungskraft in Fragen der Logik/ Semiotik, aber vor allem auch in der modernen Kosmologie und Metaphysik weitgehend verborgen und den selbstbewußt weitergeführten Manuskripten des Privatgelehrten im damals weitab liegenden Milford, Pennsylvania, anvertraut blieben. In den postum erst zugänglichen Manuskripten ist die von Beginn an nicht wegzudenkende Rolle der Religionsphilosophie offensichtlich.

[6] Vgl. III.3, Anm. +14.

Was sonst bloß als eine immer wiederkehrende Eigentümlichkeit dieser doch genuin amerikanischen Philosophie erscheinen könnte: immer auch von Gott, der Liebe und dem religiösen Glauben sprechen zu müssen, ist hier keineswegs Ornament, sondern in allen Punkten notwendiger Bestandteil einer bewußten philosophischen Systematik.

Daß die religiöse Ursprünglichkeit nicht illusionär, sondern gehaltvoll, in Peirce' Sprache: *real* ist, davon ist Peirce nicht nur persönlich überzeugt, sondern dafür argumentiert er sein Leben lang. Die Instanz der Liebe ist ihm dafür der pragmatische, logische und metaphysisch-kosmologische Beleg: für die instinktive Ursprünglichkeit eines Glaubens (faith), dessen Vagheit gerade seine lebensbestimmende Kraft ausmacht. Daraus resultieren wissenschaftlich gesehen einige Klärungsaufgaben, daraus folgt aber niemals ein Rechtsgrund zur Widerlegung der Religiosität. Was dem religiösen Glauben zu schaffen macht, das sind eher die schlechte und anti-wissenschaftlich verkrampfte Metaphysik der Theologen und der intolerante Dogmatismus im praktischen Leben.[7] Dies beides führt zur Verstümmelung der religiösen Triebkräfte, niemals dagegen die Wahrheitssuche der Wissenschaft. Deshalb wird die (neuzeitlich gesehen) *problematische* Einheit von Wissenschaft und Religion zusehends eine Kernfrage für Peirce' gesamte Philosophie. In der Vertrauens- und Symbolbildung von Hypothesen, denen der Wissenschaften wie denen des Lebens überhaupt, stecken Wahrheitsliebe und Schöpfungsglaube so unübersehbar, daß deren Kräfte nur aufgrund ungenauer und dann verfehlter Wissenschaftlichkeit als irrelevant hingestellt werden konnten. Das Universum wissenschaftlicher Disziplinen enthält immer schon die Prägekräfte eines religiösen Glaubens. *Daß* und *warum* dies so ist und *wie* es dabei zugeht, ist folglich ein Grundthema jeder Wissenschafts- und Lebens-

[7] Zu diesen beiden strikten Vorbehalten gegenüber der Theologie vgl. exemplarisch II.9 u. II.13.

orientierung. Peirce' Pragmatizismus, seine Semiotik und Phänomenologie der Erfahrung haben diese Verankerung nicht ausgeklammert, sondern couragiert beim Namen genannt.

Nun war aber auch schon zu Peirce' Zeit die Religionsphilosophie – und damit auch Metaphysik und Theologie – kein ohne weiteres mehr selbstverständlicher Standardbereich im Haus der Wissenschaften. Die (aus der Sicht manches Naturwissenschaftlers) Obskurität von Religion, Christentum und Kirchlichkeit ist Peirce – nach Kant und für den Zeitgeist des 19. Jahrhunderts typisch – durchaus bewußt; aber eben deshalb arbeitet Peirce der unkritischen Pauschalität entgegen, dergemäß Religiosität gegenüber Wissenschaft zu verschwinden habe – als sei dies eine notwendige Konsequenz der naturwissenschaftlichen Einstellung. Dabei hält sich die Klage gegenüber den Theologen[8] ebenso durch wie die permanente Suche nach Argumenten für die Unersetzbarkeit des religiösen Glaubens. Daß dies mit Erfolg geschieht, ist zweifellos ein überragendes Charakteristikum von Peirce' Philosophie, zeigt ihre Größe, Weiträumigkeit und Sensibilität für die kommenden wissenschaftlichen Entwicklungen.

Aus Peirce' zeittypischen Vorbehalten gegenüber der Theologie ist es jedenfalls zu erklären, daß er in seinem autobiographischen Bericht (1904)[9] seine Arbeiten zu religionsphilosophischen Fragen nicht ausdrücklich erwähnt. Peirce verteidigt hier – aus der Perspektive der Spätzeit und noch vor der Publikation des *Gottesarguments*

[8] Die Rolle der Theologie muß auch aus der spezifisch amerikanischen Situation dieser Disziplin verstanden werden, denn in der gesellschaftlich zergliederten Fülle religiöser Denominationen kam es in der Regel zur Gründung regionaler theologischer Seminare, d. h. zu einer Ausbildung, die faktisch zur Trennung dieser Theologien vom Kanon der übrigen Wissenschaften führen mußte. – Zu den Entwicklungsproblemen der amerikanischen Theologie vgl. Edw. Farley (1989); dazu auch II.12, Anm. 5.

[9] Vgl. oben Anm. 2.

von 1908 – die eigene wissenschaftliche Karriere und nennt die Marksteine dessen, was seine wissenschaftliche Arbeit im ganzen, dann vor allem aber seine philosophische Position tatsächlich einmalig gemacht hat. Es sind dies Umprägungen in den Grundlagen unseres Denkens, die Peirce meist aus der praktischen Arbeit des Naturwissenschaftlers motiviert sieht, aber sie stammen nicht zuletzt auch aus seinen originalen Kenntnissen der antiken, der mittelalterlichen, der angelsächsisch-empiristischen und der deutschen idealistischen Philosophie. Tatsächlich wurde erst rund hundert Jahre später die Weite und Prägnanz in Peirce' Forschungsinitiativen erkannt; das gilt für seine logischen (semiotischen) und mathematischen Arbeiten genauso wie für seine Phänomenologie (Kategorienlehre) und Religionsphilosophie. In der Wissenschaftssystematik von 1903/04 hat letztere natürlich ihren Platz – und zwar in Gestalt von Metaphysik und Theologie: „Finally, under the head of metaphysics will be included, not merely ontology, but also whatever philosophy can determine respecting causation, the freedom of the will, the connection of mind and matter, optimism or pessimism, immortality, theology, time and space, etc."[10] Wie diese Disziplinen aber, zumal die fundamentaltheologischen Fragen im Übergang zur Philosophie, im einzelnen zuzuordnen sind, war nicht unmittelbar Peirce' Thema. Trotzdem hat er faktisch Leben und Werk hindurch, direkt oder indirekt, dazu beigetragen, wissenschaftliche Religionsphilosophie[11] so zu vertreten, daß sie ihren Bezug zum religiösen Glauben nicht verleugnen muß und doch nicht der Obskurität verfällt, wohin (aus unbegriffenen metaphysischen Vorurteilen) die positivistische Wissenschaftsglaubigkeit sie gerne verbannt hätte. Peirce ist

[10] *A Brief Intellectual Autobiography*, a. a. O. 29.

[11] Dies ist inzwischen am Gesamtwerk nachgezeichnet und systematisch bearbeitet, vgl. D. M. Orange (1984), M. L. Raposa (1989) u. H. Deuser (1993).

damit vor Alfred N. Whitehead und Teilhard de Chardin der *erste*, der den Geist der modernen Naturwissenschaft und Mathematik nicht negieren muß, um die religiöse und metaphysische Tradition Europas – unter den Bedingungen des 19./20. Jahrhunderts – wirklich weiterzuführen. Als eine Quadratur des Zirkels wird dies nur jenen erscheinen, die noch auf den Zeitgeist des 19. Jahrhunderts fixiert bleiben. Peirce' Einsichten sprechen auf überzeugende Weise dagegen.

Religionsphilosophische Fragestellungen sind folglich für Peirce immer gegenwärtig, auch dann, wenn sie nach außen hin nicht dominieren. In diesem Sinne deckt der Terminus *Religionsphilosophie* zunächst die Thematisierung wissens- und handlungskonstitutiven Vertrauens und dessen bewußte Gründung auf persönliche oder geschichtliche Religiosität. Daß darunter für Peirce' Pragmatizismus nicht nur eine Praxisorientierung zu verstehen ist, sondern eine logisch und phänomenologisch begründete Metaphysik, gehört zu den fälligen Entdeckungen in der Würdigung seines Gesamtwerks.

Nun ist *Religionsphilosophie*, zweitens, nicht nur eine philosophische, sondern (vor allem in Deutschland) auch eine *theologische* Disziplin, und sie zählt mit Dogmatik und Ethik zur *Systematischen Theologie*: der argumentativen Darstellung dessen, was geglaubt, gelebt und gedacht wird. In diesem zweiten Sinne ist der Terminus für den amerikanischen Sprachgebrauch und erst recht für Peirce' kritische Stellung zu all dem, was er unter *Theologie* wahrgenommen hat, eher ungewöhnlich, aber sachlich keineswegs unberechtigt, wenn nur Theologie durchaus als kritische Wissenschaft an Universitäten verstanden und nicht mit bloßer Schulung in konfessionalistischer und antiphilosophischer Absicht verwechselt wird. Was in der amerikanischen Tradition „religion" heißt, kann im Deutschen (jedenfalls zum Teil und nicht nur im Bereich der Fundamentaltheologie) mit „Theologie" wiedergegeben werden, und *Religionsphilosophie* wäre damit der Sammelbegriff, der in *dieser* Intention beide Interessenrichtungen abdeckt.

Das Verhältnis von Theologie und Philosophie, wie es sich in der europäischen Tradition inzwischen herausgebildet hatte, wird damit auf eine neue Basis gestellt – begründet durch die wissenschaftlichen Verschiebungen, wie sie aufgrund der methodisch dominierenden Position der Naturwissenschaften und ihres im 19. Jahrhundert markantesten Faktors: der Evolutionslehre, zwingend wurden. Sieht man diese Entwicklung zugleich auf dem Hintergrund der bestimmenden Stellung von christlicher Theologie und Philosophie bis ins Spätmittelalter, so ergeben sich die folgenden Zuordnungstypen:

(1) Das traditionelle Verhältnis in der *mittelalterlichen Scholastik* kennt die zunehmend erkenntniskritische Selbständigkeit der Philosophie, die im Schulstreit auch theologisch Partei ergreift, aber ohne damit einen vorgegebenen, kirchlich-theologischen Rahmen zu verlassen. Als „Methode der Autorität" hat Peirce diesen Typus treffend bezeichnet.[12] Freiräume der Rationalität, aber auch Machtabhängigkeit gehen dabei Hand in Hand, die kritische Wissenschaftseinstellung der Neuzeit hat diese Zuordnung jedenfalls erheblich relativiert und ihren prinzipiellen wie institutionellen Wahrheitsanspruch mit Erfolg bestritten.

(2) Der *Positivismus* des 19. Jahrhunderts[13] hat aus der neuzeitlichen Wissenschaftseinstellung die polemische und selbst wiederum metaphysische Konsequenz gezogen, Religion und Theologie von der objektiven Wahrheitsfindung überhaupt auszuschließen und auf die Abwege des Obskuren und Okkulten abzuschieben. Daß die in Fragen der Wissenschaften unbeholfene Rolle der Kirchen diese Beurteilung mitverschuldet hat, ist nur ein

[12] Vgl. *The Fixation of Belief* (1877), W 3: 251; bzw. Peirce (1992a), 117 f.; dt. in: Peirce (1976), 162.

[13] Vgl. zu Peirce' Darstellung und Kritik I.9.

Aspekt dieses Problems; daß eine ungewollte Subjektivierung der sich dann selbständig organisierenden Geisteswissenschaften die Folge sein mußte, ein anderer. Dann stehen sich die Behauptung religiöser Erfahrungen, die sich um einen allgemeinen und wissenschaftlichen Erfahrungsbegriff gar nicht mehr kümmern müssen, und Wissenschaftler, für die die atheistische Position diskussionslos als ausgemacht gilt, hilflos gegenüber. Peirce' Wissenschaftstheorie und Erfahrungsbegriff suchen methodisch bewußt die Vermittlung zwischen den beiden Extremen, weil deren Einseitigkeit eher abschreckt als überzeugt.[14]

(3) Ein dritter Zuordnungstypus könnte unter dem Stichwort *säkularisierter Theologie* identifiziert werden; Philosophien also, die die neuzeitliche Kritik und die positivistische Weltanschauung genau kennen, beidem aber zumindest partiell mißtrauen. Die Konsequenz daraus, nun direkt und unter diesem Namen neue Initiativen der Religionsphilosophie oder Theologie zu beginnen, wird allerdings gescheut zugunsten von Existenz-, Daseins- oder Weltbegriffen, die nur hintergründig bekennen, daß sie ohne religiösen Glauben oder theologische Tradition gar nicht denkbar wären.

(4) Peirce' Vorschlag eines *metaphysisch, semiotisch und kategorial orientierten Religionsbegriffs* bei gleichzeitiger Kritik

[14] So explizit in MS 857, p. 1 f. (vgl. auch III.2, Anm. +38): „the greater part of thinking men in our day make it practically an assumption which must be granted before they will listen to any reasoning, that there is no God, or that we can know nothing of such a Being; while the remainder, who have undergone true religious experience [...] do not care at all about reasonings [...] I must confess then, that between these two parties, an innocent inquiry that really takes no side at all in advance must be looked on as lukewarm and weak by almost everybody. Yet that is just my position. Because I do not howl or screech on either side, nor view either side with arrogant disdain from the outset, I am a wholly insignificant person to those who are moved only by vehemence or by assumptions of superiority."

an traditioneller Theologie scheint nur auf den ersten Blick die ungeklärte Ambivalenz des dritten Typus zu teilen.[15] Denn es ist keineswegs die prinzipielle Distanz zur Theologie bzw. Religion, die Peirce' Philosophie entscheidend prägt, sondern allein der Widerstand gegen dogmatistische Abschottungsmaßnahmen, die er im Namen der christlichen Liebe kritisiert und zum Anlaß nimmt, explizit die erfahrungsuniversale Wiederentdeckung und Neubestimmung der Zuordnung von Religion und Wissenschaft zu betreiben.[16] Peirce' *Gottesargument* von 1908 ist der Höhepunkt seiner Religionsphilosophie auch hinsichtlich dieser Zuordnungstypisierung von Theologie und Philosophie.[17] Kategorienlehre, Semiotik und Pragmatizismus brauchen an ihrem jeweiligen Fußpunkt das Gottesargument; und als Argument ist es beispielhaft für diese Philosophie uneingeschränkter Wahrheitssuche, sofern Metaphysik und Religiosität gerade *nach* den Entdekkungen von Evolution, Induktionstheorie und Probabilismus nicht verschmäht, sondern phänomenologisch im Universum der Erfahrung wie der Wissenschaften neu zu bestimmen versucht werden.

2. Die drei Hauptphasen des Gesamtwerks

Religionsphilosophische Themen durchziehen Peirce' Gesamtwerk: von den metaphysischen Versuchen im Geiste und in der Kritik des amerikanischen *Transzendentalismus*[18] in der Frühzeit (bis 1870); über die methodenkriti-

[15] Vgl. als Exempel nur den Beginn von II.13 zur „Rückständigkeit der Metaphysik" dank Theologie.

[16] Vgl. hierzu exemplarisch II.9. – Zur Aktualität dieser religionsphilosophisch geprägten Wissenschaftstheorie in der gegenwärtigen Debatte um sog. postmoderne Philosophien vgl. R. C. Neville (1992), chap. 1.

[17] Vgl. vor allem III.6.

[18] Vgl. zu diesem Begriff der Gründungszeit amerikanischer Phi-

schen Auseinandersetzungen um die neuzeitliche (nominalistische) *Wissenschaftsauffassung*, Metaphysik und Religion in der mittleren Zeit (1870–1900); bis in die phänomenologisch, kategorial und pragmatizistisch ausformulierte Religionsauffassung des *Gottesarguments* in der Spätzeit (nach 1900). Die Textedition der *Religionsphilosophischen Schriften* ist demgemäß zugleich chronologisch und systematisch gegliedert: Der I. Teil (*Frühe Entwürfe zu Religion und Metaphysik*) umfaßt epochenmäßig als erste Phase des Gesamtwerks sowohl die Frühschriften zur Metaphysik[19] als auch die neuen Entwicklungen zur Logik[20], Semiotik und Kategorienlehre, wie sie vor allem in *On a New List of Categories* (1867)[21] und in den drei großen Aufsätzen von 1868/69 im *Journal of Speculative Philosophy*[22] dokumentiert sind und sich religionsphilosophisch ebenso in der selbstbewußten *Kritik des Positivismus* niederschlagen wie im kritischen, aber nicht nur destruktiven Umgang mit Swedenborg bzw. Henry James, Sr.[23] Peirce' großangelegte Rekonstruktion des *Realismus* in der Berkeley-Rezension (1871) ist am ehesten als Schlußdokument dieser ersten Phase anzusehen[24], und die Bedeutung dieses Textes wird dadurch unterstrichen, daß Peirce noch 1909 in seiner Verteidigung des Realismus daraus zitiert.[25] Die im Anschluß an Duns Scotus formulierte Er-

losophie die Einleitung von M. Pütz zur Edition der Essays von R. W. Emerson, *Die Natur* (1990), 27 ff.; und s. u. I.1, Anm. 2.

19 Vgl. I.1–7 im Kontext von W 1(1–26).

20 Vgl. I.8 im Kontext von W 1(27–50).

21 W 2(4) bzw. Peirce (1992 a), 1–10; dt. in: Peirce (1986), 147–159.

22 W 2(21–23) bzw. Peirce (1992 a), 11–82; dt. (teilweise gekürzt) in: Peirce (1976), 13–105.

23 Vgl. I.9 u. I. 10.

24 W 2(48) bzw. Peirce (1992 a), 83–105; dt. (auszugsweise) in: Peirce (1976), 106–138.

25 Vgl. III.10, Anm. 16; ebenso wird dort auf die erkenntnistheoretischen Aufsätze von 1868/69 verwiesen, vgl. III.10, Anm. 19.

Duns Scotus!!!

kenntnis der Gleichartigkeit singulärer Existenz und universaler (geistiger) Repräsentation[26], die sich zwar *formaliter* unterscheiden, nicht aber *realiter*, bedeutet für Peirce' kategoriale Semiotik und Religionsphilosophie den Durchbruch: gegenüber der positivistischen Trennung zwischen Fakten und Theorien auf der *Realität* von Universalien (Repräsentationen) ebenso bestehen zu können wie auf der *Realität* primärer Wahrnehmungen. Die singuläre Existenz in Raum und Zeit ist von beidem nur *formal*, d.h. semiotisch und kategorial bestimmbar, unterschieden, keineswegs aber der Inbegriff oder die alleinige Instanz von Wirklichkeit. Damit ist am Ende der ersten Phase des Gesamtwerks die Möglichkeit eröffnet, die ungelösten metaphysischen Fragen in ganz anderer Weise anzugehen, als das in den frühen Entwürfen der 60er Jahre noch versucht wurde. Etwa der *Beweis der unendlichen Natur des Schöpfers*[27]: Was unendliches „Einströmen" („influx") wirklich bedeutet – und damit die Metaphysik vor der Beliebigkeit ausgedachter Scheinwirklichkeiten bewahrt –, das läßt sich evolutionistisch und realistisch begründet, d.h. im Rahmen logischer und naturwissenschaftlicher Kritik, zum Ausdruck bringen – und genau dies geschieht in den Schriften der mittleren Phase.

Der II. Teil (*Wissenschaft und Religion*) umfaßt epochenmäßig sowohl Peirce' Hauptschriften zur Begründung des *Pragmatismus* und der *Metaphysik der Evolution* als auch die großen Arbeiten in der *Geodäsie*[28] und *Relationenlo-*

Erdvermessung

[26] Vgl. W 2(48): 473 (bzw. Peirce [1992a], 93): „But this universal only differs from the singular in the manner of its being conceived (*formaliter*), but not in the manner of its existence (*realiter*) [...] That about one and the same nature being in the grade of singularity in existence, and in the grade of universality in the mind [...]".

[27] Vgl. I.5.

[28] Vgl. zu den biographischen und organisatorischen Zusammenhängen der Arbeiten beim *U.S. Coast and Geodetic Survey*, die bereits 1867 begannen und bis 1891 in unterschiedlichen Funktionen durch-

gik.[29] Biographisch und werkgeschichtlich eignet sich als Epochenbeginn die Einführung des Terminus *Pragmatismus* durch Peirce im Freundeskreis, dem *Metaphysical Club* in Cambridge, Massachusetts. Peirce selbst hat dafür als Datum 1871 angegeben[30], die Textgruppe der *Illustrations of the Logic of Science* (1877/78) ist dafür jedenfalls der überragende Beleg.[31] Zu dieser Gruppe gehört aber bereits Peirce' ausdrücklicher Einstieg in die Diskussion naturwissenschaftlicher *und* theologischer Fragen der Kosmologie durch den Aufsatz *Die Ordnung der Natur* (1878)[32]; d.h. die dann folgende, in dem großen Manuskript *Eine Vermutung über das Rätsel* [*der Sphinx*] (1887/88) und den 1891–93 publizierten *Monist*-Artikeln vorgelegte *Metaphysik der Evolution* geht kontinuierlich aus den frühen Texten dieser Phase hervor.[33] Daß in dieser Phase der wissenschaftstheoretischen und kosmologischen Weiterentwicklungen der kategorialen Semiotik die Religionsphilosophie beständiges Thema bleibt, ist nicht nur durch deren Präsenz in den Texten zum neuen Verständnis von Meta-

geführt wurden, E. Walther (1989), 61 ff., 91 ff. etc.; J. Brent (1993), 89 ff.; W 3: xxi ff.; W 4: xxvii ff.

[29] Vgl. die entsprechenden Texte in W 4(39–47) u. dazu aus der Einleitung von N. Houser W 4: xxxvi ff.

[30] Vgl. in III.6, Anm. 71; dazu E. Walther (1989), 99 ff.; J. Brent (1993), 82 ff.; W 3: xxix ff.

[31] W 3(60–67) bzw. Peirce (1992a), 109–199; dt. (teilweise) in: Peirce (1976), 149–250.

[32] Vgl. II.2; dazu H. Deuser (1993), Kap. 3.

[33] Vgl. II.4 u. II.3 bereits auf dem Hintergrund von II.1 u. II.2 (im Abstand von 10 Jahren); dann die *Monist*-Artikel in: Peirce (1992a), 285–371; dt. (zwei der fünf Artikel) in: Peirce (1976), 266–312; (alle fünf Artikel) in: Peirce (1988), 141–263; vgl. dazu (inhaltlich analog) II.5–7; II.10 u. II.11. – Die Kontinuität der Fragestellung wie des Zusammenhangs von Pragmatismus und Metaphysik spricht also dagegen, die „Periode der Metaphysik der Evolution" von der „klassischen Periode der Entstehung des Pragmatismus" zu unterscheiden, wie es K.-O. Apels Textedition tut, vgl. in: Peirce (1976), u. K.-O. Apel (1975).

physik, sondern auch durch die ausdrückliche Thematisierung des Verhältnisses von Wissenschaftsbegriff und Religiosität belegt.[34] Die theologische Debatte der Zeit ist dabei, soweit Peirce auch in diesem Feld neu erschienene Literatur gelesen und verarbeitet hat, ebenso gegenwärtig wie seine immer entschiedener vorgetragene Kritik am materialistischen Zeitgeist, der ganz zu Unrecht den religiösen Glauben als unwissenschaftlich verdächtigt, während der Fortschrittsglaube selbst (unbewußten) unwissenschaftlichen Prämissen anhängt.[35] Biographisch wie werkgeschichtlich ist der Abschluß dieser mittleren Phase sehr gut mit den *Cambridge-Vorlesungen* von 1898 anzugeben[36], d.h. Peirce vermag es jetzt, seine mathematisch-logischen, kosmologischen und religionsphilosophisch-ethischen Arbeiten zu einer Gesamtauffassung zu verbinden: "It is the instincts, the sentiments, that make the substance of the soul. Cognition is only its surface, its locus of contact with what is external to it [...] If I allow the supremacy of sentiment in human affairs, I do so at the dictation of reason itself; and equally at the dictation of sentiment, in theoretical matters I refuse to allow sentiment any weight whatever."[37]

Der III. Teil (*Gottesargument*) umfaßt epochenmäßig die späten Schriften, worin die einheitliche Perspektive wissenschaftlich-logischer Methode, evolutionistischer Kosmologie und religiösen Glaubens bereits vorausgesetzt werden kann: jetzt aber in der neuen Fassung der Kategorienlehre als Phänomenologie bzw. *Phaneroskopie*, des Pragmatismus als *Pragmatizismus* und der Religionsphilosophie als *Argument für die Realität Gottes*. In den *Pragmatis-*

[34] Vgl. II.8, II.9 u. II.12.

[35] Vgl. dazu die genaue Analyse der Wunderkritik im Rahmen von Peirce' Wissenschaftsauffassung in II.14.

[36] II.13; vgl. zum biographischen und sachlichen Kontext die Einleitungen von K.L. Ketner u. H. Putnam in: Peirce (1992b).

[37] Peirce (1992b), 110/112; vgl. dazu den argumentativen Zusammenhang von II.13 und III.5–9.

mus-Vorlesungen (1903) präsentiert Peirce seine universalen Kategorien als *Phänomenologie*[38], kurz darauf spricht er statt „Phänomen" vom „Phaneron"[39] und statt „Phänomenologie" – im Rahmen seiner Wissenschaftsklassifikation – von „Phaneroskopie".[40] Die demonstrative Ersetzung von „Pragmatismus" durch „Pragmatizismus" erfolgt 1905[41], und das alles steht einerseits im Zusammenhang der neuentwickelten *Logik der existentiellen Graphen*[42] und andererseits im Rahmen der Vorarbeiten für das *Gottesargument*.[43] Es ist vor allem die logische Arbeit, die in ihrem „ersten Kapitel"[44] die religiös einfühlende Verständigung sucht, um überhaupt vorurteilslos mit den Dingen, wie sie uns erscheinen, beginnen zu können. Damit wird die *Metaphysik der Evolution* konkret, Peirce nimmt die seit den frühen Texten aufgeworfenen Fragen nach Gott, Schöpfung und Unendlichkeit konstruktiv auf und argumentiert für einen Gottesbegriff, der jetzt in der Bewährungsprobe des Gesamtwerks Lebenskraft und wissenschaftliche Kritikfähigkeit zugleich unter Beweis stellen kann: Die *Natur unseres Wissens vom Unendlichen* (I.3), die Konstatierung der notwendigen Ergänzung von Religion und *Ordnung der Natur* (II.2), schließlich die pragmatizistische Verteidigung der *Realität Gottes* (III.7) als wissenschaftlich plausibel und unumgänglich – diese drei Schritte verstehen sich zuletzt als Einheit einer Religionsphilosophie *aufgrund* der Dreigliedrigkeit unseres Erfahrungsuniver-

[38] Vgl. CP 5.40 ff.; dt.: Peirce (1973), 40 ff.

[39] Im *Syllabus* (1903), vgl. Peirce (1983), 51 ff.; vgl. E. Walther (1989), 300 ff.

[40] CP 1.284 ff. (Mss. aus den Jahren 1904 u. 1905), vgl. H. Deuser (1989); H. Papes Einleitung zu Peirce (1990), 18 ff.

[41] Vgl. oben Anm. 4; auch CP 5.414, dt. in: Peirce (1976), 432.

[42] Vgl. H. Papes Einleitung (und die entsprechenden Textbeispiele) in: Peirce (1990), 53 ff.

[43] Vgl. III.1–4.

[44] Vgl. III.4; aber auch schon I.4 u. die bewußte Anrede des Lesers in III.7.

sums, das sich logisch (formal) darstellen, wissenschaftlich kritisch prüfen und in den Symbolen der Religion erleben läßt.

3. Metaphysik der Evolution: Wissenschaft und Kreativität

„Liebe ist das Fundament für alles Wünschenswerte und Gute."[45] So lautet eine der frühesten von Peirce erhaltenen Notizen, eine aphoristische Tagebucheintragung aus seinem 14. Lebensjahr (1853). In der Perspektive des Gesamtwerks wird klar, daß jene Notiz keinen bloß zufälligen und damit allenfalls biographisch interessanten Seufzer einer jugendlich-intellektuellen Begabung darstellt, sondern die frühe philosophische Themenformulierung der späteren Lehre des *Agapismus*: daß die (christliche) Liebe – um der Lebensinteressen der anderen willen die eigenen zurückstellen zu können – als evolutionistisches Prinzip einzustufen ist.[46] Eine derartige Kosmologie widerspricht unseren Erwartungen. Peirce' *Pragmatizismus* aber bedeutet die ungewöhnliche Verbindung und – durch Semiotik und Kategorienlehre[47] vorbereitete – einheitliche Konzeption von naturwissenschaftlichem Methodenbewußtsein *und* hermeneutisch orientierter Phänomenologie; anders gesagt: Peirce' Erkenntnis- und Wissenschaftstheorie hat immer zugleich einen *existentiellen* Zug und humanen Grundton. Der Pragmatizismus als Definitions- und Referenztheorie wahrer Aussagen begnügt

[45] I.6, Nr. III. – Es handelt sich um Notizen, die von Peirce offenbar 1860 in der vorliegenden Form zusammengestellt wurden.

[46] Vgl. II.6 (aus dem Jahr 1892), II.9 (1893), III.2 (1905) und *Evolutionary Love* (1893), in: Peirce (1992a), 352–371; dt. in: Peirce (1988), 235–263.

[47] Vgl. dazu vor allem II.4. – Eine generelle Einführung in Peirce' Semiotik, Kategorienlehre und Phänomenologie geben die Einleitungen von H. Pape in: Peirce (1986 u. 1990).

sich nicht mit Deskriptionen von zuvor abgegrenzten Gegenstandsfeldern, sondern versucht, die menschliche und kosmologische Realität dessen, *woher*, *worin* und *wohin* wir uns im Denken und Leben zugleich immer auch entwickeln, nicht von der Wissenschaft fernzuhalten; positiv gesagt: Ein in den fundamentalen Überzeugungen der Menschheit gegebener Lebenshorizont läuft in allen Dimensionen wissenschaftlicher Genauigkeit mit, ist geradezu deren Hintergrunds-, Gegenwarts- und Zukunftsbedingung – genauso, wie die großen Vertreter neuzeitlicher Wissenschaft sich selbst im Dienst dieser Wahrheit verstanden haben.[48]

Der Begriff *Lebenshorizont* wird hier vorläufig verwendet und steht in seiner allgemeinen Plausibilität 1. für den für Peirce' *Pragmatizismus* typischen Folgezusammenhang von Glauben (belief), Zweifel und erneuter Glaubensbildung; 2. für den in der *pragmatischen Maxime* formulierten Verweisungszusammenhang von Bedeutung und möglicher Handlung; und 3. für die in Peirce' Arbeiten zur Kosmologie dann erweiterten Bezüge seiner *Metaphysik der Evolution*. Diese Verknüpfung der Grundelemente des pragmatizistischen Denkens, wie es seit den programmatischen Aufsätzen von 1877/78 formuliert worden war, mit den kosmologischen Arbeiten seit den 80er und 90er Jahren hat Peirce in seinen späten Texten nach 1900 immer wieder selbst ausdrücklich vorgetragen.[49] Die Vorordnung des Lebenshorizontes ist dabei in Peirce' Begriff der *Realität* bereits impliziert, als solche Implikation selbstverständlich auch der überprüfenden Kritik und Präzisierung ausgesetzt – niemals aber von diesen her abschließend zu definieren. Es ist damit das entscheidende

[48] Vgl. III.3.

[49] Vgl. III.2; dann vor allem aber die Rekapitulation des Pragmatizismus in III.6, Anm. 69–71, und in III.10, Anm. 16ff. – Zu den Programm-Artikeln über Pragmatismus und Kosmologie aus der mittleren Phase s. o. Anm. 31–33.

Merkmal für die Weite und innere Struktur von Peirce' Realitätsbegriff genannt, daß *Realität* sich aus unreduzierbar drei Erfahrungsuniversen zusammensetzt: 1. der Gefühlsunmittelbarkeit von Überzeugungen, 2. der Ereignishaftigkeit in empirischen Verhaltensweisen und 3. der gesetzhaften Generalisierung (Habitualisierung) im Rahmen einer Gesamtentwicklung.

Die allererste Erfahrung, die unmittelbare Nähe, ist dabei am schwersten zugänglich[50], denn sie läßt sich nicht gegenständlich, sondern nur indirekt kommunizieren; die empirischen Gegenstandserfahrungen unterliegen dagegen der experimentellen Kontrolle, diese wiederum der Methodendiskussion; die gesetzhafte Generalisierung schließlich dient Peirce zum zentralen Einwand gegen den Nominalismus: Es gibt offensichtlich mehr und anderes als das, was empirisch vor Augen liegt. D. h. die *Realität* von Gesetzen ist ebenso unreduzierbar wie die von Gefühlsqualitäten und empirischen Gegenständen in Raum und Zeit.

Dieses dreifache Erfahrungsuniversum entspricht den drei Grundtypen schlußfolgernden Denkens, und Peirce' lebenslange Analyse in dieser Sache gipfelt beispielsweise in der Fassung der Schlußformen als (pragmatizistischer) Gewißheitsbildungen[51]; vor allem aber ist durch die sich gegenseitig interpretierende Verknüpfung der Schlußformen mit der Gewißheitsproblematik und den Erfahrungsuniversen *immer* die hermeneutische[52] und religionsphilosophische Frage nach der *Zugänglichkeit* dessen gegeben, was uns bewegt, betrifft und bestimmt. Wird in dieser Perspektive *nicht* im nominalistischen Sinne das einzelne Sinnesdatum vor seine Wahrnehmung gezogen, Theoriebildung *nicht* nominalistisch als sekundäre und

[50] Vgl. II.14, S. 268.

[51] Vgl. III.11, S. 410.

[52] Vgl. die hermeneutischen Bemerkungen in III.3, S. 313 f., und in III.4.

geltungslose Kombination von Daten betrachtet, und wird vor allem die hier wesentliche Differenz von empirischer *Existenz* und *Realität* erkannt und *nicht* nominalistisch immer nur Existenz für Realität genommen – dann macht es Sinn und ist konsequent, die (symbolische) Rede von GOTT für diese Frage der *Zugänglichkeit* im dreifachen Lebenshorizont einzusetzen.[53] Es ist der kreative Prozeß des Lebens, sein *Wachstum*, das – soll es nicht nur distanziert-empirischer Behandlung zugänglich sein – aus sich selbst heraus und seiner eigentümlichen Kraft gemäß benannt zu werden verlangt. Da aber auch die menschlichen Symbolbildungen selbst wiederum diesem kreativen Gesamtprozeß unterliegen bzw. ein Teil von ihm sind, kann es sich nicht einfach um die Benennung eines existierenden Gegenübers handeln, sondern um den *Namen* für die lebendige Prozeßhaftigkeit als solche, die zugleich instinktiv gefühlt, anthropomorph bestimmt und als Inbegriff der Realität im Sinne der dreifachen Erfahrungsuniversen ausgelegt wird. Peirce hat diese Konzeption seines Gottesargumentes erst 1908 explizit so formuliert[54], alle Einzelzüge aber waren durch das Gesamtwerk vorbereitet: Die Metaphorik des *Wachstums* findet sich bereits 1860 in den Tagebuchnotizen, auch dort schon in Verbindung mit der anthropomorphen *Personalität* des Gottessymbols[55], und *Wachstum* wird zum Kernbegriff der kritischen Diskussion des Evolutionismus[56]; Peirce hat sogar versucht, die *schöpferische* Potentialität der Materie auch physikalisch entsprechend zu beschreiben.[57] Im Unterschied zu Whitehead ist für Peirce bereits Kreativität selbst Symbol Gottes

[53] Vgl. z. B. die Entwürfe zum *Gottesargument* in III.5, Anm. +1.

[54] Vgl. III.5–8.

[55] Vgl. I.6, Nr. XXI.

[56] Vgl. vor allem II.5 u. II.6.

[57] Vgl. MS 965 unter der Überschrift „Creation" (vom *Peirce Edition Project* auf 1897 datiert), ein Fragment, das zahlreiche Parallelen zu anderen Texten aufweist, vgl. vor allem II.4 u. II.13.

und nicht erst ein davon abhängiger metaphysischer Doppelbegriff.[58]

Peirce' Kosmologie also ist der Drehpunkt, worin die Verpflichtung von Wissenschaft und Religion auf dieselbe Wahrheit[59], worin fallibilistische Wahrheitssuche und Geist der Forschung[60] zusammenkommen in der Thematisierung dessen, was Menschen in ihrem Lebenshorizont *zugänglich* wird. Daß sich daraus ein Konzept *aller* Wissenschaften notwendigerweise ergeben muß und daß darin eine spezifische Zuordnung von Kreativität und Normativität mitgegeben ist – beides hat Peirce im Rahmen seiner Arbeiten zur Kosmologie schrittweise entwickelt und in der dritten Phase des Gesamtwerks explizit dargestellt: Die Wissenschaftsklassifikation, an deren Spitze nach der Mathematik die Phänomenologie bzw. Phaneroskopie steht, gefolgt von den drei *normativen Wissenschaften* (Ästhetik, Ethik, Logik) und der *Metaphysik*.[61] Es ist das *summum bonum*, in dem Normativität und Kreativität ihren Zusammenhang haben[62]; und die von Peirce zur Kennzeichnung

[58] Vgl. III.1, S. 284 f.; III.2, S. 303.; III.11, S. 419. – Die Nähe zu Whitehead wird andererseits in der Selbsterfassungsstruktur der Materie, ihren Polaritäten, deutlich, wie sie Peirce in II.4, S. 136 ff. konzipiert. – Zur religionsphilosophischen Fragestellung bezüglich Peirce und Whitehead vgl. H. Deuser (1993), Kap. 6.

[59] Vgl. II.8.

[60] Vgl. II.5 u. II.6.

[61] Vgl. die Übersichten zur Wissenschaftsklassifikation in: Peirce (1986), 71; Peirce (1990), 20, 190 ff.; dazu III.3, Anm. 5; vgl. auch B. Kent (1987); zur Verbindung von Kreativität und Normativität D. R. Anderson (1987).

[62] MS 288 (aus dem Jahr 1905; vgl. III.1, Anm. 16), p. 23/25: „Considering how natural the opinion seems for a pragmatist, it astonishes me now that none of us seems to have been ready, until 1903, to plant himself upon the position that logic ought to be founded upon ethics, when I, for one, had been making ethics one of my particular studies for twenty years. I infer that the doctrine will not be much liked, and still less its companion that ethics ought to be founded upon esthetics. The truth is that they do not recommend them-

seiner Kosmologie geprägten Lehrbegriffe des *Tychismus*, *Agapismus* und *Synechismus* wiederholen die drei Erfahrungsuniversen in der Gestalt ihrer evolutionären Realisierung, die kreativ und normativ zugleich geschieht. Erst darin erfüllt sich der für Peirce' „objektiven Idealismus"[63] gültige Gesamtbegriff der *Metaphysik der Evolution*. In ihr entspricht die Gefühlsunmittelbarkeit dem schöpferischen Zufall der Möglichkeiten Gottes, die im Prozeß wirksamen Ereignisse entsprechen der Kraft der Liebe, und die gesetzhafte Gesamtentwicklung entspricht der Realität des Prozesses, den Peirce als *Kontinuum* bzw. in der Lehre des *Synechismus*[64] präsentiert. Der kontinuierliche Zusammenhang von Geist und Materie stellt sich semiotisch als Interpretations- und Verallgemeinerungsfähigkeit dar, die in allen natürlichen Entwicklungen ebenso vorliegt wie in

selves until both ethics and esthetics are conceived differently from the traditional notions of them. I would throw the study of the *summum bonum* over to esthetics, of which it would become the chief problem, in the form, What quality of anything is it that is fine in itself without any ulterior reason? Then the problem of ethics being the study of the general conditions for making the fine existent, it is quite plausible in advance that this may depend upon what the fine is. But it is a part of the solution of that problem that the chief agency for the actualization of the fine must be the action of self-control. As soon, therefore, as we come to see that Reasoning, the primary, indeed the principal, subject of logic, is precisely selfcontrolled thought, the applicability to it of ethical theory becomes credible, to say the least."

63 Im ersten der fünf *Monist*-Artikel (s. o. Anm. 33), *Die Architektonik von Theorien*, schreibt Peirce: „Die einzig verständliche Theorie des Universums ist die des objektiven Idealismus, wonach Materie verbrauchter Geist ist und eingefleischte Verhaltensgewohnheiten zu physikalischen Gesetzen werden", vgl. Peirce (1988), 152; dazu H. Pape (1989), 360 f.; vgl. auch J. L. Esposito (1980); R. Wohlgemuth (1993).

64 Zu Peirce' Ableitung des Begriffs *Kontinuum* vgl. in: Peirce (1992 b), 37 ff. – Theologisch gesehen geht es dabei (und das steht zur mathematisch-logischen und evolutionistischen Begründung bei Peirce keineswegs im Widerspruch) um eine Theorie des *Geistes* Gottes, vgl. II.7, Anm. +7.

den geistigen Aktivitäten des Menschen.[65] Genau dies repräsentieren die religiösen Symbolbildungen („Schöpfung“, „Königreich Gottes“[66]) ebenso wie die wissenschaftlichen Disziplinzusammenhänge[67] und schließlich die fühlbare Nähe von „Gottes Realität“.[68]

4. Elementare Theologie

Peirce' Metaphysik der Evolution steht über allen Einseitigkeiten wissenschaftlicher Sparten und beweist ihre Universalität noch vor allen fachlichen Details der Einzelwissenschaften; sie ist andererseits auf deren Bestätigungen angewiesen und sucht sie.

Theologisch gesehen, d.h. konzentriert auf die wissenschaftlichen Grundbegriffe bezüglich *Religiosität*, ist es die schon bezeichnete Frage der *Zugänglichkeit* bzw. des *Existentiellen*, worauf sich Peirce' genuin religionsphilosophisches Interesse richtet. Werkintern tritt das mit diesen beiden Wörtern beschriebene Phänomen niemals getrennt von wissenschaftlichem Geist und philosophischer Systematik auf[69], sondern immer als konstitutives Ele-

[65] Vgl. dazu genauer die Einleitung von H. Pape, in: Peirce (1988), 81 ff.; K. Oehler (1993), Teil II.

[66] Vgl. deren frühe Fassung und Anwendung in I.7, S. 40 f.

[67] Vgl. II.14, S. 278 f.

[68] Vgl. III.6, Abschnitt II.

[69] Einzige Ausnahme scheint MS 1570 zu sein: Ein Entwurf von 14 S. zu sechs geplanten Vorlesungen über Sprecherziehung („elocution“) für Geistliche auf der Grundlage des *Book of Common Prayer*. – H.C. Johnson, Jr. (1992) hat in einer genauen Studie die biographischen Hintergründe nachgewiesen, die zeigen, daß Peirce offenbar aktives Gemeindemitglied der *Episcopalian Church* in Milford war, diese wiederum hielt engen Kontakt zum liturgisch konservativen *General Theological Seminary*, New York, und dort war in den Jahren 1892–98 verschiedentlich Bedarf an geeigneten Lehrern für Sprecherziehung. Genaue Lektüre des Ms. stößt allerdings auch in dieser vorwiegend technischen Abhandlung auf Grundelemente von

ment und integrativer Horizont von Erkenntnislehre, Logik und Metaphysik. Sich in allen Akten des Fühlens, Denkens und Handelns auf sich selbst und damit auf den je eigenen Lebenshorizont[70] zu beziehen, *kann* wiederum Gegenstand vielfältiger wissenschaftlicher Deskriptionen werden, *muß* aber konsequenterweise auch in seinem diesen gegenüber ursprünglicheren Modus Berücksichtigung finden: nämlich als Ausdruckgabe dessen, wie sich diese Ursprünglichkeit als solche zeigt (was keinem einzelwissenschaftlichen Verfahren widerstreitet). Das Ursprüngliche ist in allem immer mit-gegenwärtig; es als solches zu thematisieren, ist in den Einzelwissenschaften allerdings methodisch ausgeblendet und im ganzen gesehen unüblich geworden. Was wir in der europäischen Philosophie seit Kierkegaard als das *Existentielle* zu bezeichnen gewohnt sind, die *Zugänglichkeit* der Dinge über Selbst-Erfahrung, ist allgemein gesprochen als das Gewißwerden dieses mir zukommenden Ereignisses: *Religiosität*.[71]

Peirce' Religionsphilosophie und Kosmologie wie „law of mind" oder „instinctive capacity" (MS 1570, p. 2). – Aus MS 876, einem Vorlesungsentwurf für eine Themenreihe zu religiösen Fragen (wie meist wird die religionsphilosophische Thematik eingeleitet und verbunden mit der Präsentation der drei Schlußformen: Retroduktion, Induktion, Deduktion), geht im übrigen hervor, daß Peirce in seiner Selbstvorstellung zu Beginn des Textes (p. 1) nicht nur seine bekannten wissenschaftlichen Verdienste nennt, sondern sich (in einer Klammernotiz und mit Fragezeichen versehen) auch als „a communicant of the Episcopal Church" bezeichnet. – In dieselbe Zeit gehört das Briefdokument, worin Peirce gegenüber einem ihm persönlich nur von einem Gottesdienst her bekannten Pfarrer aus New York City (hier ebenfalls: „a regular episcopal church") die überraschende eigene religiöse Erfahrung beim Gang zur Kommunion berichtet, vgl. den Text aus MS L 483 in: D. M. Orange (1984), 45 f.

[70] Vgl. zu diesem Begriff oben S. XXX.

[71] Vgl. Peirce' Definition der Religion in II.8; zum Sinn des Ursprünglichen in der Religiosität vgl. H. Deuser (1991) u. (1993), 211 ff.

Peirce hat die Unentbehrlichkeit dieser ursprünglichen Beziehung genau gesehen, nie bezweifelt und immer verteidigt. Semiotisch und theologisch formuliert handelt es sich um das schöpferische *Quale*[72], das sich kategorial und schlußlogisch gesehen als *abduktiv* erschlossene *Erstheit* im Modus der *Versonnenheit* einstellt[73] und, pragmatizistisch und metaphysisch gefaßt, im Sprung der *creatio ex nihilo* erscheint[74]: Verhaltensbildung und Wachstum aus ihrer ursprünglichen Ermöglichung heraus.

Neben dieser schöpfungstheologischen Grundlegung kommt es auch ganz generell zur Aufnahme religionsphilosophischer Einzelfragen und theologischer Themen. Dabei bedient sich Peirce meist der traditionellen Begrifflichkeit, wendet die Bedeutung dieser Begriffe aber in den Kontext seiner philosophischen Initiativen: der kategorialen Semiotik, der (relationenlogisch begründeten[75]) Lehre von den Schlußformen, der Metaphysik der Evolution und des Pragmatizismus. Um diese Bestandteile summarisch zu erfassen, soll im folgenden von Peirce' Philosophie der *Erfahrungsuniversen* gesprochen werden, so wie er diese im *Gottesargument*[76] einführt, d. h. die phänomenologisch-kategoriale Dreigliedrigkeit aller Erfahrung ist sowohl semiotisch und an den drei Schlußformen orientiert, als auch pragmatizistisch angelegt. Das *Gottesargument* durchläuft insofern Peirce' gesamte Philosophie *als* Religionsphilosophie – und diese steckt voller Hinweise und Andeutungen bezüglich einer *elementaren Theologie*.

[72] Vgl. II.13.

[73] Vgl. III.6, Abschnitt I.

[74] Vgl. II.13, Anm. +22, 25; u. III.7.

[75] Vgl. das schöne Diskussionsbeispiel in Peirce (1992b), 110 f.: „When people ask me to prove a proposition in philosophy I am often obliged to reply that it is a corollary from the logic of relatives [...] The next day I bring them a MS. But when they see that it is full of A, B, and C, they never look at it again [...] Reasoning is of three kinds [...]".

[76] Vgl. III.6, Anm. +8.

(1) Der *religiöse Glaube* (faith) hatte in Mittelalter und Neuzeit jedenfalls auch den (erkenntnistheoretischen) Bedeutungsaspekt, etwas aufgrund übernatürlicher Offenbarung *für wahr zu halten*.[77] Mit der neuzeitlichen Kritik und Dominanz naturwissenschaftlicher Erkenntnisverfahren erscheint eine solche Glaubenswahrheit schließlich als eine bloß „dogmatische" Behauptung bzw. ein allenfalls moralisch gesehen legitimes „Fürwahrhalten".[78] William James zitiert (1896) die dafür einschlägige und eigentlich bis heute populäre Aussage eines Schuljungen: „Faith is when you believe something that you know ain't true."[79]

Peirce' Philosophie der *Erfahrungsuniversen* widerspricht den Grundentscheidungen Kants mit Entschlossenheit und von Beginn an: Die frühen Versuche, das „Unbedingte" etwa als negativen Begriff doch zu denken[80], oder die explizite Kritik an Kants apriorischer Synthesis in der mittleren Phase[81] bis hin zur Identifizierung eines „Kantian nominalism" im naturwissenschaftlichen Zeitgeist[82] – all das bahnt den Weg zu einer Verteidigung des religiösen Glaubens, der allem Für-wahr-Halten vorausliegend die ursprüngliche, leidenschaftliche Bedin-

[77] Vgl. zur historischen und systematischen Übersicht I.U. Dalferth (1989), 195 ff.

[78] Vgl. I. Kant, *Kritik der Urteilskraft*, § 91.

[79] Vgl. *The Will to Believe*, in: W. James (1979), 32.

[80] Im Gegensatz zu Kant würde Peirce dann schon früh einen „Mittelweg" suchen, den Kant selbst in der Alternative von Prinzipien apriori einerseits und Erfahrungserkenntnis andererseits ausgeschlossen wissen wollte: „eine Art von *Präformationssystem* der reinen Vernunft", vgl. *Kritik der reinen Vernunft*, B 167. – Vgl. I.1, Anm. +7; I.2, Anm. 1 u. +5; I.3, Anm. *.

[81] Vgl. II.4, Anm. +44; oder II.13, Anm. 31.

[82] Vgl. die erste Notiz (1892) zur Kritik an Pearson's *Grammar of Science* in der *Nation*-Rezension: N 1, 160 f. (vgl. P 501); die ausführliche Besprechung folgte 1901, vgl. P 802 u. dazu H. Deuser (1993), 4 ff.

gung aller Wahrheitssuche meint.[83] Wie sehr dies mit der reformatorischen Tradition dieses Begriffs übereinstimmt, hat Peirce nicht analysiert, aber er hat gewußt, daß die herrschende Auffassung, Glaube sei entweder ein minderer Stand von Wissen oder müsse als und wie ein Wissen auf empirischem Feld verteidigt werden, den religiösen Glauben ebenso wie die Wissenschaft und ihre Wahrheitssuche ruiniert.[84] Deshalb Peirce' massives Interesse an einer neuen Zuordnung von Religion und Wissenschaft, wie es beispielhaft seine religionsphilosophischen Rezensionsartikel zu Josiah Royce und Francis E. Abbot belegen[85]; und der wissenschaftliche Rang der Religion kann nicht einfach nur – ihrer Tradition entsprechend – behauptet werden[86], denn jede restriktive Bestimmung von Wissenschaft zeigt nur, daß sie ihre Begrenzungen aufgrund metaphysischer Prämissen durchführt, die als solche zur Diskussion stehen.[87] Demgegenüber müßte deutlich werden, „daß alle Eroberungen der Wissenschaft auch Triumphe der Religion sein werden."[88]

(2) Peirce' *Gottesargument* knüpft terminologisch in jeder Weise an die theologische Tradition an[89], auch die immer wieder aufgenommene Kritik am *ontologischen Argument* Anselms[90] unterstreicht diesen Zusammenhang. Ande-

[83] Vgl. vor allem III.9, Anm. +3.

[84] Vgl. III.11, Anm. +2; vgl. II.9.

[85] Vgl. zu Royce' *The Religious Aspect of Philosophy* (1885) Peirce' (damals nicht veröffentlichten) Text in CP 8.39–54; dt. (auszugsweise) in: Peirce (1976), 253–265; zu einer gegenwärtigen Einstufung von Royce' Religionsphilosophie E. Herms (1974). – Zu F. E. Abbots *Organic Scientific Philosophy: Scientific Theism* (1885) vgl. Peirce' Rezension in: N 1, 71–74; dazu bei M. Raposa (1989), 17ff.

[86] Dieser Stand der Debatte klingt noch nach in Texten der ersten Phase, vgl. I.7 u. I.10.

[87] Vgl. beispielhaft II.3.

[88] II.8, S. 211.

[89] Vgl. zur historischen und systematischen Übersicht J. Clayton (1984).

[90] Vgl. I.8, Anm. 8; auch den Zusatztext in CP 5.382, p. 239 (note

rerseits tritt die Eigenleistung in Peirce' Präsentation erst dann ins richtige Licht, wenn sein Text von 1908 tatsächlich auf dem Hintergrund und als Anwendung der *Erfahrungsuniversen* gelesen wird, d. h. als Resultat der Philosophie seines Gesamtwerks. Denn darin entwickelt sich parallel zur Kant-Kritik und zur Erneuerung der Grundbegriffe von Glaube und Wissenschaft die meditative *Bescheidenheit*[91] in der Bestimmung der Zugänglichkeit der Gotteserfahrung. Diese Bescheidenheit ist es, die Religiosität von Existenzbehauptungen zunächst gänzlich freihalten will[92]; doch die über die *Erfahrungsuniversen* zunehmend klarer werdende Unterscheidung zwischen ursprünglicher (tychistischer) Ermöglichung, gegenständlicher Wirksamkeit und gesetzhafter Notwendigkeit relativiert die am ontologischen Beweis kritisierte Existenzbehauptung, und eine umfassende kosmologische Gottes- und Realitätsauffassung kann sich durchsetzen. Diese Wendung ist seit 1905 explizit vollzogen[93], und sie ist das zentrale Motiv des *Gottesarguments*: Es ist universal und allgemein menschlich, keineswegs missionarisch oder apologetisch, sondern entspricht der tiefsten Überzeugung, zu der Menschen im Verhältnis zu sich selbst und ihrer Welt überhaupt nur fähig sind.[94]

(3) Es ist der Gedanke der *Schöpfung* der Welt, der Peirce' neue Sicht der Zusammengehörigkeit von Religion und Wissenschaft am stärksten prägt, und es ist die Einbeziehung des naturwissenschaftlichen Evolutionismus, der

1); dt. in: Peirce (1976), 178 (Anm. 30); III.3, Anm. +18; III.10, Anm. 29.

[91] Vgl. I.6, Anm. 6.

[92] So die Tendenz in II.2 (Anm. 2, im Verweis auf E. Vacherot), während 1887 die auf ihren Mysteriencharakter bezogene Religionsauffassung deutlich an der Gottesvorstellung festhält, vgl. II.3, Anm. +13.

[93] Vgl. die Exposition der „Existenz eines *Allerhöchsten Seins*" in III.2 als Leitlinie für alle anderen theologisch-religiösen Fragen.

[94] Vgl. III.5.

hier den entscheidenden Fortschritt einleitet.[95] Denn von der traditionellen Auffassung her gesehen war zunehmend unsicher und begrifflich unklar geworden, wie die *creatio ex nihilo* überhaupt noch kosmologisch gedacht werden könne, wenn sowohl der Begriff des absoluten *Anfangs* wie der eines statischen *Seins* der Welt wissenschaftlich nicht mehr nachvollziehbar waren.

Die *Kontingenz* von Ereignisfolgen im Rahmen einer evolutionistischen Gesamtentwicklung steht nur dann dem Schöpfungsgedanken nicht entgegen, wenn Schöpfung als Implikation des Prozesses selbst wie seines Ursprungs verstanden und zugleich im wissenschaftlichen Selbstbewußtsein auch methodisch verankert werden kann. Genau dies gelingt durch Peirce' Begriff der *Erfahrungsuniversen*. Damit werden die frühen Fragestellungen nach der *Unendlichkeit*[96] über die probabilistische Induktionstheorie und Peirce' kosmologische Anwendung der Kategorien[97] in einen modalen Begriff der Unendlichkeit überführt, der mathematisch wie theologisch der Lehre der *creatio ex nihilo* genau entspricht.[98] Bedingung der Erfahrungsuniversen ist ihre fundierende (als Möglichkeit gedachte) Vagheit ebenso wie das Faktum des Wachstums und der Regelbildung, im ganzen eine *Realität*, die ohne ursprüngliche Kreativität undenkbar wäre.[99]

Daß diese metaphysische Sicht der Erfahrungsuniversen kosmologisch wie logisch gesehen unreduzierbar dreigliedrig auftreten muß, macht den Schöpfungsgedanken

[95] Zur historischen und systematischen Übersicht vgl. den Art. *Schöpfung* (R. Albertz, J. Köhler, F.-B. Stammkötter), in: HWP 8 (1992), 1389–1413; dazu den Art. *Kontingenz* (H. Poser, H. Deuser) I/II, in: TRE 19 (1990), 544–559.

[96] Vgl. I.3.

[97] Vgl. I. 8, S. 48 ff.; II.5, Anm. 15.

[98] Vgl. vor allem III.11, Anm. +8 (aus MS 856); und für das theologische Festhalten am Unendlichen III.1 u. III.2, Anm. 1.

[99] Vgl. die dazu abschließenden Lehrbildungen in II.13 u. III.10.

zu einem *trinitarischen* Konzept, d.h. die Trinitätslehre ist dann nicht mehr Residuum erfahrungsferner Übernatürlichkeit, sondern die konsequente Interpretation von Anfang, Ende und (gegenwärtigem) Prozeß[100]; Tychismus, Agapismus und Synechismus verhalten sich wie GOTT Vater, Sohn und Geist. Peirce hat das wohl immer gesehen, aber immer mit Vorsicht und der ihm in theologischen Dingen eigenen Zurückhaltung behandelt.[101]
(4) Daß neuzeitlich und nach-neuzeitlich gesehen der Erfahrungsbegriff dominiert und außerhalb seiner kein ihm absolut jenseitiges Feld geltend gemacht werden kann, beeinflußt die Stellung *aller* theologischen Begriffe der Tradition, auch der *anthropologischen* Begriffe, und diese summiert der moderne Problembegriff der *Theodizee*.[102]

In Peirce' *Erfahrungsuniversen* liegt keine anthropologische Verengung vor, so als müßten alle Erfahrungen durch das Nadelöhr menschlicher Sinnkriterien legitimiert werden. Der Wachstumsprozeß der Evolution wird nicht anthropologisch, sondern kosmologisch gesehen, und in diesem Kontext macht die (auf Leibniz zurückgreifende) Tendenz „zum Besten"[103] guten Sinn auch dann, wenn menschliches Leben in seiner eigenen Perspektive begrenzt, unerfüllt bleiben und zugrunde gehen muß. Die Dominanz gehört der *Liebe*, kosmologisch: dem Agapis-

[100] Vgl. II.4 u. H. Deuser (1994).

[101] Vgl. Peirce (1986), 144f. (aus der 11. Lowell-Vorlesung von 1866); dann 1913 in MS 681, p. 32: „But if there be any mysterious connection between metaphysical or theological doctrines of a divine trinity and what I have to say about trichotomy I do not know and have never inquired [...]". – Zur theologischen Anknüpfung vgl. H. Deuser (1993), Kap. 7.

[102] Vgl. als historische und systematische Übersicht zum Erfahrungsbegriff den Art. *Erfahrung* II/III/IV (E. Herms/ J. Track), in: TRE 10 (1982), 89–136; zum Problemfeld der *Theodizee* vgl. die Art. *Evil* (J. Hick), in: EP 3, 136–141; *Leibniz* (L.J. Russell), in: EP 4, 422–434.

[103] Vgl. I.1, Anm. 2; I.9, Anm. 10; II.1, Anm. 4.

mus, in dessen Rahmen keine andere Gegenmacht gleichen Ranges denkbar, also prinzipieller Pessimismus unzulässig ist.[104] Die evolutive (göttliche) Vernunft wird sich durchsetzen[105], und die Liebe ist kein (moralisches) „Gesetz“[106], wohl aber wirksam in den Spuren des instinktiven (religiösen) Common Sense[107] und im *Gebet*.[108] Wie im *Gottesargument* gezeigt, steht Peirce damit jeder Form von Determinismus ebenso fern wie einer chaotisch verstandenen Zufallsagentur. Die Erfahrungsuniversen enthalten in ihrer ursprünglichen Ermöglichung, der göttlichen Schöpfung, Spontaneität und Freiheit[109], und sie realisieren sich im Prozeß der Regelhaftigkeit des Gesamtgeschehens. Dies ist die wahre *Theodizee*, die von keiner theoretischen Konstruktion oder Kritik überholt werden kann.

(5) Implizit ist es schließlich eine neue Auffassung von *Theologie*, die sich dank der religionsphilosophischen Durchführung der *Erfahrungsuniversen* herausbildet. Peirce' deutliche Kritik an heteronomer, dogmatistischer Priesterreligion ist eindeutig und nicht zu überhören[110]; auch ist seine Distanziertheit gegenüber christologischen Themen offensichtlich, weil er das, was Ernst Troeltsch als „Wunderkausalität“ bezeichnet hat[111], für unerträglich und im

[104] Vgl. vor allem III.3, Anm. +15 (u. die dort weiter genannten Stellen).

[105] So bereits Peirce' Sicht in den frühen Entwürfen, vgl. I.7, S. 46f.

[106] Vgl. II.1, S. 82.

[107] Vgl. III.2, S. 289ff.

[108] Vgl. die eindringlichen Beispiele zum Gebet in I.6, Nr. XLVI; I.8, Anm. +4; II.7, Anm. +7; III.2, Anm. 66; III.4.

[109] Vgl. die Verteidigung der Willensfreiheit in III.11, S. 415ff.

[110] Vgl. als charakteristische Beispiele noch einmal II.2, Anm. 33 u. 34; u. II.13, Anm. 15.

[111] E. Troeltsch, Gesammelte Schriften, Bd. 2: *Zur religiösen Lage, Religionsphilosophie und Ethik* (1922), Aalen 1962, 572. – Vgl. dementsprechend Peirce' (seltenen) Bezug auf Jesus aus Anlaß einer liberalen Geschichtsdarstellung der urchristlichen Überlieferung in III.9, Anm. +4; oder die Stelle aus MS 869 (vgl. II.14, Anm. 16), CP 6.538:

Sinne wahrer Religiosität für schädlich halten mußte. Andererseits aber kommt Peirce der populären Wunderkritik keineswegs entgegen, denn hier handelt es sich um Grundfragen seiner Kosmologie, d.h. der Erfahrungsuniversen, und in deren Kontext gilt weder absolute Gesetzlichkeit noch die Irrationalität puren (undenkbaren) Zufalls. Abzulehnen ist eine Auffassung von Wundern als übernatürlicher Unterbrechung der Naturgesetze; tychistische Spontaneität aber muß aus prinzipiellen Erwägungen zugelassen werden, weshalb Peirce noch 1911 dafür den Begriff „Ultra-Wunder" einführt.[112]

Theologie unter der Voraussetzung der *Erfahrungsuniversen* entspricht der *universalen Kirche*, an die Peirce in der Verteidigung genuiner Religiosität appelliert, weil diese Kirche dem Geist der Wissenschaften ebenso gemäß ist wie der wahren Gemeinschaft der Menschen.[113] Deshalb ist in der Perspektive solcher Ursprünglichkeit auch zwischen den Religionen im Grunde genommen keine Differenz. Das *Absolute* ist, religiös gesprochen, nicht Zwang, Gesetz oder Strafe, sondern die Freiheit der Liebe, die „ruhige Emotion"[114], und in dieser Beurteilung stehen Sokrates' Ethik und die Religion des Buddhismus noch höher als das Christentum.[115]

„I do not assent to the contention of many theologians that the miracles of Jesus can properly convince a modern man of the divinity of Jesus."

112 Vgl. III.11, S. 419; und bereits in I.6, Nr. LXVII, die betonte Stellung des „Mysteriums" gegenüber dem Wunder.

113 Vgl. I.7, Anm. 42; II.9, Anm. 11.

114 So in MS 890, vgl. III.3, Anm. +15.

115 Vgl. dazu vor allem den Brief an W. James vom 25. 12. 1909 (MS L 224, p. 1); entsprechend heißt es in der Brieffassung aus der W.-James-Sammlung (unter demselben Datum): „In that respect I can't help thinking that the mother of christianity, Buddhism, is superior to our own religion." – Vgl. auch die Hinweise bei K.L. Ketner/H. Putnam, in: Peirce (1992b), 10 (Briefzitat: Peirce an W. James vom 13. 3. 1897) u. dazu 272 (Anm. 8 u. 9); auch III.9, Anm. +4.

Nun hat Peirce die Geschichtlichkeit der religiösen Erfahrung innerhalb der Erfahrungsuniversen keineswegs übersehen, aber theologisch nicht eigens entfaltet. D. h. die Konkretion jeweiliger Erfahrung und symbolischer Darstellung ist zwar kontingent, aber nicht beliebig austauschbar. Prinzipiell gesehen leben Menschen von der personalen und anthropomorphen Symbolbildung, wie sie sich in der existentiellen Zugänglichkeit unserer ursprünglichen Erfahrung einstellt und in den Religionen zu ihrem charakteristischen Ausdruck gebracht wurde: GOTT als Schöpfer, Liebe und Geistesgegenwart – eine geistliche „Kommunikation"[116], deren lebenspraktische „Überprüfung"[117] in die Geschichtlichkeit der jeweiligen Religion eingelassen ist. Dazu – und daß dieser Prozeß nicht den „Wahnsinn"[118] des religiösen Fanatismus hervortreibt, sondern die Kräfte der Liebe und der universalen Kirche im Namen der Gemeinschaft der Menschen und ihrer Suche nach Wahrheit –, dazu bedarf es der *theologischen* Argumentation. Peirce' Religionsphilosophie hat die dafür heute nötigen erfahrungsuniversalen Strukturen entwickelt.

5. Zur Text-Edition

a) Abkürzungen

Sofern nicht eigens eingeführt, werden Abkürzungen allgemeiner Art sowie die Abkürzungen biblischer Bücher und bibliographischer Hinweise nach dem Verzeichnis der TRE gegeben: S. Schwertner, Theologische Realenzyklopädie, Abkürzungsverzeichnis, Berlin/New York 1976, 9. Aufl. – Zu den abgekürzt zitierten Werken vgl. in der Bibliographie zur Forschungsliteratur, C.

[116] Vgl. III.11, Anm. +18.

[117] Vgl. im *Gottesargument*, III.6, S. 352f.

[118] Vgl. II.3, Anm. +13.

b) Zeichen im Text

[...] – bezeichnet ausgelassene Manuskriptteile.

[ ] – bezeichnet fehlende Fortsetzungen oder Lücken im Ms.

[Überschrift] – Titelüberschriften in eckigen Klammern stammen nicht von Peirce und sind – bei titellosen Mss. – entweder aus der Edition der *Writings* übernommen oder hier eigens vom Hg. formuliert.

[belief] – Wörter in eckigen Klammern (im Text) geben Hinzufügungen des Hg.: entweder die Notierung des engl. Originals oder im Dt. notwendige Ergänzungen.

[and?] – Wörter mit Fragezeichen in eckigen Klammern zeigen eine Konjektur oder fragliche Ergänzung an.

(... [...]) oder [... ‹...›] – zur Unterscheidung der Klammer in der Klammer.

c) Hinweise zur Textgestaltung

Das *Peirce Edition Project*, Indiana University/Indianapolis, hat durch seine genauen Editionsarbeiten und die begonnene Publikation der *Writings of Charles S. Peirce* in Fragen der Textkritik, der Datierung und Zuordnung von Manuskripten und Manuskriptteilen Entscheidungen getroffen, die – soweit es sich um bereits bearbeitete oder publizierte Texte handelt – für die hier vorgelegte Edition vorausgesetzt, übernommen und in entsprechenden Hinweisen belegt werden.

Seitenhinweise auf die Peirce-Manuskripte (vgl. in der Bibliographie unter I. A. 1) erfolgen durch „p." bzw. „pp." und Seitenzahl, wobei die Seiten nach der Robin-Zählung bzw. nach den Sammelmappen der Peirce-Manuskripte in der *Houghton Library*, Harvard University, gezählt werden, d. h. ohne das Deckblatt (mit MS-Nr.) der Microfilm-Edition. Zur genaueren Identifizierung wird in einzelnen Fällen die Ziffer von Peirce' Originalpaginierung gesondert

dert angegeben, die bei Zusätzen, Fragmenten und Varianten mit der Seitenzählung der jetzt vorliegenden MS-Anordnung nicht übereinstimmt.

Textkritische Vorgaben auf der Basis der Edition der *Writings* werden im allgemeinen nicht notiert, die Übernahme von Konjekturen aus den *Collected Papers* wird in den Anm. jeweils vermerkt.

Peirce' Zeichensetzung, vor allem die häufige Benutzung des Semikolons, konnte im Dt. nicht immer übernommen werden (ohne daß eigens darauf hingewiesen würde).

Peirce schreibt in den Manuskripten häufig ein Alpha („α") als Kürzel für „and" – die Übersetzung erwähnt dies nicht eigens.

Fußnoten, mit hochgestellten kleinen Buchstaben gekennzeichnet, bezeichnen immer Peirce' eigene Textnoten. Diese sind unter die betreffende Seite gestellt.

Die kommentierenden Endnoten geben immer Erläuterungen und Hinweise des Herausgebers und werden, nach den einzelnen Texten gegliedert, am Schluß des Bandes gesammelt: als *) zu den Titelüberschriften (d.h. zu Textvorlage, Textgestalt, Datierung etc. des jeweiligen Manuskripts) und ansonsten mit hochgestellten Zahlen. Die mit +) versehenen Zahlen zeigen an, daß in diesen Anmerkungen weiteres Textmaterial (aus anderen Manuskripten oder Manuskriptteilen) übersetzt wird.

Querverweise auf andere Texte innerhalb dieser Edition werden immer mit dem Hinweis „I, II, III" und der jeweiligen Text-Nr. in den drei Teilen dieser dt. Ausgabe angegeben.

BIBLIOGRAPHIE DER QUELLENTEXTE

A. Peirce

1. Werk- bzw. abgekürzt zitierte Ausgaben

CP Collected Papers of Charles Sanders Peirce, Bd. 1–6, hg. v. Hartshorne, Ch./Weiss, P., Cambridge (Massachusetts) 1931–35; Bd. 7 u. 8, hg. v. Burks, A. W., Cambridge (Massachusetts) 1958.

In der üblichen Zitierung der Bandnr., zusammen mit der Nr. der Paragrapheneinteilung dieser Edition.

HP Historical Perspectives on Peirce's Logic of Science. A History of Science, Bd. 1/2, hg. v. Eisele, C., Berlin 1985.

Zitiert wird mit Bandnr. und Seitenzahl.

IMS Peirce-Manuskripte nach der Neuordnung durch Christian J. W. Kloesel (bisher MS nach der v. Richard S. Robin vorgenommenen Liste des Peirce-Nachlasses, Houghton Library/Harvard University) in chronologischer Folge als Grundlage der Edition der *Writings of Charles S. Peirce* (vgl. W) durch das *Peirce Edition Project*, Indiana University/Indianapolis, 1982 ff. Im Anhang der einzelnen Textbände findet sich die entsprechende Liste der neu numerierten Manuskripte (mit Datierung und Inhaltsangabe) im zeitlichen Rahmen des jeweiligen Bandes. Die alte Robin-Zählung (MS) bleibt solange unentbehrlich, wie die neue Zählung der Peirce Edition der *Writings*, Indianapolis, (IMS) aus Gründen der chronologischen Editionspraxis noch unvollständig ist. Deshalb ist, anders als in den *Writings* selbst, die neue Zählung mit IMS gekennzeichnet.

Zitiert wird mit den Nummern der (chronologischen) Manuskriptliste der Edition der *Writings* (W).

MS Microfilm-Edition der Peirce-Manuskripte (Houghton Library, Harvard University).

MS L Briefe der Microfilm-Edition nach der Robin-Zählung.

MS S Supplement-Nr. der Microfilm-Edition nach der Robin-Zählung.

Zitation laut Numerierung durch Richard S. Robin (1967): Annotated Catalogue of the Papers of Ch. S. Peirce, Amherst (Massachusetts); außerdem ders. (1971): The Peirce Papers: A Supplementary Catalogue, in: TPS 7, 37–57.

N Charles Sanders Peirce: Contributions to the Nation, Bd. 1–3 (u. Reg.), hg. v. Ketner, K. L./Cook, J. E., Lubbock (Texas), 1975–1987.

Zitiert wird mit Bandnr. und Seitenzahl.

NEM The New Elements of Mathematics by Charles S. Peirce, Bd. 1–4, hg. v. Eisele, C., The Hague 1976.

Zitiert wird mit Bandnr. und Seitenzahl.

P Charles Sanders Peirce. Complete Published Works, Including Selected Secondary Materials. Microfiche Collection, hg. v. Ketner, K. L. u. a., Greenwich (Connecticut) 1977.

Die Zitation folgt der Numerierung durch Ketner, Kenneth L. (1986): A Comprehensive Bibliography of the Published Works of Charles Sanders Peirce with a Bibliography of Secondary Studies, Bowling Green (Ohio), 2. Aufl.

SS Semiotic and Significs. The Correspondence between Charles S. Peirce and Victoria Lady Welby, hg. v. Hardwick, Ch. S., Bloomington (Indiana) 1977.

Zitiert wird mit SS und Seitenzahl.

W Writings of Charles S. Peirce. A Chronological Edition, Bd. 1 ff., hg. v. Fisch, M. H. u. a., Bloomington (Indiana) 1982 ff.

Zitiert wird mit Bandnr. und in Klammern gesetzter Nr. des jeweiligen Textes.

2. Einzelausgaben

Peirce (1923): Chance, Love, and Logic: Philosophical Essays by the Late Charles S. Peirce, the Founder of Pragmatism, hg. v. Cohen, M. R., New York (Nachdr. 1956).

Peirce (1940): The Philosophy of Peirce: Selected Writings, hg. v. Buchler, J., New York (Neuaufl. 1955: The Philosophical Writings of Peirce).

Peirce (1957): Essays in the Philosophy of Science, hg. v. Tomas, V., New York.

Peirce (1966): Selected Writings. Values in a Universe of Chance, hg. v. Wiener, Ph. P., New York (1958), 2. Aufl.

Peirce (1973): Lectures on Pragmatism/Vorlesungen über Pragmatismus. Engl.-dt. Ausg., übers. u. hg. v. Walther, E., Hamburg (Neuaufl. 1991).

Peirce (1976): Schriften zum Pragmatismus und Pragmatizismus, hg. v. Apel, K.-O., übers. v. Wartenberg, G., Frankfurt am Main, 2. Aufl. (Neuaufl. Frankfurt a. M. 1991).

Peirce (1983): Phänomen und Logik der Zeichen, übers. u. hg. v. Pape, H., Frankfurt am Main.

Peirce (1985a): Über die Klarheit unserer Gedanken/How to Make Our Ideas Clear, engl.-dt. Ausg., übers. u. hg. v. Oehler, K., Frankfurt am Main, 3. Aufl.

Peirce (1985b): Die Festigung der Überzeugung und andere Schriften, übers. u. hg. v. Walther, E., Frankfurt am Main.

Peirce (1986): Semiotische Schriften, Bd. 1, übers. u. hg. v. Kloesel, Chr./Pape, H., eingel. v. Pape, H., Frankfurt am Main.

Peirce (1987): Charles Sanders Peirce, in: Classical American Philosophy. Essential Readings and Interpretive Essays, hg. v. Stuhr, J. J., New York, 13–92 (Peirce-Abschnitt m. Einl. v. Ketner, K. L.).

Peirce (1988): Naturordnung und Zeichenprozeß. Schriften über Semiotik und Naturphilosophie, hg. u. eingel. v. Pape, H., übers. v. Kienzle, B., Aachen (Neuaufl. Frankfurt am Main 1991).

Peirce (1990): Semiotische Schriften, Bd. 2, übers. u. hg. v. Kloesel, Chr./Pape, H., eingel. v. Pape, H., Frankfurt am Main.

Peirce (1992a): The Essential Peirce. Selected Philosophical Writings, Bd. 1 (1867–1893), hg. v. Houser, N./Kloesel, Chr., Bloomington (Indiana).

Peirce (1992b): Reasoning and the Logic of Things, hg. v. Ketner, K. L./Putnam, H., Cambridge (Massachusetts).

Peirce (1993): Semiotische Schriften, Bd. 3, übers. u. hg. v. Kloesel, Chr./Pape, H., eingel. v. Pape, H., Frankfurt am Main.

B. Sonstige Quellen

Emerson, Ralph W. (1990): Die Natur. Ausgewählte Essays, hg. u. eingel. v. Pütz, M., Stuttgart, 2. Aufl.

Fiske, John (1874): Religion as Adjustment, in: Ders., Outlines of Cosmic Philosophy, Bd. 2, London, 452–472.

James, Henry, Sr. (1983): Selected Works of Henry James, Sr., Bd. 1–10, New York (Nachdr. der Originalausgaben).

James, William (1975): Pragmatism, in: Burkhardt, F. H. u. a. (Hg.), The Works of William James. Pragmatism, Cambridge (Massachusetts).

James, William (1978): The Pragmatic Method, in: Burkhardt, F. H. u. a. (Hg.), The Works of William James. Essays in Philosophy, Cambridge (Massachusetts).

James, William (1979): The Will to Believe and Other Essays in Popular Philosophy, in: Burkhardt, F. H. u. a. (Hg.), The Works of William James. The Will to Believe and Other Essays in Popular Philosophy, Cambridge (Massachusetts).

James, William (1982): Die Vielfalt religiöser Erfahrung, übers. u. m. einem Nachw. hg. v. Herms, E., Zürich.

Texte der Philosophie des Pragmatismus. Ausgewählte Texte von Charles Sanders Peirce, William James, Ferdinand Canning Scott Schiller, John Dewey, übers. u. hg. v. Martens, E., Stuttgart 1975.

CHARLES SANDERS PEIRCE

Religionsphilosophische Schriften

I.
Frühe Entwürfe zu Religion und Metaphysik (1859–1870)

1. [Ob aus dem Leben und der Religion Mohammeds für die Welt mehr Gutes oder mehr Böses folgte]*

7. Jan. 1859

Ich für mein Teil stütze mich auf das allgemeine Argument a priori, daß Gott niemals Hunderte Millionen seiner Geschöpfe Bedingungen ausgesetzt hätte, unter denen ihre moralische und religiöse Kultur retardiert wäre. Auch gehe ich davon aus, wie es von Herrn Carlyle[1] nachgewiesen und mit aller Klarheit demonstriert wurde, daß Mohammed kein Betrüger, sondern ein vertrauenswürdiger, die Wahrheit suchender und entdeckender Mensch gewesen ist. Ob nun, daß „alles zum Besten steht"[2], unveränderlich wahr ist oder nicht, ich[3] bin der festen Überzeugung, es verhält sich in der Welt nicht so, daß die Dinge, die durch einen großen Forschergeist[4] ans Licht gebracht wurden, die Tendenz haben, Menschen, die wirklich die Wahrheit lieben, zu erniedrigen – gleichgültig, ob eine solche Untersuchung mit Irrtümern und Fehlern behaftet ist. Man mag einwenden, Mohammedaner hätten gar nicht diese große Wahrheitsliebe. Dann allerdings könnte ihnen keine Religion helfen. Denn diese Eigenschaft ist die erste und unerläßliche Bedingung, Religion auf rechte Weise zu empfangen. Im Vergleich zur Ernsthaftigkeit und Aufrichtigkeit, mit der ein Mensch danach strebt, das Beste zu glauben, bedeutet das Glaubensbekenntnis, an das er sich gebunden weiß, nur wenig.[+5] Es spricht deshalb nichts dafür, daß ein Volk von wilden Lüstlingen, die keine große Wahrheitsliebe kennen, dazu in der Lage wäre, die bescheidenen und vornehmen Lehren reinen Christentums anzunehmen.

Ich bestehe nicht bloß auf der Gültigkeit[6] dieses Arguments, sondern es sollte auch zur Begründung dafür dienen, daß wir von seiner Konklusion überzeugt sind. Die Gründe [grounds] für unsere Überzeugungen [beliefs] sind von noch größerer Bedeutung als die Überzeugungen selbst, und das mit der treffenden Begründung, daß Prinzipien wichtiger sind als Fakten. In jedem Syllogismus wird der Obersatz+[7] aus einem Prinzip gebildet[8] – natürlich mit Ausnahme des Falles, daß es sich um einen singulären Behauptungssatz handelt, dann durchläuft der *menschliche Geist* [*mind*] keinen Syllogismus. Fakten existieren um der Prinzipien willen, nicht die Prinzipien um der Fakten willen. Ich halte es deshalb für keineswegs belanglos, aufgrund welcher Argumente ein Satz gilt, auch dann, wenn er gerechtfertigt *ist* und die folgenden Überlegungen nicht als ein formales, sondern bloß als eine Bestätigung meines vorausgehenden Arguments zu betrachten sind.[9]

Ich nehme nicht an, daß Araber und Türken, hätte Mohammed nicht gelebt, Heiden geblieben wären. Es ist kein Beispiel dafür bekannt, daß ein Volk, das mit der Christenheit in solch intensivem Verkehr stand, bei seinem Heidentum hätte bleiben können. Der Mohammedanismus selbst ist als „verworrene Form von Christentum" (Carlyle)[10] anzusehen. Es ist allerdings richtig, daß die Chinesen einigen Austausch mit Fremden haben, doch ist ihre Einstellung[11] derart anders, sie sind so wenig darauf angelegt, die Zivilisation zu bewundern, daß sie kaum ein passendes Beispiel abgeben. Was aber wäre mit den Türken geschehen, wenn Mohammed nicht gelebt hätte?[12] Entweder wäre, wovon ich überzeugt bin, ein geringerer Prophet aufgetreten – denn ich kann mir das türkische Volk[13] nicht als ein christliches vorstellen –, und das hätte keineswegs diesen enormen Fortschritt zur Folge gehabt, wie er sich bei ihnen im achten Jahrhundert ereignet hat; oder – wenn sie denn Christen geworden wären – es hätte sich um Christen wie im Falle der gottlosen und streitsüchtigen Syrer oder der wüsten Armenier gehandelt. Sie hätten niemals die frömmsten Menschen dieser Welt werden können. Sie[14] mußten das Christentum empfangen, und sie haben es empfangen, und mir scheint, sie hätten es aus keiner besseren Quelle empfangen können. So weit es die Religion betrifft, ich wäre lieber in der Türkei als in Spanien geboren.

Charles S. Peirce

Ich möchte noch erwähnen, daß ich die *zukünftigen* Übel, die wahrscheinlich von Mohammed ausgehen werden, nicht berücksichtigt habe, weil ich denke, daß jetzt der erste Schritt in Richtung auf die Einführung eines reinen Christentums in der Türkei etc. getan ist.

2. Vergleich unseres Wissens von Gott und von anderen Substanzen

25. Juli 1859

*Satz: An alles Ungedachte wird gedacht**

Alles, was wir wissen [conscious], ist bedingt.

Alles, dessen wir uns bewußt sind [conscious of], ist unbedingt. Das *Noumenon* Baum können wir niemals wissen [know]. Das *Phaenomenon* Gott können wir jederzeit erfassen [apprehend].[1]

Wird diese einfache Unterscheidung im Auge behalten, wo liegen dann noch die Schwierigkeit und der Widerspruch [in den Begriffen] des Unendlichen und des Absoluten?

Ist der Raum unendlich? Der Verstand [understanding] ist nicht in der Lage, die sukzessive Synthesis abzuschließen. Was beweist das? Daß der Raum, von dem wir wissen, bedingt ist.

Ist der Raum endlich? Unsere Intuition weigert sich zuzugeben, daß er ein Ende hat. Der Raum, dessen wir uns bewußt sind, ist unbedingt.

Doch hat der Raum ein ihm entsprechendes Noumenon? Es gibt keine eingeborenen Ideen. Ist er dann ein Ding außerhalb von uns? Er ist eine eingeborene Idee.

Es wird sich zeigen, daß ich in dieser Sache eine realistische Position einnehme.

Manche Paradoxe bezüglich der Eigenschaften Gottes sind der Philosophie zu läppisch; das alles verschwindet, wenn wir uns daran erinnern: An alles Ungedachte wird gedacht.[2]

25. Juli 1859

Satz: An alles Ungedachte [unthought] wird gedacht [thought-of].

Die Worte gedacht, gedacht an, ungedacht, nicht gedacht an [unthought of] benutze ich in einem Potentiellen Sinn.[3]

Beweis

Entweder haben wir einen positiven Begriff, dann denken wir daran als [etwas] Gedachtes; oder wir haben einen negativen Begriff, dann bleibt es ungedacht.

Folgesatz I

Von den Dingen außerhalb von uns haben wir nur negative Begriffe.

Folgesatz II

Alle *Noumena* sind unbedingt.

Folgesatz III

Alle Dinge im Himmel und auf Erden werden gedacht [thought of], denn das Ungedachte [unthought-of] wird nicht gedacht [not thought-of] ∴ [die Dinge also] sind nicht ungedacht. An alles Gedachte wird gedacht ∴ nichts Ungedachtes wird gedacht ∴ das Ungedachte [unthought-of] ist weder gedacht noch ungedacht [unthought] ∴ es ist nicht.[4]

Folgesatz IV

An was auch immer gedacht wird, das wird erfaßt; andernfalls würden wir gar nicht denken, obwohl wir denken, daß wir etwas denken. Was kein Gegenstand unter den Bedingungen des Denkens ist, ist ungedacht.

Ergo: Alles Unbedingte wird erfaßt, oder: Was normalerweise unverständlich ist, das ist wahr.

Demgemäß bedarf es keines Beweises für die Existenz des *unendlichen* Raumes, weil es sich um eine unbegreifliche Wahrheit handelt.[+5]

3. Die Natur unseres Wissens vom Unendlichen*

23. Okt. 1859

Ich habe am 25. Juli 1859 gezeigt, daß alle Dinge von uns erfaßt werden; doch sind wir uns des Unendlichen nicht bewußt. Zur Lösung des Paradoxes:

Ich hatte gesagt: „Das Ungedachte ist nicht." Damit war das potentiell Ungedachte gemeint – das Undenkbare. Selbstverständlich war es nicht meine Absicht, die Lehre zu vertreten, daß dann, wenn wir schlafen, alle Dinge nichts seien; denn sobald wir erwachen, sind wir davon überzeugt, daß die Dinge weiter bestanden haben.

Daher ist das Unendliche denkbar; und doch können wir es weder in einem Augenblick noch in aller Zeit denken.

Darin also besteht die Natur des Unendlichen: Seine Denkbarkeit gibt ihm Existenz, während unsere Unfähigkeit es undenkbar sein läßt.

Doch das Paradox bleibt noch bestehen. Wenn wir das Unendliche nicht denken können, wie können wir einen Gedanken fassen, worin es eingeführt wird? Hier gibt es zwei Fälle[1]: 1. wir haben vom Unendlichen dieselbe Vorstellung wie vom Endlichen, 2. wir haben eine Vorstellung, die sich davon unterscheidet.

Im ersten Fall sagen wir, die Hälfte einer unendlich langen Linie sei die halbe usprüngliche Länge der Linie. Dazu führen wir lediglich die Voraussetzung ein, daß das Unendliche ein Maß hat – ein Teil der Definition des Unendlichen.

Ein Beispiel für den zweiten Fall liegt vor, wenn wir sagen, unendlich kleine Quantitäten können vernachlässigt werden. Dazu führen wir die Voraussetzung ein, daß das unendlich Kleine kleiner ist als alles, was wir kennen – ein weiterer Teil der Definition des Unendlichen.[+2]

4. Einleitendes zur Metaphysik*

11. Aug. 1860

Die logische und die psychologische Behandlung der Metaphysik

Metaphysik[1], die Wissenschaft der Gedanken, ist offensichtlich ein Zweig der Psychologie. Doch beruht die Psychologie auf Metaphysik – rationale Psychologie ist ein Zweig der Metaphysik, wenn letztere als Begriffsanalyse aufgefaßt wird. Diese beiden Betrachtungen von Metaphysik sind der Ausgangspunkt für zwei Arten ihrer Behandlung. Die eine beginnt damit, daß sie die Begriffe aus den Systemen von Psychologie und schlußfolgerndem Denken in ihre logischen Relationen und Bedeutungen überführt; die andere bezieht ihre Begriffe nicht aus einem System, sondern aus den Gedanken, wie sie sich selbst in ihrer Logischen Form präsentieren – indem sie in jeder Weise definiert und überprüft werden –, um ihnen schließlich ihren rechten Platz im menschlichen Geist [mind] zuzuweisen.

Das letztere scheint mir der richtige Weg für die Metaphysik zu sein, und man könnte ihn als die Logische Behandlung der Metaphysik bezeichnen.[+2]

5. Beweis der unendlichen Natur des Schöpfers*

Die Notwendige Abfolge[1] von Ursache und Wirkung ist von der Zeit nicht zu trennen, weshalb gilt, daß jene Abfolge begann, als die Zeit begann, und daß auch die Zeit *erschaffen* wurde, als das Universum erschaffen wurde. Deshalb steht diese zeitliche Kausalabfolge im ganzen in Abhängigkeit von der Schöpfung, was ein Einströmen [Influx] bedeutet[2]. Weil das Universum von Ewigkeit her fortdauert, deshalb ist die Summe seiner Geistigen Manifestation *unendlich*. Q. E. D.

6. Private Gedanken hauptsächlich zur Lebensführung*

Charles S. Peirce
Cambridge
Massachusetts

7. Juni 1860

Procul, o procul este profani![1]

I.

1853

Der Geist [mind] eines jeden Menschen hat eine bestimmte Basis, die nicht verkleinert oder vergrößert werden kann. Sie kann erfüllt, bedeckt werden mit *Geist* oder mit *Erinnerung*. Und jeder kann seine Wahl treffen und sein Fundament mit GEIST oder ERINNERUNG decken; oder mit LEIDENSCHAFT oder mit GENIE. Doch ich verstehe hier Geist im Gegensatz zu Erinnerung.+[2] Sollte man Geist im Gegensatz zu Erinnerung benutzen?

III.

1853

Liebe ist das Fundament für alles Wünschenswerte und Gute.

IV.

1853

Unverschämtheit – Begnadung [grace] – ....
Diese drei sind die Voraussetzung für alles.

V.

1853

Witzige Menschen haben am wenigsten Mitgefühl.

VI.

1853

Jede Wahrheit kann unendlich ausgebaut werden, doch wenn alle Wahrheiten zu universalen Prinzipien erweitert sind, bilden sie ein Kräfteparallelogramm, das nicht mehr berechnet werden kann. Daher der Bedarf an besonderen Regeln.

VII.

1853

Begnadung [grace] besteht aus

tatkräftig gewagter Großartigkeit &
mühelos gefälliger Einfachheit,

verschiedenartig zusammengesetzt.

VIII.

1853

Bevor du deinen Arm erhebst, halte ihn zuerst vor dich.

IX.

1853

Dichter sehen die gemeinsame Natur.

X.

1853

Ein gepflegter Schreib*stil* sollte abwechslungsreich sein und alle Elemente der Begnadung besitzen.

XVII.

1856

Mit „Genie“ ist es – wegen der Häufigkeit seiner Verwendung – soweit gekommen, daß es überhaupt nichts mehr bedeutet.

XIX.

1857

Fähigkeit Antrieb	die Seele	Ich	Vernunft Glaube	Güte	Ordnungs- liebe	Einheit	Realität	Dauer[3]
		Du[4]	Neigung Liebe	Schönheit	Menschen- liebe	Totalität	Begrenzung	Kausalität
		Es	Sinneswahr- nehmung Hoffnung	Wahrheit	Weltliebe	Vielheit	Negation	Gemein- schaft

XXI.

1. April 1860

Vom Nutzen der Einsamkeit.

Oh, die ihr die Einsamkeit kennt, fühlt ihren Nutzen! Wer aber kennt sie wirklich? Der Dichter oder empfindsame Mensch schließt sich für eine Stunde, für einen Tag oder auch drei von allem ab und meint, er spüre die hohe Kraft der Einsamkeit. Doch er irrt; sein Lebensverhältnis ist nicht das der Einsamkeit. In der Einöde zu leben, nachdem die zwei Monate Heimweh und die Sorgen in Gedanken an zu Hause vorüber sind und bevor noch irgendeine Aussicht auf Rückkehr sie wieder erstehen läßt: das ist Einsamkeit.

Und dies sind ihre Eigenschaften:
Negativ gesehen die Leichtigkeit des Verschwindens aller Sorge um den äußeren Schein – das gewöhnliche Verschwinden aller Gedanken ans Unechte und bloß Konventionelle.

> „Schlaft, schlaft heute ihr quälenden Sorgen
> Aus Irdischem und Narrheit geboren."[5]

Positiv gesehen eine jedem Menschen bekannte Nähe zur Natur in ihrer Personalität, und das bedeutet, in aller Bescheidenheit, mit Gott zusammenzusein.[6] Einsamkeit bedeutet: Stille der Vorbereitung auf die Begeisterung für Dinge, die dieser Begeisterung wert sind; und Begeisterung aufgrund von Einsamkeit ist von ruhiger, edler und unparteiischer Art. Deshalb hat die Einsamkeit, wird sie nur richtig gebraucht, einen Weltbezug; und, richtig gebraucht, gedeiht der menschliche Geist in ihrem Klima. Sicher ist der Mensch nicht für die Einsamkeit geschaffen; nimmt man sie deshalb als Zweck in sich selbst, so führt sie nur zu Verletzungen und zur Entkräftung. Wer gerade aus der Einsamkeit kommt, dem fehlt die Härte, wie sie jenen eigen ist, die mit schwierigen Lebensbedingungen zu ringen hatten und den Stürmen des Lebens ausgesetzt waren. Einsamkeit ist tatsächlich wie ein Gewächshaus und wie eine Kinderstube.

Der wesentliche Teil dieser Erde besteht aus verschieden gestaltetem Land mit Binnenseen (dem Atlantik, dem Mittelmeer, dem Indischen Ozean, dem Nordpolarmeer), die alle zur Beförderung des gegenseitigen Austauschs geschaffen sind. Das ist die Werkstatt des Menschen. Doch gut die Hälfte des Globus besteht aus nichts als einem polynesischen Ozean – ganz und gar für sich abgeschlossen[7] –, und da ist nichts in dieser Eintönigkeit, das ein Nachdenken oder Interesse auf sich ziehen könnte. Daraus ist zu erkennen: Der Gedanke, Menschen sollten bisweilen ganz für sich allein sein, findet sogar in Aufbau und Gestalt des Planeten seinen Ausdruck. Auch im [menschlichen] GEIST ist mit seiner Fähigkeit zu Kontemplation und Konzentration dieselbe Ausrichtung gegeben; und Menschen, die in Städten leben und dieses Naturgesetz von Körper und Geist verletzen, sind in der Folge zur Degeneration verurteilt. Nach meiner Auffassung sollte es bei der Erziehung von Jungen und Mädchen eine der Hauptaufgaben sein, sie neben dem Unterricht in Literatur und Philosophie und neben der Ausbildung ihrer Urteils- und Handlungsfähigkeit auch die Tiefe, die Kraft und den Nutzen der Einsamkeit zu lehren.

XXII.

23. Juni 1860

Dies ist der Unterschied zwischen Weisheit und Wissen: – Wissen gewinnen wir auf empirischem Wege, aber Weisheit entsteht durch die Entfaltung des Geistes.

XXV.

12. Juli 1860

Die Bestandteile eines jeden Satzes werden als verstanden vorausgesetzt, weshalb uns kein Satz einen neuen Begriff vermitteln und Weisheit nicht aus Büchern gelernt werden kann.

XXVI.

13. Juli 1860

Metaphysik ist die Untersuchung der Form. Bei der Untersuchung der Materie haben wir zumindest eine Vorstellung unseres Gegenstandes und deshalb niemals gänzlich unrecht; doch eine modifizierte Form ist in keiner Weise dasselbe wie die nicht modifizierte, weshalb wir in der Metaphysik niemals teilweise recht haben.

XXXII.

15. September 1860

Anbetung bedeutet, in jedem Sein ihn zu erkennen [recognition], dessen Willen als solchem wir ganz und gar ergeben sein sollten.

Deshalb können wir keinen anderen als den einen wahren Gott anbeten (anderen erweisen wir nur die Ehre), und das erste Gebot ist so zu verstehen: Wir sollen die Wahrheit vertreten, wie sie uns im Erkennen [recognition] wohl bewußt ist.

XXXIII.

15. September 1860

Zu sündigen bedeutet, gegen unsere höheren Beweggründe zu handeln; es bedeutet, daß unsere niederen Triebe stärker sind als unsere höheren[8]; es bedeutet, das nicht zu lieben, was wir als am meisten liebenswert erkennen; es bedeutet, Idolen nachzulaufen.

XXXIV.

16. September 1860

Das moralische Gesetz sagt nicht nur „Du müßtest", sondern „Du solltest"[9], denn es muß nur verstanden werden, damit es geliebt und befolgt wird.

XXXV.

16. September 1860

Daß es einem Christen gelingen sollte, so zu sein, wie Christus in seiner ganzen Größe gewesen ist, das ist unmöglich. Doch alle Menschen, sofern sie die Lehre Christi gehört haben, sie zum Teil verstehen und von daher lieben, sind Christen.

XXXVI.

1859

Es ist für einen Menschen unmöglich, gegen seinen Charakter zu handeln.

Es wäre lächerlich, würde er es versuchen; und er wäre kein besserer Mensch, wenn er es täte, denn der Charakter macht den Menschen.

Gerade das Gesetz über das Wachstum des Charakters ist im Charakter selbst enthalten.[10]

XXXVII.

August 1860

Das Wesentliche einer Sache – ihr Charakter – ist die Einheit des Mannigfaltigen, die in ihr enthalten ist.[11] *Id est* das logische Prinzip, von dem aus als Obersatz die Fakten deduziert werden können.

Was man dagegen die Prinzipien eines *Menschen* nennt, das sind nur seine bestimmten Überzeugungen [beliefs], die er zur Ausführung bringen kann oder auch nicht. Aus ihnen setzt sich folglich nicht sein Charakter zusammen, wohl aber aus dem allgemeinen Ausdruck der Tatsachen – aus den HANDLUNGEN SEINER SEELE.

Was er tut, ist von Bedeutung.
Was er empfindet, ist nebensächlich.

XXXVIII.

16. September 1860

Wegen seiner endlichen Natur hat der Mensch einen freien Willen. Sein Wille ist nur dann frei, wenn er im Zweifel ist – folglich nur in bestimmten kritischen Augenblicken. In der Untersuchung dieser kritischen Augenblicke besteht deshalb der praktische Teil der Ethik.

XLIII.

1858

Wenn sich ein Kind seinen Finger an einer Kerze verbrennt[12], hat es damit nicht nur eine unangenehme Sinneswahrnehmung hervorgerufen, sondern es ist auch aus Erfahrung klug geworden. Nun kann die bloße Materie den Begriff davon nicht vermittelt haben, weil sie keinen zu vermitteln hat; folglich muß es Gott gewesen sein, der bei der

Schöpfung der Welt diesen Gedanken in die Natur hineingelegt hat. Nun war jene Hitze eine Form, und alle Kräfte sind Formen; und über die Materie wissen wir nichts.

Alle Formen sind auch Kräfte, denn zu affizieren heißt, etwas zu bewirken, es handelt sich also um geistige [spiritual] Manifestationen. Wenn das so ist, muß jede Form eine Bedeutung [meaning] haben; und weil alle Phänomene Formen sind, müssen alle Dinge Bedeutungen haben. Die Durchsichtigkeit des Wassertropfens muß für unsere bewußten *Affekte* tatsächlich eine ebenso wahre Bedeutung vermitteln wie ein ganzer Ozean.

XLIV.

1858

Ich denke, das Geheimnis des Ozeans ist dies: Von ungeteilter Einheit und doch unendlicher Vielfalt ist seine erhabene Natur, und überall folgt sie dem Mond als ihrem Ideal. Die schwarzen Felsen, wogegen diese sanfte Masse mit solcher Gewalt schlägt, sind die Bedingungen des Lebens.

XLV.

1858

Stehe früh am Morgen auf, und beschäftige dich in deiner gesamten Zeit mit nützlichen Dingen. Sage nicht, du könntest nichts tun – du kannst. Stimme du mit mir darin überein, daß dies das Geheimnis des Lebens ist.

Dein Auge sei klar; dein Denken gründlich, dein Herz ernsthaft, dein Wille tapfer, deine Hand geschickt, dein Fuß geschwind.

Sei groß, schön und gut; und sage nicht, du könntest nicht – du kannst!

XLVI.

1859

Gebet
Ich bitte Dich[13], o Vater, hilf mir, meine eingeborenen Ideen als objektiv gültig zu betrachten.[14] Ich würde gerne mit deinen Gesetzen in ebenso reiner Übereinstimmung leben, wie dies die träge Masse bezüglich der Naturgesetze tut. Hätte ich doch zuletzt keine Gedanken mehr als deine, keine Wünsche mehr als deine, keinen Willen mehr als deinen. O Gott, schenke mir Gesundheit, Tapferkeit und Stärke. Bitte vergib den Mißbrauch deiner früheren guten Gaben, so wie ich die Undankbarkeit meiner Freunde vergebe.[15] Hab' Erbarmen mit meiner Schwachheit und errette mich, o Herr; rette mich und stehe mir bei.

XLVII.

1854?

Es ist beinahe unmöglich, sich Wahrheit anders als absolut vorzustellen; und doch ist menschliche Wahrheit niemals absolut, weil der Grund der Dinge hypothetisch ist.[16]

Es ist bewiesen, daß die Wahrscheinlichkeit der Prämissen immer größer ist als die der Konklusion oder daß die Ausgangshypothesen das Vertrauenswürdigste an den Dingen sind. Dies zu wissen demütigt die Arroganz des Intellekts, weil die von ihm erreichten Wahrheiten größter Plausibilität eben die sind, die er vermutet hat.

XLVIII.

1854

Notizen über den Himmel

Wer auf der Suche nach göttlicher Wahrheit ist, wird zugestehen, daß der Glaube [faith] die Probe der Wahrheit ist. Die höchste Wahrheit kann nicht bewiesen werden.

Es gibt zwei Klassen von Menschen, die sich im Irrtum befinden: die, die zu leicht überzeugt ist, und die, die von nichts überzeugt ist. Die erste ist der zweiten unendlich überlegen.

Wir wollen also mit einer Schlußfolgerung beginnen, die über die Logik hinausgeht, mit Wahrheiten, die nur dazu vorgestellt werden, daß man sie glaubt; und es sage keiner, der dies nicht versteht: „Dies ist eine Torheit“[17], wie es die Griechen gegenüber Paulus taten und Luther gegenüber der Apokalypse.[18]

Im Reich der Tiere und Pflanzen ist durchweg die Entwicklung der Generationen das überragende Ziel des Lebens. Ist das beim Menschen nicht ebenso?

Der Mensch ist geschaffen zum Bilde seines Schöpfers.[19] Das heißt, der Mensch ist, was Gott ist, aber der Mensch ist endlich. Deshalb hat der Mensch die Qualitäten (wenn auch nicht die Quantitäten) von seinem Schöpfer-Schöpfer. Er erschafft. Das ist keine Spitzfindigkeit und keine Sophisterei. Was aber ist nun die Seele!

Was ist Materie?

Alles was materiell, physisch, objektiv ist, ist Geschöpf. Die Seele ist Schöpfer. – Alles andere ist Geschöpf.

Raum und Zeit sind Geschöpfe.

Wir wollen nun annehmen, daß Gott ein unendliches Raum-Universum[20] geschaffen hat. Er könnte ein weiteres unendliches Raum-Universum schaffen, ohne daß dies in irgendeiner Relation zum ersten stünde. Nicht einmal in einer Distanz zueinander, denn Distanz ist ein

Geschöpf, wenn der Raum ein Geschöpf ist, und zwischen ihnen wurde nichts geschaffen. Auch keine Richtung etc.[21]

Doch wird der unerfahrene Leser[22] dies nicht verstehen; er ist der Auffassung, der Raum habe immer und überall existiert. Welche Dimensionen hat dann unsere Seele? Mit anderen Worten, ist nicht unsere Seele ohne das Universum – unser unendliches Raum-Universum?

Wenn der Mensch in den Himmel kommt, ist er vollkommen. Er war schon das Bild seines Gottes; dann wird er zur Vollkommenheit geschaffen.[23] Er ist der Sohn Gottes, der zur Menschheit kommt. Und Christus sagt, er sei über zehn Städte gesetzt.[24] Was sind dies für Städte? Soll er dazu eingesetzt werden, einen Teil von Gottes Schöpfung zu regieren?! Und wird er niemals seine eigene schöpferische Macht ausüben? Wird Gott nicht seine eigene Schöpfung regieren? Über welche Schöpfung, wenn nicht seine eigene, wird ein Engel regieren?

Es gibt zehntausend Schöpfungen, die zueinander in keiner materiellen Relation stehen und deren Götter Engel Gottes sind, geringer als Gott, aber unendlich, von den Geschöpfen nur in ihrer Personalität unterschieden. Und warum ist unser Gott nicht einer von diesen? Oder sollte Gott nicht eine höhere Stellung zukommen als seinen Engeln? Gottes Engel befinden sich nicht in einem Raum-Universum. Doch sie sind im Himmel. Und ist dieser nicht das Reich des Gottes aller Götter?

LI.

1859

Wie gewaltig unsere Wissenschaft vielleicht auch werden wird, wir werfen doch nur Lichtstrahlen in eine unendliche Dunkelheit. Einmal unendlich, immer unendlich.

LIV.

25. November 1860

Jeder Mensch ist sein eigener Metaphysiker.

LVI.

Der Gedanke des Jahres 1860

Die Metaphysik hat keine praktische Relevanz. So würde vielleicht der Intellekt eines Menschen die Wirksamkeit des Gebets nicht bestätigen. Doch wenn der Intellekt die Übermacht hat, wollen wir daraus keinen Nutzen ziehen. Wenn wir kein Vertrauen in ihn haben, beten wir.

LX.

27. Dezember 1861

Was Freiheit unter den Bedingungen des Kausalprinzips ist, soweit sie darin zum Ausdruck gebracht werden kann, läßt sich leicht sagen – eine bloße Schimäre. Doch was ist Freiheit unter ihren eigenen Bedingungen? Laßt den Philosophen dies erklären, und er hat das Seine getan.

LXI.

27. Dezember 1861

Freiheit ist die Qualität, ungeachtet störender Einflüsse normal zu handeln.

Der gute Mensch – der nicht seinen eigenen, sondern Gottes Willen tut – hat dann einen freien Willen. Doch der, der selbst die Führung übernimmt, ist der Sklave externer Einflüsse.[25]

LXVI.

18. Dezember 1864

Emotion ist vages, unfaßbares Denken.

Das erklärt,

1. warum die höchsten Wahrheiten allein gefühlt werden können,
2. warum ungeprüfte Emotionen die allertrügerischsten Führer sind. Es ist das hohe Alter, das einer Emotion zur Unehre oder Ehre verhilft.

LXVII.

18. Dezember 1864

Jede mögliche Religion hat drei wesentliche Bestandteile: Wunder. Mythos. Mysterium.

Das Wunder bezeugt unter außergewöhnlichen Bedingungen eine Macht, die in besonderer Weise mit der jeweiligen Religion verbunden ist.

Im Mythos ist die Gottesgeschichte vorstellbar gemacht.

Das Mysterium ist das große Symbol, worin die Emotion erwacht.

LXIX.

2. Mai 1865

Es ist eine Folgerung aus Nr. LXVI, daß es eine emotionale Wahrheit gibt, die wesentlich dasselbe bedeutet wie die begriffliche Wahrheit.[26] Die Wahrheiten der Religion sind unbegreiflich. Wie kann dann eine religiöse Wahrheit festgestellt werden? Allein in Sätzen [propositions]; aber in solchen, die absolut unbegreiflich sind. Doch was absolut unbegreiflich ist, das ist unmöglich. Also in Sätzen, die zwar absurd sind, darin aber eine im Grunde gereinigte

Absurdität präsentieren, und zwar aufgrund einer Emotion, die wahr ist.

Anthropomorphologie[27], die man für unzulänglich hält, ist dann das einzig wahre Bekenntnis [creed].

LXX.

20. Nov. 1866

Was keine Frage möglicher Erfahrung ist, das ist auch keine Tatsachenfrage.[28]

LXXI.

2. März 1867

Wunder, die nur für eine Religion spezifisch sind, sind hochgradig zweifelhaft. Die unbestreitbaren Wunder dagegen sind von der Art, daß sie allen Religionen gemeinsam sind.

LXXII.

18. Juni 1867

Der Mensch ist der erste Versuch der Natur im Blick auf die Erzeugung eines intellektuellen Tieres. Noch ist er es nicht, aber – vielleicht – seine Prophezeiung.

LXXIII.

17. Feb. 1868

Tatsächlich ist der bedeutendste Teil der fortgeschrittensten Wissenschaften, Mechanik und Astronomie, rein metaphysisch gewesen: die Dinge in eine Ordnung zu bringen. Ebenso die Morphologie.

LXXIV.

28. Sep. 1869

Wir bewerten das Leben nicht danach, was in irgendeinem Augenblick in unserem Bewußtsein gegenwärtig ist, dies ist ausgesprochen wenig. Noch sollten wir daraus Nutzen ziehen, mehr auf einmal gegenwärtig zu haben; auch nicht bezüglich dessen, was wir schnell aktivieren können.

Dies ist wieder eine der zahlreichen Illustrationen dafür, welch eine geringe Rolle das Bewußtsein in unserem höheren Leben spielt.

Ich frage mich, ob nicht ein Selbst existiert[29], das alles weiß außer sich selbst und sich seiner selbst nur dadurch bewußt wird, daß es mit dem Körper verbunden ist.

LXXV.

17. März 1888

Die beste Maxime beim Schreiben ist vielleicht die, den Leser wirklich um seiner selbst willen zu lieben.

7. [Der Ort unseres Zeitalters in der Geschichte der Zivilisation]*

MEINE DAMEN UND HERREN DER HIGH SCHOOL ASSOCIATION! – Indem ich zu Ihnen spreche, empfinde ich es als äußerst nachteilig, niemals eine spezielle Untersuchung zu einem Gegenstand von allgemeinem Interesse vorgelegt zu haben. Aus diesem Grunde bin ich genötigt, ein Thema zu wählen, bei dem ich kaum den Anspruch auf Originalität erheben kann – was meiner Auffassung sicherlich nicht den Nachdruck besonderer Glaubwürdigkeit zu verleihen vermag. Ich bitte Sie daher, alles, was ich über DEN ORT UNSERES ZEITALTERS IN DER GESCHICHTE DER ZIVILISATION sagen werde, als nichts anderes denn eine Anregung zu betrachten, wie sie im Gespräch ihre Fortsetzung finden könnte.

Als *unser Zeitalter* betrachte ich das 17., 18. und 19. Jahrhundert. Es gibt Zeitgenossen, die, geblendet von der Dampfmaschine und dem Telegraphen, das neunzehnte Jahrhundert für eine Zeit *sui generis* halten. Doch denke ich, daß wir damit uns selbst nicht gerecht werden.

Stellen wir uns vor, Bacon[1] oder Newton[2] wären hier gegenwärtig, und wir zeigten ihnen die Wunder, die unser Jahrhundert zu bieten hat, so würden sie sagen: „Das alles ist bemerkenswert und zutiefst interessant, aber es überrascht nicht. Ich wußte“, so würde jeder von beiden sagen, „daß all diese oder diesen sehr ähnliche Dinge zu dieser Zeit kommen mußten, denn es handelt sich um nichts als die sichere Konsequenz aus den Prinzipien, die ich und meine Zeitgenossen Euch zur Orientierung entworfen haben.“ Aber lassen Sie uns nun vom Jahrhundert zum Zeitalter kommen (von der Besiedlung Jamestowns[3] an gerechnet). Lassen Sie uns dies im Lichte des glänzendsten aller Geister tun: Was würde Dante[4] sagen? Lassen Sie ihn den Aufstieg der verfassungsmäßigen Regierungsform zurückverfolgen, ein niedergedrücktes Volk betrachten, das sich ständig unterwürfig vor einem hochmütigen Herrschergeschlecht beugt; dann Gesetze geben, diese erproben, zur Ausführung bringen und all dies schließlich auf eine angemessene Chiffre reduzieren. Lassen Sie ihn die gewaltigsten Menschen unter der Sonne betrachten, die ihre Herrscher in tausend Stücke reißen und eine solche Furcht verbreiten, daß „die Könige auf Erden und die Großen und die Reichen und die Hauptleute und die Gewaltigen und alle Knechte und alle Freien sich verbergen in den Klüften und Felsen an den Bergen“.[5] Lassen Sie ihn den menschlichen Geist betrachten, wie er seine Religion in lodernden Flammen prüft, ihre historische Unwahrheit enthüllt, die Unmöglichkeit ihrer Wunder und die Menschlichkeit ihrer Offenbarungen, bis sogar „der Himmel entwich wie ein zusammengerolltes Buch“.[6] Und dann lassen Sie ihn die ruhelose Grenzsetzung menschlicher Macht betrachten, wie sie sich über die äußere Welt ausbreitet, wie der Mensch durch die Zeit jagt, über riesige Entfernungen hinweg kommuniziert, dem schnellen Blitz Gewalt antut und in einem solchen Feuer von Aktivität lebt, wie es Generationen von Salamandern kaum ausgehalten hätten. Und er, der ohne Entsetzen die Hölle geschaut hat, würde bebend auf die Erde niederfallen angesichts der ungeheuren Macht des Intellekts, die Gott weit über dieses ganze Zeitalter verbreitet hat. Die Taten dieses Jahrhunderts sind für sich genommen bloße Taschenspielerei – geschickte Kunststücke –, aber es ist dieses Zeitalter, worin „die Sonne schwarz ward wie ein härener Sack, und der Mond ward wie Blut; und die Sterne des Himmels fielen auf die Erde, gleichwie ein Feigenbaum seine Feigen abwirft, wenn er von großem Wind bewegt wird.“[7] In gleicher Weise stimme ich nicht mit jenen überein, die meinen, wir lebten im Zeitalter der Reformation. Und zwar deshalb, weil die Ausrichtung jenes Zeitalters nichts Rationalistisches hatte. Wenn wir in unserer Zeit Regierung, Religion oder Kunst neu begründen wollen, so beginnen wir mit den ersten Prinzipien, betrachten die Logik unseres jeweiligen Gegenstandes und verfahren entsprechend. Die Reformation dagegen war, wie der Name sagt, ein Versuch, Mißbräuche innerhalb bestehender Institutionen abzustellen, ohne dabei die Institutionen selbst abzuschaffen. Was die Religion betrifft: Sie reformierten die Kirche, aber sie hatten noch eine Kirche. In unserer Zeit ist es so, daß neue konfessionelle Gruppen [denominations] die Kirche zumindest verlassen. In der Politik gab es Widerstand gegen den wachsenden Einfluß des Königtums, jedoch nur zum Vorteil des überkommenen Systems. Sogar die großen Erfindungen: das Schießpulver, der Buchdruck und der Kompaß, waren nicht Ergebnisse echter Forschung, sondern man hatte darüber aus alten Büchern gehört; und selbst die Entdeckung Amerikas ging auf eine Untersuchung antiker Geographen zurück. Die Leidenschaft für die Antike war enorm – was uns unbegreiflich ist, es sei denn, wir erinnern uns, daß der Reformation die Kreuzzüge vorausgingen, ein weitaus prachtvollereres Zeitalter, und daß die Griechen den Menschen der Reformationszeit geistig und sittlich ganz offensichtlich überlegen waren.

Es gibt darüber hinaus einen bedeutenden Unterschied zwischen ihnen und uns: Ihre Versuche, den menschlichen Geist entweder vom Irrtum oder von Unzulänglichkeit zu befreien, schlugen ständig fehl. Ihre Republiken wurden weggefegt, die Macht des Königtums war fester etabliert denn je zuvor; ihre edelsten Künste gingen zugrunde, und die Kirchen, die sie errichtet hatten, gaben der Gedankenfreiheit nicht mehr Raum als Mutter Rom selbst. Es gab einen erstickten Ruf nach Freiheit, ein blindes Tasten nach dem Licht – rückwärts anstatt vorwärts gewandt.

Die Reformation war ein Kampf der Menschheit, ihren rechten Herrn wiederzugewinnen. In unseren Tagen ist absolute Freiheit das Ziel. Wir haben den Traktarianismus[8] in England, eine Bewegung strengen Luthertums in Deutschland, das Kaiserreich in Frankreich; doch wer wird behaupten, dies seien die Hauptströmungen unseres Zeitalters? Eher handelt es sich um Reaktionen auf die Extravaganzen der Zeit. Von dem Augenblick an, da der menschliche Fortschritt, zuerst angestoßen von den mächtigen Händen Descartes', Bacons und Galileos[9], ins Rollen kam, hören wir – genau wie den Klang eines Taktschlages – den entschiedenen Protest gegen jede Autorität, wie ehrwürdig sie auch sei, gegen jeden Herrn über die Wahrheit, ausgenommen unsere eigene Vernunft. Descartes, der Vater der modernen Metaphysik, hat, wie Sie wissen, den Begriff des „philosophischen Zweifels" eingeführt; er war es, der als erster erklärt hat, jede Untersuchung solle gänzlich ohne Zweifel begonnen werden; und er folgte damit einer völlig unabhängigen Gedankenrichtung, als ob niemand vor ihm je etwas korrekt gedacht hätte. Ebenso Bacon, der auf keine Philosophen mehr Rücksicht nahm, bestimmte Griechen ausgenommen, *deren Werke verloren sind*. Aristoteles wies er verächtlich zurück mit der Behauptung, vor seiner eigenen Zeit habe es keine Wissenschaft gegeben und nichts sei je entdeckt worden außer durch Zufall.

Nachdem sich der menschliche Geist mit Hilfe dieser bedeutenden Skeptiker emanzipiert hatte, sah dasselbe Jahrhundert in rascher Folge Werke von großer Originalität entstehen: die Arbeiten von Hobbes, Cudworth, Malebranche, Spinoza, Locke, Leibniz und Newton.[10] Ihre Wirkung war gewaltig. Jede Frage des menschlichen Geistes schien sofort ihre Antwort zu finden, und zwar in Werken von einer solchen Größe des Denkens und einer logischen Kraft, daß die Aufmerksamkeit eines jeden, der zu denken vermochte, davon in Anspruch genommen wurde. Ihre Unermeßlichkeit war in der Tat so überwältigend, sie waren so umfassend, so wahr, so profund, daß sie die Originalität zunächst zu hemmen schienen. In der ersten Hälfte des achtzehnten Jahrhunderts scheint kaum etwas Neues geschrieben worden zu sein.

Schließlich erhielt der Fortschritt einen neuen Anstoß. Durch wen? Durch einen weiteren, noch mächtigeren Zweifler, den unsterblichen Hume.[11] Zu seiner Zeit war die philosophische Welt in zwei Lager gespalten, entsprechend den Lehrmeinungen von Leibniz und Locke, von denen die erstere die Existenz eingeborener Ideen annahm, während die letztere sie verneinte. Hume, ein Anhänger der in England vorherrschenden zweiten Lehre, stellte die Frage: „Wie können wir wissen, daß jede Veränderung eine Ursache [cause] hat?" Er wies mit unwiderlegbarer Logik nach, daß sich dies auf der Basis von Lockes System nicht zeigen ließ und also als Prinzip in keiner Weise zugelassen werden dürfe. Selbstverständlich verschwindet mit dem Gedanken der Kausalität die Lehre von einer ersten Ursache und allein schon die Vorstellung von Wundern.

Als Immanuel Kant[12] zum ersten Mal Hume las, war er von Leibniz' Metaphysik, in ihrer durch Wolff[13] theologisierten Gestalt, noch fest überzeugt. Wieviele Scholastiker, ja wieviele Theologen noch unserer Tage hätten sich anders verhalten als auszurufen: „Seht, was für ein Produkt des philosophischen Systems unserer Gegner!" Diese niedrige und entwürdigende Geisteshaltung, darauf erpicht, dem Gegner zu antworten und dennoch Sklave des Irrtums zu bleiben, ist von der Einstellung Kants weit entfernt. Er machte sich daran, seiner eigenen Philosophie die Frage zu stellen, die Hume an diejenige Lockes gestellt hatte. „Wir behaupten, daß dieses und jenes eingeborene Ideen sind", so Kant, „aber woher wissen wir, daß unsere eingeborenen Ideen wahr sind?"

Das Buch, worin Kant die Diskussion dieser Frage präsentiert, ist vielleicht das größte Werk des menschlichen Geistes [intellect]. Alle späteren Philosophien sind gemäß den darin vorgetragenen Ideen zu klassifizieren, denn jene sind allesamt ein direktes Resultat dieses Werkes. Betrachten wir diese späteren Philosophien, ihre gedankliche Tiefe oder ihre Anzahl, so ist unser Zeitalter, verglichen mit allen anderen, diesen weit überlegen. Diese wunderbare Schöpferkraft des Denkens, so behaupte ich, ist ein direktes Resultat von Kants Kritik[14]; und dies läßt sich dadurch erklären, daß Kant uns mit einem Zweifel konfrontiert hat, der unlösbarer als alle anderen und bis auf den heutigen Tag unbeantwortet geblieben ist. Denn Kant zeigte zwar, daß unsere eingeborenen Ideen von Raum, Zeit, Quantität, Relation, Ursache, Möglichkeit usw. wahr sind, doch sah er sich in keiner Weise in der Lage, dies auch bezüglich der Ideen von Unsterblichkeit, Freiheit und Gott zu tun. Folglich haben alle Metaphysiker nach Kant versucht, diese Schwierigkeit zu beseitigen, aber ohne dabei im ganzen erfolgreich zu sein. Hegels[15] System schien zunächst zufriedenstellend, doch seine Weiterentwicklung führte zu Strauß' Leben Jesu[16], wogegen die menschliche Seele selbst, die er zur Grundlage gemacht hatte, heftig protestierte. Der Mensch als Sinnenwesen[17], den Strauß zu einem Gott erhoben hatte, war selbst die Widerlegung dieser Behauptung. Wir sehen also, daß der gesamte Fortschritt in der Philosophie – und das betrifft alles, was seit den Griechen entwickelt wurde – das Resultat jenes methodischen Skeptizismus, des primären Elements menschlicher Freiheit, ist.

Die politische Geschichte der letzten 250 Jahre muß hier nicht wiederholt werden, um die Vormachtstellung des Geistes [spirit] der Freiheit auch in dieser Sphäre zu belegen. Seit den Tagen von Hampdon[18] und bis in unsere Gegenwart ist eine ständig wachsende Geringschätzung gegenüber Herrschern zu erkennen, wobei einige der fortschrittlicheren Geister die Zeit herbeisehnen, in der es gar keine Herrschaft mehr gibt. Wenn also der ganze Ruhm unseres Zeitalters aus dem Geist des Skeptizismus und aus fehlender Ehrerbietung hervorgegangen ist, dann läßt sich auch leicht sagen, wo seine Fehler zu finden sein werden.

Der moderne Fortschritt, von der Antike, seiner Mutter, durch die dunklen Zeitalter, jenes angsterfüllte Gebären, getrennt, hat seither ein selbständiges Leben geführt. Sein Wachstum, seine Konturen, seine Stärke verdankt er ganz sich selbst. Zwar ist er zu einem gewissen Grade durch seine Eltern beeinflußt, aber nur durch eine äußere Vermittlung. Das einzige Band, durch das sie je verbunden waren und das beiden zugehörte, ist das Christentum. Seit Beginn des Christentums verlief das Wachstum der Zivilisation in sechs Stadien.

Das 1. Zeitalter ist das des Aufstiegs des Christentums, das 2. das der Völkerwanderungen[19], das 3. das der Gründung der Modernen Staaten, das 4. das Jahrhundert der Kreuzzüge, das 5. das der Reformation, und das 6. ist unser eigenes Zeitalter oder, wie wir gerne sagen, das Zeitalter der Vernunft. Um nun diese Perioden kurz zu umreißen, können wir sie als gleich lang annehmen. Wenn man sie jeweils mit 320 oder 325 Jahren ansetzt, genügt das für meinen Zweck. Wir wollen sehen, was jedes dieser Zeitalter zur Zivilisation beigetragen hat.

Im Zeitalter des Aufstiegs des Christentums gibt es kein anderes Ereignis, das irgendeinen Einfluß auf das Schicksal der Menschheit gehabt hat. Die ganze Ära muß gemäß dieser zentralen Tatsache interpretiert werden. Denn was zu erkennen ist, ist die vollständige Zentralisierung der Macht im Herrscher, so daß die Untertanen überhaupt *keine* Rechte besaßen. Es ist ausgesprochen bemerkenswert, daß Rom, berühmt für seine Ethik, die Gegenseitigkeit von Rechten und Pflichten so vollständig aus den Augen verlieren sollte. Wem könnte nicht entgehen, daß der Verfall der Theorie durch den Verfall der Praxis verursacht wurde? Die Verderbtheit hatte sich weiter entwikkelt und verbreitet als jemals zuvor und seither. Ich vermag es nicht, auf anständige Weise einen Zustand zu beschreiben, in dem Tugend in jeder Position den sicheren Untergang bedeutete. Die außerordentliche Tugendhaftigkeit, wie sie von den ersten Christen während der ganzen Periode der Verfolgungen gezeigt wurde, stand in wunderbarem Gegensatz zu den Lastern der Heiden. Sie trug ihnen selbst in jenem Zeitalter Vertrauens- und Ehrenstellungen ein und verwies auf einen göttlichen Einfluß, der in ihnen zur Wirkung kam. Ich glaube daher, daß ein philosophischer, unvoreingenommener und menschenfreundlicher Beobachter selbst zu jener Zeit davon überzeugt gewesen sein muß, daß das Christentum die Hoffnung der Welt war. Es war das Zeitalter, in dem sich die Kirche herausbildete. Der Begriff des messianischen Reiches war bereits geprägt, und dieses Zeitalter konnte zusehen, wie sich seine Beziehungen zu den äußeren Institutionen, Lehren und Werken herausbildeten, in denen es sich selbst verkörperte. Es handelt sich um jenen „Anfang" der Kirche, der in späteren Zeitaltern allgemein zu ihrem Maßstab erhoben wurde.

Das Zeitalter der Völkerwanderung gibt Zeugnis von der vollständigen Beseitigung der Spuren der alten Zivilisation. Die neuen Völker hatten keine Geschichte, keine heidnischen Vorurteile, und sie waren erfüllt vom Geist der Freiheit. Das römische Imperium und seine Denkungsart zerschmolzen in ihrem Atem. Vor der Kirche, die in jenen unruhigen Zeiten als einzige Bewahrerin der Kunst des Friedens und der Gesundheit des Geistes erschien, verbeugten sie sich und knieten alsbald. Diese Institution war es, wodurch sich die innere Regierungsform mehr und mehr konsolidierte, während die Unordnung im bürgerlichen Bereich zunahm; die Kirche dehnte ihren äußeren Einfluß in alle Lebensbereiche hinein immer mehr aus, und in der Nacht der Unwissenheit, die nun folgte, war sie die einzige geistige Bewegung in Europa.

Das nächste Zeitalter ist eines der Neugründungen. Die neuen Sprachen entstanden. Das Feudalsystem entsprang aus kleinen Anfängen, bis es das eine Recht Europas bildete. Das Reich Karls des Großen wurde errichtet und bald in die drei Nationen Frankreich, Deutschland und Italien aufgeteilt, während alle anderen Staaten des modernen Europa ihre eigenen Regierungen erhielten.

Selbst die Gelehrsamkeit schimmerte über die Pyrenäen herüber, die Universitäten von Paris und Oxford wurden gegründet, und die Philosophie begann Wurzeln zu schlagen. Die Lebensbedingungen der Kirche erforderten Demut, ihre geistige Kraft war gewaltig angewachsen, ihre irdische Macht begann zu entstehen, und zunächst bestand Hoffnung, daß das Oberhaupt der Kirche auch das der Christenheit sein sollte. Und hätte der Klerus die hohe geistliche Stellung, die ihm ganz selbstverständlich zukam, bewahrt, wäre es vielleicht auch dazu gekommen. Doch unglücklicherweise begann man die Macht zu lieben und wurde infolgedessen ehrgeizig. Der Ehrgeiz zeugte Korruption, Korruption zeugte heimliches Laster, Intrige, Rebellion und Verfall. Papst Johannes XII. wurde von Kaiser Otto wegen Mord, Inzest und Staatskomplott abgesetzt[20]; und wenige Jahre später sind wir Zeuge des inzwischen vertrauten Schauspiels, daß ein Papst durch die Waffen eines Kaisers in seine Schranken verwiesen wird. Welch eine Lehre des Gehorsams gegenüber den Lebensbedingungen, die Gott der Kirche auferlegt hat!

Das nächste Zeitalter ist das der Kreuzzüge. Vierhundert Jahre lang hatte Gott eine andere Zivilisation vorbereitet, damit sie mit der des Christentums verglichen werden könnte, nämlich die der Muslime[21]. Das Christentum zeigte sich nun von seiner imponierendsten Seite. Die Prachtentfaltung Roms steht in Parallele zu der Salomos; die Scholastik, die einzige wirklich christliche Form der Philosophie, stand auf ihrem Höhepunkt; eine großartige christliche Architektur blühte; die ganze Zivilisation Europas schien sich an der Kirche zu orientieren, während die Zivilisation des Islam durch und durch mohammedanisch war. Und nun – Wunder über Wunder – schwärmte die ganze Christenheit aus nach Palästina, Männer, Frauen und Kinder; und auf ihrem Weg zogen sie durch Rom, damit sie die beiden Zivilisationen vergleichen konnten. Auf das Ergebnis dieses Vergleichs für den europäischen

Geist brauche ich nicht näher einzugehen. Die moderne Zeit, die moderne Weite des Denkens und die moderne Freiheit von kirchlichem Aberglauben waren eine Folge der Kreuzzüge, und zwar anstelle der mittelalterlichen Enge und Vorliebe für Ignoranz, die den Kreuzzügen vorausgegangen war. Die bedeutende Idee, die daraus hervorging, war die, daß die Kirche eine große und gute Sache sei, daß ihr aber nicht zugestanden werden sollte, sich über alle anderen Mittel und Wege der Zivilisation hinwegzusetzen.

Damit sind wir beim Zeitalter der Reformation angelangt, dessen Eigenart ich hier nicht skizzieren muß. Mir scheint die gesamte Zivilisation ganz offensichtlich das Produkt des Christentums zu sein. Wenn dies bezüglich des Fortschritts in unserem Zeitalter nicht in gleicher Weise klar ist, so liegt das daran, daß wir dessen Ende noch nicht gesehen und seine zugrundeliegende Idee [philosophy] nicht verstanden haben.

Das Christentum ist keine Lehre, kein mögliches Gesetz; es ist wirkliches Gesetz – eine Königsherrschaft. Doch eine Königsherrschaft worüber? „Alle Dinge werden unter seine Füße gelegt."[22] Ist darin irgend etwas nicht eingeschlossen? Behaupten Sie, daß Freiheit irgendeinen Wert besitzt? „Sein Verdienst ist vollkommene Freiheit."[23] Wir sind es gewohnt, diese Ausdrucksweise für übertrieben zu halten. Doch ist dies eine unverantwortliche Position – eine bloße Ausflucht, um die Aussage mit den Tatsachen in Einklang zu bringen. Die Juden vermochten es, diese Sprache in jedem Zeichen [token] zu lesen; oder es war der wundersame Gang ihrer Geschichte, der ihnen nahebrachte, daß für sie gesorgt und ihre Nation gerettet würde. Ich behaupte, daß kein menschliches Wesen, von welcher religiösen [spiritually] Prägung auch immer, diese jüdischen Prophezeiungen anders gelesen und eine andere Vorstellung aus *ihnen* gewonnen haben kann als die, daß der darin verheißene Messias ein Prinz sei, der auf dem Thron seines Vaters sitzt, die Angelegenheiten des Staates regelt und die Menschen ebenso zu nationalem Ruhm wie zur persönlichen Unsterblichkeit führt. Als die Verheißung auf die Völker ausgeweitet wurde, bedeutete es dasselbe auch für sie. Mir scheint, wenn wir Christen sind, so müssen wir glauben, daß Christus nun den Gang der Geschichte lenkt, das Schicksal der Könige bestimmt und daß es keinen Bereich des Allgemeinwohls gibt, der sich nicht innerhalb der Grenzen seines Reiches befindet.

In einem Bühnenstück – in einem wohldurchdachten Schauspiel – nimmt der Gang der Handlung einen gleichmäßigen Verlauf.

Am Anfang steht ein Prolog oder die semi-lyrische Rede eines Darstellers, der die allgemeine Idee des Stükkes exponiert, um das Publikum in die richtige Stimmung zu versetzen. Ist dies erreicht, beginnt das eigentliche Stück. Zuerst werden die Materialien und Grundbestandteile der Handlung präsentiert, die Situation, die Personen etcetera, in denen die Idee zur Darstellung kommen wird. Als nächstes wird die Idee, wie sie sich mittels dieser Elemente entwickelt, vorgestellt. Die Handlung wird *realisiert.* Dann ist es notwendig, die Ursachen, Mittel und Bedingungen zu erkennen, durch die sich die Handlung verwirklicht, sonst könnten wir im Stück gar keine Entwicklung wahrnehmen. Viertens, die Darstellung der Leidenschaften kommt zur ihrer vollen Entfaltung, weder über- noch untertrieben, sondern gut gezeichnet, mit Bestimmtheit und auf menschliche Weise. Dies ist die Mitte des Stücks. Danach, fünftens, muß es, wenn das Stück bezüglich seiner Idee lehrreich sein soll, eine oder mehrere gegenläufige Handlungen geben, die sich alle auf denselben Gedanken beziehen. Daher finden sich im *Othello*[24], nachdem Iagos Verrat an Othello völlig klar ist und seine Eifersucht ins Bild gesetzt wurde, einige Szenen, in denen dasselbe doppelbödige Spiel gegenüber Cassio, Roderigo und Bianca zu sehen ist. Sechstens folgt der großartige

Höhepunkt, der die Wirksamkeit der Idee nicht nur in Herzen und Köpfen zur Darstellung bringt, sondern in den materiellen Folgen. Darauf dann der Schluß, worin die ganze Handlung sich verdichtet; und das ganze endet, wie es begonnen hatte, mit einer Ansprache an das Publikum, einem Monolog.

Wir wollen nun zusehen, ob das Christentum, als Handlungsstruktur[25] der Geschichte, in seiner Entwicklung nicht bestimmten Gesetzen folgt, aus deren Betrachtung wir dann schließen könnten, wo wir uns befinden und wohin wir tendieren.

Religion sollte weder als ein subjektives noch als ein objektives Phänomen betrachtet werden. Das heißt, sie ist weder etwas in uns noch auch gänzlich außerhalb von uns – sondern sie verhält sich zu uns in einer dritten Form von Beziehung, sie existiert in unserer Gemeinschaft [communion] mit einem anderen Wesen. Trotzdem kann die Religion auf jedem der drei Wege offenbar werden – durch eine innere Selbst-Entwicklung, durch die Anschauung dessen, was um uns ist, oder durch eine persönliche Mitteilung des Allerhöchsten. Ein Beispiel für ihr Offenbarwerden auf dem ersten Weg ist die natürliche Religion. Menschen erkennen in der Natur ihre Erhabenheit und Schönheit, und ihr Geist [spirit] erhebt sich allmählich zur Idee eines Gottes. Weder sieht der Mensch die Gottheit, noch beweist ihm die Natur die Existenz jenes Wesens, aber sie erregt seinen Geist [mind] und seine Vorstellungskraft, bis sich jene Idee in seinem Herzen verwurzelt. In gleicher Weise legen der dauernde Wechsel und die Bewegung in der Natur die Idee einer Allgegenwart nahe. Und schließlich kommt der Mensch durch die Ereignisse seines eigenen Lebens zu der Überzeugung, daß es eine Beziehung jenes Wesens zu seiner Seele gibt. Eine solche Religion, auf die alles verweist und in der nichts offenbart wird, ist eine natürliche Religion. Von ganz ähnlichem Charakter ist die Religion der Juden. Zwar kannten sie Wunder, aber die gab es, wie es scheint, auch bei den Ägyptern und Kanaanitern; also konnten diese Wunder ihre Religion nicht *beweisen*. Nirgends sahen sie wirklich die innige Vereinigung von Mensch und Gott, denn das ist unmöglich – außer für eine schon religiös [spiritual] entwickelte Einsicht. Ihre wunderbare Geschichte leitete dazu an, es zu glauben, und ihre Propheten erzählten darüber. Doch dies alles lief nur auf Vermutungen hinaus; durch diese aber hat sich ihr Glaube eingeprägt.

Diese innerliche oder subjektive Offenbarung der Religion kann in unserem System nicht in ihrer reinen Form vorkommen. Denn infolge der Tatsache, daß wir in einer christlichen Gemeinschaft leben, werden wir mit Religion nicht eher bekannt, als daß wir sie von Menschen mit höherer Bildung lernen – so wie aus einem Buch.

Auf Religion durch unmittelbare Offenbarung hoffen wir im tausendjährigen Reich. Es gibt keine Gewißheit darüber, daß sie jetzt existiert. Denn obwohl es Offenbarungen gegeben hat, geschah dies doch nur in wenigen Fällen. Die Mehrheit der Christen empfängt nur soviel Gnade, wie zum Verständnis eines Teiles der Prophezeiungen nötig ist. – Objektiv gesehen gewinnt das Christentum seine Wirkung dadurch, daß es sich ganz und gar durch unser großes Vorbild einprägt. Wir lernen das Christentum durch die Kontemplation seiner vollständigen Verkörperung in Ihm, und in geringerem Maße durch Vermittlung der Kirche. Um also die Geschichte des Christentums oder der Zivilisation zu verstehen, müssen wir versuchen, die aufeinanderfolgenden Entwicklungsbedingungen in der Religion des Menschen kennenzulernen; und wir tun dies, indem wir ein Beispiel betrachten.

Jedes Objekt kann nur durch eine bestimmte Anordnung von Formen in Erscheinung treten. Die vertrauteste Veranschaulichung dafür findet sich im *Aussagesatz* [*proposition*]. Jede Aussage kann als ein Objekt betrachtet werden, das heißt, es ist etwas außerhalb unserer selbst, das wir wissen können; und ich sage, die grammatische Analyse einer Aussage veranschaulicht uns auf vertrautere Weise als alles andere die Gesetzmäßigkeiten der objektiven Darstellung. Um daher die Gesetzmäßigkeiten der objektiven Darstellung der Religion aufzuspüren, werde ich versuchen, sie in einem Aussagesatz zu erfassen. Die erste Bedingung einer Aussage ist die, daß sie etwas aussagen – daß sie ein Prädikat haben soll. Doch dies wiederum impliziert eine ganze Reihe von Bedingungen, die dem Aussprechen des Satzes[26] vorausliegen und die es uns ermöglichen, sowohl den Gedanken, den ich übermitteln will, als auch die Sprache, in der ich ihn übermittele, zu verstehen. Bevor jemand ein Buch lesen kann, muß er die Bedeutung von Bezeichnungen kennen, das heißt, er muß schon über die Gedankenelemente verfügen, die in dem Buch vorgetragen werden. In gleicher Weise muß jemand, bevor er die Stimme Gottes hören oder ein religiöses Beispiel auch nur verstehen kann, eine Vorstellung davon haben, was Religion ist; und das impliziert, daß er zuvor eine innere Offenbarung dieser Religion gehabt haben muß. In Übereinstimmung mit dieser Bedingung waren Heiden und Juden vor Christi Geburt zu der Idee einer innigen Vereinigung der Menschheit mit der Gottheit gelangt, dergestalt, daß es zu einer bestimmten Harmonie käme, worin die Geschöpfe vollständig mit dem Schöpfer im Einklang lebten, so daß alle ihre Bewegungen unter einem Gesetz stünden, ganz wie es sich in der unbelebten Natur verhält; und doch so, daß der Mensch in genau dieser Abhängigkeit und Passivität seine höchste Freiheit, Aktivität und vollkommene Erfüllung fände. Dies also ist das Prädikat der Formel, mit der ich das Christentum zum Ausdruck bringen möchte – und ich werde es als himmlisches Königreich bezeichnen. Den Juden war zusätzlich ein kompliziertes Ritual überliefert, ein System der Reinigung, das, wie der Hebräerbrief[27] argumentiert, nie etwas bewirken konnte; und dazu ein Tempel und Feste, die ständig ihre Aufmerksamkeit auf leere Formen lenkten. All das war symbolisch. Es war die Grammatik des Christentums ohne seine Substanz. Es war die Erfüllung jener anderen Bedingung, daß jemand, um verstehen zu können, was ich ihm sage, nicht nur die Vorstellungen kennen, sondern auch mit der Sprache vertraut sein muß, in der sie ihm entgegengebracht werden.

Auf die innere Offenbarung folgt die objektive, und in der letzteren muß die erstere kulminieren. Denn sofern die objektive Offenbarung Träger einer höheren Botschaft ist, muß sie von sich aus darauf hinweisen, so daß ihre Bedeutung wahrgenommen werden kann. In diesem Kulminationspunkt wird die Vollkommenheit in einer solchen Form zur Erscheinung kommen, daß die Menschen es sehen und wissen können; das heißt, es muß sich um eine Vollkommenheit in menschlicher Form handeln. Die Erfüllung der ersten Bedingung, die Verkündigung des Prädikats, geschah daher mit der Geburt Christi.[28]

(Der Redner fuhr an dieser Stelle fort, die Formel „Die Kirche ist das himmlische Königreich" zu analysieren, und bemühte sich zu zeigen, welche Rolle jedes Zeitalter bei seiner Verkündigung gespielt hat.)

Die Unterteilung der Geschichte in Zeitalter legt eine weitere Überlegung nahe, daß es nämlich eine Analogie zwischen dem Verlauf der alten griechischen und der modernen Geschichte gibt. Wenn wir unsere Völkerwanderung hatten, dann hatten sie die ihre 2000 Jahre zuvor. Entsprechend unserem Zeitalter des Rittertums hatten sie die Expeditionen der Argonauten und den Trojanischen Krieg. Unsere Reformation findet eine sehr unzureichende Darstellung in einer anderen Art von Reform, der des Regierungssystems der griechischen Staaten. Doch die beiden Zeitalter haben noch eine weitere seltsame Gemeinsamkeit: das eine erwacht mit Homer, das andere mit Dante. Aber so zweifelhaft die Analogie der beiden letztgenannten Zeitalter ist, die Analogie zwischen dem Griechenland von vor zweitausend Jahren und unserer eigenen Zeit, sie ist dennoch bemerkenswert. Es handelt sich in der Tat um eine so vollständige Ähnlichkeit, daß sie einen dazu verführt, ihr im Detail nachzugehen.

Das Auffallendste an unserem Zeitalter ist seine materialistische Tendenz. Sie zeigt sich in der Entwicklung der materiellen Fertigkeiten und Wissenschaften, in dem Bestreben, alle unsere philosophischen oder moralischen Theorien in der materiellen Welt veranschaulicht zu sehen, und in der Tendenz, ein System nur nach seinem praktischen Wert zu bemessen. Diese Tendenz scheint oft einer anderen großen Bewegung unseres Zeitalters entgegenzustehen, dem Idealismus. Der Idealist betrachtet Abstraktionen als real existierend. – Folglich räumt er ihnen ebensoviel Wert ein wie den Dingen. Mehr noch, durch ein umfassendes und gründliches Studium des menschlichen Geistes hat der Idealist bewiesen, daß man zum Wissen von Dingen nur durch Wissen von Ideen gelangen kann. Diese Wahrheit ist dem Materialisten zuwider. Weil sein Objekt aus Ideen besteht, die in den Dingen eingeschlossen sind, gibt es nichts, das er so gründlich ausrotten möchte wie die Beimischung von Ideen in unserem eigenen Denken [mind]. Die Behauptung, daß die Wahrheit erst durch solch eine Beimischung erlangt wird, muß ihm als vollkommener Umsturz aller Naturwissenschaft erscheinen. Zumindest ist er der Auffassung, daß allenfalls der Common Sense von unserem Denken akzeptiert werden sollte.[29] Dies aber liefe darauf hinaus, daß die unklaren Ideen des ungeübten Intellekts in seiner Wissenschaft zugelassen, die erprobten, erhärteten und weiterentwickelten aber ausgeschlossen würden. Der Materialist wird erwidern, daß die Verbindung von Spekulation und Wissenschaft regelmäßig zu Irrtümern geführt hat. Das mag so sein; doch nur mittels des Idealismus ist Wahrheit in der Wissenschaft möglich. Menschliche Gelehrsamkeit muß irgendwo Fehler machen. Der Materialismus geht hinsichtlich seiner Unvollständigkeit fehl. Der Idealismus dagegen stellt immer ein systematisches Ganzes dar, das eine gewisse Vagheit besitzen muß und von daher zum Irrtum führt. – Dem Materialismus fehlt eine Philosophie. Deshalb ist er notwendigerweise einseitig. Er mißversteht sein Verhältnis zum Idealismus und die Natur seiner eigenen Logik. Wenn aber der Materialismus ohne Idealismus blind ist, dann ist der Idealismus ohne Materialismus leer.[30] Wenn man die wunderbaren philosophischen Entwürfe unserer Zeit betrachtet, wird man in jedem von ihnen Anzeichen dafür finden, daß das Neue in ihnen weitestgehend durch die Naturwissenschaften angeregt worden ist. In einer Hinsicht ist reines *a priori*-Denken [reasoning] tatsächlich eine Fehlbezeichnung. Soll es soviel bedeuten wie: Analyse ohne etwas zu Analysierendes? Analyse wessen?, frage ich. Jener Ideen, die keinem Menschen fehlen. Des Common Sense. Aber warum *Common* Sense? Die Metaphysik bedarf aller Entwicklungsstufen des Denkens von jener ungewöhnlichen Art [uncommon sense], wie es aus den Naturwissenschaften herkommt, um das Begriffsvermögen [conceptions] des Geistes vollständig zu erfassen. Das gilt, denke ich, in einem Ausmaß, daß die fällige Anerkennung der Verpflichtungen, die die Idealisten den Naturwissenschaften gegenüber haben, zeigen wird, daß sogar ihren eigenen Ansprüchen eine gerechte Bewertung zuteil wird, wenn wir die Größe unseres Zeitalters insgesamt gemäß dieser materialistischen Tendenz interpretieren.[31]

Man beachte auch, welche Wahrheit, ja welche in besonderer Weise christliche Wahrheit in dieser Tendenz liegt. Es gibt zwei Bereiche menschlicher Gelehrsamkeit: die Wissenschaft der äußeren Dinge und die Wissenschaft des Geistes selbst. Der Materialismus widersetzt sich dieser letzteren, nicht im Sinne von Untersuchungen ornamentalen Charakters, nicht in einem regulativen oder erzieherischen Sinne, sondern in dem Sinne, daß ihr irgendein Wert oder Wahrheit an sich selbst zukommt. Dabei geht es um die Behauptung, daß der Mensch nicht geschaffen wurde, um nach innen zu blicken, daß er nicht für sich allein geschaffen wurde, sondern um dessentwillen, was er in der äußeren Welt tun sollte. Und ich will nun die Frage stellen: Wie wird sich das Christentum darstellen, wenn wir es aus materialistischer Sicht betrachten? Ein Aspekt wird dabei sicher nicht erscheinen, es wird keine deutsche Aufhebung Christi in eine Klasse oder in das Selbst geben.[32] In materialistischer Sicht wird sich eine Tendenz zeigen, die Subtilitäten der Dogmen zu ignorieren und sie in der Art des Common Sense zu betrachten; man wird dafürhalten, die wahre Religion bestehe aus mehr als aus einem bloßen Dogma, nämlich darin, die Witwen und Waisen zu besuchen und uns von der Welt unbefleckt zu halten.[33] Man wird feststellen, daß das Christentum sogar darüber hinausreicht, es gilt auch jenseits des guten Gewissens, jenseits des individuellen Lebens. Es muß alle menschlichen Gesetze durchdringen – die sozialen Organisationen, die Nation, die Beziehungen der Menschen und der Völker. Jene Sichtweise wird fordern, daß nicht nur dort, wo die dem Menschen aufgegebenen Handlungen zu finden sind, sondern auch dort, wo er reines Werkzeug der Vorsehung ist und sich im Bereich der unbelebten Natur befindet, das Königreich Christi sichtbar wird.

Es ist dies ein leuchtendes Zeitalter, und es ist augenscheinlich von seiner eigenen Ewigkeit überzeugt. Doch wird es nie zu einem Ende kommen, so wie das griechische Zeitalter in das römische überging? Der menschliche Geist kann nicht die Äonen mit immer denselben Eigenschaften überdauern, denn solch eine Monotonie ist ihm zu dürftig. Wird unser Zeitalter nie enden? Werden wir dann ewig fortfahren, mit Elektrizität und Dampf herumzuspielen, sei es im Laboratorium oder im Gewerbe, und diese Mittel niemals im weiten Feld menschlicher und sozialer Aufgaben wirklich *nutzen*? Es mag vielleicht so scheinen, daß ich dessen spotte, was bei Ihnen in Ansehen steht; und ich räume ein, daß wir doch etwas an überschüssiger Energie für philanthropische Zwecke auf unserem triumphalen Weg, die *Dinge* zu umwerben, eingesetzt haben. Doch ich stimme mit dem Mann überein, der über unser Zeitalter sagt:

> Der Reiter dient dem Pferd;
> Der Hirte dient dem Vieh;
> Der Kaufmann dient dem Geld;
> Der Esser dient dem Fleisch.
> Es ist die Zeit des Sklaven;
> Netze zu knüpfen und Korn zu mahlen.
> Die Dinge sitzen im Sattel und reiten die Menschheit.[34]

Der Ansatzpunkt dafür muß noch gefunden werden, daß der Hebel der Liebe die Welt bewegen wird. Wird unser Zeitalter niemals enden? So wie der einzelne Mensch nicht zwei Dinge zugleich tun kann, so vermag dies auch die Menschheit nicht. Lord Bacon[35], unser großer Meister, hat gesagt, das *Ziel* der Wissenschaft sei die Ehre Gottes und der Nutzen des Menschen. Wenn das gilt, dann steht die Handlung höher als die Vernunft[36], weil die Handlung der Zweck der Vernunft ist; und zu behaupten, dies sei nicht so, ist das Wesen von Egoismus und Atheismus. Unser Zeitalter wird also ein Ende haben, und die Frage ist in der Tat nicht, warum es nicht enden, sondern warum es andauern sollte. Welchen hinreichenden Grund sollte es für den Menschen geben – ein Wesen mit dem natürlichen Trieb zuerst der Sinneswahrnehmung, dann des Schlußfolgerns, der Vorstellungskraft, des Wünschens und der Handlung –, beim Schlußfolgern stehenzubleiben, so wie er es im Verlauf der letzten 250 Jahre getan hat? Das wäre unnatürlich und kann nicht von Dauer sein. Der Mensch muß fortfahren, diese Kräfte und Energien, die ihm gegeben sind, zu nutzen, um die Natur durch seinen Intellekt zu prägen, mit ihr ins Gespräch zu kommen und nicht nur zuzuhören.

Zuerst lebte der Mensch im Ich-Stadium, in dem er sich willkürlich Vollkommenheit nur vorstellte, heute befindet er sich im Es-Stadium[37], in dem er sie beobachtet. Hierauf muß das noch glorreichere Du-Stadium[38] folgen, wenn er mit der Vollkommenheit in Gemeinschaft leben wird. Und dies genau ist es, dem wir uns Schritt für Schritt nähern. Denn wenn ich für einen Augenblick auf meine trockene Formel-Analyse des Christentums zurückkommen darf, so ist festzustellen, daß die Konklusionen aus den vorhergehenden Zeitaltern die Antworten auf drei Arten von Fragen bezüglich jenes Aussagesatzes gegeben haben. Zwei waren metaphysischer Art: Worin besteht sein Prädikat, worin sein Subjekt? Zwei waren dynamisch[39]: Ist der Satz hypothetisch oder wirklich, ist er kategorial oder konditional? Zwei waren mathematisch: Worin besteht seine Qualität, worin sein Quantität?

Und so bleibt lediglich eine Art der Fragestellung übrig, nämlich zwei physikalische Fragen. Die erste lautet: Ist das Christentum nur eine Bewußtseinstatsache oder eine Tatsache der äußeren Welt? Diese Frage wird zum Abschluß unseres eigenen Zeitalters ihre Beantwortung finden. Die zweite lautet: Ist dieses Prädikat nur für den Verstand wahr oder auch für die Sinne? Das wird, wenn wir soweit vorausblicken dürfen, dann beantwortet werden, wenn Christus kommt, sein Königreich selbst zu regieren. Und wenn das geschieht, wird die Religion nicht mehr objektiv dargestellt, sondern in unmittelbarer Kommunikation mit ihm werden wir sie empfangen.

Wenn das Ende unseres Zeitalters anbricht und Skeptizismus und Materialismus ihr Werk vollbracht haben, wird unser Glaube [faith] um vieles größer sein als je zuvor. Denn dann wird der Mensch Gottes Weisheit und Barmherzigkeit nicht nur in jedem Ereignis seines eigenen Lebens erkennen, sondern auch in dem des Gorillas, des Löwen, des Fisches, des Polypen, des Baumes, des Kristalls, des Sandkorns, des Atoms. Er wird erkennen, daß diese alle ihre eigene innere Existenz für sich besitzen, um derentwillen sie von Gott geliebt werden, und daß Er ihnen eine Natur von unendlicher Perfektibilität verliehen hat. Der Mensch wird seine Torheit erkennen, daß er meinte, die Natur sei um seinetwillen geschaffen. – Er wird erkennen, daß Gott keine andere Schöpfung besitzt als seine Kinder. Die Dichter unserer Tage – und ein wahrer Dichter ist ein wahrer Prophet – personifizieren aus diesem Grunde alles, und das nicht in einem rhetorischen Sinn, sondern aus ihrem eigenen Fühlen. – Der Dichter sagt uns, er fühle eine Affinität zur Natur, und er liebe die Steine und den Wassertropfen. Doch es wird eine Zeit kommen, da wird keine Dichtung mehr sein, denn was durch sie prophezeit wurde, wird wissenschaftlich gewußt werden. Es ist wohl wahr, der wissenschaftliche Fortschritt kann nachlassen, dann aber wird das Wesentliche aus ihm gewonnen sein. Dieser Stillstand wird uns Zeit geben, jenen Kosmos, jene ästhetische Sicht der Wissenschaft so wahrzunehmen, wie Humboldt es schon früh verstanden hat.[40] Die Physik wird uns mit dem körperlichen Substrat aller Dinge und mit ihrer Einheit[41] vertraut gemacht haben; die Naturgeschichte wird uns die Seele aller Dinge und ihre unendlichen und liebenswürdigen Eigentümlichkeiten deutlich gemacht haben. Die Philosophie wird uns gelehrt haben, daß dies *alles* die Kirche[42] konstituiert. Oh, welch himmlische Harmonie wird erklingen, wenn alle Wissenschaften, eine als Violine, eine andere als Flöte, wieder eine andere als Trompete, jene majestätische Symphonie erschallen lassen, worin der würdige Orgelton der Astronomie für immer das Thema gibt.

8. [Auszüge aus der III. und VI. Lowell-Vorlesung]*

[Aus der III. Vorlesung[1]]

Die Schlußform, die wir bezogen auf alle Bälle in diesem Sack angewandt haben, während wir doch nur einige Proben davon sehen konnten, nennen wir den Induktionsschluß. Er ist seiner Natur nach der Hypothese sehr ähnlich und kann als der Typus wissenschaftlichen Denkens überhaupt gelten. Die Kapitalisten, die viele Millionen für die Telegraphenanlage über den Atlantik ausgegeben haben, taten dies nicht, weil sie leichtsinnige und zur Übertreibung neigende Abenteuerer gewesen wären, sondern es handelte sich um solide Engländer, furchtlos, entschlossen und kaltblütig. Worauf haben sie ihre Erfolgsaussichten gegründet? Natürlich auf ein Argument, von genau der Art, wie wir es am Beispiel der Bälle gesehen haben. Sie haben sich gesagt, wenn ein Telegraph über den Kanal hinweg funktioniert, so tut er dies auch über den Atlantik. Jedes Argument, das uns zu einer neuen Wahrheit führt, geht in eben dieser Weise vor sich. Scharfsinn besteht darin, zu dieser Art Schlußfolgerung fähig zu sein, und darin liegt das Wesen des Genies. Nirgendwo sonst zeigt sich die Verwandtschaft des Menschen mit der Gottheit offensichtlicher als hier. Der Mensch beobachtet die Regularität im gegenwärtigen Tierreich, und von daher weiß er, wie es in einem geologischen Zeitalter – eine Million Jahre früher – ausgesehen hat. Er beobachtet, daß tausend, eine Million oder eine Milliarde Menschen gestorben sind, und macht einen Sprung zu der Tatsache, daß alle Menschen sterben *werden*. – Dies hat er bei den jetzt lebenden Menschen nicht *beobachtet*, aber er *weiß* es von ihnen ebenso wie von allen anderen Menschen, die es je geben wird; auch dann, wenn sie so zahlreich sein sollten, daß ihnen gegenüber eine Million nur wie die Zahl der Körner in zehntausend Haufen Sand wäre, verglichen mit allen Sandkörnern an den Küsten der Meere. Kurz, der

Mensch beobachtet das Endliche und scheint das möglicherweise Unendliche zu kennen.

Wie kann es dazu kommen, und wie ist solch ein Vorgehen verständlich zu machen? Wir sagen, daß solch ein Schluß auf Beobachtung beruht; doch wenn wir sieben Bälle aus diesem Sack genommen haben, dann haben wir nicht einen einzigen der übrigen Bälle einer Beobachtung unterzogen, von denen wir schließen, daß sie alle rot sind. Diese Fähigkeit erscheint derart verblüffend, daß einige Logiker sie für nichts Geringeres als Inspiration halten. Sie dürfen sicher sein, daß dies nicht von irgendeinem berufsmäßigen Spötter vertreten wird, der darauf verpflichtet ist, in der Gesamtheit der Dinge nichts Wunderbares zu erkennen, und Inspiration für bloßen Scharfsinn hält; sondern von Menschen mit Ehrfurcht und Geist, die verstehen, daß selbst Scharfsinn wesentlich Inspiration ist. Ich für mein Teil kann mir keine erhabenere Manifestation des Göttlichen vorstellen als die, wie sie sich gerade in der Natur des Schlußfolgerns zeigt; noch kann ich mir ein anderes Verfahren denken, das für die Ordnungsregeln Unendlicher Kraft so geeignet ist wie dieses; und zwar nicht nur bezüglich des Universums, sondern gerade auch bezüglich der inneren Konsequenz, von der die Möglichkeit eines Universums abhängt. Und mir scheint es so zu sein, daß die Kraft, das Unsichtbare vom Sichtbaren her zu beurteilen – selbst dann, wenn sie auf die schäbigsten und gemeinsten Objekte angewandt wird –, den Menschen mit dem Schöpfer aller Dinge verbindet.

Trotzdem muß ich sagen, daß diese theologischen Konklusionen die Induktion nicht erklären und keinen Teil der *Logik* darstellen. Es ist unumgänglich, daß die Menschen ihre eigenen Argumente auch verstehen; und wenn dies nicht geschieht, so stürzen sie von diesem erhabenen Gipfel auf das Niveau einer irrationalen Maschine. Werden die Menschen nur von einer Überzeugung zur anderen getrieben, ohne die dabei geltenden Grundsätze zu kennen oder sich ihrer bewußt zu sein, so haben sie nicht mehr Vernunft als die Feder, mit der sie schreiben. Doch es ist gerade die Fähigkeit, von den Teilen aufs Ganze zu schließen und vorkommende Gegenstände zu klassifizieren, durch die die Menschen in der Lage sind, auch Argumente zu klassifizieren, anzugeben, was ihnen allen gemeinsam ist, und so die Grundsätze aufzustellen, nach denen sie selbst verfahren. Die Logik bedarf deshalb der hochfliegenden Spekulationen der theologischen Logiker nicht, denn allein die Fähigkeit, Tatsachen logisch miteinander zu verbinden und daraus allgemeine Folgerungen zu ziehen – eine Fähigkeit, die jedenfalls so gottgegeben zu sein scheint wie jede andere auch –, ist völlig hinreichend zum Nachweis der Rationalität der Induktion.

Dieselben Logiker, die sich jene wissenschaftliche Einstellung zu eigen machen, erklären manchmal auch, die Induktion beruhe auf der Güte Gottes. In einem Sinne verstanden wäre dies durchaus wahr, aber irrelevant; dann nämlich, wenn damit gesagt sein soll, daß die Fähigkeit zum Induktionsschluß offensichtlich von Gott gegeben sei und somit einen Beweis seiner Güte darstelle. Das wäre wohl wahr, würde aber die Grundsätze nicht erklären, auf denen unser Wissen von der Wahrheit der Induktion beruht. Doch meinen es die Logiker, auf die ich mich hier beziehe, nicht in der Weise. Sie meinen, unser Wissen von der Güte Gottes sei der Nachweis für die Wahrheit der Induktion. Ich denke, sie vergessen dabei, daß dann, wenn die Logik auf der Theologie beruht, diese umgekehrt nicht auf der Logik beruhen kann. Die eine oder die andere Seite muß von anderswoher gewußt und kann nicht auf das Zeugnis der Gegenseite gestützt werden.[+2] Theologen argumentieren leichtsinniger als jede andere Klasse von Denkern, die es in der Welt gibt. Sie setzen ein derartiges Vertrauen in die Unbedingtheit ihrer Konklusion[3], daß sie sich um die Gefahren, in die sie mit ihren Prämissen geraten, gar nicht kümmern. Manche Geistlichen – und zwar solche jeden Schlages: von denen, die der Auffassung sind, sie kämen nur um ihrer vollständigen Verderbtheit willen in den Himmel, bis zu denen, die die unfehlbare Genauigkeit des Schöpfungsberichtes der Genesis für einen unabdingbaren Bestandteil unseres Glaubens halten – werden versichern, daß ihre ganze Religion von diesem oder jenem äußerst zweifelhaften Satz abhänge. Doch von allen logischen Unbedachtsamkeiten scheint mir die größte die zu sein, daß Menschen sich des Vorteils berauben, Induktion und wissenschaftliches Schlußfolgern ganz allgemein für den Nachweis der Güte Gottes zu nutzen. Wenn diese so wunderbar die Erde umgibt und mit solcher Großartigkeit die Atmosphäre erfüllt, sieh nur: dies gewaltig sich darbietende Firmament, dies majestätische und von goldenen Feuern verzierte Gewölbe – beweist es nicht, daß Gott gütig ist? Denkst du denn, daß irgendein Syllogismus, der bestenfalls ein dürftiges Hin- und Herwenden dessen ist, was wir schon wissen, solches zustande brächte? Schändlich! Sich solchen Gedanken hinzugeben macht keinen Sinn. Und doch ist dies die logische Konsequenz, wenn die Induktion auf der Theologie beruht.[+4]

In der nächsten Vorlesung werde ich eine weitere gängige Beantwortung unserer Frage in Betracht ziehen.

[Aus der VI. Vorlesung[5]]

Wenn ein Syllogismus, der unser Wissen zu befördern scheint, die Sache nicht von vornherein schon als erwiesen betrachtet[6], so liegt das gewöhnlich daran, daß er vier Begriffe[7] enthält. Das heißt, daß einer seiner Begriffe in den 2 Aussagen [propositions], in denen er vorkommt, jeweils in anderem Sinne gebraucht wird. Es erfordert meist die allergrößte Genauigkeit, solche Trugschlüsse zu vermeiden. Und der bedeutende praktische Nutzen des Studiums der alten Logik besteht in der durch sie vermittelten Übung, diese Doppeldeutigkeiten aufzudecken. Es liegt jetzt gerade achthundert Jahre zurück, daß Anselm seinen berühmten Beweis der Existenz eines Gottes aufstellte.[8] Der Beweisgang ist folgender: Gott ist das, über das hinaus nichts Größeres gedacht werden kann. Was wirklich existiert, ist größer als das, was nicht existiert. Folglich ist es unmöglich, Gott so zu denken, daß er nicht existiert, weil es möglich ist zu denken, daß er existiert.[9] Und deshalb kann etwas gedacht werden, das größer ist als alles, von dem gedacht wird, daß es nicht existiert. Doch Gott ist nicht gedacht, wenn er nicht als das gedacht wird, über das hinaus nichts Größeres gedacht werden kann. Folglich ist es unmöglich, auf konsistente Weise zu denken, daß Gott nicht existiert. Das Argument ist äußerst subtil, und deshalb will ich es wiederholen: Wir halten [believe] Gott für etwas, über das hinaus nichts Größeres gedacht werden kann. Die Frage ist, ob es solch ein Wesen [nature] gibt. Der Tor hat in seinem Herzen gesprochen, daß es keinen Gott gibt.[10] Doch sicherlich versteht dieser Tor, was er da hört, wenn er hört, was ich sage: „etwas, über das hinaus nichts Größeres gedacht werden kann"; und was er versteht, das ist in seinem Verstand auch dann, wenn er es nicht so versteht, daß es *ist*. Denn es ist eine Sache, wenn ein Ding im Verstand ist, und eine andere, es so zu verstehen, daß es ist. Doch das, über das hinaus nichts Größeres gedacht werden kann, kann nicht nur im Verstand allein sein, weil gedacht werden kann, daß es tatsächlich ist, was *mehr* ist. Deshalb existiert es.

Sobald dieses Argument erschienen war, wurde ein Buch dagegen verfaßt, und zwar „Eine Schrift zugunsten des Toren"[11], in der das Argument als Fehlschluß hingestellt wird. Dazu präsentiert diese Schrift einen parallelen Beispielfall: Man erzählt, so berichtet der Autor, von einer Insel im Ozean, die wegen der Schwierigkeit, oder besser noch: wegen der Unmöglichkeit, etwas zu finden, was nicht existiert, Verschwundene Insel genannt wird. Und von dieser Insel wird noch Großartigeres über ihren Reichtum und ihre Pracht erzählt als von all den anderen glückseligen Inseln; und kurzum, es heißt, nichts könnte schöner sein. So ist dann die Verschwundene Insel definitionsgemäß eine solche, über die hinaus keine schönere sein kann; und wenn sie nicht existierte, könnte etwas schöner sein, weshalb, nach Anselms Schlußfolgerung, diese Insel existieren muß.

Anselm verfaßte eine Antwort auf diese *Schrift zugunsten des Toren*[12], und was er bezüglich dieser Insel ausführt, ist folgendes: Natürlich kann etwas schöner sein als diese Insel, denn sie ist *verschwunden*. Gott ist eine Insel, die nicht verlorengehen kann; er allein ist das *Beste*. Und einzuräumen, daß es irgendeinen parallelen Beispielfall zu dem einen gibt, den ich vorgelegt habe, würde sofort bedeuten, die Fehlerhaftigkeit meines Arguments zuzugeben.

In den folgenden Jahrhunderten hat dieses Argument sehr viel Aufmerksamkeit auf sich gezogen, manchmal wurde es angegriffen, manchmal verteidigt. Ich will versuchen, Ihnen die stärksten Gründe für und gegen das Argument vorzutragen. Dagegen kann eingewandt werden: Das Argument versucht zu zeigen, daß *Existenz* eine *Wesenseigenschaft* [*property*] und nicht bloß eine *akzidentelle Eigenschaft* [*accident*] der *Gottheit* ist; das heißt, es soll nachgewiesen werden, daß Existenz syllogistisch aus einer Definition folgt oder, was dasselbe ist, implizit in ihr enthalten ist. Nun mag man das alles gelten lassen, und doch wird daraus nicht folgen, daß Gott existiert. Zum Beispiel könnten wir das Wort *Buz* (schreib' es auf) definieren als feurigen Drachen, dem die einzigartige Eigenschaft zukommt, vor unseren Augen zu erscheinen, sobald *B-u-z* niedergeschrieben wird. Daß es sich um eine bloße Definition handelt, muß man gelten lassen. Nun, *B-u-z* wird niedergeschrieben. Folgt daraus, daß solch ein feuriger Drache vor uns erschienen ist? In keiner Weise. Anselms Beweis entspricht dem aber genau. *Gott* ist ein Wort, das implizit bedeutet, daß dann, wenn so etwas gedacht wird, es wirklich existiert. Geben wir zu, daß es gedacht werden kann: Daraus folgt nicht, daß es wirklich existiert. Warum aber nicht, wenn wir die Wahrheit der Definition akzeptieren, und über Definitionen kann man nicht streiten? Weil alles, was eine Definition aussagt oder sagen kann, nicht darin besteht, wie etwas existiert, sondern von welcher Art es sein würde, wenn es existierte. Ein Greif spuckt Feuer gemäß seiner Definition. Das heißt, er würde dies tun, wenn er existierte. Die Definition *Gottes* ist also darin kein Sonderfall, daß sie die Existenz ihres Gegenstandes implizit enthält. Das gilt für jede Definition. Alles würde existieren, wenn es existierte. Und worin etwas bestehen würde, wenn es existierte, nur das ist es, was eine Definition angeben kann. Das Argument beruht demnach auf einer Verwechslung zwischen *würde sein*[13] und *ist*, zwischen *gedacht sein* und *sein*.

Zur Verteidigung des Arguments könnte angeführt werden, daß die Unterscheidung zwischen *gedacht sein* und *wirklich sein* im Falle der Gottheit nicht besteht. Was verstehen wir unter Wahrheit? Was meinen wir, wenn wir beispielsweise sagen, es ist *wahr*, daß eine Statue von Daniel Webster vor dem Parlamentsgebäude steht? Wir meinen damit, daß wir dann, wenn wir dorthin gingen, sie sehen und fühlen würden. Genau dies meinen wir; und doch bedeutet die Aussage, daß wir die Statue sehen und fühlen würden, also solche Sinneswahrnehmungen haben würden, nicht soviel, als würde der *Nachweis* geliefert, daß sie da wäre. Wenn wir sagen, etwas sei wahr, meinen wir damit, daß eine unbegrenzt [indefinitely] große Anzahl von Nachweisen zur Sache, und nicht *ex parte*, mit überwältigender Kraft zugunsten der Tatsache sprechen würde – und nicht gegen sie.

Wenn also eine Hypothese erforderlich ist, dann ist es eine unbegrenzt große Zahl von Fakten – oder so viele, wie man nur in Betracht ziehen möchte –, worin die Wahrheit der Hypothese besteht.

Wenn wir daraufhin den Sophismus vom feurigen Drachen aufgreifen, so sehen wir sofort, daß der *Name* Buz allein für einen idealen Zustand gebraucht wurde und ihm deshalb keine wirkliche Gültigkeit zukommt. Im theologischen Argument ist das aber ganz anders. Daß ein Ideal eines Gottes erforderlich ist, um unsere allgemeinen

Begriffe zur Einheit zu bringen, wird allenthalben anerkannt. Und dieser ideale Gott wäre nicht, was er ist, würde er nicht so betrachtet, daß er Existenz hat, wodurch sich die Hypothese eines wirklichen Gottes bildet; und die Wahrheit dieser Hypothese besteht darin, daß sie für jedes Stadium der Erkenntnis erforderlich ist.

9. [Kritik des Positivismus]*

§ 1. Darstellung der Lehre, durch die sich der Positivismus von allen anderen Philosophien unterscheidet.

§ 2. Daß diese Lehre einen günstigen Einfluß auf die wissenschaftliche Forschung hat und daß die Positivisten kluge *Gelehrte* gewesen sind.

§ 3. Daß sich diese Lehre verhängnisvoll auf die Religion auswirkt und daß der religiöse Aspekt des Positivismus seine schwache Seite ist.

§ 4. Daß es für Wissenschaftler möglich und durchaus üblich ist, eine andere Position einzunehmen, die ebenso vorteilhaft für die wissenschaftliche Forschung und nicht derart destruktiv für den religiösen Glauben ist.

§ 5. Vom Positivismus, wie er von Personen vertreten wird, die sich nicht mit Philosophie und Wissenschaft beschäftigen, nicht ernsthaftem Denken, sondern dem „Zeitgeist" verpflichtet sind.

§ 6. Daß die Grundeinstellung des Positivismus falsch ist.

§ 7. Die wahre Lehre und ihre Folgen.

§ 7½. Von einigen Lehrmeinungen, die dem Positivismus verwandt sind.

§ 8. In welchem Sinne der Positivismus unser Zeitalter tief beeinflußt hat und in welchem Sinne nicht.

§ 9. Schlußfolgerung.

Die ersten Anhänger der positiven Philosophie (ich spreche jetzt nicht von ihren Doktoren) waren Menschen, die daran interessiert waren, die Forschung auf Bereiche anzuwenden, die von gewöhnlichen Leuten als Ursachen [causes] bezeichnet werden und die bis dahin nur von *Metaphysikern* oder zum Zweck der Klassifizierung betreten worden waren. Ohne dabei alle ihre Regeln für diese Art von Untersuchung gelten zu lassen, kann man doch anerkennen, daß sie ihren Vertretern und dadurch auch der Welt wirklich von Nutzen gewesen ist; die naturwissenschaftliche [scientific] Seite war dabei ihre Stärke. Jetzt aber, zur Mode geworden, wird sie von Leuten aufgegriffen, die weder die männliche Strenge besitzen, wie sie zu einem positiven Philosophen gehört, noch irgend etwas mit Naturwissenschaften zu tun haben. Sie betrachten diese Philosophie unter praktischen und besonders unter ihren religiösen Aspekten, und dies ist entschieden ihre schwache Seite. Das hat vielleicht der Interpret gespürt, der den Positivismus, um ihn zu prüfen, in seine legitimen religiösen Konsequenzen und – das *grand être* &c. respektierend – bis in Paradoxien vorantrieb.[1] Seine modernen Anhänger schrecken allerdings vor diesen Lehren, die gegen den angelsächsischen Geist verstoßen, zurück und ziehen es vor, jedem religiösen Glauben überhaupt zu entsagen. Und dann versuchen sie, weil ihnen keine besondere philosophische Leidenschaft eigen ist, sich mit der skeptischen Einstellung zu versöhnen: Sie reden sich ein, der Theismus könne seinen Gläubigen keinen rationalen Trost bieten, selbst dann nicht, wenn er rational akzeptiert werden könnte. Darin zeigt sich der geheime Einfluß des theistischen Hauptprinzips: Daß alles, was ist, das Beste ist. Nur durch ihren verschleierten Glauben [faith] an dieses Prinzip konnten sie sich zu der absurden Behauptung versteigen, daß Gott, Freiheit und Unsterblichkeit von Übel wären.

Nun sind allerdings die angenehmen oder unangenehmen Folgen kein Argument für oder gegen eine spekulative Auffassung. Doch mit der Hoffnung als Stimulus bestehen Menschen den Lebenskampf besser, und wir sollten deshalb nicht darüber klagen, daß sie einem hoffnungsvollen Glauben [belief] zuneigen. Jedenfalls ist es eine Tatsache, daß Menschen sich so verhalten; und wenn deshalb der Skeptizismus zeigen kann, daß die Aussichten, die er zu bieten hat, freundlicher sind als die des Theismus, wird letzterer wahrscheinlich vollkommen weggefegt werden – ein paar traurige Denker ausgenommen, die bedauerlicherweise davon überzeugt sein werden, daß sie unsterbliche Wesen unter der Herrschaft eines liebenden Gottes sind. Daß dies aber niemals so sein wird und daß der Skeptizismus keine in dieser Weise tröstliche oder inspirierende Haltung wie der theistische Glaube darstellt, wird im folgenden – über jeden Zweifel erhaben – gezeigt werden.

Als erstes gilt, daß wir dem Zeugnis eines einzelnen Skeptikers, der seinen Skeptizismus für eine großartige Sache hält, kein Gewicht beimessen dürfen. Denn abgesehen von der Frage der Wahrhaftigkeit (die in solchem Fall für jeden, außer für ihn selber, entscheidend ist) kann der Skeptizist einer Selbsttäuschung unterliegen; oder vielleicht geht es ihm nur um eine ganz bestimmte Spielart von Theismus, bei der unklar bleibt, was sie zur eigentlichen Lehre beiträgt; oder es könnte sein, daß sein Gefühlsleben von ungewöhnlicher Konstitution ist. Auch werden wir uns nicht durch ein oder zwei Beispiele heroischer Skeptiker überzeugen lassen, denn der Heroismus kann in diesen wenigen Fällen durchaus auch den natürlichen Charakterkräften zugeschrieben werden. Denn für jeden solchen Fall können zehn von verstohlenen Skeptikern angeführt werden; und andererseits kann die Religion eine Geschichte davon erzählen, wie ganze Gemeinschaften zum Heroismus kamen, was sich nur erklären läßt unter der Voraussetzung, daß die Religion aus beinahe jedem Menschen einen Helden machen kann. Das Argument könnte auch in entgegengesetzter Richtung vollkommen zu Recht vorgebracht werden, und zwar mit solcher Kraft, daß Menschen von klarem Verstand davon überzeugt würden.[2] Doch könnte in dieser Hinsicht ein Querulant leicht viel Staub aufwirbeln, und so ist es wohl ratsamer, den Gedanken hier zu übergehen.

Wir ziehen es vor, mit der unbestrittenen Tatsache zu beginnen: Alle Menschen und alle Tiere lieben das Leben. Dabei handelt es sich nicht um eine Leidenschaft, die durch den Theismus oder irgendeinen anderen Aberglauben hervorgerufen würde, sondern dies ist von allen Antrieben [impulses] einer der ursprünglichsten, stärksten und unausrottbarsten. Wenn jemand behauptet, er liebe das Leben nicht, so werden sich andere Zeugnisse finden, die eher gegen seine Aussage sprechen; und wenn er es wirklich nicht liebt, so ist er lediglich eine unglückliche Ausnahme, eine kümmerliche Mißgeburt, die das Ergebnis aller Erfahrung nicht aufzuheben vermag.

Der erste und hauptsächliche Gegenstand dieser Leidenschaft sind wir selbst, zu einem geringeren Grade unsere Freunde, dann unsere Blutsverwandten, unser Land, unser Volk, und schließlich ist diese Leidenschaft ein tiefes und lebendiges Gefühl sogar bezogen auf den Intellekt ganz allgemein. Man mag einwenden, daß es sich beispielsweise bei der Liebe bezogen auf das Leben unserer Familie nicht um dieselbe Leidenschaft handelt wie bei der Liebe zu unserem eigenen Leben. Alles, was ich sagen will, ist dies, daß wir bezüglich aller eben genannten Objekte den dringenden Wunsch haben, ihr Leben solle fortdauern, und daß die Liebe zum Leben in der einen oder anderen Form diesen Wünschen gemeinsam ist. Es handelt sich in allen Fällen um lebendige Emotionen, sie scheinen allesamt unserer ursprünglichen Natur zu entspringen, sie gehören zur bedeutenden Substanz der Menschheit, und sie können nicht ausgerottet werden, ohne uns fast gänzlich das Herz zu zerreißen.

Man kann fragen, warum sich die Menschen darum kümmern sollten, was nach ihrer eigenen Vernichtung (wovon sie überzeugt sind) geschehen wird. Es mag sein, daß ein solcher Wunsch auf versteckte Weise die entgegengesetzte Überzeugung beinhaltet, doch es ist eine Tatsache, daß jeder, selbst der reinste Atheist, seine Liebe zum Leben nicht auf diese Seite des Grabes begrenzt. Menschen treffen Vorsorge für das Wohlergehen in der Welt auch für die Zeit, in der sie selber nicht mehr sein werden. Ja, sogar Hume war besorgt um seinen guten Ruf bei den nachfolgenden Generationen. *Die Liebe zum Leben ist mehr als die Liebe zum sinnlichen Leben*: sie ist auch eine Liebe zum vernünftigen Leben. Denn sie dauert auch dann noch an, wenn unsere Sinneswahrnehmungen unerträglich schmerzhaft werden. Folglich ist unsere Liebe zum Leben nicht auf die Grenzen unseres eigenen Körpers beschränkt; und wie unsere Vernunft überall da lebt, wo sie aktiv ist, primär in unserem eigenen Gehirn, sekundär aber auch in den Gehirnen derer, die unsere Gedanken und Empfindungen aufnehmen, so gehört es zur Liebe zum Leben, daß wir unseren Einfluß und Ruhm bei den nachfolgenden Generationen lieben. Ferner haben wir in uns ein Gefühl auch über solche Elemente hinaus, die uns eigentümlich sind, für solche Dinge, die uns und anderen gemeinsam sind, und dazu gehören Personalität und Intellekt. *Personalität hat zwei Bedeutungen, 1. personal zu sein*, und *2. die Bedeutung der besonderen Eigenart einer einzelnen Person*. In der ersten Bedeutung zeigt sich, daß die Sympathie, die sich in uns darstellt, uns auch empfinden läßt, daß sie in anderen genauso ist wie in uns selbst. Folglich ist die Liebe zum Leben anderer doch eine Leidenschaft, die in uns selbst zentriert ist, denn wir lieben andere, weil sie etwas mit uns gemeinsam haben, *das heißt, weil ein Teil von ihnen mit einem Teil von uns identisch ist*. Dies wäre gänzlich falsch, wenn diese Elemente materieller Natur wären; da sie aber allgemeine und rein formale Objekte sind, gibt es für den Nominalismus[3] keine Möglichkeit, ein solches Gefühl [sentiment] zu bestreiten. Je mehr wahre Kultur wir besitzen, desto mehr nähern wir uns jenem Ideal eines

Menschen, von dem wir uns alle eine mehr oder weniger vage Idee bewahren; je mehr wir unser rationales Leben gemessen an unserem sinnlichen Leben lieben, desto mehr schätzen wir von all den Elementen des rationalen Lebens jene, die die fundamentalen und notwendigen Ergebnisse der Entwicklung der Vernunft im allgemeinen darstellen – gemessen an jenen, die nur das Ergebnis der uns eigentümlichen Manierismen und Idiosynkrasien sind; und je mehr wir folglich zu dem fortschreiten, was wir sein sollten, desto stärker ist unsere Liebe zur Vernunft im allgemeinen gemessen an der Liebe zu unserem Volk; die zu unserem Volk ist stärker gemessen an der zu unserem Land, die zu unserem Land ist stärker gemessen an der zu unseren Blutsverwandten, und die zu unseren Blutsverwandten ist stärker gemessen an der zu unserer eigenen Person. Diese Leidenschaften also, die ich mit einem *Wort als Liebe zum Leben* zusammengefaßt habe, sind *in unserer Natur wirklich innig miteinander verbunden und verknüpft*. Sie werden in der Alltagssprache unterschiedlich und manche gar nicht bezeichnet, aber es ist leicht zu sehen, daß es keinen einzigen Antrieb, keine einzige Leidenschaft von Bedeutung gibt, die nicht darunter zu zählen ist und die nicht in gewisser Weise eine Liebe zum Leben darstellt. Lassen Sie uns nun untersuchen, was die beiden Lehren des *Positivismus* und des *Theismus* bezüglich dieser Leidenschaft versprechen, die die Summe allen Verlangens ist.

Einige Positivisten – die ich natürlich als Beispiele für verborgene Skeptiker anführen sollte – bemühen sich nun, die Auswirkungen ihrer Lehre auf die Religion zu verheimlichen. Sie versuchen, es so darzustellen, daß lediglich die Möglichkeit bestritten werde, in solchen Fragen wissenschaftliche Gewißheit zu erreichen, nicht aber die Möglichkeit von Schlüssen hoher Wahrscheinlichkeit. Doch das ist eine erbärmliche Fälschung. *Die darin implizierte Lehre, etwas für wahrscheinlich zu halten bedeute, es nicht zu wissen*[4], ist nicht nur in sich selbst unhaltbar, sondern unhaltbar auch nach positivistischen Prinzipien, was von den Positivisten selbst ausdrücklich anerkannt wird. Wenn Positivisten konsequent sein wollen, sollten sie jede Art religiösen Glaubens für Aberglauben halten und akzeptieren, daß jede Form von Aberglaube, die nicht mit bekannten wissenschaftlichen Tatsachen in Konflikt gerät, sich mit diesen auf einer Ebene der Glaubwürdigkeit befindet; und sie sollten mit derselben Geisteshaltung der Lehre von der Unsterblichkeit der Seele begegnen wie der Lehre des Bernardus Carnotensis, daß Universalien Wesen sind, die heiraten und Kinder bekommen, „quia albedo significat virginem incorruptam, albet eandem introeuntem thalamum aut cubantem in toro, album vero eandem sed corruptam"[5] – sieht man einmal davon ab, daß die eine Ansicht unterhaltsamer sein mag als die andere. Es ist richtig, daß einer der bedeutendsten amerikanischen Metaphysiker[6] der Auffassung ist, Religion könne durch die positive Philosophie, wie Comte sie *definiert*, begründet werden. Obwohl Comtes Definition[7] unter einer im Französischen üblichen Doppeldeutigkeit leidet, versteht doch die ganze Welt diese Bezeichnung in einem Sinne, dessen wesentlicher Bestandteil es ist, daß keine Theorie zugelassen werden soll, es sei denn, sie behauptet oder verneint etwas in bezug auf eine mögliche Beobachtung. Was die Fortdauer des Lebens in dieser Welt angeht, so ist der Positivismus dafür noch weniger brauchbar. Denn für die Annahme, daß es im Universum immer Vernunft [intellect] und keine Zeit gäbe, in der alles für immer ausstürbe, spricht keineswegs die größere Wahrscheinlichkeit; sondern diese Annahme wird vielleicht schon durch die Tatsache widerlegt, daß alle uns irgend bekannten Bedingungen der Welt veränderlich sind.[8]

Das Leben auf dem Globus ist eine gänzlich zufällige Entwicklungsphase, die, soweit wir wissen, keinem dauerhaften Ziel zustrebt.[9] Sie ist ohne jeden Nutzen, außer daß sie hin und wieder ein angenehmes Nervenkitzeln bei diesem oder jenem Wanderer auf dieser ermüdenden und zwecklosen Reise hervorruft – einer Reise, die wie eine Tretmühle nirgendwo beginnt und nirgendwo endet und deren Maschinerie ganz und gar nichts hervorbringt. Es gibt nichts Gutes im Leben außer gelegentlichen Freuden, und die sind meist trügerisch und werden höchstwahrscheinlich bald vollständig verschwinden.

Wir wollen uns nun dem Theismus zuwenden. Sein Hauptprinzip besteht darin, daß die Natur vollständig auf ein Ziel hin ausgerichtet ist oder, mit anderen Worten, daß es Vernunft in der Natur der Dinge gibt. Aus dem, was bisher gesagt wurde, folgt nun, daß auf dem Wege zur Erlangung wahrer Kultur notwendigerweise die Summe all unserer Antriebe uns der Liebe zur Vernunft zuführen wird; und deshalb sind wir, soweit wir so sind, wie wir sein sollten, auch vollständig durch das zufriedengestellt, was der Natur der Dinge gemäß geschieht; und das ist nur ein anderer Ausdruck dafür, daß alles, was ist, das Beste ist.[10] Dies ist nun nicht nur tröstlich, sondern allerdings die Summe, Quintessenz und Spitze allen Trostes. Was geschieht, ist das, was uns dem Entwicklungsstand unserer eigenen Natur und der wirklichen Kenntnis unseres eigenen Geistes entsprechend am meisten erfreut.

Was immer die Leiden des Lebens lindert, ist für den Skeptiker brauchbar, steht aber auch dem Theisten zur Verfügung – und ihm darüber hinaus der einzig wahre Trost.

Ich weiß sehr wohl, daß sehr viele Theisten eher Pessimisten als Optimisten sind, doch dann liegen sie verkehrt und sind inkonsistent. Zu sagen, daß alles, was ist, das Beste ist, bedeutet jedenfalls nicht, die Existenz des Übels zu leugnen, sondern nur zu behaupten, daß für den Fall, daß irgendein Ereignis in einer Hinsicht schlecht ist, dies dadurch mehr als ausgeglichen wird, daß es in anderer und wichtigerer Hinsicht gut ist.

Positivisten neigen dazu, Positivismus und Metaphysik als einander entgegengesetzte Arten von Philosophie zu betrachten. Die Behauptung allerdings, daß die Schlußfolgerungen der Metaphysik, wie sie jetzt vorliegen, besonders sicher seien, wäre ziemlich enthusiastisch eingedenk der unterschiedlichen Auffassungen der Metaphysiker untereinander. Diese Unterschiede sind dank der allmählichen Begriffsklärungen durch die Jahrhunderte immer geringer geworden. Immerhin kann das wirksame Ergebnis metaphysischer Forschung bis heute so beschrieben werden, daß bestimmte unklare Begriffe geklärt wurden. Jeder bedeutende Zweig der Wissenschaften befand sich einmal in dem Zustand, worin sich jetzt die Metaphysik befindet, das heißt, ihre Grundbegriffe sind vage, und entsprechend sind ihre Lehrsätze höchst unsicher. Es besteht ganz und gar kein Grund, die Hoffnung zu verlieren, daß die Metaphysik endlich eine wirkliche Wissenschaft werden wird wie die übrigen; aber zum gegenwärtigen Zeitpunkt ist das nicht der Fall. Nun kann der Positivist die Metaphysik definieren, wie es ihm beliebt; wenn er dabei aber mit Begriffen arbeitet, die ihm unklar bleiben, ist er auf jeden Fall in der gleichen Lage wie der Metaphysiker. *Genau dies geschieht*, wenn der Positivist *behauptet, daß wir von keiner Wirklichkeit wissen können außer einzelnen Sinneseindrücken [impressions of sense] und deren wahrnehmbaren Relationen.*[11] *Die Frage, was* Wirklichkeit [reality] ist, hat hier entscheidende Bedeutung. Angenommen wir erklärten Wirklichkeit als das, was unabhängig von unseren Überzeugungen bestünde und aufgrund einer äußerst sorgfältigen Diskussion der Summe aller möglichen Sinneseindrücke sachgemäß erschlossen werden könnte: Wenn dies der Positivist unter Wirklichkeit versteht (und weil er es uns nicht sagt, sind wir auf unsere Vermutungen angewiesen), sollte er nicht als Skeptiker, sondern als Atheist betrachtet werden, denn was wir in einem bestimmten Zustand unmöglich erschließen können, ist dann überhaupt keine Wirklichkeit; und in der Tat: *Ich wäre froh zu wissen, was der Positivist unter einer Existenz versteht, die unmöglich gewußt werden kann.* Solch eine Existenz muß von allem Wißbaren ganz und gar abgeschnitten sein, denn wenn sie sich auf irgendeine Weise darstellte, wenn sie irgendwie etwas Wißbares beeinflußte, so wäre das schon ein schwacher Grund, um auf ihr Sein zu schließen. Ich kann mit einer solchen Vorstellung von Wirklichkeit nichts anfangen, und es ist mir auch nicht gelungen, einen Positivisten oder jemand anderen zu finden, der sie hätte erklären können; und das bestärkt mich in der Auffassung, daß die oben gegebene Definition wirklich zum Ausdruck bringt, was Menschen unter Wirklichkeit verstehen.

Wenn ich deshalb als Theist gefragt werde, was ich auf die Argumente eines Positivisten gegen die Religion zu sagen habe, so antworte ich, erstens, daß der Positivismus nur eine besondere Art von Metaphysik mit all ihren Unsicherheiten darstellt und daß seine Schlußfolgerungen daher nicht schwer genug wiegen, um irgendeine praktische Überzeugung [belief] zu beeinträchtigen. Wir erwachen zur Reflexion und entdecken, daß wir Theisten sind.[12] Diese Überzeugungen nun, die bei allen Menschen gleichermaßen der Reflexion vorausgehen, sind im allgemeinen wahr, und zwar deshalb, weil die Ursachen für die Produktion von Fehlschlüssen – in ihrem Verfahren vom bewußten Prozeß des Schlußfolgerns [reasoning] abhängig sind. Doch abgesehen vom Gewicht des Common Sense, von dem angenommen werden muß, daß er mit dem Theismus verbunden ist, lädt allein die Tatsache, daß es sich um meine Überzeugung handelt, dem Gegner die Beweislast auf. Und metaphysische Schlußfolgerungen sollten beim gegenwärtigen Stand der Wissenschaften in praktischen Angelegenheiten nicht den Ausschlag geben.

Aber selbst dann, wenn ich als Metaphysiker gefragt werde, ob mir die Einwände des Positivismus gegen die Religion stichhaltig zu sein scheinen, antworte ich noch immer: nicht im mindesten.

Denn ich widerspreche seiner logischen Doktrin, daß keine Theorie zugelassen wird, es sei denn, sie macht bezogen auf mögliche Sinneseindrücke und deren wahrnehmbare Relationen Aussagen, die wahr oder falsch sein können.[13]

Dies ist, achtet man nur darauf, eine Aussage des Positivismus, die nichts mit den Naturwissenschaften (der starken Seite des Positivismus) zu tun hat und sich ohnehin nur auf Phänomene bezieht. Ihre entscheidende Wirkung aber hat sie auf die Religion, der gegenüber sich der Positivismus eher von seiner komischen Seite zeigt. Tatsächlich bewerten Positivisten diese Aussage so, als seien alle metaphysischen Schlußfolgerungen ausgeschlossen, aber mir scheint, sie tun dies mit der falschen Begründung, nämlich wegen des Gegenstandsfeldes statt wegen des bislang unbefriedigenden Zustandes der Wissenschaft.

Was ist der Zweck einer Theorie, oder was ist eine Theorie als Zweck betrachtet? Der passionierte Verteidiger des Positivismus wird schnell eine Antwort parat haben, doch Leidenschaft und Schnelligkeit sind nicht der richtige Weg, solche Fragen zu beantworten. Wenn in Zweifel gezogen würde, ob eine Theorie als teleologisch gelten könne, so ließe sich zeigen, daß Zweck und Theorie beinahe auf dasselbe hinauslaufen. Doch wird hier nichts in Zweifel gezogen, weil der Positivismus sich ausdrücklich als eine spezielle Lehre bezüglich seines theoretischen Zweckes definiert.

Ich würde den Zweck einer Theorie wie folgt definieren: einen Bewußtseinsfaden durch verschiedene Stadien des Bewußtseins hindurch zu verfolgen.[14] Doch ob dies nun der Zweck ist oder nicht, was immer zur Ausführung des Zweckes einer Theorie notwendig ist, das muß Eingang in die Theorie selbst finden. Etwas als Theorie zuzulassen ist nämlich dasselbe wie davon überzeugt zu sein [believe]. Denn obwohl in der Umgangssprache mit der Anerkennung als Theorie die Vorstellung von *Vorläufigkeit* verbunden ist, gilt dies doch für jede Überzeugung und macht lediglich einen Unterschied dem Grade nach, was die allgemeine logische Überlegung zur Sache nicht berührt. Wir müssen deshalb von allem, was zur Ausführung des Zweckes einer Theorie notwendig ist, überzeugt sein, ob es sich dabei um etwas der Beobachtung Zugängliches handelt oder nicht. Als einzige Frage bleibt, ob etwas, das direkter Beobachtung nicht zugänglich ist, deshalb notwendig ist.

Sofern dieser Befund allen Theorien gemeinsam ist, handelt es sich um Schlußfolgerungen vom Beobachteten auf das Unbeobachtete – vom Erfahren der *Gegenwart* auf das Erfahren der *Zukunft*. Nun wird jeder einsehen, daß die Zukunft nicht beobachtet werden kann – es sei denn, die Gegenwart wäre es nicht –, so daß wir entweder zu Schlußfolgerungen gelangen oder auf Tatsachen schließen, die absolut unbeobachtbar sind. Dies ist der entscheidende Einwand gegen den Positivismus. Falls der Leser den Einwand in seiner rein philosophischen Fassung nicht verstehen kann, will ich ihn fragen, ob denn beobachtet werden kann, daß die *Zeit* fließt. Jede Wissenschaft ist auf Nachweise aus der Vergangenheit angewiesen, und ein anderer Nachweis, außer durch Erinnerung, ist einfach etwas, das durch direkte Beobachtung nicht verifiziert werden kann. Wenn es ihm gefällt, mag der Positivist darauf entgegnen, Erinnerung sei ein unmittelbares Wissen des Vergangenen; doch jeder gibt zu, daß sie trügen kann. Wenn eines Menschen Erinnerung trügen kann, dann auch die von zehn. Wenn zehn Menschen denken, daß sie sich an dasselbe Ereignis erinnern, so gibt es *wirklich* guten Grund zu glauben, daß sie es richtig erinnern; und doch ist es dabei selbstverständlich so, daß dies nicht aufgrund des positivistischen Prinzips geschieht, eine Theorie nur insoweit zuzulassen, als sie etwas Beobachtbares erschließt.[15] Insofern jedwede Theorie vom Gegenwärtigen auf Zukünftiges schließt, erschließt sie notwendigerweise mehr, als je durch direkte Beobachtung verifiziert werden kann.

Die Positivisten versuchen, dieser *reductio ad absurdum* durch die Erklärung auszuweichen, unter möglicher Beobachtung sei eine solche zu verstehen, von der gelte, daß sie zu jedem beliebigen Zeitpunkt gemacht werden könne. Doch nehme ich an, sie sind sich dessen bewußt, daß sie der Welt nicht nach Gutdünken irgendeine willkürliche Argumentationsregel aufzwingen können. Sie stehen auf ihrem eigenen Prüfstand, und wenn sie diese Lehrmeinung vertreten, müssen sie dafür Gründe anführen und dürfen dabei nichts von dem übernehmen, was zu der weitergehenden Feststellung führt, von der wir unterstellt haben, daß sie von ihnen vertreten wird, und die sich als absurd erwiesen hat. Sie reiten nun beständig auf folgendem herum: Wenn eine Theorie mehr erschließt, als zu beobachten möglich ist, kann sie nicht durch direkte Beobachtungen verifiziert werden und ist deshalb völlig haltlos und metaphysisch. Verifikation ist das Schlüsselwort des Positivismus. Aber es läßt sich leicht einsehen, daß ein Aussagesatz [proposition] niemals durch direkte Beobachtung in der Hinsicht verifizierbar ist, ob er auch so ist, wie wir annehmen können (aufgrund vorliegender Falsifikation), daß etwas beobachtet wird; es sei denn, daß er auch so ist, wie wirklich beobachtet werden kann. Die Maxime der Positivisten muß sich deshalb auf tatsächlich mögliche Beobachtungen beziehen und nicht auf solche, wie sie denkbarerweise möglich sind; denn der Nachweis, den sie führen, resultiert genau darin oder in nichts.[16]

Der Positivist hat allerdings eine andere Entgegnung auf den hier gegen seine Doktrin gemachten Einwand. Er könnte sagen: – „Es ist in der Tat richtig, daß ich gemäß meinen Prinzipien nicht den geringsten Grund habe zu glauben, daß das, was wir von den Tatsachen wissen, diesen selbst wirklich entspricht. Das maße ich mir nicht an. Die einzige Welt, von der ich Informationen besitze oder an der ich interessiert bin, ist die Welt, wie sie mir erscheint. Ob damit eine andere Welt auf richtige oder andere Weise wiedergegeben wird, weiß ich weder, noch kümmert es mich.“ So weit, so gut. Doch ist offenkundig, daß auch der Positivist, wie jeder andere, untersucht, ob seine Geschichtskenntnisse richtig sind oder nicht. Daß er dies tut und welche Bedeutung dem zukommt, muß hier nicht untersucht werden. Auf jeden Fall folgt, daß er irgendwie zwischen der direkten Beobachtung und dem, was nicht beobachtet wurde, unterscheidet; und wenn er dies nicht täte, besäße seine Regel in der Tat keine Anwendungsmöglichkeit. Und da geschichtliche Sachverhalte sowieso nicht durch direkte Beobachtung verifiziert werden können, müssen einige Folgerungen zugelassen werden, die nicht Gegenstand direkter Beobachtung sind. Nebenbei bemerkt, wenn der Positivist den transzendentalen Standpunkt[17] einnimmt, was hier unterstellt wird, muß er zugeben, daß bezüglich all der Elemente, die dem Bewußtsein gegenwärtig sind, die Gründe, aus denen manche von ihnen als intuitiv[18] herausgestellt werden, gewissermaßen auf Vermutungen beruhen. Dies ist keine Frage, die durch direkte Beobachtung entschieden werden kann oder durch die Beantwortung dessen, was eine direkte Beobachtung ist und was nicht.

Die logische Regel, die die gesamte Grundlage des Positivismus ausmacht, scheint mir deshalb vollkommen falsch zu sein.

10. [Henry James: Das Geheimnis Swedenborgs]*

Obwohl dieses Buch[1] einige sehr interessante und eindrucksvolle religiöse Anschauungen vorstellt und seine geistige Grundstimmung im allgemeinen ausgesprochen heilsam ist, befindet es sich doch in keiner Weise im Einklang mit dem Zeitgeist. Wenn wir die Theorie, wie sie hier als die Swedenborgs vorgetragen wird, richtig verstehen, sieht sie im wesentlichen wie folgt aus:

Philosophie und Religion sind eins. Kopf und Herz stimmen in ihren tiefsten Regungen überein.[2] Die Wurzel der Existenz, nach der die Metaphysik forscht, ist Gott.

Die Aufgabe der Philosophie besteht darin, das Verhältnis zwischen Sein und Erscheinung zu erklären; was jedoch allein und unabhängig von allem anderen Existenz besitzt, das ist Gott, während alles, was erscheint, zum menschlichen Geist im Verhältnis steht und deshalb nur menschlich ist. Daraus folgt: Was ist und was erscheint, sind Gott und Mensch, und es ist die Verhältnisbestimmung von Gott und Mensch, die die Philosophie zu entwickeln hat.

In jedem realen Objekt, das heißt in jeder andauernden Erscheinung, können zwei Elemente unterschieden werden: die Dauerhaftigkeit und die Erscheinung. Die Dauerhaftigkeit, die Realität, nennt James das *Sein*; die Erscheinung oder das Auftauchen in der Welt der Phänomene nennt er die *Existenz*. Diese Unterscheidung geschieht nicht nur aus logischer Bequemlichkeit oder Notwendigkeit, sondern es handelt sich um eine reale Unterteilung, die ihren Grund genau im *esse* eines Dinges hat. Es ist die Realität, worauf sich die Erscheinung gründet; weshalb das »Sein« eines Dinges sein Schöpfer, die »Existenz« das Geschöpf für sich selbst ist. Das Geschöpf aber, weil es in seinem eigenen Selbst die Essenz seines Seins nicht enthält, ist für sich genommen bloß ein Phantom und keine Realität.

Wenn ein zugrundeliegendes Sein aber wesentlich für die Existenz ist, dann ist seine Manifestation nicht weniger wesentlich für das Sein. Ob ein Ding ist oder nicht ist, das kann überhaupt keinen Unterschied machen, wenn es niemandem gegenüber je ein Zeichen von seinem Sein gibt. Folglich gilt: Zu *sein*, ohne manifest geworden zu sein, ist eine Art des Seins, die sich von seiner Verneinung nicht unterscheidet und also eine sinnlose Wortfolge darstellt. Deshalb gehört es zum eigentlichen Wesen des Seins, daß es in Erscheinung tritt, und zum eigentlichen Wesen Gottes, daß er Schöpfer[3] ist.

Eine Erscheinung besteht nur im Bewußtsein. Zu erschaffen oder eine Erscheinung zu verursachen bedeutet deshalb, ein Bewußtsein wachzurufen, lebendig werden zu lassen. Sein zu verleihen heißt Leben zu geben, oder: Sein ist Leben. Daher ist Gottes Sein Schöpfung, andere Dinge lebendig werden zu lassen, in Anderem zu leben.[a] Nun bedeutet, sein eigenes Leben in dem von anderen zu haben, zu lieben. Deshalb ist Gottes Wesen die Liebe. Das Sein des Geschöpfes liegt ebenfalls in einem Anderen, nämlich in Gott, und deshalb ist auch geschöpfliches Leben Liebe; und nur, weil dieses Leben dem anderen nicht verliehen, sondern von ihm empfangen wird, ist die Liebe des Geschöpfs eine empfangende oder eigensüchtige Liebe, die des Schöpfers vollkommen und selbstlos. Daher folgt aus der vollkommenen Liebe des Schöpfers, daß die Schöpfung aufgrund des Prinzips der Liebe erklärt werden muß.

Der Schöpfer kann seine Geschöpfe also nicht um seinetwillen gemacht haben (denn Liebe tut nichts um ihrer selbst willen), sondern um der Geschöpfe willen. Entsprechend muß er versuchen, sie soweit wie möglich unabhängig zu machen. Solange ihr Sein in Gott ist, gilt zwar, daß jede Unabhängigkeit, die sie zu haben scheinen, reine Illusion ist, aber diese Illusion muß Gott einräumen. Und so gibt er ihnen eine Welt von Phänomenen, in der – und relativ zu der – ihnen Realität und Selbstbestimmung zukommen.

Weil aber alle Entfernung von Gott, alle Verschiedenheit von seinem Sein bloße Selbstheit und Nichtigkeit bedeutet, konnte der Schöpfer mit einer solchen Schöpfung, die in diesem Punkt begrenzt bleiben sollte, nicht zufrieden sein, sondern er mußte eine weitere Bewegung in ihr einleiten, durch die die Geschöpfe zur Harmonie mit ihm zurückgebracht würden und sich so das Sein ihres Schöpfers wirklich zu eigen machten. Diese Rückbewegung wird Erlösung genannt.

[a] Swedenborg hält die Zeit für eine illusionäre Erscheinung, weshalb hieraus nicht folgt, daß Gott nicht sein kann, ohne gleichzeitig zu erschaffen.

Die Maschinerie dieses Prozesses ist die menschliche Geschichte, weshalb sie naturgemäß von äußerster Komplexität ist. Sie hat zwei Teile, die Erlösung der Gattung und die Erlösung des einzelnen Menschen. Die Erlösung der Gattung wird durch ihre Geschichte bewirkt, durch den Zusammenbruch von Regierungsformen, die Entwicklung von Familienbeziehungen und vor allem durch den geschichtlichen Wandel der Kirche, der in der Fleischwerdung unseres Herrn gipfelt. Dadurch kommt es unter den Menschen zu einer Brüderlichkeit, so daß jeder, ohne dazu gezwungen zu werden, die Gesetze der Gesellschaft befolgt. Die Erlösung des einzelnen Menschen geschieht durch sein Leben und unter dem Einfluß des Gewissens, wodurch er zur Erkenntnis der Wahrheit der Religion gelangt. Mit dieser Erlösung kommt die Schöpfung zu ihrer Vollendung.

All dies ist allerdings nicht wissenschaftlich nachgewiesen. James stellt fest[4], daß „keiner, der aufrichtig die Wahrheit liebt, das Argumentieren darüber lange ertragen kann"; und er selbst ist in diesem Sinne ein besonders aufrichtiger Liebhaber der Wahrheit. Daß seine Lehrmeinungen nicht durch schlußfolgerndes Denken [reasoning] nachgewiesen werden können, wird von ihm in der Tat mehr als einmal klar zum Ausdruck gebracht. Wenn dem so ist, warum soll seine Lehre dann als Philosophie bezeichnet werden? Ihr einziger Bürge ist, wie James richtig sagt, „die Zustimmung des Herzens". „Wir dürfen nicht erwarten", schreibt er, „daß Swedenborg sich durch streng logisches Denken rechtfertigt, er argumentiert auch nicht so, als ginge es um bloße Ansichtssachen, sondern eher affirmativ, wie wenn man etwas ganz genau weiß." Das ist nicht die Sprache eines Philosophen. Aristoteles, Euklid und Newton haben die Strenge formalen Denkens [ratiocination] deshalb nicht auf Logik, Geometrie und Gravitation angewandt, weil sie hier nicht das Feld genauen Wissens sahen. Wir bedienen uns dann reiner Affirmation, wenn wir davon überzeugt sind [believe], daß etwas nicht hinterfragt wird und zugleich so, wie wir es uns vorstellen, nicht hinterfragt werden kann.[5] Was aber geht im Kopf eines Autors vor, wenn er davon spricht, *sich selbst affirmativ zu rechtfertigen*? Seine affirmative Rechtfertigung kann nicht mehr sein als eine energische Behauptung oder eine energische Verleumdung von anderen. Deshalb ist es auch kein Wunder, wenn wir in den Schriften von James häufig Ausdrücke finden wie diese: „unverbesserlicher Tor", „schwerer Schnitzer", „durchsichtige Spitzfindigkeit", „dumm", „menschenunmöglich, diese Albernheit zu überbieten", „diese rechthaberischen Herren", „unredlich", „völlig skrupellose Selbstaufgabe an", „plattfüßig und flachköpfig", „gewollt und auf schlimme Weise vorsintflutlich" – harmlose Schimpfworte zwar, die aber tunlichst nicht für Gedanken und Personen Verwendung finden sollten, die wirklich Geschichte gemacht haben.

Vielleicht ist James der Ansicht, daß es sich bei der Berufung auf die „Zustimmung des Herzens" um eine Berufung auf Erfahrung handelt, nämlich auf religiöse Erfahrung. Jeder, der zeigen könnte, daß es sich in Wahrheit so verhält, würde der Religion einen guten Dienst erweisen; doch bislang ist dies nicht erreicht worden. Die Schlußfolgerungen der Naturwissenschaften sind deshalb gültig, weil sie von äußeren Erscheinungen nur zu wiederum äußeren Erscheinungen fortschreiten. Wenn die Religion in analoger Weise ihre Konklusionen auf spirituelle Erfahrungen beschränken könnte, würde sie vielleicht darin eine wissenschaftliche Grundlage finden.[6] Aber gerade das kann sie nicht. Die Religion muß das Höchste sein, oder sie ist gar nichts. Sie muß nicht nur darauf bestehen, daß diese oder jene Aussage [proposition] als solche insgesamt Freude und Trost bedeutet, sondern daß sich immer auch äußere Erscheinungen finden werden, die damit in Übereinstimmung stehen. Man kann sagen, Religion beruhe auf religiösem Glauben [faith], und für solch ein Verfahren mag es auch eine philosophische Rechtfertigung geben; doch scheitert diese Philosophie, solange sie sich nicht auf den Kopf, sondern ausschließlich auf das Herz beruft. Damit soll nicht im geringsten der schottischen Philosophie[7] widersprochen werden, die alles Wissen letztlich darauf beruhen läßt, was manchmal als letzte Überzeugungen [ultimate beliefs] bezeichnet wird; denn in diesen Überzeugungen besteht der menschliche Common Sense, der allen Menschen eignet und dem niemand widerstehen kann. Könnte die Religion auf solche Prämissen zurückgeführt werden, wäre sie wahrhaft philosophisch.[8] Sie aber mit Aussagen zu begründen, die vernünftigen Menschen zweifelhaft erscheinen, und zu warten, bis dieser Schein sich als illusionär erwiesen hat, ist ein Verfahren, das – selbst unter der Voraussetzung seines philosophischen Wertes im Blick auf rationale Wesen – doch der Befriedigung des menschlichen Interesses an Wissenschaft und Philosophie nicht genügen kann. Insofern hat James, dessen Lehre „keinen anderen Bürgen kennt außer der ungezwungenen Freude eines jeden Menschen an der Wahrheit", kein Recht, sein Werk als Philosophie zu bezeichnen. Gerade die Unterscheidung von Realität und Fiktion beruht darauf, daß die Tatsache, daß wir einer Überzeugung mit Freude anhängen, in sich selbst kein Zeichen dafür ist, daß die Sache, von der wir überzeugt sind, auch wahr ist.

Obwohl unzureichend in der Argumentation, enthält das Buch doch einige interessante philosophische Lehren. Darunter ist die auffallendste eine Theorie über die Relation von Materie und Form. Die Form wird als archetypische, schöpferische Idee dargestellt; Materie als das, wodurch etwas wirkliche Existenz erlangt. Erstere verleiht einem Ding alle seine Qualitäten, letztere seine bloße Quantität. Die Form ist das wesentliche Element eines Dinges, und sie gehört selbst in seiner reinen Potentialität zu ihm; die Materie ist das Element der Wirklichkeit [actuality] und damit bloß kontingent. Soweit ist diese Sichtweise hinlänglich bekannt. Doch weniger üblich ist es, wie James hinzuzufügen, daß die Form das reale und objektive Element sei – sofern die Wirklichkeit ein Ding nur in einen möglichen Erfahrungsbereich bringe, während das potentielle Wesen [essence] ewig und absolut sei –, die Materie dagegen phänomenal und subjektiv. Mehr noch, die Materie wird nicht nur in aristotelischer Manier zum Gattungselement gemacht, das durch die Form differenziert wird[9], sondern auch zum Individuationsprinzip[10] (eine Lehrmeinung, wie sie nur von wenigen vertreten wird). Im Falle des Menschen ist die Materie das, was ihn gegen Gott abhebt, dem Menschen Selbstsein und Bewußtsein gibt, während die Form das göttliche Element in ihm darstellt, wodurch er zur Harmonie mit seinem Schöpfer zurückgebracht wird; das heißt: sein Wissen [conscience] von Gut und Böse. Die Form ist das Element der Liebe im Menschen, die Materie das Element des Selbst.

Der Einfluß des Platonismus hat deutliche Spuren in Swedenborgs Philosophie hinterlassen. Was James als Form bezeichnet, ist die platonische Idee oder Form, und daß Gott die höchste Idee oder Form sei, die Idee des Guten und die Form der Formen, ist natürlich platonische Lehre. Die einzigartige Vorstellung, daß die Form ihrer Natur nach lebendig sei, ist eindeutig platonisch; ebenso, die numerische Einheit von der Form abhängig zu machen und Quantität von Materie. Die Erklärung, die Materie oder das, was neben Gott existiere, sei Nichtsein, wird mit gleicher Klarheit von James und Plato vertreten. Die Lehre einer spirituellen Wahrnehmung, die gleichzeitig ein Akt der Abstraktion von Quantitäten aus Qualitäten sei; der Natur als einer reinen Manifestation oder Offenbarung der göttlichen Idee, und daß diese Manifestation in gewisser Hinsicht eine Umkehrung sei; die Lehre einer Welt-Seele oder eines *maximus homo*, und daß der göttliche Teil der menschlichen Seele ihm entspreche; die Lehre vom Vergleich der Gottheit in der Seele mit der die Welt erleuchtenden Sonne; die Lehre unseres Wissens von notwendigen Wahrheiten als einer Art Erinnerung – all das sind Lehrmeinungen, wie sie sich sowohl in diesem Buch als auch bei Platon oder Plotin finden. Gleichwohl vertreten die beiden Theosophien ohne Zweifel auch sehr unterschiedliche Positionen und sind von sehr verschiedenem Charakter.

Wir müssen unsere Leser rechtzeitig warnen, daß all unsere angestrengten Bemühungen, dieses Buch zu verstehen, vergebens gewesen sein können – denn es ist entsetzlich schwierig. Ganz zu schweigen von der Tatsache, daß uns kein Leitfaden bündiger Argumentation an die Hand gegeben wird. James benutzt Begriffe derart eigentümlich, daß wir über die gebräuchlichsten Worte stolpern. Sie haben oft Bedeutungen angenommen, die ersichtlich ganz ohne Bezug darauf sind, was wir sonst mit ihnen zu verbinden pflegen. Alle Philosophen verwenden Worte eigener Sinngebung, aber sie definieren ihre Begriffe üblicherweise zu Beginn, und das ist bei James selten; und selbst wenn er es tut, so ersetzt seine Definition häufig ein Symbol nur durch mehrere mysteriöse andere. Beim ersten Aufschlagen des Buches ist man erstaunt, daß Dingen Identität zugesprochen wird, denen der allgemeinen Tendenz im Denken des Autors entsprechend diese eher abgesprochen werden müßte. Nachdem man aber wiederholt durch solche Erklärungen verwirrt worden ist, beginnt man zu verstehen – oder glaubt es jedenfalls –, daß James mit der Aussage, *A* und *B* seien identisch, wenig mehr meint, als daß sie in der Natur koexistieren. In ähnlicher Weise fällt es schwer, den Widerstand unseres Autors gegenüber dem Idealismus zu verstehen, bis er als dessen Synonym »die Erfindung der Welt der Dinge-an-sich« angibt. Dieser kryptische Begriffsgebrauch geschieht so häufig, daß der Leser schließlich alle Zuversicht verliert, daß das gängigste Wort noch in dem Sinne benutzt wird, der dem gewöhnlichen entspricht. Man liest über die soziale Bestimmung der Frau, ob aber mit *Frau*[11] jene einzelnen Geschöpfe gemeint sind, die wir gewöhnlich so bezeichnen, oder nicht auch der Mann gemeint ist oder eine Veranlagung des Geistes oder nur die aristotelische Materie, das sind Fragen, die unsere bescheidenen Kräfte weit übersteigen. Es stimmt zwar, daß James uns ein Synonym für „Frau" anbietet, „vir", doch muß es erlaubt sein zu sagen, daß dies allein die Schwierigkeit nicht beseitigt. Auf Seite 49 findet sich ein Versuch, die Begriffe *männlich* und *weiblich* zu erklären.[12] „Männlich und weiblich, *das heißt*: organisch und funktional, statisch und dynamisch, allgemein und besonders, universal und partikular, öffentlich und privat, nach außen und nach innen gerichtet, alltäglich und fein, objektiv und subjektiv." Von daher sollte man zu der Auffassung tendieren, daß mit *Frau* Form gemeint sei. Doch ein wenig später[13] findet sich eine andere Definition: „Frau als Frau oder, was dasselbe ist, ... der subjektive ... und moralische Gehalt der menschlichen Natur." Dies verleitet zu der Annahme, mit *Frau* sei eine bestimmte Veranlagung des [menschlichen] Geistes gemeint. Aber im weiteren liest man vom „*minimus homo*, der moralischen oder bewußten Eva, dem unbedeutenden, besonderen, häuslichen *vir* in unser aller Brust, der die ganze spirituelle Welt in sich schließt, das Universum der Gefühle und Gedanken, zu dem alle Tatsachen des Lebens, d. h. alle Ereignisse der Geschichte, große und kleine, öffentliche und private, und alle Ergebnisse aufgrund von Erfahrung, gute und böse, wahre und falsche, ausschließlich gehören." Vor einigen Jahren erzählte ein Missionar, der aus China in unser Land zurückkehrte, zur Illustration der Schwierigkeit, Chinesen das Christentum verständlich zu machen, daß – aufgrund eines entsprechenden Idioms in ihrer Sprache – der „innere Mensch" im ganzen Neuen Testament von den Chinesen als Frau verstanden wird. Dies schien uns damals auf eine mangelnde Vertrautheit des Übersetzers mit dem Chinesischen hinzuweisen; und doch ist es hier James, dessen Muttersprache Englisch ist – und sein Englisch ist außerordentlich idiomatisch und lebendig –, der beständig und ohne irgendeine Erklärung, sondern als sei es das Natürlichste der Welt, *Frau* und *inwendiger Mensch* synonym verwendet. Wir können allerdings nicht schließen, ohne ausdrücklich zu erklären: Wir sind der festen Überzeugung, daß dieses Buch von einem Leser mit entsprechender Einstellung und richtiger Vorbereitung wohl verstanden werden kann; und für manch einen, der zu seinem vollen Verständnis nicht in der Lage ist, wird es sich doch, wie in unserem Falle, als eine wirklich geistliche Speise[14] erweisen.

II.
Wissenschaft und Religion (1877–1901)

1. [Wissenschaftliches Denken und unser Glaube an Unsterblichkeit, Gott und Moralität]*

Gegenstand dieses Aufsatzes ist die Frage, inwieweit die Klagen zu Recht bestehen, daß das moderne wissenschaftliche Denken dazu tendiere, unseren Glauben[1] an die Unsterblichkeit, an Gott und die Moralität zu zerstören; und es soll gezeigt werden, daß das wissenschaftliche Denken zumindest einige günstige Voraussetzungen dafür mitbringt, das Übel dieses Glaubensverlustes auszugleichen.

Die *Tatsache*, daß wissenschaftliches Denken unseren religiösen Überzeugungen[2] entgegensteht, wird nicht ausführlich diskutiert, sondern kurz, mit zwingenden Argumenten und in aller Klarheit vor Augen geführt.

Zwei Stufen der Unaufrichtigkeit. Die eine Form ist sich ihrer selbst bewußt[3] und stellt sich mit Eifer blind, die andere ist sich ihrer selbst nicht bewußt und erliegt vollständiger Selbsttäuschung. Letztere entsteht aufgrund eines Gefühls, das respektiert werden muß, trotzdem aber in seinen Folgen von Übel ist und etwas Feiges an sich hat.

Die Integrität des Denkens.

Von der Voraussetzung auszugehen, daß das, was ist, das Beste ist, steht der Integrität des Denkens entgegen. Mehr noch, es entweiht jenes Prinzip, das sein volles Gewicht nur als Konklusion aufgrund unabhängiger Forschung gewinnen kann. Wenn wirklich gelten soll, daß das, was ist, das Beste ist[4], dann wollen wir diesen beglückenden Glauben [faith] als Ergebnis freien und unabhängigen Denkens erlangen, so daß wir spüren können, daß er durchgängig gut begründet und nicht die Versponnenheit eines bloßen Kinderglaubens ist. Anders können wir der Reife und dem Empfinden unseres Zeitalters[5] nicht genügen.

Bezüglich Gott und Unsterblichkeit haben sich die Philosophen der Moderne häufig hinter dem Satz versteckt, korrekte Logik decke zwar die Fehlerhaftigkeit jedes Argumentes zugunsten der Realität beider auf, doch zeige dies in gleicher Weise, daß wir deren Nichtexistenz nicht demonstrieren können. Diese Autoren scheinen anzunehmen, daß es uns freistehe, zu glauben oder nicht zu glauben, wofür dann andere Motive den Ausschlag geben können. Doch ich appelliere in dieser Sache direkt an das unverfälschte Urteilsvermögen, darüber zu befinden, ob wir Gott und der Unsterblichkeit – wenn es denn keinen Grund für den Glauben an sie gibt – nicht schon deshalb keinen Glauben schenken sollten; gerade so, wie wir es im Falle von Feen und Phantasiegebilden tun. Es läßt sich kein wissenschaftliches Zeugnis zur Widerlegung der Transsubstantiationslehre[6] anführen. Doch wir schenken ihr keinen Glauben, einfach weil sie sich auf keine beobachtete Tatsache gründet. Wir glauben nicht, daß das Gravitationsgesetz in Wahrheit einen kleinen Faktor in der dritten Potenz der Entfernung enthält, obwohl es durchaus sein kann, daß ein solcher Faktor in Zukunft entdeckt werden wird. Wieviel mehr sollten wir Gott und der Unsterblichkeit keinen Glauben schenken, wenn uns gesagt wird, es gehöre nicht zur Natur der Sache, hierfür jemals mit der Entdeckung irgendeines Zeugnisses zugunsten ihrer Existenz zu rechnen.

Ich trete nicht die Beweisführung dafür an, daß der Zustand des reinen, indifferenten Skeptizismus unlogisch ist. Ich appelliere direkt an den Common Sense[7], verbunden mit der Erklärung, daß in dieser Sache eine höhere Autorität gilt als irgendeine logische Theorie.

Doch wenn man mich danach fragt, welche logische Theorie der skeptischen Position entgegengestellt werden kann, so bin ich nicht um eine Antwort verlegen etc.[8]

Was ist Moralität? Wir sind so erzogen, daß wir davor zurückschrecken, bestimmte Dinge zu tun und andere nicht zu tun. Die Verhaltensgewohnheit, die wir uns auf diese Weise aneignen, indem wir bestimmte Gefühle mit bestimmten Handlungen verbinden – und das unabhängig von ihren vermutlichen Folgen –, diese Verhaltensgewohnheit hat erhebliche Macht über uns; und die Notwendigkeit, der wir uns folglich unterstellt fühlen, wenn wir in bestimmter Weise handeln, bezeichnen wir als moralische Notwendigkeit. So hat ein Perser das Gefühl, daß er *nicht* auf einen grünen Teppich treten *darf*, ein Engländer, daß er sich am Sonntag *nicht* freuen *darf*. Doch der Philosoph befreit sich von bloß traditionellen Assoziationen. Was bleibt ihm dann noch an Moralität? Er kann erkennen, daß die Welt zu einem Ort des Schreckens und Entsetzens werden würde, gäbe es keine Grenzsetzungen gegen die Schlechtigkeit. Doch was folgt daraus? Er wünscht sich etwas – etwas Schlechtes –, und wenn er überlegt, wie geringfügig die Welt verbessert würde, wenn er sich davon zurückhielte: welches ist das Motiv, das seinen starken Willen in Schach halten wird? Es ist nicht wahr, daß jeder Mensch, der gesund und streng mit sich selbst ist, sich das größte Gut für die größte Zahl[9] von Menschen mehr wünscht als sein persönliches Gut. Ein Enthusiast wird zu großen Opfern bereit sein, weil er eine fixe Idee in seinem Kopf hat. Der Fakir ist in der Lage, seine Arme auszustrecken, bis sie steif werden, der Patriot kann sein Leben wegwerfen, der Missionar akzeptiert ein Leben voller Schrecken. Doch das bedeutet nicht, seinen Nächsten mehr zu lieben als sich selbst; es handelt sich hier allein um Enthusiasmus, Verrücktheit. Liebe zu dem Mann oder der Frau, die uns ernähren, uns Gemeinschaft oder andere Befriedigungen geben, ist ein wirklich existierendes Motiv im Menschen, während die Liebe zu einem abstrakt vorgestellten „Nächsten“[10] eine Hypothese darstellt, eine Fiktion. Außerdem wird niemand behaupten, es sei eine Sache der Moralität, Menschen, die wir lieben, freundlich zu behandeln; die Moralität liegt im Akt der Liebe selbst. Denn wie könnte ich lieben – wirklich lieben – aufgrund des bloßen Diktats eines moralischen *Gesetzes*? Das „Gesetz der Liebe“ ist eine Absurdität; in derselben Weise, wie es absurd wäre zu befehlen: „Du sollst Appetit haben zu essen.“

Auf einsamem Pfad und im Dunkel der Nacht geht ein Mann vor mir her. Warum sollte ich mich nicht an ihn heranschleichen und ihn totschlagen, um an sein Geld zu kommen? Sicherlich, ich habe eine instinktive Abneigung gegen so etwas, doch das gilt genauso für den Chirurgen, wenn er ein Bein amputieren, oder für den Soldaten, wenn er töten soll. Es ist dies keine unüberwindliche Abneigung. Also angenommen, dieser Mann hat genügend Geld, warum sollte ich es nicht vorziehen, in den Besitz dieses Geldes zu kommen und dafür den unangenehmen Anblick einer Kreatur im Todeskampf ertragen, was schließlich für einen Mann, der dazu die Nerven hat, nicht viel bedeutet? Die Tat wäre allerdings scheußlich, und so ist es mit vielen Dingen, die wir [ ]

2. Die Ordnung der Natur*

I.

Jeder Satz über die Ordnung der Natur muß mehr oder weniger die Religion betreffen. Heutzutage stützt sich der Glaube [belief] sogar in diesen Fragen immer mehr auf die Beobachtung von Fakten. Wenn eine ungewöhnliche und allumfassende Regelmäßigkeit im Universum entdeckt wird, dann muß es eine Ursache für diese Regularität geben, und die Wissenschaft muß sich überlegen, welche Hypothesen das Phänomen erklären könnten. Ein Weg zur Erklärung wäre sicherlich, vorauszusetzen, daß die

Welt durch eine höhere Macht geordnet ist. Doch wenn weder in der universalen Gesetzesabhängigkeit der Phänomene noch im Charakter jener Gesetze selbst (ihrer Güte, Schönheit, Wirtschaftlichkeit etc.) sich etwas findet, das die Existenz eines Lenkers des Universum bezeugen kann, so ist kaum zu erwarten, daß man irgendeinen anderen Beweis entdecken wird, der bei Menschen, die sich von der Tyrannei der Tradition befreit haben, wirklich von Gewicht ist.

Trotzdem kann wahrhaftig nicht gesagt werden, daß selbst eine absolut negative Entscheidung in dieser Frage die Religion vollständig zerstören würde. Denn es gibt Glaubensformen [faiths] – wie sehr sie sich auch von unseren eigenen unterscheiden mögen –, in denen wir jene wesentlichen Charakteristika erkennen, durch die sie die Bezeichnung Religion verdienen, und die trotzdem keine wirklich existierende Gottheit voraussetzen: jene Religion[1] zum Beispiel, deren Anhängerschaft die zahlenmäßig größte und keineswegs am wenigsten intelligente aller Religionen auf Erden gewesen ist und die die Lehre vertritt, daß die Gottheit in ihrer höchsten Vollendung verborgen vor der Welt in einem Zustand tiefen und ewigen Schlafes verhüllt ist, was sich tatsächlich nicht von Nicht-Existenz unterscheidet, ob nun diese Bezeichnung verwendet wird oder nicht. Keine unvoreingenommene Beurteilung der Schriften Vacherots[2] wird bestreiten wollen, daß seine Religion so ernsthaft wie nur möglich ist. Er verehrt das Vollkommene, das Höchste Ideal; doch nach seinem Verständnis steht gerade diese Vorstellung des Ideals seiner wirklichen Existenz entgegen. Und in der Tat entspricht Vacherots Denken der Behauptung, daß Nicht-Existenz ein wesentliches Charakteristikum des Vollkommenen ist; so wie es Anselms und Descartes' Denken entsprach, gerade das Gegenteil[3] dessen zu behaupten. Ich gestehe, daß mir in einer Hinsicht beide Positionen mit der religiösen Einstellung mehr in Übereinstimmung zu stehen scheinen als eine Theologie, die sich an

Beweise hält. Denn sobald die Gottheit sich Anselm oder Vacherot gegenüber zeigt und ihre erhabenen Eigenschaften offenbar macht, ob in einer Vision des Nachts oder am Tage, beide werden auf der Stelle ihren Gott erkennen, auf die Knie fallen und ihn anbeten. Dagegen wird der Beweistheologe zunächst verlangen, daß die göttliche Erscheinung sich selbst zu erkennen geben solle, und erst nach Prüfung ihrer Glaubwürdigkeit und Abwägung der Wahrscheinlichkeit ihres Auftretens im Rahmen der Gesamtheit der Existenz wird er ihr schließlich vorsichtig seine Huldigung entgegenbringen und der Auffassung sein, daß nur solche Eigenschaften verehrungswürdig sind, die zu einem realen Gegenstand gehören.

Falls wir irgendein Hauptcharakteristikum des Universums entdecken könnten, irgendeine Manieriertheit im Verhalten der Natur, irgendein überall anwendbares und universal gültiges Gesetz – das wäre eine einzigartige Hilfe für all unser zukünftiges Denken und verdiente es, an der Spitze der Prinzipien der Logik zu stehen.[4] Wenn sich dagegen herausstellt, daß nichts dergleichen zu entdecken ist, sondern daß jede auffindbare Regularität von begrenzter Reichweite ist, so wird dies wiederum von Bedeutung für die Logik sein. Welchen Begriff des Universums wir haben und wie wir uns die *Gesamtheit*[5] der Dinge vorstellen sollen, das ist ein fundamentales Problem der Theorie schlußfolgernden Denkens.

II.

Genau wie vor zweitausenddreihundert Jahren[6] ist es auch jetzt das legitime Bemühen der Wissenschaftler, den Aufbau des Sonnensystems und des Sternenhaufens, aus dem die Galaxis besteht, durch das zufällige Zusammentreffen von Atomen zu erklären. Als der bedeutendste Vertreter dieser Theorie gefragt wurde, wie er ein gewaltiges Buch über das Weltsystem schreiben konnte, ohne dessen Urheber auch nur zu erwähnen, antwortete er logisch konsequent: „Je n'avais pas besoin de cette hypothèse-là."[7] Doch ist diese Theorie in Wahrheit ebensowenig atheistisch, wie es jene Antwort gewesen ist. Man nimmt an, daß Materie aus Molekülen besteht, die den Gesetzen der Mechanik gehorchen und sich in bestimmter Weise anziehen; nicht dem Spiel des Zufalls, sondern diesen Regularitäten (für die es keinen Erklärungsversuch gibt) wäre dementsprechend die allgemeine Anordnung des Sonnensystems zu verdanken.

Sollte jemals einer behauptet haben, das Universum sei Ergebnis eines Würfelspiels, so haben die Theologen ihn vollauf widerlegt. „Wie oft", sagt Erzbischof Tillotson[8], „muß jemand wohl eine Sammlung von Buchstaben, die er vorher in einem Sack durcheinandergeschüttelt hat, auf dem Boden ausstreuen, ehe sie sich wahrhaftig zu einem richtigen Gedicht fügen oder wenigstens eine gute Abhandlung in Prosa ergeben! Und kann ein kleines Buch nicht ebenso leicht durch Zufall entstehen wie der voluminöse Band dieser Welt?" Die Zufallswelt [chance-world], die hier so anders erscheint als die, in der wir leben, würde eine Welt sein, in der es keine Gesetze gäbe, und die Eigenschaften unterschiedlicher Dinge wären voneinander vollkommen unabhängig. Sollte jemals eine Auswahl von Gegenständen eine vorherrschende Eigenschaft aufweisen, so könnte dies nur rein zufällig geschehen sein, und kein allgemeiner Satz könnte je darauf begründet werden. Zu welchen Schlüssen wir im Blick auf die Ordnung des Universums auch immer kommen mögen, soviel kann als feststehend angesehen werden: Die Welt ist kein bloßes Zufallsdurcheinander.

Ob die Welt sich aber wie ein richtiges Gedicht darstellt oder nicht, ist eine andere Frage. Wenn wir nachts zum Himmel aufblicken, erkennen wir schnell, daß die Sterne nicht einfach so auf das Himmelsgewölbe hingekleckst sind; aber es scheint auch kein präzises System ihrer Anordnung zu geben. Es wird also der Mühe wert sein, daß wir den Grad an Regelmäßigkeit im Universum erforschen; und um gleich zu beginnen, wollen wir die Frage aufwerfen, ob die Welt, in der wir leben, in irgendeiner Weise geordneter ist, als es eine reine Zufallswelt sein würde.

Jede Gleichförmigkeit oder jedes Naturgesetz läßt sich in der Form ausdrücken: „Jedes A ist B". So wie jeder Lichtstrahl eine ungekrümmte Linie ist, und so wie jeder Körper zum Erdmittelpunkt hin beschleunigt wird etc. Das ist dasselbe, wie wenn man sagt: „Es existiert kein A, das nicht B ist". Es gibt keinen gekrümmten Strahl; es gibt keinen Körper, der nicht zur Erde hin beschleunigt wird; so daß die Gleichförmigkeit im Nichtvorkommen einer bestimmten Kombination von Eigenschaften in der Natur besteht (in diesem Fall: der Kombination von „A sein" mit „nicht-B sein").[a] Und umgekehrt würde jeder Fall des Nichtvorkommens einer Kombination von Eigenschaften eine Gleichförmigkeit in der Natur darstellen. Also, nehmen wir an, die Qualität A findet sich niemals in Kombination mit der Qualität C: Die Qualität des Schwachsinns zum Beispiel findet sich nie in Kombination mit der eines gut entwickelten Gehirns. Denn die Art A hat nichts von der Art C, oder alles, was von der Art A ist, ist von der Art nicht-C (oder anders gesagt: Jeder Schwachsinnige hat ein krankhaft entwickeltes Gehirn), und das ist – weil es etwas gibt, das für alle A universal wahr ist – eine Gleichförmigkeit in der Welt. Auf diese Weise ist zu erkennen, daß in einer Welt, in der es keine Gleichförmigkeiten gäbe, keine logisch mögliche Kombination von Eigenschaften ausgeschlossen wäre, sondern jede Kombination würde in irgendeinem Objekt existieren. Doch müssen zwei nicht

[a] Für den gegenwärtigen Zweck wird die Negation einer Eigenschaft genauso wie ihre positive Bestimmung berücksichtigt, denn eine Gleichförmigkeit kann entweder affirmativ oder negativ sein. Damit wird nicht behauptet, daß zwischen positiven und negativen Gleichförmigkeiten kein Unterschied gemacht werden kann.

miteinander identische Objekte sich in einigen ihrer Eigenschaften unterscheiden, und wenn es nur die Eigenschaft ist, sich an diesem oder jenem Ort zu befinden. Daher kann genau dieselbe Kombination von Eigenschaften nicht in zwei verschiedenen Objekten angetroffen werden; und in einer Zufallswelt würde folglich jede Kombination, bestehend aus entweder der Position oder der Negation jeder Eigenschaft, zu genau einem Ding gehören. Wenn es demnach nur fünf einfache Eigenschaften in solch einer Welt[b] gäbe, so könnten wir sie mit A, B, C, D, E bezeichnen und ihre Negationen mit a, b, c, d, e; und weil es 2^5 oder 32 verschiedene Kombinationen dieser Eigenschaften gibt, könnten wir, bezogen auf jede von ihnen, eine vollständige Bestimmung vornehmen, und jene Welt würde aus genau 32 Objekten bestehen, deren Eigenschaften sich wie in der folgenden Tabelle zusammensetzten:

Tabelle I.

ABCDE	AbCDE	aBCDE	abCDE
ABCDe	AbCDe	aBCDe	abCDe
ABCdE	AbCdE	aBCdE	abCdE
ABCde	AbCde	aBCde	abCde
ABcDE	AbcDE	aBcDE	abcDE
ABcDe	AbcDe	aBcDe	abcDe
ABcdE	AbcdE	aBcdE	abcdE
ABcde	Abcde	aBcde	abcde

Wenn zum Beispiel die fünf Haupteigenschaften *hart, süß, duftend, grün* und *glänzend* wären, dann gäbe es ein Objekt, das alle diese Qualitäten in sich vereinigte; eines, das hart,

[b] Fünf einfache Eigenschaften könnten zusammen mit ihren Negationen auf verschiedene Art und Weise zusammengesetzt werden, so daß es im ganzen 241 Eigenschaften wären, ohne die Eigenschaft der *Existenz* und *Nicht-Existenz* mitzuzählen, was 243 oder 3^5 ergäbe.

süß, duftend und grün, aber nicht glänzend wäre; eines, das hart süß, duftend und glänzend, aber nicht grün wäre; eines, das hart, süß und duftend, aber weder grün noch glänzend wäre; und so weiter alle Kombinationen hindurch.

So also würde eine vollkommene Zufallswelt aussehen, und man kann sich sicherlich nichts Systematischeres vorstellen. Wenn eine Anzahl von Buchstaben aus einem Sack ausgeschüttet wird, so rührt der Anschein von Unordnung von dem Umstand her, daß die Phänomene nur zum Teil zufällig sind. In diesem Fall muß vorausgesetzt werden, daß die Raumgesetze strengstens eingehalten werden, und außerdem besteht ein gewisses Maß an Regularität in der Anordnung der Buchstaben. Im Ergebnis bedeutet das, daß einige Elemente geordnet und einige ungeordnet sind, genau das also, was wir in der wirklichen Welt beobachten. An der schon zum Teil zitierten Stelle fragt Tillotson weiter: „Wie lange würden wohl 20.000 Blinde, losgeschickt von mehreren entlegenen Punkten Englands, hin und her wandern, bis sie alle in Salisbury Plains zusammenträfen und sich nach genauer Armeeordnung in Reih und Glied formierten? Und doch läßt sich dies sehr viel leichter vorstellen, als daß die unzähligen blinden Materieteile sich zu einer Welt zusammenfänden."[9] Das ist sehr wahr, doch werden *Blinde*, soweit wir das beurteilen können, in der wirklichen Welt *keineswegs* nach irgendeiner besonderen Ordnung aufgestellt. Kurz, während es ein gewisses Maß an Ordnung in der Welt gibt, scheint es so zu sein, daß die Welt nicht in der Weise geordnet ist, wie sie es sein könnte, jedenfalls nicht so, wie es beispielsweise eine Welt reinen Zufalls sein würde.

Doch wir können dieser Frage erst dann auf den Grund kommen, wenn wir jenes höchst bedeutende Prinzip der Logik[c] berücksichtigen, das ich jetzt im weiteren vertreten werde.[10] Das Prinzip besteht darin, daß jeder Vielzahl

[c] Nach meiner Überzeugung ist dieses Prinzip zuerst von De Morgan formuliert worden.

oder Menge von Objekten irgendeine ihr eigentümliche und von keiner anderen geteilte Eigenschaft gemeinsam ist (gleichgültig, wie unbedeutend sie sein mag). Das Wort „Eigenschaft" wird hier in dem Sinne gebraucht, daß es negative Eigenschaften wie Unhöflichkeit, Ungleichheit etc. ebenso einschließt wie ihre Positiva Höflichkeit, Gleichheit etc. Um das Theorem zu beweisen, will ich zeigen, welche von keinem anderen geteilte Eigenschaft zwei beliebige Dinge A und B gemeinsam haben. Die beiden Dinge, A und B, unterscheiden sich jedes für sich von allen anderen Dingen durch bestimmte Eigenschaften, die mit A-heit und B-heit bezeichnet werden können. Diesen posititiven Eigenschaften entsprechen die negativen Eigenschaften Nicht-A-heit, die alle Dinge außer A, und Nicht-B-heit, die alle Dinge außer B besitzen. Diese beiden Eigenschaften sind überall vereinigt außer in A und B; und diese Einheit der Eigenschaften Nicht-A-heit und Nicht-B-heit bildet eine zusammengesetzte Eigenschaft, die A-B-losigkeit genannt werden kann. Sie ist keine Eigenschaft von A oder B, jedoch von allem anderen. Sie hat wie jede andere Eigenschaft die ihr entsprechende Verneinung: Nicht-A-B-losigkeit, und diese letztere ist die Eigenschaft, die sowohl A als auch B besitzen und die sonst keinem anderen Ding zukommt. Es ist deutlich, daß das, was somit für zwei Dinge als gültig gezeigt wurde, *mutatis mutandis* für jede beliebige Anzahl von Dingen gilt. Q. E. D.

Dann muß es in jeder beliebigen Welt für jede mögliche Gruppe von Objekten eine besondere Eigenschaft geben. Wenn – was eine Frage der Terminologie ist – Eigenschaften, die derselben Gruppe eigentümlich sind, nur als unterschiedliche Aspekte derselben Eigenschaft angesehen werden, dann kann gelten, daß es für jede mögliche Gruppe von Objekten genau eine Eigenschaft gibt. Also angenommen, eine Welt enthält fünf Dinge: α, β, γ, δ, ε, dann wird es darin eine gesonderte Eigenschaft für jede der 31 Gruppen geben (die *Nicht-Existenz* mitgezählt, ergeben sich 32 oder 2^5), wie in der folgenden Tabelle dargestellt:

Tabelle II.

	αβ	αβγ	αβγδ	αβγδε
α	αγ	αβδ	αβγε	
β	αδ	αβε	αβδε	
γ	αε	αγδ	αγδε	
δ	βγ	αγε	βγδε	
ε	βδ	αδε		
	βε	βγδ		
	γδ	βγε		
	γε	βδε		
	δε	γδε		

Damit ist gezeigt, daß schon die Idee einer Zufallswelt einen Widerspruch enthält, denn in einer Welt von 32 Dingen würde es, statt daß da nur 3^5 oder 243 Eigenschaften vorhanden wären – was, wie wir gesehen haben, von der Idee einer Zufallswelt erfordert wird[11] –, in der Tat nicht weniger als 2^{32} oder 4.294.967.296 Eigenschaften geben. Sie wären zwar nicht alle unabhängig, aber sie stünden miteinander in allen Beziehungen, die möglich sind.

Darüber hinaus ist zu erkennen, daß es, solange wir Eigenschaften abstrakt betrachten, ohne auf ihre relative Bedeutung etc. zu achten, keine Möglichkeit für einen mehr oder weniger hohen Grad an Regelmäßigkeit in der Welt gibt. Das ganze System der Beziehungen zwischen den verschiedenen Eigenschaften beruht auf bloßer Logik, das heißt, es ist in jenen Tatsachen enthalten, die stillschweigend anerkannt werden, sobald wir zugestehen, daß es so etwas wie schlußfolgerndes Denken gibt.

Um von diesem abstrakten Blickpunkt wegzukommen, müssen die Eigenschaften der Dinge relativ zur Wahrnehmung und den in Lebewesen wirksamen Kräften betrachtet werden.[12] Anstatt den Versuch zu machen, uns eine Welt vorzustellen, in der es keine Gleichförmigkeiten geben sollte, wollen wir also eine Welt annehmen, in der keine der Gleichförmigkeiten in Beziehung zu den für uns interessanten und wichtigen Eigenschaften stünde. Zunächst einmal würde uns in solch einer Welt nichts verwirrend vorkommen. Die geringe Anzahl von Qualitäten[13], die den Sinnen direkt begegneten, wären die, die uns alles erschließen würden, was möglicherweise von Interesse wäre. Das ganze Universum würde wie ein System von perfekter Regularität aussehen, und keine Frage bliebe offen. Sodann hätten in einer solchen Welt weder unsere Handlungen noch Naturereignisse bedeutsame Konsequenzen. Wir wären völlig frei von jeglicher Verantwortung, und es gäbe für uns nichts anderes zu tun, als zu genießen oder zu erleiden, was immer sich ereignete. So gäbe es nichts, um den Geist oder den Willen anzuregen oder zu entwickeln, und folglich würden wir weder handeln noch denken. Wir hätten kein Gedächtnis, denn dieses ist abhängig von einer Gesetzmäßigkeit unseres Organismus.[14] Selbst wenn wir irgendwelche Sinne besäßen, würden wir solch einer Welt genauso gegenüberstehen wie leblose Objekte der heutigen Welt, die Annahme vorausgesetzt, diese Objekte hätten ein absolut vergängliches und unmittelbares Bewußtsein ohne Gedächtnis – eine Voraussetzung, die eine bloße Redewendung darstellt, denn dies wäre überhaupt kein Bewußtsein. Von daher läßt sich sagen, daß eine Zufallswelt einfach unsere wirkliche Welt wäre – betrachtet vom Standpunkt eines Tieres mit verschwindend geringer Intelligenz. Für den Geist eines Polypen ist die wirkliche Welt so etwas wie ein Zufallsdurcheinander. Das Interesse, das die Gleichförmigkeiten der Natur für ein Tier haben, zeigt dessen Platz auf der Intelligenzskala an.

So kann also von der Regelmäßigkeit der Natur her nichts im Blick auf die Existenz eines Gottes ausgemacht werden, es sei denn, man behauptet, daß die Existenz eines endlichen Geistes die Existenz eines unendlichen beweist.

III.

Im letzten Beitrag dieser Reihe[15] haben wir die Natur des induktiven oder synthetischen Schlußfolgerns untersucht. Wir stellten fest, daß es sich um einen Prozeß von Stichproben handelt, wobei einer Gegenstandsklasse eine Anzahl von Proben entnommen wird, nicht durch Auswahl innerhalb dieser Klasse, sondern wahllos. Diese Proben werden in zahlreichen Aspekten übereinstimmen. Wenn nun eine zweite Menge von Proben voraussichtlich in der Mehrzahl dieser Aspekte mit der ersten übereinstimmte, könnten wir daraus eine Schlußfolgerung hinsichtlich jeder dieser Eigenschaften ableiten. Doch würde eine solche Schlußfolgerung weder dem Wesen der Induktion entsprechen, noch würde sie (außer in speziellen Fällen) gültig sein, weil gewöhnlich die überwältigende Mehrzahl an Übereinstimmungen bei der zuerst entnommenen Probe nicht nur gänzlich zufällig, sondern auch bedeutungslos wäre. Zur Illustration greife ich von den fünf zuerst in Wheelers „Biographical Dictionary"[16] aufgeführten Schriftstellern das Lebensalter zum Zeitpunkt ihres Todes heraus. Es sind dies:

Aagard, 48	Abunowas, 48
Abeille, 70	Accords, 45
Abulola, 84	

Diese fünf Lebensalter haben die folgenden Eigenschaften gemeinsam:

1. Die Differenz der beiden die Zahl bildenden Ziffern, geteilt durch drei, ergibt einen Rest von *eins*.
2. Die erste Ziffer mit der zweiten potenziert und durch drei geteilt, ergibt einen Rest von *eins*.
3. Die Summe der Primfaktoren, einschließlich der Zahl eins, jedes Lebensalters ist durch drei teilbar.

Es ist leicht zu erkennen, daß die Anzahl zufälliger Übereinstimmungen dieser Art schier endlos sein würde. Doch wollen wir annehmen, daß wir eine Eigenschaft nicht wegen ihrer vorherrschenden Stellung innerhalb der Stichprobe berücksichtigen, sondern daß wir sie festlegen, bevor wir die Stichprobe machen, und zwar aufgrund der Bedeutung dieser Eigenschaft, wegen ihrer Offensichtlichkeit oder unter einem anderen interessierenden Aspekt. Dann werden zwei Stichproben, die von Bedeutung sind und willkürlich entnommen wurden, höchstwahrscheinlich im Blick auf das Verhältnis des Vorkommens einer derart ausgewählten Eigenschaft nahezu übereinstimmen. *Die Schlußfolgerung, daß eine vorher festgelegte Eigenschaft in der Gesamtheit einer Klasse mit annähernd derselben Häufigkeit vorkommt, die sie auch bei einer willkürlich dieser Klasse entnommenen Stichprobe hat, heißt Induktion.* Wurde die Eigenschaft nicht vorher festgelegt, so kann eine Stichprobe, worin jene vorherrschend auftritt, nur zu der Annahme führen, daß die Eigenschaft in der ganzen Klasse vorherrschend *sein kann.* Wenn man will, kann man überlegen, ob auch diese Vermutung als Schlußfolgerung anzusehen ist – eine Schlußfolgerung der Möglichkeit[17]; aber zur Überprüfung der Frage, ob die Eigenschaft tatsächlich vorherrscht, muß eine zweite Stichprobe gemacht werden. Anstatt im voraus eine einzige Eigenschaft festzulegen, um im Hinblick darauf eine Stichprobe zu untersuchen, können auch zwei Eigenschaften festgelegt und dieselbe Stichprobe genutzt werden, um die relativen Häufigkeiten beider festzustellen. Damit ergeben sich zwei induktive Schlußfolgerungen auf einmal; und natürlich ist die Gewißheit geringer, daß beide zu korrekten Resultaten führen, als es bei jeder Schlußfolgerung für sich genommen der Fall sein würde. Das, was für zwei Eigenschaften zutrifft, gilt für jede endliche Zahl. Nun ist aber die Zahl der Eigenschaften, die für uns hinsichtlich irgendeiner Objektklasse von beträchtlichem Interesse ist, geringer, als man annehmen könnte. Da wir mit Sicherheit jede Stichprobe im Hinblick auf diese Eigenschaften überprüfen werden, sind diese nicht im strengen Sinne als vorher festgelegt [predesignated], sondern als vorherbestimmt [predetermined] zu betrachten (was auf dasselbe hinausläuft)[18]; und wir können nach Belieben daraus folgern, daß die Stichprobe die Klasse in allen diesen Hinsichten repräsentiert. Es muß nur beachtet werden, daß diese Schlußfolgerung nicht so gesichert ist, wie wenn über die spezifische Eigenschaft, nach der gesucht wird, im voraus entschieden wurde.

Diese Veranschaulichung der Induktionstheorie beruht auf Grundsätzen und folgt Methoden, die von all denen akzeptiert werden, die auf anderen Gebieten durch den Einsatz ihrer spezifischen Kenntnisse und Geisteskräfte zu einem Urteil in dieser Sache qualifiziert sind. Die Theorie selbst jedoch scheint unerklärlicherweise keinem der Autoren, die eine Darstellung des synthetischen Schließens unternommen haben, eingefallen zu sein. Die hierzu am meisten verbreitete Ansicht wurde von John Stuart Mill[19] mit Entschiedenheit vertreten: daß nämlich die Gültigkeit der Induktion von der Gleichförmigkeit der Natur abhänge – das heißt, grundsätzlich wird das, was einmal auftritt, bei ausreichendem Grad von Ähnlichkeit der Umstände wieder auftreten, sooft die gleichen Umstände wiederkehren. Die Nutzanwendung ist folgende: Die Tatsache, daß verschiedene Dinge zur selben Klasse gehören, macht die Ähnlichkeit der Umstände aus, und unter der Voraussetzung „ausreichender" Ähnlichkeit gelingt eine gute Induktion. Daß etwas einmal auftritt, bedeutet: Wir bemerken, daß eine Anzahl von Dingen von einer bestimmten Eigenschaft ist; und daß dies Auftreten dann erwartet werden kann, sooft die Umstände wiederkehren, ist darin begründet, daß alle Dinge, die zur selben Klasse gehören, dieselbe Eigenschaft haben sollten.

Ich wage zu behaupten, daß diese Induktionsanalyse verschiedene Unzulänglichkeiten aufweist, und es wird nützlich sein, auf einige davon aufmerksam zu machen. Zum ersten. Wenn ich meine Hand in einen Sack stecke, eine Handvoll Bohnen herausnehme, feststelle, daß drei Viertel davon schwarz sind, und den Schluß ziehe, daß drei

Viertel von allen Bohnen im Sack schwarz sind, dann ist meine Schlußfolgerung offensichtlich von derselben Art, wie wenn ich gefunden hätte, daß ein größerer Anteil oder die gesamte Stichprobe schwarz ist, und angenommen hätte, daß sie in dieser Hinsicht den Rest des Sackinhalts repräsentiert. Doch die fragliche Analyse scheint der Erklärung dieser *proportionalen* Induktion kaum angemessen. Denn der Schluß geht hier nicht darauf, daß ein bestimmtes Ereignis unter bestimmten Umständen gleichförmig auftritt, sondern genau darauf, daß es nicht gleichförmig auftritt, sondern nur in einem bestimmten Anteil der Fälle. Es ist richtig, daß die ganze Stichprobe als ein einzelnes Objekt angesehen werden kann, und die Schlußfolgerung mag auf die Formel gebracht werden, die sich bei der Betrachtung der Konklusion ergibt: Jede ähnliche Stichprobe wird einen ähnlichen Anteil unter ihren Elementen aufweisen. Doch das bedeutet, die Induktion so zu behandeln, als beruhe sie auf einem einzigen Fall, was eine völlig falsche Vorstellung von ihrer Wahrscheinlichkeit vermittelt.

Zum zweiten. Wenn die Gleichförmigkeit der Natur der alleinige Garant der Induktion wäre, so hätten wir kein Recht, eine solche im Hinblick auf eine Eigenschaft durchzuführen, über deren Beständigkeit wir nichts wüßten. Dementsprechend sagt Mill, die Schlußfolgerung: alle Schwäne sind weiß, sei „keine gute Induktion"[20], obwohl die Europäer für tausende von Jahren nur weiße Schwäne kannten, denn Farbe sei als eine übliche Gattungseigenschaft (was sie tatsächlich in keiner Weise ist) nicht bekannt gewesen. Doch läßt sich mathematisch zeigen, daß ein induktiver Schluß, unabhängig von jeglichem vorhergehenden Wissen um die Beständigkeit der abgeleiteten Eigenschaft, einen beliebig hohen Wahrscheinlichkeitsgrad besitzen kann. Bevor bekannt war, daß Farbe gewöhnlich keine *Gattungs*eigenschaft ist, bestand sicherlich eine beträchtliche Wahrscheinlichkeit, daß alle Schwäne weiß sind. Doch führte die weitere Erforschung der Tier*gattungen* zur Induktion ihrer Nicht-Gleichförmigkeit in bezug auf Farbe. Eine deduktive Anwendung dieses allgemeinen Satzes hätte viel dazu beigetragen, von der Wahrscheinlichkeit der universalen Weißfarbigkeit von Schwänen abzugehen, bevor die schwarze Art entdeckt wurde. Wenn wir irgend etwas hinsichtlich der allgemeinen Beständigkeit oder Unbeständigkeit einer Eigenschaft wissen, so ist die Anwendung dieses allgemeinen Wissens auf irgendeine besondere Klasse, auf die sich eine Induktion bezieht – obwohl dieses Wissen dazu dient, die Kraft der Induktion zu vergrößern oder zu vermindern –, wie jede Anwendung allgemeinen Wissens auf besondere Fälle ihrer Natur nach deduktiv und nicht induktiv.

Zum dritten. Die Aussage, daß Induktionen wahr sind, weil ähnliche Ereignisse unter ähnlichen Bedingungen auftreten – oder, was dasselbe ist, weil Objekte, die in manchen Hinsichten ähnlich sind, es wahrscheinlich auch in anderen sein werden –, diese Aussage zeigt, daß jene Bedingungen übersehen werden, die für die Gültigkeit von Induktionen wirklich entscheidend sind. Wenn wir alle Eigenschaften in Betracht ziehen, so sieht sich ein Paar von Objekten untereinander in genauso vielen Einzelheiten ähnlich wie irgendein anderes. Beschränken wir uns auf solche Eigenschaften, die für uns selbst von irgendeiner Bedeutung, von Interesse oder einfach offensichtlich[21] sind, so kann ein synthetischer Schluß gezogen werden; aber nur unter der Bedingung, daß die Einzelproben, nach denen wir urteilen, der Klasse, auf die wir unsere Urteilsbildung beziehen müssen, wahllos entnommen und nicht als Elemente irgendeiner Unterklasse ausgewählt sind. Die Induktion hat nur dann ihre volle Kraft, wenn die betreffende Eigenschaft vor der Untersuchung der Stichprobe festgelegt worden ist. Dies sind die für die Induktion wesentlichen Bestandteile, und sie bestehen nicht darin, daß man die Gültigkeit der Induktion der Gleichförmigkeit der Natur zuschreibt. Die im letzten dieser Aufsätze[22] mit Hilfe der Wahrscheinlichkeitslehre gegebene Erklärung der Induktion ist keine bloß metaphysische Formel, sondern von ihr können alle Regeln des synthetischen Schließens systematisch und mit zwingender mathematischer Kraft abgeleitet werden. Die Sache aber durch ein Prinzip der Natur zu erklären, selbst wenn dies unter anderen Aspekten zufriedenstellend sein sollte, hat den unvermeidlichen Nachteil, daß wir nach wie vor in bezug auf die Klarheit der Methode der Induktion ziemlich am Schwimmen sind. Es überrascht mich daher nicht, daß die Anhänger dieser Theorie falsche Regeln zur Durchführung von Schlußfolgerungen aufgestellt haben; auch nicht, daß eine größere Zahl von Beispielen, die Mill in seiner ersten Ausgabe als exemplarische Modelle für die Induktion vorgestellt hat, sich im Lichte weiteren wissenschaftlichen Fortschritts als besonders unglücklich erwiesen, so daß sie in späteren Ausgaben durch andere ersetzt werden mußten.[23] Man sollte annehmen, daß Mill eine Induktion auf *diesen* Umstand gegründet hätte, zumal es sein offen eingestandenes Prinzip ist, daß, sollte sich der Schluß einer Induktion als falsch erweisen, es sich um keine gute Induktion gehandelt haben kann. Nichtsdestoweniger scheint weder ihm noch irgendeinem seiner Schüler auch nur der geringste Zweifel an der perfekten Zuverlässigkeit der Systematik gekommen zu sein, die er zur sicheren Stütze des [menschlichen] Geistes beim Übergang vom Bekannten zum Unbekannten konzipiert hatte, obwohl sie ihrer ersten Prüfung nicht so gut standhielt, wie eigentlich erwartet worden war.

IV.

Wenn wir eine statistische Induktion durchgeführt haben – wie zum Beispiel, daß bei der Hälfte aller Geburten männliche Kinder zur Welt kommen –, so ist es immer möglich, durch ausreichend verlängerte Untersuchung eine Klasse zu entdecken, von der dasselbe Prädikat universal behauptet werden kann; zum Beispiel, indem man herausfindet, *von welcher Art* die Geburten männlicher Kinder sind. Die Wahrheit dieses Prinzips folgt unmittelbar aus dem Theorem, wonach es für jede mögliche Objektgruppe eine besondere Eigenschaft gibt. Das Prinzip wird gewöhnlich in der Form zum Ausdruck gebracht: *Jedes Ereignis muß eine Ursache haben.*+[24]

Doch obwohl es für jedes Ereignis eine Ursache gibt, und zwar von der Art, daß sie entdeckt werden kann – was ist, wenn uns nichts zur Entdeckung führt, wenn wir ohne jede Fährte hinter allen Ereignissen in der Welt herjagen müssen, wenn zum Beispiel das Geschlecht eines Kindes gleichermaßen abhängig gedacht werden könnte von der Stellung der Planeten, von dem, was auf den entgegengesetzten Erdteilen vor sich ging, oder von irgend etwas anderem? Dann gäbe es keinerlei Chance, daß die Entdekkung jemals gemacht würde.

Wir haben kein Recht zu der Annahme, daß wir jemals die genaue Ursache der Dinge entdecken oder daß irgendeine Induktion absolut ohne Ausnahme ist.[25] Im Gegenteil, es ist ein einfacher Folgesatz des soeben erwähnten Theorems, daß jede empirische Regel eine Ausnahme hat. Doch bestimmte Induktionen zeigen selbst dann, wenn wir annehmen müssen, daß sie streng genommen keine universalen Wahrheiten darstellen, eine so außergewöhnliche Nähe zur Universalität, daß es uns überhaupt nicht in den Sinn kommt, sie seien das Ergebnis bloßen Zufalls. Die Gesetze von *Raum* und *Zeit* sind in dieser Hinsicht am auffallendsten. Bischof Berkeley hat erstmals in überzeugender Weise in bezug auf den Raum gezeigt, daß es sich hier nicht um etwas *Sichtbares*, sondern um etwas *Erschlossenes* handelt.[26] Berkeley betont besonders die Unmöglichkeit, die dritte Dimension des Raumes direkt sehen zu können, sofern es sich bei der Netzhaut des Auges um eine Fläche handelt. Doch ist die Netzhaut in Wirklichkeit nicht einmal eine Fläche, sondern ein Konglomerat von gegen das Licht gerichteten Nervenspitzen, die lediglich an ihrem äußersten Ende empfindungsfähig sind, und diese Endpunkte liegen verglichen mit dem zu ihnen gehörenden Gebiet in beträchtlichem Abstand voneinander. Nun kann sicherlich nicht die Reizung eines einzelnen dieser Punkte die Wahrnehmung einer Fläche hervorrufen, und folglich geschieht dies auch nicht durch die Summe all dieser Empfindungen. Doch es bestehen bestimmte Beziehungen zwischen den Reizungen verschiedener Nervenpunkte, und diese bilden die Prämissen, worauf sich die Raum-Hypothese gründet und wodurch sie erschlossen wird. Daß man den Raum nicht unmittelbar wahrnehmen kann, wird jetzt allgemein zugegeben; und eine mittelbare Erkenntnis ist das, was man eine Schlußfolgerung nennt, und diese ist Gegenstand kritischer Logik. Doch was sollen wir dazu sagen, daß jedes Huhn, sobald es ausgebrütet ist, Probleme löst, deren Ausgangsbedingungen von ausreichender Komplexität sind, um die größten mathematischen Fähigkeiten zu erproben? Es wäre unsinnig zu bestreiten, daß die Tendenz, auf die Raumvorstellung zu verfallen, dem Geist des Kükens und eines jeden Tieres angeboren ist. Dasselbe gilt in gleicher Weise für die Zeit. Daß die Zeit nicht unmittelbar wahrgenommen wird, ist offensichtlich, denn keine Zeitspanne ist uns gegenwärtig, und wir nehmen nur Gegenwärtiges wahr. Vielleicht wird ebenso zugegeben, daß, hätten wir keine Vorstellung von der Zeit, wir ohne eine besondere Begabung nicht dazu in der Lage wären, das Fließen in unseren Sinneswahrnehmungen zu registrieren. Die Idee der Kraft – zumindest in ihren Grundformen – ist eine weitere Vorstellung, die so frühzeitig aufgetreten ist und sich bei Tieren von derart niedriger Intelligenzstufe findet, daß man sie für angeboren halten muß. Doch läßt das Angeborensein einer Idee Stufungen zu, denn in der Idee selbst liegt die Tendenz, sich dem Geist zu vergegenwärtigen. So treten manche Ideen, wie die des Raumes, bereits beim ersten Erwachen der Intelligenz unwiderstehlich auf und nehmen schon bei geringem Anlaß von unserem Geist Besitz, während wir durch andere Vorstellungen zwar vorgeprägt sind, aber nicht mit der gleichen Intensität, und dies entlang einer weit gespannten Skala. Die Neigung zur Personifizierung, allen Dingen menschliche Eigenschaften zuzuschreiben, kann man als angeboren bezeichnen; doch handelt es sich dabei um eine Tendenz, die vom zivilisierten Menschen im Blick auf den größeren Teil der ihn umgebenden Objekte sehr bald überwunden wird. Nehmen wir eine Vorstellung wie die der Schwerkraft, die sich reziprok zum Quadrat der Entfernung verändert. Ein sehr einfaches Gesetz. Aber es einfach zu nennen bedeutet lediglich, daß es besonders geeignet ist, vom [menschlichen] Geist mit Leichtigkeit erfaßt zu werden. Angenommen, die Vorstellung einer Größe, die mit einer anderen multipliziert wird, wäre nicht einfacher zu denken gewesen als so, daß sie mit sich selbst potenziert wird – hätten wir jemals das Gesetz des Sonnensystems entdeckt?

Der [menschliche] Geist scheint daher unbestreitbar eine starke Veranlagung zum Begreifen der Welt zu haben; zumindest insoweit, als bestimmte, für solch ein Begreifen ausgesprochen wichtige Vorstellungen auf natürliche Weise in ihm auftreten; und ohne solch eine Tendenz hätte der [menschliche] Geist niemals irgendeine Entwicklung nehmen können.

Wie sollen wir uns diese Veranlagung[27] erklären? Der große Nutzen und die Unentbehrlichkeit der Zeit-, Raum- und Kraftvorstellungen selbst für die niedrigste Intelligenz legen den Gedanken nahe, daß sie das Ergebnis natürlicher Auslese sind. Ohne so etwas wie geometrische, kinetische und mechanische Vorstellungen[28] wäre kein Tier fähig, an seine Nahrung zu kommen oder zu tun, was für die Erhaltung seiner Art notwendig sein könnte. Dabei könnte es sich, das ist wahr, um eine Instinktbegabung handeln, die generell denselben Effekt hätte; das bedeutet, Tiere könnten Vorstellungen haben, die sich von denen über Raum, Zeit und Kraft unterscheiden, aber im Blick auf den gewöhnlichen Erfahrungsbereich von Tieren mit diesen Vorstellungen übereinstimmen. Doch so wie ein Tier, dessen mechanische Vorstellungen in einer neuen Situation (wie sie die Entwicklung notwendig mit sich bringt) nicht zusammenbrechen, dadurch einen ungeheuren Vorteil im Überlebenskampf hätte, genau so würde sich in diesen Dingen zugunsten immer genauerer Vorstellungen eine konstante Auslese ergeben. Auf diese Weise würde es dann zur Erkenntnis des fundamentalen Gesetzes kommen, auf dem alle Wissenschaft beruht; daß nämlich Kräfte abhängig sind von der Relation zu Zeit, Raum und Masse. Wäre diese Vorstellung einmal mit ausreichender Klarheit erfaßt, so bedürfte es nichts mehr als eines entsprechenden Maßes an Genialität, um exakt zu ermitteln, worin diese Relationen in Wirklichkeit bestehen. Eine solche Hypothese legt sich natürlich von selbst nahe. Doch es muß eingeräumt werden, daß sie nicht zur Erklärung der außergewöhnlichen Genauigkeit zu genügen scheint, mit der jene Vorstellungen auf die Naturphänomene anwendbar sind. Hier ist wahrscheinlich noch ein Geheimnis zu entdecken.

V.

Einige der bedeutenden Fragen der Logik hängen davon ab, ob das materielle Universum in begrenzter Ausdehnung und endlichem Lebensalter gedacht werden soll oder ob es in Raum und Zeit gänzlich unbegrenzt ist.[29] Im ersteren Fall ist es denkbar, daß ein das ganze Universum umfassender, allgemeiner Plan oder Entwurf entdeckt werden könnte, und es wäre angebracht, auf die Spuren solcher Einheit zu achten. Im letzteren Fall – weil der Anteil der Welt, mit dem wir irgendeine Erfahrung gemacht haben, kleiner ist als die kleinste bestimmbare Bruchzahl – gilt, daß wir im Universum niemals irgendein *Muster* entdecken könnten außer einem solchen, das sich wiederholt; jeder das Ganze umschließende Entwurf überschritte unser Fassungsvermögen und läge jenseits der vereinten Kräfte aller Intelligenzen zu allen Zeiten. Nun ist aber, wie wir in einem früheren Artikel gesehen haben[30], das, was absolut nicht erkannt werden kann, in keiner Weise real. Eine absolut unerkennbare Existenz ist eine sinnlose Redensart. Falls das Universum unendlich ist, ist folglich der Versuch, einen das Ganze des Universums umfassenden Entwurf zu finden, nutzlos und der falsche Weg angesichts dieses Gegenstandes. Wenn das Universum keinerlei Beginn hatte und wenn sich im Raum Welt über Welt grenzenlos erstreckt, so gibt es da kein *Ganzes* materieller Dinge und folglich auch keine allgemeine Eigenschaft, und ein Lenker des Universums ist weder notwendig noch möglich. Wenn es aber eine Zeit gab, vor der absolut keine Materie existierte, wenn es bestimmte absolute Grenzen zur Region der Dinge gibt, jenseits derer sich bloße Leere findet, dann suchen wir natürlich nach einer Erklärung; und weil wir sie nicht im Rahmen der natürlichen Dinge erwarten können, so ist die Hypothese von einem großen, körperlosen Lebewesen [disembodied animal], dem Schöpfer und Lenker der Welt, allerdings verständlich.

Was die Begrenzung des Universums angeht, so sieht der konkrete Beweisstand wie folgt aus: Seit der Zeit, als der Planet noch ein glühend heißer Ball war, und bis zum heutigen Tage sehen wir auf unserer Erde eine beständige Fortentwicklung; das Sonnensystem scheint ein Ergebnis der Verdichtung von Nebeln zu sein, und dieser Prozeß geht offenbar noch weiter. Manchmal entdecken wir Sterne (vermutlich mit Systemen von Welten), die zerstört sind und sich offensichtlich wieder in den Nebelzustand aufgelöst haben. Wir haben jedoch kein Zeugnis von der Existenz der Welt vor dem Nebelstadium, aus dem sie sich entwickelt zu haben scheint. All dies spricht viel eher für die Vorstellung eines Beginns als dagegen. Was die Grenzen im Raum betrifft, so können wir nicht sicher sein, daß wir überhaupt etwas außerhalb des Milchstraßensystems sehen. Wer theologische Vorlieben hat, muß deshalb nicht die Tatsachen verdrehen, um sie mit den eigenen Ansichten in Einklang zu bringen.

Die einzige wissenschaftliche Annahme ist allerdings die, daß die unbekannten Teile von Raum und Zeit genauso ausgestattet sind wie die bekannten; und so wie wir Zyklen von Leben und Tod in allen Entwicklungen, die wir bis zum Ende verfolgen können, beobachten, gilt dasselbe auch im Hinblick auf das Sonnensystem; und so wie enorme Entfernungen, im Verhältnis zu ihrem Durchmesser, zwischen den verschiedenen Planeten unseres Sonnensystems und noch größere Entfernungen zwischen unserem System, im Verhältnis zu seinem Durchmesser, und anderen Systemen liegen, kann vermutet werden, daß andere galaktische Haufen so weit entfernt von den unseren existieren, daß sie nicht mit Sicherheit als solche erkannt werden können. Ich sage nicht, daß es sich hier um strenge Induktionen handelt, sondern nur, daß dies die Annahmen sind, die bei unserer Unkenntnis der Tatsachen solchen Hypothesen vorgezogen werden sollten, die Vorstellungen von Dingen und Ereignissen enthalten, die sich in ihrem Charakter von dem total unterscheiden, was wir aus Erfahrung kennen, nämlich körperlosen Geistern [disembodied spirits], der Schöpfung von Materie, Übertretungen der Gesetze der Mechanik etc.

Eigentlich sollte man annehmen, daß das Universum zu gewaltig ist, um überhaupt eine Eigenschaft zu haben. Wenn behauptet wird, die Anordnungen der Natur seien gütig, gerecht, weise oder von irgendeiner anderen spezifischen Eigenschaft, so sollte man solchen Meinungen gegenüber voreingenommen sein, denn sie stammen aus einem verkehrten Verständnis von der Endlichkeit der Welt. Und bisher hat die Überprüfung ergeben, daß solche Wohltaten, Gerechtigkeit etc. von sehr begrenztem Charakter sind – begrenzt nach Grad und Umfang.

Behauptet jemand, einen Plan in der Struktur organisierten Lebens entdeckt zu haben, ein Schema seiner Klassifikation, eine geregelte Anordnung unter natürlichen

Objekten, ein System von Proportionalität der menschlichen Gestalt, eine Ordnung der Entwicklung, eine Entsprechung zwischen der Stellung der Planeten und menschlichen Ereignissen, eine Bedeutsamkeit von Zahlen oder einen Schlüssel zur Traumdeutung, so müssen wir in gleicher Weise und an erster Stelle fragen, ob solche Beziehungen für eine Erklärung nach Grundsätzen der Mechanik zugänglich sind; wenn nicht, so sollten sie mit Mißfallen und bereits schwerwiegendem Verdacht betrachtet werden. Nachprüfungen haben im allgemeinen all diese Theorien widerlegt.

Es gibt Menschen, denen jedes Vorurteil und jede Annahme ungerechtfertigt erscheint. Es läßt sich leicht angeben, um welche Menschen es dabei geht; nämlich um jene, die nicht wissen, was es bedeutet, eine gut begründete Induktion durchzuführen, und die sich einbilden, daß das Wissen anderer so nebulös ist wie ihr eigenes. Daß alle Wissenschaft auf Annahmen (nicht formaler, sondern realer Art) basiert, ist für sie kein Argument, denn sie können sich nicht vorstellen, daß es im menschlichen Wissen überhaupt etwas Stabiles gibt. Das sind die Leute, die Zeit und Geld an ein perpetuum mobile und anderen derartigen Blödsinn verschwenden.

Doch es gibt auch vernünftigere Menschen, die sich mystischen Theorien zuwenden (worunter ich diejenigen verstehe, die unmöglich mechanisch erklärt werden können). Dies sind Leute, die ein festsitzendes Vorurteil zugunsten solcher Theorien haben; und wir alle haben eine natürliche Tendenz, an solche Dinge zu glauben. Häufig verstärkt unsere Erziehung diese Tendenzen, und das Ergebnis ist, daß vielen nichts von vornherein so einleuchtend erscheint wie diese Art von Theorie. Solche Leute finden genügend Beweise für ihre Ansichten, und weil ihnen jede anerkannte Logik der Induktion fehlt, sind sie nicht von ihrem Glauben abzubringen.

Doch für einen Physiker spricht alles gegen jede mystische Theorie. Deshalb scheinen mir auch jene Wissenschaftler, die herausstellen wollten, daß die Wissenschaft nicht der Feind der Theologie sei, nicht so scharfsinnig gewesen zu sein wie ihre Gegner.[31]

Es wäre übertrieben zu behaupten, die Wissenschaft könne zum gegenwärtigen Zeitpunkt die Religion widerlegen. Doch mir scheint der Geist der Wissenschaft ein Feind jeder Art von Religion zu sein, ausgenommen in der Form, die Vacherot vertritt.[32] Unsere berufenen Lehrer unterrichten uns darüber, daß der Buddhismus[33] ein armseliger und atheistischer Glaube [faith] sei, dem die bedeutendsten und für eine Religion wesentlichen Attribute fehlten; seine Priester seien weder für die Landwirtschaft von Nutzen: nämlich durch Gebete um Regen, noch für den Krieg zu gebrauchen: nämlich durch den Befehl an die Sonne, stillzustehen.[34] Auch hören wir den Protest derer, die uns davor warnen, den allgemeinen Glauben an den lebendigen Gott zu erschüttern, denn dies erschüttere – öffentlich und privat – zugleich die allgemeine Moral. Auch dies muß zugegeben werden; denn eine solche Revolution im Denken kann ebensowenig ohne Verluste und Verwüstungen erreicht werden, wie die Umpflanzung von Bäumen in neues Erdreich, und sei dies für sich genommen noch so förderlich, nicht gelingen kann, ohne daß alle eine Zeitlang dahinwelken und viele von ihnen absterben. Auch sollte man, nebenbei bemerkt, nicht unterstellen, jemand würde sich an solch einer Bewegung, die möglicherweise einen atheistischen Ausgang nimmt, beteiligen, ohne ernsthaften und einschlägigen Rat im Blick auf seine Verantwortung einzuholen. Doch mögen die Konsequenzen einer solchen Überzeugung noch so erschreckend sein, eines ist gewiß: Der wirkliche Tatbestand, was es auch sein mag, wird sich mit Sicherheit herausstellen, und keine menschliche Klugheit kann auf die Dauer den Triumphzug der Wahrheit zum Stehen bringen – nein, selbst dann nicht, wenn die Entdeckung so aussehen sollte, daß sie jeden einzelnen Menschen[35] in den Selbstmord triebe!

Doch es wäre töricht anzunehmen, daß jede metaphysische Theorie bezüglich des Seins des Vollkommenen darauf hinausliefe, das Streben nach dem Vollkommenen, worin die Religion ihr Wesen hat, zu zerstören. Es ist allerdings wahr: Wenn die Priester einer bestimmten Religionsauffassung die Menschen mit Erfolg davon überzeugen, Religion könne nicht ohne die Annahme bestimmter Formeln existieren; oder erfolgreich bestimmte Dogmen derart mit volkstümlicher Religion verflechten, daß die Menschen keine wesentliche Analogie[36] mehr zu erkennen vermögen zwischen einer Religion, die diese Glaubenssätze annimmt, und einer, die sie verwirft, dann kann es am Ende dazu kommen, daß die, die diese Dinge nicht glauben können, als areligiös dastehen. Auch können wir nicht erwarten, daß eine Priesterschaft sich selbst eher als Lehrer einer allgemeinen Religion versteht denn als Vertreter des jeweiligen theologischen Systems, das ihre eigene Gruppierung befürwortet. Doch sollte niemand durch die unphilosophische Engstirnigkeit derer, die über die Geheimnisse des Gottesdienstes wachen, von der Teilnahme an diesen den Menschen gemeinsamen Gefühlen und ihrer öffentlichen Kundgabe, soweit sie für Laien offen stehen, ausgeschlossen werden. Bin ich denn daran gehindert, an der gemeinsamen Freude teilzuhaben, wie sie die Religion in der Offenbarung inspirierter Grundsätze vermittelt und wie wir sie an Ostern und Weihnachten feiern, nur weil ich denke, daß bestimmte wissenschaftliche, logische und metaphysische Vorstellungen, die mit jenen Grundsätzen vermischt wurden, unhaltbar sind? Nein, denn dies würde bedeuten, jenen Irrtümern mehr Gewicht zuzuerkennen als der Wahrheit – eine Auffassung, die nur von wenigen akzeptiert wird. Menschen, die nicht an das glauben, was den wirklich fundamentalen Grundsätzen des Christentums entspricht, sind selten; und alle, mit Ausnahme dieser wenigen, sollten sich in den Kirchen zu Hause fühlen.

3. [Wissenschaft und Unsterblichkeit]*

Worin liegt die Bedeutung von positiv festgestellten Fakten für die Lehre von einem zukünftigen Leben? Unter der Lehre von einem zukünftigen Leben verstehe ich die Behauptung [proposition], daß wir nach dem Tode unser individuelles Bewußtsein und Gefühl, unsere Willenskraft und Erinnerung, kurz: alle unsere geistigen Kräfte (ausgenommen ihre unglückliche Kontingenz) uneingeschränkt zurückbehalten oder wiedererlangen werden. Lassen wir all die höherrangigen Aspekte dieser Lehre beiseite, ihre Heiligkeit und ihre Gefühlsbedeutung – wozu sich zu äußern nicht gerade ein Wissenschaftler berufen ist –, und urteilen wir auf dieselbe distanzierte Weise, wie wenn ein physikalischer Satz zur Diskussion stünde, so lautet die Frage: Welche Fakten sind gegeben, die dazu führen, daß wir der Behauptung Glauben schenken oder nicht?

In die Rubrik direkter positiver Zeugnisse zur Bestätigung dieses Satzes würden wohl die religiösen Wunder gehören, spiritualistische Phänomene, Geister etc. Zu all dem habe ich wenig zu sagen. Ich halte die modernen katholischen Wunder[1] für die am besten beglaubigten. Drei Mitglieder der Englischen Gesellschaft für Psychologische Forschung haben kürzlich ein Riesenwerk unter dem Titel *Phantasms of the Living*[2] veröffentlicht, vierzehnhundert Seiten im Großoktavformat. In diesem Buch finden sich ungefähr siebenhundert Fälle von Erscheinungen etc. einer sterbenden vor einer entfernt lebenden anderen Person. Das Phänomen der Telepathie oder der Wahrnehmung unter Bedingungen, die eine gewöhnliche Wahrnehmung eigentlich ausschließen, ist zwar nicht voll anerkannt, wird aber doch durch bemerkenswerte Beobachtungen gestützt. Die Autoren des genannten Buches aber – die Herren Gurney, Myers und Podmore – sind der Auffassung, sie hätten eine Art Telepathie nachgewiesen, durch die Sterbende anderen Personen in großer

Entfernung erscheinen. Ich habe ihre äußerst eindrucksvollen Argumente, die auf der Wahrscheinlichkeitslehre basieren, sorgfältig überprüft und bin vollkommen davon überzeugt, daß sie wertlos sind; teils wegen der Unsicherheit und der Fehler in den numerischen Daten und teils wegen der erstaunlichen Sorglosigkeit, mit der die Autoren Fälle zugelassen haben, die von den Argumentationsbedingungen her eigentlich auszuschließen wären.

Doch wenn wir alle Gespenstergeschichten, die je erzählt wurden, und die Realität aller spirituellen Manifestationen als erwiesen annehmen, was würden sie denn beweisen? Gespenster [ghosts] und Geister [spirits] dieser Art zeigen nur Restbestände von Geist [mind], sie sind von auffallender Stumpfsinnigkeit und darin den niederen Tieren ähnlich. Würde ich an sie glauben, käme ich zu dem Schluß, daß die Seele, sofern sie nicht immer zugleich mit dem Tode des Körpers ausgelöscht wird, doch reduziert wäre zu einem jämmerlichen Gespenst, sie wäre nur noch, wie wir sagen, ein Schatten ihrer selbst.[3] Und dann geben sich diese Geister und Erscheinungen auf so peinliche Weise feierlich. Ich stelle mir vor, ich wäre plötzlich ganz ohne die Last und Verantwortung dieses Lebens, die Zeit meiner Bewährung läge hinter mir, und mein Schicksal wäre frei vom Handel und Wandel der Welt: Ich fühlte mich wie auf einem Ozeandampfer, weil ich wüßte, daß für die nächsten zehn Tage keine Verpflichtung auftauchen und nichts passieren könnte. Das wäre mir ein Riesenvergnügen, der Gipfel von Lebenslust, und ich wäre in dieser Lage nur allzu froh, das Tal der Tränen hinter mir zu lassen. Stattdessen kommen diese kümmerlichen Seelen zurück, irren an ihren früheren Stätten umher und jammern über verschüttete Milch.

In die Rubrik der positiven Zeugnisse, die offenbar nicht für diese Lehre sprechen, gehört wohl die ganz normale Beobachtung der Abhängigkeit gesunder Geistesaktivität vom körperlichen Zustand. Auch finden sich jene seltenen Fälle von doppeltem Bewußtsein, in denen die personale Identität vollständig zerstört oder verändert ist, und zwar schon in diesem Leben. Wenn ein Mann oder eine Frau, die an einem Tag diese, am nächsten Tag eine andere Identität besitzen, ein Leben im Jenseits haben werden, möchte ich gerne wissen: Welche der beiden Personen, die in dem einen Körper wohnen, ist zum Überleben bestimmt?

Es gibt sicher eine große und beachtliche Menge von Tatsachen, die zwar nicht direkt mit der Frage nach einem zukünftigen Leben zu tun haben, die uns aber doch eine allgemeine Auffassung vom Universum vermitteln, die mit jener Überzeugung nicht harmoniert. Wir stellen uns die Möglichkeit einer unsichtbaren Welt anhand ihrer Analogie mit der sichtbaren vor. Wir lächeln über Aladins Wunderlampe oder das Lebenselixier, weil sie allem, was wir beobachten konnten, äußerst unähnlich sind. Wenn wir über die Lehre von der Unsterblichkeit lächeln, müssen wir Nachsicht üben mit jenen, die niemals Geistern oder überhaupt einem Faktum begegnet sind, das der Unsterblichkeit unter solchen Dingen analog wäre, von denen wir zweifellos ein Wissen haben. Soweit wir sehen, sind die Formen von Schönheit, Empfindung und Intelligenz die vergänglichsten aller Phänomene.

„Die Blume, die einmal erblühte, stirbt für immer.“[4]

Zudem haben uns wissenschaftliche Untersuchungen gelehrt, daß menschliche Zeugnisse, wenn sie nicht sorgfältigen Kontrollen unterliegen, von nur schwachem Aussagewert sind. Kurz, die gänzliche Unähnlichkeit einer unsterblichen Seele mit allem, woran wir nicht zu zweifeln in der Lage sind, und die Schwäche aller alten Argumente zugunsten ihrer Existenz scheinen mir von enormem Gewicht zu sein.

Andererseits wird zusammen mit den allgemein zunehmenden spiritualistischen Auffassungen die Theorie eines anderen Lebens voraussichtlich Verstärkung erfahren, und zwar dann, wenn die augenfällige Verkehrtheit der mechanistischen Philosophie des Universums, wie sie in der Moderne vorherrschend ist, einmal erkannt sein wird. Es genügt schon, ins Freie zu gehen und die eigenen Augen zu öffnen, um zu erkennen, daß die Welt nicht völlig vom Mechanismus bestimmt wird, wie Spencer[5] in Übereinstimmung mit noch bedeutenderen Zeitgenossen uns glauben machen will. Die nicht endende Vielfalt der Welt ist nicht durch Naturgesetze geschaffen worden; zur Funktion von Gleichförmigkeit gehört es nicht, Abweichungen hervorzubringen, noch zur Funktion der Naturgesetze, ihre Bedingungen herzustellen. Wenn wir die Mannigfaltigkeit der Natur anschauen, sehen wir lebendiger Spontaneität gerade ins Gesicht. Eine Tageswanderung draußen in der Natur sollte uns das klarmachen können.[+6]

Und dann ist da die bedeutende Tatsache des Wachstums, der Evolution. Ich weiß, daß Herbert Spencer zu zeigen versucht, daß die Evolution eine Folge des mechanischen Prinzips der Energieerhaltung sei. Doch sein Kapitel zu diesem Thema ist mathematisch gesehen absurd[7] und zeigt ihn als jemanden, der anspruchsvoll über etwas sprechen will, wovon er nichts versteht. Das Prinzip der Energieerhaltung kann, wie weithin bekannt, folgendermaßen formuliert werden: Alle Veränderungen, die durch Kräfte hervorgerufen werden können, sind unter der Kontrolle derselben Kräfte auf die gleiche Weise auch in umgekehrter Reihenfolge denkbar (wobei alle Bewegungen mit denselben Geschwindigkeiten, aber in entgegengesetzter Richtung ablaufen). Das wesentliche am Wachstum aber ist, daß es in einer bestimmten Richtung stattfindet, die *nicht* umkehrbar ist.[8] Jungen entwickeln sich zu Männern, aber nicht Männer zu Jungen. Deshalb ist es ein unmittelbarer Folgesatz aus der Energieerhaltung, daß Wachstum nicht allein das Ergebnis von Kraftwirkung sein kann.

Daraus folgt: Die Welt wird offensichtlich nicht von einem blinden Gesetz gesteuert. Ihre vorherrschenden Eigenschaften sind mit dieser Sicht der Dinge absolut unvereinbar. Als die Wissenschaftler gerade damit begannen, die Dynamik zu verstehen, und sie mit großem Erfolg auf die Erklärung einiger Phänomene angewandt hatten, ergab sich voreilig die Vermutung, auch das Universum könne auf diese Weise eine Erklärung finden; und das war der Beginn dessen, was wir als mechanistische Philosophie bezeichnen. Doch weitere Untersuchungen zur Natur der Kraft haben gezeigt, daß sie eben jene Eigenschaft der Erhaltung[9] hat, wodurch die mechanische Auffassung des Universums absolut widerlegt ist. Soweit ich die Zeichen der Zeit zu lesen imstande bin, ist der Untergang der nezessitaristischen[10] Metaphysik besiegelt. Die Welt hat genug davon. Der Nezessitarismus muß jetzt einer Weltsicht weichen, die eher spiritualistisch ist, und dann ist die Erwartung nur natürlich, daß weitere Untersuchungen der Natur vielleicht die Realität eines zukünftigen Lebens begründen werden.

Was mich betrifft, ich kann den Satz Kants – menschliches Wissen sei an bestimmte unüberschreitbare Grenzen gebunden – nicht akzeptieren; und selbst wenn es solche Grenzen bezüglich des Unendlichen und Absoluten gäbe, die Frage nach einem zukünftigen Leben, im Unterschied zu der nach der Unsterblichkeit, überschreitet diese Grenzen nicht. Die Wissenschaftsgeschichte bietet genügend Illustration dafür, wie töricht die Behauptung ist, dies oder das oder jenes ließe sich niemals herausfinden. Auguste Comte[11] meinte, es sei für Menschen offensichtlich unmöglich, jemals etwas über die chemische Zusammensetzung der Fixsterne zu erfahren; doch noch bevor dieses Buch seine Leser erreicht hatte, war die Entdeckung gemacht, die er als unmöglich hingestellt hatte. Legendre[12] vertrat zu einem bestimmten Satz der Zahlentheorie die Auffassung, er sei anscheinend wahr, doch sein Beweis liege sehr wahrscheinlich jenseits der Kräfte des menschlichen Geistes; aber schon der nächste Autor in dieser

Sache lieferte sechs voneinander unabhängige Beweise dieses Theorems. Ich kann wirklich nicht einsehen, warum die Bewohner dieser Erde nicht eines zukünftigen Tages mit Bestimmtheit herausfinden sollten, ob es ein zukünftiges Leben gibt oder nicht. Doch gegenwärtig sehe ich nicht, daß uns genügend Tatsachen zur Verfügung stünden, um den Anschluß praktischer Folgerungen daraus zu rechtfertigen. Wenn jemand an ein zukünftiges Leben glauben möchte, entweder aus Sympathie für das verehrungswürdige christliche Bekenntnis oder aus Gründen seines privaten Trostes, er tut recht daran. Aber ich denke nicht, daß es klug wäre, von diesem religiösen oder gefühlsmäßigen Satz ausgehend irgendwelche praktischen Deduktionen vorzunehmen – zum Beispiel die, menschliches Glück und Menschenrechte hätten nur geringe Bedeutung, alle unsere Gedanken sollten sich von den Dingen dieser Welt abwenden etc. –, es sei denn, solch eine Deduktion hätte die unabhängige Zustimmung des gesunden Menschenverstandes.[+13][+14]

4. Eine Vermutung über das Rätsel [der Sphinx]*

[Einleitung][1] *Kapitel I.*
Trichotomie

Ein philosophisches Gebäude zu errichten, das den Wandel der Zeiten überdauern soll, verlangt von mir nicht so sehr achtsame Gewissenhaftigkeit im Zusammensetzen seiner Bausteine als vielmehr die Grundlegung eines tiefen und massiven Fundaments. Aristoteles gründet alles auf wenige wohlerwogene Begriffe – etwa Stoff und Form, Verwirklichung und Vermögen; sie waren sehr breit angelegt, in ihren Konturen vage und ungenau, aber doch auch solide, unerschütterlich und nicht leicht zu untergraben. Deshalb ist es dahin gekommen, daß der Aristotelismus in jeder Kinderstube nachgeplappert wird.

Der „Englische Common Sense" ist durch und durch peripatetisch, und die Menschen leben so vollständig im Hause des Stagiriten, daß ihnen das, was sie außerhalb ihrer Fenster sehen, unbegreiflich und metaphysisch erscheint. Aber es hat sich seit langem nur allzu deutlich gezeigt, daß dieses alte Gebäude – so lieb es uns auch sein mag, und so sehr wir an es gewöhnt sind – den modernen Ansprüchen nicht gerecht wird. Daher wurde in den letzten drei Jahrhunderten von Descartes, Hobbes, Locke, Kant und anderen versucht, Reparaturen, Veränderungen und Teilabbrüche durchzuführen. Nur ein System steht auf einem neuen Fundament: Ich meine das Schelling-Hegel-Gebäude, das sich neuerdings steigender Beliebtheit bei den Deutschen erfreut, bei dessen Konstruktion aber so viele Dinge übersehen wurden, daß es, obwohl brandneu, bereits für unbewohnbar erklärt wird.

Doch die Konzeption, deren Reichtum ich dem Leser im folgenden vor Augen stellen möchte, ist von allen die fundamentalste, ihr Nutzen ist von Dauer, sie ist das Herzblut aller Philosophie und einer klugen Lebensart, sie dient besser und auf großartige Weise der Befriedigung unserer physischen Bedürfnisse, der Freude und dem Zeitvertreib im Leben, dem Gewinn an Kraft, dem Füllen der Taschen und der Verlängerung des Lebens. Ich bin sehr glücklich, daß ich dem Leser etwas präsentieren kann, das in dieser Weise seiner Aufmerksamkeit wert ist; noch glücklicher aber über den besonderen Leser, der dessen würdig ist, was ich ihm anzubieten habe. Wie kann ich etwas über den Charakter meines Lesers wissen? Einfach dadurch, daß ich ihn gewählt habe – denn mein Buch ist in der Absicht geschrieben, ihm zu zeigen, daß er allein unter Millionen ausgewählt ist. Er wird verstehen, daß mein Buch nicht veröffentlicht wurde, um ihn in seinen Vorurteilen zu bestärken; denn wäre es so, würde er sich nicht die Mühe machen, es zu lesen. Der Leser wird ebenfalls in Betracht ziehen, daß die Denk- und Schreibarbeit für dieses Buch, sein Zu-Ende-Denken eingeschlossen, ich will nicht sagen, wie lange, doch ganz sicher mehr als eine Viertelstunde gedauert hat. Deshalb werden grundsätzliche Einwände, die so offensichtlich sind, daß sie jedermann unmittelbar einfallen werden, auch der Aufmerksamkeit seines Autors nicht entgangen sein, und es darf erwartet werden, daß sich Antworten darauf im Laufe der Untersuchung ergeben können. Für diese Weisheit und Geduld will ich mich in aufrichtiger und herzlicher Dankbarkeit dadurch erkenntlich zeigen, daß ich nur gut vorbereitete, abgewogene, genau bemessene und überprüfte Dinge vortrage, und das in einer Sprache, die den Bedürfnissen des Lesers so gut angepaßt ist, wie ich es nur vermag; aber ohne darauf Rücksicht zu nehmen, ob Kleinkinder, Spießer, Geschäftige und all die, die das Buch gar nicht lesen werden, die richtige oder eine falsche Auffassung davon bekommen würden, wenn sie es gelesen hätten.

Kapitel I. *Trichotomie*

Vielleicht sollte ich mit einer Bemerkung darüber beginnen, wie verschiedene Zahlen ihre Fürsprecher gefunden haben. Die Zwei wurde von Peter Ramus gerühmt, die Vier von Pythagoras, die Fünf von Sir Thomas Browne usw.[2] Was mich betrifft, ich bin kein entschiedener Gegner irgendeiner unschuldigen Zahl. Ich respektiere und schätze sie alle in ihren unterschiedlichen Eigenschaften; aber ich muß gestehen, daß ich in der Philosophie der Zahl Drei zuneige. Tatsächlich mache ich von der Drei-Teilung in meinem spekulativen Denken soviel Gebrauch, daß es am besten sein wird, mit einer kurzen Vorüberlegung zu beginnen, auf welchen Begriffen[3] alle diese Unterteilungen beruhen müssen. Ich meine nicht mehr als die Vorstellungen des Ersten, Zweiten und Dritten – so umfassend, daß man sie eher für Stimmungen oder Klangfarben des Denkens halten möchte als für bestimmte

Gedanken; doch ihre Bedeutung für jene Unterteilungen ist enorm. Betrachtet man sie als Zahlworte, die auf x-beliebige Gegenstände angewandt werden, so sind sie in der Tat nur dünne Gedankenskelette, wenn nicht gar bloße Worte. Wenn es nur um Aufzählungen ginge, wäre es unpassend, nach der Bedeutung der Zahlen zu fragen, die wir dafür benutzen müssen. Die Distinktionen der Philosophie nämlich haben sehr viel mehr im Sinn als nur das. Sie sind darauf aus, den Dingen selbst auf den Grund zu gehen, und wenn wir eine einzige philosophische Distinktion auf diese Weise dreifach anlegen wollen, obliegt es uns als erstes, danach zu fragen, was erstens, zweitens, drittens sind; nicht abgezählt, sondern ihrem eigenen wahren Charakter nach. Daß es solche Vorstellungen des wirklich Ersten, Zweiten und Dritten gibt, werden wir sogleich aus gutem Grund akzeptieren können.

Das Erste ist das, was sein Sein einfach in sich selber hat, ohne sich auf irgend etwas anderes zu beziehen oder der Grund für etwas anderes zu sein. Das Zweite ist das, was es ist, durch die Kraft dessen, zu dem es ein Zweites ist. Das Dritte ist das, was es ist, infolge der Dinge, zwischen denen es vermittelt und die es miteinander in Beziehung bringt.

Die Idee des absolut Ersten[+4] muß vollständig getrennt werden von allen Vorstellungen von oder Verbindungen zu etwas; denn was ein Zweites einschließt, ist selbst ein Zweites zu diesem Zweiten. Das Erste muß deshalb gegenwärtig und unmittelbar sein, um nicht ein Zweites für eine Repräsentation zu sein. Es muß frisch und neu sein, denn wäre es alt, wäre es ein Zweites in Bezug auf seinen vorhergehenden Zustand. Es muß initiativ, ursprünglich, spontan und frei sein, andernfalls wäre es ein Zweites zu einer bestimmenden Ursache. Es ist ebenso etwas Lebendiges und Bewußtes; nur so kann es verhindern, Objekt einer Sinneswahrnehmung zu sein. Es geht aller Synthesis und allen Differenzierungen voraus: Es hat keine Einheit und keine Teile. Es kann nicht klar gedacht werden: Behaupte es, und schon hat es seine charakteristische Unschuld verloren; denn eine Behauptung impliziert immer die Verneinung von etwas anderem. Höre auf, an es zu denken, und schon hat es sich verflüchtigt! Was die Welt für Adam war – an jenem Tage, als er seine Augen für sie öffnete, bevor er irgendwelche Unterscheidungen gemacht hatte und sich seiner eigenen Existenz bewußt war –, das ist der Sinn von zuerst, gegenwärtig, unmittelbar, frisch, neu, initiativ, ursprünglich, spontan, frei, lebendig, bewußt und flüchtig. Aber Vorsicht, keine Beschreibung davon trifft, was sie beschreiben soll.

So wie das Erste nicht das absolut Erste ist, wenn es zusammen mit einem Zweiten gedacht wird, müssen wir, wenn wir das Zweite in seiner Vollkommenheit denken wollen, jedes Dritte davon ausschließen. Das Zweite ist deshalb das absolut Letzte. Aber wir müssen nicht und wir dürfen nicht die Idee des Ersten von der des Zweiten ausschließen; im Gegenteil, das Zweite ist genau das, was ohne das Erste nicht sein kann. Es begegnet uns in solchen Tatsachen wie: Anderes, Relation, Zwang, Wirkung, Abhängigkeit, Unabhängigkeit, Negation, Auftreten, Realität, Ergebnis. Ein Ding kann nicht anders, negativ oder unabhängig sein, ohne gegenüber oder von einem Ersten anders, negativ oder unabhängig zu sein. Doch ist dies noch kein besonders tiefgehendes Verständnis von Zweitheit; denn das Erste kann in diesen Fällen zerstört werden, und doch bleibt der wirkliche [real] Charakter des Zweiten absolut unverändert. Wenn das Zweite durch die Tätigkeit des Ersten einer Veränderung unterliegt und von ihm abhängig ist, handelt es sich um eine genuinere Zweitheit. Die Abhängigkeit darf allerdings nicht so weit gehen, daß das Zweite ein bloß zufälliger Umstand des Ersten ist, sonst degeneriert die Zweitheit erneut. Das genuin Zweite leidet, und dennoch leistet es Widerstand, so wie tote Materie, deren Existenz in ihrer trägen Masse besteht. Es ist weiter zu beachten, daß die Finalität, die, wie wir gesehen haben, zum Zweiten gehört, unabänderlich vom Ersten ausgeht und von daher festgelegt ist, so daß die unveränderbare Festigkeit eine der Eigenschaften des Zweiten wird. Wir finden Zweitheit im Auftreten von Ereignissen, denn ein Ereignis ist etwas, dessen Existenz darin besteht, daß wir mit ihm zusammenstoßen. Von gleicher Art sind die harten Tatsachen; das heißt, sie sind da, und ich kann sie nicht wegdenken, sondern ich werde gezwungen, sie als Objekt oder Zweites außerhalb von mir, dem Subjekt oder der Nummer Eins, anzuerkennen, und so sind sie das Material für die Ausübung meines Willens.

Für die Vorstellung von einem Zweiten gilt zwangsläufig, daß sie einfach zu erfassen ist. Die Vorstellung von einem Ersten ist so empfindlich, daß sie nicht berührt werden kann, ohne sie zu vernichten; die des Zweiten dagegen ist ausgesprochen hart und griffig. Zweitheit ist uns zudem sehr vertraut und drängt sich täglich auf, sie ist die wichtigste Lektion des Lebens. Für die Jugend ist die Welt wie neu entstanden, und wir scheinen frei zu sein; aber Einschränkungen, Konflikte, Zwänge, allgemein gesagt: Zweitheit, machen die Lehren der Erfahrung aus. Mit welcher Erstheit

„Eilt das beflaggte Schiff aus heim'scher Bucht";

und mit welcher Zweitheit

„kehrt es heim,
Zerlumpt die Segel, Rippen abgewittert."[5]

Doch so vertraut dieser Gedanke auch ist, und so sehr wir auch genötigt sind, ihn überall anzuerkennen, wir können ihn dennoch nicht realisieren. Wir können uns der Endlichkeit, oder was es sonst sein mag, niemals unmittelbar bewußt sein; anders eine göttliche Freiheit, die in ihrer eigenen ursprünglichen Erstheit von keiner Begrenzung weiß.

Das Erste und Zweite, Handelnde und Leidende, Ja und Nein sind Kategorien, die es uns ermöglichen, die Erfahrungstatsachen ungefähr zu beschreiben, und für einen sehr langen Zeitraum ist dies auch zufriedenstellend für den [menschlichen] Geist. Doch schließlich stellt sich heraus, daß sie unzulänglich sind, und es ist der Begriff des Dritten, der dann erforderlich wird. Das Dritte ist das, was die Kluft zwischen dem absolut Ersten und Letzten überbrückt und sie miteinander in Beziehung bringt. Man sagt, daß jede Wissenschaft ihr qualitatives und ihr quantitatives Stadium hat, und sie befindet sich in ihrem qualitativen Stadium, wenn duale Unterscheidungen ausreichen – ob nämlich ein bestimmtes Subjekt ein bestimmtes Prädikat hat oder nicht. Das quantitative Stadium tritt dann ein, wenn man mit derart groben Unterscheidungen nicht mehr zufrieden ist. Es wird dann notwendig, eine mögliche Mitte anzusetzen zwischen zwei möglichen Bedingungen des Subjekts bezüglich der Qualität, die es besitzt und die durch das Prädikat angezeigt wird. Die Mechanik des Altertums sah in wirkenden Kräften die Ursachen, die die Bewegung zur unmittelbaren Folge hatten, ohne daß die Betrachtung über die im wesentlichen duale Relation von Ursache und Wirkung hinausgeführt worden wäre. Das ist der Grund, weshalb es zu keinem Fortschritt in der Dynamik kommen konnte. Die Arbeiten von Galileo und seinen Nachfolgern bestanden darin zu zeigen, daß Kräfte Beschleunigungen darstellen, durch die allmählich ein Zustand der Geschwindigkeit erreicht wird. Die Wörter Ursache und Wirkung tauchen zwar noch auf, aber die alten Begriffe wurden in der Philosophie der Mechanik fallengelassen. Denn jetzt ist es eine bekannte Tatsache, daß Körper an einem bestimmten relativen Ort eine bestimmte Beschleunigung erfahren. Nun ist eine Beschleunigung – anstatt wie eine Geschwindigkeit eine Relation zwischen zwei aufeinanderfolgenden Positionen anzugeben – eine Relation zwischen dreien; weshalb die neue Lehre darin bestand, den Begriff der Dreiheit in geeigneter Weise einzuführen. Auf dieser Vorstellung ist die gesamte moderne Physik aufgebaut. Auch die Überlegenheit der modernen Geometrie beruht sicherlich auf nichts so sehr wie auf der Tatsache, daß die zahllosen Einzelfälle, mit denen die Wissenschaft der Antike belastet war, überbrückt werden konnten; ja wir können soweit gehen und feststellen, daß alle großen Fortschritte in der Methode jedes einzelnen Wissenschaftszweiges darin bestanden haben, Fälle miteinander in Beziehung zu setzen, die bis dahin getrennt waren.

Man kann leicht diejenigen, deren Denken sich vorwiegend im dualen Stadium befindet, an der Maßlosigkeit ihres Sprachgebrauchs erkennen. Früher, als es noch natürlich zuging, war alles vollendet, absolut, unbeschreiblich, endgültig, unvergleichlich, überragend, uneingeschränkt, mit Stumpf und Stiel; und jetzt, wo es Mode geworden ist, verächtlich zu sein, sind sie genauso deutlich durch die lächerliche Unangemessenheit ihrer Ausdrucksweise gebrandmarkt. Der Satz vom Widerspruch ist für solche Menschen ein Schibboleth. Wenn es um die Widerlegung eines Satzes zu tun ist, werden sie immer versuchen zu zeigen, daß er einen verborgenen Widerspruch enthält, selbst dann, wenn der Satz verständlich und sonnenklar sein sollte. Mit Vergnügen sei angemerkt, wie grandios und unberührt die Mathematik seit der Erfindung des Kalküls[6] ihren Weg gegangen ist, und sie kümmert sich genausowenig um die Fragerei der Widerspruchskrämer wie ein Panzerschiff um ein amerikanisches Fort.

Wir haben gesehen, daß das unmittelbare Bewußtsein das Musterbeispiel eines Ersten und das externe tote Ding das Musterbeispiel eines Zweiten ist. In gleicher Weise ist offensichtlich die Repräsentation, die zwischen diesen beiden vermittelt, das Musterbeispiel eines Dritten. Andere Beispiele sollten allerdings nicht vernachlässigt werden. Das Erste ist handelnd, das Zweite erleidend, das Dritte ist die Handlung, durch die ersteres das letztere beeinflußt. Zwischen dem Anfang als erstem und dem Ende als letztem vollzieht sich der Prozeß, der vom Ersten zum Letzten führt.

Wenn beim Messen einer Linie das Metermaß durch einen Meter ersetzt würde, der auf einem unendlich langen und stabilen Stab markiert wäre, dann würden – nach dem, was uns die Mathematiker sagen – bei allen Verschiebungen, die wir machten, um den Meter an die zu messenden aufeinanderfolgenden Abschnitte der Linie anzulegen, zwei Punkte auf dem Stab fest und unbewegt bleiben. Diesem Punktepaar geben die Mathematiker den Titel des Absoluten; nämlich den Punkten, die sich beim Messen in unendlicher Entfernung nach beiden Seiten des Meters hin befinden. Diese Punkte sind entweder wirklich voneinander unterschieden, sie fallen zusammen, oder sie sind imaginär (in diesem Fall gäbe es lediglich eine endliche Entfernung vollständig um die Linie herum) entsprechend der Relation der Meßweise zur Eigenschaft der Linie, auf der die Messung durchgeführt wird. Diese beiden Punkte sind das Absolut Erste und das absolut Letzte oder Zweite, während jeder meßbare Punkt auf der Linie den Charakter eines Dritten besitzt. Wir haben gesehen, daß sich der Begriff des absolut Ersten jedem Versuch entzieht, ihn zu erfassen; und so steht es in einem anderen Sinne auch mit dem Begriff des absolut Zweiten; aber es gibt kein absolut Drittes. Denn das Dritte ist seiner eigenen Natur nach relativ, und das ist charakteristisch für all unser Denken, selbst dann, wenn wir das Erste oder Zweite im Sinn haben. Der Anfangspunkt des Universums, Gott der Schöpfer, ist das Absolut Erste; der Endpunkt des Universums, wenn Gott vollständig offenbar ist, das Absolut Zweite; jeder Zustand des Universums zu einem bestimmbaren Zeitpunkt das Dritte. Wer annimmt, daß das Meßbare das einzig Existierende ist, und ihm jede deutliche Tendenz eines Woher oder Wohin abspricht, der betrachtet das Punktepaar, aus dem das Absolute besteht, als ein imaginäres und ist ein Epikuräer. Wer dafürhält, daß es eine deutliche Richtung für den Lauf der Natur als ganzer gibt, und dennoch glaubt, daß das absolute Ende nichts als das Nirwana ist, von dem aus der Lauf der Natur auch begann, der läßt die beiden Punkte des Absoluten zusammenfallen und ist ein Pessimist. Aber wer der Überzeugung[7] ist, daß sich das ganze Universum in der unendlich fernen Zukunft einem Zustand nähert, der allgemeine Eigenschaften besitzt, die sich von denen, die wir in der unendlich entfernten Vergangenheit sehen können, unterscheiden, der läßt das Absolute aus zwei unterschiedenen realen Punkten bestehen und ist ein Evolutionist[a]. Es handelt sich hier um einen jener Sachverhalte, bei denen wir Menschen allein durch unsere eigene Reflexion lernen können, aber ich bin überzeugt, der Leser wird – wenn er meinen Vorschlägen folgt – zugestehen, daß Eins, Zwei und Drei mehr sind als Zahlwörter, mehr sind als „ene, mene, mine, mu". Sie sind Träger von bedeutenden, wenn auch vagen Vorstellungen.

Aber, so wird man fragen, warum soll man mit der Drei aufhören? Warum nicht weitergehen, um einen neuen Begriff auch von der Vier, der Fünf und immer so weiter zu finden? Der Grund dafür liegt in der Unmöglichkeit, eine genuine Drei durch eine Modifikation des Paares zu bilden, ohne daß etwas der Natur der Einheit und des Paares gegenüber Fremdes eingeführt würde, während die Vier, die Fünf und jede höhere Zahl allein aus komplizierteren Formen von Dreiern gebildet werden kann. Um dies zu verdeutlichen, will ich zuerst ein Beispiel geben. Der Sachverhalt, daß A an B ein Geschenk C überreicht, ist eine Dreier-Relation, die als solche unmöglich in eine Kombination dualer Relationen aufgelöst werden kann. Tatsächlich schließt schon die bloße Vorstellung der Kombination die der Drittheit ein, denn eine Kombination ist das, was

[a] Diese letzte Auffassung ist im wesentlichen auch die der christlichen Theologie. Die Theologen behaupten, daß das physische Universum endlich sei, aber wenn wir das Universum betrachten, von dem sie zugeben, daß es seit aller Zeit existiert hat, so scheint es sich doch am Ende, wenn der Geist der Schöpfung in ihrer Ganzheit erfüllt sein wird und sich treu bleibt, in einem anderen Zustand zu befinden als am Anfang.

sie ist, durch die Teile, die sie miteinander verbindet. Aber selbst wenn wir auf diese Überlegung verzichten, können wir den Sachverhalt: A schenkt C an B, durch keine Summe von dualen Relationen zwischen A und B, B und C, C und A aufbauen. A mag B bereichern, B mag C empfangen, und A mag sich von C trennen, und dennoch muß A nicht notwendig C an B geben. Denn dafür wäre es nicht nur notwendig, daß diese drei dualen Relationen koexistieren, sondern daß sie zu einem Sachverhalt zusammengeschweißt werden. Daraus ist zu erkennen, daß eine Triade nicht in Dyaden zerlegt werden kann. Doch will ich jetzt an einem Beispiel zeigen, daß eine Vier in Dreier zerlegt werden kann. Betrachten wir zum Beispiel den vierfachen Sachverhalt, daß A an B ein C für den Preis D verkauft. Es handelt sich um eine Zusammensetzung aus zwei Sachverhalten[8]: 1. daß A mit B ein bestimmtes Geschäft macht, das man E nennen kann; und 2. daß dieses Geschäft E der Verkauf von C für den Preis D ist. Jeder dieser zwei Sachverhalte ist ein dreifacher, und deren Kombination ergibt einen genuin vierfachen Sachverhalt, wie man ihn besser nicht finden kann.[9] Die Erklärung für diese bemerkenswerte Unterscheidung muß nicht weit hergeholt werden. Ein dualer, relativer[10] Ausdruck, so wie „Liebhaber" und „Diener", ist eine Art unausgefülltes Formular, in dem es zwei Leerstellen gibt. Ich meine damit folgendes: Wenn wir um das Wort Liebhaber als den Hauptbegriff des Prädikates einen Satz bilden wollen, steht es uns frei, irgend etwas, das wir als Subjekt für geeignet halten, und darüber hinaus irgend etwas, das wir als Liebesobjekt passend finden, einzusetzen. Dagegen hat der dreifach relative Ausdruck „Geber" zwei Korrelate und ist deshalb ein unausgefülltes Formular mit drei Leerstellen. Folglich können wir zwei solcher dreifach relativen Ausdrücke so betrachten, daß wir in jedem eine Leerstelle mit demselben Buchstaben X ausfüllen, der ausschließlich die Funktion eines Pronomens oder eines identifizierenden Index hat. Nimmt man dann die beiden zusammen, so bilden sie ein Ganzes mit vier Leerstellen, von dem aus wir in entsprechender Weise zu jeder höheren Zahl fortschreiten können. Versuchen wir aber, diesen Vorgang mit dualen Relativen nachzubilden, indem wir zwei von ihnen durch ein X verbinden, so stellt sich heraus, daß diese Kombination lediglich zwei Leerstellen ergibt, genauso wie in jedem der beiden Relative für sich genommen. Eine Straße mit ausschließlich Dreier-Gabelungen kann jede beliebige Zahl von Endpunkten erreichen, aber welche Anzahl von geraden Straßen wir auch an einem Ende miteinander verbinden, sie werden nie mehr als zwei Endpunkte haben. Deshalb kann jede beliebig große Zahl aus Triaden gebildet werden; und folglich kann es keine Zahlenvorstellung geben, die sich wesentlich und radikal von der Drei unterschiede. Ich will damit nicht bestreiten, daß größere Zahlen besonders interessante Konfigurationen darstellen, aus denen Beobachtungen von mehr oder weniger allgemeiner Anwendbarkeit abgeleitet werden können; doch damit werden nicht der Rang und die fundamentale Bedeutung philosophischer Kategorien erreicht, wie wir sie untersucht haben.

Der Grundgedanke dieses Buches hat sich für den Autor im wesentlichen so entwickelt, wie er hier vorgestellt wird: als konsequente Durchführung dieser drei begrifflichen Vorstellungen und in einer Art Folgt-dem-Anführer-Spiel[11], nämlich von einem Wissensgebiet ins andere. Ihre Bedeutung ist mir ursprünglich beim Studium der Logik aufgegangen, in der sie eine derart wichtige Rolle spielen, daß ich darauf verfiel, sie auch in der Psychologie zu suchen. Nachdem ich sie dort gefunden hatte, konnte ich nicht anders, als der Frage nachzugehen, ob sie nicht auch Eingang in die Physiologie des Nervensystems gefunden haben. Teilweise unter Anleitung einer Hypothese konnte ich sie auch dort entdecken, und daraus ergab sich natürlich die Frage, was sich für die Theorie des Protoplasmas im allgemeinen ergeben würde. Hier scheine ich einen interessanten Reflexionsweg betreten zu haben, der instruktive Aperçus über die Natur des Protoplasmas wie über jene Begriffe selber möglich macht; und obwohl ich meine Vorstellungen über den Sachverhalt, wie er in Teil IV dargestellt wird, erst später ausgearbeitet habe, hatte ich keine Schwierigkeiten, auf diesem Weg auch das Gebiet der natürlichen Selektion zu betreten; und an diesem Punkt angelangt, wurde ich unwiderstehlich zu physikalischen Spekulationen angetrieben. Mit einem kühnen Überschlag landete ich im Garten fruchtbarer und wunderschöner Vermutungen, deren Erforschung mich lange daran gehindert hat, mich weiter umzuschauen. Sobald ich allerdings dazu kam, dies zu tun und die Anwendung jener Begriffe auf die tiefsten Probleme bezüglich Seele, Natur und Gott zu überprüfen, sah ich sofort, daß sie mich tief in das Herz dieser uranfänglichen Geheimnisse führen müßten. Dies also ist der Weg, auf dem sich das Buch im Geist des Autors herausgebildet hat: Es ist zugleich die Anordnung, in der es geschrieben ist, und nur dieses erste Kapitel ist mehr oder weniger ein Nachtrag. Denn in einem früheren Stadium meiner Überlegungen wäre mir der Sachverhalt, wie ich ihn hier dargestellt habe, als zu vage und deshalb wertlos erschienen. Ich hätte darin eine zu große Ähnlichkeit zu vielen verrückten Büchern gesehen, über die ich mich lustig gemacht hatte. Ein gründlicheres Studium aber hat mich gelehrt, daß selbst aus dem Mund von Kindern und Säuglingen[12] die Kraft der Wahrheit sprechen kann und daß schwacher metaphysischer Plunder manchmal den Keim zu Begriffen in sich trägt, die zur Entwicklung von bedeutenden und konkreten Lehrmeinungen führen können.

Weil das ganze Buch nichts als eine fortlaufende Veranschaulichung der Vorstellung der Triade ist, brauchen wir uns nicht länger bei ihrer vorläufigen Darstellung aufzuhalten. Bei einem Merkmal allerdings müssen wir unbedingt verweilen: Es gibt zwei unterschiedliche Grade von Zweitheit und drei Grade von Drittheit. Eine enge Analogie dazu findet sich in der Geometrie. Kegelschnitte sind entweder das, was man gewöhnlich als Kurven bezeichnet, oder sie ergeben Paare von Geraden.[13] Ein Geradenpaar wird als degenerierter Kegelschnitt bezeichnet. Und so sind ebene Kurven dritten Grades entweder genuine Kurven dritter Ordnung, oder sie sind Kegelschnitte gepaart mit Geraden, oder sie bestehen aus drei Geraden; es gibt also zwei Grade von degenerierten Kurven dritter Ordnung. Nahezu in derselben Weise gibt es neben genuiner Zweitheit eine degenerierte Art, die nicht als solche existiert, sondern nur so vorgestellt wird. Die Logiker des Mittelalters (dabei einem Hinweis des Aristoteles folgend) unterschieden zwischen realen und gedachten Relationen.[14] Eine reale Relation existiert auf Grund eines Sachverhalts, der völlig unmöglich wäre, wenn eines der beiden in Beziehung gesetzten Objekte zerstört würde; dagegen existiert eine gedachte Relation auf Grund von zwei Sachverhalten, von denen nur einer verschwände, wenn eines der Relata ausgelöscht würde. Das gilt für alle Ähnlichkeiten: denn zwei beliebige Objekte in der Natur ähneln einander, tatsächlich verhalten sie sich zueinander gerade so wie zwei beliebige andere; nur in bezug auf unsere Sinne und Bedürfnisse gilt, daß eine Ähnlichkeit mehr bedeutet als eine andere. Rumford und Franklin[15] ähnelten einander darin, daß sie beide Amerikaner waren; aber jeder von beiden wäre genausosehr ein Amerikaner gewesen, wenn der andere nie gelebt hätte. Auf der anderen Seite kann der Sachverhalt, Kain tötet Abel, nicht als reine Zusammensetzung von zwei Tatsachen verstanden werden, von denen die eine Kain und die andere Abel betrifft. Ähnlichkeiten sind nicht die einzigen gedachten Relationen, obwohl gerade die Ähnlichkeiten diese Eigenschaft in bedeutendem Maße zeigen. Dasselbe gilt für Kontraste und Vergleiche. Ähnlichkeit bezeichnet eine Identität von Eigenschaften. Das meint dasselbe wie, daß der Verstand[16] ähnliche Vorstellungen in einem Begriff verbindet; und so erwachsen andere gedachte Relationen aus anders gearteten Verknüpfungen von Vorstellungen durch den Verstand: Sie bestehen aus der Relation zweier Teile eines komplexen Begriffs oder, wie man auch sagen kann, in der Relation eines komplexen Begriffs zu sich selbst in bezug auf zwei seiner Teile. Dies führt uns zur Betrachtung einer Art von degenerierter Zweitheit, die die Definition der gedachten Relation nicht erfüllt. Identität ist die Relation, in der alles zu sich selbst steht: Lucullus speist mit Lucullus. Dabei sprechen wir von Verlockungen und Motiven wiederum so wie von Kräften, als würden wir einem inneren Zwang unterliegen. Ebenso bei der Stimme des Gewissens: Wir folgen unseren eigenen Gefühlen aufgrund eines reflektiven Sinnes. Ein Echo besteht aus meiner eigenen Stimme, die zurückkommt, um sich selbst zu antworten. So sprechen wir auch von der abstrakten Qualität eines Dinges, als ob dies ein zweites Ding sei, das sich im Besitz des ersten befindet. Aber die gedachten Relationen und diese Selbst-Relationen gleichen sich darin, daß sie aus dem Verstand entspringen und einen Teil einer Vorstellung mit dem einer anderen in Relation setzen. Alle degenerierten Zweitheiten können der Einfachheit halber als *intern* bezeichnet werden – im Gegensatz zu den *externen*[17], die durch äußere Sachverhalte konstituiert sind und aus echten Handlungen eines Dinges an einem anderen bestehen.

Bei Drittheiten[18] gibt es zwei Grade der Degeneration. Der erste liegt dann vor, wenn der Sachverhalt selbst keine Drittheit oder Vermittlung enthält, aber wahre Dualität; der zweite Grad dann, wenn es sich im Sachverhalt selbst nicht einmal um echte Zweitheit handelt.

Wir wollen zunächst Drittheiten betrachten, die im ersten Grad degeneriert sind. Eine Nadel hält zwei Dinge dadurch zusammen, daß man mit ihr durch das erste und auch durch das zweite Ding sticht: Eines von beiden könnte ausgelöscht werden, und doch würde die Nadel weiterhin durch das übriggebliebene Ding stechen. Eine Mischung hält ihre Bestandteile dadurch zusammen, daß sie jedes ihrer Teile enthält. Dergleichen kann man als zufällige Drittheiten bezeichnen. „Wie soll ich Deinen Sohn getötet haben?" fragte der Kaufmann, und der Dschinn antwortete: „Als Du den Dattelkern weggeworfen hast, traf er meinen Sohn, der gerade vorbeiging, auf der Brust, und er starb auf der Stelle."[19] Hier wären also zwei voneinander unabhängige Sachverhalte, zum einen, daß der Kaufmann den Dattelkern wegwarf, und zum zweiten, daß der Dattelkern den Sohn des Dschinns traf und tötete. Wäre auf ihn gezielt worden, läge ein anderer Fall vor; denn dann hätte es sich um eine Relation des Zielens gehandelt, die den Zielenden, den Gegenstand, mit dem gezielt, und das Objekt, worauf gezielt wird, in einem Sachverhalt miteinander verbunden hätte. Was für eine abscheuliche Ungerechtigkeit und Unmenschlichkeit von seiten dieses Dschinns, den armen Kaufmann für einen solchen Unfall verantwortlich zu machen! Ich erinnere mich, wie ich weinte und in den Armen meines Vaters lag, als er mir zum ersten Mal diese Geschichte erzählte. Es ist sicherlich gerechtfertigt, einen Menschen, selbst wenn er keine bösen Absichten hat, für die unmittelbaren Folgen seiner Taten verantwortlich zu machen; aber nicht für solche, die sich aus einem sporadischen Fall da und dort ergeben können, sondern nur für solche, vor denen man sich durch vernünftige Klugheitsregeln hätte schützen können. Häufig ist es die Natur selbst, die die Intention einer vernünftigen Handlungsinstanz vertritt, indem sie eine Drittheit genuin sein läßt und nicht nur zufällig: wenn zum Beispiel ein Funke, als Drittes, in ein Pulverfaß, als Erstes, fällt und eine Explosion, als Zweites, verursacht. Doch wie handelt die Natur in diesem Fall? Kraft eines intelligiblen Gesetzes, dem ihre Handlungen entsprechen. Wenn zwei Kräfte mit Hilfe eines Kräfteparallelogramms miteinander verbunden werden, ist ihre Resultante ein reales Drittes. Doch jede Kraft kann mit Hilfe des Kräfteparallelogramms mathematisch in eine Summe von zwei anderen aufgelöst werden, und das auf unendlich verschiedenen Wegen. Solche Teilkräfte sind allerdings reine Schöpfungen des menschlichen Geistes. Worin besteht der Unterschied? Was ein isoliertes Ereignis betrifft, gibt es keinen; die realen Kräfte sind ebensowenig in der Resultante gegenwärtig wie irgendwelche Teilkräfte, die sich ein Mathematiker ausdenken kann. Was die realen Kräfte wirklich ausmacht, das ist das allgemeine Naturgesetz, das genau jene Kräfte erfordert und nicht irgendwelche anderen Teilkräfte der Resultante. Demnach ist es die Intelligibilität oder die objektivierte Vernunft[20], die Drittheit genuin sein läßt.

Wir kommen nun zur im zweiten Grad degenerierten Drittheit. Der Dramatiker Marlowe hatte einige der Stileigenschaften, in denen Shakespeare und Bacon übereinstimmen. Dies ist ein triviales Beispiel; aber die Art der Relation ist wichtig. In der Naturgeschichte dienen vermittelnde Typen dazu, Ähnlichkeiten zwischen Formen aufzuzeigen, deren Gleichartigkeit sonst unserer Aufmerksamkeit entgangen oder nicht gebührend berücksichtigt worden wären. In der Porträtmalerei vermitteln Fotografien zwischen dem Original und dem Bild. In der Naturwissenschaft führt ein Diagramm oder ein Analogon des beobachteten Sachverhalts zu einer weiteren Analogie. Die gedachten Relationen, die eine solche dreifache Relation bilden, müssen nicht alle in Ähnlichkeiten bestehen. Washington war offensichtlich frei von den Fehlern, in denen sonst große Soldaten einander ähnlich sind. Ein Zentaur ist eine Mischung aus Mensch und Pferd. Philadelphia liegt zwischen New York und Washington. Solche Drittheiten können Vermittelnde Dritte oder Dritte durch Vergleich genannt werden.

Niemand wird annehmen, daß ich irgendeine Originalität dafür beanspruche, wenn ich die Triade für philosophisch bedeutsam halte. Seit Hegel hat fast jeder phantasievolle Denker dasselbe getan, und wenn es um Grundbegriffe geht, ist Originalität die allerletzte Empfehlung; im Gegenteil, die Tatsache, daß der menschliche Geist immer schon zu Dreiteilungen tendierte, ist einer der Gründe, der für sie spricht. Andere Zahlen haben sich der Vorliebe dieses oder jenes Philosophen erfreut, aber die Drei war zu allen Zeiten und in allen Schulen berühmt. Man wird feststellen, daß meine ganze Methode in vollkommenem Gegensatz zu der Hegels steht. Ich lehne seine Philosophie in toto ab. Nichtsdestoweniger habe ich eine gewisse Sympathie für sie und stelle mir vor, daß – hätte ihr Autor nur einige wenige Bedingungen beachtet – er zur völligen Umgestaltung seines Systems gelangt wäre. Einer dieser Punkte ist die doppelte Teilung oder Dichotomie des zweiten Begriffs der Triade.[21] Gewöhnlich hat Hegel die externe Zweitheit vollständig übersehen. Mit anderen Worten, er hat das unbedeutende Versehen begangen zu vergessen, daß es eine reale Welt mit realen Aktionen und Reaktionen gibt; und das ist wohl doch ein schweres Versehen. Zudem hatte Hegel das Mißgeschick, ein ungewöhnlich schlechter Mathematiker zu sein. Das zeigt sich in wirklich elementarer Weise in seinen Schlußfolgerungen. Während es der beständige Grundton seines Klageliedes bleibt, die Philosophen seien nachlässig mit der Drittheit umgegangen – was in theologischer Hinsicht wohl wahr ist, und mit allein letzterer war Hegel vertraut (denn das nenne ich nicht Vertrautheit, in ein Buch hineinzuschauen, ohne es zu verstehen) –, ist es nur um so schlimmer, daß er unglücklicherweise nicht wußte, was für ihn zu wissen von größter Bedeutung gewesen wäre: daß die mathematischen Denker diesem schweren Fehler weitgehend entgangen waren und daß die gründliche Verfolgung der Vorstellungen und Methoden des Differentialkalküls[22] diesen Fehler mit Sicherheit ein für allemal beheben würde. Hegels dialektische Methode ist nur eine schwache und rudimentäre Anwendung der Prinzipien des Kalküls auf die Metaphysik. Schließlich ist da Hegels Entwurf, daß sich alles durch ein dialektisches Verfahren aus der abstraktesten Vorstellung entwickelt; ein Gedanke, der lange nicht so absurd ist, wie die Experimentalisten glauben, sondern im Gegenteil einen unverzichtbaren Bestandteil wissenschaftlichen Vorgehens darstellt. Doch Hegel übersieht dabei die Schwäche des Einzelnen, der gerne die Stärke hätte, eine derartige Waffe zu führen. [ ][23]

Kapitel III.
Die Triade in der Metaphysik

Ich werde alle Begriffe durchgehen, die eine wichtige Rolle[24] in der vorsokratischen Philosophie gespielt haben, und untersuchen, inwieweit sie mit Hilfe von Eins, Zwei und Drei zum Ausdruck gebracht werden können.

1. Der erste aller philosophischen Begriffe ist der einer Urmaterie, aus der die Welt wurde. Mit dieser Frage waren hauptsächlich Thales[25] und die frühen ionischen Philosophen beschäftigt. Sie nannten diesen ersten Begriff *arche*, den Anfang; folglich war der Begriff des Ersten dessen Quintessenz. Die Natur war für sie ein Wunder, und sie fragten nach seiner Erklärung. Woraus ist sie entstanden? Das war eine berechtigte Frage, aber es war eher töricht anzunehmen, hierzu etwas ermitteln zu können, selbst für den Fall, daß sich sagen ließe, aus welcher Art von Materie die Natur entstanden sei. Doch die damit von ihnen zweifellos gestellte Frage, wie die Materie geformt wurde, ist nicht erschöpfend, denn sie führt nur ein geringes Stück auf dem Weg zum Anfang zurück. Sie wollten aber sofort zum allerersten Anfang, und dort muß es ein homogenes Etwas gegeben haben, während dort, wo Vielfalt vorlag, gemäß ihrer Auffassung immer nach einer Erklärung zu suchen war. Das Erste muß unbestimmt sein, und das unbestimmte Erste von etwas ist das Material, aus dem etwas geformt wird. Nebenbei bemerkt, ihre Vorstellung war die, daß sie nicht erklären könnten, wie die Welt geformt wurde, wenn sie nicht wüßten, womit sie ihre Erklärung beginnen sollten. Die induktive Methode[26], Phänomene zu erklären, indem man sie Schritt für Schritt auf

ihre Ursachen zurückverfolgt, war nicht nur ihnen, sondern auch aller antiken und mittelalterlichen Philosophie fremd; das ist erst Bacons[27] Idee gewesen. Unbestimmtheit ist wirklich eine Eigenschaft des Ersten. Aber nicht die Unbestimmtheit der Homogenität. Das Erste ist voll Leben und Vielfalt; allerdings nur eine potentielle Vielfalt, sie ist nicht tatsächlich da. Dennoch war die Vorstellung, eine Erklärung der Welt, deren Vielfalt die Menschen in erster Linie in Erstaunen setzte, über ihre Nicht-Vielfalt zu versuchen, völlig absurd. Wie kann der Schoß der Homogenität Vielfalt gebären? Nur durch ein Prinzip der Spontaneität, und genau darin besteht die eigentliche Vielfalt: das ist das Erste.[ ][28]

Kapitel IV.
Die Triade in der Psychologie

Es handelt sich um eine besondere Denkrichtung, die ich zu verfolgen vorschlage, und sie bedarf sorgfältigen Studiums, um ihre Stärke einschätzen zu können. Ich werde sie im letzten Abschnitt einer kritischen Prüfung unterziehen, bis dahin aber liegt mir daran zu betonen, daß der Schritt, den ich jetzt vorhabe und der denen analog ist, die folgen werden, nicht so sehr den Charakter einer Vermutung hat, wie Experten in der Beurteilung wissenschaftlicher Beweisführung meinen könnten. Wie wir gesehen haben, ist es die Logik, die uns die Vorstellungen von Eins, Zwei und Drei aufzwingt, so daß man tatsächlich nicht auf sie verzichten kann. Sie begegnen uns nicht nur einmal, sondern an jeder Ecke, und wir haben Gründe, die dafür sprechen, daß sie in der Metaphysik von gleicher Bedeutung sind. Wie kann man den überragenden Rang dieser Begriffe erklären? Müssen sie nicht ihren Ursprung in der Natur des Geistes haben? Das ist die Kantische Schlußfolgerung, die in den Händen dieses Helden der Philosophie so überaus zwingend erschien; und ich kenne keine modernen Studien, die diese Position in Mißkredit gebracht hätten. Wahr ist aber auch, daß wir eine solche psychologische Erklärung von Begriffen nicht länger für derart endgültig halten, wie Kant es getan hat. Sie läßt Fragen offen, denen wir uns stellen müssen; soweit sie aber reicht, scheint sie befriedigend zu sein. Wir stoßen auf die Vorstellungen des Ersten, Zweiten und Dritten als durchgängige Bestandteile unseres Wissens. Deshalb müssen sie entweder kontinuierlich in der Vergegenwärtigung unserer Sinne[29] gegeben sein, oder es ist die besondere Natur des Geistes, sie mit unseren Gedanken zu vermischen. Nun ist es sicherlich undenkbar, daß diese Vorstellungen durch die Sinne mitgegeben werden. Das Erste, Zweite und Dritte sind keine Sinneswahrnehmungen. Sie könnten den Sinnen nur durch Dinge mitgegeben werden, die als Erstes, Zweites oder Drittes gekennzeichnet erscheinen, doch die Dinge tragen solche Kennzeichen gewöhnlich nicht. Es kann sich deshalb nur um einen psychologischen Ursprung handeln. Man muß ein sehr kompromißloser Parteigänger der tabula-rasa-Theorie sein, wenn man bestreiten will, daß die Vorstellungen des Ersten, Zweiten und Dritten angeborene Tendenzen des Geistes sind; und insoweit gibt es in meiner Argumentation nichts, worin sie sich von der vieler Kantianer unterscheiden würde. Es gilt aber zu beachten, daß ich hier nicht stehenbleibe, sondern daß ich versuche, meine Schlußfolgerung durch eine unabhängige Untersuchung der psychologischen Tatsachen zu überprüfen, um zu sehen, ob wir irgendwelche Spuren der Existenz von drei Teilen oder Fähigkeiten der Seele oder Arten des Bewußtseins finden können, die das gerade erreichte Ergebnis bestätigen würden.

Nun sind seit Kant drei Bereiche des Geistes allgemein anerkannt, und zwar: Gefühl, Wissen und Wollen.[30] Die Einstimmigkeit, mit der diese Dreiteilung des Geistes akzeptiert wurde, ist in der Tat überraschend. Sie hatte ihren Ursprung nicht in spezifischen Ideen Kants; im Gegenteil, er hat sie sich von dogmatischen Philosophen ausgeliehen, und die Übernahme dieser Aufteilung war, wie zu Recht festgestellt wurde, eine Konzession an den Dogmatismus. Sie wurde sogar von Psychologen akzeptiert, deren Lehrsystem diese Dreiteilung ganz offensichtlich zu widersprechen scheint.[31] Der Nachweis, daß daran etwas Wahres ist, wird dadurch erhärtet, daß eine kritische Überprüfung kaum weiter kommen kann als zu dem Ergebnis, daß es sich bestenfalls um eine grobe Annäherung an die Wahrheit handelt; und das wird auch im allgemeinen anerkannt.

Woher stammte die Dreiteilung der Funktionen des menschlichen Geistes? Kant hat sie von dem leibnizianischen Philosophen Tetens[32] fertig übernommen. Tetens nahm eine Anregung der Rhetoriker des 16. Jahrhunderts auf, und diese wiederum bezogen sich auf eine unvollkommene Lehrform bei dem von ihnen vergötterten Platon. Bei Platon erscheint die Lehre in poetischem Gewand und verzerrtem Ausdruck, was nicht als ursprünglich gelten kann. Deshalb fällt es nicht schwer, der Aussage bei Diogenes Laertius Glauben zu schenken, jene Lehre stamme aus der Schule des Pythagoras.[33] Im Denken des Pythagoras aber hing alles mit Zahlen zusammen, denn diese hielt er für das Fundament der Welt, und damit haben wir in der Geschichte jener Dreiteilung des Geistes einen Hinweis darauf, daß sie mit den Ideen von Eins, Zwei und Drei in Verbindung gebracht werden kann.

Unter Gefühl, als einer der bedeutenden Klassen geistiger Aktivität, werden nach Kant und den meisten Psychologen die Gefühle von Lust und Unlust verstanden.[34] Dies ist allerdings nicht Tetens' ursprüngliche Lehre, denn er faßt darunter alles, was unmittelbar gegenwärtig ist, oder zumindest dessen subjektive Seite.[35] Kants Modifikation paßt besser zu seinem eigenen System als zur wahren Natur der Dinge. Es gibt keinen guten Grund dafür, Lust und Unlust eine derartige Sonderstellung zu geben; als ob sie nicht allem anderen, was wir fühlen können, ähnlich wären. Lust und Unlust sind nichts als zweitrangige Sinneswahrnehmungen oder Gefühle aufgrund von Gefühlen, sobald die letzteren einen bestimmten Grad subjektiver Intensität erreichen, das heißt, im Organismus eine Erregung von bestimmtem Ausmaß erzeugen. Wenn wir genügend darauf achten könnten, würden wir wahrscheinlich bemerken, daß jede Anstrengung und jede Erkenntnis Lust oder Unlust hervorrufen. Die Betrachtung eines Theorems der Geometrie geschieht mit Lust. Unlust gehört vielleicht wesentlich zum Bewußtsein von Anstrengung; denn was wir ohne Unlust tun, das geschieht ohne Mühe. Doch die Eigentümlichkeit der Gefühle, weswegen sie eines der großen Gebiete geistiger Phänomene darstellen, liegt darin, daß sie die Gesamtsumme dessen ausmachen, was uns unmittelbar und im Augenblick bewußt ist; sie sind das, was gegenwärtig ist. Wir haben kein unmittelbares Bewußtsein dessen, was vergangen und vorüber ist; wir können uns nur daran erinnern, selbst dann, wenn es bloß seit einer hundertstel Sekunde vorüber ist. Ebensowenig haben wir ein unmittelbares Bewußtsein dessen, was kommen wird, wie nahe es auch vor uns liegen mag. Wir können es nur erschließen. Ein absolut unmittelbares Bewußtsein oder Gefühl können wir von nichts anderem als dem flüchtigen Augenblick haben, gleichgültig ob lang oder kurz, und dieser Augenblick kommt nicht eher, als er vorüber ist. In ihm können wir keine Veränderung und keinen Prozeß mit Bewußtsein erkennen, denn dies gelingt uns nur, indem wir eine Wiederholung oder Imitation des Prozesses vornehmen, und das braucht Zeit. Im Augenblick lassen sich keine Schlüsse ziehen, noch lassen sich Schlußfolgerungen erkennen. Wir können weder unterscheiden noch synthetisieren: Wir können nur fühlen. Ist ein Augenblick einmal vorüber, kann das unmittelbare Bewußtsein niemals mehr zurückgewonnen werden. Es ist vollkommen und absolut vorbei. Wir können es auch nicht – als unmittelbares Gefühl – mit einem folgenden Gefühl vergleichen, weil wir das zweite nicht bei uns halten können, bevor das erste nicht vollständig verschwunden ist. Wir erinnern uns daran; das heißt, wir besitzen eine andere Erkenntnisweise, die dafür einsteht, das unmittelbare Bewußtsein zu reproduzieren. Doch wir wissen, daß es keine Ähnlichkeit zwischen der Erinnerung und der Sinneswahrnehmung gibt; denn erstens kann nichts einem unmittelbaren Gefühl ähnlich sein, sofern Ähnlichkeit Zergliederung und erneute Zusammensetzung verlangt, was dem Unmittelbaren völlig fremd ist, und zweitens ist die Erinnerung ein deutlich gegliederter Komplex und ein bearbeitetes Produkt, womit sie sich vom Gefühl unendlich und in höchstem Maße unterscheidet. Schauen wir auf eine rote Fläche und versuchen wir, die Sinneswahrnehmung zu fühlen; und dann erinnern wir uns an sie bei geschlossenen Augen. Ohne Zweifel sind die Menschen in dieser Hinsicht unterschiedlich, und manchen wird es so scheinen, als ergäbe sich aus dem Experiment das entgegengesetzte Resultat. Doch ich selbst bin davon überzeugt, daß in meiner Erinnerung nichts dem Anschauen der roten Farbe gleichkommt. Wenn ich das Rot nicht vor Augen habe, sehe ich es in keiner Weise. Einige sagen, sie sähen es schwach – aber ich denke, das wäre eine höchst störende Erinnerung, die uns leuchtend rot als blaß oder trüb in Erinnerung brächte. Ich erinnere Farben mit ungewöhnlicher Genauigkeit, weil ich in ihrer Beobachtung sehr viel Übung hatte; doch meine Erinnerung besteht nicht in irgendeiner Anschauung, sondern in einer Verhaltensgewohnheit, durch die ich eine neu auftretende Farbe als einer zuvor gesehenen ähnlich oder unähnlich erkennen kann. Doch selbst wenn die Erinnerung bei manchen Menschen von der Art einer Halluzination sein sollte, bleiben genug Argumente, um zu zeigen, daß unmittelbares Bewußtsein oder Gefühl allem anderen absolut unähnlich ist.

Es gibt schwerwiegende Einwände, ein ganzes Drittel des Geistes allein dem Willen zu überlassen. Ein großer Psychologe hat gesagt, der Wille sei nichts anderes als das stärkste Verlangen. Ich kann dem nicht zustimmen; denn mir scheint, daß damit jener Sachverhalt übersehen wird, der sich allen unseren Beobachtungen doch am stärksten aufdrängt, nämlich der Unterschied zwischen Träumen und Tun. Das ist keine Frage der Definition, sondern der Beachtung dessen, was unserer Erfahrung entspricht; und wer dazu fähig ist, Wünschen und Tun zu verwechseln, muß ein Tag-Träumer sein. Es scheint gewichtige Beweise dafür zu geben, daß das Bewußtsein eines Willensaktes sich nicht, oder wenigstens nicht sehr viel, vom Bewußtsein einer Sinneswahrnehmung unterscheidet. Die Empfindung von Schlagen und Geschlagen-Werden ist fast dieselbe, und beide sollten in einer Klasse zusammengefaßt werden. Das Gemeinsame dabei ist die Empfindung von wirklichem Geschehen, von wirklicher Aktion und Reaktion. Diese Art Erfahrung ist von großer Realitätsdichte und liefert eine scharfe Trennung zwischen Subjekt und Objekt. Während ich ruhig im Dunkeln sitze, wird plötzlich das Licht eingeschaltet, und in diesem Augenblick bin ich mir keines Veränderungsprozesses bewußt; vielmehr wird mir etwas bewußt, das mehr ist, als in einem Augenblick enthalten sein kann. Ich habe das Empfinden eines Sprunges: daß es zwei Seiten dieses Augenblicks gibt. Bewußtsein von Polarität wäre kein schlechter Ausdruck für das, was dabei geschieht. Deshalb sollten wir den Willen, als eines der Musterbeispiele für Bewußtsein, durch polares Empfinden ersetzen.

In der gewöhnlichen Auffassung der Unterteilung ist das unklarste ihrer drei Glieder das Erkennen [cognition]. Zunächst gelangt jede Art von Bewußtsein ins Erkennen. Gefühle in dem Sinne, wie sie allein als wichtiger Zweig mentaler Phänomene akzeptiert werden können, bilden Kette und Schuß[36] des Erkennens, und selbst in der bedenklichen Bedeutung von Lust und Unlust sind sie dafür konstitutiv. Der Wille in der Form von Aufmerksamkeit tritt unaufhörlich ins Bewußtsein; und das Empfinden von Realität oder Objektivität, das, wie wir gesehen haben, nach Möglichkeit die Stelle des Willens in der Unterteilung des Bewußtseins einnehmen sollte, ist sogar noch entscheidender. Das Element des Erkennens aber, das sich weder als Gefühl noch als polares Empfinden darstellt, ist das Bewußtsein eines Prozesses; und gerade dieses Bewußtsein ist als Sinn für Lernen, für Aneignung und geistiges Wachstum in besonderer Weise charakteristisch für das Erkennen. Es handelt sich um eine Bewußtseinsform, der keine Unmittelbarkeit zukommen kann, weil sie eine Zeitspanne in Anspruch nimmt; und dies nicht nur, weil sie sich durch jeden Zeitpunkt hindurch erstreckt, sondern weil sie sich nicht in einen Augenblick zusammenziehen läßt. Das Erkennen unterscheidet sich vom unmittelbaren Bewußtsein wie eine Melodie von einer langgezogenen Note. Auch das Bewußtsein der beiden Seiten eines Augenblicks, eines plötzlichen Ereignisses in seiner individuellen Realität, kann unmöglich das Bewußtsein eines Prozesses umfassen. Genau dies aber ist das Bewußtsein, das unser Leben zusammenhält. Es ist das Bewußtsein einer Synthesis.

Damit haben wir nun zweifellos drei radikal verschiedene Elemente des Bewußtseins vor uns, und zwar genau diese und keine anderen. Und sie sind offensichtlich mit der Vorstellung von Eins-Zwei-Drei verbunden. Unmittelbares Gefühl ist das Bewußtsein des Ersten, das polare Empfinden ist das Bewußtsein des Zweiten, und das synthetische Bewußtsein ist das Bewußtsein eines Dritten oder eines Mediums.

Man beachte auch, daß es, wie wir gerade gesehen haben, zwei Ordnungen der Zweitheit gibt. Das polare Empfinden spaltet sich auf, und das in zweifacher Weise: Erstens gibt es eine aktive und eine passive Form, oder Wille und Empfinden, und zweitens einen Externen Willen und ein Externes Empfinden im Gegensatz zum Internen Willen (Selbstkontrolle, untersagender Wille) und Internen Empfinden (Selbstbeobachtung). In gleicher Weise, wie es drei Ordnungen der Drittheit gibt, finden sich drei Arten des synthetischen Bewußtseins. Die nicht degenerierte und wirklich typische Art ist uns nicht so vertraut wie die anderen, die von den Psychologen umfassender untersucht worden sind; und ich werde jene deshalb zuletzt anführen. Im ersten Grade degeneriertes synthetisches Bewußtsein entspricht zufälliger Drittheit[37] und liegt dann vor, wenn es für uns einen äußeren Zwang gibt, Dinge zusammenzudenken. Assoziation durch Berührung ist ein solcher Fall; aber ein noch besserer ist der, daß wir beim ersten Erfassen unserer Erfahrungen nicht wählen können, wie wir unsere Vorstellungen bezüglich Raum und Zeit ordnen wollen, sondern daß wir gezwungen werden, bestimmte Dinge näher zueinander zu denken als andere. Es hieße, den Wagen vor das Pferd zu spannen, würden wir sagen, wir seien gezwungen, bestimmte Dinge zusammenzudenken, weil sie in Raum und Zeit auftreten. Die richtige Darstellung ist in diesem Fall die, daß wir durch einen äußeren Zwang dazu gebracht werden, die Dinge in unserer Konstruktion und in unserer Perspektive von Raum und Zeit zusammenzufügen. Im zweiten Grade degeneriertes synthetisches Bewußtsein entspricht dem vermittelnden Dritten[38] und liegt dann vor, wenn wir unterschiedliche Gefühle als gleich oder verschieden denken; da wir aber Gefühle als solche nicht vergleichen und sie deshalb auch nicht gleich sein können, bedeutet hier die Aussage, sie seien gleich, lediglich, daß das synthetische Bewußtsein sie genauso betrachtet, wie wir innerlich gezwungen sind, sie zu synthetisieren oder zu trennen. Diese Art der Synthesis erscheint in einer sekundären Form als Assoziation durch Ähnlichkeit. Doch die höchste Form der Synthesis liegt dann vor, wenn der [menschliche] Geist weder durch die inneren Reize der Gefühle oder Repräsentationen selbst noch durch die transzendentale Kraft der Diesheit [haecceity][39] gezwungen wird, sondern durch das Interesse an der Intelligibilität, das heißt, durch das Interesse des synthetisierenden „Ich denke" als solchen[40]; und dies geschieht dadurch, daß eine Vorstellung eingeführt wird, die in den Daten nicht enthalten war und die Verbindungen herstellt, die jene sonst nicht gehabt hätten. Diese Art der Synthesis ist nicht ausreichend erforscht, und besonders die enge Verwandtschaft ihrer verschiedenen Spielarten ist nicht angemessen berücksichtigt worden. Die Arbeit des Dichters oder Schriftstellers ist von der des Wissenschaftlers gar nicht so weit entfernt. Zwar gestaltet der Künstler eine fiktive Welt, doch diese ist nicht einfach willkürlich; sie zeigt ihre Verwandtschaft mit dem [menschlichen] Geist dadurch, daß er sie in gewisser Weise anerkennt und ihr entspricht, indem er sie für schön erklärt; und das ist eine Aussage von ähnlich allgemeinem Charakter – wenn nicht genau dieselbe – wie die, daß die Synthesis wahr ist. Der Geometer zeichnet ein Diagramm, und das ist – wenn nicht dasselbe wie eine Fiktion – doch zumindest eine Schöpfung; und mit Hilfe von Beobachtungen an diesem Diagramm ist er in der Lage, zu synthetisieren und Relationen von Elementen aufzuzeigen, die vorher keine zwingende Verbindung zu haben schienen. Die Realitäten zwingen uns, einige Dinge sehr eng miteinander zu verbinden, andere weniger, und das auf höchst komplizierte und für die Sinne[41] selbst unverstehbare Weise. Doch darin liegt das Geniale des [menschlichen] Geistes, daß er all diese Hinweise der Sinne aufnimmt, ihnen unermeßlich viel hinzufügt, sie präzisiert und durch die Intuitionen von Raum und Zeit verstehbar macht. Intuition ist das Betrachten des Abstrakten in konkreter Form, indem Relationen auf realistische Weise hypostasiert werden. Das ist die eine und alleinige Methode wertvollen Denkens. Die vorherrschende Auffasung dagegen ist oberflächlich genug, solches für überflüssig zu halten. Dann könnte man auch sofort schlußfolgerndes Denken für überflüssig erklären, weil es zu zahlreichen Irrtümern geführt hat. Das läge genau auf Linie dieser philisterhaften Denkweise und wäre so sehr in Übereinstimmung mit dem Geist des Nominalismus, daß ich mich frage, warum dies noch niemand vertreten hat. Die richtige Wahrnehmung [perception] erlangt man nicht durch Enthaltsamkeit von Hypostasierungen, sondern durch deren intelligente Anwendung.[42]

Kapitel V.
Die Triade in der Physiologie

Wird zugestanden, daß es drei grundsätzlich verschiedene Bewußtseinsarten gibt, so folgt daraus ganz selbstverständlich, daß es in der Physiologie des Nervensystems etwas Dreifaches geben muß, das dafür verantwortlich ist. Das impliziert keinen Materialismus, der über die Tatsache hinausginge, daß es eine enge Abhängigkeit der geistigen Aktivitäten vom Körper gibt, was jeder, der diesen Sachverhalt untersucht, zugeben muß und heute auch zugibt. Noch einmal wird dabei durch die Theorie gewissermaßen eine Voraussage gemacht, daß nämlich bestimmte Konsequenzen, die beim Aufstellen der Theorie nicht vor Augen standen, notwendig aus ihr folgen; und zwar so, daß ihre Wahrheit oder Falschheit unabhängig geprüft werden können. Sollten sie sich als schlagend und mit Bestimmtheit als wahr erweisen, würde uns eine bemerkenswerte Bestätigung der Theorie geliefert. Soviel kann ich allerdings nicht versprechen. Ich kann nur sagen, daß diese Konsequenzen bestimmt nicht falsch sind. Wir müssen uns damit zufrieden geben, sie ausfindig zu machen, und sehen, wie sie beschaffen sind, sie ansonsten aber dem zukünftigen Urteil der Physiologen überlassen.

Zwei der drei Arten des Bewußtseins, die einfache und die duale, können natürlich sofort physiologisch erklärt werden. Wir wissen, daß der Protoplasmainhalt jeder Nervenzelle aktive und passive Zustände hat, und es ist kein weiteres Argument notwendig, um zu zeigen, daß Gefühl oder unmittelbares Bewußtsein in einem aktiven Zustand der Nervenzellen auftreten. Experimente mit dem Durchtrennen von Nerven zeigen, daß es kein Gefühl mehr gibt, nachdem die Kommunikation mit dem zentralen Nervensystem abgeschnitten ist, so daß das Phänomen sicherlich in einem Zusammenhang mit den Nervenzellen steht; und ein Gefühl wird durch genau solche Stimuli angeregt, die wahrscheinlich das Protoplasma in einen aktiven Zustand versetzen. Obwohl wir nicht behaupten können, daß jede Nervenzelle in ihrem aktiven Zustand Gefühl hat (was wir aber auch nicht verneinen können), so gibt es doch wenig Raum für Zweifel, daß die Aktivität der Nervenzellen physiologisch gesehen die Hauptvoraussetzung für Bewußtsein darstellt. Auf der anderen Seite ist das aktive und reaktive Empfinden – oder das polare Empfinden, wie wir es nennen wollten – deutlich mit dem Entladen von nervlicher Energie durch die Nervenbahnen hindurch verbunden. Das externe Wollen[43], sein typischster Fall, ist mit einer solchen Entladung in die Muskelzellen verbunden. Bei der externen Sinneswahrnehmung, in der das polare Empfinden eine niedrigere Intensität erlangt, findet eine Entladung von den Endnervenzellen durch die nach innen leitenden Nerven zu einer Gehirnzelle oder Gehirnzellen statt. Beim internen Willen oder der Selbstkontrolle handelt es sich um eine Hemmung durch die Nerven, von der man weiß, daß sie die Bewegung von Nervenkräften betrifft; und bei der internen Beobachtung oder viszeralen Sinneswahrnehmung gibt es unzweifelhaft Energieübertragungen von einer zentralen Zelle zu einer anderen. Wenn wir uns daran erinnern, daß das polare Empfinden das Empfinden des Unterschiedes ist zwischen dem, was vor einem trennenden Augenblick war, und dem, was danach ist, oder das Empfinden, daß ein Augenblick zwei Seiten hat, dann sehen wir deutlich, daß die physiologischen Begleitumstände hierzu ein Ereignis sein müssen, das sehr schnell geschieht und eine dauernde Wirkung hinterläßt. Diese Beschreibung entspricht dem Ablauf einer Nervenentladung über einen Nervenstrang so genau, daß wir, denke ich, nicht zu zögern brauchen, dieses Phänomen als die Bedingung des dualen Bewußtseins anzusetzen.

Das synthetische Bewußtsein stellt uns vor ein schwierigeres Problem. Dennoch ist die Erklärung der genuinen Form dieses Bewußtseins, des Lernempfindens, recht einfach. Nur bei den degenerierten Arten, dem Empfinden der Ähnlichkeit und der realen Verbindung, sind wir zur Zurückhaltung verpflichtet; bezüglich dieser beiden Formen bin ich gezwungen, Hypothesen zu entwickeln.

Wenn zwei Vorstellungen einander ähneln, kann man sagen, daß sie etwas gemeinsam haben; ein Teil der einen, sagt man, ist mit einem Teil der anderen identisch. Woraus besteht diese Identität? Nachdem ich beide Augen geschlossen habe, öffne ich zuerst eines, dann schließe ich es, öffne das andere und sage, daß die zwei Sinneswahrnehmungen gleich sind. Wie können die Eindrücke zweier Nerven als gleich beurteilt werden? Damit das möglich wird, müssen sich, scheint mir, die beiden Nervenzellen wahrscheinlich in eine gemeinsame Nervenzelle entladen. Auf jeden Fall scheint es mir notwendig, daß die erste Annahme, die wissenschaftlich bestätigt oder widerlegt werden muß, die ist, daß zwei Vorstellungen insoweit gleich sind, als dieselben Nervenzellen an ihrem Entstehen beteiligt sind. Kurz, die Hypothese geht dahin, daß Ähnlichkeit aus der Identität eines gemeinsamen Elementes besteht und daß diese Identität sich aus einem Teil der einen und einem Teil der anderen Vorstellung bildet, was wiederum das Gefühl aufgrund der Reizung einer oder mehrerer Nervenzellen ausmacht.

Wenn wir dazu gezwungen sind, zwei Elemente der Erfahrung, die einander nicht besonders ähneln, dennoch als in Wirklichkeit zusammenhängend zu betrachten, dann denke ich, daß dieser Zusammenhang irgendwie auf einer Entladung von nervlicher Energie beruhen muß[+44]; denn das Empfinden von Wirklichkeit ist allein Sache des polaren Bewußtseins, das selbst auf solchen Entladungen beruht. Zum Beispiel nehme ich wahr, daß eine bestimmte

Oberfläche auf einer Seite einer bestimmten Linie rot, auf der anderen blau ist; oder daß zwei Qualitäten in Raum und Zeit einander unmittelbar berühren. Wenn es sich um zeitliche Berührung handelt, sind uns durch das polare Empfinden des trennenden Augenblicks die Unterschiede nach beiden Seiten hin direkt bewußt. Wenn es sich um räumliche Berührung handelt, denke ich, daß wir zunächst auf völlig unklare Weise ein Gefühl des Ganzen haben, weder analysiert noch synthetisiert; doch danach, wenn die Analyse gemacht wurde, sind wir gezwungen, bei der Rekonstruktion der Elemente von dem, was auf der einen Seite der Grenzlinie ist, direkt zu dem, was auf der anderen Seite ist, hinüberzuwechseln. Ich vermute daher, daß wir gezwungen sind, zwei Gefühlszustände als angrenzend zu denken, weil die Nervenzelle, deren Reizung das Gefühl der einen erinnerten Empfindung hervorbringt, sich in die Nervenzelle entlädt, deren Reizung das Gefühl der anderen ausmacht.

Das echte synthetische Bewußtsein oder das Empfinden des Lernprozesses, das Hauptbestandteil und Inbegriff der Vernunft ist, hat seine physiologische Basis ganz offensichtlich in der dominierenden Eigenschaft des Nervensystems: der Kraft zur Verhaltensbildung [taking habits], und diese ist abhängig von den folgenden fünf Prinzipien: 1. Wenn ein Reiz oder eine Irritation für einige Zeit andauert, breitet sich die Reizung von den Zellen her aus, die direkt betroffen sind, zu denen, die mit ihnen in Verbindung stehen, und von diesen wieder zu anderen und so weiter; und gleichzeitig wächst die Intensität. 2. Nach einiger Zeit setzt Ermüdung ein. Nun gibt es neben der völligen Ermüdung, bei der die Zelle ihr Reaktionsvermögen verliert und das Nervensystem sich weigert, überhaupt auf einen Reiz zu reagieren, eine sanfte Ermüdung, die eine wichtige Rolle bei der Ausbildung des Gehirns zu einem Organ der Vernunft spielt. Diese Form der Ermüdung besteht in der Reflexhandlung oder der Entladung der Nervenzelle in der Weise, daß sie aufhört, in der einen Bahn zu laufen, und nun entweder mit einer Bahn beginnt, in der noch keine Entladung stattfand, oder die Intensität der Entladung in einer der Bahnen vergrößert, in denen es vorher nur eine leichte Entladung gegeben hatte. Zum Beispiel läßt sich an einem Frosch beobachten, daß er auch nach der Entfernung seines Zerebrums oder Gehirns und nach der Reizung eines Hinterbeines durch einen Tropfen Säure schließlich noch einige Hopser macht, nachdem er zuvor das Hinterbein mit dem anderen wiederholt gerieben hatte, als wolle er die Säure abwischen; das ist der erste Weg nervöser Entladung nach Ermüdung. 3. Wenn aus irgendeinem Grund der Reiz von einer Nervenzelle entfernt wird, klingt die Reizung schnell ab. Daß dies nicht augenblicklich geschieht, ist weithin bekannt, und das Phänomen wird von den Physikern als Beharren der Sinnesempfindung bezeichnet. Jedes wahrnehmbare Gefühl klingt in Bruchteilen einer Sekunde ab, aber ein sehr kleiner Rest hält sich über sehr viel längere Zeit. 4. Wenn dieselbe Zelle, die einmal gereizt worden ist und sich durch Zufall in eine bestimmte Bahn oder in mehrere Bahnen entladen hat, zum zweiten Mal gereizt wird, dann ist es wahrscheinlicher, daß sie sich beim zweiten Mal in einige oder alle die Bahnen entlädt, in die sie sich zuvor schon entladen hatte, als es ohne die vorausgegangene Entladung der Fall gewesen wäre. Dies ist das zentrale Prinzip der Verhaltensgewohnheit [habit]; und der auffallende Unterschied ihrer Modalität gegenüber jedem mechanischen Gesetz ist höchst bedeutsam. Die Gesetze der Physik kennen keine Tendenzen oder Wahrscheinlichkeiten[45]; was immer sie auch fordern, sie tun es absolut und ohne Ausnahme, und es gibt keine Abweichungen. Wenn die Tendenz zur Verhaltensbildung durch die absolute Forderung ersetzt würde, daß die Zelle sich immer in derselben Weise entladen müßte oder sich gemäß irgendeiner anderen streng festgelegten Bedingung zu verhalten hätte, wäre jede mögliche Entwicklung von der Verhaltensgewohnheit zur

Intelligenz von Anfang an ausgeschlossen; die Tugend der Drittheit wäre nicht vorhanden. Es ist wesentlich, daß es in gewissem Sinne Sache des Zufalls ist, wie sich die Zelle entlädt; und darüber hinaus, daß dieser Zufall oder diese Unbestimmtheit durch das Prinzip der Verhaltensgewohnheit nicht vollständig zerstört, sondern nur in bestimmter Weise beeinflußt wird. 5. Wenn beträchtliche Zeit verstrichen ist, ohne daß ein Nerv in einer bestimmten Weise reagiert hat, tritt ein Prinzip des Vergessens oder der negativen Verhaltensgewohnheit auf und macht eine Reaktion in eben dieser Weise weniger wahrscheinlich. Wir wollen nun betrachten, was aus der Verbindung dieser fünf Prinzipien folgt. Wenn ein Nerv gereizt wird und die Reflexhandlung nicht sofort die richtige ist, um die Reizung zu beseitigen, wird sich der Charakter der Reflexhandlung solange immer wieder verändern, bis die Ursache der Reizung beseitigt ist, und dann wird die Aktivität schnell abklingen. Wenn der Nerv ein zweites Mal auf die gleiche Weise gereizt wird, werden wahrscheinlich einige der anderen Abläufe, die während des ersten Ereignisses auftraten, wiederholt werden; doch wie dies im einzelnen auch aussehen wird, einer der Abläufe muß schließlich wiederholt werden, denn die Aktivität wird solange anhalten, bis genau der Ablauf eintritt, d.h. der, der die Ursache der Reizung beseitigt. Bei einem dritten Ereignis wird der Vergessensprozeß begonnen haben, und zwar bezüglich der Neigung, irgendwelche Handlungen des ersten Ereignisses zu wiederholen, die beim zweiten nicht wiederholt wurden. Von denen, die wiederholt wurden, werden einige wahrscheinlich erneut wiederholt werden, und andere nicht; aber immer wird es die eine Handlung geben, die wiederholt werden muß, bevor die Aktivität zum Ende kommt. Zuletzt wird das Ergebnis unweigerlich in der Ausbildung einer Verhaltensgewohnheit bestehen, augenblicklich so zu reagieren, daß die Ursache der Reizung beseitigt wird; denn allein diese Verhaltensgewohnheit wird bei jeder Wiederholung verstärkt werden, während jede andere dazu tendieren wird, sich mit zunehmender Beschleunigung der Abläufe abzuschwächen.

Ich habe ein kleines Spiel oder Experiment mit Spielkarten erfunden, um die Arbeitsweise dieser Prinzipien zu illustrieren; und ich kann dem Leser versprechen, er wird, wenn er es ein halbes Dutzend Mal probiert hat, den Wert der hier vorgeschlagenen Beschreibung der Verhaltensgewohnheit besser einschätzen können. Das Spiel hat folgende Regeln: Nimm einen guten Stoß Karten bestehend aus vier Farben, sagen wir zweiundfünfzig, obwohl auch weniger genügen. Die vier Farben sollen für die vier Handlungsweisen stehen, in denen eine Zelle reagieren kann. Eine Farbe, beispielsweise Pik, soll die Reaktionsweise repräsentieren, die den Ursprung der Reizung beseitigt und die Aktivität beendet. Um ohne weiteres eine Karte von jeder gewünschten Farbe zu finden, ist es am besten, alle Karten offen hinzulegen und auf vier Stöße zu verteilen, wovon jeder Stoß nur eine Farbe enthält. Nimm nun 2 Pik, 2 Karo, 2 Kreuz und 2 Herz, die den ursprünglichen Zustand der Nervenzelle repräsentieren sollen, von der jede dieser vier Reaktionsweisen mit gleicher Wahrscheinlichkeit erwartet wird. Nun werden die 8 Karten mit der Bildseite nach unten gedreht und äußerst sorgfältig gemischt.[b] Dann werden die Karten dieses Stoßes eine nach der anderen von oben her aufgedeckt, bis ein Pik erreicht ist. Dieser Prozeß repräsentiert die Reaktion der Zelle. Nun werden die gerade ausgeteilten Karten aufge-

[b] Karten werden fast nie sorgfältig genug gemischt, um die Prinzipien der Wahrscheinlichkeit angemessen zu illustrieren. Doch wenn die Karten nach einer der üblichen Mischmethoden in drei Stöße geteilt, wieder aufgenommen und dann einzeln von einer in die andere Hand gegeben werden, eine Karte nach oben, die andere nach unten, so daß sich der Stoß in der zweiten Hand wieder sammelt, und wenn schließlich abgehoben ist, dann kann das Mischen als hinreichend für die Absicht dieses Spiels betrachtet werden. Wann immer die Anweisung zum Mischen gegeben wird, ist sorgfältiges Mischen wie dieses gemeint.

nommen, und zum in der Hand gehaltenen Stoß wird je eine Karte der Farben, die gerade aufgedeckt wurden, hinzugefügt (für die Verhaltensgewohnheit), und je eine Karte der Farben, die nicht aufgedeckt wurden, weggenommen (für das Vergessen). Nun wird gemischt und derselbe Durchgang 13 mal oder solange wiederholt, bis es kein Pik mehr gibt. Man wird dann gewöhnlich feststellen können, daß man nur noch Pik in der Hand hält.

Daran ist zu erkennen, wie aufgrund dieser Prinzipien Verhaltensgewohnheiten nicht nur ausgebildet, sondern auch auf bestimmte Ziele gerichtet werden, nämlich die, den Ursprung von Reizungen zu beseitigen. Es ist nun gerade die Handlung aufgrund finaler Ursachen, worin sich geistige von mechanischer Handlung unterscheidet; und alle unsere Wünsche laufen dann vielleicht auf das allgemeine Schema hinaus, Reize zu beseitigen. Jeder ist eifrig bemüht, den gegenwärtigen Zustand, der ihn jetzt zur Arbeit reizt, zu einem Ende zu bringen.

Doch dies führt uns noch tiefer in die Physiologie hinein. Die drei fundamentalen Aufgaben des Nervensystems, nämlich 1. die Reizung der Zelle, 2. der Transfer der Reizung durch Nervenfasern und 3. die Festigung bestimmter Tendenzen unter dem Einfluß von Verhaltensgewohnheiten, sind deutlich verursacht durch drei Eigenschaften des Protoplasmas oder Lebens-Schleims selbst. Das Protoplasma hat eine aktive und eine passive Zustandsform; sein aktiver Zustand wird von einem seiner Teile zu einem anderen weitergegeben, und es zeigt ebenfalls die Phänomene der Verhaltensgewohnheit. Doch diese drei Tatbestände scheinen nicht die Haupteigenschaften des Protoplasmas auszumachen, wie wir sie unserer Theorie gemäß erwarten würden. Nun mag das darauf zurückzuführen sein, daß wir die Natur dieser merkwürdigen Substanz so wenig kennen; und wenn wir das wahre Geheimnis ihrer Konstitution wüßten, würden wir feststellen können, daß Eigenschaften, die bisher unverbunden scheinen, sich tatsächlich zu einer gruppieren, so daß dies schließlich doch mit unserer Theorie besser übereinstimmen mag, als es jetzt der Fall zu sein scheint. Es hat zumindest zwei Versuche gegeben, die Eigenschaften des Protoplasmas durch chemische Annahmen zu erklären; doch sofern chemische Kräfte selbst denkbar weit davon entfernt sind, wirklich verstanden zu sein, wären solche Hypothesen, selbst wenn man wüßte, daß sie zuträfen, wenig hilfreich. Wie sich im Verständnis eines Physikers eine molekulare Erklärung des Protoplasmas darstellen würde, scheint kaum bedacht worden zu sein; dennoch kann ich nicht erkennen, warum dieser Fall schwieriger sein sollte als die Konstitution anorganischer Materie. Die Eigenschaften des Protoplasmas werden wie folgt angegeben: Kontraktionsvermögen, Reizbarkeit, Automatismus, Ernährung, Metabolismus, Atmung und Reproduktion. Doch alle diese Eigenschaften können unter die Oberbegriffe Sensibilität, Bewegung und Wachstum zusammengefaßt werden, und diese drei sind in dieser Reihenfolge das Erste, Zweite und Dritte. Wie dem auch sei, wir wollen eine kurze Darstellung der Sachverhalte geben, denen eine molekulare Theorie des Protoplasmas Rechnung tragen müßte. Danach ist, erstens, das Protoplasma eine bestimmte chemische Substanz oder Klasse von Substanzen, die an ihren charakteristischen Reaktionen erkannt werden kann. Dr. Michael Foster (1879) schreibt dazu: „Wir wissen gegenwärtig nichts Genaues über den molekularen Aufbau des aktiven lebendigen Protoplasmas; aber es ist mehr als wahrscheinlich, daß es sich um ein großes und komplexes Molekül handelt, in dem eine Proteinsubstanz auf eigentümliche Weise mit einem komplexen Fett und einem Vertreter der Gruppe der Kohlehydrate verbunden ist, d.h. jedes Protoplasma-Molekül enthält Bestandteile aus jeder dieser drei großen Klassen. Der ganze Körper eines Tieres besteht aus modifiziertem Protoplasma.“[46] Das Protoplasma-Molekül muß von einer ganz erstaunlichen chemischen Komplexität sein. Ein Proteid ist nur eines seiner Bausteine und zweifellos sehr viel einfacher. Dennoch versuchen die Chemiker nicht, aus ihren Analysen auf den endgültigen atomaren Aufbau eines der Proteide zu schließen, und die Zahl der Atome, die in es eingehen, ist so groß, daß sie fast das Gesetz der multiplen Proportion zunichte macht. In dem Werk, aus dem ich gerade zitiert habe, findet sich die folgende Formel für ein Nuklein, eine mit den Proteiden verbundene Substanz[47]. Sie lautet: $C_{29} H_{49} N_9 P_3 O_{22}$. Weil aber die Summe aus der Zahl der Wasserstoff-, Stickstoff- und Phosphoratome gerade sein sollte, muß diese Formel mit einer geraden Zahl multipliziert werden, so daß die Zahl der Atome im Nuklein zumindest 224 sein muß. Dann ist kaum vorstellbar, daß die Zahl der Atome im Protoplasma sehr viel kleiner als tausend ist, und bedenkt man die winzigen Dimensionen einiger der für tierische und pflanzliche Organismen notwendigen Bestandteile, so ist man versucht anzunehmen, daß 50000 angemessener wäre oder daß man dies in Zukunft sogar als eine lächerlich kleine Schätzung betrachten wird. Protoplasma verbindet sich mit Wasser in jedem Verhältnis, wobei die Art der Verbindung offensichtlich zwischen der einer Lösung und der einer mechanischen Mischung liegt. Entsprechend der Menge Wasser, die es enthält, geht es vom spröden in einen geschmeidigen Zustand über, dann in einen gallertartigen, dann in einen schleimigen, dann in einen flüssigen. Im allgemeinen ist es elastisch-viskos, das heißt, nach langer Anspannung springt es teilweise in den Anfangszustand zurück, und dies vollständig, wenn die Anspannung nur kurz war. Seine Viskosität ist wesentlich stärker ausgeprägt als seine Elastizität. Es besteht normalerweise aus vielen Körnchen, an denen wir langsam strömende Bewegungen in ihm erkennen können, die für einige Minuten der einen und dann im allgemeinen der entgegengesetzten Richtung folgen. Aufgrund dieser Strömungen kommt es in der Masse zu Protuberanzen, die häufig sehr lang und schmal sind. Gelegentlich heben sie sich gegen die Schwerkraft ab, und ihre verschiedenen Formen charakterisieren die unterschiedlichen Arten des Protoplasmas. Wenn eine Protoplasma-Masse durch eine Erschütterung, einen Stich, einen elektrischen Schock, Hitze etc. gestört wird, werden die Strömungen angehalten, und das ganze zieht sich zu einem Ball zusammen; bei sehr langer Dauer zerbricht die Masse manchmal in getrennte Kugeln. Wenn die äußere Reizung aufhört, sinkt die Masse in einen ähnlichen Zustand zurück wie zuvor. Protoplasma zeigt auch Wachstum; es absorbiert Stoffe und wandelt sie in ihm ähnliche Substanzen um; und bei all seinem Wachstum und seiner Reproduktion bewahrt es seine spezifischen Verhaltensweisen.

Dies also sind die Eigenschaften, die erklärt werden müssen. Was zuerst unsere Aufmerksamkeit fesselt und wahrscheinlich den Schlüssel des Problems enthält, ist die Kontraktion der Protoplasma-Masse bei Störungen. Verantwortlich dafür ist offensichtlich ein enormes und plötzliches Anwachsen dessen, was die Physiker „Oberflächenspannung" nennen, oder das Zusammenziehen der äußeren Teile; ein Phänomen, das sich bei allen Flüssigkeiten beobachten läßt und die Ursache für die Tropfenbildung ist. Diese Oberflächenspannung wird durch die Kohäsion oder gegenseitige Anziehung von benachbarten Molekülen verursacht. Dann stellt sich die Frage, wie kann ein Körper, dessen Gleichgewicht gestört ist, plötzlich die Anziehung zwischen seinen benachbarten Molekülen erhöhen? Diese Anziehungskräfte müssen bei abnehmender Entfernung rasch ansteigen; und folglich legt sich die Antwort nahe, daß die Distanz zwischen benachbarten Molekülen abnimmt. Es ist richtig, daß die durchschnittliche Entfernung nahezu gleich bleiben muß, aber wenn die Entfernungen, die bisher nahezu gleich waren, jetzt ungleich werden, so wird die Anziehung zwischen den Molekülen, die einander angenähert wurden, in höherem Maße zunehmen, als die Anziehung zwischen denen abnehmen wird, die sich voneinander entfernen. Wir kommen deshalb zu der Annahme, daß sich im Normalzustand die Teilchen einer Substanz meistens in komplizierten Kreis- oder kreisähnlichen Systemen bewegen. Anders als bei den chemischen Molekülen oder genauer bestimmten atomaren Systemen in weniger komplexen Substanzen bewegen sich diese Teilchen in Kreisbahnen, obwohl es sich nicht um Atome, sondern um chemische Moleküle handelt. Wir müssen allerdings annehmen, daß die Kräfte zwischen diesen Teilchen gerade ausreichen, um sie in ihren Kreisbahnen zu halten, und daß in der Tat, solange sich das Protoplasma im aktiven Zustand befindet, nicht alle so gehalten werden, sondern daß das eine oder andere gelegentlich aus seiner Bahn geschleudert wird und herumwandert, bis es in ein anderes System gezogen wird. Wir müssen annehmen, daß diese Systeme einen ähnlichen Aufbau bezüglich der Anzahl der in sie eintretenden Teilchen einer Art und der entsprechenden Anzahl einer anderen Art etc. haben. Dies ist notwendig, um den nahezu konstanten chemischen Aufbau des ganzen zu erklären. Auf der anderen Seite können wir nicht annehmen, daß die Zahl unterschiedlicher Teilchenarten exakt feststeht; denn in diesem Fall wüßten wir nicht, wie wir die Kraft zur Assimilation erklären sollten. Wir müssen deshalb annehmen, daß es bezüglich der Anzahl der Teilchen, die ein Kreissystem bilden, einen beträchtlichen Spielraum gibt und daß die in etwa exakte chemische Zusammensetzung des ganzen von der Genauigkeit eines statistischen Mittels ist; gerade so, wie es eine annähernde Gleichheit in der Proportion der beiden Geschlechter in jeder Nation oder Provinz gibt, während erhebliche Ungleichheiten in jedem einzelnen Haushalt bestehen. Dank der Komplexität dieser Anordnung werden in dem Moment, in dem eine molekulare Störung auftritt, Perturbationen verursacht und eine große Zahl von Teilchen aus ihren Bahnen herausgeschleudert. Die Systeme in unmittelbarer Nachbarschaft der Störungen werden mehr oder weniger zerstört und die Harmonie in den Beziehungen zwischen den verschiedenen Umläufen zerbrochen. Als Folge davon werden die Abstände zwischen benachbarten Teilchen, die ein geordnetes System gebildet hatten, höchst ungleich, und ihre durchschnittliche Anziehung, von der die Kohäsion abhängt, nimmt zu. Gleichzeitig stören die aus dem System herausgeschleuderten Teilchen die anderen Systeme, in die sie hineinschießen, und so pflanzt sich die Störung durch die ganze Masse hindurch fort. Wenn jedoch die Ursache der Störung beseitigt wird, findet ein Energieaustausch statt, bei dem die Tendenz vorherrscht, die vis viva[48] der verschiedenen Teilchen auszugleichen; folglich neigen sie dazu, wieder in Kreisbewegungen zurückzufallen, und allmählich ist ein Zustand wiederhergestellt, der den Ausgangsbedingungen sehr ähnlich ist. Dabei bleiben die ursprünglichen Kreis-Systeme meistens erhalten, und die wandernden Teilchen finden größtenteils einen Platz in diesen Systemen, oder sie bilden neue. Einige der Teilchen werden keinen Platz finden, und deshalb wird es einen gewissen Verlust an Protoplasma-Masse[49] geben. Wenn die gleiche Störung sich wiederholt, wird es, soweit die Kreis-Systeme die gleichen bleiben wie zuvor, eine Wiederholung nahezu derselben Ereignisse geben. Dieselbe Teilchenart (darunter verstehe ich dieselbe Masse, Geschwindigkeit, Bewegungsrichtung, Anziehung etc.), die vorher aus den verschiedenen Systemen herausgeschleudert wurde, wird im allgemeinen wieder herausgeschleudert, bis sich bei mehrfach wiederholter Störung ein gewisser Mangel bezüglich dieser Teilchenart in den verschiedenen Systemen bemerkbar macht. Dann werden neue Arten herausgeschleudert, und diese neuen Arten werden die Systeme, in die sie hineinfliegen, auf unterschiedliche Weise stören und dabei die Tendenz zeigen, das Hinausschleudern der Teilchen-Klassen, zu denen sie selbst gehören, zu verursachen. Auf diese Weise können sich die Ausbreitungsrichtung der Störung wie auch ihre Geschwindigkeit und Intensität verändern, kurz, das Phänomen der Ermüdung tritt auf. Selbst wenn die Protoplasma-Masse sich selbst überlassen bleibt, wird es Wanderungen von Teilchen geben, so daß

Regionen mit leichten Störungen entstehen und damit Ungleichheiten in der Spannung. Deshalb kommt es zum Auftreten von Strömungen, Bewegungen der Masse setzen ein, und es bilden sich schwache Prozesse. Wenn allerdings die Masse für sehr lange Zeit sich selbst überlassen bleibt, werden alle die Teilchen, die bei allen Veränderungen der Kombinationen von Situation und Geschwindigkeit im Umlauf des Kreis-Systems leicht hinausgeschleudert werden können, ebenfalls hinausgeschleudert, während die anderen stetig dazu neigen, sich in stabilere Relationen zu begeben. Auf diese Weise nimmt das Protoplasma nach und nach einen passiven Zustand an, in dem seine Kreis-Systeme nicht leicht zu stören sind. Die Nährstoffe für solche Arten des Protoplasmas, die zu einer deutlichen Reaktion fähig sind, müssen sich in einer chemisch komplexen Form darstellen lassen. Ohne Zweifel müssen sie aus solchen Teilchen bestehen wie denen, die in den Kreis-Systemen des Protoplasmas umlaufen. Um in ein Kreis-System gezogen zu werden, muß ein Teilchen, ob es sich um Nährstoff handelt oder einfach um ein aus einem anderen System herausgeschleudertes Teilchen, die richtige Masse haben, sich am richtigen Ort befinden, sich mit der richtigen Geschwindigkeit in die richtige Richtung bewegen und von den richtigen Kräften angezogen werden. Es wird dann in allen diesen Hinsichten passend sein, wenn es den Platz eines Teilchens einnimmt, das gerade herausgeschleudert wurde; und deshalb sind Teilchen, die in das System hineingenommen werden, mit großer Wahrscheinlichkeit vom selben Stoff, von derselben Masse und auf derselben Kreisbahn wie die, die gerade zuvor herausgeschleudert wurden. Diesen Teilchen nun, die genaue Abbilder derer sind, die hinausgeschleudert wurden, geschieht wahrscheinlich dasselbe durch die gleiche Störung, und sie werden in dieselbe Richtung und mit demselben Ergebnis hinausgeschleudert wie die vor ihnen; und damit erklärt sich das Prinzip der Verhaltensgewohnheit. Alle höheren Arten des Protoplasmas, zum Beispiel die, die eine ausgeprägte Kraft zur Kontraktion zeigen, werden durch Stoffe von hoher chemischer Komplexität ernährt.[50]

Kapitel VI.
Die Triade in der biologischen Entwicklung

Wie groß oder wie gering die Rolle auch sein mag, die die natürliche Selektion und das Überleben der Fähigsten bei der Entstehung der Arten spielten, es bleiben kaum Zweifel, daß die Theorie Darwins[51] auf eine wirkliche Ursache hinweist, nämlich die Tendenz zur Anpassung tierischer und pflanzlicher Formen an ihre Umwelt. Besonders bemerkenswert daran ist, daß diese Theorie zeigen kann, wie rein zufällige Veränderungen von Individuen zusammen mit rein zufälligem Unglück, das ihnen zustößt, durch die Wirkung der Vererbung nicht zu bloßer Unregelmäßigkeit und nicht einmal zu statistischer Konstanz führen, sondern zu einem kontinuierlichen und unbestimmten Fortschritt bezüglich besserer Anpassung von Mitteln an Zwecke. Wie ist das möglich? Worin liegt, abstrakt gesprochen, das Besondere in den Bedingungen dieses Problems, wodurch es zu dieser einzigartigen Konsequenz kommt?

Angenommen, eine Million Menschen, jeder davon im Besitz eines Dollars, setzen sich zu einem einfachen und fairen Glücksspiel zusammen, bespielsweise indem sie wetten, ob ein Würfel eine gerade oder ungerade Zahl zeigt. Wir nehmen an, daß die Spieler ihre Wetten unabhängig voneinander machen und jeder auf das Ergebnis eines Wurfes einen Dollar gegen die Bank setzt. Natürlich würde bei der allerersten Wette die Hälfte von ihnen ihren einzigen Dollar verlieren und aus dem Spiel ausscheiden, denn Kredit soll nicht erlaubt sein, während von der anderen Hälfte jeder einen Dollar gewinnen würde und damit 2 $ besäße. Von diesen 500 000 Spielern hätten nach dem zweiten Wurf 250 000 verloren und hätten somit nur noch 1 $, während die anderen 250 000 gewinnen würden und je 3 $ besäßen. Nach dem dritten Wurf wären 125 000 ruiniert, oder die Hälfte von denen, die 1 $ besaßen; 250 000 hätten 2 $ (nämlich die Hälfte der 250 000, die je 1 $ besaßen, und die Hälfte der 250 000, die je 3 $ besaßen), und 125 000 besäßen je 4 $. Der weitere Fortgang des Spiels ist in der nachfolgenden Tabelle illustriert, worin die Anzahl der Spieler mit ihrer jeweils möglichen Gewinnsumme nach dem 1., 2., 3. etc. Wurf aufgeführt ist.[52]

	1.	2.	3.	4.	5.	6.	7.	8.	9.	10.	16.
$ 1		250 000		125 000		78 125		$54\,687\frac{1}{2}$		$41\,015\frac{5}{8}$	21 820
$ 2	500 000		250 000		156 250		109 375		$82\,031\frac{1}{4}$		
$ 3		250 000		187 500		140 625		109 375		$87\,890\frac{5}{8}$	52 368
$ 4			125 000		125 000		109 375		93 750		
$ 5				62 500		78 125		78 125		$73\,242\frac{3}{16}$	55 542
$ 6					31 250		46 875		$52\,734\frac{3}{8}$		
$ 7						15 625		$27\,343\frac{3}{4}$		$34\,179\frac{11}{16}$	38 880
$ 8							$7\,812\frac{1}{2}$		15 625		
$ 9								$3\,906\frac{1}{4}$		$8\,789\frac{1}{16}$	19 226
$ 10									$1\,953\frac{1}{8}$		
$ 11										$976\frac{9}{16}$	6 714
$ 12											
$ 13											1 587
$ 14											
$ 15											229
$ 16											
$ 17											15

Mit Hilfe der Tabelle ist zu erkennen, daß nach dem 4. Wurf der häufigste Gewinn 3 $ beträgt, nach dem 9. Wurf 4 $, nach dem 16. Wurf 5 $, und entsprechend würden es nach dem 25. Wurf 6 $, nach dem 36. Wurf 7 $ sein und so weiter. Hiermit ergäbe sich also eine beständige Zunahme des Besitzes, eine Art von „Anpassung an die eigene Umgebung“, bewirkt durch das Überleben der Fähigsten, das heißt dadurch, daß jeder Spieler, der seinen letzten Dollar verloren hat, aus dem Spiel ausgeschieden wird. Es ist leicht zu erkennen, daß die Zunahme des durchschnittlichen und normalen Besitzes durch den Abzug all der kleinen Gewinne zustande kommt, die sonst, hätten sie nur weiter wetten dürfen, in den Händen von Bankrotteuren geblieben wären.

Nun besteht die Anpassung einer Art an ihre Umgebung in der Kraft, um der natürlichen Selektion willen weiter zu existieren, das heißt in der Kraft der einen Generation, eine weitere hervorzubringen; denn solange dies geschieht, kann die Art weiter existieren, und sobald dies aufhört, ist sie nach einer Lebensperiode dem Untergang geweiht. Darwins Theorie erklärt daher genau diese Reproduktionsfähigkeit, die teils von der unmittelbaren Fruchtbarkeit abhängt, teils von der Lebensfähigkeit des Tieres während des Zeugungsalters. Offenkundig handelt es sich dabei um eine Eigenschaft, die ein absolutes Minimum kennt, denn kein Lebewesen kann weniger Nachkommen erzeugen als überhaupt keine, und es gibt ersichtlich keine Begrenzung nach oben, und darin liegt eine genaue Analogie zum Besitz jener Spieler. Es muß dazu angemerkt werden, daß die Formulierung vom „Überleben der Fähigsten“[53] in Darwins Evolutionsprinzip nicht das Überleben der fähigsten Individuen meint, sondern das Überleben des fähigsten Typus. Denn die Theorie erfordert durchaus nicht, daß schlecht an ihre Umgebung angepaßte Individuen früher als andere sterben müssen, solange sie nur nicht so viele Nachkommen erzeugen wie die anderen; und in der Tat muß dies nicht zum Verlöschen der Generationslinie führen, vorausgesetzt, daß es Gründe gibt, warum die Nachkommen schlecht angepaßter Eltern mit geringerer Wahrscheinlichkeit als in anderen Fällen die charakteristischen Merkmale ihrer Eltern erben. Es scheint so zu sein, daß der Prozeß, als allgemeine Regel gefaßt, sich offenbar wie folgt darstellt: Vorausgesetzt, ein Individuum ist in gewisser Hinsicht schlecht an seine Umgebung angepaßt, das heißt, es hat bestimmte Eigenschaften, die im allgemeinen der Erzeugung zahlreicher Nachkommen abträglich sind. Diese Eigenschaften sind in der Lage, das Reproduktionssystem dieses Individuums aus verschiedenen Gründen zu schwächen, so daß seine Nachkommen nicht so stark sind wie der Durchschnitt dieser Art. Diese zweite Generation wird sich mit anderen Individuen paaren, aber aufgrund ihrer Schwäche werden ihre Nachkommen eher die Tendenz zeigen, den anderen Eltern zu ähneln, und dadurch wird die unvorteilhafte Eigenschaft nach und nach beseitigt, nicht nur durch eine geringere Zahl von Nachkommen, sondern auch dadurch, daß die Nachkommen mehr den stärkeren Eltern ähnlich sind. Es gibt noch andere Wege, die unvorteilhaften Eigenschaften zum Verschwinden zu bringen. Denn wo die Zeugungskraft geschwächt ist, zeigen viele Beispiele, daß das Vererbungsprinzip gelockert wird und die Gattung eine stärkere Tendenz zur Mutation[54] aufweist. Sie hält solange an, bis in ihrem Verlauf die unvorteilhaften Eigenschaften ausgeschieden sind. Die allgemeine Reproduktionsfähigkeit wird infolgedessen verbessert, mit ihr erneuert sich die unmittelbare Zeugungskraft, die Übertragung bestimmter Merkmale durch Vererbung wird wieder strenger, und der dadurch verbesserte Typus hat sich gefestigt.

Doch bei all diesen unterschiedlichen Fällen handelt es sich nur um die verschiedenen Anwendungsformen ein und desselben Prinzips, und das ist die Eliminierung unvorteilhafter Eigenschaften. Wir sehen also, daß es genau drei Faktoren im Prozeß der natürlichen Selektion gibt, nämlich: 1. das Prinzip der individuellen Variation oder Mutation; 2. das Prinzip der Übertragung durch Vererbung, das gegen das erste Prinzip steht; und 3. das Prinzip der Eliminierung unvorteilhafter Eigenschaften.

Wir wollen nun betrachten, inwieweit diese Prinzipien den Triaden entsprechen, denen wir schon begegnet sind. Das Prinzip der Mutation ist das Prinzip der Unregelmäßigkeit, der Unbestimmtheit, des Zufalls. Es entspricht dem unregelmäßigen und vielfältigen Wandern von Teilchen im aktiven Stadium des Protoplasmas. Etwas Neues und Frisches wird ins Spiel gebracht. Das Prinzip der Vererbung ist das Prinzip, nach dem etwas durch ein Vorausgehendes bestimmt wird, das Prinzip des Zwangs, das dem Willen und der Empfindung entspricht. Das Prinzip der Eliminierung unvorteilhafter Eigenschaften ist das Prinzip der Verallgemeinerung durch Ausscheiden sporadischer Fälle, es entspricht insbesondere dem Prinzip des Vergessens in den Aktionen des Nervensystems. Was wir vor uns haben, ist also eine etwas unvollkommene Reproduktion derselben Triade wie zuvor. Ihre Unvollkommenheit entspricht vielleicht der der Entwicklungstheorie selbst.

Kapitel VII.
Die Triade in der Physik

Die philosophische Metaphysik kann man fast als ein Kind der Geometrie bezeichnen. Von den drei Schulen der frühen griechischen Philosophen bestanden zwei, die der Ionier und die der Pythagoräer, ausschließlich aus Experten der Geometrie, und das Interesse der Eleaten an der Geometrie findet häufig Erwähnung. Plato war eine bedeutende Gestalt in der Geschichte beider Wissenschaften, und Aristoteles leitete aus seinen Untersuchungen über den Raum einige seiner überzeugendsten Begriffe ab. Die Metaphysik hängt in großem Maße von der Vorstellung strenger Beweise aus ersten Prinzipien ab, und dieser Vorstellung, bezüglich der Beweisführung wie der

Ausgangsaxiome, steht die Vaterschaft der Geometrie ins Gesicht geschrieben. Darüber hinaus wurde die Überzeugung von der Möglichkeit einer philosophischen Metaphysik zu allen Zeiten durch das Beispiel der Geometrie als einer verwandten Wissenschaft aufrechterhalten. Das hat Kant richtig gesehen.[55]

Die bedingungslose Kapitulation heutiger Mathematiker vor der absoluten Exaktheit der Axiome der Geometrie kann daher keineswegs als ein unwesentliches Ereignis in der Geschichte der Philosophie gelten. Gauß, der bedeutendste der Geometer, stellt fest, daß „es keinen Grund gibt anzunehmen, daß die Summe der drei Winkel eines Dreiecks genau gleich der zweier rechter Winkel ist".[56] Zwar ist richtig, was die Erfahrung bestätigt, daß die Abweichung jener Summe von diesem Betrag extrem gering ist, so daß schon ein kunstvoller Sprachgebrauch nötig wird, um den Grad der Annäherung auszudrücken: Doch durch Erfahrung läßt sich niemals zeigen, daß eine Wahrheit exakt gilt, noch ist die Erfahrung in der Lage, auch nur den geringsten Grund dafür zu nennen, daß es sich so verhält; es sei denn, dies geschieht mit Hilfe anderer Überlegungen. Wir können nur sagen, daß die Summe der drei Winkel eines gegebenen Dreiecks nicht sehr viel größer oder kleiner als zwei rechte Winkel sein kann, daß aber der genaue Wert nur einer aus einer unendlich großen Zahl von anderen ist, von denen jeder ebensogut möglich wäre. So das einmütige Zeugnis der Mathematiker.

Die absolute Genauigkeit der geometrischen Axiome ist zerstoben, und der entsprechende Glaube an die metaphysischen Axiome, bedenkt man die Abhängigkeit der Metaphysik von der Geometrie, muß mit Sicherheit auf diesem Weg folgen und gehört ins Grab überholter Glaubenssätze. Als erstes muß die Behauptung weichen, jedes Ereignis im Universum sei durch Ursachen im Rahmen unantastbarer Gesetzlichkeit genau determiniert. Es gibt keinen Grund für die Annahme, daß dies mit absoluter Genauigkeit der Fall ist. Die Erfahrung zeigt, daß sich dies in wunderbarem Ausmaß annäherungsweise so verhält, und das ist alles. Den Grad dieser Annäherung zu bestimmen wird für künftige wissenschaftliche Untersuchungen von Bedeutung sein; aber wir haben keinen Grund mehr für die Annahme, daß die durchschnittliche Fehlerquote näher bei Null liegt als bei einem der unendlich vielen Werte in dieser Umgebung. Die Chancen stehen unendlich zu eins, daß die Quote nicht Null ist; und wir haben uns das so vorzustellen, daß es sich um eine Größe handelt, deren Null-Wert allein eine unter vielen Möglichkeiten ist. Phoenix sagt in seinen Vorlesungen über Astronomie – im Bezug auf Josuas Befehl, die Sonne solle still stehen[57] –, daß er nicht umhin könne zu vermuten, sie habe ein wenig gewackelt, als Josua nicht direkt auf sie schaute. Wir wissen genau, daß sich immer dann, wenn wir versuchen, ein Naturgesetz durch Experimente zu verifizieren, Unstimmigkeiten zwischen den Beobachtungen und der Theorie einstellen. Zu Recht beziehen wir diese Unstimmigkeiten auf Beobachtungsfehler; doch warum soll es nicht ähnliche Abweichungen aufgrund dessen geben, daß die Tatsachen den Gesetzen nur unvollständig gehorchen?

Wird zugegeben, daß dies vorstellbar ist, so gibt es nichts in der Erfahrung, wodurch es negiert werden könnte. Seltsamerweise werden sich viele Leute finden, die Schwierigkeiten haben, sich ein Element der Gesetzlosigkeit im Universum vorzustellen, und die vielleicht versucht sind, die Lehre von der vollständigen Herrschaft der Kausalität für einen ursprünglichen, instinktiven Glauben [belief] zu halten, so wie im Falle der Dreidimensionalität des Raumes. Doch weit gefehlt, die Herrschaft der Kausalität ist historisch gesehen insgesamt eine moderne Vorstellung, eine ungenaue Schlußfolgerung aufgrund der wissenschaftlichen Entdeckungen. Aristoteles[58] stellt es oft so dar, daß manche Dinge durch Ursachen bestimmt sind, während andere durch Zufall geschehen. Lukrez[59] nimmt an, darin Demokrit folgend, daß die ursprünglichen Atome zufällig und ohne irgendeinen Grund von ihrer geradlinigen Flugbahn abweichen. Den Alten schien an diesen Vorstellungen nichts merkwürdig zu sein, sie hielten sie für selbstverständlich; merkwürdig wäre die Behauptung gewesen, es gäbe keinen Zufall. Wir stehen also unter keinem inneren Zwang, an eine vollständige Kausalität zu glauben, wenn sich nicht Tatsachen finden, die dafür eintreten.

Es liegt mir wirklich fern zu behaupten, daß uns allein die Erfahrung zur Einsicht führt. Whewells[60] Auffassungen von der Methode der Wissenschaft scheinen mir richtiger zu sein als die Mills[61]; und das so sehr, daß ich behaupten möchte, die bekannten Prinzipien der Physik sind allein aus ursprünglich instinktivem Glauben heraus entwickelt. Dennoch muß ich zugeben, daß die ganze Geschichte des Denkens ein Beleg dafür ist, wie sehr unsere instinktiven Glaubensüberzeugungen [beliefs] in ihrer ursprünglichen Fassung mit Irrtümern vermischt auftreten, so daß man ihnen nicht eher trauen kann, als bis sie durch Experimente korrigiert worden sind. Nun ist aber das Einzige, was uns die Schlußfolgerung aus Erfahrung überhaupt lehren kann, der Annäherungswert eines Größenverhältnisses. Alles beruht auf dem Prinzip der Stichproben.[62] Wir nehmen eine Handvoll Kaffeebohnen aus einem Sack und schließen, daß sich im ganzen Sack ungefähr derselbe Anteil fehlerfreier Bohnen findet wie in der Stichprobe. Nach diesem Muster muß jede Behauptung, die wir über die wirkliche [real] Welt aufzustellen berechtigt sind, eine approximative sein; es steht uns niemals das Recht zu, irgendeine Wahrheit für exakt zu halten. Die Approximation ist notwendigerweise das Material für den Aufbau unserer Philosophie.

Ich komme damit zu einem weiteren Punkt. Die meisten philosophischen Systeme halten bestimmte Tatsachen oder Prinzipien für letztgültig. Richtig ist, daß jede Tatsache in gewissem Sinne letztgültig ist – das heißt, sie ist dies in ihrer isolierten, aggressiven Standhaftigkeit und individuellen Realität. Was Scotus[63] die Haecceitas der Dinge nennt, ihr Hier- und Jetztsein, ist tatsächlich letztgültig. Warum ist dies hier so, wie es ist? Man kann fragen, wie beispielsweise ein Sandkorn dazu kommt, so klein und hart zu sein. Man kann ebenfalls fragen, wie es hierher gelangte; aber die Erklärung führt uns in diesem Fall nur zu der Tatsache zurück, daß das Sandkorn einmal an einer anderen Stelle war, wo natürlich ähnliche Dinge zu erwarten wären. Warum ES aber, unabhängig von seinen allgemeinen Eigenschaften, irgendeinen bestimmten Ort in der Welt einnimmt, darf nicht gefragt werden; das ist einfach eine letztgültige Tatsache. Es gibt noch eine andere Klasse von Tatsachen, über die man sinnvollerweise keine Erklärung erwarten kann, nämlich die der Unbestimmtheit und der Mannigfaltigkeit. Warum eine bestimmte Art von Ereignissen häufig und eine andere selten vorkommt, darf gefragt werden, aber einen Grund für die allgemeine Tatsache anzugeben, daß einige Arten von Ereignissen alltäglich und andere selten sind, wäre eine unberechtigte Forderung. Wenn alle Geburten an einem bestimmten Tag der Woche oder immer mehr Geburten sonntags als montags stattfänden, so wäre dies eine Tatsache, die einer Erklärung bedürfte; daß aber Geburten in ungefähr dem gleichen Verhältnis an allen Tagen vorkommen, verlangt keine besondere Erklärung. Sollten wir entdecken, daß alle Sandkörner an einem bestimmten Strand sich in zwei oder mehr deutlich getrennte Klassen aufteilten, wie beispielsweise in sphärische und kubische, so gäbe es etwas zu erklären; daß sie aber nach Größe und Form verschieden und darin von keinem bestimmbaren Charakter sind, kann nur der allgemeinen Mannigfaltigkeit der Natur zugeschrieben werden. Unbestimmtheit also, oder reine Erstheit, und Haecceitas, oder reine Zweitheit, sind Tatsachen, die einer Erklärung weder bedürfen noch fähig sind. Unbestimmtheit bietet uns nichts, wonach wir fragen könnten; Haecceitas ist die ultima ratio, die harte Tatsache[64], die nicht hinterfragt werden kann. Aber jede Tatsache allgemeiner oder regelmäßiger Natur bedarf einer

Erklärung; und es ist die Logik, die uns bezüglich solcher Tatsachen die Annahme verbietet, daß sie ihrer eigenen Natur gemäß absolut unerklärbar seien. Kant[c] [65] nannte dies ein regulatives Prinzip, das heißt, eine intellektuelle Hoffnung. Der einzige unmittelbare Zweck des Denkens besteht darin, die Dinge verstehbar zu machen; und ausgerechnet im Akt des Denkens das Gedachte für unverstehbar zu halten, läuft auf Selbstverdummung hinaus. Das wäre so, wie wenn jemand, der zu seiner Verteidigung mit einer Pistole bewaffnet ist, den Feind so erschreckend fände, daß er seine Pistole dazu benutzte, sich selbst eine Kugel in den Kopf zu jagen, um der Ermordung durch den Feind zu entgehen. Verzweiflung ist Wahnsinn. Es mag Tatsachen geben, die niemals eine Erklärung finden werden, das ist wahr; aber daß eine vorliegende Tatsache gerade zu diesen zu zählen ist, das zu denken gibt uns die Erfahrung niemals einen Grund; und noch weniger kann sie zeigen, daß eine Tatsache ihrer Natur nach unverstehbar sein soll. Wir müssen uns deshalb die Hoffnung zur Regel machen, uns von ihr leiten lassen und folgerichtig jede Philosophie oder jede allgemeine Vorstellung vom Universum ablehnen, die uns je zu dem Schluß bringen könnte, daß irgendeine gegebene, allgemeine Tatsache eine letztgültige sei. Wir müssen der Erklärung mit Freude entgegensehen; nicht der Erklärung aller Dinge, aber der Dinge, die vor uns liegen, was es auch sein mag. Darin liegt ebensowenig ein Widerspruch wie in unserem Festhalten an einzelnen Meinungen, während wir doch bereit sind zuzugeben, daß wahrscheinlich nicht alle von ihnen wahr sind; oder in unserer Behauptung, jede zukünftige Zeit werde einmal vorüber sein, obwohl es nie eine Zeit geben wird, in der alle Zeit vergangen wäre.

Zu den Tatsachen, die Regelmäßigkeit zum Ausdruck bringen und also erklärt werden müssen, gehört unter

[c] Den Scholastikern folgend. Vgl. Eckius in Petr. Hisp. 48b nota 1.

anderem das Naturgesetz oder die Regelmäßigkeit selbst. Wir überschätzen gewaltig die Rolle, die die Naturgesetze[66] im Universum spielen. Mit Hilfe der Regelmäßigkeiten verstehen wir das Wenige, das wir von der Welt überhaupt verstehen, und folglich gibt es eine Art geistiger Perspektive, die die regelmäßigen Phänomene in den Vordergrund rückt. Wir behaupten, daß jedes Ereignis durch Ursachen gemäß den Naturgesetzen bestimmt sei. Doch abgesehen davon, daß dies nicht mit Absolutheit gilt, hat es nicht soviel zu bedeuten, wie es den Anschein hat. Wir meinen zum Beispiel nicht, wenn jemand im selben Augenblick wie sein Gegenüber auf der anderen Erdseite[67] niesen muß, daß dies einem allgemeinen Gesetz entspricht. Es handelt sich schlicht um das, was man einen Zufall[68] nennt. Wir meinen allerdings, daß es eine Ursache für das Niesen des einen und eine andere Ursache für das Niesen des zweiten gibt; und die Zusammensetzung dieser zwei Ereignisse ergibt das erste Ereignis, mit dem wir diese Frage begonnen haben. Nach wissenschaftlicher Lehrmeinung gilt, daß es sich bei Ereignissen im physischen Universum lediglich um Bewegungen von Materie handelt und daß diese den Gesetzen der Dynamik gehorchen. Dies bedeutet aber nur, daß wir unter den unzähligen Systemen von Beziehungen, wie sie bei existierenden Dingen anzutreffen sind, eines gefunden haben, das universal gilt und gleichzeitig einem Naturgesetz unterliegt. Nichts außer dieser einzigen Eigenschaft macht dieses besondere System von Beziehungen bedeutungsvoller als die anderen. Von diesem Standpunkt aus ist die Gleichförmigkeit als ein wirklich sehr außergewöhnliches Phänomen anzusehen. Deswegen betrachten wir aber die unregelmäßigen Beziehungen nicht so, als wären sie für uns ohne Interesse.

Damit kommen wir zu folgendem Ergebnis: Konformität mit Gesetzen existiert nur für einen begrenzten Bereich von Ereignissen, und selbst da nicht vollkommen, denn Elemente reiner Spontaneität oder gesetzloser Originalität vermischen sich überall mit Naturgesetzen, zumindest muß dies vermutet werden. Außerdem muß für die Tatsache der Gesetzeskonformität eine Erklärung gefunden werden; und da allgemeine Gesetze nicht durch irgendein einzelnes Gesetz erklärt werden können, muß die Erklärung darin bestehen, daß gezeigt wird, wie Gesetze sich aus reinem Zufall [chance], Unregelmäßigkeit und Unbestimmtheit entwickelt haben.

Bezüglich dieses Problems sind wir verpflichtet, uns selbst kritisch zu befragen; und beim gegenwärtigen Zustand der Wissenschaften ist dies in besonderem Maße notwendig. Die Theorie des molekularen Aufbaus der Materie ist soweit vorangetrieben worden, wie sich deutliche Hinweise zur Orientierung finden ließen, und nun stehen wir im Dunkeln. Um die mathematischen Folgen irgendeiner Hypothese bezüglich der Eigenart und der Gesetze winziger Materieteile entwickeln und dann durch physikalische Experimente testen zu können, braucht man fünfzig Jahre; und in den unzähligen Hypothesen, die dazu aufgestellt werden können, scheint sich nichts zu finden, das die eine vorrangiger wahrscheinlich machte als die andere. Wie lange wird es unter diesen Umständen dauern, bis es zu einem entscheidenden Fortschritt kommt? Wir brauchen irgendeinen Hinweis darauf, welches Verhalten der Moleküle man erwarten kann; beispielsweise, ob es wahrscheinlich ist, daß sie sich anziehen oder umgekehrt einander in der fünften Potenz der Entfernung abstoßen, so daß wir vor vielen falschen Annahmen bewahrt werden könnten, wenn uns nicht sofort der richtige Weg gezeigt wird. Sage uns, wie die Naturgesetze entstanden sind, und wir können in bestimmtem Ausmaß zwischen Gesetzen, die vielleicht, und solchen, die niemals aus einem derartigen Entwicklungsprozeß resultieren könnten, unterscheiden.

Dies herauszufinden ist unsere Aufgabe. Ich beginne mit der folgenden Vermutung. Gleichförmigkeiten in der Funktionsweise von Dingen sind durch Verhaltensbildung [taking habits] entstanden. Gegenwärtig wird der Ablauf der Ereignisse approximativ durch Gesetze bestimmt. In der Vergangenheit war diese Annäherung in geringerem Maße, in Zukunft wird sie in höherem Maße vollkommen sein. Die Tendenz, Gesetzen zu gehorchen, ist immer gewachsen und wird immer weiter wachsen. Wir blicken zurück auf einen Punkt in der unendlich entfernten Vergangenheit, als es noch kein Gesetz, sondern nur Unbestimmtheit gab; wir blicken voraus auf einen Punkt in der unendlich entfernten Zukunft, wenn es keine Unbestimmtheit, keinen Zufall, sondern eine vollständige Herrschaft des Gesetzes geben wird.[69] Aber zu jedem bestimmbaren Zeitpunkt in der Vergangenheit, wie früh er auch angesetzt wird, gab es immer schon eine gewisse Tendenz zur Gleichförmigkeit; und zu jedem bestimmbaren Zeitpunkt in der Zukunft wird es eine leichte Abweichung von der Gesetzmäßigkeit geben. Mehr noch, alle Dinge haben eine Tendenz zur Verhaltensbildung. Für Atome und deren Teile, für Moleküle und Gruppen von Molekülen, kurz, für jedes vorstellbare reale Objekt besteht eine größere Wahrscheinlichkeit, sich wieder so zu verhalten wie bei einem ähnlichen früheren Ereignis, als auf andere Weise. Diese Tendenz bildet selbst eine Regelmäßigkeit aus und nimmt kontinuierlich zu. Blicken wir in die Vergangenheit zurück, so sehen wir Perioden, in denen diese Tendenz immer weniger ausgebildet war. Doch ihrer wesentlichen Prägung nach besteht sie darin zu wachsen. Es handelt sich um eine Tendenz zur Verallgemeinerung; sie bedingt, daß Verhaltensweisen[70], die in der Zukunft liegen, sich nach solchen der Vergangenheit richten; und diese Tendenz ist ihrerseits zu einer ähnlichen Verallgemeinerung fähig; folglich ist sie selbst-erzeugend[71]. Wir brauchen deshalb nur ihre kleinste Spur in der Vergangenheit anzunehmen, und dieser Keim wird sich mit Sicherheit zu einem mächtigen und beherrschenden Prinzip entwickeln, bis die Tendenz sich dadurch selbst aufhebt, daß sie Verhaltensgewohnheiten zu absoluten

Gesetzen verstärkt, die das Verhalten aller Dinge in jeder Hinsicht und für alle Zukunft regeln.

Demnach sind es drei Elemente, die in der Welt wirksam sind, erstens der Zufall, zweitens das Gesetz, und drittens die Verhaltensbildung.

Dies also ist unsere Vermutung über das Rätsel der Sphinx. Um sie aus dem Stand einer philosophischen Spekulation in den einer wissenschaftlichen Hypothese zu erheben, muß gezeigt werden, daß Konsequenzen mit mehr oder weniger großer Wahrscheinlichkeit aus ihr abgeleitet und mit Beobachtungen verglichen werden können. Es muß gezeigt werden, daß es eine Ableitungsmethode für die Eigenschaften von Naturgesetzen gibt, so daß sie aufgrund rein zufälliger Ereignisse und auf dem Weg der Verhaltensbildung entstanden sein könnten; und eine Methode, mit der sich ermitteln läßt, ob solche Eigenschaften zu den tatsächlichen Naturgesetzen gehören.

Die Existenz von Dingen besteht in ihrem regelmäßigen Verhalten. Wenn ein Atom keine regelmäßigen Anziehungen oder Abstoßungen erführe, wenn seine Masse in einem Augenblick nichts, in einem anderen eine Tonne und in einem weiteren eine negative Größe wäre, wenn seine Bewegung, statt kontinuierlich zu sein, aus einer Reihe von Sprüngen von einem Ort zu einem anderen bestünde, ohne dabei irgendwelche vermittelnden Orte zu durchlaufen, wenn es keine bestimmten Relationen zwischen seinen unterschiedlichen Positionen, Geschwindigkeiten und Richtungsänderungen gäbe, wenn es zu einem Zeitpunkt an einem Ort und zu einem anderen an einem Dutzend anderer Orte wäre, dann würde eine derart unverbundene Vielfalt von Phänomenen kein existierendes Ding ausbilden können. Nicht nur Substanzen, sondern auch Ereignisse bestehen aufgrund von Regelmäßigkeiten. Der Fluß der Zeit zum Beispiel ist für sich selbst eine Regelmäßigkeit. Das ursprüngliche Chaos, worin es keine Regelmäßigkeit gab, war in der Tat ein Zustand der reinen Unbestimmtheit, in dem nichts existierte oder wirklich geschah.[72]

Unsere Begriffe von den ersten Entwicklungsstadien, bevor die Zeit noch existierte, müssen so vage und bildhaft sein wie die Ausdrucksweise im ersten Kapitel der Genesis. Aus dem Schoß der Unbestimmtheit, so wird man sagen müssen, wird durch das Prinzip der Erstheit etwas entstanden sein, das wir als Blitz bezeichnen können. Aufgrund des Prinzips der Verhaltensgewohnheit wird darauf ein zweiter Blitz gefolgt sein. Obwohl es die Zeit noch nicht gegeben haben wird, geschah dieser zweite Blitz in gewissem Sinne nach dem ersten, denn jener folgte aus diesem. Daraufhin wird es weitere Folgezusammenhänge gegeben haben, immer enger miteinander verbunden, nämlich Verhaltensgewohnheiten und die Tendenz zur Verhaltensbildung, die sich immer weiter selbst verstärkten, bis sich die Ereignisse zu so etwas wie einem kontinuierlichen Strom zusammenfügten. Es gibt keinen Grund zu der Annahme, daß selbst jetzt die Zeit gänzlich fehlerlos, kontinuierlich und gleichmäßig fließt. Der Quasi-Fluß aber, der daraus resultieren würde, unterschiede sich von der Zeit wesentlich in der Hinsicht, daß er nicht notwendigerweise in einen einzigen Strom fließen müßte. Verschiedene Blitze könnten verschiedene Ströme beginnen lassen, zwischen denen es keine Relation der Gleichzeitigkeit oder Aufeinanderfolge gäbe. Ein Strom könnte sich in zwei verzweigen, oder zwei könnten verschmelzen. Das weitere Ergebnis der Verhaltensgewohnheit wäre unweigerlich die vollständige Trennung dessen, was lange schon getrennt war, und die Verschmelzung zu einer vollkommenen Vereinigung dessen, was mehrfach schon Gemeinsamkeiten aufwies. Was vollständig getrennt wurde, das wären dann die vielen verschiedenen Welten, die nichts voneinander wüßten; so daß das Ergebnis genau dem entspräche, was wir tatsächlich beobachten.

Die Zweitheit besteht demgegenüber aus zwei Arten. Folglich wird es neben Blitzen, die genuine Zweite im Vergleich zu anderen sind, weil sie nach ihnen geschehen, auch Paare von Blitzen geben; oder wir sollten, da wir annehmen, daß sich nun die Zeit entwickelt hat, besser von Zustands-Paaren sprechen, die wechselseitig Zweite sind, jedes Glied eines Paares gegenüber dem anderen. Darin liegt der erste Keim räumlicher Ausdehnung. Diese Zustände werden Veränderungen unterzogen, und Verhaltensgewohnheiten werden sich bilden durch den Übergang von bestimmten Zuständen in bestimmte andere und durch das Unterbleiben von Übergängen von bestimmten Zuständen in bestimmte andere. Diejenigen Zustände, in die ein Zustand unmittelbar übergehen wird, werden ihm benachbart sein; und entsprechend werden Verhaltensgewohnheiten ausgebildet, die ein räumliches Kontinuum schaffen, das sich aber von unserem Raum dadurch unterscheidet, daß es sehr unregelmäßige Verbindungen aufweist, nämlich die eine Anzahl von Dimensionen an einem und eine andere an einem anderen Ort, und unterschiedlich für einen Bewegungszustand gegenüber einem anderen.

Zustandspaare werden ebenfalls beginnen, Verhaltensgewohnheiten zu bilden, und folglich wird jeder Zustand, der aus verschiedenen Verhaltensgewohnheiten besteht, mit Bezug auf andere Zustände Bündel von Verhaltensgewohnheiten entstehen lassen, und daraus werden Substanzen.[d] Einige dieser Zustände werden zufällig die Verhaltensgewohnheit der Beharrlichkeit annehmen und immer weniger geneigt sein zu verschwinden; während jene, die solche Verhaltensgewohnheiten nicht bilden können, dann nicht mehr existieren werden. Dadurch kommt es zur Dauerhaftigkeit von Substanzen.

In der Tat bestehen Verhaltensgewohnheiten aufgrund ihrer Entstehungsweise notwendig aus der Dauerhaftigkeit einiger Relationen, und deshalb würde nach dieser Theorie jedes Naturgesetz eine solche Dauerhaftigkeit besitzen, wie sie in Masse, Impuls und Energie ihren Ausdruck findet. In dieser Hinsicht ist die Theorie in bewun-

[d] Ich gebrauche den Begriff Substanz hier im alten Sinne eines Dinges, nicht im Sinne der modernen Chemie.

dernswerter Weise in Übereinstimmung mit den Tatsachen.

Die Substanzen, die ihre Verhaltensgewohnheiten während ihrer Bewegungen durch den Raum mit sich führen, werden dazu beitragen, die verschiedenen Teile des Raumes einander anzugleichen. Folglich werden die Raumdimensionen nach und nach zur Gleichförmigkeit tendieren; und Mehrfachverbindungen, ausgenommen im Unendlichen, wohin die Substanzen niemals gelangen, werden getilgt. Zu Beginn waren wahrscheinlich die Verbindungen im Raum für eine Substanz und ihre Bestandteile anders als für andere; das heißt, Punkte, die für die Bewegung eines Körpers benachbart oder nahe beieinander lagen, waren dies nicht für einen anderen. Dies könnte möglicherweise dazu beigetragen haben, daß Substanzen in kleine Stücke oder Atome zerbrochen sind. Doch das wechselseitige Aufeinanderwirken der Körper wird dazu tendiert haben, ihre Verhaltensgewohnheiten in dieser Hinsicht auf Gleichförmigkeit zu reduzieren; und überdies muß es zum Widerstreit zwischen den Verhaltensgewohnheiten von Körpern und denen von Teilen des Raumes gekommen sein, ein Streit, der nie ein Ende gefunden hätte, wären sie nicht zur Konformität gebracht worden.

5. [Fallibilismus, Offenbarung, Kontinuität und Evolution]*

Alle positiven Schlußfolgerungen sind von der Art, daß der Anteil an einem Ganzen beurteilt wird nach dem Anteil, der sich in einer Probe findet. Dementsprechend gibt es drei Dinge, von denen wir niemals hoffen können, daß wir sie durch Schlußfolgern erreichen werden, nämlich absolute Gewißheit, absolute Exaktheit, absolute Universalität. Wir können nicht einmal absolut sicher sein, daß unsere Konklusionen annäherungsweise wahr sind; denn die Probe könnte dem ungeprüften Teil der Sammlung höchst unähnlich sein. Wir können nicht einmal den Anspruch erheben, aller Wahrscheinlichkeit nach exakt zu sein; denn die Probe besteht nur aus einer endlichen Zahl von Einzelfällen und erlaubt lediglich besondere Werte für den untersuchten Anteil. Schließlich wäre, selbst wenn wir mit absoluter Gewißheit und Exaktheit feststellen könnten, daß der Anteil der Sünder an der Gesamtheit aller Menschen 1 zu 1 wäre, unter den unendlichen Generationen von Menschen immer noch Raum für eine endliche Zahl von Menschen ohne Sünde, ohne daß das Verhältnis verletzt würde. Der Fall ist der gleiche bei einem Kalb mit 7 Füßen.

Nun, wenn es uns nicht gelingt, Exaktheit, Gewißheit und Universalität durch Schlußfolgern zu erreichen, dann gibt es dazu sicherlich auch keine anderen Mittel.[+1]

Manche werden auf *Offenbarung* verweisen. Wissenschaftler und von der Wissenschaft beeinflußte Menschen dagegen machen sich über Offenbarung lustig; und sicherlich hat uns die Wissenschaft gelehrt, Zeugnisse in einem Licht zu betrachten, in dem die ganze theologische Lehre von den „Beweisen" als ziemlich schwach erscheinen muß. Dennoch halte ich es philosophisch nicht für angebracht, die Möglichkeit von Offenbarung einfach zu verwerfen. Doch trotz dieses Zugeständnisses erkläre ich als Logiker, daß offenbarte Wahrheiten – das heißt Wahrheiten, für die nichts anderes spricht, als daß sie für wenige einzelne Menschen offenbar gemacht wurden – die mit Abstand unsicherste Klasse von Wahrheiten bilden, die es gibt. Hier stellt sich gar nicht die Frage der Universalität; denn Offenbarungen sind selbst sporadisch und wie ein Wunder. Hier stellt sich auch nicht die Frage mathematischer Exaktheit; denn keine Offenbarung erhebt einen solchen Anspruch. Aber sie macht doch Anspruch auf *Gewißheit*; und dagegen gibt es drei schlüssige Einwände. Erstens, wir können niemals absolut sicher sein, daß eine vorliegende Äußerung wirklich inspiriert ist; denn diese Sicherheit kann allein durch Schlußfolgern erreicht werden. Wir können es nicht einmal mit irgendeinem hohen Grad an Wahrscheinlichkeit bestätigen. Zweitens, selbst wenn Inspiration vorliegt, können wir nicht oder kaum sicher sein, daß die Aussage wahr ist. Es ist bekannt, daß eines der Zehn Gebote in einer Bibelausgabe ohne ein *nicht* gedruckt wurde.[2] Alles, was einmal inspiriert war, unterlag menschlicher Verzerrung oder Verfärbung. Und außerdem können wir nicht in die Pläne des Allerhöchsten eindringen oder irgend etwas zum Prinzip machen, das seine Handlungsweisen bestimmt haben möchte. Wir kennen seine unerforschlichen Zielsetzungen nicht, und seine Pläne können wir nicht begreifen. Wir wissen darüber nichts, aber er könnte es für richtig halten, seine Diener mit Irrtümern zu inspirieren. Drittens, eine Wahrheit, die allein auf der Autorität der Inspiration beruht, ist von ziemlich unbegreiflicher Natur; und wir können niemals sicher sein, sie richtig verstanden zu haben. Da es keinen Weg gibt, diesen Schwierigkeiten zu entgehen, muß ich sagen, daß eine Offenbarung, weit davon entfernt, uns irgendeine Gewißheit zu bieten, im Ergebnis noch weniger gewiß ist als andere Informationsquellen. Dies gilt auch dann, wenn eine Offenbarung sich als klarer herausstellen sollte, als sie es jetzt ist.

Doch wird man einwenden: Du vergißt die Gesetze des Denkens, von denen wir *a priori* wissen: die Axiome der Geometrie, die Prinzipien der Logik, die Grundsätze der *Kausalität* und dergleichen. Sie sind absolut gewiß, ohne Ausnahme und exakt. Darauf antworte ich, daß es nach meinem Eindruck einen sehr überzeugenden historischen Beweis dafür gibt, daß eingeborene Wahrheiten in besonderer Weise ungewiß sind, mit Irrtum vermischt und deshalb *a fortiori* nicht ausnahmslos gelten. Dieser historische Beweis ist natürlich nicht infallibel, aber er ist ein sehr starker Beweis. Ich frage deshalb, *wie können wir wissen,* daß a-priori-Wahrheiten gewiß, ausnahmslos und exakt sind? Nicht durch *Schlußfolgern*, denn dieses Wissen wäre wiederum der Ungewißheit und Ungenauigkeit ausgesetzt. Dann läuft es darauf hinaus, daß wir es *a priori* wissen; das heißt, wir lassen *a-priori*-Urteile als ihre eigene Bewertung gelten, ohne kritische Prüfung und ohne Zeugnisse einzuholen. Das aber heißt, das Tor zur Forschung abzuriegeln.

Ah!, man wird einwenden: Du vergißt die direkte Erfahrung.[3] Direkte Erfahrung ist weder gewiß noch ungewiß, denn sie bestimmt nichts – sie *ist* einfach. Es gibt Wahnvorstellungen, Halluzinationen, Träume. Doch kein Zweifel, solche Dinge kommen wirklich vor, und direkte Erfahrung meint einfach dieses Vorkommen [appearance]. Darin liegt kein Irrtum, weil direkte Erfahrung für nichts anderes steht als für ihr eigenes Vorkommen. Aus demselben Grund ergibt sich daraus keine Gewißheit. Direkte Erfahrung ist auch nicht *exakt*, weil sie zuviel unbestimmt [vague] läßt; obwohl sie auch nicht *inexakt* ist; das heißt, sie hat keine fehlerhafte Exaktheit.

All das gilt für das erste Auftreten direkter Erfahrung. Soll sie kritisch betrachtet werden, ist sie als solche vergangen und wird durch *Erinnerung* vergegenwärtigt. Die Täuschungen und Ungenauigkeiten der Erinnerung aber sind sprichwörtlich. [...][4]

Alles in allem heißt das, wir können auf keine Weise Gewißheit oder Exaktheit erreichen. Wir haben niemals ein Recht, absolut sicher zu sein oder einen Satz für vollkommen richtig zu halten.

Und dieses Ergebnis gilt nicht nur aufgrund des Systems der Logik, das ich für richtig halte. Es folgt aus jeder vernünftigen Theorie, die man heutzutage vertreten kann.

Tatsächlich wird fast jeder dieses Ergebnis zunächst akzeptieren, bis er genauer sieht, was mit seiner Anerkennung verbunden ist – und dann werden die meisten einen Rückzieher machen. Wer gänzlich unfähig zu philosophischer Reflexion ist, wird es nicht akzeptieren. Wer seine

Denkqualitäten ausschließlich in Handlungsbezügen entwickelt und daran gewöhnt ist, in geschäftlichen Dingen praktische Infallibilität zu beanspruchen, wird es nicht vollständig akzeptieren. Diese Leute werden schnell bereit sein, die unheilbare Fallibilität aller Meinungen anzuerkennen, nur für sich selbst werden sie immer eine Ausnahme machen. Die Lehre des Fallibilismus wird ebenfalls von denen abgelehnt werden, die ihre Folgen für Wissenschaft, Religion und Moralität fürchten. Aber ich werde mir erlauben, gegenüber diesen höchst konservativen Herren, wie kompetent sie in der Geschäftsführung einer Kirche oder anderen Körperschaft auch sein mögen, zu bemerken, daß sie besser nicht versucht hätten, auf diese Art Wissenschaft zu betreiben. Konservatismus – im Sinne solcher Angst vor Konsequenzen – ist in der Wissenschaft völlig fehl am Platze; im Gegenteil: Wissenschaft ist immer durch radikale Kräfte und durch Radikalismus vorangetrieben worden – im Sinne des Bestrebens, Konsequenzen in ihr Extrem zu verfolgen. Das ist allerdings nicht der Radikalismus, der von sich selbst überzeugt ist, sondern der *Radikalismus, der Experimente unternimmt*; und es sind tatsächlich genau die vom Geist der Wissenschaft inspirierten Menschen, unter denen die Lehre des Fallibilismus ihre Anhänger finden wird.

Nun wird auch solch ein Vertreter der Wissenschaft wohl die Frage stellen, ob mein Vorschlag darauf hinausläuft, die Aussage zweimal zwei gleich vier sei nicht ganz gewiß – und sie sei wahrscheinlich auch nicht ganz exakt! Doch dies wäre ein Mißverständnis der Lehre des Fallibilismus, als würde sie nahelegen, zweimal zwei sei vielleicht nicht genau vier. Wie ich bereits bemerkt habe, es ist nicht meine Absicht, daran Zweifel aufkommen zu lassen, daß die Menschen gewöhnlich mit Genauigkeit zu *zählen* verstehen. Noch sagt der Fallibilismus, die Menschen seien nicht in der Lage, aufgrund der Schöpfungen ihres eigenen Geistes zu sicherem Wissen zu gelangen. Der Fallibilismus behauptet das nicht und verneint es auch nicht. Er stellt nur fest, daß die Menschen in der Frage nach dem, was tatsächlich der Fall ist, keine absolute Gewißheit erreichen können. Zahlen sind nur ein System von Benennungen, von Menschen zum Zwecke des Zählens erfunden. Doch wenn ich sage, in einem bestimmten Raum seien zwei Personen, geht es darum, was wirklich der Fall [real fact] ist. Es ist eine Tatsachenbehauptung, daß jede Person zwei Augen hat. Es ist eine Tatsachenbehauptung, daß es in einem Raum vier Augen gibt. Aber es ist nicht die Feststellung einer Tatsache zu sagen: *Wenn* dort zwei Personen sind und jede Person zwei Augen hat, dann *werden* das zusammen vier Augen *sein*. Hier handelt es sich um eine Feststellung über das Zahlensystem, das wir selbst geschaffen haben.

Doch wenn weiter darauf bestanden wird, will ich die Frage stellen, ob von den hier Anwesenden jemand der Meinung ist, es sei keinerlei Zweifel daran möglich, daß zweimal zwei gleich vier ist. Was denken *Sie*? Sie haben von Hypnose gehört. Sie wissen, wie verbreitet sie ist, und wissen, daß einer unter *zwanzig* dazu fähig ist, sich Bedingungen zu unterziehen, in denen er den lächerlichsten Unsinn fraglos für wahr hält. Wie soll jetzt hier jemand wissen können, ob ich nicht ein Hypnotiseur bin, so daß er dann, wenn er aus meinem Einfluß entlassen ist, erkennen wird, daß zweimal zwei gleich vier nur seiner verzerrten Vorstellung entsprach? Woher wissen wir, daß tatsächlich jeder weiß, daß es nicht so ist? Wir wollen annehmen, daß der, an den ich mich wende, enorm reich sei, und dann frage ich: Würden Sie angesichts dieser Möglichkeit – oder trotz der Möglichkeit, vorübergehend vom Wahnsinn befallen zu werden, in dieser Minute Ihr ganzes Vermögen gegen einen Cent für die Wahrheit riskieren, daß zweimal zwei gleich vier ist? Sie sollten dies gewiß nicht tun. Denn mit solchen Wetten könnten Sie nicht mehr sehr viele Millionen verdienen, bevor Sie *verlieren* würden! Deshalb gibt es nach meiner Abschätzung der Wahrscheinlichkeiten nicht eine einzige wissenschaftliche Wahrheit, auf die wir mehr als etwa das Millionenfache zu eins wetten sollten – und dabei wird es sich um eine allgemeine Wahrheit handeln, nicht um eine bestimmte Tatsache. Die Leute sagen gern: „Das ist so gewiß wie der morgige Sonnenaufgang!" Dieser Satz gefällt mir, weil er so maßvoll formuliert ist; denn es ist unendlich weit davon, gewiß zu sein, daß die Sonne morgen wieder aufgeht.

Zurück zu unseren Freunden, den Konservativen. Diese Damen und Herren werden mir sagen, daß die Lehre des Fallibilismus niemals akzeptiert werden kann, weil sie die Religion untergraben würde. Dazu kann ich nur sagen: Es tut mir sehr leid. Die Lehre ist wahr – und ohne für sie absolute Gewißheit zu beanspruchen gilt: sie ist *im wesentlichen* unangreifbar. Und wenn ihre Konsequenzen der Religion widerstreiten, dann um so schlimmer für die Religion. Zugleich aber glaube ich nicht, daß sie der Religion so sehr entgegenstehen. Die Dogmen einer Kirche können durchaus infallibel sein – infallibel in dem Sinne, in dem es unfehlbar wahr ist, daß es Unrecht ist, zu morden und zu stehlen, also in einem praktischen und substantiellen Sinn infallibel. Aber ich sehe nicht, welchen Nutzen eine Kirche aus einer Infallibilität im mathematischen Sinn ziehen könnte. Messieurs et mesdames les conservateurs, Sie waren es, die im allgemeinen die Führung übernommen haben, wenn es darum ging zu entscheiden, was die Kirche zu den wissenschaftlichen Neuerungen sagen sollte; und ich denke nicht, daß Sie diese Aufgabe bisher mit besonders bemerkenswertem Erfolg wahrgenommen haben. Sie sind zu Beginn mit Entsetzen vor den angeblichen Häresien zurückgeschreckt – vor der Tatsache, daß die Erde rund ist, vor ihrer Drehbewegung, vor der Geologie, der Geschichte Ägyptens und so weiter; und am Ende haben Sie erklärt, die Kirche hätte nicht einen einzigen Ton gegen diese wissenschaftlichen Wahrheiten gesagt. Vielleicht wird es mit der Fallibilität genauso gehen. Gegenwärtig jedenfalls steht es so, daß die, die sich in theologischen Dingen auskennen, auf der Infallibilität als einem Vorrecht der Kirche bestehen. Doch es könnte wohl sein, daß uns nach und nach erklärt werden wird, diese Infallibilität sei immer schon in einem *kirchlichen Sinn* verstanden worden; und auch das ist dann *wahr*. Mich würde es nicht wundern, wenn die Kirchen in den kommenden 30 Jahren mit Eifer darangingen, ihre Lehre zu reformieren. Selbst die, die sich hauptsächlich in den besonders ignoranten und reichen Kirchen sammeln, könnten frisches Blut in ihren Adern spüren.[+5]

Doch werden zweifellos viele von Ihnen denselben Einwand machen, wie er von den intelligentesten Leuten schon vorgebracht worden ist: Oh, den *Fallibilismus*, im hier von Dir dargestellten Umfang, wollen wir Dir zugeben. Das ist nichts Neues. Franklin[6] hat schon vor hundert Jahren gesagt, nichts sei gewiß. Wir geben zu, es wäre eine Dummheit, die Regierungsausgaben der Vereinigten Staaten von zehn Jahren gegen einen Cent zu wetten, um welche Tatsache es dabei auch immer gehen soll. Aber praktisch gesehen sind uns doch viele Dinge im wesentlichen gewiß. Welche Bedeutung kommt Deinem *Fallibilismus* dann überhaupt noch zu?

Damit kommen wir zu der Frage: Welche Bedeutung hat der Fallibilismus? Wir wollen sehen.

Sie werden fragen, wie *kann* denn eine solche Kleinigkeit von Bedeutung sein? Meine Antwort: Es gibt schließlich einen Unterschied zwischen etwas und nichts. Wenn eine metaphysische Theorie allgemein in Mode gekommen ist, die sich auf nichts in der Welt stützen kann als auf die Annahme, absolute Exaktheit und Gewißheit seien zu erreichen, und wenn diese Metaphysik uns zugleich keine Klassifizierungen erlaubt, mit deren Hilfe wir wichtige Fakten einordnen konnten, die wir so ins Feuer werfen müssen – oder, um unser vorheriges Bild wieder aufzunehmen, wenn diese metaphysische Theorie ernsthaft den Weg der Forschung blockiert –, dann wird verständlich, daß der kleine Unterschied zwischen einem extrem hohen Grad an Beweiskraft und absoluter Gewißheit schließlich von großer Bedeutung ist: wie die Entfernung eines Splitters aus unserem Auge.

Wir wollen uns dazu zwei oder drei der bedeutendsten Ergebnisse der Wissenschaft ansehen und prüfen, ob sie sich von einem fallibilistischen Standpunkt aus anders darstellen werden als von einem infallibilistischen.

Auf drei Hauptbegriffe der wissenschaftlichen Diskussion können wir einen Blick werfen – ich meine die Vorstellungen der Kraft, der Kontinuität und der Evolution.

Es gibt inzwischen vier Gesetze der Mechanik. Drei davon wurden nach und nach von Galileo[7] und seinen Nachfolgern entwickelt, und Newton[8] hat sie zusammengefaßt. Das erste Gesetz lautet, 1. daß ein Körper, bleibt er sich selbst überlassen, seine Bewegung ohne Änderung der Geschwindigkeit und in gerader Linie fortsetzen wird.

Das zweite Gesetz, dessen Formulierung ich modifiziere, um so die in ihm enthaltene positive Seite klarer herauszustellen, ist dieses, [2.] daß dann, wenn die Geschwindigkeit eines Körpers sich ändert, sie sich allmählich ändert, und die neu erreichte Geschwindigkeit mit der, die der Körper bereits hatte, verbunden und im Parallelogramm der Kräfte zusammengesetzt wird.

Das dritte Gesetz, genannt das Gesetz von Aktion und Reaktion, besagt, [3.] daß Körper *Massen* haben und daß dann, wenn ein Körper eine Änderung seiner Geschwindigkeit erfährt, ein anderer Körper eine genau entgegengesetzte Änderung der Geschwindigkeit erfährt, und die beiden Geschwindigkeiten, jede multipliziert mit der Masse des Körpers, das gleiche Produkt mit entgegengesetztem Vorzeichen ergeben.

[4.] Das vierte Gesetz der Mechanik wurde vor etwa 40 Jahren von Helmholtz[9] und anderen entwickelt. Es wird als das Gesetz der Energieerhaltung bezeichnet; doch nach meiner Auffassung ist das eine sehr mißverständliche Benennung, die zwar einen besonderen Aspekt des Gesetzes enthält, aber das, was das Gesetz im Grunde und der Sache nach ausmacht, nicht klar herausstellt. Die Formulierung ist folglich ungeeignet für eine abstrakte und allgemeine Darstellung, auch wenn sie einen Gesichtspunkt nennt, der für viele praktische Anwendungen sehr nützlich ist. Allgemein formuliert lautet das Gesetz, daß die Änderungen in den *Geschwindigkeiten* von Teilchen allein von ihren relativen Positionen abhängig sind.

Ich kann die Übersicht zu den Gesetzen der Mechanik hier abbrechen.[10] Es genügt zu bemerken, daß sie dem armen kleinen Teilchen nicht die geringste Wahl lassen. Unter gegebenen Bedingungen ist seine Bewegung genau festgelegt.

Es liegt in der Natur der Sache, daß es keinerlei Nachweis geben kann, mit dem sich zeigen ließe, ob diese Gesetze absolut exakt sind. Aber in einigen Einzelfällen ist eine geradezu wunderbare Nähe zur Exaktheit festzustellen.

Diese Gesetze hatten vor allem einen gewaltigen Einfluß auf die Physik; denn sie stellten den hohen Grad von Exaktheit natürlicher Abläufe unter Beweis – zumindest bei einfachen Anordnungen. Doch wie ich schon zuvor sagte, von der Logik der Sache her gibt es nicht die Spur einer Begründung dafür, daß diese Exaktheit vollkommen sei.

Sie erinnern sich, der berühmte Phoenix[11] verfaßte eine Reihe von Vorlesungen zur Astronomie, die am Lowell Institute in Boston gehalten werden sollten. Aber infolge des unerwarteten Umstandes, daß er gar nicht eingeladen wurde, bei dieser Institution vorzutragen, wurden die Vorlesungen schließlich im San Diego Herald publiziert. In diesen Vorlesungen – aus Anlaß der Behandlung der Sonne – erwähnt Phoenix, wie die Sonne auf Josuas Befehl[12] einmal still stand. Aber, sagt Phoenix, ich konnte nie anders, als mir vorzustellen, daß die Sonne ein kleines bißchen gewackelt haben muß, als Josua nicht direkt hinschaute. Die Frage ist, ob Teilchen nicht spontan auftretende, geringfügige Abweichungen – kleiner als für uns wahrnehmbar – gegenüber den Exaktheitsanforderungen der Gesetze der Mechanik zeigen. Wir haben unmöglich ein Recht, dies zu bestreiten. Denn solch eine Bestreitung würde die absolute Exaktheit des Wissens behaupten. Andererseits haben wir auch niemals ein Recht anzunehmen, irgendein beobachtetes Phänomen sei einfach eine sporadisch auftretende und spontane Unregelmäßigkeit. Denn unsere einzige Rechtfertigung dafür, etwas anzunehmen, das wir nicht sehen können, ist die, daß durch diese Annahme erklärt werden kann, wie ein beobachteter Tatbestand [fact] aus dem normalen Ablauf der Dinge hat resultieren können. Würden wir nun annehmen, etwas sei sporadisch, spontan und unregelmäßig, hieße das, daß es vom normalen Ablauf der Dinge abweicht. Das aber bedeutet, den Weg der Forschung zu blockieren, nämlich anzunehmen, die Sache sei unerklärbar; wogegen eine Annahme allein dadurch gerechtfertigt ist, daß mit ihrer Hilfe eine Erklärung erreicht wird.

Doch könnte es eine allgemeine Klasse von Phänomenen geben, die einen Teilbereich im allgemeinen Ablauf der Dinge darstellten und nicht als *eine Unregelmäßigkeit* erklärt würden, sondern als die aus einer ganzen Klasse von Unregelmäßigkeiten resultierende Wirkung.

Die Physiker suchen häufig Zuflucht bei dieser Art von Erklärung, um Phänomenen Rechnung zu tragen, die das Gesetz der Energieerhaltung zu verletzen scheinen. Die allgemeinen Eigenschaften der Gase werden durch die Annahme erklärt, daß die Moleküle sich in allen Richtungen und auf allen nur denkbaren Bahnen fortbewegen. Es ist richtig, daß hier angenommen werden muß, daß nur soviel Unregelmäßigkeit auftritt, wie die Gesetze der Mechanik erlauben – das Prinzip dabei aber ist, daß ein allgemeines Phänomen seine Erklärung findet durch die statistischen Regelmäßigkeiten, die unter den Unregelmäßigkeiten vorkommen.

Weil sich nicht zeigen läßt, daß es in der Natur – allen Gesetzen zum Trotz[13] – ein gewisses Ausmaß absoluter Spontaneität nicht gibt, sollten unsere metaphysischen

Klassifizierungen nicht so begrenzt sein, daß sie für diese Hypothese keinen Raum hätten; immer vorausgesetzt, es treten allgemeine Phänomene auf, die durch solch eine Spontaneität erklärt werden könnten.

Nun gibt es nach meiner Auffassung mehrere dieser allgemeinen Phänomene. Davon im Augenblick nur ein Beispiel.

Es handelt sich um *die* Eigenschaft der Natur, die sich uns am meisten aufdrängt. Sie ist so offensichtlich, daß Sie zuerst kaum verstehen werden, was ich meine. Es ist merkwürdig, wie bestimmte Dinge uns entgehen, eben weil sie alles durchdringen und allgegenwärtig sind; gerade so, wie man sich in der Antike vorstellte, daß die Musik der Sphären nicht hörbar sei, weil die Menschen sie andauernd hörten. Doch ist nicht jemand so freundlich, dem Rest der Zuhörer zu sagen, was die auffälligste und aufdringlichste Eigenschaft der Natur ist? Was ich meine, ist natürlich die Vielfalt der Natur.

Nun weiß ich nicht, ob es logisch gesehen exakt ist zu sagen, diese erstaunliche, diese unendliche Verschiedenartigkeit und Mannigfaltigkeit der Dinge sei ein Zeichen von Spontaneität. Wie Sie wissen, bin ich ein Mann der logischen Analyse und seit langem darin geschult; und die Aussage, die Vielfalt der Natur sei eine Manifestation von Spontaneität, scheint mir auf einer verkehrten Analyse zu beruhen. Ich würde eher sagen, die Vielfalt *ist* Spontaneität. Ich weiß nicht, ob Sie mit der Bedeutung von Spontaneität etwas anderes anfangen können, als darunter Neuheit, Frische und Verschiedenartigkeit zu verstehen.

Darf ich Ihnen eine kleine Frage stellen? Ist die Wirksamkeit eines Natur*gesetzes* in der Lage, Verschiedenartigkeit hervorzubringen, wo vorher noch keine war? Offensichtlich nicht; denn unter gegebenen Bedingungen schreibt das Gesetz der Mechanik *ein* bestimmtes Ergebnis vor.

Ich könnte das mittels der Prinzipien der analytischen Mechanik leicht beweisen. Aber das erübrigt sich. Jeder kann für sich selbst überprüfen, daß Gesetze gleiche Ergebnisse unter gleichen Bedingungen vorschreiben. Das ist es, was das Wort *Gesetz* beinhaltet. Dann kann also die überschwengliche Verschiedenartigkeit der Natur nicht das Ergebnis von Naturgesetzen sein. Was ist dann Spontaneität? Sie ist die Eigenschaft, nicht aufgrund eines Gesetzes das Ergebnis von etwas Vorhergehendem zu sein.

Folglich ist das Universum *nicht* das bloß mechanische Resultat der Wirksamkeit blinder Gesetze. Die offensichtlichste von allen Eigenschaften des Universums kann auf diese Weise nicht erklärt werden. Es gibt eine Vielzahl von Erfahrungstatsachen, die uns das zeigen; was uns jedoch die Augen dafür geöffnet hat, das ist das Prinzip des Fallibilismus. Jene aber, die die Bedeutung des Fallibilismus nicht anzuerkennen vermögen, argumentieren so: Wir kennen die Gesetze der Mechanik; wir wissen, mit welch extremer Genauigkeit sie in einigen Fällen verifiziert wurden. Wir nehmen weiter an, daß das, was wir nicht überprüft haben, dem gleicht, was wir überprüft haben, daß diese Gesetze also absolut sind und daß das ganze Universum eine grenzenlose Maschine ist, die nach den blinden Gesetzen der Mechanik arbeitet. Dies ist eine Philosophie, die für einen Gott keinen Raum läßt! In der Tat nicht! Sie läßt sogar das menschliche Bewußtsein, dessen Existenz wohl nicht bestritten werden kann, zu einem vollständig überflüssigen und funktionslosen *flâneur* in dieser Welt werden, ohne denkbaren Einfluß auf irgend etwas – nicht einmal auf sich selbst. Wollen Sie immer noch einwenden, mein Fallibilismus hätte keine Bedeutung?

Doch um festzustellen, was die Lehre des Fallibilismus alles in sich birgt, ist es notwendig, die Idee der Kontinuität oder Ungebrochenheit einzuführen. Es ist dies der Grundgedanke der Differentialrechnung und aller brauchbaren Zweige der Mathematik; er spielt eine große Rolle in allem wissenschaftlichen Denken, und seine Bedeutung ist um so größer, je strenger die Wissenschaftlichkeit des Denkens angelegt ist; und die Idee der Kontinuität ist zugleich der Schlüssel, von dem die Eingeweihten sagen, er werde uns die Tür zu den Mysterien[14] der Philosophie öffnen.

Wir haben alle irgendeine Vorstellung von Kontinuität. Kontinuität ist ein Fließen, das Ineinanderübergehen von Teilen. Doch es ist eine schwierige Aufgabe, einen wirklich klaren und angemessenen Begriff von Kontinuität zustande zu bringen; mit allen denkbaren Hilfen verlangt dies selbst vom einem äußerst scharfsinnigen und in der Logik hervorragend geschulten Geist tagelang strenges Nachdenken. Wenn ich versuchen wollte, Ihnen einen logischen Begriff davon zu entwickeln, würde das nur verwirren und wäre umsonst. Dies aber möchte ich doch sagen: Ich zeichne eine Linie

Nun bilden die Punkte auf dieser Linie eine kontinuierliche Serie. Wenn ich nun zwei Punkte auf dieser Linie wähle, wie nahe sie auch beieinander liegen mögen, es werden weitere Punkte zwischen ihnen liegen. Wäre dies nicht der Fall, wäre die Serie der Punkte nicht kontinuierlich. Es könnte sich so verhalten, auch wenn die Serie der Punkte nicht kontinuierlich wäre.

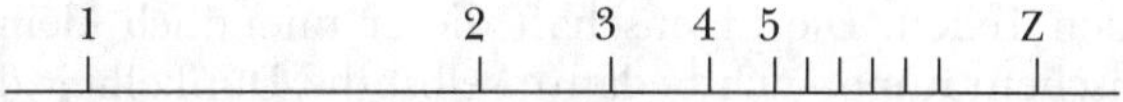

Wir wollen nun annehmen, ich bestimme einen Punkt Z und einen anderen Punkt 1 links von Z. Wir wollen weiter annehmen, daß ein Punkt zwischen 1 und Z eingesetzt und als 2 bestimmt wird, und ein weiterer zwischen 2 und Z als 3, und so weiter *ad infinitum.* Dann wird es Punkte rechts von den numerierten Punkten geben – auch Z ist solch ein Punkt. Weil die Serie der Punkte auf der Linie kontinuierlich ist, folgt, daß unter allen diesen Punkten, die sich rechts von den numerierten Punkten finden, einer ist, der zu denen links von ihm am weitesten entfernt ist oder diesen am nächsten steht.

Sie werden sofort erkennen, daß die Vorstellung der Kontinuität die der Unendlichkeit in sich schließt. Nun versichern uns die Nominalisten, daß wir Unendlichkeit nicht denken können – oder daß wir sie jedenfalls nicht *mathematisch* denken können. Nichts ist verkehrter als das. Die Nominalisten können Unendlichkeit nicht denken, weil sie überhaupt nicht logisch denken. Ihr Denken besteht darin, bestimmte Verfahren auszuführen, von denen sie wissen, daß sie gut funktionieren – ohne irgendein Verständnis der Bedingungen, unter denen dies geschieht. Das ist kein logisches Denken. Es scheitert natürlich dann, wenn die Unendlichkeit mit einbezogen wird; denn die Nominalisten urteilen über die Unendlichkeit, als wäre sie endlich.[15] Doch für einen Logiker ist es entschieden leichter, Unendlichkeit zu denken als endliche Quantität.

Es gibt eine Eigenschaft kontinuierlicher Ausdehnung, die ich erwähnen muß, wenn ich es auch kaum wagen kann, Sie mit einer Demonstration des Problems zu behelligen. Es geht um folgendes: In einer kontinuierlichen Ausdehnung, sagen wir: in einer kontinuierlichen Linie, befinden sich unendlich kurze kontinuierliche Linien. Tatsächlich besteht die ganze Linie aus solchen infinitesimalen Teilen. Die Eigenschaft dieser unendlich kleinen Zwischenräume – ich bedaure selbst die Dunkelheit dessen, was ich jetzt sage, aber es ist nicht zu ändern –, die kennzeichnende Eigenschaft dieser infinitesimal kleinen Räume besteht darin, daß eine bestimmte Art zu denken – die gültig ist für alle endlichen Quantitäten und für einige, die nicht endlich sind – für sie nicht gültig ist. Nehmen wir irgendeinen Punkt auf einer Linie A. Wir wollen annehmen, daß dieser Punkt irgendeine Eigenschaft hat, zum Beispiel, daß er *blau* ist. Wir wollen nun weiterhin annehmen, es solle gelten, daß jeder Punkt im Umkreis von einem Meter um einen blauen Punkt ebenfalls blau gefärbt sein soll. Offensichtlich ist die Konsequenz die, daß die ganze Linie wird blau sein müssen. Doch diese

Schlußfolgerung ist für infinitesimale Abstände nicht gültig. Nachdem der Punkt A blau gefärbt wurde, hat die Anwendung der Regel, daß jeder Punkt in infinitesimaler Nähe blau gefärbt sein soll, nicht notwendig zum Ergebnis, daß das Ganze blau gefärbt wird.

Kontinuität beinhaltet Unendlichkeit im striktesten Sinn, und schon Unendlichkeit in einem weniger strikten Sinn liegt jenseits der Möglichkeit direkter Erfahrung.

Können wir dann jemals sicher sein, daß irgend etwas in der wirklichen [real] Welt kontinuierlich ist? Ich verlange natürlich keine absolute Gewißheit; aber können wir mit einem gewöhnlichen Grad an Sicherheit jemals sagen, daß es sich so verhält? Das ist eine lebenswichtige Frage.[16] Ich denke, wir haben ein positives, direktes Zeugnis von Kontinuität, und das ist in erster Linie nur eines, und zwar dies: daß uns allein unsere gegenwärtigen Gefühle unmittelbar bewußt sind – nicht die der Zukunft und nicht die der Vergangenheit. Die Vergangenheit kennen wir durch uns gegenwärtige Erinnerung, die Zukunft durch gegenwärtige Vermutung. Doch bevor wir die Erinnerung oder die Vermutung interpretieren können, sind sie vergangen; bevor wir das uns gegenwärtige Gefühl, das Erinnerung bedeutet, oder das uns gegenwärtige Gefühl, das Vermutung bedeutet, interpretieren können, hat dieses Gefühl aufgehört, gegenwärtig zu sein, und ist jetzt vergangen – denn die jeweilige Interpretation braucht Zeit. Deshalb gelingt uns keine Konklusion aus der Gegenwart, sondern nur aus der Vergangenheit.

Wie können wir dann überhaupt wissen, daß die Vergangenheit existiert hat und die Zukunft jemals existieren wird? Wie können wir wissen, daß es jemals etwas anderes gegeben hat oder geben wird als den gegenwärtigen Augenblick? Doch halt: Ich darf gar nicht *wir* sagen. Wie kann ich wissen, daß außer mir selbst jemals irgendjemand existiert hat oder daß sogar ich selbst existiere, ausgenommen für einen einzigen, gegenwärtigen Augenblick, und daß dieses *ganze* Unternehmen nicht von Kopf bis Fuß eine Illusion ist? Antwort: Ich weiß es nicht. Aber ich versuche es mit der Hypothese, daß es real ist, und dies scheint bisher ausgezeichnet zu funktionieren. Wenn es also real ist, dann wird die Vergangenheit wirklich von der Gegenwart gewußt. Wie kann sie gewußt werden? Nicht durch eine Schlußfolgerung; denn wie wir gerade gesehen haben, können wir von der Gegenwart aus nicht schlußfolgern, weil sie schon vergangen sein wird, bevor der Schluß hat zustande kommen können.

Folglich müssen wir ein *unmittelbares* Bewußtsein der Vergangenheit haben. Doch wenn wir ein unmittelbares Bewußtsein eines Bewußtseinszustandes haben, der um 1 Zeiteinheit zurückliegt, und wenn dieser vergangene Zustand wiederum ein unmittelbares Bewußtsein eines Zustandes in sich schloß, der dann um 1 Zeiteinheit zurücklag, so haben wir jetzt ein unmittelbares Bewußtsein eines Zustandes, der um 2 Einheiten zurückliegt; und sofern dies in gleicher Weise für alle Bewußtseinszustände gilt, haben wir folglich ein unmittelbares Bewußtsein von Zuständen, die 4, 8, 16 etc. Einheiten zurückliegen; kurz gesagt, wir müssen ein unmittelbares Bewußtsein von allen Zuständen des Geistes haben, die um eine beliebige endliche Zahl von Zeiteinheiten zurückliegen. Aber wir haben bestimmt kein unmittelbares Bewußtsein vom Zustand unseres Geistes von vor einem Jahr. Folglich ist in diesem Maßsystem ein Jahr mehr als eine endliche Zahl von Zeiteinheiten; oder, mit anderen Worten, es gibt ein Zeitmaß, das unendlich geringer ist als ein Jahr. Nun gilt das nur, wenn die Serie kontinuierlich ist. Damit, so scheint mir, haben wir eine positive und ausgesprochen starke Begründung dafür, daß die Zeit wirklich kontinuierlich ist.

Schlüssige und direkte Begründungen für die Annahme, daß auch der Raum, abgestufte Qualitäten und andere Dinge kontinuierlich sind, lassen sich mit der gleichen Überzeugungskraft auffinden wie im Falle der Zeit. Ist die Kontinuität einmal als Realität zugestanden, dann gibt es Gründe, mehrere Gründe – einige davon beziehen sich auf positive Beobachtung, andere sind nur formaler Art und doch nicht zu verachten –, die Kontinuität aller Dinge zu akzeptieren. Ich will weder mich selbst langweilen, noch will ich jemandem lästig werden damit, daß ich diese Begründungen im vollen Umfang hier anführe; ich will nur andeuten, worin einige von ihnen bestehen. Unter den formalen Begründungen findet sich unter anderem diese, daß es leichter ist, Kontinuität zu denken als Diskontinuität, so daß sich daraus eine brauchbare Annahme ergibt. Außerdem gilt, daß es im Falle von Unkenntnis am besten ist, die Hypothese anzunehmen, die das weite Feld der Möglichkeiten am ehesten offen hält; und ein Kontinuum ist nichts anderes als eine diskontinuierliche Serie mit zusätzlichen Möglichkeiten. Zu den positiven Begründungen gehört, daß es die ins Auge fallende Analogie zwischen Zeit und Raum, Zeit und Maßverhältnissen und so weiter gibt. Es gibt verschiedene andere positive Begründungen – doch die gewichtigste Überlegung scheint mir die folgende zu sein.

Wie kann ein [menschlicher] Geist auf einen anderen einwirken? Wie kann ein Materieteilchen aus einer Distanz heraus auf ein anderes einwirken? Die Nominalisten sagen uns, dies sei eine letzte Tatsache – und die kann nicht mehr erklärt werden. Nun, wenn das im rein praktischen Sinn verstanden werden soll – nämlich nur so, daß wir zwar wissen, daß etwas auf etwas anderes einwirkt, aber nicht richtig sagen können, wie das vor sich geht, jedenfalls bis jetzt nicht –, dann hätte ich dazu nichts zu bemerken, außer daß ich diese Aussage wegen ihrer maßvollen Art und trefflichen Logik begrüße. Aber das ist es nicht, was sie meinen. Sie verstehen es so, daß wir auf Vorgänge stoßen, die absolut unverständlich und unerklärbar sind, wo menschliche Forschung folglich ihr Ende findet. Nun ist dies eine bloße *Theorie*, und eine Theorie wird durch nichts anderes gerechtfertigt als durch die Tatsache, daß sie bestimmte Beobachtungen erklärt. Es ist zudem eine dürftige Theorie, denn wenn sie Anwendung findet, so ist ihre legitime Funktion allein die, anzunehmen, daß die Tatsachen als unerklärbar zu gelten haben. Es ist dies eine der Eigentümlichkeiten des Nominalismus, beständig anzunehmen, die Dinge seien absolut unerklärlich. Damit wird der Weg der Forschung blockiert. Wenn wir dagegen die Theorie der Kontinuität annehmen, entgehen wir dieser unlogischen Situation. Dann können wir sagen, daß ein Teil des Geistes auf einen anderen einwirkt, weil er dem anderen gewissermaßen unmittelbar gegenwärtig ist; gerade so, wie wir annehmen, daß das infinitesimal Vergangene gewissermaßen gegenwärtig ist. Und in gleicher Weise können wir annehmen, daß ein Teil der Materie auf einen anderen einwirkt, weil er sich gewissermaßen an derselben Stelle befindet.

Wenn ich den Versuch machen würde, in aller Vollständigkeit zu beschreiben, welches Maß an Schönheit und Wahrheit wissenschaftlichen Denkens für mich im Prinzip der Kontinuität beschlossen ist, dann könnte ich wohl in der schlichten Sprache Matildas[17] aus *Engaged* sagen, „das Grab würde sich über mir schließen, bevor noch der erste Einleitungsabschnitt erschöpft wäre“ – doch nicht, bevor meine Zuhörer erschöpft wären. So will ich es hiermit genug sein lassen. Und indem ich dies tue, lassen Sie mich Ihre Aufmerksamkeit nur noch auf die natürliche Verwandtschaft des Prinzips der Kontinuität mit der Lehre des Fallibilismus richten. Jenes Prinzip ist die Vergegenständlichung der Idee des Fallibilismus. Denn der Fallibilismus ist die Lehre, daß unser Wissen niemals absolut ist, sondern sozusagen im Kontinuum der Ungewißheit und Unbestimmtheit schwimmt. Und die Lehre der Kontinuität besagt nun, daß *alle Dinge* derart in Kontinua schwimmen.

Die Lehre der Kontinuität beruht, wie wir gesehen haben, auf Tatsachenbeobachtung. Der Fallibilismus aber öffnet uns die Augen, die Bedeutung dieser Tatsachen zu erkennen. Ein gewöhnlicher Vertreter des wissenschaftlichen Infallibilismus – für deren Glaubensgemeinschaft[18] Büchners „Kraft und Stoff" ein gutes Beispiel bietet – ist nicht in der Lage, den *Synechismus* – oder die Lehre, daß alles, was existiert, kontinuierlich ist – zu akzeptieren. Der Infallibilist ist nämlich der Diskontinuität verpflichtet im Blick auf all die Dinge, von denen er meint, sie mit Exaktheit ermittelt zu haben; und das gilt vor allem im Blick auf den Teil seines Wissens, von dem er meint, ihn mit Exaktheit als *gewiß* ermittelt zu haben. Denn wo Kontinuität ist, da ist allzu offensichtlich die exakte Feststellung realer Quantitäten unmöglich. Kein vernünftiger Mensch wird auch nur im Traum daran denken, daß durch Messung das Verhältnis von Umkreis und Durchmesser mit Exaktheit bestimmt werden könnte. Und was die Quantitäten betrifft, so ist hier noch keine genaue Festlegung getroffen. Die Büchnerianer neigen natürlich dazu, die Quantitäten in zwei unterschiedliche Klassen aufzuteilen: eine, über die künftig noch bestimmt werden kann, und hier ist wie zuvor Kontinuität ausgeschlossen, und eine, die absolut unbestimmbar ist – und diese stellt in ihrer vollständigen und ewigen Getrenntheit von der anderen Klasse einen neuen Zweig von Kontinuität dar. So tragen die Vertreter des wissenschaftlichen Infallibilismus einen Schleier vor Augen, der sie daran hindert, die Nachweise für Kontinuität überhaupt wahrzunehmen.

Doch sobald jemand von der Tatsache wirklich beeindruckt ist, daß absolute Exaktheit niemals gewußt werden kann, wird er natürlicherweise fragen, ob denn Tatsachen vorliegen, die zeigen, daß es strenggenommen Exaktheit im einzelnen wirklich gibt. Mit dieser Überlegung hebt sich der Saum des Vorhangs, hinter dem das klare Licht des Tages scheint und nun sichtbar zu werden beginnt.

Doch der Fallibilismus kann in seiner wahren Bedeutung auch nicht annähernd richtig gewürdigt werden, bevor nicht die Evolution mit in Betracht gezogen wird. Das ist es, worüber in der Welt in den letzten 40 Jahren am meisten nachgedacht wurde – obwohl die Evolutionsvorstellung selbst schon recht alt ist. Die Philosophie des Aristoteles, die jahrhundertelang die Welt beherrscht hat und noch immer das Denken von Metzgern und Bäckern, die nie von ihm gehört haben, mächtig tyrannisiert – sie ist selbst nichts als ein metaphysischer Evolutionismus.[19]

Evolution bedeutet nichts anderes als *Wachstum* im weitesten Sinne dieses Wortes. Fortpflanzung ist dabei natürlich nur einer der Umstände, unter denen Wachstum auftritt. Und was ist Wachstum? Nicht bloß eine Zunahme von etwas. Spencer[20] sagt, Wachstum sei der Übergang vom homogenen zum heterogenen Zustand – oder, wenn wir statt Spencers Ausdrucksweise doch Englisch[21] bevorzugen: *Diversifikation*. Das ist sicherlich ein wichtiger Faktor im Prozeß des Wachstums. Darüber hinaus nennt Spencer den Übergang von einem unorganisierten zu einem organisierten Zustand; aber dieser Teil der Definition ist so dunkel, daß ich ihn einstweilen beiseite lassen will. Doch was für eine erstaunliche Vorstellung liegt doch in der *Diversifikation*! Gibt es in der Natur so etwas wie die Zunahme von Vielfalt? Waren die Dinge einfacher, so war auch die Vielfalt geringer in jenem Urnebel, aus dem das Sonnensystem hervorgegangen sein soll – geringer als jetzt, da es auf der Erde und im Meer nur so wimmelt von Tieren und Pflanzenformen mit ihren komplizierten Anatomien und ihren noch wunderbareren Ökonomien? Drängt sich uns nicht der Eindruck auf, daß es hier eine Zunahme an Vielfalt gibt? Doch die Gesetze der Mechanik, von denen die Vertreter des wissenschaftlichen Infallibilismus behaupten, sie seien die einzige wirkende Kraft der Natur, diese Gesetze können niemals Diversifikation hervorbringen. Das ist eine mathematische Wahrheit – ein Satz der analytischen Mechanik; und jeder kann ohne die Anwendung von Algebra erkennen, daß die Gesetze der Mechanik aus einem entsprechenden Antezedens nur wiederum sein entsprechendes Konsequens hervorbringen können. Genau darin besteht die Idee des Gesetzes. Wenn die von uns beobachteten Tatsachen also auf reales

Wachstum verweisen, dann machen sie uns damit auf eine andere in der Natur wirksame Kraft aufmerksam: Spontaneität, für die der Infallibilismus keinen Platz in seinem System vorgesehen hat. Und was ist mit jenem Übergang vom weniger organisierten zum höher organisierten Zustand gemeint? Ist das ein Übergang von weniger Bindung zu mehr Bindung, von weniger Zusammenhang zu mehr Zusammenhang, von weniger Regelmäßigkeit zu mehr Regelmäßigkeit? Wie kann die Regularität der Welt zunehmen, wenn sie immer schon absolut perfekt gewesen ist?

Der Anstoß für alle tiefergehenden Überlegungen, die dem Thema Evolution in unserem Zeitalter gewidmet wurden, war die gewissenhafte Beobachtung der Tatsachen. Es wurden verschiedene Theorien der organischen Evolution vorgeschlagen, auf die einen Blick zu werfen sich lohnt; denn daraus ergeben sich Vermutungen bezüglich der Evolution oder des Wachstums des ganzen Universums, das sich aus Geist ebenso wie aus Materie zusammensetzt – und aus *Gesetz* ebenso wie aus einzelnen Tatsachen.

Ich spreche von der Evolution der Gesetze selbst. Denn wenn das Prinzip der Kontinuität einmal begriffen ist[22], wird keine andere Art von Erklärung mehr als zufriedenstellend gelten außer der, daß die Dinge *gewachsen* sind. Der Infallibilist nimmt natürlich an, daß alles substantiell immer schon so war, wie es jetzt ist. Weil Gesetze auf jeden Fall absolut gelten, können sie sich nicht entwickelt[23] haben. Entweder standen sie schon immer in Geltung, oder sie sind sprunghaft in einem Augenblick und durch ein plötzliches „fiat“[24] ins Dasein gekommen, ganz so wie beim Exerzieren einer Kompanie von Soldaten. Dann sind die Naturgesetze absolut blind und unerklärbar. Nach ihrem Warum und Wozu kann nicht gefragt werden[+25].

Damit ist der Weg der Forschung absolut blockiert. Der Fallibilist wird das nicht tun. Er stellt die Frage: Können diese *Kräfte* der Natur nicht irgendwie der Vernunft zugänglich sein? Können sie sich nicht auf natürliche Weise entwickelt[26] haben? Schließlich gibt es keinen Grund anzunehmen, sie seien absolut.

Wenn alle Dinge kontinuierlich sind, muß das Universum sich in einem kontinuierlichen Wachstum von der Nichtexistenz zur Existenz befinden. Es macht keine Schwierigkeit, sich Existenz als eine gradweise Zunahme[27] zu denken. Wir haben gesehen[28], daß die Realität der Dinge darin besteht, daß sie uns beharrlich dazu zwingen, erkannt zu werden. Wenn etwas diese Beharrlichkeit nicht hat, ist es ein bloßer Traum. Realität ist folglich Beharrlichkeit, Regularität. Im Urchaos, worin es keine Regularität gab, gab es auch keine Existenz. Das Urchaos war ein verworrener Traum, und wir können annehmen, daß dies in unendlich weit zurückliegender Vergangenheit der Fall war.[29] Doch indem die Regelmäßigkeit und Beharrlichkeit der Dinge zunimmt, verlieren sie ihren Traumcharakter und gewinnen Realität.

Der Fallibilismus wird zumindest für Tatsachen weiten Raum geben, die in einem Bezug zu dieser Theorie stehen.

Doch wenn Gesetze auf diese Weise dem Chaos entwachsen sind, wie ist diese Entwicklung zu denken? Alle Arten von Evolution, wie sie die naturalistischen Denker ins Gespräch gebracht haben, können unter drei Überschriften zusammengefaßt werden.

Die erste ist die sogenannte Darwinsche Evolution oder das System der Natürlichen Selektion. Nach Darwin hat sich der gewaltige Prozeß vom einem im Wasser treibenden Klecks formlosen Schleims bis hin zum Affen vollzogen in einer Reihe verschwindend kleiner Schritte, von denen jeder einzelne in einer geringen *Zufallsabweichung* eines Tieres von seiner Elterngeneration bestand. Dieser ganze Zweig universalen Fortschritts hat sich aufgrund von bloßem Zufall vollzogen. Allerdings ist der Zufall[30], obwohl er allein jede Stufe dieser Fortentwicklung gestaltet hat, auch in negativem Sinne behilflich gewesen, nämlich bezüglich der Auslöschung des Ungeeigneten oder, wie Darwin es weniger zutreffend bezeichnet: im Überleben des Fähigsten [survival of the fittest]. Was ist das *Fähigste*? Wenn Darwin vom Überleben des Fähigsten spricht, könnte das so verstanden werden, als ob einige Individuen andere überdauerten. Doch das ist keineswegs so, auch wenn es sich um ein verbreitetes Mißverständnis handelt. Er denkt nicht an Individuen, sondern an die Gattung; denn Darwins Theorie ist nur ein Kommentar und eine Ausführung jenes Reimpaars von Tennyson[31] – geschrieben in den vierziger Jahren –, in dem es zur *Natur* heißt:

> So sorgsam sie den Typus pflegt,
> So sorglos gegen das einzelne Leben.

Um eine Gattung zu bewahren ist eine, und zwar eine hinreichende, Bedingung erforderlich, und das ist die, daß im Durchschnitt ein Nachkomme für jedes Individuum da sein muß (oder, wenn das Geschlecht in Betracht gezogen wird, daß jedes Individuum im Durchschnitt zwei Nachkommen hervorbringt) – um den genauen [mathematischen] Ausdruck geht es hier nicht. Solange der Durchschnitt gewahrt ist, wird die Gattung überleben; gilt das nicht mehr, wird die Gattung schnell aussterben. Fruchtbarkeit – wenn darunter alles eingeschlossen ist, was diesen Stand der Dinge hervorbringt, einschließlich zum Beispiel, daß die Individuen lange genug leben, um Nachkommen zu haben –, Fruchtbarkeit ist die alleinige Eigenschaft, die in Darwins Theorie eine Gattung für das Überleben *fähig* sein läßt. Die Tatsache, daß eine Gattung in dem Augenblick, in dem ihre Fruchtbarkeit unter diesen Grenzwert sinkt, umgehend ausgelöscht wird, hat zur wirksamen Konsequenz, daß die Fruchtbarkeit der überlebenden Gattungen kontinuierlich zunimmt; und Fruchtbarkeit ist die alleinige Eigenschaft von Tieren, die durch die Darwinsche Theorie erklärt wird. Doch ist daran zu erinnern, daß ich Fruchtbarkeit in dem Sinne verwende, daß darunter alles gefaßt ist, was die durchschnittliche Zahl der Nachkommen eines Individuums anwachsen läßt.

Nehmen wir an, eine Million Menschen sitzen zusammen, um *rouge et noir* zu spielen. Jeder besitzt 1 Franc, um zu beginnen, und jeder setzt jedesmal seinen Franc. Jeder dieser Spieler wird dann – gemäß Darwins Theorie – in der Situation einer der Tier*gattungen* sein, und sein Geld entspricht seiner *Fähigkeit zu überleben*. Nach dem ersten Setzen wird eine Hälfte ausgelöscht sein und verschwinden. Von der anderen Hälfte hat jetzt jeder 2 Francs. Nach dem nächsten Setzen wird eine Hälfte 3 Francs haben und die andere 1 Franc. Beim nächsten Setzen wird ein Viertel von diesen ruiniert sein, und dann wird ein Drittel 4 Francs haben und $\frac{2}{3}$ 2 Francs. Nach dem nächsten Setzen wird ein Sechstel 5 Francs, $\frac{1}{2}$ wird 3 Francs und $\frac{1}{3}$ wird 1 Francs haben. Beim nächsten Setzen wird $\frac{1}{6}$ ruiniert sein, und von denen, die im Spiel bleiben, werden $\frac{1}{10}$ 6 Francs, $\frac{4}{10}$ werden 4 Francs und $\frac{5}{10}$ 2 Francs haben; und so werden im weiteren Verlauf des Spiels die, die im Spiel bleiben, im Durchschnitt immer reicher werden, weil die anderen, deren Glück auf nichts reduziert ist, ausscheiden und den Geist aufgeben. Damit haben wir eine Darstellung der Darwinschen Theorie der Beförderung der Gattungen, denn alle, die unter einen bestimmten Grad an Lebenskraft absinken, werden ausgelöscht.[32]

6. [Evolution, Liebe, Synechismus]*

Nach dieser Theorie, die besagt, daß das gesamte Intervall von der niedrigsten bis zur höchsten Form in einer Folge von bloß zufälligen Variationen durchlaufen wurde, nach dieser Theorie ist also der Erfolg, den ein Mensch erreicht hat, zu messen an den Unglücklichen, die durch Pech und Mißgeschick dem Untergang geweiht sind. Solch eine Vorstellung läßt uns schaudern. Es mag sich so verhalten; aber es widerspricht doch sehr unserem instinktiven Glauben [faith], daß es nämlich der Einsatz der Individuen für Ziele ist, in denen sie sich selbst transzendieren, der als Hauptursache für die Güte ihrer Höherentwicklung[1] zu gelten hat.

Ich habe immer schon den Verdacht gehabt, daß Darwin von Malthus[2] und den Nationalökonomen beeinflußt worden sein muß. Soweit die Nationalökonomie eine Wissenschaft ist, ist sie lediglich die Theorie der Erzeugung von Wohlstand. Strenggenommen kommt dabei die ausdrückliche Beschäftigung mit dem, was *wohltuend* und gut ist, gar nicht in ihr Blickfeld. Doch beinahe jede wissenschaftliche Disziplin ist umgeben von einer Dunstwolke nicht-wissenschaftlicher Meinungen – die zu allgemein sind, um in irgendeiner Weise abgesichert zu sein –, philosophischer Überzeugungen, die von der jeweiligen Wissenschaft tendenziell begünstigt werden.

Um das Beispiel der Physik zu nehmen, einer Wissenschaft, mit der ich mich intensiv beschäftigt und vor der ich gewiß die allergrößte Hochachtung habe, die Physik scheint mir nezessitaristische[3] Grundsätze zu fördern, die ich für eine falsche und verderbliche Verallgemeinerung halte. Ganz entsprechend – und daran kann nach meiner Auffassung kein Zweifel sein – zeigt die wissenschaftliche Beschäftigung mit der Nationalökonomie die Tendenz, die Menschen zu einer Verallgemeinerung zu verleiten, die äußerst zweifelhaft und gewiß völlig unvereinbar ist mit unseren höheren Instinkten: als sei die Habgier und alles, was ihr dient, die größte Triebkraft der Zivilisation. Der abstoßende Charakter dieser Verallgemeinerung – und wohlgemerkt, sie ist nicht einfach schon dadurch falsch, daß sie abstoßend auf die natürliche menschliche Einstellung[4] wirkt; denn es gibt Dinge, die wir verabscheuen und die trotzdem gerade so sind, wie sie sind; ich sage, daß dieser abstoßende Charakter gerade durch die Haupttugenden verschleiert wird, sofern sie überwiegend, wenn nicht gänzlich der Habgier dienstbar sind:

Klugheit, Vorsicht, Selbstverleugnung etc.[5] Die Nationalökonomie aber beruht auf der Hypothese, das die Menschen antreibende Hauptmotiv sei ihr Eigeninteresse. Solange Klugheit und Selbstverleugnung nur dem Eigeninteresse dienen, können sie keinen höheren Stand erreichen als ihr Ursprung; es mag sein, daß sie wohltätige Ergebnisse hervorbringen, doch als Motive sind sie nichts als raffinierter Egoismus.[+6]

Nun erhebt sich die Frage: Für welche Problemstellung soll die Evolution eine Erklärung geben?

Um darauf zu antworten, will ich mit der Beobachtung beginnen, daß zwei Elemente in der Natur ganz offensichtlich sind – Spontaneität und Naturgesetz. Die Nominalisten wollen die Spontaneität unterschlagen und betrachten sie als Illusion. Auch das Naturgesetz, sagen sie, ist eine Art Illusion; was daran real ist, ist etwas, das sie nicht als Spontaneität bezeichnen, was aber gleichwohl darauf hinausläuft; und Spontaneität wiederum ist in der Tat nichts als ein Naturgesetz. Wie dem auch sei, ich möchte nicht die Inkonsistenz der nominalistischen Position diskutieren, denn diese Art von Widerlegung ist nicht sehr tiefgründig. Wir wollen lieber die Behauptung als solche untersuchen, daß Spontaneität nicht existiere und die Herrschaft des Naturgesetzes absolut sei. Ich sage, erstens, daß dies schon als Behauptung unlogisch ist. Wir sind niemals berechtigt zu sagen, irgend etwas sei absolut exakt. Es gibt für die Nominalisten keine Rechtfertigung dafür, die Spontaneität zu leugnen oder ihre Existenz für unwahrscheinlich zu halten; wenn auch gewiß nicht behauptet werden kann, Spontaneität müsse sich als Ursache für irgendein bestimmtes Phänomen nachweisen lassen.

Zweitens wird in den nominalistischen Theorien die sich in positiven Zeugnissen überwältigend manifestierende Spontaneität übersehen. Welches ist der sich am meisten aufdrängende Tatbestand in der Natur? Es ist etwas, das einfach deshalb übersehen wird, weil es so offenkundig ist. Es ist die Vielfalt und die Vielseitigkeit der Natur. Sie entsteht nicht kraft der Naturgesetze, noch kann sie durch deren Wirkung gesteigert werden. Vorzuschreiben, daß unter gegebenen Bedingungen ein bestimmtes Ergebnis eintreten soll, bedeutet, daß die vorliegende Mannigfaltigkeit der Natur nicht mehr anwachsen wird. Und die Vielseitigkeit war dann entweder das Werk eines spontanen Willens, oder sie entstand ohne irgendeine bestimmte Verursachung, d.h. sie existiert aufgrund ihrer eigenen Spontaneität.

Zumindest diese beiden Elemente also existieren in der Natur: Spontaneität und Naturgesetz. Nun aber zu fordern, daß Spontaneität erklärt werden sollte, ist unlogisch und in der Tat absurd. Daß aber das Naturgesetz erklärt wird, ist eine natürliche und angemessene Forderung im Geiste der Forschung; und diesem kann nicht entsprochen werden, wenn durch die Behauptung von Unerklärlichem oder Letztgültigem der Weg der Forschung blokkiert wird. Doch etwas zu erklären heißt zu zeigen, wie es als das Ergebnis von etwas anderem angesehen werden kann. Das Naturgesetz müßte sich folglich als Ergebnis von Spontaneität erklären lassen. Nun, der einzige Weg dazu ist der, auf irgendeine Weise zu zeigen, daß Naturgesetze das Produkt einer *Entwicklung*[7] sind, nämlich der Evolution. Dann muß ein Prinzip des Wachstums fundamentaler angesetzt werden als jedes mechanische Naturgesetz.

Es ist offensichtlich, zu welchem Vorschlag diese Überlegungen führen, nämlich dazu, daß Materie als Geist aufgefaßt wird; Geist, der der beinahe vollständigen Vorherrschaft von Verhaltensgewohnheit [habit] unterliegt. Demnach gab es zuerst nur Geist, eine unermeßliche, nicht personalisierte Mannigfaltigkeit von Geist, und bevor dieser Geist irgendeine Verhaltensgewohnheit angenommen hatte, bestand er in einem Keimzustand, denn Existenz setzt Regularität voraus. In diesem Chaos von

Geistigkeit war ein unermeßliches Gären von Ideen – Ideen, die noch nicht auf Individualität reduziert waren, allgemeinen Ideen, und jede von ihnen war eine Art von Person –, und unter diesen kam spontan die Tendenz zur Verhaltensbildung[8] auf, eine Tendenz nämlich, die nichts ist als eine Idee. Die anderen Ideen wurden ausgelöscht, so wie sie entstanden waren, und so geschah es auch mit dieser Tendenz der Verhaltensbildung in zahllosen Fällen. Doch war der Tendenz der Verhaltensbildung *ipso facto* die Tendenz eigen, gewohnheitsmäßig zu werden und insofern sich selbst fortzusetzen; und so würde das Universum sich stufenweise in Regularitäten einzurichten beginnen. Dies ist der Vorschlag. Die nächstfolgende Frage ist die, ob die Naturgesetze so beschaffen sind, daß sie auf natürliche Weise oder zwangsläufig aus solcher Verhaltensbildung resultierten. Dazu gehört eine Forschung, wie ich sie viele Jahre lang mit Fleiß betrieben habe. Ermittelt habe ich dabei eine große Zahl von notwendigen Folgerungen aus dieser Theorie, von denen alle, sofern ich in der Lage war, sie mit Beobachtungen zu vergleichen, verifiziert werden konnten, und zwar in ganz beachtlicher Weise. Ich hoffe zuversichtlich, daß mein Bericht zu diesem Thema sehr bald abgeschlossen sein wird. Er hat sich durch widrige äußere Umstände seit langem verzögert.

Soweit diese Skizze und Andeutung der wichtigsten Kennzeichen einer Philosophie, von der ich überzeugt bin, daß sie bald anerkannt sein wird als die, die am besten mit den Methoden und Entdeckungen der Physik übereinstimmt. Ich habe nicht die psychologische Seite dieser Philosophie entwickelt, weil dieser Teil schwer zu fassen ist. Ich will aber doch erwähnen, daß gemäß dieser Philosophie alles von geistiger Natur ist – auch die materiellen Phänomene. Doch Geist ist nicht notwendigerweise personal aufzufassen. Eine Person ist Geist, sofern ihre Teile in ganz bestimmter Weise koordiniert sind. Etwas von dieser allgemeinen Natur der Personalität findet sich in allen allgemeinen Ideen. In gewissem Sinne sind diese Begriffe Schöpfungen der menschlichen Intelligenz; aber in anderer Hinsicht ist der menschliche Geist die Schöpfung, die sich dem Zusammenwirken dieser Begriffe verdankt. Diese allgemeinen Begriffe sind keine Erfindungen, sie sind reale Dinge – und mehr als das, sie sind lebendige Wesen mit so etwas wie Leben und Personalität. Geist wirkt auf Geist kraft seiner Kontinuität; und diese Kontinuität ist verbunden mit Allgemeinheit.

Was die Bedeutung der Seele, der Religion, der Unsterblichkeit, der Moralität betrifft, so überläßt die *synechistische* Philosophie, wie ich sie nenne, d. h. die Philosophie der Kontinuität, alle diese Fragen dem sachverständigen Urteil, damit nach den vorliegenden Zeugnissen entschieden werden kann. Da aber gegenwärtig die positiven Zeugnisse deutlich schwach ausfallen, müssen einstweilen allgemeine Überlegungen, die freilich nicht endgültig sein können, als Orientierung in Anspruch genommen werden. Nun, die synechistische Philosophie ist – wenn auch vielleicht ziemlich optimistisch, so doch sicherlich nicht in dem Sinne, in dem der Optimismus sich Voltaires Sarkasmus im *Candide* ausliefert –, die synechistische Philosophie ist zumindest das, was man *melioristisch* genannt hat, das heißt, sie vertritt die Auffassung, daß sich alle Dinge auf dem Wege des Fortschritts zu einem besseren Zustand befinden. Große Bedeutung mißt sie auch dem menschlichen Instinkt zu – den ererbten Überzeugungen [beliefs], die der ganzen menschlichen Gattung gemeinsam sind, ebenso wie denen, die in der arischen Abstammung als naturgegeben erscheinen. Deshalb empfiehlt die synechistische Philosophie, solange positives Wissen uber die Bedeutung der Seele fehlt, am traditionellen Glauben [faith] einstweilen festzuhalten; nicht als ob damit alles schon erfüllt wäre, was wünschenswert oder schließlich und endlich möglich sein könnte, sondern als das Beste und Sicherste, woran die Menschen in dieser Übergangszeit Orientierung finden können.

Es ist nicht leicht, einen Synechisten dazu zu bringen, an dem erhabenen Einfluß der Liebe zu zweifeln – denn die Liebe ist die teilweise Identifikation, oder sagen wir: die Verschmelzung von unterschiedlichen Personen durch psychische Kontinuität. Daß auch Habgier und Begierde gute Ergebnisse zustande bringen, muß und kann nicht bestritten werden. Daß Liebe durchaus auch Böses will und sich abmüht mit Egoismus und Haß, ist offenkundig. Egoismus und Haß leisten ihren Beitrag zu den Zielen der Liebe, denn die Liebe ist fundamental, jene dagegen sind selbstzerstörerisch und tatsächlich nur Abarten und Mißbildungen der Liebe.

Der *Synechismus* spricht sich entschieden für die Anerkennung von Telepathie[9] in einem bestimmten Sinne aus; aber er überläßt es dem sachverständigen Urteil, aufgrund positiver Zeugnisse zu entscheiden, ob irgendwelche klaren und bedeutenden telepathischen Phänomene zwischen zwei einzelnen Menschen festgestellt werden können, ob es allein die großen menschlichen Gemeinschaften sind, in denen solche Beeinflussungen vorkommen können, oder ob die spürbaren Wirkungen beschränkt sind auf die Beeinflussung eines Gehirnteils – vielleicht eines Teils einer Gehirnzelle – auf den anderen.

Im Blick auf die Frage nach einer anderen Welt gibt es etwas, worauf der Synechismus unbedingt bestehen muß. Selbst wenn es ein anderes Leben gibt, haben wir kein Recht zu denken, es sei absolut ohne Ende. Obwohl unsere Jahre in dieser Welt gezählt sind, genügen sie durchaus, um uns eine tiefe, wirkliche Sympathie für dieses Leben zu geben, und ein großer Teil unserer Seele und unseres Lebens ist darauf gerichtet und soll auch darauf gerichtet sein – und diese Welt, an der zu Recht unser Herz hängt, ist praktisch gesehen ewig. Folglich hat sie einen positiven Wert, einen hohen Wert in sich selbst, und falsch sind alle die Ansichten, die dem anderen Leben eine unendlich größere Wirkung zusprechen als diesem, so daß wir in Übereinstimmung damit gut daran täten, uns von allem abzuschließen und unsere Zeit der Kontemplation zu widmen; oder es zur Hauptsache erklärten, herauszufinden, wie wir das religiöse Leben zu gestalten hätten – nämlich in dem Sinne, den der Synechismus ausdrücklich verurteilen muß. Die Menschen sollen ihre Brüder lieben, die sie kennen, und ihre konkreten Interessen wahrnehmen in den Angelegenheiten, die sich in ihrem Horizont befinden; und sie sollen dabei ihre religiöse Empfindung – ich will nicht sagen zweitrangig, aber ein umfassenderes und mehr allgemeines Gefühl sein lassen.

Was nun die Unsterblichkeit der Seele betrifft, so liefert uns der Synechismus Gründe dafür anzunehmen, daß selbst dann, wenn die Fesseln von Körper und Seele gelöst sind, das, was wert und wahr im Menschen ist, mit so etwas wie Leben und Personalität bestehen wird; einer Personalität, die – wenn auch sehr anders als das, was wir unser eigenes Leben und unsere Personalität nennen – als solche doch glaubwürdiger ist als der Tod oder das Unpersönliche.

Das Wesentliche an der darwinistischen Vorstellung ist folglich, daß es kleine zufällige Abweichungen gibt und daß die so entstandenen Formen, wenn sie keine ausreichende Fruchtbarkeit zeigen – Darwin verwendete diesen Gedanken vor allem dazu, *alle* Eigenschaften, die zur Vervielfachung tendieren, zu erfassen, beispielsweise die Eigenschaft, genügend Lebenskraft für die Zeit der Reproduktion zur Verfügung zu haben –, künftig ausgeschieden werden. Die Folge davon ist, daß es eine allmähliche Entwicklung von immer fruchtbareren Formen geben wird. In diesem Sinne sagt Weissmann[10] sehr zutreffend, daß der Tod eine adaptive Eigenschaft ist, weil das Ausscheiden derer, die zur Reproduktion zu alt sind, den Jungen eine bessere Chance gibt. Daher wird bei Anwendung des darwinistischen Prinzips der unerwünschte Typ einer Schwiegermutter allmählich aussterben. Und wir können in der Tat beobachten, wie schnell es dazu kommt.

Lamarck

Eine andere evolutionäre Erscheinungsform wird nach Lamarck[11] benannt. Er wiederum hat niemals den Anspruch erhoben, diese Form sei in der Evolution die allein wirksame; aber er hielt daran fest, daß es sich dabei um einen wesentlichen Einflußfaktor handelt. Ob es sich in der Biologie nun so verhält oder nicht, in anderen Wissenschaftsbereichen ist sein Modell gültig. Die Evolution ist nach Lamarck geprägt durch die Wirksamkeit von Verhaltensgewohnheiten [habit]. Damit wird vorausgesetzt, daß die Eigenschaften erst durch direktes Bemühen um etwas erworben werden – die Giraffe bekommt beispielsweise ihren langen Hals dadurch, daß sie sich nach Blättern ausstreckt – und daß die Eigenschaften durch solche Verhaltensgewohnheiten festgelegt werden. Die Reproduktion spielt dabei überhaupt keine Rolle, außer daß sie die Kontinuität der erworbenen Eigenschaften garantiert. Es bleibt schließlich die Frage, ob dieser Prozeß des Sich-Bemühens nicht in einem bestimmten Ausmaß auch zufällig sein kann. Doch der Theorie gemäß ermöglicht die Kontinuität der Existenz ein intelligentes Bemühen dieser Art. Damit wird die Höherrangigkeit der Formen von psychologischen Ursachen abhängig.

Nach Darwin wurde die Amöbe[12] durch zufällige Abweichungen allmählich in den Menschen verwandelt. Nach Lamarck geschah dasselbe durch geistige Bemühungen.

Wird Evolution im weitesten Sinne verstanden, so sehe ich nur noch Raum für eine weitere Erscheinungsform, und das ist die der mechanischen Einwirkung aufgrund von externen Ursachen; diese erreichen den Abbruch von Verhaltensgewohnheiten, speziell solchen der Vererbung, und bewirken, daß Lebensformen sich in bestimmter Weise unterscheiden.

7. Unsterblichkeit im Licht des Synechismus*

Das Wort *Synechismus* ist die deutsche Bildung[1] des griechischen Wortes συνεχισμός, von συνεχής, zusammenhängend. Seit zwei Jahrhunderten haben wir nun *-ist* und *-ismus* an Worte angehängt, um damit Sekten zu kennzeichnen, die die Bedeutung jener Elemente, die durch das Stammwort bezeichnet werden, besonders hervorheben. Demnach bedeutet *Materialismus* die Lehre, Materie sei alles, *Idealismus*, Ideen seien alles, und *Dualismus* bezeichnet eine Philosophie, die alles in zwei Teile aufspaltet. In ähnlicher Weise habe ich den Vorschlag gemacht, unter *Synechismus* die Tendenz zu verstehen, alles als zusammenhängend [continuous] zu betrachten.[a]

Seit vielen Jahren habe ich versucht, diese Idee genauer zu entwickeln, und in jüngster Zeit einige meiner Ergebnisse im *Monist* vorgestellt.[2] Für mich reicht die Lehre so weit, daß ich behaupte: Kontinuität [continuity] beherrscht das Gesamtgebiet der Erfahrung in jedem ihrer Elemente. Dementsprechend bekommt jeder Satz [proposition] eine indefinite Qualifikation, es sei denn, daß er sich auf eine unerreichbare Grenze der Erfahrung bezieht (die ich das Absolute nenne); denn ein Satz, der überhaupt keine Beziehung auf Erfahrung hat, ist ohne jede Bedeutung.

Ich möchte hier eine Probe dafür geben, wie diese Lehre – ohne daß ich auf die äußerst schwierige Frage ihres Nachweises eingehe – auf religiöse Fragen Anwendung finden kann.+[3] Auch die Methode einer solchen Anwendung kann hier nicht vollständig behandelt werden, denn damit ergeben sich sogleich Folgerungen, die auf den ersten Blick höchst rätselhaft erscheinen. Doch deren Bedeutung klärt sich durch die genauere Anwendung des Prinzips. Dieses Prinzip wiederum ist natürlich

[a] Das griechische Wort bezeichnet den Zusammenhang [continuity] von Teilen, wie er durch eine Operation zustandekommt.

selbst in einem synechistischen Sinne zu verstehen; und so verstanden wiederspricht es sich selbst in keiner Weise und muß folglich auch zu bestimmten Ergebnissen führen, werden seine Deduktionen nur korrekt durchgeführt.

Konsequenter Synechismus erlaubt uns nicht die Aussage, die Winkelsumme im Dreieck sei exakt gleich zwei rechten Winkeln, sondern nur, daß die Winkelsumme dieser Größe gleich ist, vermehrt oder vermindert um einen Betrag, der für alle Dreiecke, die wir messen können, äußerst gering ist.[4] Auch dürfen wir den Satz, der Raum habe drei Dimensionen, nicht als in einem besonders strikten Sinne genau anerkennen; sondern wir können nur sagen, daß Bewegungen von Körpern außerhalb der drei Dimensionen in einem extremen Maße geringfügig sind. Es darf auch nicht behauptet werden, daß es Phänomene von perfekter Regularität gebe, sondern nur, daß der Grad ihrer Regularität tatsächlich sehr hoch ist.

Es gibt einen berühmten Spruch des Parmenides, ἔστι γὰρ εἶναι, μηδὲν δ' οὐκ ἔστιν, daß „Sein ist und Nicht-Sein nichts ist".[5] Das klingt plausibel; doch der Synechismus bestreitet dies rundweg und erklärt, daß Sein eine Frage von mehr oder weniger darstellt, so daß es unmerklich in Nichts übergeht. Wie das geschieht, wird klar, wenn wir folgendes überlegen: Zu sagen, daß ein Ding *ist*, heißt, daß es am Ende der geistigen Entwicklung einen bleibenden Status im Reich der Ideen erlangen wird. Wie nun keine experimentelle Frage mit absoluter Sicherheit beantwortet werden kann, so kann es auch niemals einen Grund für die Annahme geben, daß eine bestimmte Idee entweder unverrückbar feststeht oder für immer zunichte gemacht wird.[6] Doch festzustellen, daß keiner dieser beiden Umstände definitiv eintreten wird, heißt, daß der Gegenstand unvollkommen und eingeschränkt existiert. Sicherlich wird kein Leser annehmen, dieses Prinzip solle nur für einige Phänomene gelten und für andere nicht – zum Beispiel nur für den kleinen Bereich der Materie und nicht für den Rest des Riesenreiches der Ideen; noch darf es so verstanden werden, als gelte es allein für die Phänomene unter Ausschluß dessen, was ihnen als ihr Substrat zugrundeliegt. Der Synechismus hat gewiß nichts mit irgendeinem Unerkennbaren zu tun; aber er wird eine scharfe Trennung zwischen dem Phänomen und seinem Substrat nicht akzeptieren. Das, was einem Phänomen zugrundeliegt und es bestimmt, ist dadurch selbst in gewissem Maße ein Phänomen.

Selbst in seiner weniger linientreuen Form kann sich der Synechismus niemals mit dem Dualismus abfinden, sofern letzterer zu Recht diesen Namen trägt. Damit soll weder der Begriff der Zweiheit [twoness] ausgelöscht werden, noch wird einer von diesen wunderlichen Philosophen, die gegen diesen oder jenen Fundamentalbegriff zum Kreuzzug aufrufen, aus der Lehre des Synechismus den geringsten Vorteil ziehen. Doch der Dualismus in seiner weitestmöglichen Bedeutung als einer Philosophie, die ihre Analysen mit einer Axt vorantreibt und als letzte Elemente nur relationslose Seinsklötze übrig läßt, diese Philosophie steht dem Synechismus ausgesprochen feindlich gegenüber. Insbesondere wird es der Synechist nicht akzeptieren, daß physische und psychische Phänomene als vollständig voneinander geschieden behandelt werden – als gehörten sie unterschiedlichen Substanzkategorien an oder als wären sie wie die gänzlich voneinander getrennten Seiten eines Schildes –, sondern er wird darauf bestehen, daß alle Phänomene von einheitlichem Charakter sind, manche mehr geistig und spontan, andere mehr materiell und regelmäßig. Dennoch, alle Phänomene gleichermaßen verkörpern diese Mischung von Freiheit und Zwang, die ihnen zu sein erlaubt, ja sogar ihre Teleologie oder Zweckhaftigkeit bewirkt.

Auch muß kein Synechist den Satz vertreten: „Ich bin ganz und gar ich selbst und überhaupt nicht Du.“ Wer den Synechismus angenommen hat, muß dieser gottlosen Metaphysik abschwören. Erstens sind unsere Nächsten gewissermaßen wir selbst, und das – auch ohne tiefgründige psychologische Studien – in weit größerem Ausmaß, als wir glauben wollen. Die Selbstheit, die wir uns gerne zugute halten, ist zum größten Teil wirklich die allergewöhnlichste Täuschung unserer Eitelkeit. Zweitens sind alle die Menschen, die uns ähnlich sind und unter vergleichbaren Bedingungen leben, gewissermaßen wir selbst, wenn auch nicht ganz in derselben Weise, in der unsere Nächsten wir selber sind.

Noch in einer anderen Richtung ist die barbarische Vorstellung von persönlicher Identität zu erweitern. Eine Hymne der Brahmanen[+7] beginnt wie folgt: „Ich bin das reine und unendliche Selbst, glückselig, ewig, offenbar und alles durchdringend, das, was allem, das Namen und Form hat, zugrunde liegt." Darin kommt mehr als nur Demut zum Ausdruck – ein Verschlungenwerden des schwachen individuellen Selbst im Geiste [spirit] des Gebets. Jede geistige Kommunikation[8] geschieht durch Kontinuität des Seins. Ein Mensch ist dazu in der Lage, sich eine eigene *Rolle* im Drama der Schöpfung zuzuschreiben; und soweit er selbst in dieser *Rolle* aufgeht – gleichgültig mit welcher Bescheidenheit das der Fall sein mag –, soweit identifiziert er sich mit seinem Schöpfer.[9]

Der Synechismus leugnet, daß die Unterschiede zwischen den Phänomenen unermeßlich sind; und aus demselben Grund kann der Unterschied zwischen Wachen und Schlafen nicht unermeßlich sein. Wenn wir schlafen, sind wir nicht in dem Maße eingeschlafen, wie wir uns das einbilden.

Der Synechismus lehnt es ab zu glauben, daß es beim Eintritt des Todes auch mit dem sinnlichen Bewußtsein schnell zu Ende geht. Was wirklich geschieht, ist wegen des fast vollständigen Fehlens von Beobachtungsdaten schwer zu sagen. Hier wie auch sonst bleibt der Orakelspruch des Synechismus ein Rätsel. Vielleicht liegt die Wahrheit in dem, worauf der kürzlich erschienene packende Roman „Die Träume der Toten" hindeutet.[10]

Doch darüber hinaus erkennt der Synechismus an, daß das sinnliche Bewußtsein nur einen kleinen Teil des Menschen ausmacht. Da ist an zweiter Stelle sein soziales Bewußtsein, durch das der Geist [spirit] eines Menschen in anderen verkörpert ist, das weiterlebt und atmet und sein Sein sehr viel länger behält, als oberflächliche Beobachter denken. Ich muß meinen Lesern nicht erst sagen, mit welcher Eindrücklichkeit dies in Freytags *Verlorener Handschrift* zur Darstellung kommt.[11]

Doch ist dies keineswegs alles. Dem Menschen eignet ein spirituelles Bewußtsein, das ihn an den ewigen Wahrheiten teilhaben läßt[12] und in der Ganzheit des Universums verkörpert ist. Eine solche archetypische Vorstellung ist unfehlbar und in der zukünftigen Welt zu einer besonderen spirituellen Verkörperung bestimmt.

Einer meiner Freunde hat durch ein Fieber seinen Gehörsinn vollständig verloren. Bevor dieses Unglück eintrat, war er ein Liebhaber der Musik; und so sonderbar es ist, auch nachher stand er gern neben dem Klavier, wenn es von einem guten Pianisten gespielt wurde. Also kannst Du doch noch ein bißchen hören, sagte ich zu ihm. Nicht im geringsten, gab er zur Antwort, doch ich kann die Musik mit meinem ganzen Körper *fühlen.* Wie, rief ich, wie ist es möglich, daß sich in ein paar Monaten eine neue Sinneswahrnehmung entwickelt! Es geht nicht um eine neue Sinneswahrnehmung, gab er zur Antwort, sondern jetzt, da ich das Gehör verloren habe, entdecke ich, daß ich diese Art Bewußtsein immer schon hatte, die ich früher nur wie alle anderen als Hören mißverstand. Auf dieselbe Weise werden wir im Augenblick des Todes, wenn das sinnliche Bewußtsein vergeht, mit einem Mal wahrnehmen, daß wir die ganze Zeit schon ein lebendiges spirituelles Bewußtsein hatten, das wir nur irrtümlich für etwas anderes hielten.

Ich denke, daß dies genügt, um zu zeigen, daß es sich beim Synechismus zwar nicht um Religion, sondern im Gegenteil um eine rein wissenschaftliche Philosophie handelt; doch sollte er allgemeine Anerkennung finden, was ich gewiß erwarte, so kann er bei der Einswerdung [onement] von Religion und Wissenschaft eine Rolle spielen.

8. Die Vermählung von Religion und Wissenschaft*

Was ist Wissenschaft? Im Lexikon wird man finden: systematisiertes Wissen[1]. In Lexikondefinitionen dieser Art wird allzu leicht auf Ableitungen vertraut; das heißt, daß die späteren Entwicklungsstufen in der Bedeutung eines Ausdrucks zu sehr vernachlässigt werden. Bloßes Wissen, selbst wenn es systematisiert ist, kann ein toter Erinnerungsstoff sein. Demgegenüber sind wir alle gewohnt, Wissenschaft als lebendige und wachsende Verkörperung der Wahrheit zu begreifen. Wir könnten sogar sagen, Wissen sei für Wissenschaft nicht notwendig. Die astronomischen Untersuchungen von Ptolemäus, obwohl sie weitgehend falsch sind, müssen von jedem modernen Mathematiker anerkannt werden, denn bei ihrer Lektüre zeigt sich ihr wahrhaft wissenschaftlicher Geist [spirit]. Denn das, was Wissenschaft ausmacht, ist nicht so sehr eine korrekte Schlußfolgerung als vielmehr eine richtige Methode. Und die Methode der Wissenschaft ist selbst wiederum ein Ergebnis der Wissenschaft. Sie ist keineswegs die Kopfgeburt eines Anfängers, sondern eine geschichtliche Entwicklung und eine wissenschaftliche Errungenschaft. So gesehen sollte nicht einmal diese Methode als wesentliche Bedingung für die Anfänge der Wissenschaft betrachtet werden. Wesentlich ist allerdings der Geist der Wissenschaft, sich entschieden nicht mit bestehenden Meinungen zufriedenzugeben, sondern zur wahren Natur der Dinge vorzudringen. Ist diese Auffassung von Wissenschaft einmal unter den Menschen inthronisiert, dann tritt jede andere Auffassung in deren gesetzliche Erbfolge ein.

Und was ist Religion? Sie ist eine Art Gefühlsregung in jedem einzelnen Menschen, oder auch: eine verborgene

Wahrnehmung – eine tiefe Erkenntnis von etwas im uns umgebenden All; und wenn wir versuchen, diesem Gefühl Ausdruck zu geben, so wird es sich in mehr oder weniger extravagante Formen kleiden und als mehr oder weniger zufällig erscheinen, immer aber wird es sich zu einem Ersten und Letzten, dem A und Ω, bekennen und in derselben Weise auf jenes Absolute bezogen sein, dem das individuelle Selbst eines Menschen als relatives Sein gegenübersteht. Doch Religion ist in ihrer Totalität nicht auf das einzelne Individuum beschränkt. Wie jede Gestalt von Realität ist sie wesentlich eine soziale und öffentliche Angelegenheit. Sie besteht in der Idee einer umfassenden Kirche, in der sich alle ihre Glieder zu einer organischen, systematischen Wahrnehmung der Ehre des Höchsten verbinden – einer Idee, die von Generation zu Generation wächst und einen Vorrang in den Entscheidungen über unser Verhalten, das private wie das öffentliche, beansprucht.

Wie nun die Wissenschaft sich entwickelt, so wächst auch ihre Perfektion hinsichtlich ihrer Wissenschaftlichkeit. Kein religiöser Eiferer wird so engstirnig sein, dies zu leugnen. Aber so, wie die Religion ihre verschiedenen geschichtlichen Epochen durchläuft, fürchte ich, wir müssen uns eingestehen, daß sie selten von einer Lebenskraft war, die eine Zunahme an Perfektion erlaubte; und das gilt selbst von ihrem eigenen Standpunkt aus geurteilt. Wie bei einer gepflückten Blume ist es das Schicksal der Religion, blaß zu werden und zu verwelken. Das Lebensgefühl, aus dem die Religion hervorging, verliert nach und nach seine ursprüngliche Reinheit und Kraft, bis es endlich von einem neuen Glauben ausgelöscht wird. So ist es ganz natürlich, daß die vom Geist der Wissenschaft Inspirierten vorandrängen, während die, denen die Interessen der Religion am Herzen liegen, die Entwicklung eher zurückdrängen möchten.

Während diese Veränderungen auf beiden Seiten vor sich gingen, sah sich die Religion gezwungen, ihre Position zu bestimmen; und indem sie dies tat, hat sie sich unentrinnbar allerlei Behauptungen überantwortet, die, eine nach der anderen, von der fortschreitenden Wissenschaft zuerst in Frage gestellt, dann angegriffen und schließlich verworfen wurden. Mit einem solchen Abgrund vor Augen ist die Religion zuerst heftig zurückgeschreckt, zuletzt aber hat sie den Sprung gewagt; wobei sie sich, so gut sie konnte, mit einem veränderten Glauben zufriedengab. In den meisten Fällen scheint der Sprung ihr nicht geschadet zu haben; doch innere Verletzungen sind wohl noch nicht überstanden. Wer wird daran zweifeln, daß die Kirche wirklich unter der Entdeckung des kopernikanischen Systems gelitten hat, obwohl es der Unfehlbarkeit gelang, durch ein enges Schlupfloch zu entkommen? Auf diese Weise werden Wissenschaft und Religion gezwungen, sich als Gegner zu betrachten. Den Spezialisten in den Einzelwissenschaften könnte es so scheinen, als habe ihre Arbeit wenig oder nichts mit Fragen zu tun, die direkt die Religion betreffen; aber sie ermuntern doch zu einer Philosophie, die, jedenfalls in dieser Hinsicht inspiriert durch den Geist des Fortschritts, den gegenwärtig in der Religion vorherrschenden Tendenzen entgegengesetzt ist. Damit entsteht zudem die Neigung, Dinge, die nicht sichtbar sind, mit Geringschätzung zu behandeln.

Es wäre nun lächerlich zu fragen, wer an dieser Situation die Schuld trägt. Elementaren Kräften kann man keine Schuld zuschreiben. Es ist ganz natürlich, daß die Religion sich weigert, die nach und nach fälligen Veränderungen mit der Geschwindigkeit zu durchlaufen, die nötig wäre, um mit den jeweils aktuellen Überzeugungen von Wissenschaft und Philosophie in Übereinstimmung zu bleiben. Immerhin ist der Tag gekommen, an dem ein religiöser Mensch, der von seinen Erfahrungen zutiefst geprägt ist, diesen Stand der Dinge anerkennen kann. Während er an dem, was der Religion wesentlich ist, festhält – und soweit wie möglich an der Kirche, was beinahe ebenso wesentlich ist, oder sagen wir: so gut wie wesentlich[2] –, wird er jene religiöse Ängstlichkeit abwerfen, die

die Kirche immer wieder dazu bringt, vor dem Weg zurückzuschrecken, auf den der Herr der Geschichte den menschlichen Geist führt; eine Feigheit, die generationenlang als Markstein und Begrenzung den kirchlichen Kleinglauben gekennzeichnet hat; und mit Freuden wird er in der Gewißheit vorangehen, daß die Wahrheit nicht in zwei widerstreitende Lehrmeinungen zerteilt ist und daß jede Veränderung, die das Wissen dem Glauben auferlegen kann, allein dessen Ausdruckweise betrifft und nicht das tiefe Geheimnis, das er bedeutet.

Solch eine geistige Disposition darf sachgemäß als eine wissenschaftliche Religionsauffassung[+3] bezeichnet werden. Nicht daß die Wissenschaft oder der Geist der Wissenschaft selbst eine Religion hervorgebracht hätten; denn im korrekten Sinne des Wortes kann Religion aus nichts anderem hervorgehen als aus religiöser Empfindsamkeit. Aber es handelt sich um eine Religion, die sich selbst treu bleibt, indem sie sich vom wissenschaftlichen Geist im Vertrauen darauf inspirieren läßt, daß alle Eroberungen der Wissenschaft auch Triumphe der Religion sein werden; und indem sie die Ergebnisse der Wissenschaft anerkennt, so wie Wissenschaftler es ihrerseits tun: als Schritte auf dem Weg zur Wahrheit. Es mag eine Zeitlang so scheinen, als bestünde hier ein Konflikt mit anderen Wahrheiten, doch in solchen Fällen kann ein entsprechender Ausgleich einfach erwartet werden, den die Zeit mit Sicherheit bringen wird. Wenn es zu dieser Einstellung kommt, wird die Religion sie nicht aufgrund eines Diktats der Wissenschaft annehmen, noch weniger auf dem Weg eines Kompromisses, sondern einfach und allein aufgrund eines mutigeren Vertrauens auf sich selbst und die eigene Bestimmung.

Inzwischen geht die Wissenschaft unerschütterlich ihren eigenen Gang. Über ihr Ziel darf sie dabei nicht selbst bestimmen, sondern sie muß sich von der starken Hand der Natur führen lassen. Teleologische Überlegungen, mit anderen Worten: Ideale, müssen der Religion überlassen bleiben. Die Wissenschaft darf sich nur von Wirkursachen beeinflussen lassen; und die Philosophie, in ihrer Eigenschaft als Königin der Wissenschaften, darf dies nicht bekümmern, oder: darf nicht den Eindruck machen, als kümmerte es sie, ob ihre Konklusionen heilsam oder gefährlich sind.[4]

9. Was ist christlicher Glaube?*

Mit Leichtigkeit kann man in der Logik über Dinge disputieren, mit denen man noch keinerlei Erfahrungen gemacht hat. Farbenblinde haben mehr als einmal Fachgespräche über Farbwahrnehmungen geführt, und sie waren durchaus in der Lage, interessante Folgerungen aus den Gesetzen der Wahrnehmung abzuleiten. Wenn es aber um positives Wissen geht, wie es ein Jurist aufgrund der Praxis der Gerichte hat, kann sich solches Wissen allein auf längere direkte oder indirekte Erfahrung stützen. So gesehen kann jemand ein gebildeter Theologe sein, ohne jemals die Macht des Geistes [spirit] gespürt zu haben; aber die einfache Frage zu Beginn dieses Artikels wird er nicht beantworten können, es sei denn aufgrund seiner eigenen religiösen Erfahrung.

Im Lexikon findet sich das Wort *Solipsismus*, und damit ist die Überzeugung [belief] gemeint, daß der, der davon überzeugt ist, sich für die einzig existierende Person hält. Wer sich solch einer Überzeugung verschrieben hat, kann nur schwer wieder davon abgebracht werden. Doch wenn sich jemand in der Gemeinschaft mit anderen Menschen befindet, ist er sich deren Existenz so sicher wie seiner eigenen, obwohl er einer metaphysischen Theorie verpflichtet sein mag, die ihnen allen nur dasselbe hypostatisch gedachte *Ego* zuspricht. In ähnlicher Weise gilt: Wenn jemand die Erfahrung, mit der Religion einsetzt, gemacht hat, so hat er gute Gründe – lassen wir metaphysische Spitzfindigkeiten beiseite –, an Gott als lebendige Person zu glauben, und zwar geradeso, wie er von sich als Person überzeugt ist. Allerdings: *Überzeugtsein* [*belief*] ist ein ungeeignetes Wort für solch eine direkte Wahrnehmung.

Selten geht auch nur eine einzige Stunde unseres bewußten Lebens vorüber, ohne daß wir uns in der Gesellschaft von Menschen (Bücher eingeschlossen) befänden; und selbst die Gedanken einer solchen einsamen Stunde sind mit Vorstellungen angefüllt, die in der Gesellschaft mit anderen Menschen gewachsen sind. Demgegenüber nimmt das Gebet nur wenig von unserer Zeit in Anspruch; und wenn zudem eine feierliche Zeremonie als unabdingbar für das Gebet gelten sollte, dann ist sonst nichts weiter möglich (doch warum gegenüber dem Himmlischen Vater bestimmte Riten einhalten, die ein irdischer Vater uns als Besserwisserei verübeln würde?). Folglich sind es nicht die religiösen Vorstellungen, die Kette und Schuß[1] unserer geistigen Verfassung darstellen, wie das allerdings für unsere sozialen Vorstellungen gilt. Religiöse Vorstellungen können daher leicht in Zweifel gezogen werden, und das aus ganz unterschiedlichen Gründen, die sich aber in dem einen zusammenfassen lassen: daß das religiöse Phänomen sporadisch und nicht beständig auftritt.

Dies nun verursacht innerhalb der Religion eine Degeneration von der Wahrnehmung zum Vertrauen und vom Vertrauen zur Überzeugung, und zwar zu einer Überzeugung, die mit der Zeit immer abstrakter wird. Wenn dann die Religion zur öffentlichen Angelegenheit geworden ist, kommt Streit darüber auf, wie über die richtigen Leitbegriffe entschieden werden soll. Diese Aufgabe gerät zudem in die Hände von Theologen: und deren Vorstellungen unterscheiden sich immer merklich von denen der universalen Kirche. Sie ertränken die Religion in logisch fehlerhaften Disputationen, und die natürliche Folge ist die Tendenz, ständig die engen Grenzen der Lehre noch enger zu ziehen, wobei Wesen und Lebendigkeit der Religion immer weniger Beachtung finden; bis endlich – nachdem ein gewisses *Symbolum quicumque*[2] erklärt hat, daß das Heil jedes einzelnen Menschen absolut und nahezu exklusiv davon abhängt, ob er die richtige Metaphysik bezüglich der Auffassung der Gottheit zu übernehmen bereit ist – der lebendige Funke der Inspiration gänzlich ausgelöscht ist.

Dennoch ist es absurd zu sagen, Religion sei eine bloße Überzeugung. Im gleichen Sinne könnten Gesellschaft, Politik oder Zivilisation Überzeugungen genannt werden. Religion ist Leben, und sie kann mit einer Überzeugung nur unter der Bedingung identifiziert werden, daß es sich um eine lebendige Überzeugung [living belief] handelt – etwas, das eher gelebt als gesagt oder gedacht wird.

Wenn die christliche Religion irgend etwas Spezifisches hat – wenn sie sich also nicht dazu erheben darf, das notwendige und letzte Ziel *jeder* religiösen Entwicklungslinie zu sein –, dann ist das Christentum von anderen Religionen durch sein Gebot über den [wahren] Weg des Lebens zu unterscheiden. Ich appelliere an einen wirklichen Christen, mir aus dem Überfluß seiner Erfahrung des Geistes und ohne Rücksicht auf das Diktat der Priester zu antworten, ob sich dies so verhält oder nicht. In dem kürzlich entdeckten Buch „Die Zwölfapostellehre", die etwa aus dem Jahr 100 n.Chr. stammt[3], findet sich der Beleg, daß – lange bevor auf dem Apostolischen oder irgendeinem anderen Glaubensbekenntnis bestanden wurde – man die Lehre des Herrn in der grundsätzlichen Unterscheidung von zwei Wegen zusammengefaßt sah: dem Weg des Lebens und dem Weg des Todes. Genau dies war es, was zu diesem Zeitpunkt als der rettende Glaube [faith] angesehen wurde – nicht ein Haufen metaphysischer Sätze. Dies ist es, was Jesus Christus lehrte; und an Christus zu glauben[4] heißt, zu glauben, was er lehrte.

Worin besteht nun dieser Weg? Wiederum appelliere ich an das universale christliche Gewissen[5], mir zu bezeugen, daß der Weg zum Leben ganz einfach Liebe ist. Sofern eine Zuspitzung auf eine ethische Regel hergestellt wird, lautet die Antwort: Liebe Gott und liebe deinen Nächsten,

„an diesen beiden Geboten hängt das ganze Gesetz samt den Propheten."[6] Von einer höher angesetzten Perspektive aus kann diese Lehre – unter Berufung auf das Johannesevangelium[7] – als die universale evolutionäre Formel angesehen werden. Aber in welchem Licht wir dies auch betrachten und in welcher Richtung wir es weiterentwickeln: Der Glaube an das Gesetz der Liebe ist der christliche Glaube.

„Aber dies", so könnte hier eingewandt werden, „ist gar nicht spezifisch christlich! Gerade die Idee der Liebe wurde von den frühen Ägyptern, den Stoikern, den Buddhisten und von Konfuzius vorweggenommen." So ist es; und auch die nicht signifikante Unterscheidung zwischen der negativen und der positiven Fassung des Gebots[8] kann bei genauerer Betrachtung für eine Unterscheidung zwischen den Religionen nicht als hinreichend gelten. Allerdings können Christen für sich in Anspruch nehmen, daß das Christentum eben dieses Kennzeichen der göttlichen Wahrheit besitzt – nämlich vor Urzeiten schon vorausgeahnt worden zu sein. Je höher die Religion, desto allgemeiner [catholic].

Die höchste Stufe in der Entwicklung des Menschen ist seine Sozialität; und die Religion, obwohl sie ihren Ausgangspunkt in einer keimhaften Inspiration des einzelnen Menschen hat, kommt erst zu ihrer vollen Blüte in einer Kirche, deren Größe der Ausbreitung der jeweiligen Zivilisation entspricht. Dies gilt für jede Religion, ganz besonders aber für die Religion der Liebe. Ihr Ideal ist die kommende Vereinigung der ganzen Welt in der Verpflichtung auf die gemeinsame Liebe zu Gott, was dadurch erreicht wird, daß jeder seinen Nächsten liebt. Ohne Kirche wird die Religion der Liebe nur in einer rudimentären Form existieren; und eine enge, kleine und exklusive Kirche ist fast schlimmer als keine. Was wir brauchen, ist eine große und allumfassende [catholic] Kirche.

In der Gegenwart ist es die unsichtbare Kirche, welche die Christenheit umschließt. Jeder, der im Schoß der christlichen Zivilisation erzogen wurde, wird faktisch in irgendeiner Form an das Prinzip der Liebe glauben, ob er sich dessen bewußt ist oder nicht.

Laßt uns jedenfalls dieses Lebenselement alles Guten, worin wir alle eins sind, so pflegen, daß es auch ertragreich wird; das Gute nämlich, das es hervorbringen kann, ist einfach all das, was jedenfalls möglich ist, und von einem Reichtum, den wir uns nicht leicht vorzustellen vermögen. Daher wollen wir mit all unserer Kraft danach streben, die Gemeinschaft aller, die daran glauben, unter dem Gesetz der Liebe und in der Einheit eines sympathetischen Bewußtseins zusammenzuführen. Wir wollen als unmoralisch all die Bewegungen verurteilen, die Unterschiede überbewerten oder die Bildung einer Gemeinschaft von bestimmten Formeln abhängig machen, die dazu erfunden wurden, Christen von der Kommunion mit anderen auszuschließen.

Ein weiser Kritiker hat kürzlich die verkehrte Selbstsicherheit meiner metaphysischen Ansichten getadelt. Das ist nun nichts Geringeres, als mich wegen einer Tat anzuzeigen, gegen die ich selbst immer gepredigt habe. *Absurd* war immer das Epitheton, das mir auf der Zunge lag, um die zu charakterisieren, die allzu selbstsicher Meinungen vertraten, die andere nach ihrem bestem Wissen ablehnen mußten. Ist es denn vorstellbar, die philosophische Welt dazu zu bringen, sich auf irgendeinen bestimmten Glaubenssatz zu einigen oder irgendeinen bestimmten Punkt in den gültigen christlichen Glaubensbekenntnissen zu verurteilen? Ich glaube nicht; trotzdem ist es für den, der damit zufriedenzustellen ist, ohne Zweifel ein Leichtes, sich eine folgsame kleine Herde zu sammeln, die immer bereit sein wird, ihrem Leithammel in jede Phantasterei zu folgen. Ich für mein Teil hielte es für viel schöner, mit der großen Welt der Religionen soweit wie möglich Frieden zu schließen. Das kann einem einzelnen Menschen dann leicht fallen, wenn ihn seine vorurteilslose Arbeit in Wissenschaft und Logik zu Konklusionen geführt hat, die den traditionellen Dogmen nicht widersprechen. Leider ist dieser Fall die Ausnahme; und deshalb machen die sich schuldig, die darauf aus sind, die Grenzen der Kirche gegenüber der großen Gruppe der gebildeten und selbständig denkenden Menschen so eng wie möglich zu ziehen, während doch die Religion vieler aus dieser Gruppe rein und unbefleckt besteht (und das anzuerkennen wären jene verpflichtet). Sicherlich wird eine neue Generation Zeuge einer durchgreifenden Reform in dieser Hinsicht sein.[9] Es wird also nicht erlaubt sein, diese Kirchen für die kommende Zeit permanent dem Gelächter preiszugeben. Für die Religion sind viele Dinge von wesentlicher Bedeutung, die man doch nicht erzwingen sollte: Das Gesetz der Liebe ist keine Regel, die mit Androhung von Gewalt durchgesetzt werden kann. Ich gebe also zu, daß nach meiner Auffassung Wunder zu einer echten Religion völlig klar als integraler Bestandteil hinzugehören. Dies zu betonen ist aber nicht halb so wichtig wie die Sammlung beinahe aller Menschen, die einen klaren Verstand mit intellektueller Integrität vereinigen, in der Gemeinschaft der Liebe. Und wer seid Ihr denn, die Ihr immer noch mit Eifer darauf bedacht seid, die Kirchen klein und exklusiv zu halten? Zählt Ihr die großen Gelehrten und Heiligen zu Eurer Partei? Seid Ihr nicht auch von all den notorischen Schwindeleien – durch die Anhänger Mammons oder Ward McAllisters[10] – aufgehetzt, denen die Haltung einer Kirchen-Karyatide nichts als ein beachtlicher und vornehmer Gegenstand ist? Unter Euren Parteigängern sind außerdem viele, die Euch sofort verlassen werden, sobald sie durch Ausbildung nur ein wenig besser informiert sind; und das geht heutzutage sehr schnell.

Denen aber, die gegenwärtig von den Kirchen ausgeschlossen sind und die, getrieben von der leidenschaftlichen Kraft ihrer Religiosität, darüber sprechen, eine Kirche für die wissenschaftlich Gebildeten zu gründen, denen muß ein Mann meines Schlages sagen: Wenn Ihr könnt, wartet! Es wird nur noch wenige Jahre dauern; und wenn Ihr nicht warten könnt, dann viel Glück! Nur tut nun auf Eurer Seite eines nicht, zieht keine Grenzlinien, um die auszuschließen, die ein bißchen weniger glauben – oder, was noch schlimmer ist, um die auszuschließen, die ein bißchen mehr glauben – als Ihr selbst. Zweifellos hängt an den historischen Kirchen eine Menge Aberglaube; doch Aberglaube ist der Schmutz auf dem ehrwürdigen Fußboden des heiligen Gebäudes, und wer diesen Fußboden aufwischen will, der muß bereit sein, für diese Arbeit im Raum der Kirche auf die Knie zu gehen.[11]

Eine religiöse Organisation ist eine ziemlich nutzlose Sache, wenn es sich nicht um eine verschworene Gemeinschaft handelt, ein Regiment in jenem großen Heer, das es mit dem Leben aufnimmt: mit all seinen Freuden, im unerbittlichen Kampf zur Unterdrückung der Selbstsucht und um das Prinzip der Liebe zum Sieg zu führen. Dann gibt es Ernsthafteres zu überlegen, als sich mit der Formulierung der Kriegsartikel abzugeben. Tritt in die Reihe und folge Deinem Herrn[12]. Behalte Deine eine und alleinige Zielsetzung beständig im Blick, und Du kannst Dir selbst das Erreichen Deines einzigen Wunsches versprechen: den Lauf des Wagens der erlösenden Liebe zur Eile anzutreiben!

10. [Auszug aus:]
Antwort auf die Nezessitaristen.
Erwiderung auf Dr. Carus*

§ 25. Eines der architektonischen Merkmale meiner Theorie[1] – und sie wird vermutlich aus diesem Grund von Dr. Carus als höchst tadelnswert angesehen – ist dieses: Statt sofort zu sagen, welche Elemente mir als erklärungsbedürftig auffallen und welche nicht – was seine Vorgehensweise zu sein scheint –, habe ich lange Zeit auf das Studium der gesamten Logik der Erklärung und der Geschichte von Erklärungen verwandt; und gestützt auf die dabei festgestellten allgemeinen Prinzipien, habe ich meine Schlüsse gezogen bezüglich dessen, was erklärt und was nicht erklärt werden muß.

Dr. Carus definiert *Erklärung* als die Beschreibung eines besonderen Vorgangs in der Natur, und zwar in der Weise, daß dieser Vorgang als eine Transformation erkannt wird. Damit bin ich nicht ganz einverstanden. Erstens kann ich nicht akzeptieren, daß „besondere Naturvorgänge" das einzige sind, was erklärt werden muß. Wenn ich zum Beispiel auf einen Herrn träfe, der allen Anforderungen der guten Gesellschaft peinlich genau zu entsprechen schiene, außer daß er bei einer Abendgesellschaft eine smaragdgrüne Satinweste trüge, so läge ein erklärungsbedürftiger Fall vor, obwohl es sich nicht um einen „besonderen Naturvorgang" handelte. Zweitens kann ich nicht akzeptieren, daß eine Erklärung die Beschreibung der erklärten Tatsache ist. Es stimmt zwar, daß es im Falle einiger Erklärungen geschickt ist, die erklärte Tatsache neu zu formulieren, um sie in einen anderen Blickwinkel zu bringen; aber selbst für diese Fälle ist die Darstellung *anderer* Tatsachen wesentlich. In jedem Fall sind es die – normalerweise hypothetischen – *anderen Tatsachen*, die die Erklärung ausmachen; und der Erklärungsprozeß besteht darin, daß gezeigt wird, wie – aufgrund eines allgemeinen Prinzips oder auf andere Weise – die zu erklärende Tatsache aus den anderen Tatsachen folgt. Insofern erfordert etwa der „besondere Naturvorgang" eine Erklärung, daß sich der Planet Mars im allgemeinen auf einer Fixsternbahn von Westen nach Osten und dennoch zeitweise rückwärts bewegt, so daß er Schleifen am Himmel zieht. Die Erklärung dafür ist, daß der Mars sich annähernd auf einer Kreisbahn bewegt und wir auf einer anderen. Ebenso ist behauptet worden, daß in Europa auf einen warmen Frühling ein kühler Herbst folgt, und dafür wurde als Erklärung angeboten, daß während eines warmen Frühlings sehr viel mehr Eisberge als üblich freigesetzt werden, die dann in der Folge die Temperatur in Europa merklich absenken. Es spielt hierbei keine Rolle, ob die Tatsache und ihre Erklärung zutreffen oder nicht. Das Beispiel macht auf jeden Fall deutlich, was ich sagen will: Eine Erklärung ist eine besondere Tatsache, aus der, vermeintlich oder tatsächlich, die zu erklärende Tatsache als Konsequenz folgt. Drittens kann ich nicht akzeptieren, daß jede Beschreibung, die die beschriebene Tatsache als eine Transformation betrachtet, eine Erklärung ist; und noch weniger, daß „sie vollständig und erschöpfend ist". Ein Zauberer verwandelt eine Uhr in eine Taube. Heißt, diese Transformation zu erkennen, auch, den Trick zu erklären? Das wäre ja wunderbar einfach. Wenn man die Verwandlung einer Raupe in einen Schmetterling als eine Transformation beschreibt, wird sie dadurch erklärt? Viertens kann ich nicht akzeptieren, daß jede Erklärung die erklärte Tatsache als eine Transformation beschreibt. Die Erklärung für die Schleifen in den Umlaufbahnen des Mars ist nicht von dieser Art. Aber ich sehe gern in Dr. Carus' Definition den mehr oder weniger erfolgreichen Versuch, eine der großen Aufgaben wissenschaftlicher Forschung zu formulieren, nämlich die, wie die Kluft zwischen dem Bekannten und Unbekannten überwunden werden kann.

Genaugenommen ist es so, daß eine *Erklärung* ein komplexes Prädikat oder eines, das unwahrscheinlich oder außergewöhnlich zu sein scheint, durch ein einfaches Prädikat ersetzt, aus dem das komplexe gemäß bekannten Prinzipien folgt. In ähnlicher Weise ersetzt ein *Grund*, in einem Sinne des Wortes, ein mehrgliedriges Subjekt eines Beobachtungssatzes durch ein allgemeines Subjekt, das durch genau die Bedingungen einer spezifischen Erfahrung dem mehrgliedrigen Subjekt zugeschrieben werden kann.[a] [2] Solch einen Grund kann man eine Erklärung im weiteren Sinne nennen.

[a] Dr. Carus sagt in *Ursache, Grund und Zweck* mit Recht, daß *Gründe* im strengen Sinne durch Induktion entdeckt werden. Meist wird

Dementsprechend ist es allein die Übereinstimmung [coincidence], die erklärt werden muß.

Deshalb sage ich, daß Gleichförmigkeit oder Gesetz den Sachverhalt *par excellence* darstellen, der nach Erklärung verlangt. Und Dr. Carus gibt zu, daß dies „vollkommen richtig ist".

Ich kann mir allerdings kaum etwas vorstellen, das von der Wahrheit weiter entfernt wäre als seine Aussage, daß „das einzige in der Welt, über das wir weder Rechenschaft ablegen können noch sollen, die Existenz der Tatsachen selber ist". Ich würde im Gegenteil behaupten, daß die Existenz der Tatsachen das einzige ist, worüber wir Rechenschaft geben müssen. In der Welt der Träume mag man sich allen möglichen überspannten Formen hingeben, ohne daß man zur Verantwortung gezogen würde; aber wenn dasselbe in der Welt der realen Existenz versucht wird, muß man damit rechnen, daß solches Verhalten überprüft wird. Sollte Dr. Carus allerdings erwidern, daß ich nur die Bedeutung des „allgemeinen Seienden" [being in general], das er für nicht erklärungsbedürftig hält, mißverstehe, dann entgegne ich, daß es sich hierbei einfach um einen Ausdruck von Skeptizismus bezüglich der Möglichkeit und Notwendigkeit von Philosophie handelt. In gewisser Hinsicht ist meine Theorie der Realität – nämlich Realität als die dynamische Reaktion bestimmter Formen auf den Gemeingeist[3] zu verstehen – ein Erklärungsvorschlag dafür, was allgemein Seiendes [being in general] bedeutet; und die Bemerkung sei gestattet, daß es der Gemeingeist selber ist, dessen Seinsweise erst durch diese Erklärung auf eine idealistische Basis gestellt wird.

Zufall [chance] oder Unregelmäßigkeit – das heißt das Fehlen jeder Übereinstimmung – verlangt meines Erachtens keine Erklärung. Wenn ein *Gesetz* nach einer bestimmten Erklärung verlangt, was Dr. Carus zugibt, so

anerkannt, daß *Ursachen* nur durch hypothetisches Schließen gefolgert werden können.

bedarf sicherlich das bloße Fehlen eines Gesetzes ebensowenig einer weiteren Erklärung wie das bloße Fehlen von besonderen Umständen, die ihr Ergebnis mit Notwendigkeit herbeiführen. Eine Erklärung ist das Begreifen einer Tatsache als eines notwendigen Ergebnisses, wodurch dem Rechnung getragen wird, was sich in ihr als Übereinstimmung darstellt. Es wäre höchst absurd zu fordern, daß dem Fehlen jeder definitiven Eigenschaft Rechnung getragen werden muß, so als ob es sich dabei um ein besonderes Phänomen handelte – nur weil die Unvollkommenheit der Sprache uns zu dieser Ausdruckweise verleitet. Deshalb ist Dr. Carus' Auffassung, daß „der Zufall genauso der Erklärung bedarf wie alles andere", völlig unbegründet – eine Auffassung, die sich, soweit ich sehe, auf kein Prinzip stützt, das sich verteidigen läßt.

Ähnlich vorschnell ist sein häufig wiederholter Einwand, daß mein absoluter Zufall etwas Letztes und Unerklärbares sei. Ich gehe dabei auf ein derart unregelmäßiges Chaos zurück, daß das Wort Existenz diesem anfänglichen Zustand des Seienden genaugenommen nicht zugesprochen werden kann; damit ist eine Region erreicht, in der der Einwand bezüglich letzter Ursachen seine Wirkung verliert. Aber ich mache dort nicht halt. Selbst dieses Nichts[4], obwohl es dem unendlich entfernten absoluten Anfang der Zeit vorausgeht, wird auf ein noch rudimentäreres Nichts zurückverfolgt, in dem es keine Vielfalt, sondern nur unendliche Spezifizierbarkeit gibt; und diese ist nichts anderes als eine Tendenz zur Verschiedenartigkeit des Nichts, während das Nichts das bleibt, was es vorher war. Gibt es hier ein Letztes, dem widersprochen werden kann? Der Einwand gegenüber einem Letzten besteht darin, daß durch die Bestimmung eines Phänomens als eines solchen, bei dem – entgegen dem Postulat oder der Hoffnung der Logik – die Fragen enden müssen, auf dem Weg der Forschung ein Hindernis errichtet wird. Aber welche Frage, die irgendeinen Sinn machen kann, verbiete ich denn durch meinen absoluten

Zufall? Wenn die Frage darauf zielt, einen theologischen Rückhalt oder eine rationale Voraussetzung für das Chaos zu fordern, so entspricht dem meine Theorie völlig. Das Chaos ist ein Zustand intensivsten Fühlens [feeling], und weil Erinnerung und Verhaltensgewohnheit völlig fehlen, ist es dennoch reines Nichts. Fühlen existiert nur, soweit es mit anderem Fühlen verschmelzen kann. Nun wird das Verschmelzen des Fühlens mit dem umfassenden Ganzen des Fühlens allein durch die Reflexion und zu einem späteren Zeitpunkt erreicht. Für sich selbst genommen ist es deshalb nichts; doch in Bezug auf das Ende ist es alles.

Noch weniger begründet ist Dr. Carus' Anspruch, daß die Mehrfachbestimmtheit[5] – das, was ich unter Zufall verstehe – durch seine eigene philosophische Methode eine Erklärung finden kann. Natürlich kann er eine Einzelheit durch eine andere erklären; aber die Bestimmtheit selbst zu erklären verlangte, daß gezeigt würde, ein bestimmtes Prädikat sei eine notwendige Konsequenz eines Prädikats der Gattung oder ein Ganzes sei ohne Mehrdeutigkeit ein Teil seines Teils. Der Leser möge an diesem Punkt bemerken, daß der Zufall, ob absolut oder nicht, keineswegs bloß das Produkt unserer Unwissenheit ist. Es ist die Mannigfaltigkeit und Vielfalt der Dinge und Ereignisse, die durch kein Gesetz verhindert wird; und es ist realer Zufall, worauf die kinetische Theorie der Gase und die Lehre der politischen Ökonomie beruhen. Zu sagen, daß er nicht absolut sei, läuft auf die Behauptung hinaus, der Zufall – diese Mannigfaltigkeit, diese Bestimmtheit – könne als Konsequenz aus einem Gesetz erklärt werden. Das aber ist, wie wir gesehen haben, logisch absurd.

Dr. Carus erkennt an, daß absoluter Zufall „nicht unvorstellbar ist". Der Zufall selbst ist es, der in alle Sinnesbahnen einströmt: Er ist das aufdringlichste unter allen Dingen. Daß er absolut ist, ist dabei die offenkundigste aller intellektuellen Wahrnehmungen; und daß er ein lebendiges und bewußtes Sein hat, das abzuleugnen sind nicht einmal all die Dummheit und Dreistigkeit fähig, die schließlich zu einem reflektierenden Selbst hinzugehören.

Fast genauso unbedacht ist der Einwand, der absolute Zufall könne niemals Ordnung hervorbringen. Ich habe an anderer Stelle[6] auf die historische Unkenntnis dieses Einwands aufmerksam gemacht. Muß ich erneut wiederholen, daß die Tendenz, Verhaltensgewohnheiten auszubilden, die selbst eine Verhaltensgewohnheit darstellt, *eo ipso* die Tendenz hat zu wachsen[7], so daß nur ein äußerst schwacher Keim erforderlich ist? Ein Realist, wie ich es bin, sieht keine Schwierigkeit in der Annahme, daß der erste, infinitesimal geringe Keim der Verhaltensbildung [habit-taking] durch Zufall erzeugt wird, vorausgesetzt nur, daß der Zufall überhaupt als handlungsfähig gilt. Auf den ersten Blick scheint es so, als würde damit irgend etwas als ein Zufalls-Ergebnis erklärt. Aber die genaue Analyse wird zeigen, daß dem nicht so ist.

Ganz ähnlich liegt der folgende Fall: Wenn ein kluger Kopf, der mir schon dadurch die Ehre gibt, daß er meine Spekulationen überhaupt zur Kenntnis nimmt, den Einwand macht, ich käme jedenfalls nicht umhin, dem Gesetz absolute Geltung zuzuschreiben, denn die von mir vorgeschlagene universale Tendenz zur Verhaltensbildung sei selbst ein Gesetz, dann muß ich gestehen, daß ich in diesem Einwand nur Worte ohne Gedanken erkennen kann. Ich gebe zu, daß das Wort Gesetz geeignet ist, diese Tendenz zu beschreiben; aber gibt es denn keinen Unterschied zwischen einem Gesetz, dessen Wesen in seiner Unverletzlichkeit besteht (dies ist die nominalistische Vorstellung des mechanischen Gesetzes, dessen Sein, wie sie sagen, in seiner Wirkung besteht), und jenem geistigen Gesetz, zu dem wesentlich seine Verletzung gehört, so daß es ohne diese Verletzung zu existieren aufhörte? In meinem Essay „Das Gesetz des Geistes“ habe ich dieses Gesetz beschrieben.[8] Indem ich dies tat, habe ich die Tendenz zur Verhaltensbildung wohl zu einem Gesetz gemacht, aber nicht zu einem absoluten; und so entgehe ich ohne Zweifel dem Widerspruch, den man mir unterstellt.[9]

§ 26. In meinem Angriff auf „Die Lehre der Notwendigkeit“[10] habe ich vier positive Argumente für die Überzeugung von der Realität des Zufalls vorgebracht. Es waren die folgenden:

1. Die allgemeine Dominanz von Wachstum, die der Erhaltung der Energie entgegengesetzt zu sein scheint.
2. Die Vielfalt des Universums, die zufällig und offensichtlich unerklärbar ist.
3. Gesetze, die nach Erklärung verlangen, müssen, wie alles, was erklärt werden soll, durch etwas anderes erklärt werden, nämlich durch Nicht-Gesetz oder realen Zufall.
4. Gefühl [feeling] hat so lange keinen Platz, wie an der Erhaltung der Energie festgehalten wird.

In einem kurzen Gespräch mit meinem Freund machte dieser die Bemerkung (und wenn es ein unüberlegtes Zugeständnis war, will ich ihn natürlich nicht darauf festlegen), daß die Theorie des Tychismus einige verlockende Eigenschaften habe, ihre Schwäche liege jedoch im Fehlen von positiven Gründen zu ihren Gunsten. Ich schließe daraus, daß ich die vier oben angeführten Argumente nicht richtig dargestellt habe, und will deshalb noch einmal auf sie aufmerksam machen, besonders auf ihre Beziehungen untereinander.

Mathematikern ist das Theorem vertraut, daß für ein System von Teilchen, das allein ortsabhängigen Kräften ausgesetzt ist, folgendes gilt: Würden zu irgendeinem Zeitpunkt alle Geschwindigkeiten, ohne ihren Betrag zu ändern, plötzlich umgekehrt werden, so würde sich die gesamte vorherige Geschichte des Systems in entgegengesetzter Reihenfolge wiederholen. Werden Physiker mit einem Phänomen konfrontiert, das nur in einer Richtung abläuft und niemals in der umgekehrten[11] – wozu es kein besseres Beispiel gibt als das Phänomen des Wachstums, denn niemand hat je davon gehört, daß ein Tier in ein Ei zurückgewachsen wäre –, dann suchen sie ihre Zuflucht bei den Gesetzen der Wahrscheinlichkeit, um sicherzustellen, daß die Geschwindigkeiten niemals in dieser Weise umgekehrt wirksam werden. Um mein Argument Nummer 1 zu verstehen, muß man mit dieser Methode, offensichtlichen Verletzungen des Gesetzes der Energieerhaltung zu entgehen, recht vertraut sein. Zum Beispiel scheint aus dem Gesetz der Energieerhaltung zu folgen (und aufgrund der anerkannten Theorie des Lichts ist es auch so), daß bei einem Prisma oder Gitter, das weißes Licht in ein Spektrum zerlegt, die Farben des Spektrums, wenn sie im gleichen Winkel und gleichen Verhältnis auf das Prisma oder Gitter fallen, wieder zu weißem Licht gebündelt werden; und jeder weiß, daß dies tatsächlich geschieht. Dennoch besteht die übliche und vorherrschende Wirkung von Prismen und Gittern darin, Farbspektren zu erzeugen. Warum? Offensichtlich deshalb, weil es nach den Prinzipien der Wahrscheinlichkeit selten geschehen wird, daß farbiges Licht von verschiedenen Richtungen so konvergiert, daß es in genau dem richtigen Winkel und in genau der richtigen Proportion wieder zu weißem Licht gebündelt wird. Ebenso verhält es sich, wenn Physiker dem Phänomen des Reibungs-und Viskosewiderstandes eines bewegten Körpers begegnen. Obwohl nach ihrer Lehre der bewegte Körper beschleunigt würde, wenn sich die Moleküle mit der gleichen Geschwindigkeit in entgegengesetzte Richtungen bewegten, sagen sie dennoch, daß gemäß den Gesetzen der Wahrscheinlichkeit, hier angewandt auf die Billionen betroffener Moleküle, es praktisch ausgeschlossen ist, daß dies geschieht. Wenn ich mich auf den Zufall berufe, so tue ich also nichts anderes, als der üblichen Methode der Physiker zu folgen, um offensichtliche Verletzungen des Gesetzes der Energieerhaltung zu erklären, wie sie durch das Phänomen des Wachstums auftreten: Statt von Zufall zu sprechen, wie sie es verstehen, berufe ich mich auf absoluten Zufall. Lange Monate hindurch habe ich versucht, den Daten in dieser Frage durch den gewöhnlichen *quasi*-Zufall gerecht zu werden, aber es sollte nicht gelingen. Ich bin davon überzeugt, daß – in der Weite des Universums betrachtet – ein Simulieren einer gegebenen elementaren Wirkungsweise kaum anders erklärt werden kann als durch die Annahme, daß irgendwo die echte Wirkungsweise ihren Ort hat. Wenn es unwahrscheinlich ist, daß farbiges Licht gerade so zusammentrifft, daß es einen weißen Lichtstrahl ergibt, ist es dann nicht in gleicher Weise eine ganz außerordentliche Sache, daß alle Strahlen auf solche Weise entstehen, daß daraus ein weißer Lichtstrahl hervorgeht? Wenn es unglaublich ist, daß Billionen Moleküle einen festen Körper, der sich in einer Flüssigkeit bewegt, so treffen, daß er beschleunigt wird, ist es dann nicht wunderbar, daß Billionen von Billionen gleichartiger Moleküle jemals in der Weise getrennt auftreten, daß sie einen Zustand schaffen, in dem sie praktisch mit Sicherheit den Körper aufhalten werden? Es ist keineswegs leicht zu verstehen, wie rein ortsabhängige Kräfte jemals solche riesigen Ansammlungen gleichartiger Atome hervorgebracht haben können, woraus nach unserer Auffassung jede Gasmenge besteht und womit wir die offensichtliche Verletzung des Gesetzes der Energieerhaltung beim Phänomen der Viskosität des Gases erklären. Es macht keine Schwierigkeit zu verstehen, wie Schwefelsäure auf Marmor reagiert und sich eine Häufung von Kohlensäureanhydrid-Molekülen bilden kann, denn es finden sich ähnliche Häufungen in der Säure und im Marmor; doch wie sind beim ersten Mal solche Häufungen zustande gekommen? Ich will nicht soweit gehen zu behaupten, daß dies offenkundig unmöglich ein Ergebnis allein von ortsabhängigen Kräften sein kann; aber ich sage in der Tat, daß wir nicht umhin können anzunehmen, daß die simulierte Verletzung des Energiegesetzes einer realen Verletzung desselben Gesetzes als seiner letzten Erklärung bedarf. Nun, Wachstum *scheint* das Gesetz der Energie zu verletzen. Um dies zu erklären, müssen wir zumindest einen simulierten oder *quasi*-Zufall annehmen, wie ihn Darwin bemüht, um seine zufälligen Abweichungen von der strikten Vererbung zu erreichen.

Es mag sein, daß dabei keine reale Verletzung des Gesetzes und keine reale Wirkung des Zufalls erfolgt; doch selbst wenn sich nichts dergleichen im unmittelbaren Phänomen findet, können die Bedingungen, von denen das Phänomen abhängt, durch etwas anderes als durch realen Zufall verursacht worden sein? Noch einmal, es ist denkbar, daß das Gesetz der Erhaltung der Kräfte nicht mit absoluter Genauigkeit gilt und daß es dennoch keinen absoluten Zufall gibt. Ich denke aber, daß soviel dafür getan worden ist, das Gesetz der Erhaltung der Kräfte auf das Niveau der anderen Gesetze der Mechanik zu bringen, daß man dann, wenn die Genauigkeit des einen ernsthaft bezweifelt wird, auch geneigt ist, dies im Falle der anderen zu tun.

Nebenbei bemerkt, nur wenige Psychologen werden die besonders enge Verbindung leugnen, die zwischen dem Gesetz oder *quasi*-Gesetz des Wachstums und dem Gesetz der Verhaltensgewohnheit zu bestehen scheint; und letzteres ist das hauptsächliche, wenn nicht (wie ich meine) das einzige Gesetz geistigen Handelns. Nun scheint sich dieses Gesetz der Verhaltensgewohnheit in seiner allgemeinen Form ziemlich radikal von mechanischen Gesetzen zu unterscheiden, sofern seine Wirksamkeit sofort aufhörte, würde es streng befolgt; denn in diesem Fall würden alle Verhaltensgewohnheiten augenblicklich so fixiert, daß kein Raum für die weitere Ausbildung von Gewohnheiten bliebe. In dieser Hinsicht also scheint das Wachstum eine positive Verletzung des Gesetzes anzuzeigen.

Wir wollen nun Argument Nummer 3 untersuchen, und man achte darauf, wie Nummer 1 dadurch verstärkt wird. Es gibt physikalische Gesetze, die völlig unterschiedlich zu sein scheinen und dennoch überraschende Analogien aufweisen. Die elektrische Kraft scheint polar zu sein, doch in Franklins unitarischer Fluidum-Theorie[12] verschwindet ihre Polarität: Denn nach dieser Auffassung ist Elektrizität eine abstoßende Kraft. Die Gravitation ist nun aber eine Anziehung und deshalb wesentlich verschieden von der Elektrizität. Dennoch verändern sich beide umgekehrt proportional zum Quadrat des Abstands. Ähnlich verhält sich die Strahlung, und zwar nach derselben Formel. In diesem letzten Fall folgt die Formel in einer Hinsicht aus der Energieerhaltung; in anderer Hinsicht resultiert sie aus dem Prinzip der Wahrscheinlichkeit, und sie gilt in gewisser Hinsicht dann nicht, wenn das Licht durch eine Linse ohne sphärische Aberrationen gebündelt wird. Aber weder die Energieerhaltung noch das Wahrscheinlichkeitsprinzip scheinen irgendeine Erklärungsmöglichkeit zu bieten, wie diese Theorie auf Gravitation oder Elektrizität angewandt werden kann. Wie aber sollen dann solche Analogien erklärt werden? Das Gesetz der Erhaltung der Energie und das der Dauerhaftigkeit der Materie weisen eine so augenfällige Analogie auf, die manch einen großen Denker dafür blind gemacht hat, wie radikal verschieden sie ihrem Wesen nach sind. Das Gesetz der gleichen Aktion und Reaktion wiederum ist oft als Gesetz der Impulserhaltung beschrieben worden. Trotzdem ist jenes nicht nur ein selbständiges Gesetz, sondern diesem sogar entgegengesetzt, sofern nach dem Gesetz der gleichen Aktion und Reaktion nur die algebraische Summe entgegengesetzter Impulse „erhalten wird".[b] Wie ist diese augenfällige Analogie zwischen drei fundamentalen Gesetzen zu erklären? Man bedenke auch die noch offensichtlichere Analogie zwischen Raum und Zeit. Newton[13] argumentiert, die Gesetze der Mechanik seien der Beweis dafür, daß Raum und Zeit absolute Entitäten seien. Leibniz[14] dagegen hält sie für Naturgesetze. Jede dieser Auffassungen macht eine Erklärung der Analogie zwischen Raum und Zeit erforderlich, und die kann nicht so gegeben werden, daß auf die Unmöglichkeit von Bewegung ohne jene Analogie reflektiert wird. Kants[15] Theorie

[b] Die Erhaltung eines Wirbels, die aus der Beibehaltung einer bestimmten gleichartigen Bewegungsart derselben Teilchen besteht, obwohl durch das Zusammenwirken weiterer Gesetze zustande gekommen, ist der Form nach völlig anders.

scheint die Möglichkeit einer Erklärung anzudeuten, daß beide, Raum und Zeit, aus der Natur desselben Geistes stammen. Drei beliebige orthogonale Richtungen[c] im Raum entsprechen sich immer genau, aber dynamisch gesehen sind sie unabhängig.

Diese Dinge verlangen eine Erklärung; doch sie können nicht erklärt werden, wenn die Gesetze in einem fundamentalen Sinn ursprünglich und absolut gelten.

Vielmehr verlangt das Gesetz selber nach einer Erklärung. Wie kann es aber erklärt werden, wenn es in diesem fundamentalen Sinne ursprünglich und absolut gilt, wie man allgemein annimmt? Wenn es allerdings nicht in dieser Weise absolut gilt, dann gibt es solch ein Phänomen wie den absoluten Zufall.

Folglich ist der Zufall, wie ihn das Wachstum verlangt, dann als absolut zu denken und nicht als *quasi*-Zufall.

Wir wollen nun Argument Nummer 2 in die Überlegungen einbeziehen. Die Vielfalt des Universums, soweit sie in der Unähnlichkeit zwischen den Dingen besteht, bedarf keiner Erklärung. Aber sofern sie allgemeinen Charakters ist, sollte sie erklärt werden. Die Mannigfaltigkeit oder Mehrfachbestimmheit[16] allgemein, die wir sehen, wann und wo immer wir unsere Augen öffnen, macht die Lebendigkeit oder Lebhaftigkeit des Universums aus; und ihre Wahrnehmung ist eine direkte, wenn auch verdunkelte Wahrnehmung Gottes.[17] Einer weiteren Erklärung in dieser Richtung bedarf es nicht. Die Frage aber ist, ob diese Mehrfachbestimmtheit von Anfang an im Universum angelegt war, ob also Gott das Universum vor unendlich langer Zeit geschaffen und es seither seinem eigenen Mechanismus überlassen hat oder ob es ein unablässiges Einströmen von Bestimmtheit gibt. Einige von uns denken evolutionistisch, das heißt: Das überall vorhandene Wachs-

[c] Von Richtungen zu sprechen geschieht unter der Voraussetzung der Hypothese Euklids, daß die Winkel eines Dreiecks gleich zwei rechten Winkeln sind.

tum, dessen Fortgang nur hier und da unterbrochen zu sein scheint, macht auf uns einen solchen Eindruck, daß nach unserer Auffassung das Universum als ganzes, soweit von einem Ganzen überhaupt etwas vorgestellt oder logisch gedacht werden kann, als im Wachsen vorgestellt werden muß. Andere dagegen sagen, Teile des Universums simulierten zwar ein Wachstum in Intervallen, doch real und im ganzen gesehen gebe es kein Wachstum – keinen Übergang von einem einfacheren zu einem komplexeren Zustand der Dinge, keine Zunahme an Mannigfaltigkeit.

Mein Argument besteht nun darin, daß wir gemäß den Prinzipien der Logik niemals berechtigt sind zu schließen, irgend etwas sei absolut unerklärbar und unverstehbar. Denn eine solche Schlußfolgerung geht über das hinaus, was direkt beobachtet werden kann; und wir haben kein Recht, auf etwas zu schließen, das unsere Beobachtungen übersteigt – es sei denn, daß dadurch erklärt oder verständlich gemacht wird, was wir beobachten. Doch indem man von Unerklärbarkeit und Unverstehbarkeit spricht oder irgendetwas so bezeichnet, wird gerade nichts erklärt oder verständlich gemacht. Nun zu behaupten, daß es in der Natur keinen Prozeß der Vervielfältigung gebe, läßt die Frage nach der unendlichen Mannigfaltigkeit der Natur unbeantwortet. Demgegenüber ist die These, daß die Mannigfaltigkeit das Ergebnis einer allgemeinen Tendenz zur Vervielfältigung sei, ein Schluß aufgrund klarster Logik und Wahrscheinlichkeit. Angenommen, es gäbe eine Tendenz zur Vervielfältigung, was wäre die Folge? Zweifellos ein hohes Maß an Mannigfaltigkeit. Aber dies ist es ja gerade, was wir in der Natur vorfinden. Es ist zwecklos, die Frage in der Weise zu beantworten, daß es Mannigfaltigkeit gibt, weil Gott es so geschaffen hat; denn wir können nicht wissen, was Gott tun würde, noch können wir in seinen Ratschluß eindringen. Wir sehen, was Er wirklich *tut*, und sonst nichts. Aus dem gleichen Grund kann man die Existenz Gottes nicht logisch erschließen[18]; man kann Ihn nur durch direkte Wahrnehmung kennen.

Es muß festgehalten werden, daß eine allgemeine Tendenz zur Vervielfältigung die Mannigfaltigkeit in ihren bestimmten Eigenschaften nicht erklären kann; und das ist auch nicht erforderlich. Auch kann eine solche Tendenz nicht irgendeine bestimmte Tatsache erklären. Jeder Versuch, das Prinzip auf diese Weise anzuwenden, wäre völlig unlogisch. Aber es kann dazu dienen, universale Tatsachen zu erklären, so wie der quasi-Zufall gewöhnlich statistische Fakten erklärt. Die Mannigfaltigkeit der Natur aber ist eine universale Tatsache.

Die Mannigfaltigkeit zu erklären heißt, hinter das Chaos zurückzugehen bis zum ursprünglichen, unentfalteten Nichts. Die Fähigkeit zur Vervielfältigung[19] war darin der erste Keim.

Argument Nr. 4 habe ich bezüglich seines negativen Aspekts in meiner „Untersuchung der Lehre der Notwendigkeit"[20] ausführlich genug dargestellt. Die mechanische Kausalität, wird sie absolut verstanden, läßt keinen Raum für die Aktivität des Bewußtseins in der Welt der Materie; und wenn die Welt des Geistes lediglich eine Kopie der Welt der Materie ist, dann kommt dem Bewußtsein selbst im geistigen Bereich keinerlei Wirkung zu. Unsere Darstellung der Dinge würde folglich besser ausfallen, wenn wir die geistige Seite außer Betracht ließen. Der positive Teil des Arguments dagegen ist verstärkt Gegenstand der späteren Aufsätze. Es wird gezeigt, was getan werden kann, um das Bewußtsein als wirksamen Faktor im Universum wieder einzuführen, wenn der Tychismus einmal akzeptiert ist. Diese Überlegungen sollten sich für Dr. Carus ganz von selbst empfehlen, denn er selber macht ja deutlich, wie empfänglich er für diesen bedeutenden Aspekt in der Aufgabe der Wissenschaft ist: Spaltungen zu überwinden. Doch aus den gerade angeführten Gründen kann das Bewußtsein nicht ohne den Tychismus wieder eingeführt werden, noch ist die Aufgabe dadurch zu bewältigen, daß man dem Geist eine okkulte Kraft zuschreibt, wie dies in zwei Theorien geschieht, die im folgenden Abschnitt noch zu behandeln sind. Wie nicht anders zu erwarten (und eine solche Annahme kann in der Metaphysik kaum widerlegt werden), ist es der Synechismus, der notwendig ist, um diese Spaltungen zu überwinden. Angenommen, Materie sei nichts anderes als Geist unter der Sklaverei einer tiefeingewurzelten Verhaltensgewohnheit, so bleibt das Gesetz des Geistes auch für die Materie in Kraft. Entsprechend diesem Gesetz geht das Bewußtsein zurück, sobald sich eine Verhaltensgewohnheit bildet, und es erwacht erneut, wenn die Verhaltensgewohnheit zerbricht. Geist in seiner höchsten Form aber ist verbunden mit einer ausgeprägten Bereitschaft, Verhaltensgewohnheiten zu bilden und sie wieder aufzugeben; und dies impliziert ein Ausmaß an Gefühl, das weder zu stark noch zu schwach ausfällt.

Ich habe oben[21] auf Dr. Carus' fragwürdige Haltung bezüglich des ersten Arguments aufmerksam gemacht. Im letzten Abschnitt bin ich auf seine versuchte Entgegnung zum zweiten Argument eingegangen. Auf das dritte erwidert er, daß das Gesetz durch das Prinzip vom zureichenden Grund seine Erklärung finden sollte. Doch ist völlig klar, daß sich dieses Prinzip einem Realisten, wie ich es bin, nicht empfehlen kann; schließlich ist dies nichts anderes als der schwache Versuch eines Nominalisten, sich aus seinen Schwierigkeiten herauszuwinden. Gründe erklären nichts, außer sie beruhen auf einer theistischen Hypothese, und die kann der Sehnsucht des Herzens zugeschrieben und den Menschen verziehen werden; in den Augen der Philosophen aber muß sie als höchst zweifelhaft erscheinen. Denn aus ihr würde folgen, daß Hinz und Kunz ihre Nase in die Ratschlüsse des Allerhöchsten stekken und ihre Vettern und Kusinen zusammen mit ihren Liebsten dazu einladen könnten, auf den ursprünglichen Weltentwurf des Allmächtigen[22] einen Blick zu werfen.

11. [Wissenschaft, Erfahrung, Gott]*

Was wir wirklich sehr gut kennen, das ist der Teil der modernen Wissenschaft, der seine Behauptungen durch erfolgreiche Voraussagen unter Beweis gestellt und das Antlitz der Welt zum Besseren verändert hat; strenggenommen hat diese Art Wissenschaft aber keinen Beitrag zu philosophischen Fragen geleistet. Sie befaßt sich mit Mechanik, Wärme, Elastizität, Licht, Elektrizität und mit den Dingen, die mit Hilfe von Mikroskop und Teleskop untersucht werden können, hat aber bisher, was schwerer zugängliche Gegenstände betrifft, nur eben mit ein paar Forschungen begonnen.

Obwohl die moderne Wissenschaft *als solche* keine Antworten auf philosophische Fragen gibt, lehrt sie uns doch Dinge, die für jeden von größter Bedeutung sind, der sich der Untersuchung philosophischer Fragen widmet. Sie hat uns beispielsweise gelehrt, wie Forschung zu betreiben ist. [...][1]

Wissenschaft wird in den Lexika als systematisiertes Wissen[2] definiert. Wird sie aber als eines der Lebenselemente der Zivilisation betrachtet, so ist Wissenschaft nicht so sehr durch Wissen charakterisiert als vielmehr durch das entschiedene *Verlangen* nach Wissen. Ist Wissenschaft ein lebendiger Vorgang, so muß sie wachsen, und um wachsen zu können, muß sie vom Geist der Forschung inspiriert sein; und das für diesen Geist der Forschung wesentlichste Element ist die schnelle Bereitschaft einzusehen, daß man im Irrtum war. Wer bei einer Fragestellung mit Ausdauer drauflosarbeitet, der wird – selbst unter den Bedingungen einer verkehrten Methode – seine Methode berichtigen, wenn er nur schnell genug sieht, daß er sich geirrt hat; und er wird schließlich sein Problem lösen, vorausgesetzt, daß genügend Zeit zur Verfügung steht. Die Wissenschaft hat keineswegs immer die richtigen Methoden verfolgt; aber wo und wann immer sie sich in einem vitalen Wachstumsprozeß befunden hat, war sie bereit, ihre Irrtümer zuzugeben.

Eines nun muß schwerwiegende Zweifel an der Richtigkeit von philosophischen Problemlösungen hervorrufen, sofern sie durch Priester und Philosophen der Öffentlichkeit vorgelegt werden, und das ist die Tatsache, daß ihre Verfechter sich nur in einer Sache wirklich einig sind: Jeder von ihnen ist sich dessen absolut sicher, daß er selbst recht hat und alle übrigen nicht.

Obwohl es nicht ausschlaggebend ist, daß die Forschungsmethode von Beginn an die richtige ist, als allgemeine Regel muß doch gelten, daß die Methode berichtigt wird, bevor die Problemstellung, auf die sie angewandt wird, ihre korrekte Lösung finden kann. Während wissenschaftliche Methoden in dieser Hinsicht durchaus recht vage sind, hat die Wissenschaft doch auch eine ganze Reihe von Forschungsmethoden ermitteln können, die sich als wahr herausgestellt haben. Und im Lichte dieser Ergebnisse – die durch ihre erfolgreiche Anwendung gründlich überprüft wurden – sind wir gezwungen festzustellen, daß die meisten Methoden, die für die Bearbeitung philosophischer Probleme zur Anwendung kamen, von äußerst geringem Wert sind. Das entspricht auch dem allgemeinen Urteil und findet seine Bestätigung darin, daß Wissenschaftler immer wieder mit Fragen konfrontiert werden, die nach ihrer Auffassung zwar wichtige Fragestellungen betreffen, zu deren Bearbeitung sie aber eingestandenermaßen über kein besonderes Wissen verfügen. Daß die Menschen sich in dieser Weise an die Wissenschaftler wenden, entspringt ihrem wohlbegründeten Vertrauen in die wissenschaftlichen Methoden; und insoweit sind diese Rückfragen auch nicht gänzlich falsch.

Die es aber unternommen haben, die philosophischen Konsequenzen der wissenschaftlichen Methode auszuformulieren, haben sich meist in einem großen Irrtum darüber befunden, worin jene wirklich bestanden hat. Ich denke dabei an Autoren wie Auguste Comte[3], John Stuart Mill[4], Herbert Spencer[5] und viele andere. Diese Denker haben genau erkannt, was die wissenschaftliche Methode vor allem vorschreibt: Wir sollen uns auf die Fakten stützen, auf Dinge, die für jeden Menschen erfahrbar sind, der sich ausreichend darum bemüht, Dinge, die Menschen mit offenen Augen und Ohren anzuerkennen gezwungen sind; und *so* verhält es sich auch. Aber Vorsicht vor übereilten Versuchen, dieses Prinzip mit aller Bestimmtheit zu formulieren. Denn gerade dadurch haben sich die Positivisten in Ansichten über die eigentliche Auffassung der wissenschaftlichen Methode verwickelt, von denen in vielem gelten muß, daß sie von der Wissenschaft so nie vertreten wurden oder daß sie sogar in direktem Widerspruch zu den Schlußfolgerungen und der wahren Methode der Wissenschaft stehen. In ihrem Bestreben, das Vertrauen der Wissenschaft auf die Fakten und damit den Gegensatz zur Methode wilder Spekulationen zu betonen, haben die Positivisten behauptet, das einzige, worin die Beobachtung der Wissenschaft fundiert sei, wie auch das einzige, woraufhin ihre Anstrengung, Wissen zu erlangen, gerichtet sei – tatsächlich das einzige, worin die Wahrheit sich gründe –, sei das reale *einzelne* Faktum, die *einzelnen* Fakten; und alles Allgemeine – alle Typen, Klassen, Gesetze und derartiges –, das alles seien, wie einige sagen, *bloße* Worte oder, wie wieder andere sagen, bloße Ideen; einig sind sich alle darin, daß es sich um bloße Nebensächlichkeiten handeln kann, die nur insoweit von Bedeutung sind, als sie uns zu den *einzelnen Fakten* führen.

Der reale Gegenstand ist der, der uns früher oder später dazu zwingt, ihn anzuerkennen. Wenn ein Schiffskapitän träumt, es sei da ein Felsen bei 30° Breite und 180° Länge, morgens dann auf die Seekarte schaut und dort keinen solchen Felsen eingetragen findet, dann wird er sich sagen: Oh, diese Vorstellung ist nicht *real*, sie ist bloß ein *Traum*; und er führt sein Schiff über diesen Punkt hinweg. Wenn es nun doch auf Grund läuft, so wird er sagen: „Obwohl ein Traum, war es doch auch *Realität*.“ Die Realität besteht in dieser *zwingenden* Kraft, dieser *Beharr-*

lichkeit, die früher oder später bestimmt dazu führt, daß man sie anerkennt. Ich gebe zu, sagt der Realist, daß diese zwingende Kraft in besonderem Maße Einzeldingen eignet, das heißt Dingen, die sich zu einem Zeitpunkt nur an einer Stelle befinden. Doch haben diese Dinge durchaus Eigenschaften, die von Gesetzen bestimmt sind und die, obwohl sie immer an Einzeldingen vorkommen, doch ihrer eigenen Natur nach nicht bloß einzelne Fakten sind. Man kann das Gesetz der universalen Gravitation nicht als ein einzelnes Faktum bezeichnen; noch immer besteht dieses Gesetz darauf, daß es bei allen, die Forschung betreiben, Beachtung findet und als *Realität* anerkannt werden muß. Zweifellos, so der Realist, enthält ein *Gesetz* Elemente von Denken. Auch kann nicht behauptet werden, daß Denken – wäre es niemals in einem konkreten Hier und Jetzt verkörpert – Realität besäße. Das wäre nicht die Art von Denken, dem lebendige Kraft eignet. Aber noch kraftloser wäre eine einzelne Sinneswahrnehmung, die nur sporadisch und völlig unregelmäßig auftritt. Also besteht die Realität im Gesetz, und sie ist in sich selbst von der Natur des Denkens, das im Einzelfall an ein Hiersein und Jetztsein gebunden ist. Das Reale ist Denken, aber ein Denken, das lebendig und beharrlich ist. [ ][+7]

Hierzu würde ich gerne ein einziges Beispiel anführen: Wie bekannt, wird Sir Isaac Newton[8] unter Wissenschaftlern in vollkommener Einmütigkeit und konkurrenzlos als ihr führender Kopf respektiert. Überlegungen zu den Grundsätzen der Geometrie und den Gesetzen der Bewegung führten Newton zu einem Schluß, der richtig oder falsch sein mag, der sich aber jedenfalls auf Beobachtungen und Tatsachen gründet. Sein Schluß war der, daß es solche Dinge wie Zeit und Raum als reale Entitäten gibt, und zwar unabhängig davon, was sie als Gefäße jeweils enthalten. Solch eine Vorstellung wird von den Nominalisten verhöhnt und ausgepfiffen, ohne darüber nachzudenken, daß es der Fehler ihres Systems ist, wenn es keinen Raum läßt für alle erdenklichen Konklusionen, für die es positive Zeugnisse gibt oder immerhin zu geben scheint. Eines von Newtons Argumenten war, daß es eine absolute Geschwindigkeit der Rotation geben müsse. Wir kennen Foucaults[9] Pendel[10], das als eine an einem langen Draht hängende Kanonenkugel konstruiert war, die dann über eine große Zeitspanne hinweg ununterbrochen schwingen würde. So pendelte sie auch in einer Ebene vor und zurück, und da war nichts, sie aus dieser Ebene herauszubewegen, es sei denn, die Richtung der Gravitation würde dies tun. Doch das Pendel bewegte sich *augenscheinlich* aus dieser Ebene heraus – immer in Kreisbewegungen in die Richtung, in die der Sternenhimmel sich zu bewegen scheint. Immer in Kreisbewegungen in genau dem Maß, in dem die Sterne in der Nachbarschaft des Zenits sich um diesen zu drehen scheinen – sagen wir: in unseren Breiten einmal in 36 Stunden. Nun entspricht dies gerade dem, wie es unter der Voraussetzung, daß die anerkannten Gesetze der Mechanik richtig sind und sich die Erde einmal in 24 Stunden um ihre Achse dreht, auch sein müßte; und zwar nicht bloß relativ zu anderen Dingen, sondern absolut gesehen. Soweit nach Newton. Denn obwohl seinerzeit noch keiner an Foucaults Erfindung gedacht hatte, war Newton das Prinzip der Mechanik bekannt, das beweist, daß Bewegung *nicht bloß etwas Relatives* ist. Es gibt so etwas wie absolute Bewegung und folglich so etwas wie absoluten Raum und absolute Zeit. Wiederum einer der größten, wenn nicht der größte Mathematiker dieses Jahrhunderts war Bernhard Riemann, obwohl einige der anerkannten Fachleute Gauß den ersten Platz zuerkennen würden.[11] Wie dem auch sei, diese *beiden* Autoritäten halten es für eine offene Frage, ob jede Art von absoluter Bewegung sich überhaupt für die Beobachtung darstellen läßt oder nicht – und in dieser Auffassung folgen ihnen alle modernen Geometer mit all ihren Ansprüchen auf Gründlichkeit. Angenommen, zwei Bälle

sind an den Enden eines elastischen Bindfadens befestigt, der gerade ist, ohne gespannt zu sein; und angenommen, diese beiden Bälle werden mit derselben Geschwindigkeit und im rechten Winkel zum Faden nach vorne geworfen. Dann, so sagen Gauß und Riemann, sind wir ohne dieses Experiment (oder irgendein dementsprechendes anderes) nicht in der Lage zu bestimmen, ob diese Bälle sich einander annähern oder sich voneinander entfernen würden. Kurz gesagt, diese *Wissenschaftler* arbeiten mit einer Art von Metaphysik, die die Entscheidung von Fragestellungen der Beobachtung überläßt. Im Falle dieser Bälle zeigt die gewöhnliche Beobachtung ohne Zweifel, daß dann, wenn die Bälle sich überhaupt einander annähern oder voneinander entfernen, dies sehr viel langsamer vor sich gehen wird, verglichen mit ihrer gemeinsamen Geschwindigkeit quer zum Faden.+[12] Doch was würden Sie sagen, wenn ich versicherte, daß es verschiedene gut bestätigte Tatsachen in unterschiedlichen Bereichen der Physik gibt, die bisher durch keine andere Theorie erklärt werden konnten, die aber eine ausgezeichnete Erklärung finden, wenn wir voraussetzen, daß sich diese beiden Bälle voneinander entfernen, würden sie nur so bewegt, wie wir angenommen haben; und was, wenn ich hinzufügen würde, daß unter dieser Voraussetzung ein Tatbestand hat deduziert werden können, von dem zu diesem Zeitpunkt nicht klar war, ob die Sache sich in Wahrheit so verhält, was aber durch Beobachtung seither hat nachgewiesen werden können; und daß eine Reihe anderer Voraussagen gemacht werden konnte, um dieses Ergebnis zu überprüfen, was wiederum notwendig ist, um bestimmte Experimente durchzuführen? Dies ist hier natürlich nicht der geeignete Ort, um wissenschaftliche Entdeckungen anzuzeigen. Diese sollten einem kompetenten Gremium zur Überprüfung vorgelegt werden. Aber wenn ich Ihnen versichern würde, daß meine Untersuchungen diesen Punkt erreicht hätten, ganz bestimmt würden Sie sagen: Führe unbedingt diese Experimente durch, die geeignet sind zu entscheiden, ob jene Voraussagen richtig sind. Doch die Nominalisten wünschen jedenfalls keines dieser Experimente. Sie entscheiden *im voraus*, daß es so etwas *nicht geben kann*. Das sagt ihnen ihre Metaphysik. Fragen wir, was sie zu Foucaults Experiment sagen: Beweist dies nicht die Realität der Erdrotation? „Nein", das bestreiten sie. Doch fragen wir: Folgt dies nicht konsequent und mit Notwendigkeit aus dem ersten Gesetz der Bewegung, daß ein Körper, bleibt er sich selbst überlassen, sich in einer geraden Linie und mit gleichmäßiger Geschwindigkeit vorwärts bewegt?[13] In ihrer Antwort darauf geben sie zu, daß die absolute Rotation der Erde durch Foucaults Experiment dann bewiesen wäre, wenn das erste Gesetz der Bewegung lautete: daß ein sich selbst überlassener Körper sich mit gleichmäßiger *absoluter* Geschwindigkeit vorwärts bewege; dies aber bestreiten sie, während sie damit einiggehen, daß die Gleichmäßigkeit der Bewegung nur relativ zu einem bestimmten, unbekannten und hypothetischen Körper gedacht werden kann, und den nennen sie Körper *alpha*. Wenn wir dann zu verstehen geben, daß dieser Körper *alpha* vielleicht nichts anderes ist als der absolute Raum, verbietet es ihnen wiederum ihre nominalistische Metaphysik, dies zu akzeptieren. *Alpha* muß ein gewöhnlicher Körper oder irgendein Stück Materie sein. Und es ist dieser Körper, der die Bewegung jedes anderen, sich selbst überlassenen Körpers bestimmt, und zwar mit derselben Wirkung auf alle Körper im ganzen Universum, seien sie von ihm weit entfernt oder in seiner Nähe. Dies ist ein gutes Beispiel dafür, wie der Nominalismus beständig dem Gang der Wissenschaft Steine in den Weg legt, gerade so, wie er es auch gegenüber der Religion tut, und das sieht dann wie ein ungeschickt getanzter Walzer aus.

Wie muß nun die Methode oder Logik der Forschung aussehen? Dieses Problem ist nachweislich zu lösen, sobald die folgende Maxime akzeptiert wird: Die Methode der Forschung soll so gestaltet sein, daß der Gang der Forschung nicht blockiert wird.[14] Denn Selbstsicherheit blokkiert den Weg der Forschung. Man darf nicht denken, man sei sich einer Sache völlig sicher – nicht einmal im Falle dieses Axioms selbst. Es darf nicht als absolutes Dogma gelten, wohl aber als eine brauchbare, gesunde und praktische Maxime. Es darf nicht etwa so verstanden werden, als würde es uns zu Skeptikern machen gegenüber unserer eigenen Existenz oder gegenüber der Gottheit über uns. Es *wird* uns aber zum Nachdenken darüber bringen, daß wir nicht in der Lage sind, mit Exaktheit auszumachen, was wir unter unserer eigenen Existenz verstehen sollen; und wenn wir unsere eigene Vorstellung davon analysieren könnten – wer weiß, vielleicht werden die Psychologen dazu einmal in der Lage sein –, dann werden wir wohl herausfinden, daß ein Teil unserer Vorstellung von unserer eigenen Existenz *nicht* ganz frei von Zweifeln gewesen ist; aber praktisch gesehen muß unsere Existenzvorstellung im wesentlichen richtig sein. In dieser Bescheidenheit des Geistes sollten wir auf die heiligsten Lehren von Religion und Moral eingehen. Für mich gilt beispielsweise, daß ich von der moralischen Notwendigkeit der Prinzipien der Toleranz und der Freiheit des Denkens fest überzeugt bin. Denn gegenüber Lehrmeinungen intolerant zu sein bedeutet, den Fortschritt der intellektuellen Entwicklung zu blockieren. Andererseits bin ich in gleicher Weise davon überzeugt, daß es bestimmte Dinge gibt, die wir nicht tolerieren sollten. So sollten wir die Greueltaten des russischen Despotismus ebenso wie die Art, in der Indianerstämme ihre Gefangenen behandeln, weder entschuldigen noch in dieser Sache irgendeinen Kompromiß eingehen. Wenn Sie mir entgegnen, hier liege doch ein Widerspruch vor, so mag das wohl sein. Meine Vorstellungen mögen weder auf der einen noch auf der anderen Seite ganz exakt sein, und wer mir zeigen kann, wo ich irre, der ist genau der Mann, den ich suche. Aber bis dahin dürfen doch meine Vorstellungen nach beiden Seiten hin im wesentlichen als richtig gelten; und in aller Bescheidenheit *denke* ich auch, daß sie es sind.

Nominalismus

Genauso wie der Nominalist die Ansicht vertritt, daß allgemeine Regeln in keiner Weise wirklich existieren, sondern daß die einzelnen Fakten die einzigen Dinge sind, die existieren, so vertritt er auch, daß allgemeine Wahrheiten nicht wirklich gewußt werden, sondern daß es allein die einzelnen Fälle sind, von denen wir ein Wissen haben. Dies nun ist der Logik moderner Wissenschaft genau entgegengesetzt. Was ist es denn, das in der modernen Wissenschaft den alten Syllogismus ersetzt? Die Lehre vom Zufall[15], das ist die Logik der modernen Wissenschaft. Für eine Versicherungsgesellschaft gilt, daß sie nicht weiß, ob dieser [einzelne] Mensch im nächsten Jahr sterben oder ob er 100 Jahre alt werden wird; wir wissen allerdings, daß auf lange Sicht etwa soundsoviele Menschen sterben werden. Wir wissen überhaupt nichts über die individuellen Fälle; wir kennen allein die allgemeine Regel. So ist das Verfahren bei allen Anwendungen der Lehre vom Zufall, und alle wissenschaftlichen Schlußfolgerungen sind wesentlich von dieser Art. Die Wissenschaft kennt niemals die individuellen Fälle – zumindest nicht mit der Sicherheit, mit der sie das allgemeine Gesetz kennt; und dessen Logik ist der des Nominalismus diametral entgegengesetzt. Das gilt für alle Formen induktiven Schließens, und daraus besteht die Kette, wenn nicht der Schuß[16] jedes wissenschaftlichen Verfahrens. Die Abschätzung der Eigenschaft einer Gesamtmenge, getroffen aufgrund einer Probe, die als Zufallsauswahl vom ganzen genommen wurde – das ist es, was wir tun. Gerade so, wie ich mit meiner Hand in einen Sack Kaffee hineinfassen und eine Handvoll Bohnen herausnehmen kann, um den Anteil der guten Bohnen im ganzen Sack, ausgehend vom Anteil der guten Bohnen in meiner Hand, abzuschätzen. Diese Methode ist dadurch gerechtfertigt, daß für den Fall, daß uns diese erste Handvoll zufälligerweise irreführen sollte – wenn darin der Anteil an guten Bohnen stark abweichen sollte von dem in anderen Proben, auf die wir erst später aufmerksam werden –, daß wir dann im Verfolgen derselben Methode, indem wir immer weiter eine Handvoll nach der anderen herausnehmen, gewöhnlich approximativ zuletzt das Richtige treffen. Wenn wir jetzt noch immer nicht ungefähr richtig liegen, dann wird uns gewöhnlich weitere Forschung, nach derselben Methode durchgeführt, näher an die Wahrheit heranbringen. Das ist das Schöne an diesem methodischen Prinzip wissenschaftlicher Forschung. Doch gewisse „*besonders* tiefsinnige Geister" haben eingewandt: Wir wissen nicht, daß dieses Prinzip wahr ist! Nun – zu sagen, dieses Prinzip sei nicht wahr, bedeutet, daß die Anwendung dieses Prinzips uns gewöhnlich nicht zu größeren Annäherungen bezüglich der Erfahrung führen wird, der wir zu folgen haben. Wenn dies der Fall sein sollte, müßte es sich eben an der nachfolgenden Erfahrung zeigen. Falls das Prinzip also falsch sein sollte, müssen wir nur seine Anwendung fortsetzen, und wir werden herausfinden, daß es falsch ist. Doch dies bedeutet nichts anderes als die wiederholte Anwendung des Prinzips, und auf diese Weise herauszufinden, daß es falsch ist, wenn es falsch ist, ist alles, was das Prinzip behauptet.

Hier haben wir das Prinzip allen wissenschaftlichen Schlußfolgerns vor uns, das Prinzip nämlich, das uns als einziges überhaupt zu positivem Wissen geführt hat. Mit positivem Wissen, daß wir uns recht verstehen, meine ich Wissen von Realitäten im Gegensatz zum mathematischen Wissen, das sich nur den Schöpfungen unserer eigenen Vorstellungskraft verdankt. Positives Wissen bedeutet immer: Proben nehmen – von *Dingen* oder von *Eigenschaften*.[17]

Nun, anders als durch Schlußfolgern können wir nichts wissen, das ausgenommen, was wir *direkt* erfahren. Insofern ist alles, was wir überhaupt wissen können, auf Erfahrung bezogen. Alle Schöpfungen unseres Geistes sind nur Flickwerk, das aus der Erfahrung stammt. Damit kommen alle unsere Vorstellungen aufgrund realer oder übertragener Erfahrung zustande. Ein Wort kann nichts anderes meinen als die Vorstellung, die es hervorruft; so daß wir nicht einmal über etwas *sprechen* können, wenn es keinen erkennbaren Gegenstand gibt. Das Unerkennbare[18], worüber Hamilton[19] und die Agnostiker reden, kann nichts anderes sein als ein Unerkennbares Erkennbares. Das absolut Unerkennbare ist eine nicht-existierende Existenz. Das Unerkennbare ist eine nominalistische Häresie. Wenn die Nominalisten zugeben, daß sie an dieser Lehre festhalten – einer Lehre, die tatsächlich von Philosophen aller Schattierungen vertreten wird und die besagt, daß all unser Wissen auf Erfahrung beruht –, dann verstehen sie unter Erfahrung im nominalistischen Sinn nichts als die ersten Sinneseindrücke. Diese „ersten Sinneseindrücke" sind hypothetische Schöpfungen der nominalistischen Metaphysik: Ich zum Beispiel bestreite ihre Existenz. Aber, wie dem auch sei, selbst wenn sie existieren, aus ihnen besteht Erfahrung gerade nicht. Unter Erfahrung muß das geistige Gesamtergebnis verstanden werden. Einige Psychologen, vor denen ich Respekt habe, werden mich an dieser Stelle unterbrechen und sagen, sie akzeptierten zwar, daß Erfahrung mehr sei als bloße Sinneswahrnehmung [sensation], daß sie aber nicht so weit gehen könnten, das geistige Gesamtergebnis als Erfahrung zu bezeichnen. Dies würde nämlich Halluzinationen, Wahnvorstellungen, abergläubische Phantasien und alle Sorten von Irrtum einschließen, weshalb sie selbst Erfahrung auf Sinneswahrnehmungen [sense-perceptions] begrenzen würden. Darauf antworte ich: Meine Erklärung ist die logische.[20] Halluzinationen, Wahnvorstellungen, abergläubische Phantasien und alle Sorten von Irrtum sind zwar Erfahrungen, aber es sind mißverstandene Erfahrungen. Wenn wir jedoch behaupten, daß all unser Wissen sich allein auf Sinneswahrnehmung bezieht, so heißt das, daß wir über höhere Dinge wie Ehre, Bestrebungen und Liebe nichts wissen können – nicht einmal irrtumsweise.

Woher sollte solch eine Vorstellung, wie z. B. die Gottes, denn kommen, wenn nicht aus direkter Erfahrung?[21] Sollten wir sie als Ergebnis einer guten oder schlechten Schlußfolgerung darstellen? Denn schlußfolgerndes Denken kann dem [menschlichen] Geist mit nichts auf der Welt dienen außer der Wertabschätzung eines statistischen Verhältnisses, das heißt, wie oft im normalen Ablauf der Erfahrung bestimmte Arten von Dingen in bestimmten Kombinationen auftreten. Und Skeptizismus in dem Sinne, daß die Gültigkeit elementarer Vorstellungen [ideas] in Zweifel gezogen wird – was tatsächlich auf den Vorschlag hinausläuft, solche Vorstellungen von der öffentlichen Beurteilung auszuschließen und keine weitere Untersuchung ihrer Anwendbarkeit zuzulassen –, derartiger Skeptizismus ist durch das fundamentale Prinzip der wissenschaftlichen Methode zweifach verurteilt: Erstens, weil er Forschung verhindert, und zweitens, weil über etwas anderes und nicht über ein statistisches Verhältnis befunden wird. Nein: Was Gott betrifft, öffne Deine Augen – und Dein Herz, das ebenso ein Organ der Wahrnehmung ist –, und Du siehst ihn. Aber es bleibt die Frage: Müssen wir nicht damit rechnen, daß es Täuschungen gibt? Ja: Ich kann der Auffassung sein, etwas sei schwarz, und bei genauer Untersuchung wird sich herausstellen, daß es flaschengrün war. Ich kann aber nicht der Auffassung sein, etwas sei schwarz, wenn da gar nichts ist, das als schwarz betrachtet werden kann. Ebensowenig kann ich eine bestimmte Handlung für selbstaufopfernd ansehen, wenn so etwas wie Selbstaufopferung nicht existiert; das gilt auch dann, wenn Selbstaufopferung sehr selten sein sollte. Es sind die Nominalisten, und sie allein sind es, die einem Skeptizismus nachgeben, den die wissenschaftliche Methode absolut verurteilt.

Doch man wird mich fragen, ob ich durch die Ausschließlichkeit meiner Restriktion aller Argumente auf Fragen nach den Werten eines statistischen Verhältnisses nicht selbst in hohem Maße „den Weg der Forschung blokkiere“. Wir wollen sehen, ob sich dies so verhält oder nicht. Welche Fragen werden von mir einbezogen und welche scheinen von mir ausgeschlossen zu werden? Ich nehme alle die Fragen auf, die sich darauf beziehen, welchen Anteil gegebene Eigenschaften an einer gegebenen Auswahl von Dingen haben. Das schließt solche Fragen ein wie die, welcher Anteil einer gegebenen Menge von Eigenschaften zu einem gegebenen Ding gehört. [ ]+22

12. Religion und Politik*

Alle wichtigen New Yorker Tageszeitungen bringen ihre Verachtung für einen Senator zum Ausdruck, der als Kind der Demokratischen Partei seiner Führungsrolle nicht mehr gerecht wird. Er steht vor der Wahl, entweder für die Chicago-Plattform[1] einzutreten – was seinen Überzeugungen widerspricht – oder die Organisation zu bekämpfen, der er sein politisches Leben verdankt. Es ist interessant zu beobachten, was die Leute in einem solchen Fall für die Loyalitätspflicht eines Politikers halten, und man wird wenig Respekt vor jemandem haben, der hier von einer leichten Entscheidung spricht. Die Demokratische Partei ist mehr als nur das Etikett für eine Sammlung von Meinungen: Sie ist eine Entität. Wie kann der geliebte Schützling einer Organisation sich gegen sie wenden und den Schoß verachten, der ihn genährt hat? Gewiß, auch das Vaterland ist eine Entität, und jeder Mensch hat seinem Vaterland weit mehr zu verdanken als seiner Partei. Doch ein Kind, dessen Vater und Mutter sich heftig gestritten haben, wird für keine der beiden Seiten Partei nehmen wollen, obwohl es dazu gebracht werden könnte, seinem Gefühl für Gerechtigkeit Ausdruck zu geben. Trotzdem scheint das allgemeine Urteil – und wahrscheinlich ist es auch richtig – dahin zu gehen: Wenn eine Partei für etwas eintritt, das im entschiedenen Gegensatz zu ihrer ursprünglichen Zielsetzung steht, dann ist es die Pflicht aller ihrer Anhänger, die von diesem Wechsel nicht überzeugt sind, sich öffentlich dagegen auszusprechen.

Ich gestehe, daß ich aus diesem Fall etwas über Religion gelernt habe. Viele Wissenschaftler und Philosophen anerkennen, daß es die christliche Kirche ist, die sie zu einem Menschen unter Menschen gemacht hat. Der Kirche verdankt der einzelne Tröstung, Freude, Rettung aus großer Gefahr und die jeweils eigene Rechtschaffenheit seines Herzens und seiner Absichten. Den Mönchen des Mittelalters verdankt er die Bewahrung der antiken Literatur; und ohne die Wiederbelebung der Gelehrsamkeit ist kaum zu erkennen, wie das Wiedererstehen der Wissenschaft hätte möglich sein sollen. Jenen Mönchen verdankt der heutige Wissenschaftler das Gerüst seiner intellektuellen Systematik, und wenn er Englisch spricht, auch einen äußerst wichtigen Teil seiner Alltagssprache. Was er für die Seele der Zivilisation hält: das Gesetz der Liebe[2], wie gering dessen Beachtung auch sein mag, kam durch das Christentum nach Europa. Und zudem ist die Religion ein wichtiger, vielleicht der wichtigste Faktor im sozialen Leben, der über unseren persönlichen Freundeskreis hinausgreift. Dieses Leben bedeutet alles im Blick auf eine höherwertige, menschliche und demokratische Zivilisation; und wie soll jemand, der die Kirche ablehnt, denn sonst die Fähigkeit zur Verbrüderung mit allen seinen Nächsten auf befriedigende Weise praktizieren können?

Andererseits, was wir auch immer der Kirche schuldig sein mögen, die Wahrheit ist doch unsere höchste Verpflichtung; und wichtiger noch als irgendeine einzelne Wahrheit oder eine Gesamtheit von Wahrheiten ist die Anwendung der richtigen Methoden, die Wahrheit zu finden.[3] Nun verlangt die Kirche den Beitritt zu einer Plattform – einem Glaubensbekenntnis. Und wie ist diese Plattform zustande gekommen? Ohne Zweifel genau nach den Parteistatuten. Doch ob es sich um das Konzil[4] von Trient, die Konferenz von Lambeth, den Katechismus von Genf oder was sonst handelt, es ist eine historische Tatsache, daß nicht ein einziger Baustein in diese Bekenntnisbildungen eingefügt wurde, ohne daß dies im Blick auf die öffentliche Verurteilung und damit verbundene Verfolgung von anderen überzeugten Christen geschehen wäre. Daher kommt es, daß die zentrale Lehre der Liebe in keinem dieser Bekenntnisse zu finden ist.[5] Einmal zugestanden, daß eine exakte Theologie wirklich von Bedeutung ist – eine Voraussetzung, die alle Bekenntnisse teilen (doch wäre dies die Meinung des Gründers des Christentums gewesen, er hätte seine eigene Bekenntnisformel in feste Begriffe gefaßt) –, ist denn vorstellbar, daß jemand, der etwas von Wissenschaft versteht oder jedenfalls das erste Buch von Bacons Novum Organum[6] gelesen hat, auch nur für einen Augenblick die Vorstellung wird billigen können, daß Wissenschaft, sei es Theologie oder irgendeine andere, sich unter dem Einfluß ekklesialer Ambitionen und dem *Haß* der Priester angemessen weiterentwickeln kann? Wahrheit ist die Frucht freier Forschung und einer Gelehrigkeit gegenüber den Tatsachen, sofern diese uns immer wieder dafür bereit machen sollen zuzugestehen, daß wir uns irren, und entdecken zu wollen, daß wir Fehler gemacht haben.

Die *raison d'être* einer Kirche ist, daß die Menschen mit einem Leben beschenkt werden, das weiter greift als ihre enge Persönlichkeit, einem Leben, das in der Wahrheit allen Seins wurzelt. Damit dies geschieht, braucht es die Begründung und den Bezug auf eine bestimmte und öffentliche Erfahrung. Höllenfurcht und Paradieshoffnung sind nicht von dieser Art; in solchen Fragen werden alle vernünftigen Menschen einräumen, daß sie darüber nichts wissen. Das treibende Motiv selbst der größten Heiligen bestand nicht in derartigen Hoffnungen und Ängsten, sondern in der Erwartung, daß nach ihnen hier auf Erden die erhofften Früchte dessen aufgingen, was sie im schöpferischen Keim zurückgelassen hatten. Es geht nicht um die Frage, ob Wunder oder die Erhörung von Gebeten in einem abstrakten Sinne möglich sind oder nicht. Die Frage ist, ob es sich dabei um konstitutive Bestandteile menschlicher Erfahrung handelt, die es wert sind, im Vergleich mit den überwältigenden Tatsachen allen Lebens in Betracht gezogen zu werden, die keiner je bezweifelt hat noch je bezweifeln wird.

C. S. P.

13. Ereignislogik*

Wie wir gesehen haben, ist es eine Forderung der Logik, daß die Entwicklung der abstrakteren Wissenschaften der der konkreteren vorausgeht.[1] Denn die konkreteren Wissenschaften bedürfen der Ergebnisse der abstrakteren als der fundamentalen Prinzipien, während die abstrakteren Wissenschaften die Ergebnisse der konkreteren nur als Daten verwenden; und wenn ein einzelnes Faktum nicht zur Verfügung steht, wird meist ein anderes dazu dienen, dieselbe Verallgemeinerung zu begründen.

Doch gibt es ungeachtet dessen eine hochgradig abstrakte Wissenschaft, die in einer beklagenswert rückständigen Verfassung ist. Ich meine die Metaphysik. Es kann wirklich kein Zweifel daran bestehen, daß dieser unentwickelte Zustand der Metaphysik den Fortschritt in einem der beiden großen Zweige der Einzelwissenschaften sehr stark behindert hat, ich meine die Moral oder die Wissenschaften vom Menschen.[2] Ganz unmittelbar war die Entwicklung in der Psychologie betroffen, und die zurückgebliebene Stellung der Psychologie war wiederum ein großer Nachteil für alle anderen Wissenschaften vom Menschen wie Linguistik, Anthropologie, Sozialwissenschaft etc. Nach meinem Eindruck ist in gleicher Weise deutlich, daß fehlerhafte und schlechte Metaphysik beinahe ebenso schädlich für die Naturwissenschaften[3] gewesen ist; und hier liegen die eigentlichen Gründe, warum dies alles von der Wissenschaft der Konstitution der Materie abhängt, denn sogar die Physiologie schlingert mehr oder weniger orientierungslos in einem Wellental dahin. Nach gängiger Meinung ist die Metaphysik deshalb rückständig geblieben, weil sie im wesentlichen jenseits der Reichweite menschlichen Erkennens liegt. Doch handelt es sich hier um ein vollkommenes Mißverständnis, und ich denke, daß ich dies deutlich machen kann. Warum sollte Metaphysik derart schwierig sein? Weil sie so abstrakt ist? Doch je abstrakter eine Wissenschaft, desto leichter ist sie, das gilt als allgemeine Erfahrungsregel ebenso wie als Folgesatz aus logischen Prinzipien. Die Mathematik, die weit abstrakter ist als die Metaphysik, ist gewiß weitaus entwickelter als jede andere Einzelwissenschaft; und dasselbe gilt, wenn auch nicht in diesem enormen Ausmaß, für die Logik. Doch man wird einwenden, die Metaphysik sei deshalb so unergründlich, weil ihre Gegenstände nicht der Beobachtung offenstünden. Das ist für manche metaphysischen Systeme zweifellos richtig, wenn auch nicht in dem Ausmaß, wie man sich das vorstellt. Jede Wissenschaft entdeckt Dinge, die jenseits der Reichweite direkter Beobachtung liegen. Weder ist Energie sichtbar noch die Anziehungskraft aufgrund von Gravitation, der Flug der Gasmoleküle, der Lichtäther[4], die Wälder der Kohlenstoffära, die Explosionen in Nervenzellen. Es sind allein die Voraussetzungen der Wissenschaft, die wir direkt beobachten, nicht ihre Konklusionen. Selbst die Metaphysik, sogar die schlechte, beruht tatsächlich auf Beobachtungen, ob das bewußt geschieht oder nicht; und der alleinige Grund dafür, daß dies nicht allgemein anerkannt ist, liegt in der Art der Phänomene; denn mit diesen ist die Erfahrung eines jeden Menschen derart durchsetzt, daß gewöhnlich niemand darauf besonders achtet. Die Daten der Metaphysik stehen nicht in geringerem, sondern in erheblich größerem Ausmaß der Beobachtung offen, als das bei Daten in einer ausgesprochen hochentwickelten Wissenschaft, sagen wir der Astronomie, der Fall ist; denn um hier bedeutende Beobachtungen beizubringen, sind Aufwendungen von mehreren zehntausend Dollar nötig. Nein, ich denke, wir müssen die Vorstellung aufgeben, die Rückständigkeit der Metaphysik sei auf eine in ihr selbst liegende Schwierigkeit zurückzuführen. Nach meiner Meinung ist der Hauptgrund für ihre rückständige Verfassung darin zu suchen, daß ihre führenden Lehrer[5] Theologen gewesen sind. Im Falle einfacher christlicher Pfarrer wäre dann das Ergebnis genauso schlecht, wie wenn man dieselbe Zahl von Wall-Street-Managern und Broad-Street-Börsenmaklern mit der Durchführung wichtigster wissenschaftlicher Aufgaben betraut hätte. Die Untauglichkeit im einen wie im anderen Fall ist darauf zurückzuführen, daß diese Leute keinerlei Vorstellung von einem weitergesteckten Interesse haben, das über ihre Person oder das Interesse einer Personengruppe hinausginge. Bei beiden Gruppen handelt es sich um Praktiker.[6] Nun ist es aber gänzlich ausgeschlossen, daß ein Praktiker zu erfassen vermag, worum es in der Wissenschaft geht, außer er wird wie ein Kind und ist neu geboren.[7] Wissenschaftler zu werden setzt voraus, sich in der bildsamen Periode der Jugend für eine Reihe von Jahren aufs Studieren einzulassen. Die meisten von ihnen werden schließlich Lehrer, und nur eine Minorität macht sich wirklich den Geist der Wissenschaft zu eigen. Der Praktiker dagegen hat einen bestimmten Beruf und will ihn auch ausfüllen. Dazu braucht er einen in sich stimmigen Plan, der wiederum auf einer Theorie basieren muß, mit der er sich schon vor Beginn der Arbeit fest verbunden weiß. Selbst wenn das praktische Problem nichts Ernsthafteres verlangen sollte, als Whist zu spielen, und nur noch drei Karten auf der Hand sind, muß der Praktiker davon ausgehen, daß die Karten so liegen, daß er den einen oder anderen Stich noch machen kann. Ist einer Vorsitzender Richter, so muß der Fall, der zur Verhandlung steht, in irgendeiner Weise entschieden werden, gleichgültig wie mangelhaft die Beweise sind; und folglich ist man gezwungen, eine Regel bezüglich der Beweislast festzulegen. Doch die Idee der Wissenschaft liegt darin, am Fuße des Bollwerks der Wahrheit mit den Leichnamen dieser und vielleicht ihr folgender weiterer Generationen den Boden aufzuwerfen, bis ein künftiges Zeitalter über sie hinwegschreitend die Burg erobern kann. Die Differenz besteht also darin, daß der Praktiker alles, was ihm teuer ist, mit dem Risiko eines Würfelspielers zum Einsatz bringt und dabei mit all seiner männlichen Kraft davon überzeugt sein muß, daß das Ziel seiner Bestrebungen gut und sein theoretisches Konzept richtig ist; der Wissenschaftler dagegen will allem voran die Wahrheit erfahren, und dazu muß er um alles in der Welt seine jetzt nur vorläufigen Überzeugungen – und alle seine Überzeugungen [beliefs] sind ja nur vorläufig – beiseite schaffen, und er wird hart arbeiten, um dieses Ziel zu erreichen. Aus diesem Grunde kann ein guter Praktiker nicht in hervorragender Weise Wissenschaft betreiben. Die persönlichen Einstellungen, die in den beiden Aufgabenfeldern vorausgesetzt werden, sind vollkommen gegensätzlich. Dies gilt vor allem für den Praktiker als Lehrer[8]. Er hat seinen Beruf verfehlt, wenn er nicht durch und durch davon überzeugt ist, er sei schon im Besitz der allerwichtigsten Wahrheiten; und diese wird er mit allen physiologischen Mitteln[9] versuchen, an andere andere weiterzugeben, so daß diese nicht mehr davon loskommen werden. Aber ein Wissenschaftler, der derart unerschütterliche Überzeugungen sein eigen nennt und sich ihnen in religiöser Weise zur Treue verpflichtet fühlt, kann nicht zugleich den Willen haben, seine Überzeugungen zu ändern. Mit anderen Worten, er könnte es gar nicht wollen, die Wahrheit zu erfahren. Daher sage ich, hätte man gewöhnliche Gemeindepfarrer damit betraut, Metaphysik zu betreiben, das Ergebnis wäre entsprechend unwissenschaftlich ausgefallen. Doch in Wirklichkeit war das Schicksal der Metaphysik weit tragischer, weil sie nicht Gemeindepfarrern, sondern der Kaste der Theologen ausgeliefert wurde. Wie groß der Beitrag der Theologen zur guten Sache des Christentums gewesen sein mag, wie sehr ihre Schriften und

Taten möglicherweise dazu beigetragen haben, den Menschen die Wahrheit des Evangeliums der Liebe ans Herz zu legen[10], oder wie sehr sie andererseits vielleicht gerade die Kräfte unterstützt haben, die dazu führten, daß die Christen jene Wahrheit vergaßen – all das ist nicht Teil meiner Untersuchung. Vor Jahren hatte ich Dr. Schaffs drei Bände über die Glaubensbekenntnisse der Christenheit gekauft und durchgelesen, um herauszufinden, ob die Theologen bei der Zusammenstellung der Bekenntnisse vom ersten bis zum letzten jemals darauf geachtet hätten, in einem von ihnen eine einzige Bestimmung bezüglich des Prinzips der Liebe aufzunehmen; und ich kam zu dem Ergebnis, daß dies niemals der Fall gewesen ist.[11] Doch dazu müssen wir uns folgendes in Erinnerung rufen: Wäre dieses Prinzip von allen Christen voll anerkannt worden, so hätte seine Aufnahme in die Bekenntnisse nicht dazu dienen können, irgend jemanden zu verdammen. Nun ist es aber die Hauptaufgabe der Theologen, die Menschen spüren zu lassen, welche Ungeheuerlichkeit darin liegt, nur im geringsten von der Metaphysik abzuweichen, die die Theologen im Sinne der Glaubensnorm[12] für verbindlich halten. Was dagegen die religiöse Seite des theologischen Einflusses angeht, so habe ich nicht vor, mich dazu zu äußern. Sofern die Theologie aber den Anspruch erhebt, eine Wissenschaft zu sein, müssen die Theologen auch als Wissenschaftler beurteilt werden. Und in dieser Hinsicht muß ich nun doch sagen: Ich glaube nicht, daß ein dermaßen beklagenswert schlechter Einfluß wie der der Theologen auf die Moral der Wissenschaften je zuvor am Werk gewesen ist. Der ursprüngliche Impuls der Theologie stammt nach meiner Überzeugung aus einem religiösen Erzittern.[13] Es finden sich nämlich im Umgang der Menschen miteinander ebenso viele oder noch mehr geheimnisvolle Dinge, die darauf angelegt sind, die wissenschaftliche Neugier zu wecken, als im Umgang der Menschen mit Gott; und damit stellt sich ein der Theologie ganz analoges Problem.[14] Doch es ist nicht zu erkennen, daß die Theologen sich besonders um solche Probleme gekümmert hätten. Sie haben die menschliche Konversation als eine Selbstverständlichkeit betrachtet, und das mit einem eher bemerkenswerten Mangel an Neugier in dieser Sache. Doch soweit ich die Motive der Theologie zu ergründen vermag, beginnt sie damit, daß Menschen, die sich dem Heer der Christen[15] angeschlossen und ihm die Treue geschworen haben, den Versuch machen, die Stimme ihres Herzens zum Schweigen zu bringen, um diese Gefolgschaft aufzugeben. Inwieweit das in dieser Hinsicht erfolgreich ist, will ich nicht untersuchen. Doch gibt es keine unwissenschaftlichere Einstellung als den Versuch, sich in eigenen frühen Überzeugungen [beliefs] selbst zu bestätigen. Die Anstrengung des Wissenschaftlers besteht demgegenüber in dem Versuch, die Fehler seiner Überzeugungen aufzudecken – wenn es richtig ist, daß er von Überzeugungen ausgeht.[16] Die Logik, wie sie die Beobachtungswissenschaften praktizieren, ist nicht die, wie sie in Büchern gelehrt wird, nämlich nicht unabhängig von den Motiven und dem Geist [spirit] dessen, der sie in seinem Denken verwendet. Davon untrennbar ist eine ethische Einstellung – nämlich eine Ethik der Fairness und Unparteilichkeit; und ein Autor, der durch seine Lehre ein Beispiel dafür gibt, wie Argumente für eine Konklusion, an die er gerne glauben möchte, gesucht werden, ein solcher Autor untergräbt gerade damit die Grundlagen der Wissenschaft, indem er leichtfertig ihre Moral aufs Spiel setzt. Zusammenfassend gesagt geht es um folgendes:

Wir sollten erwarten, daß die Metaphysik – entsprechend ihrer Position im Schema der Wissenschaften – sich etwas schwieriger darstellt als die Logik, im ganzen gesehen bleibt sie aber doch eine der einfachsten Wissenschaften, sofern ihre Hauptprinzipien bestimmt sein müssen, bevor in den Human- oder Naturwissenschaften[17] entscheidende Fortschritte zu erreichen sind.

Historisch gesehen machen wir die erstaunliche Entdeckung, daß die Metaphysik bloß die Arena für endlose und nichtssagende Streitigkeiten abgegeben hat; aber auch, daß sie in einem Geist betrieben wurde, der im geraden Gegensatz zur entscheidenden Bedingung der Wissenschaftslogik steht: die Wahrheit wirklich erfahren zu wollen. Die Sache ist den Versuch wert, dadurch in vernünftiger Weise voranzukommen, daß die Metaphysik als Beobachtungswissenschaft betrachtet wird. Dabei werden auch hier die universal gültigen Methoden einer solchen Wissenschaft Anwendung finden, und es ist völlig gleichgültig, welche Konklusionen erreicht oder was deren Tendenzen sein werden; um nämlich herauszufinden, ob nicht einfach durch die gewissenhafte Anwendung von Induktion und Hypothese[18] sich die Erwartung bestätigt, daß der unverständliche Zank um diesen Gegenstand zuletzt verschwinden möchte.

Die Metaphysik hat über das ganze Universum des Seienden Rechenschaft zu geben. Sie hat deshalb so etwas wie eine Annahme über den Zustand zu machen, in dem das Universum noch nicht existierte, und zu überlegen, wie es hat entstehen können. Schon dieser Satz erfordert allerdings eine bessere Formulierung. Denn die Zeit ist selbst etwas Organisiertes; sie gehorcht einem Gesetz oder einer Regel, so daß die Zeit selbst schon Teil des Universums ist, dessen Ursprung in Frage steht. Deshalb muß ein Zustand angenommen werden, bevor die Zeit zustande kam, und folglich ist es nicht wörtlich zu nehmen, wenn von der „Entstehung" des Universums gesprochen wird. Gemeint ist eine Art Reihenfolge, sagen wir eine objektiv logische Sequenz, aber nicht der temporale Sinn von Worten wie „bevor", „nach", „entstehen", wenn über die ersten Stadien der Schöpfung vor der Herausbildung der Zeit gesprochen wird. Doch aus sprachlicher Bequemlichkeit dürfen wir uns dieser Wörter bedienen.

Die Anfangsbedingung, bevor das Universums existierte, war kein Zustand rein abstrakten Seins. Im Gegenteil, es war ein Zustand, in dem es überhaupt nichts gab, nicht einmal den Zustand der Leere, denn Leersein ist immerhin etwas.

Wenn wir im Sinne von Logik und Wissenschaft weiterdenken und das Universum als ganzes erklären wollen, müssen wir eine Anfangsbedingung annehmen, worin das ganze Universum nicht existent war, also einen Zustand des absoluten Nichts.

Diesen Gedanken darf man nicht mit einer religiösen Überzeugung vermischen oder von ihr durchkreuzen lassen. Religion ist eine praktische Angelegenheit.[19] Ihre Überzeugungen sind in feste Formeln gefaßt, an die man sich halten kann. Ein wissenschaftlicher Satz dagegen ist eher etwas, das unter Vorbehalt und als passende Hypothese versuchsweise angenommen wird, um widerlegt zu werden. Die einzige Überzeugung, von der einer, der ganz und gar Wissenschaftler ist, dabei geleitet wird, ist die, daß die angenommene Hypothese in Übereinstimmung mit der Methode steht, die auf lange Sicht zur Wahrheit führen muß. Die Behauptung jedoch, es gebe Dinge, die in der Theologie, und andere Dinge, die in der Wissenschaft wahr seien, ist eine verdammenswerte Absurdität. Vollkommen zutreffend aber ist, daß eine Überzeugung, wie im Falle meiner Religion, von der ich mit gutem Grund in meinen praktischen Entscheidungen bestimmt bin, nicht immer mit den Sätzen der gültigen wissenschaftlichen Methode übereinstimmen kann. Denn diese verlangt, daß ich in einem bestimmten Stadium meiner Untersuchung Grundsätze[20] nur unter Vorbehalt annehmen kann. Zu einem späteren Zeitpunkt können sehr wahrscheinlich der eine wie der andere Grundsatz modifiziert werden; doch wie dies geschehen wird oder welcher von beiden dem Endergebnis näher kommt, kann ich jetzt noch nicht sagen – ich bin weder Prophet noch Magier.

So beginnen wir mit nichts, mit dem reinen Nullpunkt. Doch dies ist nicht das Nichts der Negation. Denn *nicht* bedeutet *anders als*, und *anders* ist nur das Synonym für die

Ordinalzahl *[der, die, das] Zweite*, und als solche impliziert sie ein Erstes. Der reine Nullpunkt dagegen, wie wir ihn jetzt vor uns haben, liegt jedem Ersten voraus. Das Nichts der Negation ist das Nichts des Todes, das als *Zweites* oder nach allem anderen folgt. Doch der reine Nullpunkt ist das Nichts im Sinne von nicht geboren zu sein. Es gibt keinen individuellen Gegenstand, keinen äußeren oder inneren Zwang zu etwas, kein Naturgesetz: Ein ur-anfängliches Nichts, worin das ganze Universum eingeschlossen oder geahnt ist[21], und als solches eine absolut unbestimmte und unbeschränkte – eine grenzenlose Möglichkeit. Sie ist ohne allen Zwang und ohne Gesetz: grenzenlose Freiheit.

So gesehen gab es im Anfangszustand keinen Mangel an *potentiellem* Sein.[+22]

Nun stellt sich die Frage, was aus diesem Stand der Dinge zwangsläufig die Folge sein mußte. Die einzig richtige Antwort darauf ist die, daß dort, wo Freiheit ohne Grenzen war, notwendigerweise nichts Bestimmtes hat folgen können.

In dieser Feststellung liegt die wichtigste Differenz zwischen meiner objektiven Logik und der Hegels.[+23] Hegel sagt: Wenn Philosophie überhaupt einen Sinn hat, dann ist das ganze Universum und jede seiner Gestalten, wie unbedeutend sie auch sein mögen, vernünftig, und die Logik der Ereignisse hat das Universum dazu gezwungen, zu sein wie es ist, so daß es kein anderes Handlungsprinzip gibt als die Vernunft. Doch meine Antwort darauf lautet: So richtig dieser Gedankengang einsetzt, er ist nicht exakt. Hegel unterläuft ein logischer Schnitzer, und die damit erreichte Konklusion steht offensichtlich im Widerspruch zu unseren Beobachtungen. Richtig ist, daß das ganze Universum und jede seiner Gestalten als vernünftig anzusehen sind, das heißt, sie sind aufgrund der Logik der Ereignisse zustande gekommen. Doch daraus folgt nicht, daß es durch die Logik der Ereignisse *gezwungen* wurde, so zu werden, wie es ist. Denn die Logik der Evolution und des Lebens muß nicht dermaßen hölzern vorgestellt werden, als wäre jede vorliegende Konklusion absolut zwingend. Es könnte sich ebenso um die induktive oder hypothetische Schlußform handeln.

Dieses Können verwandelt sich sofort in ein Müssen, wenn wir daran denken, daß unter den Tatsachen, die zu erklären sind, sich beispielsweise solche finden: daß etwas rot aussieht und nicht blau – und *vice versa*. Es ist offensichtlich, daß sich dies nicht als eine notwendige Folgerung aus abstraktem Sein ergibt.

Aufgrund dieses Fehlers ist Hegel dazu gezwungen, den[24] fundamentalen Charakter von zwei Elementen der Erfahrung, die nicht aus deduktiver Logik abzuleiten sind, zu leugnen. Welche dies sind, wird im folgenden deutlich werden.

Ich behaupte, daß nichts *mit Notwendigkeit* aus dem Nichts grenzenloser Freiheit folgte, das heißt: nichts gemäß deduktiver Logik. Doch von dieser Art ist die Logik der Freiheit oder der Möglichkeit nicht. Die Logik der Freiheit oder Potentialität ist so beschaffen, daß sie sich selbst annullieren wird. Denn würde sie dies nicht tun, bliebe es bei einer vollkommen müßigen und nichtstuenden Potentialität; und eine solche wird eben durch ihre vollkommene Nutzlosigkeit annulliert.

Ich meine nicht, daß Potentialität unmittelbar in Aktualität übergeht. Mittelbar ist es vielleicht so, doch was sich unmittelbar ergibt, ist dies, daß aus grenzenloser Potentialität eine Potentialität von dieser oder jener Art wird – das heißt, von einer gewissen *Qualität*.[25]

Daher war es ein Sprung, mit dem – aufgrund evolutionärer Logik – aus dem Nullpunkt bloßer Möglichkeit die *Einheit* einer Qualität wurde. Ein hypothetischer Schluß[26] von der Form:

Etwas ist möglich
Rot ist etwas
∴ Rot ist möglich

Nun ist eine *Qualität* ein Bewußtsein. Ich spreche nicht von einem *wachen* Bewußtsein – aber es handelt sich doch um so etwas wie Bewußtsein, vielleicht ein *schlafendes*.

Eine Möglichkeit oder Potentialität hat demnach eine bestimmte *Tönung* von Bewußtsein. Ich sage nicht, daß die Möglichkeit ein Bewußtsein im eigentlichen Sinne ist; aber sie hat doch eine *Tönung* von Bewußtsein, sie ist potentielles Bewußtsein. Es geht jedenfalls um eine Unterscheidung, die nicht viel mehr bedeutet als eine verbale Differenz.

Doch wir wollen genauer zusehen, was ein *Quale*-Bewußtsein ist.[27]

Ist ein Mensch farbenblind für die *roten* und *violetten* Elemente des Lichts und vermag allein die *grünen* zu sehen, so erscheinen ihm alle Dinge in einer Farbe, und dieses Grün hat eine Farbintensität jenseits von allem, was wir mit normalen Augen sehen oder uns vorstellen können. In eben dieser Weise erscheint einem Farbenblinden alles, was er sieht. Doch weil alles in dieser Hinsicht gleich aussieht, wird seine Aufmerksamkeit niemals auch nur im geringsten darauf gerichtet sein. Man könnte sagen, er sei dafür unempfindlich. Ist dieser Mensch zugleich taub, ohne Geruchs- und Geschmackssinn und ohne Empfindungen der Haut, dann wird wahrscheinlich die grüne Farbe noch stärker wirken; denn ich vermute, daß durch die Empfindungen der Haut die Farben für uns abgeschwächt werden. Doch gerade aufgrund der Tatsache, daß es sich um seine eigene Art von Empfindung handelt, wird er um so mehr sein *Quale* vollständig vergessen. Und doch, es *ist* so, daß für ihn die Dinge intensiver grün aussehen als für uns jedes Scharlach- oder Magentarot.

Dieses Beispiel wirft ein Schlaglicht auf den Unterschied zwischen zwei Arten von Bewußtsein, dem *Quale*-Bewußtsein und dem Bewußtsein, das sich durch Aufmerksamkeit intensiviert; in objektiver Hinsicht nenne ich letzteres *Lebhaftigkeit*[28], als Vermögen betrachtet mag man es als *Lebendigkeit*[29] bezeichnen.

Das *Quale*-Bewußtsein ist nicht auf einfache Sinneswahrnehmungen beschränkt. Es gibt ein bestimmtes Quale von *Purpur*, obwohl es sich dabei nur um eine Mischung aus Rot und Blau handelt. Es gibt ein unterschiedliches *Quale* für jede Zusammensetzung von Sinneswahrnehmungen, sofern sie wirklich eine Synthese bilden – ein unterschiedliches *Quale* für jedes Kunstwerk, ein unterschiedliches *Quale* für diesen Augenblick, so wie er sich mir darstellt, ein unterschiedliches *Quale* für jeden Tag und jede Woche, ein unterschiedliches *Quale* für mein persönliches Bewußtsein als ganzes. Zur Bestätigung meiner Darstellung appelliere ich an Ihre Selbstprüfung.

Jedes *Quale* ist in sich selbst das, was es für sich selbst ist, ohne Bezug auf ein anderes. Es ist deshalb absurd zu sagen, ein Quale sei für sich selbst betrachtet einem anderen gleich oder ungleich. Trotzdem spricht das vergleichende Bewußtsein davon, daß sie gleich seien. Für das vergleichende Bewußtsein sind sie es auch, doch in sich selbst sind sie weder gleich noch ungleich.[+30]

So will ich mich denn zu der folgenden Wahrheit öffentlich erklären: Sofern gilt, daß *Qualia* etwas gemeinsam haben, ist *Einheit* das, was zu jedem und zu allen gehört; und die verschiedenartigen synthetischen Einheiten, die Kant den unterschiedlichen Operationen des menschlichen Geistes zuschreibt, ebenso wie die Einheit der logischen Konsistenz, die *spezifische* Einheit und auch die Einheit des individuellen Objekts, alle diese Einheiten[31] haben ihren Ursprung nicht in Operationen des Intellekts, sondern im *Quale*-Bewußtsein, auf dessen Basis der Intellekt arbeitet.

Doch an dieser Stelle wird ein Kritiker, gestützt auf folgendes Dilemma, einen Einwand machen. Er wird mich fragen, ob die von mir mit hohem Anspruch vorgetragene „Wahrheit" als *logische* oder als *psychologische* Wahrheit bestimmt wird. Er wird so argumentieren: Wenn Du an eine logische Wahrheit denkst, dann ist die einzige hier in Frage kommende Einheit die des ausgeschlossenen Widerspruchs; wenn es aber eine psychologische Wahrheit sein soll, so ist sie abhängig von der spezifischen Anlage des Nervensystems und kann folglich nicht auf die Metaphysik übertragen werden. Allgemein gefragt: Welchen Nutzen soll die Sache Deinem Konzept nach eigentlich haben?[32]

Das ist ein geschickter Einwand. Doch setzt er voraus, daß Logik etwas rein Subjektives ist, und zwar nicht nur in einem vor-hegelschen, sondern in einem vor-kantischen Sinn.

Betrachten wir all jene synthetischen Einheiten im Blick auf Gehirnfunktionen, so handelt es sich nur um die Einheit, die durch das Schließen der Assoziationskanäle zustande kommt, wenn der Reizeinfluß in einem Teil des Gehirns eingeschlossen und verstärkt wird.

Doch es sollte klar sein, daß *Einheit* nicht durch Konzentration *zustande kommen* kann. Wenn es in einer Gasmenge keine Einheit gibt, kann sie auch nicht dadurch erreicht werden, daß sie auf ihr halbes Volumen verdichtet wird. Doch kann eine bereits bestehende Einheit auf diesem Wege um ein Vielfaches verstärkt werden.

Wird dagegen eingewandt, jene Einheiten seien nicht alle von dieser einen Art, dann bleibt doch unerklärlich, daß derart viele und verschiedene Operationen einen und denselben Charakter von *Einheit* hervorrufen.

Vielleicht meint jemand, Phänomene der Hypnose seien ein Beweis dafür, daß unbewußte Gefühle nicht einheitlich seien. Doch ich behaupte, daß umgekehrt jene Phänomene gerade die entgegengesetzte Eigenschaft beweisen: Sie *sind* einheitlich, sofern überhaupt ein *Quale*-Bewußtsein zustande kommt; und das ist der Grund dafür, daß sich unterschiedliche Persönlichkeiten bilden. Selbstverständlich beruht jede Persönlichkeit auf einem „Bündel von Verhaltensgewohnheiten", wie man ja den Menschen überhaupt in dieser Weise definiert. Doch ein solches Bündel von Verhaltensgewohnheiten hätte keine Einheit des Selbstbewußtseins. Diese *Einheit* muß als das

Zentrum der Verhaltensgewohnheiten vorausgesetzt werden.

Das Gehirn hat keine zentrale Zelle. Die Einheit des Bewußtseins kann folglich nicht physiologischen, sondern allein metaphysischen Ursprungs sein. Sofern Gefühle kontinuierlich[33] sind, gehört die *Einheit* zur metaphysischen Natur des Gefühls.

Diese Einheit nun bezeichne ich als eine logische, und zwar in dem Sinne, daß Fühlen – als unmittelbares Bewußtsein und, soweit möglich, ohne Aktion und Reaktion und ohne irgendeine Reflexion – aus logischen Gründen ein Bewußtsein verlangt, und nicht zwei oder mehr.

Sich zur gleichen Zeit der Farben Scharlachrot und Magentarot bewußt zu sein bedeutet entweder, sie zu vergleichen oder einander entgegenzustellen, wodurch ein anderes als das bloße *Quale*-Bewußtsein entsteht; oder es bedeutet, sie in einem allgemeinen Gefühl aufgehen zu lassen, worin Scharlachrot und Magentarot nicht mehr voneinander getrennt erkennbar sind und insofern die Einheit des *Quale*-Bewußtseins bewahren.

Wie wahr das ist, sieht man daran, daß es nahezu unmöglich ist, dieses Bewußtsein in einer Sprache zum Ausdruck zu bringen, deren Sätze nicht gänzlich tautologisch erscheinen. Würde ich sagen, eine Qualität sei, in sich selbst betrachtet, von allem anderen zu trennen und deshalb ohne alle Teilungen, weil die Teile einer Sinneswahrnehmung in der Tat wieder andere Sinneswahrnehmungen darstellen, so würden meine Zuhörer einwenden, dies sei nur ein mit sich identischer Satz gewesen; denn *in sich selbst* bedeutet nichts anderes als „getrennt von allem anderen". Doch das Beispiel der Farbenblindheit zeigt, daß es so etwas wie Quale-Bewußtsein[34] gibt, und wenn ich dieses Bewußtsein als die Idee der Qualität in sich selbst beschreibe, so bin ich durch die Gesetze der Sprache dazu gezwungen, die Eigenschaft des Getrenntseins aufzugreifen, um einem anderen zu verstehen zu geben, welche Art von Bewußtsein ich im Blick habe.

Meine Rede mag tautologisch sein, doch ich verbinde damit einen bestimmten Sinn; und gerade die Tatsache, daß es so schwerfällt, diesen Sinn ohne Tautologie zum Ausdruck zu bringen, spricht für seine Wahrheit. Vielleicht läßt es sich so sagen:

Im Quale-Bewußtsein findet sich nur eine Qualität, nur ein Element. Es ist vollkommen einfach.

Die Beweise dafür sind mit Händen zu greifen.

So ist das Bewußtsein, soweit es sich in einem Augenblick [instant of time] festhalten läßt, ein Beispiel für Quale-Bewußtsein. Und jeder, der überhaupt damit begonnen hat, über Bewußtsein nachzudenken, hat die Beobachtung gemacht, daß die so verstandene Gegenwart absolut getrennt ist von Vergangenheit und Zukunft. Das heißt, Vergangenes und Zukünftiges sind in der Empfindung, worin ich mir des *Jetzt* bewußt bin, vollständig abwesend.

Also könnte die hier von mir zu vertretende Wahrheit auch so zum Ausdruck gebracht werden: Das Jetzt ist eines und nur eines.

Der Satz vom Widerspruch kann als formalisierte Konsequenz derselben Sache betrachtet werden. Kein Gegenstand A kann *gleichzeitig* blau und nicht blau sein.

Er kann blau und hart sein, weil Bläue und Härte im Quale-Bewußtsein nicht verbunden gedacht werden, sofern jedes jeweils seiner eigenen Art von Überprüfung entspricht.[35] Doch A kann nicht blau und gelb sein, denn die beiden Farben würden sich mischen und damit aufhören, blau oder gelb zu sein. Die eigentliche Wahrheit im Satz vom Widerspruch ist folglich die, daß das Quale-Bewußtsein nur aus einem Element besteht.

Wenn das Quale-Bewußtsein zweifach wäre, so wäre das wie ein Fall von doppeltem Bewußtsein. Einer könnte den Gegenstand als blau bezeichnen, von dem ein anderer behauptet, er sei nicht blau; und der Satz vom Widerspruch würde allein verlangen, daß ein Richter über jene beiden zu entscheiden hätte. Doch wie könnte es zu einem Streit und dem Verlangen nach einem Richter kommen, wenn das Quale-Bewußtsein zweifach wäre?

Unsere Wahrheit könnte deshalb auch wie folgt zum Ausdruck gebracht werden:

Das Quale-Bewußtsein ist kein Bewußtsein des Streites oder der Dualität.

Die Qualität selbst ist nichts anderes als das Quale-Bewußtsein einer Photomontage oder eines allgemeinen Erfahrungsdurchschnitts.

Und wenn die Qualität zweifach sein kann, bricht der Satz vom Widerspruch zusammen.

Alle Operationen des Intellekts bestehen darin, Photomontagen aus Quale-Bewußtsein[36] vorzunehmen. Anstatt eine Einheit einzuführen, entstehen so Konflikte, die im Quale-Bewußtsein selbst nicht vorlagen.[37]

Die Einheit, soweit sie bestehen bleibt, ist nichts als die Einheit und Einfachheit des Quale-Bewußtsein, das sich trotz aller Vervielfachung und Mannigfaltigkeit durchhält.

Ein weiterer Ausdruck für unsere Wahrheit ist der:

Qualität oder Quale-Bewußtsein ist alles, was es ist, in sich selbst und für sich selbst.

Es ist wesentlich solitär und zölibatär, ein Wüstenbewohner.

Ein weiterer Ausdruck dafür ist:

Quale-Bewußtsein kann nicht mit Quale-Bewußtsein gemischt werden, ohne seine Identität zu verlieren.

Soviel zur Sinnklärung meiner Behauptung. Ich möchte nun auf eine wichtige Konsequenz derselben aufmerksam machen. Es gibt nämlich folgerichtig keine Kontrolle über die enorme Vielfalt und Mannigfaltigkeit des Quale-Bewußtseins, so wie es vor dem vergleichenden Intellekt erscheint. Denn wenn Bewußtsein mit Bewußtsein gemischt werden soll, muß es gemeinsame Elemente geben. Hat es aber nichts in sich außer eben sich selbst, so ist es *sui generis* und frei von allem Übereinstimmungsbedürfnis mit irgend etwas anderem. Was absolut einfach ist, muß absolut frei sein; denn ein anwendbares Gesetz müßte sich auf ein gemeinsames Merkmal beziehen. Liegt aber kein Merkmal vor, gibt es nichts, worauf ein Gesetz anwendbar wäre. Das Quale-Bewußtsein ist totus, teres atque rotundus.[38]

Und daher kommt es, daß dasselbe logische Element der Erfahrung, das Quale-Element, das nach innen als Einheit erscheint, sich von außen gesehen als Vielfalt darstellt.

Das sollte nicht als ein Paradox verstanden werden. Nehmen wir beispielsweise an, jemand von Ihnen[39] wollte für sich selbst sein, allein leben, fern aller Zwänge durch Gesetz und Sitte, nach eigener Lust und Laune, und der Lebensplan bestünde einfach darin, nur das zu tun, was einem gerade in den Sinn kommt. Wenn Sie darauf aus sind, warum sollten nicht tausend andere eine ähnliche Ansicht vom Leben haben? Und gewiß wird es auch so sein. Doch nicht kraft einer logischen *Notwendigkeit*, wohl aber aufgrund einer Logik, die gerade ebenso sicher ist, als wäre sie notwendig, nämlich aufgrund eines analogen Schlusses. Wenn nichts einen Menschen, wie Sie es sind, daran hindert zu existieren, dann gilt das auch für eine Million solcher Menschen.

Wenn nun jeder tatsächlich ohne Rücksicht auf alle übrigen handelt, wird es weder eine Regularität noch gemeinsame Verhaltensformen geben, sondern ein Babel[40] der Sprachverwirrung und ein Bedlam[41] von Verrücktheiten. Die Einheiten, jede von ihnen totus, teres atque rotundus, bilden ein Chaos zufällig umherschweifender Atome.

Aufgrund dieser Logik ergibt sich aus der Einheit des *Quale*-Bewußtseins, worin Einfachheit und durch diese auch Freiheit impliziert sind, notwendigerweise eine endlose Vielzahl und Vielfalt. All das läßt sich vollkommen logisch demonstrieren und enthält keinerlei Paradox.

Als nächstes wollen wir fragen, was sich aus der endlosen Vielzahl ergibt. [ ]

14. Die Idee eines Naturgesetzes bei den Zeitgenossen von David Hume und bei den fortgeschrittenen Denkern der Gegenwart*

Fragen, die die Regularität der Natur und die allgemeinen Klassen von Regularitäten in der Natur betreffen, sind Fragen der Philosophie. Die unterschiedlichen Wissenschaften sind durch ihre jeweils eigentümlichen Beobachtungsmethoden genauer voneinander abgrenzbar als irgendwie sonst; und die Philosophie kann nicht besser bestimmt werden denn als der Zweig der Wissenschaften, der keine speziellen Beobachtungen macht. Denn alles, was die Philosophie lernt, das lernt sie von den Tatsachen, die jedem Menschen täglich und stündlich begegnen. Damit unterscheidet sich diese Einstellung zur Forschung von allen physikalischen und psychologischen Disziplinen, mit der allgemeinen Physik und Psychologie an ihrer Spitze, und läßt die Philosophie im Vergleich mit der Forschungseinstellung jener Einzelwissenschaften mehr oder weniger als Fremdkörper erscheinen. Andererseits unterscheidet sich die Philosophie dadurch ebenso scharf von der Mathematik, daß jene eine positive Wissenschaft ist, die sich ganz und gar auf die Beobachtung von Tatsachen gründet, während die Aufgabe der Mathematik darin besteht, von einem angenommenen, durch allgemeine Bestimmungen beschriebenen Zustand – deren Wahrheit oder Falschheit nicht interessiert – auszugehen und die Konsequenzen dieser Annahme aufzuspüren. Auf einen Kurier, der zu einer gegebenen Zeit mit gleichförmiger Bewegung und bei gegebener Geschwindigkeit an einem Platz vorübergekommen ist, folgt ein zweiter Kurier, der, auf derselben Straße und zu einer zweiten gegebenen Geschwindigkeit, an demselben Platz vorüberkommt. Der Mathematiker kann uns sagen, wann und in welcher Entfernung der eine den anderen überholt; ob aber überhaupt ein Kurier auf diesem Weg vorüberkam, weiß er nicht, noch kümmert es ihn – ist dies anders, so geschieht es nicht berufsmäßig, jedenfalls nicht als Teil seiner Arbeit als Mathematiker. Die Mathematik befaßt sich nicht ausschließlich mit Fragen nach dem Wieviel: Das war einmal die vorherrschende Auffassung, die aber längst komplett von all denen aufgegeben wurde, deren Meinung hier von Bedeutung ist. Die Aufgabe des Mathematikers – seine alleinige und ausschließliche Aufgabe – ist es, aus Annahmen die notwendigen Schlußfolgerungen zu ziehen, deren Wahrheit allein und mit Notwendigkeit in der Wahrheit der Konklusion besteht, während der Charakter der Annahmen dadurch nicht verändert wird. Um festzustellen, zu welcher Zeit der eine Kurier den anderen überholen oder einholen *würde*, ist es nicht notwendig zu wissen, ob die Kuriere in Wirklichkeit gelaufen sind oder nicht; die Zeit *würde* in jedem Fall dieselbe *sein*. Mathematische Probleme treten in jeder Wissenschaft und im alltäglichen Leben auf, denn in beiden geht es um die Bestimmung der Konsequenzen aus dem Allgemeinzustand der Dinge. Immer wenn dies der Fall ist, sind die Dienste eines Mathematikers gefragt – es sei denn, man ist tatsächlich in beiden Gebieten geübt und selbst Mathematiker genug, um das vorliegende Problem zu lösen. Folglich hat jede Wissenschaft ihren mathematischen Teil, ein Arbeitsgebiet, zu dem der Mathematiker hinzuzuziehen ist. Ihm wird dann gesagt: „So und so ist die Ausgangslage. Kümmere dich nicht darum, ob es wirklich so ist oder nicht; aber sage uns, was, angenommen es ist so, die Folgen sein werden." Auf diese Weise entstehen mathematische Psychologie, mathematische Stylometrie[1], mathematische Ökonomie, mathematische Physik, mathematische Chemie, mathematische Meteorologie, mathematische Biologie, mathematische Geologie, mathematische Astronomie etc. etc. etc. Doch keine dieser mathematischen Dienstleistungen macht einen derart großen Anteil am Ganzen der jeweils in Frage stehenden Wissenschaft aus, wie das bei der mathematischen Philosophie der Fall ist; und das aus dem einfachen Grund, weil der Teil der Philosophie, der Beobachtungen erforderlich macht, eine recht einfache Aufgabe darstellt, verglichen beispielsweise mit den entsprechenden Anforderungen in der Anatomie, der Biographie oder irgendeiner anderen Einzelwissenschaft.

Doch es wäre ein gewaltiger Fehler, nun anzunehmen, Beobachtungen als Teil der Philosophie seien schon deshalb sehr einfach, weil sie keinen besonderen Arbeitsaufwand verlangen; ein Mißverständnis, zu dem Philosophen sich sehr leicht verleiten lassen und das zugleich jeder Aussicht auf erfolgreiche Forschung den Todesstoß versetzt. Im Gegenteil, es ist äußerst schwierig, unsere Aufmerksamkeit auf die Elemente der Erfahrung zu konzentrieren, die kontinuierlich gegenwärtig sind. Denn innerhalb der Erfahrung haben wir nichts, um zu ihnen einen Kontrast zu bilden; und ohne Kontrast können sie unsere Aufmerksamkeit nicht wecken. Allein durch in der Phantasie ausgebildete Zustände können wir einen Kontrast herstellen; aber selbst das, was wir uns vorstellen, ist aus Stücken zusammengeflickt, die aus wirklichen Erfahrungen herausgeschnitten sind. Also müssen umständliche Kunstgriffe angewandt werden, um in die Lage zu kommen, das wahrzunehmen, was uns mit grellem Schein ins Auge fällt, so daß es, einmal erkannt, uns durch seine Beharrlichkeit geradezu unter Druck setzt. Allein schon diese Umstände würden genügen, die philosophische Beobachtung zu einem schwierigen Problem zu machen – sehr viel schwieriger jedenfalls als die Art von Beobachtung, wie sie zum Beispiel ein Maler zu bewältigen hat. Doch darin liegt für die Philosophie noch die geringste ihrer Schwierigkeiten. Unter den vielfältigen und noch ernsteren Hindernissen will ich wiederum die Auffassung nennen, daß es ein höchst einfach Ding sei, das wahrzunehmen, was uns jeden Tag und jede Stunde vor Augen steht. Doch mit das Schlimmste ist, daß jeder schon mehr oder weniger von philosophischen Meinungen geprägt ist, ohne sich darüber wirklich im klaren zu sein. Es mag sein, daß einiges davon zutrifft; und je weniger jemand spezifisch ausgebildet ist, desto eher wird es sich so verhalten. Doch selbst wenn solche Meinungen richtig oder nahezu richtig sind, sie verhindern wahre Beobachtung genauso, wie eine blaue Brille einen Menschen daran hindert, das Blau des Himmels zu beobachten. Der Betreffende wird zwar die richtige Auffassung vertreten, aber nicht wissen, daß sie auf direkte Beobachtung gegründet werden könnte, und er wird seine Auffassung unter Glaubensartikel [articles of faith] von ziemlich zweifelhaftem Charakter einordnen. Je mehr jemand auf anderen Gebieten geschult, aber kein ausgewiesener Philosoph ist, desto sicherer werden zwei Drittel seines Vorrats an halbbewußten philosophischen Meinungen gänzlich falsch sein und ihn vollständig blind machen für die Wahrheit, von der er sich schließlich nicht einmal mehr einen Begriff bilden kann. Ich erinnere mich an einen wirklich bedeutenden französischen *Gelehrten*, der sich sehr viele Monate lang in Amerika aufhielt, sich in seiner Kindheit aber die damals in Frankreich verbreitete Ansicht zu eigen gemacht haben mußte, daß Engländer und Amerikaner in jedem zweiten Satz ein bestimmtes Wort einwerfen würden – und gerade darin bestand für die Franzosen das Englische. Er gehörte zu denen, die genau auf Volkszugehörigkeiten achten, war von Natur aus ein genauer Beobachter und in einer Erfahrungswissenschaft ausgebildet; und doch, um sich so gut wie möglich an das in Amerika Übliche anzupassen, hielt er es für nötig, jeden Morgen mit einem „How do you do, godam?“ zu grüßen, und dabei blieb es Tag für Tag. Er glaubte wirklich, beobachtet zu haben, daß dies amerikanischer Sitte entsprach! Ein gebildeter Mensch, der zu philosophieren beginnt, ist genau wie dieser Mann, der (das sei in Erinnerung gebracht) sich jahrelang in Amerika bewegt hatte – und unter einem Anfänger der Philosophie möchte ich, im Falle eines gebildeten Menschen, jemanden verstanden wissen, der sich nicht mehr als sechs oder acht Jahre mit Ernst, Gewissenhaftigkeit und Zielstrebigkeit ihrem Studium gewidmet hat. Denn es gibt keine andere Wissenschaft, deren vorbereitende Ausbildung annähernd solche Strenge und Ausdauer verlangt, gleichgültig wie groß die natürliche Begabung des Philosophen auch sein mag. Für einen einfachen Mann oder einen Jungen, der frühzeitig in die Obhut eines Lehrers käme, der sein Verständnis für die zwei Seiten jeder Frage zu wecken imstande wäre, ließe sich diese Zeit zweifellos erheblich reduzieren; auf seiten des Schülers unter der Voraussetzung von Energie und unermüdlichem Fleiß.

Diese Schwierigkeit der Philosophie und ihres Labyrinths von Wegen, auf denen man hoffnungslos in die Irre gehen kann, hat zur Folge, daß die Wissenschaft hinter der Entwicklung zurückbleibt.[2] Es gibt wenige philosophische Fragen, wie grundsätzlich sie auch sein mögen, in denen kompetente Forscher nicht gegensätzliche Standpunkte einnehmen. Hinzu kommt, daß aus verschiedenen Gründen, unter denen die Verbindung der Philosophie mit der Religion genannt werden kann, viele Universitätsprofessoren dieses Faches und eine ebenso große Zahl derer, die Bücher zu diesem Thema schreiben, wirklich *nicht* kompetent sind, dies fachgerecht zu tun; und es ist daher leicht zu verstehen, in welchem Zustand äußerster Verwirrung sich das allgemeine Publikum in dieser Hinsicht befinden muß. Die philosophischen Bücher, die unter Wissenschaftlern und zumal den fachlich bestens ausgebildeten allgemein in Mode kommen, sind wohl wenigstens mit Eifer geschrieben; aber sie werden ausnahmslos wegen ihrer schlimmsten Fehler bewundert – vor allem wegen ihrer „Klarheit". Unter einer „klaren" philosophischen Arbeit versteht die Öffentlichkeit, von der wir hier sprechen, niemals einen Text, dem genau eine Bedeutung zukommt, nämlich die, die der Autor mitzuteilen suchte. Im Gegenteil, solche Texte tragen ausnahmslos das Stigma der „Dunkelheit", denn sehr viel Studium und gedankliche Arbeit müssen eingesetzt werden, bevor der

Leser – und besonders der gebildete Leser – sich selbst in den Autor hineinversetzen kann. Das als „klar“ bezeichnete Buch ist eines, das verschiedene Interpretationen zuläßt, so daß der Leser sich einbilden kann, daß es nur vergleichsweise geringe Abweichungen zu den Auffassungen enthält, die er bereits teilt. Philosophische Schriften, die vom gebildeten Publikum allgemein für „klar“ gehalten werden, sind für den gründlicheren Philosophen, unterzieht er sie nur einer näheren Prüfung, beinahe oder vollständig unbegreiflich; und die einfachen Menschen sind geneigt, ihm darin recht zu geben. Diese „Klarheit“ – oder diese Äquivokation – ist meistens das Resultat der einseitigen philosophischen Ausbildung des Autors und seiner konsequenten Unkenntnis der philosophischen Ideen, die ihm vielleicht zugeschrieben werden. Doch im Falle von David Hume, dessen *Essays* in diesem Stil geschrieben sind, ist die Meinung hervorragender Kritiker die, daß es sich um eine Unklarheit handeln müsse, die bewußt gewählt wurde; nämlich um dem „gesunden Menschenverstand“[3] entgegenzukommen, wie er sich zu Lebzeiten des Autors durchgesetzt hatte.

Aus der schlechten Verfassung der Philosophie resultiert auch folgendes: Wenn jemand eine bestimmte Thematik gründlich studiert hat, eine philosophische Schrift lobt und erklärt, sie sei ein wertvoller Beitrag zu dieser Frage, so folgt daraus keineswegs, daß er damit auch nur einem Satz in dieser Schrift seine Zustimmung gibt. Denn in dem Zustand, in dem sich die Philosophie noch immer befindet, kann eine Arbeit, die eine völlig falsche Methode zur Anwendung bringt, mit der Unerschütterlichkeit und Kraft ihres Vorgehens doch dazu beitragen, uns die Wahrheit vor Augen zu führen – oder jedenfalls Hilfen dafür zu geben; und das auf eine Weise, in der sonst kein anderes Buch dazu imstande wäre. Ein Beispiel dafür ist das eine wirklich große Werk von Hume, sein ‘Treatise of Human Nature’[4], dessen unermeßlicher Wert von späteren Philosophen aller Schattierungen gerühmt wurde, obgleich, wenn überhaupt jemand, nur sehr wenige seine Schlußfolgerungen anerkannt haben.

Dieses Werk – oder sein bester Teil, der einige Jahre zuvor geschrieben wurde – erschien im Februar 1739 im Druck, als Prinz Geo. Augustus[5], der spätere Georg III., noch kein Jahr alt und Boerhaave[6] der berühmteste Wissenschaftler Europas war. Friedrich Wilhelm I., der Vater Friedrichs des Großen, war König von Preußen. Die Türkei hatte noch nicht den Gipfel ihres Ruhmes als europäische Großmacht erreicht.

Unter Humes Zeitgenossen wollen wir hier die führenden Denker zu diesem Zeitpunkt verstehen. Wer waren sie? Newton war vor kurzem gestorben, aber Leibniz lebte noch. Berkeley hatte sein umfangreichstes Buch, seine 'Chain of Philosophical Reflexions'[7], noch nicht begonnen, seine bedeutenderen Werke aber waren bereits erschienen. Das Buch, das zu diesem Zeitpunkt die meiste Aufmerksamkeit erregte, war Warburtons 'Divine Legislation of Moses'[8]; doch die bei weitem einflußreichste Philosophie in England war die von William Wollaston[9]. Obwohl der Autor selbst bereits tot war, erschienen von seiner 'Religion of Nature' noch mehrere Neuauflagen. Ihre Hauptlehre besagt, daß jede Unmoral Lügen einschließe, eben dies sei das Wesen der Unmoral. Andere große Denker jener Zeit waren Bischof Butler[10], dessen 'Analogy of Religion to Nature' drei Jahre zuvor erschienen war, und Dr. Isaac Watts[11], dessen Schriften bis heute populär geblieben sind. Er war ein Schüler von Samuel Clarke[12], dieser wiederum ein philosophischer Schüler von Sir Isaac Newton. In Schottland war der Moralist Hutcheson[13] die führende Gestalt, und von ihm wurde Hume stark beeinflußt. Während Humes gesamter Jugendzeit, zwischen seinem 9. und 19. Lebensjahr, war die ganze britische Insel wie gebannt von den heftigen Angriffen, die Thomas Woolston[14] gegen den Wunderglauben richtete. Doch Woolston war ein sehr fanatischer Christ, und seine Schriften bestanden weitgehend aus Berufungen auf die dicta der Kirchenväter. In seiner Behandlung der Wunder beschränkte sich Woolston auf die der Evangelien und behauptete: erstens, sie seien unglaubwürdig, und zweitens, selbst wenn sie sich buchstäblich ereignet haben sollten, seien sie kein Beweis für die Göttlichkeit Jesu. Er unterzog dabei jedes einzelne Wunder einer spezifischen Kritik, präsentierte aber kein allgemeines Argument gegen Wunder überhaupt, wie Hume es getan hat. Woolston war der Auffassung, daß Jesu Wunder bloß allegorische Erzählungen seien, typisch für die geistlich zu verstehenden Wunder, auf die die Religion Jesu zielte. Woolstons Angriffe wurden 1744 von Peter Annet[15] fortgesetzt; und tatsächlich war dann an dem, was Hume über Wunder zu sagen hatte, nichts Außergewöhnliches oder Schockierendes. Hume aber war offensichtlich darauf aus, die Frommen unter den Zeitgenossen, so weit er nur konnte, zu reizen, um einen Eklat zu provozieren. Annet wurde an den Pranger gestellt; doch die Menschen waren entsetzt über dieses Vorgehen.

Dies also waren Humes Zeitgenossen. In vielen Fragen – wie in Sachen Wunderglaube – hatten sie sehr voneinander abweichende Auffassungen. Aber in Bezug auf die Regularitäten in der Natur gab es nur geringe Meinungsverschiedenheiten. In England waren sie alle, und das gemeinsam mit so unterschiedlichen Denkern wie Leibniz und Voltaire auf dem Kontinent, der Auffassung, daß in der Tat ein großes Maß an Gleichförmigkeit in der Handlungsweise der Natur vorliege; und zwar mit der Begründung, daß Gott bestimmt habe, es solle so sein, sofern Er dies als gut und vernünftig betrachte. Ob diese Ordnung irgendwann einmal durchbrochen würde, lief ganz einfach auf die Frage hinaus, ob Gott es für richtig hielte, sie zu durchbrechen. Die Argumente, die Hume und andere gegen Wunder vorbrachten, richteten sich allein dagegen, irgendein besonderes Vorkommnis vernünftigerweise als übernatürlich behaupten zu können, nicht gegen wunderbare Vorkommnisse überhaupt. Man weiß, daß Menschen gelegentlich hundertundzwanzig Jahre alt werden; doch geschieht das so selten, daß es gefährlich wäre, Geld darauf zu setzen, daß ein bestimmter Mensch dieses Alter erreicht. In derselben Weise argumentierten Hume und Woolston: Ungeachtet der Tatsache, daß Wunder manchmal vorkommen, geschieht dies doch so selten, daß es lächerlich wäre, irgendein bestimmtes Ereignis für übernatürlich zu halten.[16] Wer Humes Position nicht akzeptieren wollte, tat dies aufgrund der folgenden Überlegung: Zwar ist unter gewöhnlichen Umständen Humes Einwand schon zutreffend, doch in Verbindung mit göttlichen Offenbarungen ist das Auftreten von Wundern keineswegs unwahrscheinlich, wenn es denn solche Offenbarungen geben sollte; und unter der Voraussetzung der Existenz eines gütigen Gottes sind solche Offenbarungen keineswegs unwahrscheinlich, und eben diese Voraussetzung *wurde* von allen Seiten geteilt. Folglich gab es keinen Grund, warum die gute Bezeugung von Wundern mit Skepsis betrachtet werden sollte, sofern diese mit anderen Anzeichen göttlicher Offenbarung in Verbindung standen. Dies war die Sicht der Dinge bei der großen Mehrheit der kompetenten Denker unter Humes Zeitgenossen.

Ein bestimmtes philosophisches Dogma stand allerdings bei ihnen allen in Geltung: Sie waren fest überzeugt von einer Lehre, die allem Anschein nach mit ihrer allgemeinen Auffassung über die Regularitäten in der Natur in Widerspruch stand. Sie vertraten nämlich alle die Meinung, daß nichts wirklich existiert außer Einzeldingen und ihren Veränderungen. Alles, was sich allgemeiner Beschreibung verdankt, ist Produkt des [menschlichen] Geistes. Nun wäre allerdings ein Naturgesetz oder eine Regularität zweifellos von allgemeiner Natur; dann aber erscheint es unmöglich, daß damit irgend etwas anderes gemeint sein könnte als eine Art und Weise, die Dinge zu betrachten, oder unmöglich, daß dem Naturgesetz irgendeine reale Existenz zukommen könnte.[17] Wir müssen uns hier nicht in diese schwierige Frage vertiefen. Es soll genügen, daß jenes Dogma gewiß nicht in aller Strenge und nicht in einem Sinne, in dem es der Wahrheit widerstreitet – zum Beispiel beim Gravitationsgesetz –, für wahr gehalten wurde. Es mag sein, daß einige Zeitgenossen unachtsam einer Formel ihre Einwilligung gegeben haben, die wortwörtlich genommen ein solches Resultat gehabt hätte; aber in solchem Fall beruhte ihr Zugeständnis nicht auf einer genuinen Überzeugung.

Im Altertum wie in der nicht zu fernen Vergangenheit sind gelegentlich die Regularitäten der Natur so aufgefaßt worden, daß ihre Realität in Gleichförmigkeiten oder Ähnlichkeiten zwischen Ereignissen erkannt wurde; manchmal sogar so, daß die Handlungsweisen natürlicher Dinge jenen Regularitäten durch eine Art von Quasi-Einwirkung zwangsläufig entsprächen. Dabei wurde aber Gott vollständig außer Betracht gelassen, und die Regularitäten in der Natur galten wie vieles andere als harte Tatsachen, über die nichts weiter gesagt werden konnte. Wer diese Auffassung vertrat, leugnete damit nicht notwendigerweise und nicht ausdrücklich, daß Gott es sei, der das Universum geordnet habe. Vielleicht war die gewöhnliche geistige Haltung etwa die folgende: Ob es einen Schöpfer gibt oder nicht, wußte man nicht, noch kümmerte man sich besonders darum, obwohl man bereit war, der Annahme eines Schöpfers um des lieben Friedens willen seine Zustimmung zu geben. Doch vielleicht stellte sich die Sache auch so dar: Es gibt Anzeichen, die darauf hindeuten, daß der Schöpfer, den es gegeben haben könnte, seit langem schon seines Spielzeugs überdrüssig geworden ist und es ohne irgendeine weitere Beeinflussung sich selbst überlassen hat.

Auffassungen dieser Couleur waren verbreitet und setzten sich bis weit ins dritte Viertel des neunzehnten Jahrhunderts immer mehr durch. Die Ursachen dafür, daß die ganze seelische Einstellung der Menschen in dieser Sache gerade in diese Richtung ging, können hier nicht diskutiert werden; zur selben Zeit jedenfalls erreichten die vernünftigen Begründungen auf dieser Seite der Fragestellung einen höheren Rang, während sie zugleich Gefühlslagen hervorriefen, die die Menschen an jenen Auffassungen Gefallen finden ließen. Doch mit dem Jahr 1860, als der alte Kern evolutionärer Ideen neu und großartig belebt in die geistige Welt unserer Zivilisation wieder eingepflanzt wurde, begann eine neue Denkrichtung an Kraft zu gewinnen.[18] Sie ist bereits zur vorherrschenden geistigen Stimmung denkender Menschen geworden, und sie verspricht, in Zukunft zwangsläufig zu noch größerer Dominanz heranzuwachsen. Die naturgegebenen Anordnungen betrachten wir nicht länger als solche, die ein für allemal fixiert worden sind, weder im Jahr 4004 v. Chr.[19] noch in unendlich entfernter Vergangenheit. Eher haben wir die Vorstellung, daß eine stufenweise Entfaltung des Denkens sich ereignet hat und sich noch ereignet, ein Prozeß, der zugleich eine lang ausgedehnte Schöpfung und Offenbarung darstellt und der Vernunft unterworfen ist.

Im Licht dieser Vorstellung, die gerade erst zu dämmern beginnt, tasten wir uns zurück zu einem Standpunkt, von dem aus das Naturgesetz ganz unter demselben Aspekt erscheint wie für die Menschen im Jahr 1739, nur daß dabei weniger Willkür und mehr vernünftige Einsicht im Spiel ist.

Es ist unmöglich, dies alles hier auszuführen; denn die Idee des Gesetzes gehört in den Zweig der Philosophie, der am weitesten entwickelt und am schwierigsten ist. Manche gliedern die Philosophie in zwei Teilbereiche: Logik und Metaphysik; andere in drei: Ethik, Logik und Metaphysik. Wenn die letztere Auffassung zutrifft und die Moralphilosophie[20] einen eigenen Bereich ausmacht, so interessieren hier nur ihre bloßen Anfangsgründe. Gewiß spricht vieles für die Auffassung, daß die erste entscheidende Frage die nach unseren Zielen ist. Unser wirklich letztgültiger Zweck ist das erste, worüber wir uns Klarheit verschaffen müssen. Jedenfalls besteht kein Zweifel darüber, daß die gesamte Wissenschaft des Schlußfolgerns, die Logik, durchgängig ausgearbeitet sein muß, bevor wir imstande sind, einen einzigen Schritt bezüglich der wissenschaftlichen Allgemeinbegriffe im Universum des Seienden, in der Metaphysik, zu tun. Nun gehört die Idee des Gesetzes zur Metaphysik, und sie kann folglich nicht vernünftig diskutiert werden, ohne daß eine lange und mühsame Schulung vorausgeht. Es wäre hier nicht einmal möglich, auch nur eine Erläuterung dessen zu geben, woraus die Auffassung des Gesetzes – grob und vage wie sie ist, und so wie sie in den stürmischen Bewegungen des wissenschaftlichen Zeitgeistes hin- und hergeworfen wird – sich tatsächlich zusammensetzt. Was hier geschehen kann, ist allein, daß einige Überlegungen angestellt werden, die als Muster dafür gelten können, wie das philosophische Denken gegenwärtig auf die mehr theologischen Vorstellungen des Universums und der Naturvorgänge zurückgeführt wird.

Während des mittleren Drittels des neunzehnten Jahrhunderts oder seit dem Jahrzehnt vor 1843, als J.S. Mill seine *Logik* veröffentlichte, die, wie er im Vorwort sagt, „keine neue Lehre von den Verstandesvorrichtungen" biete, sondern nur zu verstehen sei „als Versuch [...], die besten Lehren, die in Betreff seines Gegenstandes [...] aufgestellt [...] worden sind, [...] zu vereinigen"[21]; von da an und bis zu der Zeit, als Darwins Ideen auf die Metaphysik Einfluß zu nehmen begannen, bestand die allgemeine Auffassung eines Naturgesetzes ganz einfach in seiner „Gleichförmigkeit", das heißt einer Ähnlichkeit oder Analogie zwischen einer Anzahl von beobachteten Ereignissen; und ferner darin, daß solch eine Ähnlichkeit einfach dadurch gegeben ist, daß aufgrund der Beschaffenheit des menschlichen Geistes sich jene Phänomene in einer Klasse zusammenfassen lassen. Ein Naturgesetz war daher nichts anderes als eine besondere Weise, die Dinge zu betrachten, so wie es unseren Neigungen und Absichten nun einmal entspricht. Doch ist man jetzt darauf aufmerksam geworden, daß die Beschreibung eines Naturgesetzes als bloße „Gleichförmigkeit" oder Ähnlichkeit zwei wesentliche Eigenschaften solcher Regularitäten übersieht. Zunächst die Tatsache, daß nicht jede Gleichförmigkeit ein Naturgesetz ist. Denn jedes Naturgesetz ist eine solche Gleichförmigkeit, die es ermöglicht, erfolgreiche Voraussagen auf sie zu gründen. Wenn es sich in einem Backgammonspiel so trifft, daß vier Sechser nacheinander gewürfelt werden, so ergibt das eine Ähnlichkeit oder Gleichförmigkeit zwischen diesen Würfen; doch das ist ein bloß zufälliges Zusammentreffen. Wenn jemand darauf wetten würde, daß der nächste Wurf ein Sechser wäre, so würde er sein Geld mit der gleichen Wahrscheinlichkeit aufs Spiel setzen, wie wenn die vorausgehenden Würfe irgendwelche anderen gewesen wären. Andererseits ist es kein bloßer Zufall, wenn Röntgenstrahlen, sooft das Experiment gemacht wird, die menschliche Hand durchdringen; denn wir können vernünftigerweise sicher sein, daß dies in zukünftigen Experimenten fortgesetzt so sein wird. Man kann durchaus sagen, daß die Ähnlichkeit der Experimente darin besteht, daß unser [menschlicher] Geist sie in einer Klasse zusammenfaßt. Wir können das (dem Argument zuliebe) gelten lassen. Aber der Umstand, daß sich unsere Voraussage, dasselbe werde sich in künftigen Experimenten wieder ereignen, als wahr herausstellen wird, ist kein Produkt unseres Geistes; denn unsere Gedanken können dieses Ergebnis nicht im geringsten beeinflussen. Nicht wir sorgen dafür, daß die Voraussage sich als wahr erweist: die Natur selbst tut dies. Diese Eigenschaft der Naturgesetze ist durchaus unterschieden von der bloßen Ähnlichkeit zwischen Phänomenen; und das macht es zwingend und evident, daß die Natur wirklich einer allgemeinen Formel entspricht. Doch ist dies nicht die einzige Eigenschaft der Naturgesetze, die unsere Väter übersahen, wenn sie uns versicherten, ein Gesetz sei nichts als Gleichförmigkeit. Es könnte so sein, daß das

Universum durch Gesetze geordnet ist; und doch ist vorstellbar, daß diese Gesetze von einem Charakter wären, der – wie die Regeln der Astrologie – weit hergeholt erscheint und rational nicht faßbar ist. Es könnte zum Beispiel sein, daß dann, wenn ein Chemiker zwei Lösungen in einem Reagenzglas mischte, ein Niederschlag ausgefällt würde oder auch nicht, je nachdem, ob bestimmte allgemeine Bedingungen erfüllt wären oder nicht; und das Ergebnis könnte noch dazu abhängig sein – nicht davon, welche Lösungen der Chemiker hergestellt hat, auch nicht vom Material des Reagenzglases oder seiner Temperatur, auch nicht davon, ob Licht darauf fiel, auch nicht von irgendwelchen beobachtbaren Umständen im Laboratorium, sondern von der geometrischen Beziehung zwischen zwei Sternen, die Millionen Meilen vom Laboratium und voneinander entfernt sind. Oder es könnte, weil der Mond mit silbernem Licht scheint, ein silberner Niederschlag von den Mondphasen abhängig sein; oder es könnte, weil der Planet Mars eine blutige Farbe hat und Instrumente, mit denen wir Blut vergießen, aus Eisen sind, ein Niederschlag aus Eisen von der Position des Mars abhängig sein. Tatsache ist jedenfalls, daß die Naturgesetze, anstatt solch einer weit hergeholten Beschreibung zu genügen, so beschaffen sind, daß sie uns einsichtig und einfach erscheinen. Diese Eigenschaft der Naturgesetze ist Zeugnis dafür, daß die hinter ihnen stehende Kraft, von welcher Art sie auch sein mag, genau die ist, die auch hinter dem Aufbau der menschlichen Vernunft steht – mit ihren erstaunlichen Anlagen, die Naturgesetze zu entdekken.

Die Natur entspricht allgemeinen Formeln, und diese bestimmen tatsächlich darüber, wie zukünftige Ereignisse ausgehen werden; und diese Formeln sind so beschaffen, daß die menschliche Vernunft mit ihnen eng verbunden ist. Hinzu kommt, daß die Natur nicht vor langer Zeit fertiggestellt wurde, sondern sich noch jetzt im Prozeß ihrer Herausbildung befindet und sich mit jedem Tag herrlicher und für die menschliche Vernunft bewundernswerter weiterentwickelt.[22] Dies mag hier genügen, und ohne noch auf andere Überlegungen einzugehen, wird schon dadurch einigermaßen verständlich, warum sich gegenwärtig eine Tendenz zu einer mehr theologischen und religiösen Auffassung des Universums herausbildet.

Weil die einzelnen Wissenschaftler sich gewisse metaphysische Postulate zu eigen machen wollen und müssen, ist es sehr bedauerlich, daß noch immer kein Bereich der Philosophie den Anspruch erheben kann, seine Schlußfolgerungen hätten einen zufriedenstellenden Grad an Sicherheit; und die Metaphysik noch weniger als jeder andere Bereich. Die praktische Bedeutung der Philosophie ist sehr viel größer, als man meinen könnte. Normalerweise würde es für übertrieben gehalten, wenn einer behauptete, daß wir – angenommen die Grundprinzipien der Moral könnten abschließend und zufriedenstellend begründet werden – dann besser mit Licht, Brennstoff, Nahrung und Kleidung ausgestattet wären und menschliches Leben verlängern könnten. Doch die Verbindung zwischen Ethik und Logik ist von der Art, daß sie zweifellos unser logisches System verbessern würde; und die Metaphysik kann in solider Weise auf nichts anderes gegründet werden als auf eine korrekte systematische Logik. Die wissenschaftlichen Theorien ihrerseits hängen alle von metaphysischen Annahmen ab; und der Fortschritt wissenschaftlicher Entdeckungen hängt weitgehend von wissenschaftlicher Theoriebildung ab, was wiederum einen gewaltigen Einfluß auf die Entwicklung der praktischen Wissenschaften[23] hat. Es gibt folglich eine Verkettung der höchsten philosophischen Theorie mit den bescheidensten Lebenstechniken. Wir können nur hoffen, daß wir eines Tages genauer und sicherer, als wir es jetzt zu behaupten in der Lage sind, wissen werden, worin das Sein der Regularitäten des Universums wirklich besteht. Gegenwärtig können wir nur eine grobe Erklärung versuchen, die sich schließlich in zwei Richtungen als irrig erweisen kann: auf der einen Seite fällt sie vielleicht zu theologisch aus, auf der anderen Seite vielleicht nicht genügend religiös. Wir müssen uns in Geduld fassen.

III.
Gottesargument (1905–1911)

1. [Zwei Briefe an William James]*

Milford Pa, 22. Juli 1905

Mein lieber William:

Ich danke herzlich für Deine vielen Artikel. Ich habe den französischen gelesen, der mir vollkommen verständlich ist.[1] Wenn Du Englisch schreibst, bin ich nur selten sicher, ob ich Dich richtig verstehe. Doch selbst ein ungefähres Befolgen der französischen Rhetorikregeln erfordert absolute Klarheit. Ich stimme mit jedem Wort Deines Artikels überein, nur nicht mit Deiner Auffassung, es handele sich um eine neue Lehre. Es geht um nichts anderes als die Lehre der Unmittelbaren Wahrnehmung, wie sie nicht nur von Reid, sondern auch von Kant in seiner Widerlegung Berkeleys vertreten wurde.[2] Wenn Du meine Artikel durchsiehst, wirst Du sehen, daß ich die Worte „objektiv" und „subjektiv" niemals in einem Sinne gebrauche, der hierzu im Gegensatz stünde, und in meinem Artikel über Pearson im Popular Science, Jan. 1901, ist die Lehre der Unmittelbaren Wahrnehmung im wesentlichen enthalten[3], wenn ich sie auch nicht so schön entwickelt habe wie Du. Meine Lehre, daß alle Realität aus Zeichen besteht, enthält dies. Du hast meine Vorlesungen über Pragmatismus so sorgfältig gelesen, daß Du meinen Terminus *Phaneron* nicht vergessen haben kannst, der das beinhaltet, was Du *étoffe de l'expérience* nennst, obwohl ich nicht sehe, warum *Erfahrung* dazu irgendeine besondere Beziehung hat. Selbst die wildesten Phantasiegebilde enthalten Unmittelbare Wahrnehmung – die vierte Dimension des

Raumes, die imaginären Prinzipien einer unmöglichen Logik etc.

Damit, daß ich sie *alt* nenne, will ich die Bedeutung dieser Lehre nicht im geringsten schmälern. Was in der Philosophie von Bedeutung ist, das ist alt – und muß es sein. Die Lehre der Unmittelbaren Wahrnehmung hat allerdings nicht die Aufmerksamkeit auf sich gezogen, die sie verdient hätte. Das ist auch der Grund dafür, daß Berkeleys Widerlegung durch Kant nicht verstanden worden ist. Richtig ist, daß die Unmittelbare Wahrnehmung die vollständige Überflüssigkeit des *Ding an sich*[4] ans Licht bringt, was von den meisten allerdings vollkommen falsch verstanden wird. Ich werde Dir ein Exemplar meines Pearson-Artikels schicken, damit Du ihn vielleicht noch einmal liest. Du wirst sehen, daß es sich nicht bloß um eine populäre Darstellung handelt, sondern um eine ernsthafte Studie, auch wenn sie nicht mit der Würde eines Lehrstuhlinhabers daherkommt, was unter den gegebenen Umständen unangebracht gewesen wäre.

Dein sehr ergebener
C.S. Peirce

P.S. Ich bin heute aus verschiedenen Gründen sehr unglücklich; vor allem deshalb, weil ich keine Gelegenheit haben werde, meinen Logik-Entwurf in dieser Sommer-Akademie vorzutragen.[5] Mein einziger Trost ist die Religion.[+6] Ich *bin* ein Theist – nicht ein Heide wie Du. Auch das Heidentum ist eine Religion, aber meiner Ansicht nach kaum besser als gar keine. Dieser Dein endlicher Gott muß ohne Zweifel Konkurrenten haben.[7] Existenz besteht aus Reaktion. Es muß eine ganze Gattung geben. Und ich nehme an, daß die überhaupt keine Religion haben. Sie sind erbärmliche Atheisten ohne Ideale. Der Gott des wahren Theisten[8] ist ein Sein [being], ihn können wir nur in einem vagen Sinne kennen; aber sein Wesen [essence] ist Realität. Das Ideal – Er *IST*. Wenn wir auszudenken versuchen, was Er ist, verwickeln wir uns in Widersprüche, denn Er ist jenseits des menschlichen Fassungsvermögens. Dennoch können wir näherungsweise etwas begreifen. Dies ist der Gott, den wir *alle* lieben und verehren, und diese liebende Verehrung ist der beste Beweis Seines Seins, das nicht *Existenz*, sondern *Schöpfung* ist. Deine endlichen Götter mögen sehr achtbar sein, aber sie sind Geschöpfe, die kritisiert werden können. Das wahre Ideal ist die Lebendige Kraft[9]. Es wundert mich, daß Du nicht erkennen solltest, wie vollkommen zufriedenstellend die Behandlung des Bösen in Substance and Shadow[10] durchgeführt ist. An den Gott des wahren Theisten zu denken ist wirklich Balsam für das Herz und ein Trost für die eigenen Unzulänglichkeiten. Schon nach dem Schreiben dieser Seite fühle ich mich besser, mein Leiden ist gelindert.[11]

Lieber William:

Verzeih mir, daß ich weiter auf dem Thema Theismus herumreite. Es wäre in der Tat ausgesprochen lächerlich, wenn ich der Meinung wäre, etwas vorbringen zu können, um Dich zu bessern; weil ich aber in diesem wunderschönen Land lebe, bin ich wie jeder andere davon überwältigt, wie liebenswert das Universum ist. Jeder Sterbliche, der innehält und dies bedenkt, wird von einer unwiderstehlichen Liebe erfüllt. Nun ist es aber unmöglich, sich vorzustellen, daß dieses Ideal unseres Herzens einfach existiert oder in anderer Weise begrenzt ist; und wer metaphysische Definitionen beiseite läßt, für den ist die Vorstellung ebenso unmöglich, daß das Objekt seiner Liebe nicht lebendig wäre. Es ist dies eine vage Idee, aber sie ist deshalb nur um so unwiderstehlicher.+[12] Subtile Unterscheidungen sind fehl am Platze. Die Wahrheit des Common Sense besagt: Sowenig wir den Urheber aller Schönheit, aller Kraft und allen Denkens begreifen können, sowenig ist es möglich – es sei denn, wir ersetzen die einfache Wahrheit durch Sophismen –, etwas anderes anzunehmen, als daß es sich dabei um ein lebendiges Wesen handelt. Wenn ich gefragt würde, was ein lebendiges Wesen ist, könnte ich darauf keine befriedigende Antwort geben. Ich denke aber, daß dann, wenn ich durch meine Reflexionen eine mechanische Wirkung erzeuge, es auf eine geschwätzige Pedanterie hinausliefe zu bestreiten, daß mein Denken die Ursache der physischen Handlung ist. Allerdings halte ich mein Denken nicht für das dynamische Zentrum einer Kraft oder etwas derartiges. Mein Denken scheint auf das, was sich wirklich ereignet, in der gleichen Weise und Allgemeinheit bezogen zu sein, in der sich ein Naturgesetz+[13] auf die ihm entsprechenden Ereignisse bezieht. Dies ist die gleiche Art allgemeiner Relation, in der sich die Idee der Wahrheit und Gerechtigkeit auf wahre und gerechte Handlungen bezieht, die Idee der Schönheit auf schöne Gegenstände etc. Was ich also mit einem lebendigen Wesen meine, ist etwas, das einem Ideal nahekommt. *Ich* bin zwar weit von einem Ideal entfernt, das ist wahr; aber die Unzulänglichkeiten, die dazu führen, stehen nicht in Einklang mit etwas anderem in mir, das mich zu einem ganz und gar lebendigen Wesen machen würde, gäbe es diese Mängel nicht. Mir scheint, daß in Wahrheit alle Menschen so denken. Allein die Notwendigkeit, Sachverhalte genau zu betrachten und zu definieren, führt dazu, daß die Menschen den Versuch machen, auch das zu definieren, wozu ihre Instinkte nicht geeignet sind. Nachdem es dann zu falschen Definitionen gekommen ist, und mehr können Menschen nicht erreichen, sehen sie sich mit der Widerlegung dieser Definitionen konfrontiert. Alle Glaubenssätze in Dr. Schaffs drei Bänden[14] sind verblüffende Beispiele dafür, wie die Versuche der Menschen, das Objekt ihrer Anbetung zu definieren, fehl gehen. Sie lassen mich an ein Insekt denken, das seine Anstrengungen beim Eierlegen zu erklären versucht, wobei keine Erfahrung irgendeines Mitgliedes seiner Gattung ihm sagen kann, ob jemals etwas dabei herauskommt. Doch das Insekt handelt, als ob es alles darüber wüßte, hat größeres Vertrauen in den Instinkt und legt seine Eier; und es verhält sich nicht wie ein skeptisches Insekt, das schließt, es gäbe dafür keinen Grund, sofern sein Instinkt sich nicht dazu bereit findet, sich zu erklären. Dennoch geht es nicht um die Frage, „dem Instinkt zu *vertrauen*". Der springende Punkt ist der: Wenn man die Sache sorgfältig überdenkt, ist der Glaube [belief] absolut unwiderstehlich und unzweifelhaft.

Hätte ich Gelegenheit gehabt, meine Logik einprägsam vorzutragen, deren Geheimnis in ihrer Darstellung als Semiotik liegt[15] (was sofort zur unmittelbaren Wahrnehmung führt), dann hätte es vielleicht auch Forscher mit entsprechender Stimme gegeben, um dem ästhetischen Theismus die ihm gebührende Bedeutung zu verleihen.[16]

Dein sehr ergebener
C. S. Peirce

26. Juli 1905

2. Antworten auf Fragen über meinen Glauben an Gott*

Die Fragen lassen sich ohne allzulange Erklärungen beantworten. „*Glauben Sie an die Existenz eines Allerhöchsten Seins?*" Hume macht in seinen „Dialogen über natürliche Religion" mit Recht darauf aufmerksam, daß der Ausdruck „allerhöchstes Sein" kein Äquivalent für „Gott" ist, denn er impliziert weder Unendlichkeit noch eines der anderen Gottesattribute, ausgenommen Sein und allerhöchste Macht.[1] Das ist ein wichtiger Punkt, und er betrifft erst recht einen weiteren Unterschied zwischen diesen beiden Bezeichnungen. „Gott" ist nämlich ein alltägliches

Wort, und was für alle diese Wörter zutrifft, gilt hier in noch größerem Maße als in fast jedem anderen Fall: es ist *vage*[2]. In einer Hinsicht muß man sagen: Kein Wort wird so gut verstanden wie ein Wort der Alltagssprache; und doch sind die alltäglichen Wörter ausnahmslos vage, und für viele von ihnen gilt: Selbst dann, wenn der Logiker sein Bestes tut, um sie durch präzise Äquivalente zu ersetzen, sind es allein die alltäglichen Wörter selbst, die gerade in ihrer Vagheit ihrem eigentlichen Zweck entsprechen. Das gilt betontermaßen im Falle des besonders vagen Wortes „Gott", das auch dadurch nicht an Vagheit verliert, daß man sagt, es bedeute „Unendlichkeit" etc., denn diese Attribute sind zumindest ebenso vage. Ich werde deshalb in der Formulierung der Frage, mit Verlaub, „Allerhöchstes Sein" durch „Gott" ersetzen.

Ich möchte mir zudem die Freiheit nehmen, „Existenz" durch „Realität" zu ersetzen. Vielleicht ist dies allzu skrupulös, doch ich selbst verwende *existieren* immer in seinem strikt philosophischen Sinn von „reagieren mit anderen ähnlichen Dingen in der Umwelt". In diesem Wortsinn wäre es selbstverständlich Fetischismus zu sagen, daß Gott „existiert". Im Gegensatz dazu wird das Wort „Realität" in der Alltagssprache in seinem korrekten philosophischen Sinn gebraucht.[3] Es ist merkwürdig, daß seine rechtliche Bedeutung, so wie wir von „real estate"[4] sprechen, die früheste ist und im frühen XII. Jahrhundert aufkommt. Albertus Magnus, der als hochstehender Mann der Kirche mit solchen Dingen zu tun gehabt haben muß, hat das Wort in die Philosophie eingeführt.[5] Doch es hat sich erst allgemein durchgesetzt, als Duns Scotus in der zweiten Hälfte des XIII. Jahrhunderts damit begann, es zwanglos zu gebrauchen.[6] Ich definiere das *Reale* als das, dessen Eigenschaften sich in der Weise durchhalten, daß es nicht den geringsten Unterschied macht, was ein einzelner oder irgendwelche Menschen darüber *gedacht* haben mögen oder jemals darüber *gedacht* haben werden. Das Wort gedacht wird dabei so benutzt, daß es Imagination, Meinen und Wollen mit einschließt (solange keine Zwangs*mittel* gebraucht werden); doch die Eigenschaften der *realen* Dinge werden davon absolut unberührt bleiben, was nicht für alle Arten von Einbildung gilt.

So beantworte ich denn die gestellte Frage, ob ich an die Realität Gottes glaube, mit Ja. Außerdem denke ich, daß dies so ziemlich jeder mehr oder weniger glaubt, einschließlich der zahlreichen Wissenschaftler meiner Generation, die gewöhnlich der Auffassung sind, dieser Glaube sei gänzlich unbegründet. Der Grund dafür, daß sie diesem ungewöhnlichen Irrtum bezüglich ihrer eigenen Überzeugung[7] anheimfallen, ist der, daß sie den Begriff abstrahieren[8] (oder präzisieren) und, indem sie dies tun, unweigerlich verändern; und von einem derart präzisierten Begriff läßt sich leicht zeigen, daß er sich nicht rechtfertigen läßt, selbst dann, wenn er nicht ganz zu widerlegen ist. Jeder vage Begriff neigt dazu, selbstwidersprüchlich zu sein, und zwar genau in den Hinsichten, in denen er vage ist.[9] *Kein* Begriff, auch kein mathematischer, ist absolut präzise; und manche der allerwichtigsten Begriffe, die wir täglich gebrauchen, sind extrem vage. Trotzdem sind unsere instinktiven Überzeugungen, die solche Begriffe enthalten, weit vertrauenswürdiger als die am besten gesicherten Ergebnisse der Wissenschaft, wenn diese in ihrer wissenschaftlich präzisen Weise verstanden werden. Zum Beispiel denken wir alle, daß es ein Element von Ordnung im Universum gibt. Kann irgendein Laborexperiment dieser Behauptung mehr Gewißheit verleihen, als ihr durch Instinkt und Common Sense schon zukommt? Es ist lächerlich, solch eine Frage überhaupt aufzuwerfen. Doch wenn es jemand unternimmt, *präzise* anzugeben, worin diese Ordnung besteht, wird er schnell entdecken, daß er alles überschreitet, was die Logik ihm garantiert. Wer zuviel definieren will, bringt sich zwangsläufig beim Umgang mit den vagen Begriffen des Common Sense selbst in Verwirrung.

Gewöhnlich verschlimmert sich die Sache noch durch ein irriges – um nicht zu sagen absurdes – Verständnis von der Funktionsweise des Schlußfolgerns. Jede Tiergattung ist mit Instinkten ausgestattet, die ihren Bedürfnissen gut angepaßt sind und besonders der Stärkung des Bestandes dienen. Es ist einfach wunderbar, wie unfehlbar diese Instinkte sind, und der Mensch ist in dieser Hinsicht keine Ausnahme. Doch in seinem Falle ist es so, daß er sich ständig in neuen Situationen vorfindet und deshalb eine zusätzliche Fähigkeit braucht, die ihm auch zur Verfügung steht, nämlich die des *Schlußfolgerns*. Dadurch wird der Instinkt dazu gebracht, sich auf Situationen zu beziehen, auf die er unmittelbar gar nicht anwendbar ist. Im Hinblick auf ihre Fehlbarkeit ist diese Fähigkeit sehr unvollkommen; doch andererseits wird sie nur gebraucht, um kleinere Lücken zu schließen. Jeder Schritt muß geprüft und kritisch analysiert werden; und dies ist in der Tat von so entscheidender Bedeutung, daß es am besten ist, einen Schritt, der nicht den kritischen Schlußformen zugehört, mit einem anderen Namen zu benennen. Wenn jemand überhaupt nicht weiß, wie seine Überzeugung [belief] zustande kam, kann dies nicht einmal mit dem Wort Schließen [inference] bezeichnet werden. Wenn wir mit Augustin den Schluß ziehen: „Ich denke; deshalb bin ich“, aber auf die Frage, wie wir diesen Schluß rechtfertigen, nur sagen können, daß wir *gezwungen sind*, so *zu denken*, weil wir ja denken, daß wir sind – dann sollte dieser Schluß, der nicht der Kritik unterliegt, auch gar nicht als Schlußfolgerung [reasoning] bezeichnet werden. Denn das Schlußfolgern begreift sein Schließen zumindest als Teil einer allgemeinen Klasse von möglichen Schlüssen, die nach demselben Modell ablaufen und alle in gleicher Weise gültig sind. Also muß man zurückgehen und die Prämissen und die *Prinzipien* kritisch analysieren, unter deren Führung die Konklusionen zustande kommen. Wenn sich herausstellen würde, daß alle letzten (oder ersten) Prämissen Wahrnehmungen [percepts] wären und daß alle letzten logischen Prinzipien so klar wären wie das Prinzip des Widerspruchs, dann könnte man sagen, daß unsere Konklusionen *vollkommen* rational wären. Streng genommen träfe auch dies nicht ganz zu, weil durchaus die Möglichkeit besteht, daß uns die Wahrnehmung selbst täuscht; und noch sehr viel wahrscheinlicher ist, daß wir bezüglich der Unbezweifelbarkeit logischer Prinzipien Fehler machen. Doch es ist eine Tatsache, daß wir *in keinem einzigen Fall* in der Lage waren, diesen Punkt zu erreichen – soweit die Logiker bisher ihre Analysen vorantreiben konnten und soweit es sich um *Tatsachen* im Unterschied zu konditionalen Möglichkeitsbedingungen in der Mathematik handelt. In jedem Fall sind wir entweder durch die unerbittliche Kritik dazu gezwungen, früher oder später zu erklären: „Diesen oder jenen Satz [proposition] oder Schluß [inference] *kann ich nicht bezweifeln*; es scheint vollkommen klar zu sein, daß es sich so verhält, doch ich kann nicht sagen, *warum* es so ist"; oder der Kritiker selbst wird müde, noch bevor die kritische Beurteilung bis an ihr äußerstes Ende vorangetrieben wurde.

Wenn ein Satz absolut nicht bezweifelt werden kann – nichts einen Menschen aufgrund genauer Überlegung dazu bringen kann, auch nur den geringsten Verdacht gegen seine Wahrheit zu hegen –, dann ist klar, daß darüber hinaus nichts mehr zu verlangen ist. Immer wieder finden sich Philosophen, die meinen, man könne ein Stück Papier nehmen, darauf schreiben: „Ich bezweifle, daß" – und dies bedeute dann auch zu zweifeln; oder sie meinen, es ginge um etwas, das sich in ein paar Minuten erledigen läßt, sobald der Philosoph entschieden hat, woran er zweifeln will. Descartes war davon überzeugt, es sei der sicherste Weg, damit zu „*beginnen*", an allem zu zweifeln; und dementsprechend versichert er uns, daß er es stracks getan habe, ausgenommen nur sein *Je pense*, das er sich von Augustin ausborgte. Nun, ich denke, so war es nicht; denn genuiner Zweifel spricht nicht darüber, daß er zu zweifeln *beginnt*.[+11] Der Pragmatist weiß, daß zu zweifeln eine Kunst ist, die mit viel Mühe erworben werden muß; und seine genuinen Zweifel reichen sehr viel weiter als die jedes Cartesianers. Woran der Pragmatist nicht zweifelt: an den alltäglichen Dingen, wie sie in jedem Leben vorkommen –, das ist er geneigt, für etwas zu halten, woran überhaupt kein wirklich reifer Mensch je zweifelt. Denn diese Dinge sind Teil unseres Instinkts. Wir wissen inzwischen, daß Instinkte bei weitem nicht so unveränderlich sind, wie wir uns das vorgestellt hatten; und ich bin zuversichtlich, daß mit der gegenwärtigen Theorie der „Mutation" – ich habe *immer* mit Nachdruck betont, daß die Arten auf diesem Wege entstanden sind[12] – zum ersten Mal der Anfang einer korrekten Theorie gemacht ist. Sie zeigt, daß es kein Gegenbeweis für den instinktiven Charakter einer Überzeugung ist, wenn sie sich auf Vorstellungen bezieht, die primitive Menschen vermutlich nicht gehabt haben können. Nun ist dies aber keine Bestätigung dessen, woran man nicht zweifelt. Denn was nicht bezweifelt wird, das kann nicht noch zufriedenstellender gemacht werden, als es schon ist. Doch während ich vielleicht, soweit ich mich selbst erforschen kann, keinen irgend wahrnehmbaren Zweifel an nur einer von hundert Behauptungen hege, mag der Verdacht aufkommen, daß unter so vielen eine unwahre Behauptung hineingerutscht sein könnte; und in diesem Fall kann die wunderbare Irrtumslosigkeit des Instinkts vielleicht ein wenig zu meinem *allgemeinen* Vertrauen auf das Ganze beitragen. Doch will ich auf diesem Punkt nicht bestehen. Ich denke aber, diese Überlegung kann uns helfen, die unechten Zweifel aufzudecken, die nur auf dem Papier stehen[13] und von denen so viele im Umlauf sind.

Ich halte fest: Alle instinktiven Überzeugungen sind vage. In dem Augenblick, in dem sie abstrahiert[14] werden, wird der Pragmatist beginnen, sie zu bezweifeln.

Der vierte Teil des ersten Buches von Humes *Traktat über die menschliche Natur*[15] liefert ein starkes Argument für die Richtigkeit meiner Sicht, daß die Vernunft nur ein

Ersatz[16] ist, der dort gebraucht wird, wo der Instinkt fehlt. Hume zeigt, wie sich ein Mensch auf höchst lächerliche Weise in törichte Papierzweifel versteigt, indem er den Common Sense, d.h. den Instinkt, über Bord wirft und vollkommen rational sein möchte. Bradleys *Appearance and Reality*[17] ist ein weiteres Beispiel für dieselbe Sache, obwohl sich Bradley bezüglich dessen, was er *tatsächlich* gelten läßt, im Vergleich mit Hume auf der entgegengesetzten Seite befindet. Doch ist Bradley keineswegs ein so klarer Fall wie Hume. Hume bemüht sich, seine Konklusion zu modifizieren, indem er sie nicht ihrem extremen Umfang nach, zu dem sie ihn hätte führen sollen, vorträgt. Doch wird ein sorgfältiger Leser erkennen, daß dann, wenn Hume mit seiner ganzen Schlußfolgerung überhaupt etwas beweist, es dies ist, daß Schlußfolgern als solches *ipso facto* und wesentlich unlogisch, „illegitim" und unvernünftig ist. Und der Grund dafür ist der, daß die Schlußfolgerung entweder ungültig ist oder auf zweifelhaften Prämissen beruht, oder auch der, daß die Prämissen nicht einer eingehenden kritischen Analyse unterzogen wurden. Das ist natürlich falsch. Denn in dem Augenblick, in dem ein vollkommen zufriedenstellender Satz erreicht ist, so daß ihm gegenüber nicht mehr der geringste Verdacht gehegt wird, verhindert dies jede genuin kritische Untersuchung dieses Satzes. Das Ergebnis, zu dem Humes Argument eigentlich führt, ist dies, daß Schlußfolgern „illegitim" ist, weil seine Prämissen vollkommen zufriedenstellend sind. Er bekennt freimütig, daß das für ihn selbst zutrifft. Doch scheint er mit sich selbst darüber unzufrieden zu sein, daß er zufriedengestellt ist. Jedenfalls ist leicht zu erkennen, daß er sich selbst auf die Schulter klopft und mit sich selbst darüber sehr zufrieden ist, daß er unzufrieden ist damit, zufriedengestellt zu sein. Bradleys Position ist in gleicher Weise lächerlich.

Ein weiterer Beleg im Blick auf die Bestätigung meiner Auffassung, daß der Instinkt die große innere Quelle aller Weisheit und allen Wissens darstellt, ist die Tatsache, daß all die „Triumphe der Wissenschaft“, auf die sich unser armes altes XIX. Jahrhundert so viel eingebildet hat, auf zwei Richtungen beschränkt sind. Denn sie bestehen entweder in physikalischen – das heißt letztlich in dynamischen – Erklärungen von Phänomenen oder ansonsten in der Erklärung der Dinge auf der Basis unseres Common-Sense-Wissens über die menschliche Natur. Dynamik aber ist nichts anderes als die Ausarbeitung des Common Sense, und ihre Experimente haben mehr den Charakter von Imaginationen. So geht in beiden Richtungen alles auf Common Sense zurück, wobei die eine Richtung in den Instinkten gründet, die auf physikalische Kräfte bezogen sind und wegen des Ernährungstriebes erworben werden, die andere gründet in denen, die sich auf unsere Artgenossen beziehen und zur Zufriedenstellung des Fortpflanzungstriebes erforderlich sind. Insofern ist Wissenschaft also nichts als eine natürliche Weiterentwicklung dieser beiden Instinkte.

Es ist deutlich, daß alles, was ich bisher gesagt habe, nicht der Vorbereitung eines Arguments für die Realität Gottes dient, sondern beabsichtigt ist eine Rechtfertigung dafür, daß Überzeugung auf Instinkt beruht; und das ist der Grundstein, auf dem all unser Schlußfolgern errichtet werden muß.[†18]

Ich habe oft Gelegenheit, nachts spazieren zu gehen, etwa eine Meile auf einer gänzlich unbefahrenen Straße, die überwiegend durch offene Felder führt, ohne daß ein Haus in Sichtweite wäre. Das sind keine günstigen Bedingungen für strenges Beobachten, wohl aber für ruhige Meditation. Bei klarem Himmel schaue ich in der Stille zu den Sternen und überlege, wie die sukzessive Öffnung der Blende eines Teleskops noch weit mehr Sterne sichtbar macht als all die, die jetzt schon zu sehen sind. Die Tatsache, daß das Himmelsgewölbe keine Lichtflächen zeigt, beweist, daß es bei weitem mehr dunkle Körper, zum Beispiel Planeten, gibt als Sonnen. Sie müssen bewohnt sein, und das gilt höchst wahrscheinlich für Millionen von Planeten, und zwar von Wesen, die weit intelligenter sind als wir. Denn im ganzen genommen scheint unser Sonnensystem eines der einfachsten zu sein; und vermutlich werden sich unter dem Einfluß von komplizierteren Erscheinungen stärkere intellektuelle Kräfte entwickeln. Welche sozialen Phänomene muß man in einer solchen Welt erwarten! Wie außergewöhnlich ist schon das Bewußtsein [mind] der niederen Tiere. Wir sind ebensowenig in der Lage, unsere eigenen Kräfte richtig einzuschätzen, wie ein Schriftsteller seinen eigenen Stil oder ein Denker die spezifische Qualität seines eigenen Denkens. Ich meine nicht, ein Dante hätte nicht gewußt, daß er sich mit weniger Worten auszudrücken verstand als andere Menschen, aber er konnte sich selbst nicht so bewundern, wie wir ihn bewundern; noch können wir über die Intelligenz von Menschen so erstaunt sein, wie wir es im Falle von Wespen tatsächlich sind. Laß einen Menschen solche Gedanken in sich aufnehmen, geradeso, wie sie sich einstellen bei der Kontemplation des physiko-psychischen und besonders des geistigen Universums – das mit dem der Materie übereinstimmt –, nur ohne daß von seiten des Menschen ein bestimmter Zweck dabei verfolgt würde. Die Vorstellung, daß da über allem ein Gott ist, wird sich oftmals wie selbstverständlich nahelegen; und je mehr ein Mensch dies bedenkt, desto mehr wird er eingehüllt von der Liebe zu dieser Vorstellung. Er wird sich fragen, ob es wirklich einen Gott gibt. Wenn er seinem Instinkt erlaubt zu sprechen und sein eigenes Herz prüft, so wird er schließlich entdecken, daß er nicht anders kann, als es zu glauben. Ich kann nichts darüber sagen, wie die Menschen allgemein darüber denken. Ich weiß aber, daß die Mehrzahl der Menschen, besonders die gebildeten und die männlichen Geschlechts, derart pedantisch sind, daß sie in diesen Fragen nicht unbefangen zu denken vermögen. Aber ich kann etwas dazu sagen, wie jemand denken muß, der ein Pragmatist ist. Nun veranlaßt mich die Flut von Nachrichten, die mich während der letzten zwei Monate erreicht hat, verbunden mit der Meinung so vieler Sachkundiger, die Erwartung zu teilen, daß der Pragmatismus die dominierende philosophische Richtung des XX. Jahrhunderts sein wird.[19]

Pragmatismus, wie ich ihn ursprünglich definiert habe, ist die Lehre, daß der *vollständige* intellektuelle Sinn [purport] eines Begriffs in der Summe aller denkbaren konditionalen und verhaltensbezogenen Entscheidungen [resolutions] besteht, die er unter verschiedenen denkbaren Umständen und unter verschiedenen denkbaren Motiven verursachen würde. Doch viele von denen, die sich zu dieser Lehre hingezogen fühlen, wollen die Sinneswahrnehmungen als Bestandteil dessen, was Pragmatismus bedeutet, mit eingeschlossen sehen und sich trotzdem Pragmatisten nennen; und einige wollen die Lehre auf das begrenzen, was geschehen *wird*, so daß ich nun empfehle, das Wort in dem allgemeinen Sinn zu verstehen, wie es von denen benutzt wird, die meinen, daß sie zu derselben Schule des Denkens gehören wie diejenigen, die man jetzt gewöhnlich Pragmatisten nennt. Ich bleibe bei meiner ursprünglichen Auffassung und nenne sie jetzt *Pragmatizismus*. Weltweit ist vollkommen klar, daß ich der Vater dieser ganzen Bewegung bin; und ich bin zuversichtlich, daß, ist die Sache einmal gründlich behandelt, auch erkannt werden wird, daß Sinneswahrnehmungen nichts mit dem intellektuellen Sinn [des Begriffs] zu tun haben und daß es absolut notwendig ist, dafür die denkbaren allgemeinen, konditionalen Entscheidungen anzuerkennen.

Ich muß auf einige Lehren hinweisen, die mit dem Pragmatizismus verbunden sind. Die gesamte intellektuelle Arbeit des Mittelalters konzentrierte sich auf die Frage nach der Realität von Allgemeinbegriffen [generals] und dem, was damit im Zusammenhang steht. Das gilt etwa für die Zeit seit dem Ende des zweiten Kreuzzuges, als die Analytiken des Aristoteles in Westeuropa bekannt wurden, sagen wir A. D. 1149 – obwohl ich vielleicht zu den Tagen von Gerbert (d.h. Herbert) und Theophanu, der Tochter, zurückgehen sollte, als diese beiden großen Gestalten ihre Rolle auf der Bühne Europas spielten[20] –, bis zum Fall Konstantinopels A. D. 1453, als der Einfluß der Humanisten begann. Zuerst gewann der Nominalismus die Oberhand, und Abaelard[21] war dessen *fin fleur*. Dann erbrachten genauere Studien einen begrenzten und sorgfältig definierten Realismus – die Lehre, daß *einige* Allgemeinbegriffe[22] real sind. In den Händen des Duns Scotus und seiner Zeitgenossen wurde diese Lehre zum Ende des XIII. Jahrhunderts derart subtil ausgearbeitet, daß Ockham, teils aus politischen, teils aus kirchlichen Beweggründen, darauf eingehen konnte und den Nominalismus wiederbelebte. Hobbes und Leibniz haben bei Ockham gelernt, obwohl sich in Leibniz' Spätphilosophie vieles findet, was mit nominalistischem Denken zutiefst unvereinbar ist, insbesondere Leibniz' Prinzip der Kontinuität. Berkeley hat vielleicht einen Blick in Ockham geworfen, jedenfalls war er von Hobbes beeinflußt, und Humes Philosophie war das Ergebnis seiner Berkeley-Studien. Darauf folgten Gay und Hartley, die der nominalistischen Philosophie allerdings kaum Beachtung schenkten, und auf diese wiederum gründete sich die Philosophie von James Mill. John Stuart Mill, Bain, Grote und andere waren direkte Schüler von James Mill, der auch seinen streng nominalistischen Freund Bentham beeinflußte.[23] Insofern stammt die gesamte englische Philosophie (in Wirklichkeit ist sie schottisch, was wir aber schottische Philosophie nennen, steht dazu im Gegensatz) aus der Schule Ockhams. Doch im Mittelalter wurde das Philosophiestudium durch mündliche Disputationen vorangetrieben, die einem strengen Regelsystem, genannt die Verpflichtungen, unterlagen, so daß sich die Disputanten exakt an das Thema zu halten hatten. Daher waren sie gezwungen, direkt auf die Argumente ihrer Opponenten in einer Weise einzugehen, wie es heute leider völlig obsolet ist; und unter diesem System wurden die Ockhamisten in die Flucht geschlagen, so daß, als die Humanisten kamen, diese auf die Scotisten – die Dunses, wie man sie nannte –

trafen, die die Universitäten unter ihrer Kontrolle hatten. Nun waren die Dunses voller Verachtung gegenüber jeglicher Eleganz. Sie betrachteten ihr Studium als Wahrheitssuche entsprechend den Methoden der Wissenschaft, und Eleganz hielten sie nur für die Ablenkung des Geistes junger Menschen von der Wahrheitssuche hin zu Nebensächlichkeiten. Kurzum, die Dunses waren Obskurantisten. Es ist interessant zu sehen, daß damals das Wort „dunce"[24] – d. h. Duns – in keiner Weise die Bedeutung von Dummheit oder Mangel an Intelligenz hatte. Ganz im Gegenteil, ein Dunce war eine Person mit derart tiefen und subtilen Gedanken, daß kein normaler Mensch ihm gewachsen war; aber ein Dunce konnte kein Griechisch, las und schrieb ganz und gar unverständliche Bücher und verachtete die schöne Literatur. Manche Humanisten waren aufgeweckte Geister, aber weil sie so vollständig mit Literatur beschäftigt waren, haben sie niemals gründlich Philosophie studiert. Sie haßten die Dunses, und so war es nur natürlich, daß sie die einfachere Lehre Ockhams übernahmen, während sie es ablehnten, darüber zu disputieren oder zu streiten. Durch die Reformation und auch weil die Scholastik alle ihre wesentlichen Fragestellungen erschöpft und es dazu gebracht hatte, sich mit Unsinn zu befassen, setzten sich die Humanisten auf der ganzen Linie durch und bekamen die Kontrolle über die Universitäten. Das führte dazu, daß die gesamte moderne Philosophie nominalistisch ist. Selbst Hegel ist nach meinem Verständnis ein Nominalist; Kant ist es mit Entschiedenheit und in hervorragender Weise. Doch die allein wahre Diskussion dieser Frage ist einen anderen Weg gegangen.

Weil ich an meinen Bruder schreibe, darf ich mir den Hinweis erlauben, daß meine stärksten philosophischen Arbeiten die folgenden sind[25]: der Artikel vom 14. Mai 1867 *On a New List of Categories* und ein Text mit dem Titel *Some Consequences of Four Incapacities*[26], der irgendwann im Jahr 1868 erschien und in dem ich mich für den scholastischen Realismus ausgesprochen habe. Ausführlicher habe ich diese Position im North American Review vom Oktober 1871 verteidigt, einer Rezension zu Frazers Ausgabe der Werke Berkeleys.[27] Bezogen auf ihre Überzeugungskraft folgen als nächstes meine beiden miteinander verbundenen Aufsätze vom November 1877, *The Fixation of Belief*, und vom Januar 1878 (zuerst französisch geschrieben während einer Reise von Hoboken nach Plymouth im September 1877), *How to Make our Ideas Clear*[28], worin ich das Prinzip des Pragmatizismus öffentlich formuliert habe. Es gibt eine Menge besserer Arbeiten von mir, doch nichts davon ist gedruckt worden.

Ein recht guter Artikel stammt vom Januar 1901, die Besprechung von *Pearson's Grammar of Science*: ein Angriff auf den Nominalismus.[29] In den Artikeln für den *Monist*, die ich jetzt schreibe, bin ich durch den Mangel an Raum und durch die Notwendigkeit, mich vor einem doch breiten Publikum verständlich zu machen, sehr eingeengt.

F.E. Abbot[30] hat in der Einleitung zu seinem Buch *Scientific Theism*, 1885, eine klare Verteidigung des Realismus vorgelegt. Es gibt durchaus eine große Zahl von Philosophen, die sich selbst als scholastische Realisten bezeichnen, aber kaum als solche gelten können, wie z.B. Royce. Wie Abbot ganz richtig feststellt, ist jeder Wissenschaftler, der davon überzeugt ist, daß die Naturgesetze eine wahre Darstellung der Natur und nicht nur *willkürliche* Anordnungen von Fakten liefern, so gesehen ein Realist. Es ist deutlich, daß der Pragmatizismus den scholastischen Realismus umfaßt, denn aufgrund des Pragmatizismus besteht der gesamte intellektuelle Sinn [purport] – und deshalb die Bedeutung der Realität selbst – in dem, was unter denkbaren Bedingungen, von denen die meisten niemals aktualisiert werden können, *sein würde*. Von daher muß reales Seiendes in einer Weise verstanden werden, daß es mehr als *Existenz* umfaßt, und genau das ist der Streitpunkt zwischen Realisten und Nominalisten. Der Nominalist behauptet: „Eine reale Möglichkeit ist ein Unsinn. Denn *möglich* ist das, von dem wir nicht wissen, daß es nicht wahr ist." Der Realist behauptet, daß es daneben reale Möglichkeit und reale Notwendigkeit gibt (nicht nur Zwang, sondern rationale Notwendigkeit wie in den Naturgesetzen). Ich *kann* mein Fenster öffnen, wenn mir die Luft in meinem Arbeitszimmer stickig vorkommt. Ich *kann* es wirklich [really]. Das ist eine positive und objektive Möglichkeit. Ich habe den Nezessitarismus im *Monist*[31] vom April 1892 und Juli 1893 diskutiert. Es ist schade, daß meine besten Aufsätze nicht in einem Band neu aufgelegt werden können, und es bricht mir wahrlich das Herz, wenn mir die Leute tatsächlich ins Gesicht sagen, diese Artikel seien völlig unverständlich. Wären sie in einem Band zusammengefaßt, die Philosophen einer kommenden Generation würden davon profitieren. Wenn ich jemals die Gelegenheit bekomme, sie zu veröffentlichen, ich könnte mir vorstellen, ein mystifizierendes Vorwort zu schreiben, damit der Eindruck entsteht, ich sei nur ein Sammler, diese Lehren stammten keineswegs von mir, und ich hätte sie nur ausformuliert. Schließlich trifft das auch zu, denn es handelt sich um göttliche Wahrheit. Auf diese Weise kann ich vielleicht von einem distanzierten Standpunkt aus auf den Wert dieser Artikel aufmerksam machen.

Es ist deutlich, wie der Lehre des Pragmatismus entsprechend unsere Auffassung [meaning] immer mehr oder weniger vage ist, und je mehr sie dies ist, desto mehr nähert sie sich dem, was wir mit unseren Augen sehen. Eine höchst präzise[32] (d.h. „abstrakte") Eigenschaft wie die Härte des Diamanten wird mit ziemlicher Genauigkeit erfaßt. Und doch, welches dieser vier Dinge ist es, das wir mit dem Wort Härte (wie es eher auf Diamanten angewendet wird als auf Karborundum[33]) *meinen*, wenn wir unter den anderen drei die *Eigenschaften* von etwas Hartem verstehen wollen: 1. die Möglichkeit, Karborundum mit einem Diamanten zu ritzen, 2. die Möglichkeit, eine Schneide aus Karborundum mit großem Druck über die Oberfläche eines Diamanten zu ziehen, ohne ihn einzuritzen, 3. die

Unmöglichkeit, die Kante eines Diamanten kräftig über die Oberfläche eines Karborundumkristalls zu ziehen, ohne ihn zu ritzen, 4. die Unmöglichkeit, einen Diamanten dadurch zu ritzen, daß eine Schneide aus Karborundum über seine Oberfläche gezogen wird? Doch wir wollen uns jetzt dem bekanntesten Gegenstand zuwenden, und das ist das materielle Universum. Man kann es nicht definieren oder beschreiben, und was immer man tut, man muß einfach über ES sprechen. *Es* regnet hier. *Es* ist leicht zu erkennen, aber schwer auszudrücken. *Grammatisch* gesehen bezieht sich das „es" natürlich nicht auf das Universum. Doch das ist gerade der wahre Grund für solche unpersönlichen Ausdrücke. So sprechen wir auch von *Der* Wahrheit, wobei der bestimmte Artikel zeigt, daß wir das Universum meinen.[34]

Wenn ein Pragmatizist gefragt wird, was er mit dem Wort „Gott" meint, so kann er darauf nur sagen: Gerade so, wie eine lange Bekanntschaft mit einem Menschen prägenden Charakters einen tiefen Einfluß auf die gesamte Lebensführung haben kann, so daß ein Blick auf sein Bild vielleicht schon von Bedeutung ist; so, wie der arme Boswell[35], der mit Dr. Johnson beinahe zusammenlebte, dadurch in der Lage war, ein unsterbliches und wirklich großartiges Buch zu schreiben; gerade so, wie langes Studium der Werke des Aristoteles einen Menschen damit vertraut sein läßt: so vermögen Kontemplation und Erforschung des physiko-psychischen Universums einen Menschen mit Prinzipien für seine Lebensführung zu erfüllen, ganz analog zum Einfluß durch die Werke eines großen Menschen oder die Konversation mit ihm. Dann ist dieses geistige Analogon – denn unmöglich kann *irgendein* Attribut im *buchstäblichen Sinne* Anwendung finden – das, was der Pragmatizist unter „Gott" versteht. Natürlich erklären verschiedene große Theologen, daß man Gott weder *Vernunft* noch Wahrnehmung zuschreiben könne (womit immer ein Element von Überraschung und Lernen dessen, was man noch nicht wußte, verbunden ist) und daß, kurz gesagt, sein „Geist" dem unseren notwendigerweise so unähnlich sei, daß einige hochstehende Kirchenvertreter – wenn auch fälschlich – sagen, es bliebe allein der negative Weg, also die vollständige Andersartigkeit gegenüber allem anderen, um dem Gottesnamen Bedeutung zu geben. Doch das ist unzutreffend. Die Entdeckungen der Wissenschaft, die Tatsache nämlich, daß diese uns in die Lage versetzen *vorauszusagen*, was der Lauf der Natur sein wird, ist Beweis genug, daß wir, obwohl wir nicht einen Gedanken Gottes zu denken vermögen, sozusagen Fragmente Seines Denkens erfassen können.

Wenn dies nun die Antwort des Pragmatizisten auf die Frage ist, was er unter dem Wort „Gott" versteht, so bleibt die Frage, ob es ein solches Wesen wirklich *gibt*[36]; und das ist zugleich die Frage, ob alle Naturwissenschaft bloße Einbildung ist – die willkürliche Einbildung derer, die die Natur erforschen; und weiter die Frage, ob die *eine* Lehre des Gautama Buddha, Konfuzius, Sokrates und all derer, die in jeweils eigener Perspektive ihre Lebensführung durch das meditative Erfassen des physiko-psychischen Universums bestimmen ließen, ob diese Lehre nur ihre willkürliche Meinung ist oder die Wahrheit hinter den Erscheinungen, an die ein oberflächlicher Mensch gar nicht denkt; und ob der übermenschliche Mut, den solche Kontemplation den Priestern verliehen hat, die mit Leprakranken zusammenleben und alle Rettungsangebote zurückweisen, ob dieser Mut bloß verrückter Fanatismus ist, eine kindische Leidenschaft, oder ob seine Stärke aus der Kraft der Wahrheit herrührt. Die einzige Richtschnur zur Beantwortung dieser Frage liegt nun in der Kraft leidenschaftlicher Liebe, die mehr oder weniger jeden agnostischen Wissenschaftler und jeden, der ernsthaft und gründlich über das Universum nachdenkt, bezwingt. Doch was immer dabei als *Argument* gelten mag, es ist nichts, ganz und gar nichts im Vergleich zu der Kraft, mit der dies alles auf unseren eigenen Instinkt einwirkt; und dieser verhält sich zum Argument wie die Substanz zum

Schatten[37], wie der Grundstein zu den darauf errichteten Fundamenten einer Kathedrale.

Die *Philosophy of Religion* von Caldecott[38] erläutert 13 verschiedene *Typen* von Gründen für den Glauben an Gott, dazu bei mehreren noch verschiedene Spielarten. Ich habe sie alle sorgfältig durchgesehen und denke, jeder von ihnen beweist zwar *etwas,* doch ich glaube nicht, daß ihre Konklusionen in allen Fällen viel mit *Religion* zu tun haben.

„Glauben Sie, daß dieses Allerhöchste Sein der Schöpfer des Universums gewesen ist?" Nicht so sehr es *gewesen ist,* als daß er jetzt dabei ist, das Universum zu erschaffen; siehe diesbezüglich meine Artikel in den ersten drei Bänden des *Monist*[39]; und fast dieselbe Ansicht ist von anderen in Erwägung gezogen worden, besonders von Renouvier[40], dem Protagonisten der französischen Philosophie. Doch mache ich gegen Renouviers Philosophie den Einwand des Nominalismus und halte sie im übrigen nicht für gründlich. Doch seine *Essais de Critique* und besonders seine *Nouvelle Monadologie* sind in vieler Hinsicht respektable Bücher, die kein nachdenklicher Leser vergessen wird. Ich denke, so vergebens der Versuch auch ist, mit einer bestimmten Auffassung dieser Idee hervorzutreten, es ist trotzdem wahr, daß *alle Realität* der kreativen Kraft Gottes zu verdanken ist.

Ich neige zu der Auffassung (obwohl ich einräume, daß man nicht mit Notwendigkeit zu dieser Sicht der Dinge kommen muß), daß der Prozeß der Schöpfung seit unendlicher Zeit in der Vergangenheit und während *all* dieser vergangenen Zeit andauerte, und zudem, daß die Vergangenheit keinen bestimmten Beginn hatte und doch durch einen Prozeß zustande kam, der in einem allgemeinen Sinn, wovon wir uns auf *bequeme Weise* nicht viel vorstellen können, eine Entwicklung war.[41] Ich glaube, daß die Zeit eine Realität ist und nicht die Art von Einbildung, wie sie sich in der von Kant vorgeschlagenen nominalistischen Erklärung darstellt. Als Realität ist sie durch kreative

Kraft verursacht. Leute, die keine Übung in der Analyse höherwertiger Logik haben, neigen zur Skepsis, ob jemand in der Lage sei, mit solchen Sätzen überhaupt eine Vorstellung zu verbinden. Sie sind sprachlos, wenn sie jemanden sagen hören, daß ein Teil nicht notwendigerweise weniger sei als das Ganze; während das Erstaunliche – hat man einmal gelernt, wie in solchen Fragen gedacht werden muß – doch darin besteht, daß irgendjemand je mit Bedacht darauf verfallen sollte zu sagen, der Teil sei notwendig weniger als das Ganze, oder auch: „sobald die Ewigkeit ins Spiel kommt"; wobei unter „Ewigkeit" die unendlich ferne Zukunft zu verstehen ist, so als ob der Teil der Zukunft, der morgen von der Zukunft übrigbleiben wird, nicht eine geradeso lange Zeit wäre, wie die Zukunft von heute oder von gestern aus gesehen.

Ich denke, wir müssen Kreative Wirksamkeit als eine Eigenschaft [attribute] betrachten, die untrennbar mit Gott verbunden ist.

„Worin bestehen nach Ihrer Vorstellung die gegenwärtigen Funktionen dieses Allerhöchsten Seins bezogen auf das Universum?" In der Schöpfung, wie gerade ausgeführt. Dazu ist viel zu lernen aus dem Buch *Substance and Shadow* (1863) von Henry James, dem Vater[42]. Nebenbei gesagt, mir wurde dieser Titel von Maria Fay empfohlen, einer ausgesprochen interessanten und geistreichen Frau.[43] In diesem Buch wird insbesondere die offensichtliche Lösung des Problems des Bösen vorgestellt.[44] Das Ei des Kolumbus war nicht einfacher. Allgemein gesagt: Gott setzt beständig unsere Erschaffung fort, und damit bildet sich heraus, was wir als Menschen wirklich sind, unsere geistige [spiritual] Realität. Wie ein guter Lehrer bemüht Er sich darum, uns von einer falschen Abhängigkeit Ihm gegenüber frei zu machen.

„Glauben Sie, daß er allwissend ist?" In einem vagen Sinne, ja. Selbstverständlich ist Gottes Wissen etwas so gänzlich anderes als unser Wissen, daß es sich eher um ein Wollen als um ein Wissen handelt.[+45] Ich sehe keinen Grund,

warum wir die Sache nicht so betrachten sollten, daß Er es unterläßt, viel zu wissen. Denn Sein Denken ist kreativ. Doch vielleicht ist es am klügsten festzustellen, daß wir nicht wissen können, wie Gottes Denken beschaffen ist, und der Versuch, es zu verstehen, einfach vergebens ist. Wir können nicht einmal einen begrifflichen Rahmen für die *Bedeutung* des Ausdrucks „die Beschaffenheit des Geistes [mind] Gottes“ angeben. Nicht im geringsten! Die ganze Frage hat etwas Geschwätziges.

„Glauben Sie, daß Er allmächtig ist?“ In einem vagen Sinne ist Er es ohne Zweifel; doch können sich hier viele nutzlose Fragen ergeben, die nur für logisch Interessierte von Bedeutung sind. Einige der scholastischen Kommentare erörtern diese Fragen. Leibniz hielt diese für die beste „aller möglichen“ Welten.[46] Darin scheint eine Begrenzung von Gottes Allmacht zu liegen. Wenn nämlich die anderen Welten nicht auch geschaffen wären, müßte es so scheinen, daß – wenn man alles in Betracht zieht – dieses Universum das einzig mögliche wäre. Vielleicht existieren aber andere. Doch in solchen Dingen können wir nur wirres Zeug reden.

„Glauben Sie, daß Er unfehlbar ist?“ Warum nicht, wenn er allwissend ist? Doch vielleicht handelt es sich hier um einen Fehler im Schriftsatz für *ohne Sünde*.[47] Theologen insistieren auf allerhand Fragen, die mir im höchsten Grade unangenehm sind, um nicht zu sagen anstößig. Ich maße mir nicht an, irgend etwas darüber zu wissen, doch scheint mir, daß es die Bedeutung des Wortes „Gott“ geradezu verlangt, sicher nicht von *Moralität* zu sprechen, denn Gott scheint mir über aller Selbstbeherrschung und Gesetzlichkeit zu stehen, aber von einer ästhetisch-geistigen Vollkommenheit[48].

„Glauben Sie, daß Er jemals die Naturgesetze modifiziert oder ändert oder in einzelnen Fällen in Ereignisabläufe eingreift?“ Ich mache auf den Umstand aufmerksam, daß einige der angesehensten Theologen, wie Augustin und andere vor ihm, wie Thomas von Aquin und Bischof Joseph Butler[49],

entschieden der Meinung waren, daß Gott niemals in das eingreift, was sie den *cursus naturae* nannten. Wir nennen dies die Wirksamkeit der Naturgesetze und verstehen unter ‚Naturgesetzen' das, was Gegenstand des *ius naturae* ist – oder etwas, von dem meine unstatthafte Ignoranz nicht in der Lage ist den Unterschied zu erkennen. Unter Wundern verstehen diese Theologen einfach das, was kein Mensch ohne besondere Hilfe von oben tun kann oder was sich zumindest in Zeichen von besonderer Autorität darstellt, ohne daß es sich in der Realität um Abweichungen von der regulären Gleichförmigkeit der Welt handelte. Durch meine eigene Lehre des Tychismus[50] allerdings, wie durch die in gewisser Weise ähnlichen Theorien von Renouvier, Fouillée, Delboeuf und anderen[51], wird sich, soweit sie Anerkennung finden, diese Sicht notwendigerweise etwas abschwächen.

Ferner möchte ich auf die Tatsache aufmerksam machen, daß Humes Argument gegen Wunder nichts mit der Frage zu tun hat, ob es sich um Verletzungen der Naturgesetze handelt oder nicht.[52] Das Argument gründet auf einem Mißverständnis der Wahrscheinlichkeitslehre, auf die sich einige der frühen Traktate beziehen, die zu Humes Zeit erschienen waren. Das ließe sich vielleicht korrigieren, doch das Argument würde immer noch auf einem vollständigen Mißverständnis bezüglich der wahren Logik kritischer Beurteilung der Geschichte des Altertums beruhen.[53]

Doch die deutschen Historiker[54] (ich spreche nur von denen, die sich mit Philosophiegeschichte beschäftigen, denn in die historischen Bibelwissenschaften[55] habe ich nie einen Blick geworfen) sind ebenso unlogisch wie Hume, und das auf ziemlich dieselbe Art und Weise.[56] Deshalb gab es für sie immer dann, wenn ihre Schlüsse mit dem Spaten des Archäologen geprüft wurden, eine vollständige Niederlage. Humes Argument steht in keiner besonders engen Beziehung zu seinem übrigen Buch, der Abschnitt wurde im Bemühen um Popularität offensichtlich eingefügt. Denn während Hume ein junger Mann von 15 oder 17 Jahren war, wurden die Wunder von einem Geistlichen mit Namen Woolston[57] heftig angegriffen. Er übernahm den Standpunkt des Origenes[58] und anderer früher Kirchenväter, die Wundererzählungen in den Evangelien seien einfach allegorisch zu verstehen. Seine Bücher hatten in England einen gewaltigen Verkaufserfolg, und das ist ein ausreichender Beleg dafür, daß in jener Zeit im allgemeinen nicht an Wunder geglaubt wurde. Tatsächlich gab es in der Geschichte niemals eine Periode, in der die allgemeine Denkeinstellung dem Supranaturalen so absolut entgegengesetzt war. Zur Zeit der französischen Revolution – und das war um 1875, als wirklich der gröbste „Agnostizismus" vertreten wurde – waren die Auffassungen geradezu fromm im Vergleich zu 1730. Ohne Zweifel aus diesen Gründen hielt Hume, der die besten Teile seines Systems opferte, um seinen *Inquiry* populär zu machen[59], an seinem Argument gegen Wunder fest.

Ich für mein Teil kann nicht erkennen, wie wir in der Lage sein sollen, *a priori* festzustellen, ob *Wunder* (ob sie nun Verletzungen der Naturgesetze sind oder nicht) und besondere Wirkungen der Vorsehung eintreten oder nicht. Soweit hat Hume vollkommen recht. Das ist einfach eine Frage der Bezeugung [evidence]. Humes Argument hat schon Gewicht. Wenn es nämlich heute keine Wunder mehr gibt, dann entsteht ein starker Verdacht gegenüber den Wundern, die mitten unter einem Haufen von Galiläern stattgefunden haben. Aber gibt es denn heute keine Wunder? Ich bin da nicht so sicher. Da gibt es Frau Piper und Perry. Ich halte es nicht für vernünftig, wenn wir, die wir Perry kennen, diesen Fall nicht als *enorm* einstufen, er ist von beinahe überzeugendem Gewicht.[60] Da ist das Blut des Hl. Januarius, das Sir Humphrey Davy – *aus eigenem Antrieb* und in keiner Weise dazu gezwungen – sich zur Untersuchung vorgenommen hat, und das unter Bedingungen, die man sich nur wünschen kann, und nach seiner eigenen Aussage konnte er nicht das geringste Anzeichen für Betrug in dieser Sache finden. Nehmen wir Männer wie Sir William Crookes und Lord Rayleigh – oder sogar Hodgson[61] –, man muß doch zugeben, daß es sich um Fälle von großem Gewicht handelt – von solchem Gewicht, daß ich sie bis auf einen Umstand ohne zu zögern akzeptieren würde. Dieser eine Umstand ist der folgende: Auf jede überraschende Entdeckung der Wissenschaft – so zum Beispiel, als Becquerel[62] entdeckte, daß die Photoplatten, die er in eine Schublade gelegt hatte, mit dem Uransalz reagierten, das in schwarzes Papier eingewickelt zufällig darauf lag –, auf jedes solche Ereignis folgen in direkter Verbindung mit ihm andere, so daß jeder mögliche Zweifel zusammen mit all der Überraschung bei seinem Auftreten zum Verschwinden gebracht wird. Im Gegenteil dazu sind Wunder immer Ereignisse *sui generis*. Der einzige Fall, für den dies nicht zutraf, waren die Steine, die vom Himmel herabfielen. Sie verloren ihre Berühmtheit, als man entdeckte, wie allgemein auch dieses Ereignis war. Die Isoliertheit des Wunders ist wirklich kein Argument gegen seine Realität. Beinahe ebenso ist es mit den wirklich genialen Kunstwerken. Wir haben zur gleichen Zeit Raffael und Michelangelo[63], und dann geschieht lange Zeit nichts Überraschendes. Dante steht ganz allein; Byron hat vorher und nachher keine Parallele, denn A. de Musset kann mit ihm gewiß nicht verglichen werden.[64] Tatsächlich kennt jede Kunst- und Wissenschaftsrichtung solche Beispiele. Die Isolierung ist also kein Argument *gegen* Wunder, doch sie verhindert auf wirksame Weise, daß wir jemals hinreichende Zeugnisse über sie bekommen werden. Ich muß gestehen, daß mir die Wunder der Evangelien heutzutage weit entfernt von besonderer Eindrücklichkeit zu sein scheinen. Es ist doch merkwürdig, daß Origenes, der von Jesus historisch nicht weiter entfernt war als wir von der Vertreibung James' II. aus England[65], es so schwergefallen sein sollte, sie für überzeugend zu halten.

„Glauben Sie an die Wirksamkeit des Gebets?“[66] Das einzige, was mich in diesem Zusammenhang wirklich mit Befriedigung erfüllt, ist die Tatsache, daß die Geistlichkeit nicht daran glaubt; und zwar die einflußreichen Geistlichen. Der schlüssige Beweis dafür wurde geliefert, als Tyndall[67] vorschlug, die Sache durch ein Experiment zu überprüfen; und obwohl der Bericht über einen ziemlich ähnlichen Vorschlag des Königs von Samaria vorliegt, verbunden mit Elijas vollkommen klarer Antwort[68], zuckten sie zurück und gaben vor, dies wäre Blasphemie. Dann ist es also eine Blasphemie, die Wahrheit der Religion untersuchen zu wollen? Kein Mensch hält es für eine Respektlosigkeit, wenn die Authentizität seiner Unterschrift überprüft wird. Doch die höhere Geistlichkeit ist empfindlicher im Respekt vor ihrer eigenen Würde als vor der Würde Gottes; und das mit Recht, denn es ist ohne weiteres möglich, einem Kirchenmann gegenüber respektlos zu sein, während es absolut unmöglich ist, Gott *wirklich* zu denken, ohne daß sich dabei Ehrfurcht mit Liebe vermischen würde.

Doch was kümmert mich das eigentlich, ob meine Gebete wirksam sind oder nicht. Wir alle miteinander haben einen Instinkt zu beten; und es ist diese Tatsache, die die Einladung Gottes zum Gebet ausmacht. Tatsächlich ist im Gebet nicht nur *Soulagement* zu finden, sondern ein großer geistiger [spiritual] Nutzen und eine moralische Kraft. Ich sehe keinen Grund, warum Beten nicht wirksam sein sollte, und wenn nicht gerade das Gebet selbst, dann der Zustand, in dem sich unser Geist befindet und der im Gebet zum Ausdruck kommt – und nichts anderes. Es ist dies eben das Bewußtsein der Seele von ihrer Relation zu Gott, und das wiederum ist nichts anderes als genau die pragmatizistische Bedeutung des Gottesnamens; so daß in diesem Sinne zu beten ganz einfach bedeutet, den Namen des Herrn anzurufen. Für bestimmte Dinge zu beten – und nicht einfach für das ἐπιούσιον[69] Brot, sondern daß es besser gebacken sein solle als gestern –, das ist natürlich kindisch, wenn auch harmlos.

„Warum sieht dieses Allwissende Sein nicht die Bedürfnisse [*der Menschen*] *und interveniert mit seiner Allmächtigen und Allerhöchsten Autorität, um den Bedürfnissen zu entsprechen, um deretwillen gebetet wird? Geschieht dies aus Eitelkeit, also aufgrund einer Eigenschaft fehlbarer Menschen?"* Ich erinnere mich an zwei Stellen in meinen Schriften, an denen ich – soweit die Höflichkeit es erlaubte – mich über Autoren lustig machte, die uns darüber belehren wollten, was „für unser Wohl dienlich" sei. Das eine Mal war es Simon Newcomb, der sich in seinem Buch über Politische Ökonomie in ähnlicher Weise äußerte; wozu ich bemerkte, daß ein Wirtschaftswissenschaftler – weit davon entfernt, die Qualifikationen zu besitzen, um diese dunkelste aller Fragen aufzuklären – ganz besonders ungeeignet für diese Aufgabe sein muß, solange für ihn die selbstverständliche Voraussetzung gilt, Reichtum sei wünschenswert.[70] Das andere Mal betraf es Karl Pearson, der auf dieser Basis die Regeln der Logik begründen wollte; wozu ich bemerkte[71], daß ich für mein Teil – wenn ich je die ausgesprochen schwierige Untersuchung dessen, was unserem Wohl dienlich wäre, beginnen sollte – mich dazu gezwungen sähe, mir alle Hilfsmittel, die die Logik nur bieten kann, im voraus schon anzueignen; von anderen gar nicht zu reden. Was sind unsere „Bedürfnisse"? Wir kennen unseren Trieb der Begehrlichkeit, und wenn wir die Sache gründlich überlegt haben, sind wir davon überzeugt, daß diese Dinge weit davon entfernt sind, mit unseren wahren Bedürfnissen identisch zu sein![72] Doch wenn wir für etwas Bestimmtes beten wollen – einmal im Verlauf langer Zeit und aus ganz besonderem Anlaß –, so ist dies eine erlaubte Schwäche, zu der wir aber gewiß so etwas hinzufügen wie: „Erfülle nun, Oh Herr, die Wünsche und Bitten Deiner Diener, *so wie sie ihnen am besten zu Nutze sein können*". Dies nicht zu tun wäre, wie es die Frage schon nahelegt, in der Tat Eitelkeit.

„Glauben Sie, daß die Gebete von mehreren Personen, auf ein Ziel gerichtet, mehr Kraft haben als die eines einzelnen?" Ich

weiß von keinen Experimenten, um zu klären, wie sich dies verhält. Doch denke ich allerdings, daß dem gemeinsamen Gebet ein ganz bestimmter Eigenwert zukommt. Wie gesagt, ich verabscheue die Untersuchung der Wirksamkeit von Gebeten, denn darin liegt nicht das Motiv meiner Gebete; und doch würde ich es gerne sehen, wenn in dieser Sache eine Untersuchung in Gang gesetzt würde.

„Glauben Sie an ein zukünftiges Leben?“[73] Über *eine* Art von zukünftigem Leben kann kein Zweifel sein. Ein Mensch mit starkem Charakter hinterläßt eine Wirkung, die nach ihm weiterlebt. Lebendig sein heißt: persönlich sein. Nach meiner Auffassung ist es durchaus richtig, diese persönliche Wirkung ein zukünftiges Leben zu nennen. In dieser Weise hat Jesus davon gesprochen, daß er immer bei uns sein würde.[74] In mancher Hinsicht ist es wirklich passender, eher dies zum Gegenstand einer Verheißung zu machen als jede andere Art von zukünftigem Leben. Denn es geht um etwas, das wir uns alle wünschen, und verglichen damit haben andere Formen nichts Verlockendes, sie sind extrem vage, schädlich und ohne praktischen Wert. An zweiter Stelle steht die Lebhaftigkeit und Dauer dieser Verheißung, beides ist proportional zur menschlichen Spiritualität. Wieviele Beispiele davon kennen wir! Darüber hinaus gilt: Ich bin einfach damit zufrieden, in Gottes Hand zu sein. Wenn ich in ein anderes Leben komme, ist dies sicher ausgesprochen interessant; doch kann ich mir nicht vorstellen, wie *ich* das sein soll. Zugleich aber muß ich sagen, daß ich darüber wirklich überhaupt nichts weiß.

„Ist nicht jeder Erinnerungsakt eines menschlichen Wesens das Ergebnis einer materiellen Wirkung seines Gehirns …? Und wenn dies wahr ist, hört nicht beim Tod des materiellen Körpers … die Erinnerung auf zu existieren?“ Man nimmt gewöhnlich an, daß dies der Fall ist. Aber wegen meines geringen Interesses an dieser Sache kann es gut sein, daß mir einige Fakten in bezug auf diese Frage nicht bewußt sind. Doch

mein Eindruck ist der, daß es keinen definitiven Grund gibt, es zu glauben, außer der allgemeinen Tatsache, daß mentale Wirkungen vom Gehirn abhängig sind. Wenn zum Beispiel die Brocaschen Gehirnwindungen[75] erheblich geschädigt sind, so zeigt sich immer, daß die Sprachfähigkeit dadurch stark beeinträchtigt ist. Aber ich bin sicher, daß das kein definitiver Grund für eine positive Antwort auf die erste der beiden Fragen ist. Zweifellos ist damit aber die entsprechende wissenschaftliche Annahme gerechtfertigt, solange nicht Tatsachen gegenteiliger Art auftreten. Doch sind diese Fragen eigentlich nicht wissenschaftlicher, sondern praktischer Natur, und von diesem Standpunkt aus muß ich doch sagen, daß die Sache in Zweifel zu ziehen ist. Wenn ein Teil des Gehirns entfernt wird, zeigt sich als Resultat, daß bestimmte Fähigkeiten verlorengegangen sind. Doch nach einiger Zeit sind sie zurückgewonnen. Wie kann es dazu kommen? Die Antwort lautet, daß andere Teile des Gehirns lernen, diese Funktionen auszuführen. Doch im Grunde wissen wir nicht mehr, als daß die Erinnerung in Unordnung kommt, wenn dem Großhirn etwas zustößt. Es ist doch ein großes Wunder, daß alle unsere Erinnerungen in den Zellen des Großhirns wirklich bewahrt werden. Allerdings kann es nach meiner Auffassung keinen Zweifel darüber geben, daß wir beim Tode sehr bald das Bewußtsein verlieren, zumindest fürs erste.

Es ist deutlich, daß die eigentliche Unsterblichkeit der Seele nicht exakt der christlichen Lehre entspricht. Sie lehrt die Wiederherstellung des Körpers, und damit vermutlich der Erinnerung. Da gibt es nichts, um dies zu überprüfen, außer daß es sich um einen Glauben handelt, der sich an Paulus hält und sich bei ihm auf die Auferstehung Jesu gründet.[76]

„*Wenn die Erinnerungskraft mit dem materiellen Körper stirbt, hat dann die Frage des zukünftigen Lebens nach dem Tode für eine einzelne Person überhaupt noch ein bestimmtes Interesse?*“ So wie die Frage gestellt ist, geht es nicht darum, ob eine vernünftige Überlegung in dieser Sache interessant wäre, sondern ob es sich um ein Faktum handelt. Vielleicht ist dies auch die richtige Fragestellung, und sie scheint eher dem Instinkt als der Vernunft zu trauen. Nun, nehmen wir an, uns stünde ein Medikament zur Verfügung, durch das die Erinnerung für eine Weile aufgehoben würde, es ginge an die Operation eines Steines, und der Chirurg würde sagen: „Sie werden entsetzlich zu leiden haben, doch ich werde dieses Medikament verabreichen, so daß Sie während dieses Leidens all Ihre Erinnerung an Ihr früheres Leben verlieren werden. Dann werden Sie an Ihrem Leiden natürlich kein sonderliches Interesse mehr haben, solange Sie sich an Ihr gegenwärtiges und vergangenes Leben nicht erinnern, nicht wahr?"

3. [Auszug aus der] I. Vorlesung für die Adirondack Summer School 1905*

Vor mir liegt die schwere Aufgabe, diese vier Vorlesungen so zu gestalten, daß Sie Gewinn davon haben. Das wäre einfacher, wenn Sie ohne eine einzige Vorstellung von unserem Thema hierher gekommen wären. Aber heute hat jeder Metzger und Bäcker seine Vorstellung von Logik und benutzt deren Fachterminologie. So spricht er davon, mit Artikeln von „allererster [prime] Notwendigkeit" Handel zu treiben, und ist vielleicht überrascht zu erfahren, daß der Ausdruck „allererste Notwendigkeit" von Logikern erfunden wurde, um damit einen logischen Begriff zum Ausdruck zu bringen, der jetzt in der Umgangssprache allerdings einen sehr vagen Sinn angenommen hat; darin klingt aber der ursprüngliche Gedanke, wenn auch in vager Form, immer noch ein wenig nach.

Wenn ich einen Logik-Kurs ein Jahr lang zu leiten hätte, würde ich, ganz so wie ich es während meiner Zeit an der Johns Hopkins Universität getan habe[1], weiter auf dem mäeutischen Charakter meiner Aufgabe insistieren – das heißt, ich würde alles nur Mögliche versuchen, um meine Hörer dazu zu bringen, selbst nachzudenken. Das hat mir die Dankbarkeit von Menschen eingebracht, die jetzt wiederum der Menschheit Nutzen bringen. Ich würde darauf bestehen, daß sie nicht davon ausgehen dürfen, daß meine Ansichten zwangsläufig die richtigen sind, sondern daß sie ihre eigenen Denkwege erarbeiten müssen. Aber da es nun einmal nur vier Vorlesungen sind, die alle in eine Woche fallen, ist das eine andere Sache. Ich muß Sie bitten, sich daran zu erinnern, daß zuerst das Verstehen kommt und dann die Kritik. In dieser Woche wird gerade soviel möglich sein, wie Sie mit gewissenhaftem Eifer nachzuvollziehen in der Lage sind, nämlich zu verstehen, welches meine Auffassung von Logik ist und wie sich der allgemeine Umriß meines Systems darstellt. Um dies überhaupt zu erreichen, müssen Sie sich um den Aufbau einer sympathetischen Einstellung bemühen – nämlich den Versuch machen zu erfassen, worum es mir geht, damit Sie die Umrisse meiner Theorie im Gedächtnis behalten und diese dann in den kommenden Monaten zum Gegenstand kritischer Überlegungen machen können.

Damit es zu gegenseitigem Verständnis kommen kann, damit Sie vielleicht für diese eine Woche, soweit möglich, intellektuell gesehen in meinen Schuhen zu gehen versuchen – wobei Sie die Entscheidung, ob diese Schuhe passen oder nicht, solange offen halten, bis Sie sie eine Weile getragen haben –, will ich damit beginnen, Ihnen etwas über meine Klassifikation der Wissenschaften zu sagen; denn dies wird Ihnen bei der schwierigen Aufgabe helfen, sich meine Auffassung davon, in welcher Weise Logik als Wissenschaft zu verstehen ist, zu eigen zu machen.

Ich bin unglücklicherweise zu dem Ruf gekommen, ein Autor in Sachen Algebra der Logik zu sein. Das wird im allgemeinen so verstanden, daß ich die logische Algebra für den Hauptteil der Logik halte, doch das ist vollkommen verkehrt. Ich lebe zwar in der Welt der formalen Logik, aber ich bestehe nicht aus ihr. Ein Kalkül, sogar das der reinen Mathematik, ist wie das Schwert, das unsere Krieger zu Wasser und zu Land an ihrer Seite tragen. Das Kalkül so bei der Hand zu haben, das zeichnet den Mathematiker aus wie das Schwert den Offizier. Mehr noch, das Kalkül ist genauso wie ein Schwert ein praktisches Instrument, und es gibt einen traditionellen Gebrauch des Kalküls geradeso, wie es traditionelle Schwertübungen gibt. Doch so wie Schwerter in der Praxis mehr beim Öffnen von Tomatendosen als von Menschenleibern zum Einsatz kommen, so wird das Kalkül von wirklichen Mathematikern zu Zwecken eingesetzt, von denen sein Erfinder kaum geträumt hat. Und wenn dies für das Differentialkalkül gilt, dann hundertmal mehr für jedes logische Kalkül.

Professor Dedekind[2], einer der führenden mathematischen Logiker – doch wie die übrigen eigentlich ein Mathematiker, kein Logiker –, dringt darauf, daß die Mathematik nichts anderes sei als ein besonderer Zweig der Logik. Damit ist er vollkommen im Irrtum. Denn weil er mit der hausinternen Arbeit der Logik nicht wirklich bekannt ist, kann er nicht wissen – was mir als einem früheren Bewohner beider Häuser klar ist –, daß die Ziele und Ideale der Logiker den Mathematikern völlig fremd sind und die der Mathematiker den Logikern. Der Mathematiker ist darauf aus, Kompliziertes verständlich zu machen. Er möchte das Schlußfolgern erleichtern. Dem Logiker ist das völlig gleichgültig. Er möchte wissen, welches ganz allgemein die wesentlichen Bestandteile des Schlußfolgerns und Denkens sind. Weit davon, Schlußfolgerungen abkürzen zu wollen – was der Mathematiker unentwegt tut, wo immer er kann –, zieht es der Logiker vor, den Schlußfolgerungen ihre Schwierigkeiten zu belassen, damit kein Element übersehen werde. Dieser Unterschied ist auffallend genug, selbst dort, wo der Logiker sich auf mathematischem Boden bewegt. Nun hätte ich dies im Rahmen dieser Vorlesungen gar nicht erwähnt, wenn nicht aus dem einen Grund, daß ich zeigen möchte, wie nahe der

Mathematiker immerhin dem Verständnis vom Wesen der Logik kommt – verglichen mit den Psychologen oder sogar mit dem größten Teil derer, die sich selbst als Logiker bezeichnen. Dabei beziehe ich mich auf die, die der Meinung sind, die Logik, weil sie es mit menschlichem Denken zu tun habe, sei, wenn nicht gleich ein Zweig der Psychologie, so doch auf die Psychologie gegründet. Richtig, die Logik befaßt sich mit menschlichem Denken geradeso, wie die Theorie der Quadratgleichungen sich mit menschlichem Denken befaßt – geradesoviel und nicht mehr. Hätte sich die reine Mathematik nicht derart weiterentwickelt, wäre der Versuch, hier eine neue Richtung einzuschlagen, absolut hoffnungslos, daran habe ich nicht den geringsten Zweifel. Die für die Gegenwart typischen Theoretiker würden dafürhalten, daß die Mathematik auf die Psychologie gegründet sei, und das aus denselben Gründen, aus denen sie eine entsprechende Fundierung für die Logik herausgefunden haben.

Doch meine Klassifikation der Wissenschaften wird Ihnen eine erste Andeutung davon geben, an welcher Position unter den Wissenschaften die Logik nach meiner Auffassung steht.

Diese Klassifikation geschieht nach dem allgemeinen Muster, das nach Comte benannt wird. Wenn ich von der „Wissenschaftsklassifikation nach Comte"[3] spreche, so tue ich dies nach meinem eigenen Wissensstand, denn ich sehe keinen Grund, sie nicht einfach so zu benennen. Demgegenüber behaupten Dr. Robert Flint und andere Autoren mit großer Entschiedenheit: „Wenn diese Klassifikation irgendwelche Verdienste hat, dann müssen sie nicht Comte, sondern Dr. Burdin zugeschrieben werden, der die Klassifikation entworfen hat, und Saint-Simon, der sie als erster anerkannt und publiziert hat; nicht also Comte, obwohl er gezeigt hat, was man aus ihr hat machen können."[4] Trotz des niederträchtigen Charakters der Geistlichkeit in vergangenen Zeiten kann ich mir nicht vorstellen, daß Dr. Flint sich einer solchen Sprache bedienen würde, wenn er nicht einen zwingenden und allgemein überzeugenden Beweis dafür hätte. Es tut mir leid, ich kann einen Zweifel nicht unterdrücken, und bei mir hält sich ein Verdacht, der sich auf die unsägliche Verlogenheit der Geistlichen noch in jüngster Zeit gründet. Jedenfalls kann ich keinen Augenblick glauben, daß Comte sich bewußt eines Plagiats schuldig gemacht haben soll.

Wie Sie wissen, werden in dem Schema die „abstrakten Wissenschaften" nach Comte wie in einer Leiter[5] angeordnet. Die Idee dabei ist, daß jede Wissenschaft ihre Prinzipien aus den Entdeckungen der jeweils abstrakteren bezieht, die auf der Stufe darüber steht, während sie alle zugleich nach oben hin drängen in dem Bestreben, noch „abstrakter" zu werden. Seit Comte dies Schema bekanntgemacht hat, sind viele andere vorgeschlagen worden. Doch unter den zwanzig oder mehr, die es nach meinem Eindruck überhaupt verdienen, genauer betrachtet zu werden – und darunter sind die bekanntesten –, habe ich nicht eines gefunden, das sich nicht offenkundig auf das Schema gründete, das mit dem Namen Comtes verbunden ist; und wenn mein eigenes Schema keine andere Auszeichnung hat, so soll es doch die Ehre haben, von einem philosophischen System abzustammen, zu dem ich in einem fundamentalen Gegensatz stehe – eine Abstammung, deren sich zu viele seiner Nachkommen offenbar gründlich schämen.

Dies ist nun nicht die einzige Besonderheit meiner Klassifikation. Damit sie brauchbar wäre, wollte ich, daß es sich um eine natürliche Klassifikation handelt; das heißt, sie sollte die wichtigsten und tatsächlichen Beziehungen zwischen den Wissenschaften verkörpern, soweit diese sich der Beobachtung und wissenschaftlichen Untersuchung präsentieren. Nach meiner Auffassung der Sache sind es nun allein die natürlichen und erfahrbaren Objekte, die sich für eine solche natürliche Klassifikation eignen. Ich denke beispielsweise nicht, daß man eine natürliche Klassifikation von ebenen Kurven oder von anderen bloßen Möglichkeiten entwickeln kann. Man klassifiziert sie, oder besser: teilt sie ein nach ihren *Ordnungen* und *Klassen* oder nach ihren sogenannten *Mängeln*. Doch ergibt sich daraus bloß eine Aufzählung der logisch möglichen Fälle, die keine wirkliche Information vermittelt und deshalb auch nicht demselben Zweck dienen kann wie eine natürliche Klassifikation. Nach meiner Auffassung ist das, was wir „natürliche Klassifikation" nennen, von der Natur der Dinge her begrenzt auf natürliche Objekte. Nun bezieht sich die ganz überwiegende Zahl der Wissenschaftsklassifikationen auf *mögliche* Wissenschaften, und diese sind gewiß keine natürlichen Objekte. Inwiefern ist eine Wissenschaft ein natürliches Objekt? Sie ist die wirkliche und lebendige Beschäftigung einer wirklichen Gruppe von lebendigen Menschen. Allein in diesem Sinne mache ich den Versuch einer Wissenschaftsklassifikation. Eine beträchtliche Anzahl all der sogenannten Klassifikationen sind solche von *scientia* oder ἐπιστήμαι, und zwar im klassischen Sinne vollkommenen Wissens; wieder andere beziehen sich nicht auf Wissenschaften, sondern auf die Objekte systematisierten Wissens.[6]

Doch was ich unter „Wissenschaft" verstehe – und zwar für den Zweck dieser Klassifikation wie ganz allgemein – ist ein Leben, das sich dem Streben nach Wahrheit verschrieben hat, und dies nach bestem Wissen und aufgrund von Methoden, die von einer Gruppe von Menschen vertreten werden, die ihre Arbeit und ihre Vorstellungen miteinander teilen, wie das mit keinem Außenstehenden möglich ist. Dabei ist es nicht das, was sie schon entdeckt haben, wodurch ihre Arbeit zur Wissenschaft wird, sondern daß sie einem Stück Wahrheit nachstreben, das ist es. Ich sage nicht, daß dies nach den besten Methoden geschehen muß[7], sondern ich sage: nach den Methoden, die zu der Zeit als die besten bekannt sind. Deshalb bezeichne ich die einsamen Studien eines einzelnen Menschen nicht als Wissenschaft. Nur dann, wenn eine Gruppe von Men-

Verständnis von Wissenschaft(en)

schen, die im Verständnis einer bestimmten Anzahl von Untersuchungen mehr oder weniger miteinander in Verbindung stehen, sich unterstützen und gegenseitig anregen, so daß Außenstehende sie nicht verstehen können – nur dann nenne ich ihr Leben eine Wissenschaft. Dazu ist es nicht notwendig, daß sie alle am selben Problem arbeiten oder daß sie vollständig mit allem vertraut sind, was ein anderer wissen muß. Doch müssen ihre Arbeiten so eng miteinander verbunden sein, daß jeder von ihnen die Problemstellung eines anderen nach einigen Monaten spezieller Vorbereitung übernehmen könnte und daß jeder ziemlich genau verstehen würde, worin die Arbeit jedes anderen eigentlich besteht. Wann immer sich zwei von ihnen träfen, sie wären miteinander in ihren Vorstellungen und in ihrer Sprache ganz und gar vertraut und würden sich wie Brüder[8] fühlen. Besonders ihre gemeinsame Fachausbildung ist es, die sie verbindet und die kein Außenstehender besitzt, nämlich die Verwendung von bestimmten Instrumenten und der Einsatz von bestimmten Arbeitsweisen aufgrund der gemeinsamen Ausbildung. Auf diese Weise haben es die Angehörigen der einen Gruppe mit denen aus einer zweiten zu tun, deren Untersuchungen abstrakter gelagert sind, und an die sie sich mit Fragen – Informationen über Prinzipien betreffend – wenden, von denen die Angehörigen der zweiten Gruppe mehr verstehen, die aber von denen der ersten Gruppe angewandt werden müssen. Zugleich haben die Angehörigen dieser ersten Gruppe wahrscheinlich weit mehr Fachkenntnisse in der speziellen Anwendung dieser Prinzipien als die der zweiten Gruppe, die wiederum diese Prinzipien selbst besser verstehen. So sucht der Astronom seine Zuflucht beim Fachmann für Optik, der die Prinzipien der Optik besser versteht als jener. Der Astronom aber versteht sich auf die Anwendung jener Prinzipien in astronomischen Instrumenten und kann weit besser damit arbeiten als der reine Fachmann für Optik. Es kann sein, daß auf diese Weise eine Gruppe von mehreren anderen abhängt. Nun erhebe ich nicht den Anspruch, daß alle Verästelungen in der gegenseitigen Abhängigkeit der Wissenschaften durch irgendein Schema der Zuordnung ihrer Namen vollständig dargestellt werden könnte; selbst dann nicht, wenn wir uns bei der gesuchten Darstellung auf die Art von Abhängigkeit begrenzen würden, die sich auf *Prinzipien* bezieht. Aber ich habe mir vorgenommen, in einer gewiß vagen Form die gegenseitige Abhängigkeit allein *aufgrund von Prinzipien* darzustellen, und das bezogen auf jede Wissenschaft und Wissenschaftsgruppe, so wie es Comte oder Charles Burdin, oder wer immer diese wunderbare Entdeckung gemacht hat, getan haben.

Alles menschliche Leben unterscheidet sich und teilt sich auf in drei große Gruppen[9], deren Mitglieder sich in einem allgemeinen Sinne zwar gegenseitig verstehen, doch nicht[10] imstande sind, die Ziele und den Lebenseinsatz der Mitglieder der anderen Gruppen in sympathetischer Weise nachzuvollziehen. Die erste Gruppe besteht aus den Anhängern des Genusses. Sie widmen sich ihrem Lebensunterhalt, ernähren sich, so gut sie nur können, und trachten nach den höheren Lebensgenüssen für sich selbst und ihresgleichen. Diese Klasse ist am größten und ganz und gar unvermeidlich. Die zweite Gruppe verachtet solch ein Leben und kann es im Grunde nicht verstehen. Ihre Lebensauffassung besteht darin, Erfolge zu erzielen. Sie bauen große Unternehmen auf, sie gehen in die Politik, und das nicht, wie es die Handlanger tun, um daran zu verdienen, sondern um Staatsmacht auszuüben und Reformen der einen oder anderen Art einzuleiten. Dem Einsatz dieser Gruppe verdankt sich die Zivilisation. Die Menschen der dritten Gruppe, das sind vergleichsweise wenige, können sich ein Genußleben überhaupt nicht vorstellen, und auf das Leben der aktiven Menschen sehen sie herunter. Ihr Ziel ist es, Gott zu dienen in der Entwicklung von Ideen und der Entfaltung der Wahrheit.[11] Das sind die Wissenschaftler. Sie teilen sich wiederum in drei große Gruppen gemäß dem charakteristischen Unterschied in ihrer Auffassung vom Zweck der Wissenschaft. Da sind zunächst die, die sich selbst für die Lehrer und Vorgesetzten all derer halten, die etwas tun wollen. Nach ihrem Verständnis sagt uns die Wissenschaft, wie wir in der Welt handeln müssen; und was sie betreiben, ist Praktische Wissenschaft. Doch um eine praktische Wissenschaft weiter zu entwickeln, ist es so etwas wie ein Abriß der Wissenschaften erforderlich, eine systematische Rechenschaft über alles menschliche Wissen. Deshalb muß es eine zweite Klasse von Menschen in der Wissenschaft geben, die sich vorgenommen haben, eine solche Übersicht zu erstellen; wobei einer an dem einen Teilbereich arbeitet, ein zweiter an einem anderen. Für diese Leute ist Wissenschaft, wie Coleridge[12] sie bestimmt hat, organisiertes Wissen. Die Aufgabe, mit der ich gerade befaßt bin, die Klassifikation der Wissenschaften, ist ein notwendiger Bestandteil dieser Arbeit, das menschliche Wissen zu systematisieren und in einer Übersicht zu erfassen. Ich habe diese Wissenschaften als Sciences of Review, auch Tactics oder *Taxospude*[13] bezeichnet, nämlich als das Bestreben, die Wissenschaft zu ordnen. Die dritte große Unterteilung der Wissenschaft nenne ich *heuretics* oder *heurospude*, das Bestreben, etwas zu entdecken; und tatsächlich sind alle Wissenschaftler mit nichts anderem befaßt. Das gilt für die *Taxospudisten* und die *Prattospudisten* ebenso wie für die *Heurospudisten*. Der Unterschied aber besteht darin, daß der Prattospudist etwas entdecken will im Blick auf den letzten Zweck des Tuns, der *Taxospudist* in dem Bestreben, Wissen in irgendeiner Weise anzuwenden, sei es handlungs- oder in speziellerer Weise erkenntnisbezogen. Der *Heurospudist* aber sieht im wissenschaftlichen Entdecken ein Vertrautwerden mit Gott und den eigentlichen Zweck, zu dem das menschliche Geschlecht geschaffen wurde+[14]; tatsächlich die eigentliche Absicht Gottes beim Erschaffen der Welt überhaupt. Die Heurospudisten halten es für bedeutungslos, ob das menschliche Geschlecht besteht und sich seines Daseins erfreut oder ob es ausgelöscht wird+[15];

letzteres wird glücklicherweise rechtzeitig[16] der Fall sein, sobald es seinen Zweck erfüllt und einen neuen Geistestyp entwickelt hat, der Gott in besserer Weise zu lieben und zu dienen vermag.

Das dürfen Sie nicht so verstehen, als würde ich sagen, daß Gott – in einem vergegenständlichten Sinn dieser Vorstellung – beim Erschaffen der Welt an jemanden dachte, der ihn zu verehren hätte. Wir können uns unmöglich in Gott hineinversetzen+[17], ebensowenig wie wir in einem bestimmten, vergegenständlichten Sinn davon sprechen können, daß *Gott ist.*+[18] Ich meine nur, daß der Zweck der Schöpfung, wie sie uns in unseren höchsten Verstehensversuchen erscheinen muß, der ist, einen Geist entstehen zu lassen, der zur Antwort fähig ist. Dies ist Gottes Bewegung hin zur Selbstreproduktion. Wenn ich sage, daß *Gott ist,* so meine ich damit, daß der Gottesgedanke den höchsten Aufschwung zum Verständnis des Ursprungs des gesamten physiko-psychischen Universums darstellt, zu dem wir imstande sind. Der Gottesgedanke hat gegenüber agnostischen und anderen Positionen den Vorteil, unserer Fassungskraft ein Objekt anzubieten, das zu lieben ist. Der *Heurospudist* aber muß unbedingt in der Natur ein Objekt seiner Liebe finden, ohne das seine Wissenschaft nicht bestehen kann. Denn sie ist notwendig Gottesdienst, damit sie nicht abstürzt und sich einem Idol menschlicher Kunstfertigkeit ausliefert. Wir dürfen nicht vergessen, daß das menschliche Geschlecht nur eine vergängliche Sache ist. Bald wird es mit den Menschen ganz zu Ende gehen, und sie werden verworfen werden. Schon jetzt beherrschen sie nur einen kleinen Planeten, der zu einem unbedeutenden Stern gehört, und zugleich ist all das, was unser Augenlicht in sternklarer Nacht erfassen kann, im Verhältnis zum Universum weit geringer als eine einzelne Gehirnzelle im Verhältnis zu einem ganzen Menschen.

4.
6. Okt. 1907
Das erste Kapitel der Logik*

Oh Schöpfer, der Du aus dem leeren Nichts dieses Universums heraus erschaffst, eines Universums von unermeßlicher Realität, Erhabenheit und Schönheit, vor dem ich doch weniger erzittere, als ich sollte, erfülle mich mit dem aufrichtigen Verlangen, daß dieses Kapitel meinen Brüdern[1] zu Nutze sei!

Die früheste Beschäftigung eines Menschen ist die poetische, ist *Fühlen* und die Freude am Fühlen. Das ist es, womit das Kleinkind in seiner Wiege hauptsächlich umzugehen scheint.

Das Fühlen aber erzeugt Träume; Träume erzeugen Wünsche; und Wünsche wiederum Impulse, etwas zu tun. Daher liegt die Hauptaufgabe im Leben eines gewöhnlichen Menschen im *Handeln*.

Doch wird jeder Mensch, der in die Lage kommt, sich voll zu entwickeln, vom aktiven Leben bald zu der Feststellung gebracht, daß seine verschiedenen Handlungen nicht je für sich und beziehungslos zu den anderen stehen dürfen und daß bloßes Handeln sinnlos ist, wenn es nicht etwas erreicht und in gewisser Weise auf die Welt einwirkt; und um auf die Welt einzuwirken, muß ein Mensch von der Welt beeinflußt sein, das heißt, er muß wissen, worum es jeweils geht. Diese Überlegung ist notwendig, um die eigenen Handlungen miteinander und mit ihrer Situation in der Welt in Einklang zu bringen; ohne diese Abstimmung [harmony] und Systematisierung der Bemühungen kann nichts erreicht werden. Je länger ein Mensch lebt, desto eindrücklicher wird ihm die Notwendigkeit der Ausarbeitung solcher Überlegungen, um sich eine Basis für die eigene Handlungsplanung zu schaffen. Je älter er wird, und je mehr er im Einklang mit dem Universum steht, desto tiefer wird er davon überzeugt sein, wie wenig auch die bedeutendsten Menschen individuell gesehen auf die Welt einzuwirken vermögen. Der Mensch ist so gering und unvollkommen; das Universum dagegen so unermeßlich und überwältigend. Wenn das Alter naht, wird er immer mehr dazu gelangen, die Suche nach der Wahrheit zu schätzen, und zwar bezüglich des Menschseins, der physischen Gegebenheiten und der realen Potentialitäten; nämlich den Teil der Lebensaufgabe, der uns als größter Schatz aufgespart ist, ganz gewiß unserem intellektuellen Erbe dient und am vortrefflichsten und reinsten unsere geistigen [spiritual] Kräfte ausbildet.

Insofern lassen sich im wirklichen Leben drei Lebensweisen und drei Menschentypen sehr deutlich voneinander abheben.[2] Ich meine das nicht so, als wären sie trennscharf zu unterscheiden, wie das bei Tieren, Pflanzen und Mineralien der Fall ist. Die meisten Menschen und die meisten Lebensweisen sind Mischformen. Doch die Einteilung ist ganz prinzipiell wahr und von unschätzbarem Wert für die wissenschaftliche Untersuchung des Menschen, des Lebens und der Philosophie.

Es ist nicht nur so, daß die Menschen und ihre Lebensweisen immer mehr oder weniger in einer Mischung von Eigenschaften auftreten, sondern es gibt weitere Unterscheidungsmerkmale, die sich direkt aus dem Wesen der drei unterschiedlichen Kategorien ergeben. Zum Beispiel findet sich unter Menschen und in ihren Handlungsweisen eine gewaltige Differenz darin, ob es um ordinären Erfolg geht, worauf man sich konzentriert – gewöhnlich ist es das Geld, doch oft auch andere Arten von „Erfolg" –, oder ob es sich um ein großes Lebensmuster handelt, von dem man selbst verschlungen und aufgenommen wird in eine konkrete öffentliche Bewegung; so ist das bei Cromwell, bei Luther und bei den Menschen, die still und fast verstohlen dabei sind, alles zu opfern, um die Lebensbedingungen von Gefangenen oder Aussätzigen zu verbessern. Und so findet sich auch unter Forschern, unter denen, die nach Wahrheit suchen, der selbstsüchtige Typ, der von „meiner Theorie" oder „meiner Idee" spricht, was auch dann, wenn man sich dessen zu einem gewissen Prozentsatz bewußt ist, unverändert als ein Plagiat betrachtet werden muß. Dieser Typ findet sich häufig gemischt mit dem des „Erfolgreichen", oft aber auch ganz deutlich von ihm abgesetzt. Zweitens gibt es die fleißigen Arbeiter, die in der einen oder anderen Wissenschaftssparte nach Wahrheit suchen, eine großartige Sorte, wie sie sich vielleicht häufiger als anderswo und in fast reiner Form unter den Astronomen findet (doch bin ich kaum kompetent, hierüber mein Urteil abzugeben), die Flamsteeds, die Argelanders.[3] Sie schätzen allein die harten Fakten, ob diese eine Idee verkörpern oder nicht. Schließlich ist da die Sorte Mensch, die hungert und dürstet[4] nach geistiger Nahrung; und diese muß *in primo* zuverlässig wahr sein, und dann darf es sich nicht bloß um eine rohe Tatsache aus dem Bereich dessen handeln, was zufällig existiert, sondern es muß sich auf das beziehen, was *nicht anders kann,* als zu sein oder nicht zu sein, wenn seine Bedingungen erfüllt sind. Da sind die Newtons und die Faradays[5], und ich könnte ein schönes Beispiel aus unseren Tagen nennen, obwohl sein Genie nicht besonders auffallend ist.

Von diesen drei Sparten des Lebens – fast hätte ich gesagt des „*menschlichen* Lebens", so gängig ist diese Wendung; doch mache ich gerade *nicht* diese sinnlose Begrenzung, weil ich nicht vorhabe, mich bei diesem Gesindel lieb Kind zu machen. Sie wollen uns davon überzeugen, daß sie vorhätten zu denken, während in Wahrheit die unter ihnen, die lesen, ausschließlich auf Vergnügen aus sind, ganz so wie die, die schreiben, auf das aus sind, was sie für „Profit" halten. Sie kuscheln sich schrecklich gern aneinander und reden vom „menschlichen" Leben, weil sich eine so wohltuende Wärme um das verbreitet, was menschlich ist. Doch gibt es überhaupt keinen Grund dafür, diese Sparten auf die menschliche Natur zu begrenzen, nicht mehr als auf vornehme Herkunft; und der einzige Leser, von dem ich mir vorzustellen wage, daß ich mich an ihn wenden kann, das ist mein Freund, der in seiner bescheidenen Art (und wir alle müssen uns vor Mutter Erde demütigen, wenn wir an solche Bestrebungen denken) hungert und dürstet nach einer Wahrheit, von der wir leben können; und er wird der einzige sein, der meine unfertigen Schreibkünste ertragen kann. – Um auf die drei Sparten bewußten Lebens zurückzukommen, ob es nun tierisches oder menschliches Leben ist, Leben auf dem Mars, Leben der Engel oder das eines *Jenseits*[6], es ist allein die dritte, die uns hier beschäftigen soll.

Was den wahren, der Natur ergebenen Dichter betrifft, den kindlichen Menschen[7], Du und ich, mein Leser – wobei ich zumindest für mich selbst antworten kann: Danke von ganzem Herzen unserem Vater im Himmel, daß er dieses wunderbare Wesen geschaffen hat; und wir werden den Dichter nicht wie der allzu erfolgreiche Charles Dikkens in seinem Roman ‚Bleak House'[8] verspotten, weil er wie andere Kinder manchmal einen Streich spielt, was bei einem verantwortungsbewußteren Wesen extrem böse und schändlich wäre. Was den kämpfenden Menschen betrifft, diese große Art verdient all die Bewunderung, die sie auf sich zieht; und selbst die einfacheren unter ihnen wollen wir nicht Dickens' Verurteilung ausliefern; erstens, weil wir an Gott nichts auszusetzen haben dafür, daß er all die niederen Tiere ohne Mitgefühl gegenüber den schwachen geschaffen hat, und zweitens, weil sie ein äußerst wertvolles und bedeutendes Element für das Gemeinwohl darstellen. Ich liebe meinen Hund, auch wenn ich weiß, daß er nicht vorgeben würde, sehr unglücklich zu sein, wenn der ihm bekannte Nachbarhund überfahren worden wäre; und warum betrachte ich das, nach dem Maßstab eines Hundes, nicht als einen Fehler?[+9]

Ich muß den Versuch machen, Dich, meinen Leser, zu überzeugen, denn es ist von allergrößter Wichtigkeit, daß diese Trichotomie, diese Dreiteilung allen Lebens[10] nicht auf eine besondere Beschaffenheit des Gehirns zurückgeführt werden kann; wenn ich auch die Behauptung wage, daß es solche Beschaffenheiten geben mag, die festlegen, zu welcher der drei Klassen ein bestimmtes Leben sich wenden wird. Es ist in unserer Zeit eine mühselige Arbeit, die Leute zu der Einsicht zu bringen, daß die Psychologie gerade nicht die Grundlage der Philosophie ist. Sie übertreiben den großen Irrtum Kants und sind blind gegenüber all der Wahrheit, die er gesehen hat. Sie lassen sich deshalb nicht überzeugen, weil präzise Denkarbeit eine Plackerei ist, die sie nicht ertragen können. Genauigkeit des Denkens wäre wahrhaft eine verzweifelte Empfehlung, wenn das Ziel darin bestünde, populär zu sein; und die heutigen „Philosophen“ sind auf ihren Vorteil aus und müssen sich darin schulen, populär zu sein. Das tun sie mit einem solchen Eifer, daß sie alle Kraft zu exaktem Denken dabei einbüßen. Ich muß leider sagen, daß auch meine Freunde, die Pragmatisten, oftmals böse Feinde des exakten Denkens zu sein scheinen. Doch höre, ich kann noch nicht den vollen Beweis meiner Position mit Dir durchgehen. Denn das Argument ist wirklich schwierig und hängt von einigen Punkten in der Logik ab, die geduldig studiert werden müssen, bevor die Schlußfolgerungen überhaupt verstanden werden können. Doch ich kann, wenn Du Dich der Mühe des Denkens unterziehen willst – und wenn nicht, so wirst Du um so weniger Zeit vergeuden, je eher wir uns trennen –, ich kann, wenn Du nur willst, Dir zum Verständnis dessen helfen, worin der Grundsatz [proposition] besteht, dessen weiterem Nachweis ich mich absolut verpflichtet fühle.

5.

11. April 1908

Skizzen zu einem Text für das Hibbert Journal.*

Ein wenig bekanntes „Argument“ für das Sein Gottes[+1]

Mit diesem Artikel möchte ich einen Weg beschreiben, auf dem ein vernünftiger und unerschütterlicher Glaube an Gott erreicht wird. Ich werde[2], der Kürze wegen, von einem „Argument" sprechen, doch sollte es eigentlich nicht so benannt werden, weil ein Argument im wesentlichen offen ist für Kritik. Demgegenüber ist diese Art von Überzeugung ungeeignet für Kritik durch einen Menschen, der wirklich damit vertraut ist. Denn wirkliche Kritik impliziert wirklichen Zweifel, und niemand, der mit dieser Überzeugung vertraut ist, kann sie bezweifeln. Ohne Frage steht sie für andere dem Zweifel offen; und zu kritisieren, so gut sie es aufrichtigerweise vermögen, ist die Pflicht derer, die mit solchen Dingen zu tun haben. Zugleich aber ist Kritik an[3] der Überzeugung eines Menschen durch jemanden, der damit nicht vertraut ist, notwendig unvollständig und ein wenig dubios; und das sogar für den Kritiker selbst, wenn er aufrichtig die letzte Instanz der Wahrheit[4] liebt, die er nicht kennt, und ernsthaft den Widerlegungen seiner eigenen Irrtümer nachgeht.[5]

Für mich gibt es keinen Zweifel, daß dieses Argument von Myriaden von Menschen aller Religionen ebenso wie von Menschen nicht anerkannter Religion vertreten wird; denn es geht über keines Menschen Kraft, dieses Argument für sich selbst hervorzubringen; und ich bin sicher, daß nicht wenige Schriftsteller darüber besser Rechenschaft geben können, als ich es vermag; und – wäre ich katholisch – ich könnte mir gewiß keine durch einen Beichtvater auferlegte Buße vorstellen, die mir persönlich derart zuwiderliefe. Auch vertraue ich nicht darauf, daß ich damit irgend jemandem etwas Gutes tun werde. Doch darum geht es mir auch nicht. Die Tatsache, daß ich in eine Welt der exakten Wissenschaften hineingeboren[6] und in ihr aufgezogen wurde, so daß dies für die erste Hälfte meines Lebens mein Element war, und die Tatsache, daß ich mich selbst als gründlichen und exakten theoretischen Logiker kenne, der sich in unserer Zeit dazu eignet, dieses „Argument" vorzutragen – das ist es, was mich zu der Auffassung bringt, daß ich es tun sollte.

Ich beschreibe im folgenden Abschnitt, so gut ich es vermag, was ich unter Gott verstehe, dem Sein Gottes, einem

Glauben an das Sein Gottes und unter einem vernünftigen Glauben an das Sein Gottes. Im dritten Abschnitt werde ich über den Denkprozeß Rechenschaft geben, den ich bei diesem besonderen „Argument" im Sinne habe; und im vierten Abschnitt werde ich einige Fragen der Logik diskutieren, die sich dadurch nahelegen.

6. Ein vernachlässigtes Argument für die Realität Gottes*

I.

Das Wort ‚GOTT', in dieser Weise mit Großbuchstaben geschrieben (‚kapitalisiert', wie wir Amerikaner sagen), ist zu verstehen als *der* definierbare Eigenname[+1] zur Bezeichnung des *Ens necessarium*; nach meiner Überzeugung WIRKLICH[+2] der Schöpfer aller drei Universen der Erfahrung.

In diesem Text werden einige Wörter dann großgeschrieben[3], wenn sie nicht in der üblichen, sondern in einer definierten Bedeutung gebraucht werden. Dementsprechend ist eine ‚Idee' die Substanz eines tatsächlich vorliegenden einheitlichen Gedankens oder einer Phantasievorstellung; dagegen bezeichnet eine ‚IDEE' – genauer Platons Idee der ἰδέα – etwas, dessen Sein ausschließlich darin besteht, vollständig repräsentiert zu werden, ungeachtet der Fähigkeit oder Unfähigkeit von irgend jemandem, dies auch zu tun.

Das Wort ‚REAL' ist im XIII. Jahrhundert erfunden worden, um vorhandene EIGENSCHAFTEN zu bezeichnen, d. h. charakteristische Merkmale, die ausreichen, ihren Gegenstand zu identifizieren, und die dieser unabhängig davon besitzt, ob sie ihm von einem einzelnen oder einer Gruppe von Menschen auf irgendeine Weise zugeschrieben werden oder nicht.[+4] Demgemäß ist die Substanz eines Traumes nicht REAL, denn diese war, was sie war, ausschließlich dadurch, daß ein Träumer sie so geträumt hat. REAL aber ist das Faktum des Traumes, wenn er geträumt wurde; denn wenn dem so ist, bilden sein Zeitpunkt, der Name des Träumers etc. eine Anzahl von Umständen, die ausreichen, ihn von allen anderen Ereignissen zu unterscheiden; und diese Umstände gehören zu ihm, d. h. sie wären wahr, wenn sie von ihm prädiziert würden, unabhängig davon, ob A, B oder C diese Umstände WIRKLICH[5] feststellen oder nicht. Das ‚WIRKLICHE' ist das, dem man in der Vergangenheit, der Gegenwart oder der Zukunft begegnet.

Eine ‚ERFAHRUNG' ist eine mit roher Gewalt[6] erzeugte bewußte Wirkung, die zu einer selbst-kontrollierten Verhaltensgewohnheit beiträgt; und diese ist auch bei nochmaligem Überlegen so befriedigend, daß sie durch keine hartnäckig eingesetzte innere Kraftanstrengung zerstört werden kann. Ich verwende das Wort ‚selbst-kontrolliert' im Sinne von ‚kontrolliert durch das Selbst des Denkenden', und nicht im Sinne von ‚unkontrolliert'; außer für den Fall der eigenen spontanen, d. h. automatischen Selbst-Entwicklung, so wie das Wort von Prof. J. M. Baldwin[7] benutzt wird. Betrachten wir zur Illustration die Sinneswahrnehmung, der sich ein Kind aussetzt, das seinen Zeigefinger in eine Flamme hält und sich dadurch die Verhaltensgewohnheit erwirbt, nie wieder einen Finger in irgendeine Flamme zu halten. Ein Zwang ist dann ‚ROH', wenn seine unmittelbare Wirkung in keiner Weise mit einer Regel oder einem vernünftigen Grund konform geht.

Von den uns allen vertrauten drei UNIVERSEN der ERFAHRUNG[+8] umfaßt das erste alle bloßen IDEEN, diese luftigen Nichtse, die in der geistigen Welt von Dichtern, reinen Mathematikern oder anderen ihren Ort und Namen finden *können*. Gerade ihre luftige Nichtigkeit, die Tatsache, daß ihr Sein in ihrer Bereitschaft besteht, gedacht zu werden, und nicht darin, daß irgendeiner sie WIRKLICH denkt, sichert ihre REALITÄT. Das zweite UNIVERSUM ist das der ROHEN WIRKLICHKEIT von Dingen und Tatsachen. Ich bin davon überzeugt, daß ihr Sein aus Reaktionen auf ROHE Kräfte besteht, und das ungeachtet der Einwände, die nur solange schrecken, bis sie wirklich genau überprüft wurden. Das dritte UNIVERSUM umfaßt alles, dessen Sein darin besteht, zwischen verschiedenen Objekten durch aktive Kräfte Verbindungen herzustellen, und das besonders zwischen Objekten in verschiedenen Universen. Dies trifft auf alles zu, was wesentlich ein ZEICHEN ist – nicht auf den bloßen Körper eines ZEICHENS, für den dies eigentlich nicht gilt, sondern, wenn man so sagen darf, auf die SEELE des ZEICHENS, dessen Sein in seiner Kraft liegt, zwischen seinem OBJEKT und einer GEISTIGEN INSTANZ zu vermitteln. In gleicher Weise verhalten sich ein lebendiges Bewußtsein, das Leben und die Wachstumskraft einer Pflanze; und ebenso eine lebendige Institution[9] – eine Tageszeitung, ein großes Glück, eine soziale ‚Bewegung'.

Jeder Denkprozeß, der vernünftigerweise dazu tendiert, eine bestimmte Überzeugung[10] hervorzubringen, ist ein ‚ARGUMENT'. Eine ‚ARGUMENTATION' ist ein ARGUMENT, das aus klar umrissenen Prämissen hervorgeht.

Wenn GOTT REAL und wenn er gütig wäre – und angesichts der allgemein zugestandenen Wahrheit, daß die Religion, wäre sie nur nachgewiesen, ein Gut wäre, das alle anderen überträfe –, dann sollte man eigentlich erwarten, daß es irgendein ARGUMENT für Seine REALITÄT gäbe, das allen Menschen, unabhängig vom hohen oder niedrigen Stand ihres Intellekts, sofern sie ernsthaft nach der Wahrheit in dieser Sache suchen, einleuchten müßte; und darüber hinaus, daß die Konklusion dieses ARGUMENTS nicht als metaphysisch-theologischer Satz dargestellt würde, sondern in einer Form, die sich direkt auf die Lebensführung anwenden und in jeder Weise für die höchste Entwicklung[11] des Menschen fruchtbar machen ließe. Was ich das N. A.[12] – das Vernachlässigte Argument – nennen werde, scheint mir diese Bedingung am besten zu erfüllen, und es würde mich nicht überraschen, wenn die Mehrzahl der Menschen, die ihren Glauben an Gott durch eigenes Nachdenken gewonnen haben, für diesen Reichtum dankbar auf die Ausstrahlungskraft des N. A. verweisen müßten. Seine Überzeugungskraft ist ganz außerordentlich, und zugleich gibt es niemanden, dem es unbekannt wäre. Trotzdem findet es bei all den Theologen (innerhalb meines begrenzten Lesehorizontes), die mit lobenswertem Fleiß alle guten Gründe zusammengekratzt oder sich ausgedacht haben, um den ersten Grundsatz der Theologie zu beweisen, kaum Erwähnung; und wenn, dann in aller Kürze. Wahrscheinlich teilen sie jene gängigen Vorstellungen von Logik, die keine anderen ARGUMENTE außer ARGUMENTATIONEN zulassen.

Es gibt einen bestimmten angenehmen Zustand des Geistes, der gewöhnlich nicht so gepflegt wird, wie er es verdient hätte, was ich daraus schließe, daß er keinen eigenen Namen hat. Wenn man sich ihm maßvoll hingibt – sagen wir während etwa fünf oder sechs Prozent des Wachzustandes, vielleicht während eines Spaziergangs – erfrischt er schon mehr, als der Aufwand dafür ausmacht. Weil dieser Zustand keinen eigentlichen Zweck enthält außer den, jede ernsthafte Zwecksetzung beiseite zu schieben, war ich manchmal fast geneigt, ihn – mit einigen Einschränkungen – Träumerei zu nennen; doch für eine Geistesverfassung, die der Untätigkeit und Verträumtheit so sehr entgegengesetzt ist, wäre eine solche Kennzeichnung ganz unerträglich und unpassend. Genaugenommen handelt es sich um PURES SPIEL. Nun wissen wir alle, SPIELEN bedeutet die lebendige Übung der eigenen Kräfte. PURES SPIEL kennt keine Regeln außer eben diesem Gesetz der Freiheit. Es wehet, wo es will.[13] Es verfolgt keinen Zweck außer dem der Rekreation. Dieser besondere Zustand, den ich meine – eine *petite bouchée* mit den Universen der Erfahrung –, kann entweder die Form einer ästhetischen Kontemplation annehmen, oder die eines weit entfernten Luftschlosses (ob im fernen Spanien oder innerhalb der eigenen moralischen Erziehung[14]), oder die des Nachdenkens über ein Wunder in einem der Univer-

Rekreation – Erholung

sen oder über einen Zusammenhang von zweien dieser drei Universen, verbunden mit einer Spekulation über dessen Ursache. Es ist diese letzte Art – ich werde sie im ganzen genommen ‚VERSONNENHEIT‘[15] nennen –, die ich besonders empfehle, denn sie wird mit der Zeit zum N. A. aufblühen. Wer sich in der Absicht hinsetzt, von der Wahrheit der Religion überzeugt zu werden, tut dies einfach nicht mit wissenschaftlich aufrichtigem Herzen und muß deshalb stets fürchten, ungerecht zu urteilen. Auf diese Weise kann er nicht einmal das ungeteilte Vertrauen[16] gewinnen, wie es ein Physiker in Elektronen hat, obwohl dies eingestandenermaßen nur vorläufig ist. Läßt man dagegen die religiöse Meditation spontan aus PUREM SPIEL erwachsen, und dies, ohne die Kontinuität[17] zu unterbrechen, so wird der VERSONNENE die vollkommene Offenheit[18] bewahren, wie sie der VERSONNENHEIT entspricht.

Wenn sich jemand dazu entschlossen hätte zu versuchen, ob ihm die VERSONNENHEIT als Rekreation zusagt, und er mich deswegen um Rat fragte, würde ich wie folgt antworten: Die Morgen- und Abenddämmerung laden am meisten zur VERSONNENHEIT ein; doch ich habe keine Stunde im Verlauf von Tag und Nacht[19] entdecken können, die nicht ihre eigenen Vorteile dafür mitbrächte. Das beginnt mit dem durchaus passiven Aufnehmen eines Eindrucks aus irgendeinem Winkel in einem der drei Universen der Erfahrung. Doch der Eindruck geht bald über in aufmerksames Beobachten, Beobachten in Nachsinnen, und Nachsinnen in lebhaftes Geben und Nehmen in der Gemeinschaft zwischen Selbst und Selbst[20]. Wenn man zuläßt, daß sich die eigenen Beobachtungen und Reflexionen zu sehr spezialisieren, verwandelt sich das SPIEL in wissenschaftliche Forschung; und das läßt sich nicht in ein paar halben Stunden bewältigen.

Ich sollte hinzufügen: Haltet fest an der einen Ordnung des SPIELS, dem Gesetz der Freiheit. Ich kann bezeugen, daß es zumindest im letzten halben Jahrhundert nicht an Geschlechtern von Herren Orakel[21] gefehlt hat, die bestimmte Grundsätze kolportierten, nur um diesen oder jenen Weg der Forschung abzusperren; und ein Rabelais[22] wäre vonnöten, um all den Witz ans Licht zu bringen, der hinter ihrer zur Schau getragenen Unfehlbarkeit steckte. Auguste Comte[23] – ungeachtet dessen, daß er ohne Zweifel genuine Beiträge zur Philosophie geleistet hat – war lange Zeit der Anführer einer solchen Gruppe. Die Beliebtheit ihrer einzelnen Maximen war notwendigerweise von kurzer Dauer. Welchen Ruhm kann man schon erlangen, wenn man Sprüche wiederholt, die in aller Munde sind? Keine veraltete Mode scheint grotesker als die *Großtuerei* mit obsoleten Weisheiten. Ich kann mich an die Zeiten erinnern, als es der letzte Schrei war, daß keine Wissenschaft ihre Methoden bei einer anderen ausleihen dürfe: Weder dürfe der Geologe ein Mikroskop noch der Astronom ein Spektroskop benutzen. Die Optik dürfe sich nicht in die Elektrizitätslehre und die Logik nicht in die Algebra einmischen. Doch zwanzig Jahre später war es für einen, der als führender Kopf gelten wollte, angebracht, ein langes Gesicht zu ziehen und zu erklären: „Es ist nicht die Aufgabe der Wissenschaft, nach den Ursprüngen zu suchen." Diese Maxime war ein Meisterstück, denn keine furchtsame Seele hätte aus Angst, für naiv gehalten zu werden, es gewagt zu untersuchen, um welche ‚Ursprünge' es sich handelt; obwohl die geheime Stimme in der Brust eines jeden das schreckliche Eingeständnis erzwang, daß er gar keine andere Vorstellung von dem habe, was Menschen erforschen könnten, wenn nicht die „Ursprünge" (in irgendeinem Sinn dieses indefiniten[24] Wortes) von Phänomenen. Daß die menschliche Vernunft einige Ursachen begreifen kann, steht außer Zweifel. Sobald wir gezwungen sind, ein in der Erfahrung gegebenes Element als solches anzuerkennen, ist es nur vernünftig, auf positive Zeugnisse zu warten, bevor wir unsere Erkenntnis[25] des Vorgangs durch nähere Bestimmungen komplizieren. Warum sollte man sich denn sonst über direkte Beobachtung hinauswagen? Illustrationen dieses

Prinzips finden sich reichlich in der Physik. Wenn es also sicher ist, daß wir Menschen die Gesetze und Ursachen einiger Phänomene verstehen können, dann ist es auch vernünftig, bezogen auf ein gegebenes Problem anzunehmen, daß Menschen es angemessen lösen können, vorausgesetzt, man verwendet darauf genügend Zeit und Aufmerksamkeit. Mehr noch, die Probleme, die auf den ersten Blick völlig unlösbar erscheinen, enthalten gerade aufgrund dieses Umstandes den genau passenden Schlüssel zu ihrer Lösung, wie es Edgar Poe in *Der Mord in der Rue Morgue*[26] notiert; und das macht sie für das SPIEL der VERSONNENHEIT besonders geeignet.

Werden einem dieser Probleme vierzig oder fünfzig Minuten intensives und angespanntes analytisches Nachdenken gewidmet, so genügt dies, um aus ihm alles herauszuholen, was herauszuholen ist: seine allgemeine Lösung. Es gibt keine Form schlußfolgernden Denkens, von der ich im Blick auf die VERSONNENHEIT abraten möchte; und ich würde laute Klage erheben, wenn jemand versuchen sollte, hier eine Begrenzung auf eine so wenig fruchtbare Methode wie die der logischen Analyse einzuführen. Der SPIELER sollte allerdings bedenken, daß es sich bei den höherrangigen Werkzeugen im Waffenlager des Denkens nicht um Spielzeuge, sondern um Schneidewerkzeuge handelt. In jedem bloßen SPIEL können sie nur übungshalber benutzt werden; dagegen kann die logische Analyse in der VERSONNENHEIT zu ihrer höchsten Leistung gebracht werden. Um also mit den Ratschlägen fortzufahren, nach denen ich gefragt worden bin: „Steig in dein Boot der VERSONNENHEIT, stoße dich ab in den See des Denkens und überlasse das Aufblähen deiner Segel dem Atem des Himmels. Halte die Augen offen und achte auf alles, was um dich und in dir ist, und eröffne das Gespräch mit dir selbst, denn das heißt Meditieren.“ Und dabei geht es nicht allein um ein Sprechen mit Worten, sondern wie in einer Vorlesung wird die Sprache durch Diagramme und Experimente illustriert.

Unterschiedliche Menschen haben so wunderbar verschiedene Denkweisen, daß es meine Kompetenz bei weitem überschreiten würde anzugeben, welche Richtungen die VERSONNENHEIT nicht einschlagen könnte. Doch ein Gehirn, das eine automatische Kontrolle besitzt – was beim menschlichen Gehirn indirekt der Fall ist –, ist natürlich und mit Recht an seinen eigenen Fähigkeiten interessiert, so daß zweifellos einige psychologische oder halbpsychologische Fragen berührt werden; was die letztere Gruppe betrifft, Fragen wie diese: Die Darwinisten haben sich mit wahrlich überraschender Findigkeit Erklärungen ausgedacht, und mit noch überraschenderem Selbstvertrauen haben sie diese als bewiesen akzeptiert: eine für die Mannigfaltigkeit und zarte Schönheit der Blumen, eine andere für die der Schmetterlinge und so weiter. Warum aber ist die Natur im ganzen – die Formen der Bäume, die Kompositionen der Sonnenuntergänge – derart erfüllt von Schönheit, und nicht allein die Natur, auch die beiden anderen Universen? Von den eindeutiger psychologischen Fragen werden wahrscheinlich die nach der Natur von Freude und Leid[27] die Aufmerksamkeit auf sich ziehen. Sind sie nichts als Gefühlsqualitäten, oder sind sie eher motorische Instinkte, durch die wir zu manchen Gefühlen hingezogen, von anderen abgestoßen werden? Haben Freude und Leid den gleichen Aufbau, oder sind sie in dieser Hinsicht entgegengesetzt, sofern Freude durch die Bildung oder Verstärkung einer Assoziation aufgrund von Ähnlichkeit entsteht und Leid durch die Abschwächung oder den Zerfall einer solchen Verhaltensgewohnheit oder Vorstellung?[28]

Psychologische Spekulationen werden natürlich zum Nachsinnen[29] über die eigentlich metaphysischen Probleme führen – eine gute Übung für jemanden, der Sinn für exaktes Denken hat. Genau hier stößt man auf jene Fragen, die dem Zugriff der Vernunft zunächst keinen Anhaltspunkt zu bieten scheinen, die sich aber bereitwillig der logischen Analyse öffnen. Metaphysische Probleme stellen sich allerdings unvermeidlich so, daß die logische Analyse zu ihrer Lösung nicht ausreichen wird; und einige der herausragenden Fragen dieser Art werden durch das Verlangen motiviert sein, Phänomene zu verstehen, die sich als Zustände in allen Universen finden, aber noch nicht auf den Begriff gebracht und nur teilweise der Erfahrung zugänglich gemacht werden konnten. Ich würde empfehlen, daß der VERSONNENE bei der Analyse dieser Phänomene nicht zu ungeduldig sein sollte, wenn er nicht Gefahr laufen will, wichtige Bestandteile von ihnen im Verlauf dieses Prozesses zu verlieren; doch sollte er damit beginnen, sie nach allen Seiten hin zu erwägen, bis sich ihm Spuren der Wahrheit hinter den Phänomenen zu erkennen geben.

An diesem Punkt wird jeder, der im Denken einige Übung hat, verlangen, die Wahrheit der Interpretation solle überprüft werden; und der erste Schritt in einer solchen Überprüfung muß eine logische Analyse der Theorie sein. Doch eine strenge Überprüfung wäre eine Aufgabe, die gegenüber der VERSONNENHEIT, der nur Bruchteile von Stunden zur Verfügung stehen, ein wenig zu ernsthaft erscheint. Wird die Überprüfung aber verschoben, so liegt reichlich Entschädigung selbst in dem Hinweis, daß keine Zeit zur Prüfung bleibt; besonders deshalb, weil einige Verfahren der prüfenden Vernunft alles andere als sicher erscheinen.

Der VERSONNENE wird sich zum Beispiel, nachdem er an der unaussprechlichen Vielfalt, der Weite und Tiefe jedes UNIVERSUMS Gefallen gefunden hat, jenen Phänomenen zuwenden, die in sich den Charakter homogener Verbundenheit besitzen; und welch ein Schauspiel wird sich ihm darbieten! Als bloßen Hinweis darauf kann ich vielleicht anführen, daß jeder kleine Teil des Raumes, wie weit auch immer entfernt, begrenzt ist durch ebensolche benachbarten Teile wie jeder andere [Teil des Raumes] auch, und das ohne jede Ausnahme in der ganzen Unermeßlichkeit des Raumes. Die Materie besteht in jedem Stern aus denselben elementaren Bausteinen, und (von variierenden Umständen abgesehen) was noch wunderbarer ist: Im ganzen sichtbaren Universum gelten in etwa die gleichen Größenverhältnisse der verschiedenen chemischen Elemente. Obwohl die bloße Aufzählung der bekannten Kohlenstoffverbindungen allein einen Folianten füllen würde, ist vielleicht schon die Zahl der Aminosäuren größer, vorausgesetzt, wir würden sie alle kennen. Dennoch ist es unwahrscheinlich, daß es insgesamt mehr als etwa 600 Elemente gibt, und von denen fliegen 500 durch den Raum, weil sie zu leicht sind, um von der Erdanziehung niedergehalten zu werden; Coronium bewegt sich unter ihnen am langsamsten. Diese geringe Zahl zeugt für die vergleichsweise einfache Struktur. Doch bleibt den Mathematikern nichts als zuzugeben, daß es gegenwärtig aussichtslos ist zu versuchen, den Aufbau des Wasserstoffatoms, des einfachsten Elements, das auf der Erde bestehen kann, bestimmen zu wollen.

Durch Spekulation über die Homogenität eines jeden UNIVERSUMS wird der VERSONNENE ganz selbstverständlich dazu gelangen, über Homogenitäten und Verbindungen zwischen zwei unterschiedlichen UNIVERSEN oder allen dreien nachzudenken. Es gibt besonders einen Ereignistyp, der in ihnen allen auftritt: das Wachstum, das selbst wiederum aus kleinen homogenen Teilen besteht. Dies wird klar bei der Zunahme[30] von Bewegung zugunsten von Ortsverlagerungen und bei der Zunahme von Kraft zugunsten von Bewegung. Auch beim Wachstum zeigt es sich, daß die drei UNIVERSEN zusammenwirken; und ein universales Merkmal dafür ist die Vorsorge in früheren Stadien für spätere. Darin liegt ein Modell für bestimmte Richtungen der Reflexion, durch die sich unvermeidlich die Hypothese von GOTTES REALITÄT nahelegen wird. Nicht daß man solche Phänomene nicht auch in einem gewissen Sinne durch die Wirkung des Zufalls, verbunden mit dem geringstmöglichen Anteil eines höheren Elementes, erklären könnte[+31]; denn wenn unter GOTT das *Ens necessarium* verstanden wird, dann verlangt genau diese Hypothese, daß es sich so verhält. Worauf es aber ankommt, ist, daß diese Art von Zufalls-Erklärung eine geistige Erklärung noch genauso erforderlich macht wie zuvor. Wenn mir jemand sagt – und zwar mit ausreichendem Sachverstand –, daß alles Denken von Nervenzellen abhängt, die bestimmten physikalischen Gesetzen streng gehorchen, und daß deshalb alle Ausdrucksformen des Denkens, externe wie interne, einer physikalischen Erklärung zugänglich sind, dann bin ich bereit, es zu glauben. Wenn er aber weitergeht und sagt, damit sei die Theorie widerlegt, daß wir Menschen von Vernunft geleitet und denkende Wesen seien, dann muß ich offen sagen, daß ich seine Intelligenz nicht mehr sehr hoch einschätze. Wie dem auch sei, im PUREN SPIEL der VERSONNENHEIT wird früher oder später die Idee der REALITÄT GOTTES als ein reizvoller Einfall entdeckt werden, den der VERSONNENE auf verschiedene Weisen entwickeln wird. Je mehr er ihn erwägt, um so mehr wird diese Idee in jedem Teil seines Geistes Widerhall finden: aufgrund ihrer Schönheit, weil sie ein Lebensideal bereitstellt und wegen ihrer durch und durch zufriedenstellenden Erklärung der dreifältigen Umgebung+[32] des Menschen.

II.

Die GOTT-Hypothese ist insofern ein besonderer Fall, als sie ein unendlich unbegreifliches Objekt annimmt, während doch jede Hypothese als solche schon die Voraussetzung macht, daß sie ihr Objekt auch wirklich begrifflich erfaßt. Damit bleibt der GOTT-Hypothese nur ein Weg, wie sie selbst zu verstehen ist, nämlich der, vage und doch genauso wahr zu sein, wieweit sie bestimmt ist und wieweit sie kontinuierlich dazu tendiert, sich selbst immer mehr – und das ohne Grenzen – zu bestimmen. Weil die Hypothese somit unvermeidlich dem Gesetz des Wachstums unterliegt, scheint sie in ihrer Vagheit GOTT auch genauso zu repräsentieren, obwohl dies in direktem Widerspruch zum allerersten Stadium der Hypothese steht. GOTT aber diese einleuchtende Eigenschaft des Wachstums, weil sie unausrottbar zur Hypothese gehört, zuzuschreiben, kann – entsprechend der Hypothese – nicht einfach falsch sein. Die Implikationen des Wachstums werden bezüglich der UNIVERSEN in der Hypothese behauptet, während sie bezüglich GOTTES nur zum Teil anerkannt sind; und doch muß dies als weniger falsch gelten als die völlige Ablehnung des Wachstums. Die Hypothese wird uns also dazu führen, die Merkmale jedes UNIVERSUMS als beabsichtigt zu denken, und damit steht und fällt die Hypothese. Sofern eine Absicht aber wesentlich Wachstum impliziert, kann dies GOTT nicht zugesprochen werden. Dennoch wird es, der Hypothese entsprechend, weniger falsch sein, so zu formulieren, als GOTT als absichtslos darzustellen.

Aufgrund persönlicher Erfahrung bin ich ganz sicher, daß jeder Mensch, der nur in der Lage ist, seine Aufmerksamkeit so zu kontrollieren, daß er ein wenig exakt zu denken vermag, nach der Prüfung von Zenons Argument über Achilles und die Schildkröte zu genau demselben Ergebnis kommen wird wie ich selbst: daß es nichts anderes als ein nichtswürdiger Kniff ist[33]; und ebenso denke ich nicht, daß ich durch das, was ich von den Wirkungen der VERSONNENHEIT auf mich und andere weiß, darin weniger sicher sein kann noch es sein sollte: daß jeder Durchschnittsmensch, der die drei UNIVERSEN im Lichte der Hypothese der REALITÄT GOTTES betrachtet und diese Richtung der Reflexion mit wissenschaftlich aufrichtigem Herzen verfolgt, in seinem Innersten von der Schönheit dieser Vorstellung und ihrer erhabenen Praktikabilität tief bewegt sein wird; und zwar so sehr, daß er seinen streng hypothetischen GOTT mit allem Ernst liebt und verehrt, so daß er mehr als alles andere danach streben wird, seine Lebensführung und alle Handlungsfolgen mit dieser Hypothese in Übereinstimmung zu bringen. Dies aber, überlegtermaßen und gänzlich bereit zu sein, die eigene Lebensführung in Übereinstimmung mit einem Grundsatz zu gestalten, ist nicht mehr und nicht weniger als die Einstellung des Geistes, die GLAUBEN[34] genannt wird, wie lange auch immer die bewußte Klassifizierung dieser Einstellung unter diesem Titel noch hinausgeschoben werden mag.[35]

III.

Soweit meine dürftige Skizze des VERNACHLÄSSIGTEN ARGUMENTS; sie ist stark gekürzt, um den für diesen Artikel gesetzten Rahmen nicht zu sprengen. Als nächstes sollte darauf die Diskussion seiner Logizität folgen; doch ich wüßte nichts, das auf Anhieb verstehbar wäre, um meine Leser mit dem vollständigen Beweis und den wesentlichen Punkten einer solchen Prüfung vertraut machen zu können. Ich kann nur hoffen, für den Rest des Aufsatzes eine Art Inhaltsverzeichnis zustande zu bringen, aus dem einige dann vielleicht erschließen können, was ich zu sagen habe; oder eine Reihe von überzeugenden Punkten zusammenzustellen, mit Hilfe derer der Leser den fortlaufenden Argumentationsgang für sich selbst konstruieren muß. In meinem Kopf ist der Beweis ausgearbeitet, und ich setze alles daran, ihn dem öffentlichen Urteil zu unterwerfen. Die vorliegende Zusammenfassung gliedert sich in drei ungleiche Teile. Im ersten werden die verschiedenen Schritte benannt, die zu jeder gut geführten und vollständigen Untersuchung gehören, ohne daß hier mogliche Abweichungen von der Norm berucksichtigt würden. Ich werde dabei einige Schritte erwähnen müssen, die nichts mit dem VERNACHLÄSSIGTEN ARGUMENT zu tun haben; dies, um zu zeigen, daß sie der Wahrheit, wie sie unverändert gerade im VERNACHLÄSSIGTEN ARGUMENT präsentiert wird, keinen Deut hinzufügen. Im zweiten Teil wird ohne weitere Begründung (wofür hier kein Raum ist) kurz dargestellt, worin die logische Gültigkeit der Schlußfolgerungen besteht, so wie sie für jedes Hauptstadium der Untersuchung charakteristisch sind. Im dritten Teil wird der Ort des VERNACHLÄSSIGTEN ARGUMENTS innerhalb einer vollständigen Untersuchung über die REALITÄT GOTTES bestimmt, und es wird gezeigt werden, wie gut es diesen Ort ausfüllen würde und worin sein logischer Wert zu sehen wäre für den Fall, daß sich die Untersuchung darauf beschränkte; schließlich werde ich ein paar Worte über mögliche Ergänzungen anfügen.

Jede Untersuchung beginnt in einem der drei UNIVERSEN mit der Beobachtung eines überraschenden Phänomens, einer Erfahrung, die entweder eine Erwartung nicht erfüllt oder eine Erwartungsgewohnheit des *inquisiturus*[36] durchbricht; und was eine Ausnahme von dieser Regel zu sein scheint, bestätigt sie nur. Nun gibt es offensichtliche Unterschiede zwischen den Objekten, die in den verschiedenen Fällen solche Überraschungen auslösen; doch bleiben solche Einzelheiten in der hier nur skizzenhaften Untersuchung unberücksichtigt; besonders auch deshalb, weil darüber die Logikbücher ausführlich berichten. Die Untersuchung beginnt also damit, diese Phänomene nach allen Seiten hin abzuwägen, um einen Blickwinkel zu entdecken, von wo aus sich die Verwunderung lösen wird. Schließlich entsteht eine Vermutung, die eine mögliche ERKLÄRUNG liefert, und darunter verstehe ich einen Syllogismus, der die überraschende Tatsache als notwendige Schlußfolgerung und die Umstände ihres Auftretens, verbunden mit der Wahrheit und Glaubwürdigkeit dieser Vermutung, als Prämissen darstellt.[37] Aufgrund dieser ERKLÄRUNG wird der Forscher[38] dazu geführt, seine Vermutung oder Hypothese mit Wohlwollen zu betrachten. Er hält sie vorläufig, wie ich es nennen möchte, für ‚PLAUSIBEL'; und dieses Akzeptieren reicht in den unterschiedlichen Fällen – und das ganz zu Recht – von einem bloßen Ausdruck der Forschungslaune, daß eine Frage Aufmerksamkeit und Beantwortung verdiene, über alle Bewertungsstufen von PLAUSIBILITÄT bis zur nicht mehr kontrollierbaren Neigung, die Hypothese für wahr zu halten [to believe]. Diese ganze Serie mentaler Vorgänge, die zwischen dem mit Verwunderung wahrgenommenen Phänomen und dem Akzeptieren einer Hypothese liegen: das gelehrige Verstehen, das gewöhnlich das Stückchen zwischen seinen Zähnen hält, auf dessen Gnade wir angewiesen sind; die Suche nach den zur Sache gehörenden Bedingungen und deren Fixierung, manchmal ohne daß wir fachlich zuständig wären; die genaue Prüfung dieser Umstände; das Tappen im Dunkeln; das plötzliche Auftreten der überraschenden Konjektur und die Feststellung, daß jene reibungslos zu der vorliegenden Anomalie paßt, wenn sich die Konjektur vor- und zurückdrehen läßt wie ein Schlüssel im Schloß; und abschließend die Bewertung ihrer PLAUSIBILITÄT – dies alles rechne ich zu dem, was das ERSTE STADIUM der FORSCHUNG ausmacht. Die dafür kennzeichnende Form des Schlußfolgerns nenne ich RETRODUKTION[39], d.h. Schließen aus einem Konsequens auf das Antezedens. In einer Hinsicht scheint diese Bezeichnung unpassend zu sein, denn in den meisten Fällen, in denen Konjekturen den Gipfel der PLAUSIBILIÄT erreichen – und *wirklich* am vertrauenswürdigsten sind –, ist der Forscher nicht in der Lage, genau zu bestimmen, worin das damit erklärte Wunder[40] eigentlich besteht; oder er vermag dies nur im Licht der Hypothese. Kurz, es handelt sich eher um die Form des ARGUMENTS, nicht die einer ARGUMENTATION.

Die RETRODUKTION gewährt keine Sicherheit. Die Hypothese muß geprüft werden.

Diese Überprüfung muß, um logisch gültig zu sein, nicht wie die RETRODUKTION mit der Untersuchung der Phänomene beginnen, sondern mit der gewissenhaften Überprüfung der Hypothese und dem Durchmustern aller Arten von bedingten experimentellen Konsequenzen, die sich, sofern die Hypothese wahr ist, ergeben würden.

2. Stadium Deduktion (wirklich, Forscher)

Damit ist das ZWEITE STADIUM der FORSCHUNG benannt. Für seine charakteristische Form des Schließens hält unsere Sprache seit zwei Jahrhunderten glücklicherweise die Bezeichnung DEDUKTION bereit.

Die DEDUKTION besteht aus zwei Teilen. In einem ersten Schritt muß die EXPLIKATION der Hypothese durch logische Analyse erfolgen, d. h. sie ist so klar wie nur irgend möglich darzustellen. Dieser Vorgang ist – wie bei der RETRODUKTION – ein ARGUMENT, keine ARGUMENTATION. Anders als im Falle der RETRODUKTION kann er nicht aus Mangel an Erfahrung fehlgehen, denn solange die DEDUKTION richtig verfährt, muß sie einen wahren Schluß erreichen. Der EXPLIKATION folgt die DEMONSTRATION oder DEDUKTIVE ARGUMENTATION. Ihr Verfahren kann man am besten aus Buch I von Euklids *Elementen* lernen[41], einem Meisterwerk, das in seinen wirklichen Einsichten der *Analytik* des Aristoteles weit überlegen ist; und durch seine zahlreichen Fehler ist es für den sorgfältigen Leser nur um so instruktiver. Die DEDUKTIVE ARGUMENTATION bedarf beständig einer Art von Diagramm, das heißt eines ‚IKONS' oder ZEICHENS, das sein OBJEKT dadurch repräsentiert, daß es ihm ähnlich ist. Sie bedarf normalerweise auch der ‚INDICES' oder ZEICHEN, die ihre Objekte durch ihre wirkliche Verbindung mit ihnen darstellen. Doch hauptsächlich besteht sie aus ‚SYMBOLEN' oder ZEICHEN, die ihre OBJEKTE im wesentlichen deshalb darstellen, weil sie künftig so interpretiert werden. Wenn möglich, sollte die DEMONSTRATION KOROLLARISCH[42] sein. Die genaue Definition einer KOROLLARISCHEN DEMONSTRATION würde eine lange Erklärung erfordern; doch wird es hier genügen zu sagen, daß sie sich auf Überlegungen beschränkt, die schon eingeführt wurden oder auf andere Weise mit der EXPLIKATION ihres Schlusses verknüpft sind; dagegen muß die THEOREMATISCHE DEMONSTRATION auf einen komplizierteren Denkvorgang zurückgreifen.

Wenn der Zweck der DEDUKTION, mögliche Konsequenzen der Hypothese zusammenzustellen, in ausreichendem

Maße erfüllt ist, erreicht die Untersuchung ihr DRITTES STADIUM. Darin wird ermittelt, wie weit diese Konsequenzen mit der ERFAHRUNG übereinstimmen, und es wird dementsprechend beurteilt, ob die Hypothese nachweislich korrekt ist, ob sie unwesentlicher Modifikationen bedarf oder ob sie gänzlich verworfen werden muß. Die hierfür charakteristische Form des Schlußfolgerns ist die INDUKTION. Dieses Stadium hat drei Teile. Denn es muß mit der KLASSIFIKATION beginnen, die eine INDUKTIVE, NICHT-ARGUMENTATIVE Art von ARGUMENT darstellt, wodurch allgemeine VORSTELLUNGEN[43] mit Gegenständen der ERFAHRUNG verknüpft werden; oder besser gesagt: wodurch letztere jenen VORSTELLUNGEN untergeordnet werden. Hierauf folgen die Test-Argumentationen, die PRÜFUNGEN; und die ganze Untersuchung wird mit dem SENTENTIALEN[44] Teil des DRITTEN STADIUMS abgeschlossen, in dem durch INDUKTIVES Schließen die verschiedenen PRÜFUNGEN einzeln bewertet werden, dann deren Kombinationen, worauf Selbst-Bewertungen eben dieser Bewertungen als solcher folgen, um schließlich zu einem Urteil über das Gesamtergebnis zu gelangen.

Es gibt zwei Arten von PRÜFUNGEN oder direkten INDUKTIVEN ARGUMENTATIONEN. Die erste ist die, die Bacon als „*inductio illa quae procedit per enumerationem simplicem*“[45] nur ungenügend beschrieben hat; jedenfalls ist er so verstanden worden. Denn die Auflistung von Fällen ist beispielsweise für das Argument, daß es solche Wesen wie Feen oder solche Ereignisse wie Wunder nicht gibt, gar nicht entscheidend. Ausschlaggebend ist, daß dafür kein gut belegter Fall existiert. Ich nenne dies eine GROBE INDUKTION[46]. Sie ist die einzige, aus der sich eine logisch UNIVERSALE PROPOSITION schließen läßt, und sie ist zugleich das schwächste der Argumente, weil sie leicht in einem einzigen Augenblick zerstört werden kann; so geschehen am Ende des achtzehnten Jahrhunderts bezüglich der wissenschaftlich allgemein anerkannten Auffassung, daß kein Stein vom Himmel fallen könne. Die andere Art der IN-

DUKTION ist die GRADUELLE, die bei jedem neuen Fall den Wahrheitsanteil der Hypothese neu abschätzt; und bei jedem vorliegenden Irrtumsgrad wird es *irgendwann* eine Abschätzung geben (oder es würde sie geben, wenn man mit der Prüfung unbeirrt fortführe), die absolut die letzte ist, die derart verfälscht war. Die GRADUELLE INDUKTION ist entweder eine QUALITATIVE oder eine QUANTITATIVE, und letztere hängt entweder von Messungen, von Statistiken oder von Zählungen ab.

IV.

Bezüglich der Frage nach der Art der logischen Gültigkeit VON DEDUKTION, INDUKTION und RETRODUKTION – ein immer noch umstrittener Bereich – will ich mich auf die Auffassungen beschränken, die ich mit positiven Beweisen zu verteidigen vermag. Die Gültigkeit der DEDUKTION wurde zutreffend, wenn auch nicht mit aller Klarheit, von Kant analysiert.[47] Diese Art des Schlußfolgerns hat es ausschließlich mit REINEN VORSTELLUNGEN[48] zu tun, die sich primär mit SYMBOLEN und davon abgeleitet mit anderen von uns geschaffenen ZEICHEN verbinden; und die Tatsache, daß Menschen über eine Kraft zur EXPLIKATION dessen verfügen, was sie selbst [mit ihren Vorstellungen] meinen, macht die DEDUKTION gültig. Die INDUKTION ist eine Art des Schlußfolgerns, die uns zu Irrtümern führen kann; daß sie aber, wird ihre Methode nur hartnäckig genug befolgt, INDUKTIV GEWISS dazu führen wird, die Irrtümer unter jedes vorher festgelegte Maß zu senken (mit der Art von Gewißheit, die wir haben, daß eine fehlerlose Münze, wird sie nur häufig genug hochgeworfen, *irgendwann einmal* mit der Kopfseite nach oben fallen wird) – dies wird durch die Kraft der Menschen sichergestellt, INDUKTIVE GEWISSHEIT wahrnehmen zu können. Bezüglich all dieser Dinge empfehle ich dem Leser, durch das große Ende eines Teleskops zu blicken; dort findet er einen einschlägigen Reichtum an Details, der hier übergangen werden muß.

Schließlich kommt es zur Grundfrage der logischen CRITIK[49]: Welche Art von Gültigkeit kann dem ERSTEN STADIUM der Forschung zuerkannt werden? Man beachte, daß weder die DEDUKTION noch die INDUKTION den kleinsten positiven Beitrag zur letztlich entscheidenden Konklusion der Forschung liefern. Sie machen nur das Unbestimmte bestimmt: die DEDUKTION EXPLIZIERT, und die INDUKTION evaluiert, das ist alles. Es gähnt ein Abgrund zwischen dem letzten Ziel der Wissenschaft und den Vorstellungen des Menschen[50] von seiner Umwelt, ganz so, wie ihm bei seinen urzeitlichen Wanderungen in den Wäldern zumute war; doch obwohl der Irrtumsbegriff zu der Zeit noch extrem vage gewesen ist, gelang es den Menschen, miteinander zu kommunizieren, durch Induktion über dem Abgrund eine Auslegerbrücke zu bauen, zusammengehalten durch wissenschaftliche Verstrebungen und Verbindungsstücke. Doch jede Planke ihres Fortschritts wird zunächst und allein durch die RETRODUKTION gelegt, das heißt durch spontane Konjekturen der instinktiven Vernunft. Weder DEDUKTION noch INDUKTION tragen einen einzigen neuen Gedanken zu dieser Struktur bei; und das ist nicht weniger wahr oder weniger bedeutend für die Art von Forschung, die durch das Interesse des Menschen an sich selbst veranlaßt wird.

Die erste Antwort, die wir naturgemäß auf diese Frage geben, ist die, daß wir nicht anders können, als die Konjektur mit genau der Bewertung zu akzeptieren, die wir für ihre Anerkennung brauchen – ob als einfache Untersuchungsfrage, als mehr oder weniger plausibel oder gelegentlich auch als unwiderstehliche Überzeugung[51]. Aber weit davon entfernt, daß dies als solches schon eine logische Rechtfertigung sein könnte, wie sie von einem rationalen Wesen zu fordern wäre, bedeutet diese Verteidigung: *nicht anders zu können*, als in die Vermutung einzuwilligen, nicht mehr als das Bekenntnis, bei der Einübung kontrollierten Denkens versagt zu haben. Demgegenüber ist es zweckdienlicher, darauf zu drängen, daß die Stärke des Impulses als ein Symptom[52] für seinen Instinktcharakter aufgefaßt wird. Lebewesen aller Gattungen übersteigen das allgemeine Niveau ihrer Intelligenz bei weitem in den Leistungen, die für sie artspezifisch sind, wie das Fliegen oder Nestbauen der gewöhnlichen Vögel; und was ist für den Menschen artspezifisch, wenn nicht die Verkörperung allgemeiner Ideen im Kunst-Schaffen, in nützlichen Einrichtungen und vor allem im theoretischen Erkennen? Seinem eigenen Bewußtsein die Divination[53] bezüglich der Phänomengründe absprechen zu wollen, das wäre für den Menschen so töricht wie für einen eben flügge gewordenen Vogel, nicht auf seine Flügel zu vertrauen und sein Nest zu verlassen, weil das arme kleine Ding Babinet[54] gelesen und das Schweben in der Luft aus hydrodynamischen Gründen als unmöglich beurteilt hätte. Ja, wir sind gezwungen zu erklären: *Wenn wir wüßten*, daß unser Impuls, eine Hypothese[55] der anderen vorzuziehen, wirklich zu den Instinkten von Vögeln und Wespen analog wäre, dann wäre es töricht, ihm keinen Spielraum innerhalb der Grenzen der Vernunft einzuräumen; und zwar deshalb, weil wir gar nicht umhinkönnen, irgendeine Hypothese in Betracht zu ziehen, denn sonst würden wir auf alles weitere Wissen verzichten – nur das ausgenommen, was wir bereits durch die Anwendung dieses Verfahrens erworben haben. Doch ist es denn tatsächlich so, daß der Mensch diese magische Fähigkeit besitzt? Meine Antwort lautet: Nicht in dem Ausmaß, daß die Vermutung schon beim ersten Mal das Richtige trifft, und vielleicht auch noch nicht beim zweiten Mal. Daß der gut vorbereitete menschliche Geist aber erstaunlich schnell hinter jedes Geheimnis der Natur gekommen ist, das ist eine historische Wahrheit. Alle wissenschaftlichen Theorien sind auf diese Weise erreicht worden. Könnten sie aber nicht doch zufällig oder durch eine solche Modifikation des Zufalls entstanden sein, wie sie der Darwinist annimmt? Meine Antwort ist: Drei oder vier unabhängige Berechnungsmethoden zeigen[56], wie lächerlich die Annahme wäre, unsere Wissenschaft sei auf diese Weise entstanden. Dennoch, angenommen, daß sie so „erklärt" werden kann, wie die materialistischen Nezessitaristen meinen, daß jede von mir beabsichtigte Handlung zustande gekommen sei – was macht das schon? Zeigt diese materialistische Erklärung denn, ihre Wahrheit einmal vorausgesetzt, daß die Vernunft nichts mit meinen Handlungen zu tun hat? Selbst die Anhänger der parallelistischen Auffassung werden zugeben, daß die eine Erklärung auf die andere, die jeweils schon zuvor bestand, angewiesen bleibt; und das entspricht sicherlich solider Logik. Es gibt einen vernünftigen Grund[57], eine Interpretation, eine Logik in der Entwicklung der Wissenschaft, und sie beweist für jeden, der vernünftige und bedeutsame Relationen wahrzunehmen vermag, ganz unbestreitbar, daß der menschliche Geist auf die Wahrheit der Dinge eingestimmt worden ist, um zu entdecken, was er entdeckt hat. Das ist das wirkliche Fundament logischer Wahrheit.

Die moderne Wissenschaft ist nach dem Vorbild Galileos geschaffen worden, und er war es, der sie auf *il lume naturale* gegründet hat. Galileo ist wahrhaft ein inspirierter Prophet gewesen, und von ihm stammt der Satz, daß von zwei Hypothesen der *einfacheren* der Vorzug zu geben sei.[58] Früher gehörte ich allerdings zu denen, die sich in ihrer stumpfsinnigen Selbstgefälligkeit für listiger hielten als er und die Maxime verdrehten, so als sei das *logisch* Einfachere – das, was dem Beobachteten am wenigsten hinzufügt – gemeint; und das, obwohl dieser Auffassung drei offenkundige Einwände entgegenstehen: Erstens, daß es auf diese Weise keine Bekräftigung für irgendeine Hypothese geben würde; zweitens, daß wir uns aus demselben Grund schlicht mit der Formulierung der besonderen Beobachtungen zufriedengeben sollten, wie wir sie gerade gemacht haben; und drittens, daß jeder wissenschaftliche Fortschritt, der uns der Wahrheit näher bringt, eine Welt von unerwarteten Komplikationen eröffnet. Es hat nicht lange gedauert, bis mich die Erfahrung dazu zwang zuzugeben, daß nachfolgende Entdeckungen jedesmal zeigten, daß ich Unrecht hatte, während diejenigen, die die Maxime so verstanden, wie Galileo es getan hatte, das Geheimnis früh entschlüsselten. Da fiel es mir wie Schuppen von den Augen, und mein Geist erwachte im hell leuchtenden Licht des Tages: Als die einfachere HYPOTHESE hat diejenige zu gelten, die die gefälligere und natürlichere ist; und weil sie sich instinktiv nahelegt, muß ihr der Vorzug gegeben werden. Denn hätten die Menschen keine natürliche Veranlagung, die mit den Tendenzen der Natur übereinstimmte, sie hätten keine Chance, die Natur überhaupt zu verstehen. Zahlreiche Überprüfungen dieser entscheidenden und definitiven Tatsache haben mich in dieser Auffassung bestärkt, und diese Überprüfungen beziehen sich sowohl auf meine eigenen Studien als auch auf die Untersuchungen von anderen. Wenn ich dazu komme, sie in einem Buch gesammelt vorzulegen, wird ihr stattliches Aufgebot jedermann überzeugen. Doch nein! Ich habe den Panzer vergessen, in dem der Geist der großen Mehrheit daherkommt, und der ist für die Genauigkeit des Denkens undurchdringlich! Doch vielleicht kommt man beispielsweise auf den Gedanken, daß mein Vorschlag die Verneinung der Rigidität der Assoziationsgesetze[59] beinhaltet; und das würde zu vielem passen, was gegenwärtig angenommen wird. Ich meine nicht, daß die Einfachheit im logischen Sinn nicht der Überlegung wert wäre, sondern lediglich, daß sie ziemlich zweitrangig ist verglichen mit der Einfachheit in jenem anderen Sinn.

Wenn die Maxime jedoch im Sinne Galileos korrekt ist, dann folgt daraus, daß die Menschen in einem gewissen Grade, primär oder abgeleitet, eine divinatorische Kraft besitzen, genau wie die einer Wespe oder eines Vogels; und dann wimmelt es von Beispielen, die zeigen, daß ein ganz eigentümliches Vertrauen in eine Hypothese, das nicht mit unüberlegter Vermessenheit verwechselt werden darf, eine herausragende Bedeutung als Zeichen für die Wahrheit der Hypothese besitzt. Ich bedaure, daß ich hier keine Beispiele, die gewiß interessant und nahezu schlagend gewesen wären, vorführen kann. Das N. A. jedenfalls ruft dieses eigentümliche Vertrauen im höchsten Grade hervor.

V.

Wir müssen diese Prinzipien nun auf die Bewertung des N. A. anwenden. Hätte ich Raum genug, ich würde dies in einem Gedankenexperiment tun, worin die wahrscheinliche Einschätzung des N. A. durch drei unterschiedliche Menschentypen vorgeführt würde. Der erste Typ: Menschen mit geringer Schulung, aber mit entsprechend natürlicher Weltsicht; sie sind aufs engste mit dem N. A. vertraut, doch logische Überlegungen sind für sie böhmische Dörfer. Der zweite Typ: Menschen, die sich mit ihren aktuellen Logikkenntnissen wichtig machen, aber erstaunlich informiert sind über das N. A. Der dritte Typ: Der gut ausgebildete Wissenschaftler, der – ganz im modernen Geist – seinen Spezialbereich durch ein theoretisch und praktisch genaues Studium des Schlußfolgerns und der Elemente des Denkens erweitert hat, so daß Psychologen ihn für eine Art Psychologen und Mathematiker ihn für eine Art Mathematiker halten.

Ich würde dann zeigen, wie der erste Typ Mensch gelernt hat, daß nichts seinen Wert in sich selbst trägt – ob ästhetisch, moralisch oder wissenschaftlich[60] –, sondern ihn ausschließlich durch den Platz erhält, der ihm bei der Erzeugung eines Ganzen zukommt; und daß eine einzelne Seele, mit ihren unbedeutenden Erschütterungen und Katastrophen, einer Null gleichkommt, ausgenommen in der Hinsicht, daß sie ihren infinitesimal kleinen Ort aus-

Ästhetik – Ethik – Logik

füllt und das bißchen Nutzen[61], das sie ist, als ihren einzigen Schatz annimmt. Dieser Mensch wird verstehen, daß – obwohl sein GOTT (in gewissem Sinne) nicht *wirklich* die Mittel dem Zweck anpaßt – es trotzdem und durchaus wahr ist, daß es Relationen zwischen den Phänomenen gibt, die die endliche Intelligenz als solche Anpassungen interpretieren, wahrheitsgemäß so interpretieren muß; und er wird sich selbst für seine bitterste Trauer seligpreisen und GOTT rühmen für das Gesetz des Wachstums, das mit all den ihm auferlegten Kämpfen verbunden ist – das BÖSE, d.h. das, was zu bekämpfen die Pflicht des Menschen und eine der größten Vollkommenheiten des Universums ist. In diesem Kampf wird er versuchen, genau die Pflicht zu erfüllen, die ihm auferlegt ist, und sonst nichts.[62] Auch wenn sein verzweifelter Kampf in den Schrecken einer Niederlage enden sollte, wenn er Unschuldige, die seinem Herzen am nächsten sind, Folterungen, Wahnsinn und Verzweiflung ausgeliefert sieht, dazu verurteilt, mit Schmutz beschmiert und ihrer Intelligenz beraubt zu werden, er darf doch hoffen, daß es *für sie* das Beste ist, und er wird sich selbst sagen, daß GOTTES geheimer Plan durch ihre Vermittlung vervollkommnet wird; und selbst noch erhitzt vom Kampf, wird er sich mit Verehrung Seinem Heiligen Willen unterordnen. Er wird sich nicht sorgen, denn die UNIVERSEN sind nicht geschaffen worden, um in das Schema eines dummen und zänkischen Weibes zu passen.

Den weiteren Kontext hierzu muß ich der Vorstellungskraft des Lesers überlassen.+[63] Ich werde nur noch hinzufügen, daß der dritte Typ Mensch, wenn er den komplexen Prozeß der Selbstkontrolle bedenkt, verstehen wird, daß die Hypothese[64], so unwiderstehlich sie auf den ersten Blick auch erscheint, dennoch der ÜBERPRÜFUNG bedarf; und obwohl ein unendliches Wesen nicht an irgendeine Folgerichtigkeit gebunden ist, der Mensch ist doch, wie jedes andere Lebewesen auch, mit einer für seine Lebensführung ausreichenden Kraft des Verstehens gesegnet.

Dies führt dazu, daß er, um der Prüfung der Hypothese willen, den PRAGMATIZISMUS[65] wählt, was Vertrauen[66] in Common Sense und Instinkt einschließt, wenn auch nur so, wie diese aus dem Feuerofen einer wohlüberlegten Kritik entspringen. Kurz, ein Vertreter des dritten Typs wird sagen, daß das N. A. das ERSTE STADIUM einer wissenschaftlichen Untersuchung ausmacht und daß daraus eine Hypothese mit der allerhöchsten PLAUSIBILITÄT[67] resultiert, deren entscheidende Prüfung darin liegen muß, welchen Wert sie für das Wachstum der selbst-kontrollierten Lebensführung des Menschen besitzt.+[68]

Da ich den Begriff PRAGMATIZISMUS[69] verwendet habe und Anlaß besteht, ihn wiederholt zu gebrauchen, mag es wohl angebracht sein, ihn zu erklären. Vor ungefähr vierzig Jahren haben mich meine Studien über Berkeley, Kant und andere zunächst zu der Überzeugung geführt, daß all unser Denken sich in ZEICHEN darstellt und Meditation die Form eines Dialogs annimmt, so daß es angebracht ist, von der „Bedeutung" eines Begriffs zu sprechen; und daraus zog ich den Schluß, daß – um diese Bedeutung vollständig beherrschen zu können – man zuerst den Begriff hinter allen seinen Verkleidungen und durch umfassende Vertrautheit mit seinen Anwendungsfällen kennenlernen muß. Dies impliziert allerdings noch kein wahres Verstehen des Begriffs, so daß als weiteres Erfordernis hinzukommt, eine abstrakte logische Analyse bis in seine äußersten Bestandteile durchzuführen oder wenigstens eine so vollständige Analyse, wie wir sie nur zustandebringen können. Doch selbst dann kann uns noch jedes lebendige Erfassen des Begriffs fehlen; und der einzige Weg, unser Wissen über die Natur des Begriffs zu vervollständigen, besteht darin, einfach zu entdecken und kennenzulernen, welche allgemeinen Gewohnheiten im Verhalten[70] die Überzeugung [belief] von der Wahrheit des Begriffs (für jeden denkbaren Gegenstand und unter allen denkbaren Umständen) vernünftigerweise hervorbringen würde;

das heißt, welche Verhaltensgewohnheiten letztlich aus einer ausreichenden Erwägung solcher Wahrheit folgen würden. Es ist hierzu notwendig, das Wort „Verhalten“ [„conduct“] im weitesten Sinne zu verstehen. Wenn zum Beispiel die Prädikation eines vorgegebenen Begriffs dazu führen würde, daß wir eine vorgegebene Form des Schlußfolgerns bezüglich des Gegenstandes, für den sie behauptet wurde, als gültig anerkennen, und wenn sie zugleich auf keine andere Weise gültig wäre, dann wäre die Erkenntnis dieser Wirkung in unserem schlußfolgernden Denken fraglos eine Gewohnheit unseres Verhaltens [habit of conduct].

Im Jahr 1871 habe ich dieses Prinzip in einem Metaphysischen Club in Cambridge, Mass., als eine Art logisches Evangelium gepredigt, das der von Berkeley so nicht formulierten, aber von ihm befolgten Methode entsprach, und in Gesprächen habe ich diese Methode „PRAGMATISMUS“[71] genannt. Im Dezember 1877 und Januar 1878 habe ich dieses Lehrstück im *Popular Science Monthly* bekannt gemacht, und die beiden Teile des Essays erschienen in französischer Sprache in der *Revue Philosophique*, Band VI und VII. Natürlich hat diese Position keine besondere Aufmerksamkeit erfahren, denn, wie ich es in meinem einleitenden Satz zum Ausdruck gebracht habe, nur wenige Leute kümmern sich um Logik.[72] Doch im Jahr 1897 hat Professor James die Sache verändert und sie in eine philosophische Lehre umgemodelt[73], von der einige Teile bei mir große Anerkennung fanden, andere und herausragendere dagegen sah und sehe ich weiterhin im Widerspruch zur korrekten Logik. Ungefähr zu der Zeit, als Professor Papini[74] zum Entzücken der Schule der Pragmatisten entdeckte, daß diese Lehre nicht definiert werden könne, worin sie sich dann mit Sicherheit von jeder anderen Lehre aus welchem Zweig der Wissenschaften auch immer unterscheiden würde, kam ich zu dem Schluß, daß meine arme kleine Maxime umbenannt werden sollte; und so gab ich ihr im April 1905 den neuen

Namen PRAGMATIZISMUS[75]. Im Druck hatte ich die Maxime zuvor niemals durch irgendeinen Namen ausgezeichnet, außer daß ich auf Professor Baldwins Bitte hin eine Definition für sein *Dictionary of Psychology and Philosophy* geschrieben habe.[76] Im *Century Dictionary* habe ich das Wort nicht aufgenommen, obwohl ich für die philosophischen Definitionen dieses Werkes verantwortlich war. Vielleicht ist es übertrieben, aber ich habe eine Abneigung gegen *réclame*.

Es ist jener Weg der Meditation über die drei UNIVERSEN, der die Hypothese und schließlich den Glauben hervorbringt, daß sie, oder mindestens zwei der UNIVERSEN[77], einen von ihnen unabhängigen SCHÖPFER[78] besitzen. Das ist es, was ich in diesem Aufsatz durchgängig als das N. A. bezeichnet habe, weil ich der Auffassung bin, daß die Theologen darin längst einen Gedankengang hätten erkennen sollen, der auf einsichtige Weise für den Glauben produktiv ist. Dies ist das „bescheidene" Argument, das innerste der Gruppe[79]. Im Verständnis eines Metaphysikers wird es eine metaphysische Tönung bekommen; doch das scheint mir seine Kraft eher zu schmälern als ihm etwas hinzuzufügen. Denn das Argument ist genausogut, wenn nicht besser, in der Form, die es im Kopf eines Bauerntölpels annimmt.

Die Theologen hätten das N.A. nicht selbst *vorlegen* können; denn es ist ein lebendiger Gedankengang, der in den unterschiedlichsten Formen auftritt. Was sie aber hätten tun können und sollen, wäre seine *Beschreibung* und darüber hinaus seine Verteidigung gewesen, soweit sie dies vermocht hätten, ohne selbst originäre logische Forschungen zu betreiben, was man von ihnen billigerweise nicht erwarten konnte. Die Theologen sind es gewohnt, dem Prinzip zu folgen, daß das, wodurch sich der gewöhnliche Mensch überzeugen läßt, auch als korrektes Schlußfolgern zu betrachten ist. Daher sollten sie alles, was sich zum Nachweis der Überzeugungskraft des N. A., wird es nur ausreichend entwickelt, in den Augen gewöhnlicher

Menschen wirklich geltend machen läßt, auch vorbringen. Leider gibt es nur sehr wenige nachweisbare Tatsachen, die zeigen könnten, daß es sich auch so verhält. Ich habe mir nicht angemaßt, für meine Überzeugung in dieser Sache einen anderen Ausgangspunkt zu haben als die Voraussetzung, die jeder von uns macht: daß ich nämlich bei mir selbst von einer normalen intellektuellen Disposition ausgehe. Ich muß freilich einräumen, daß mir ein Pessimist darin nicht zustimmen wird. Doch gebe ich andererseits nicht zu, daß Pessimisten völlig normal und mit nach herkömmlichem Maßstab intellektueller Energie ausgestattet sind; und dafür habe ich zwei Gründe. Der erste ist der, daß der Unterschied zwischen einer optimistischen und einer pessimistischen Geisteshaltung von so maßgebender Bedeutung für alle intellektuellen Funktionen ist, und das besonders für die Lebensführung[80], daß es gar nicht in Frage kommt, beide als normal zu akzeptieren, und die ganz überwiegende Mehrheit der Menschen verhält sich auch auf natürliche Weise optimistisch. Die Mehrheit einer Gattung aber unterscheidet sich nur wenig von ihrer Norm. Um meinen zweiten Grund darstellen zu können, bin ich gezwungen, drei Typen von Pessimisten zu unterscheiden. Der erste findet sich häufig unter den vorzüglichen und noblen Naturen, die über große und originale intellektuelle Fähigkeiten verfügen, deren Lebensgeschichten sich aber wegen eines körperlichen Gebrechens nur als Schrecken und Qual darstellen. Leopardi[81] ist dafür ein berühmtes Beispiel. Wir können nicht anders, als gegen ihren ernsthaften Einspruch zu glauben, daß auch für solche Menschen, hätten sie nur eine normale Gesundheit gehabt, das Leben in denselben Farben geleuchtet hätte wie für den Rest von uns. Unterdessen ist es so, daß allzu selten Pessimisten dieses Typs anzutreffen sind, die von sich aus diese Frage berühren. Der zweite Typ ist der Misanthrop; und das ist der Typ, der sich selbst Gehör verschafft. Es genügt, sich das Verhalten der berühmten Pessimisten zu vergegenwärtigen:

Diogenes der Zyniker, Schopenhauer, Carlyle, und ihre Verwandtschaft mit Shakespeares Timon von Athen, um sie als kranke Figuren einzuschätzen. Der dritte Typ ist der Philanthrop; das sind Menschen, deren lebhafte Sympathien leicht geweckt werden, die aber in Zorn geraten über das, was sie als die dummen Ungerechtigkeiten des Lebens bezeichnen. Weil sie leicht für alles interessiert werden können, ohne durch exaktes Denken irgendeiner Art übermäßig belastet zu sein, sind sie der willkommene Stoff für *Literaten*: Voltaire liefert den Beweis. Kein Individuum, das auch nur im entferntesten dem Kaliber eines Leibniz gleichkäme, wird sich unter ihnen finden.

Das dritte Argument, das die beiden anderen einschließt und verteidigt, besteht in der Entwicklung jener Prinzipien der Logik, denen zufolge das bescheidene Argument das erste Stadium einer wissenschaftlichen Untersuchung über den Ursprung der drei Universen darstellt; einer Untersuchung allerdings, die nicht nur wissenschaftliche Überzeugungen hervorbringt, die immer vorläufig bleiben, sondern auch eine lebendige, praktische Überzeugung, die logisch dadurch gerechtfertigt ist, daß sie den Rubikon mit aller Fracht der Ewigkeit überschreitet. Die Darstellung dieses Arguments würde die Einführung mehrerer logischer Prinzipien, von denen die Logiker nicht einmal geträumt haben, und insbesondere einen strengen Beweis der Richtigkeit der Maxime des PRAGMATIZISMUS erfordern. Mein ursprünglicher Aufsatz, den ich für eine populäre Monatszeitschrift geschrieben hatte, setzt das bereits voraus, und zwar aus keinem geringeren Grund als dem, daß wirkliche Forschung nicht beginnen kann, bevor nicht wirklicher Zweifel entsteht, und sofort aufhört, wenn eine ÜBERZEUGUNG erreicht ist, daß also „eine Festigung der ÜBERZEUGUNG" oder, mit anderen Worten, ein Zustand der *Befriedigung* alles ist, woraus die WAHRHEIT – oder das Ziel der Forschung – besteht.[82] Die Begründung, die ich dafür gab, war dürftig, während doch der Schluß so ziemlich den Kern des PRAGMATIZIS-

MUS ausmachte, so daß ich zugeben muß, daß das Argument des Aufsatzes mit Recht als schon in seiner Voraussetzung enthalten erscheint. Immerhin befaßt sich der erste Teil des Aufsatzes damit zu zeigen, daß dann, wenn die WAHRHEIT darin besteht, zufriedengestellt zu werden, es sich dabei nicht um eine *tatsächlich vorliegende* Befriedigung handeln kann, sondern um eine, die letztlich auftreten *würde*, triebe man die Untersuchung bis zu ihrem äußersten und unantastbaren Abschluß voran. Dies, so möchte ich betonen, ist eine Position, die sich von der des Herrn Schiller und der der gegenwärtigen Pragmatisten sehr unterscheidet.[83] Ich hoffe, man wird mir glauben, wenn ich sage, daß ich in der Frage meiner Beziehungen zum Pragmatismus nur Mißverständnisse vermeiden und mir auf keinen Fall eine überlegene Irrtums-Immunität anmaßen möchte. Denn ich weiß aus nur allzu guten Gründen, daß ich sie nicht besitze, und das ist es, was mich dazu treibt, meine Gedanken ihren Lehrmeinungen gegenüber auch zum Ausdruck zu bringen. Ihre eingestandenermaßen undefinierbare Position, wenn sie unzugänglich für logische Charakterisierung sein soll, scheint mir durch Ärger und Haß gegenüber strenger Logik gekennzeichnet und sogar mit einer gewissen Neigung verbunden zu sein, jeden exakten Gedanken, der ihren Lehren zuwiderläuft, als völligen Humbug zu betrachten. Zugleich aber ist mir klar, daß ihre näherungsweise Übernahme der Prinzipien des PRAGMATIZISMUS und selbst das Beiseitestellen von schwierigen Distinktionen (obwohl ich dem nicht zustimmen kann) ihnen zu einer äußerst klaren Einsicht in fundamentale Wahrheiten verholfen hat, die andere Philosophen nur wie durch einen Schleier und die meisten von ihnen überhaupt nicht gesehen haben. Zu diesen Wahrheiten – natürlich allesamt althergebracht und dennoch von nur wenigen anerkannt – zähle ich ihre Ablehnung des Nezessitarismus[84]; ihre Zurückweisung eines jeden „Bewußtseins“, das sich von inneren oder anderen, äußeren Sinnesempfindungen unterscheidet; ihre

Anerkennung, daß es im PRAGMATISTISCHEN Sinne REALE Verhaltensgewohnheiten gibt (die REAL Wirkungen verursachen *würden*, auch wenn die Umstände so sind, daß sie vielleicht nicht verwirklicht werden und deshalb REALE Allgemeinheiten[85] darstellen); und ihr Insistieren darauf, alle hypostatischen Abstraktionen dahingehend zu interpretieren, was aus ihnen im Konkreten werden *würde* oder *könnte* (nicht was sie tatsächlich sein *werden*). Aus meiner Sicht wäre es wirklich bedauerlich, wenn eine derart mit Leben durchdrungene Philosophie von der Saat des Todes infiziert würde, und zwar durch Auffassungen wie die von der Nichtrealität aller Ideen der Unendlichkeit[+86], der Veränderlichkeit der Wahrheit[87], und durch solche Verwechslungen wie die des Gedankens eines aktiven Wollens (das Denken kontrollieren, zweifeln und Gründe abwägen zu wollen) mit dem Wollen, den Willen nicht auszuüben (glauben zu wollen[88]).

WESTFALL, PENNSYLVANIA. C. S. PEIRCE

7. Zusatz zu dem Artikel
Ein vernachlässigtes Argument für die Realität Gottes*

Wir haben jetzt eine Gruppe[+1] von drei Argumenten für die Realität Gottes skizziert, obwohl keines von ihnen in den Grenzen eines einzelnen Artikels seine angemessene Darstellung würde finden können. Das erste ist jene vollkommen ehrliche, ernsthafte und, weil ohne Vorsatz, ungekünstelte Meditation der IDEE GOTTES, zu der das SPIEL der VERSONNENHEIT unweigerlich früher oder später führen wird; und weil sich dadurch ein tiefes Gefühl der Verehrung für diese IDEE entwickelt, kommt es zu einem wahrhaft religiösen GLAUBEN an Seine REALITÄT und Nähe. Dabei handelt es sich deshalb um ein vernünftiges Argument, weil an seinem Ende ganz natürlich eine äußerst intensive und lebendige *Bestimmung*[2] der Seele erreicht ist, die darin besteht, daß die gesamte Lebensführung des VERSONNENEN mit der HYPOTHESE in Übereinstimmung gebracht wird, daß GOTT REAL und sehr nahe ist; und in einer solchen Bestimmung der Seele bezüglich eines Grundsatzes [proposition] besteht die eigentliche Essenz eines lebendigen GLAUBENS. Dies ist das „bescheidene Argument", es ist jedem aufrichtigen Menschen zugänglich, und ich vermute, daß es für mehr Menschen der Anlaß ihrer Gottesverehrung war als jedes andere.

Das zweite Argument der Gruppe scheint mir von denen, die über natürliche Theologie schreiben, „vernachlässigt" worden zu sein. Es besteht darin zu zeigen, daß das bescheidene Argument das natürliche Ergebnis freier Meditation ist. Denn jedes Menschen Herz wird hingerissen sein von der Schönheit und Bewunderungswürdigkeit jener IDEE, wird sie auf diese Weise verfolgt. Wären die Theologen dazu fähig, die Kraft dieses Arguments zu erkennen, sie würden es so darstellen, daß sich in der universalen menschlichen Natur und als fundamentaler Bestandteil der Seele eine verborgene Neigung zum Gottesglauben findet; und weit davon entfernt, fehlerhaft oder abergläubisch zu sein, handelt es sich dabei einfach um den natürlichen Niederschlag aus der Meditation über den Ursprung der DREI UNIVERSEN.[+3] Selbstverständlich können auf diesem Wege, genauso wie mit jeder anderen theologischen Argumentation, nicht der Wert oder die religiöse Vitalität des „BESCHEIDENEN ARGUMENTS" erreicht werden; denn hier geht es nur um eine Verteidigung, eine rechtfertigende Beschreibung, der mentalen Operationen, wie sie im BESCHEIDENEN ARGUMENT tatsächlich und aktiv erlebt werden. Genau darin besteht aber das vernachlässigte Argument, obwohl ich manchmal die Abkürzung „das N. A." für die ganze Gruppe der drei Argumente benutzt habe.

Das dritte Argument der Gruppe besteht in der logisch-methodeutischen Untersuchung, und sie geschieht im Licht einer Vertrautheit mit echtem wissenschaftlichen

Denken aus erster Hand – der Art Denken, dessen Handwerkszeug nicht bloß die IDEEN der mathematischen Exaktheit umfaßt, sondern wörtlich genommen auch den tatsächlich im Gebrauch stehenden Apparat des geübten Experimentators. Der Forscher, der die Kunst der logischen Analyse auf sein eigenes Forschungsverhalten, wie er es seiner Ausbildung entsprechend praktiziert, anwendet – eine Kunst, die methodisch so reichhaltig ist wie die des analytischen Chemikers –, vergleicht den Gedankenprozeß des VERSONNENEN bezüglich der DREI UNIVERSEN mit bestimmten Teilstücken beim Zustandekommen einer wissenschaftlichen Entdeckung; und er wird feststellen, daß das „BESCHEIDENE ARGUMENT" nichts anderes ist als ein Fall des ersten Stadiums, wie es bei jedem dieser Entdeckungsvorgänge auftritt, nämlich des Stadiums der Beobachtung der Tatsachen, ihrer verschiedenartig vorgenommenen Anordnung und des Nachdenkens über sie, bis sich durch ihre Reaktionen und in Verbindung mit früheren Ergebnissen wissenschaftlicher Erfahrung eine erklärende Hypothese „herausbildet" (wie die Chemiker das nennen). Er wird allerdings auch bemerken, daß dieser Fall der RETRODUKTION, so unbestreitbar deren Eigenschaften vorliegen, doch erheblich von den üblichen Fällen abweicht, und das besonders unter drei Aspekten: Erstens erreicht die Hypothese eine PLAUSIBILITÄT, wie sie unter den bewußt gebildeten Hypothesen nahezu beispiellos ist. An der REALITÄT GOTTES zu zweifeln, wenn diese IDEE erst einmal aus der VERSONNENHEIT entsprungen ist, bedeutet eine derartige Anstrengung, daß aufgrund der Gleichgültigkeit des VERSONNENEN gegenüber jedem weiteren Nachweis die große Gefahr besteht, daß die Untersuchung in diesem ersten Stadium endet. Zugleich gilt aber, daß gerade diese PLAUSIBILITÄT zweifellos ein Argument von nicht geringem Gewicht für die Wahrheit der Hypothese darstellt.

Obwohl es, zweitens, die Hauptaufgabe einer erklärenden Hypothese ist (und einige Philosophen sagen, es sei ihre einzige), im menschlichen Geist ein klares Bild zu erzeugen, aufgrund dessen experimentelle Konsequenzen aus angebbaren Bedingungen vorausgesagt werden können, kann dennoch in diesem Fall die Hypothese nur sehr undeutlich erfaßt werden, so daß man von ihrer gewöhnlich abstrakten Interpretation nur in Ausnahmefällen eine bestimmte und direkte Deduktion herleiten kann. Wie sollten wir beispielsweise je in der Lage sein, das Verhalten auch nur eines[4] allwissenden Wesens voraussagen zu können, das über nicht mehr als ein ärmliches Sonnensystem für nur etwa eine Million Jahre bestimmt? Wieviel weniger dann, wenn Gott zudem allmächtig ist und dadurch frei von aller Erfahrung, allen Wünschen, allen Absichten! Da GOTT in Seiner wesentlichen Eigenschaft als *Ens necessarium* körperloser Geist ist und es gute Gründe gibt anzunehmen, daß das, was wir Bewußtsein nennen, entweder nur eine allgemeine Sinnesempfindung des Gehirns, eines seiner Teile oder auf jeden Fall irgendeine innere[5] oder körperliche Empfindung ist, hat GOTT wahrscheinlich kein Bewußtsein. Die meisten von uns nehmen gewöhnlich an, daß Bewußtsein und psychisches Leben dasselbe sind, und überschätzen ansonsten die Funktion des Bewußtseins. (Vgl. W. James' Artikel, *Does ‚Consciousness' Exist*?, in: Jour. Phil., Psy., and Sci. Meth. I, 477; 1. Sept. 1904. Die negative Antwort als solche ist aber nichts Neues.)[6]

Der zweiten Eigentümlichkeit der Hypothese wird in ihren Auswirkungen durch ein Drittes begegnet[7], das aus dem bestimmenden Einfluß der Hypothese auf die gesamte Lebensführung derer besteht, die an sie glauben. Gemäß jener logischen Doktrin, die der Verfasser dieser Zeilen zuerst 1873 formuliert und PRAGMATISMUS genannt hat[8], liegt die wahre Bedeutung jedes intellektuellen Produktes in seiner einheitlichen Bestimmung, die es dem praktischen Verhalten unter allen irgend vorstellbaren Umständen geben würde, vorausgesetzt, solches Verhalten wird durch Reflexion geleitet und bis zu einer äußersten Grenze geführt. Dies scheint im Grunde genommen Sokrates' Philosophie gewesen zu sein. Doch obwohl es „eine alte Denkungsart" ist, und zwar in dem Sinne, wie sie von Spinoza, Berkeley und Kant praktiziert wurde, kenne ich keinen Fall, in dem sie vor meiner Veröffentlichung von 1878 als eine Maxime der logischen Analyse oder in anderer Weise definitiv formuliert worden wäre. Natürlich hatte niemand je etwas von Pragmatismus gehört. Niemand kümmert sich um Methoden, die Leute wollen Ergebnisse. Gib ihnen all die Diamanten, die du gemacht hast, und du kannst die Methode, wie sie hergestellt werden, für dich behalten. So blieb es bis 1898, als Prof. James diese alte Sache aufgriff[9] und ihr dadurch die Ehre gab, daß er sie schwarz auf weiß bei ihrem Namen nannte (was ich nie getan hatte, auch nicht, als ich für den philosophischen Teil des *Century Dictionary* verantwortlich war); er war es, der sie aufpolierte, in eine philosophische Lehre verwandelte und ihr dadurch überhaupt zur Modernität verhalf. Sie erstrahlte allerdings erst in ihrem gegenwärtigen Glanz, nachdem Professor Papini[10] die Entdeckung gemacht hatte, daß sie nicht definiert werden könne – ein Umstand, worin sich der Pragmatismus nach meiner Überzeugung von allen anderen Lehren, die je verbreitet wurden und von welcher Art sie auch sein mögen, unterscheidet. Daraufhin dachte ich, es sei höchste Zeit, meiner Methode einen weniger berühmten Namen zu geben; und ich taufte sie um in *Pragmatizismus*.[11] Der Pragmatizismus ist also eine Theorie der logischen Analyse oder wahren Definition; und er ist von größtem Wert in der Anwendung auf die höchsten metaphysischen Begriffe. Gleichwohl weiß man diesen Wert erst als das Ergebnis eines langen Trainings zu schätzen. Eine vollständige Exposition der pragmatizistischen Definition des *Ens necessarium* würde viele Seiten verlangen, aber einige Hinweise in dieser Sache können doch gegeben werden. Ein körperloser oder reiner Geist[12] hat sein Sein außerhalb der Zeit, denn alles, was er zu denken bestimmt ist, ist zu jeder beliebigen vorhergehenden Zeit in seinem Sein. Doch in endloser Zeit ist er dazu bestimmt, alles zu denken, was er zu denken in der Lage ist. Ordnung ist einfach Denken, verkörpert in einem Arrangement; und Denken, das sich in anderer Weise verkörpert, erscheint objektiv als eine Eigenschaft, die eine Verallgemeinerung von Ordnung ist und die wir, in Ermangelung eines anderen Wortes, einstweilen ‚Super-Ordnung' nennen. Sie ist so etwas wie Gleichförmigkeit. Man gewinnt vielleicht eine Vorstellung davon, wenn die Super-Ordnung so beschrieben wird, daß Ordnung und Gleichförmigkeit besondere Spielarten von ihr darstellen. Reiner Geist, sofern er Denken hervorbringt und sich in der Zeit manifestiert, muß offenbar die Eigenschaft haben, auf die Fähigkeit zur Verhaltens-Bildung bezogen zu sein, gerade wie die Super-Ordnung auf die Gleichförmigkeit bezogen ist. Stellen wir uns nun so vage, wie so etwas nur vorgestellt werden kann, eine perfekte Kosmologie der drei Universen vor. Sie würde alles beweisen, was diesen Gegenstand betreffend die Vernunft nur wünschen kann; und natürlich muß alles, was diese Kosmologie beweisen würde, jetzt tatsächlich auch wahr sein. Aber die Vernunft würde fordern, daß das bewiesen werden sollte, woraus all das folgen würde, was wirklich für die drei Universen wahr ist; und das Postulat, aus dem dies folgen würde, darf keine Tatsachen anführen, denn jede solche Tatsache würde auf diesem Wege unerklärt bleiben. Jene perfekte Kosmologie muß deshalb zeigen, daß die gesamte Geschichte der drei Universen, wie sie war und sein wird, aus einer Prämisse folgt, die nicht voraussetzt, daß jene Tatsachen überhaupt existieren.[13] Mehr noch, eine solche Prämisse muß wirklich wahr sein. Doch muß sie einen Zustand darstellen, in dem die drei Universen vollkommen nichts waren. Folglich müssen, ob in der Zeit oder nicht, die drei Universen wirklich mit absoluter Notwendigkeit aus einem Zustand vollständiger Nichtigkeit resultieren. Wir selber können uns einen solchen Zustand des Nichts nicht vorstellen; doch wir können uns leicht vorstellen, daß es einen Geist geben könnte, der sich das vorzustellen vermöchte, denn schließlich kann die bloße Nicht-Existenz keinen Widerspruch enthalten. Ein Zustand, in dem es absolut keine Super-Ordnung geben sollte, wäre ein solcher Zustand von Nichts. Denn alles SEIENDE [Being] beinhaltet eine Art Super-Ordnung. Zum Beispiel anzunehmen, daß etwas eine bestimmte Eigenschaft besitzt, heißt, eine dafür geltende Behauptung als wahr anzunehmen, in der sich eine Art Super-Ordnung ausdrückt, so wie das für jede Formulierung einer allgemeinen Tatsache gilt. Anzunehmen, ein Ding besitze ein elastisches Volumen, heißt anzunehmen, daß sich sein Volumen, würde es Druck ausgesetzt, verringern würde, bis an einem bestimmten Punkt der volle Druck innerhalb und außerhalb seiner Peripherie erreicht wäre. Dies ist eine Super-Ordnung, ein Gesetz, das durch eine Differentialgleichung ausgedrückt werden kann. Jede solche Super-Ordnung wäre eine Super-Verhaltensgewohnheit. Jeder allgemeine Zustand, von welchen Dingen auch immer, wäre eine Super-Ordnung und eine Super-Verhaltensgewohnheit. In jenem Zustand des absoluten Nichts, in oder außer der Zeit, das heißt vor oder nach der Evolution der Zeit, muß es ein Tohuwabohu[14] gegeben haben, von dem überhaupt nichts, weder bejahend noch verneinend, allgemein als wahr gelten konnte. Es muß daher ein wenig von allem, was vorstellbar ist, gegeben haben. Es muß hier und da eine geringe undifferenzierte Tendenz gegeben haben, Super-Verhaltensgewohnheiten zu bilden. Aber ein solcher Zustand muß dazu tendieren, *sich zu verstärken*. Denn eine Tendenz, in irgendeiner Weise zu handeln, verbunden mit der Tendenz, Verhaltensgewohnheiten zu bilden, muß die Tendenz verstärken, in dieser Weise zu handeln. Wenn man nun in dieser allgemeinen Aussage die „Tendenz, in irgendeiner Weise zu handeln", durch die Tendenz zur Bildung von Verhaltensgewohnheiten ersetzt, kann man erkennen, daß jene Tendenz wächst, und sie würde sich zudem in verschiedene Formen differenzieren. Doch gibt es einige Verhaltensgewohnheiten, die, werden sie über ein bestimmtes Maß hinaus verfolgt, ihren Gegenstand aus dem Universum eliminieren, und dies kann auf ganz verschiedene Weise vor sich gehen. So wird eine Tendenz, Masse zu verlieren, im vollkommenen Verlust der Masse enden. Eine Tendenz, Energie zu verlieren, wird damit enden, daß ihr Gegenstand aus einem wahrnehmbaren Existenzzustand verschwindet. Eine Tendenz der Energiezunahme wird dazu führen, daß der Körper zu schnell durch das Universum schießen wird, um irgendeine Wirkung erzeugen zu können, etc. [...][15]

Andererseits möchte ich unter den vielen hierzu relevanten Überlegungen, die in diesem Aufsatz ausgelassen wurden, an dritter Stelle noch erwähnen, daß man hätte zeigen können, daß die Hypothese von GOTTES REALITÄT logisch keine so isolierte Schlußfolgerung darstellt, wie es scheinen mag. Im Gegenteil, sie ist mit einer Theorie über die Natur des Denkens derart verknüpft, daß, wenn diese bewiesen ist, dies auch für jene gilt. Aus dieser Theorie des Denkens experimentelle Folgen herzuleiten, macht nun nicht solche Schwierigkeiten, wie sie sich einstellen, wenn man aus GOTTES Realität auf direktem Wege andere Konsequenzen zu ziehen versucht.

In einem derart kurzen Aufsatz sollte man nicht erwarten, daß ich auf Einwände eingehe. Wie dem auch sei, Einwände gibt es offensichtlich genug, und einige davon sehen auf den ersten Blick furchterregend aus. Zum Beispiel könnte man sagen, daß ich – sofern ich die Kraft des Menschen, Vermutungen über die Wahrheit anzustellen, mit dem Instinkt von Tieren vergleiche – hätte bemerken müssen, daß dies durch die Wirkung natürlicher Selektion, durch die die Tiere mit genau den Kräften ausgerüstet werden, die zur Erhaltung ihrer unterschiedlichen Arten beitragen, vollständig erklärt werden kann; und daß es Belege dafür gibt, daß die Kraft des Menschen, Naturgeheimnisse zu ergründen, hiervon abhängt, sofern nämlich alle erfolgreichen Wissenschaften in Bezug auf ihre Theoriebildung entweder mechanischer oder psychologischer Natur gewesen sind. Jedes Tier braucht eine gewisse Vorstellung von Mechanik, um Nahrung finden zu können, und das gilt in besonderer Weise auch für den Menschen; dagegen sind zutreffende Vorstellungen von dem, was dem Mitmenschen durch den Kopf geht, Voraussetzung für die Existenz einer Gesellschaft und deshalb auch für das Fortbestehen der Gattung Mensch.[16] Die Metaphysik dagegen kann die menschliche Rasse nicht dazu instand setzen, sich zu erhalten, und deshalb nimmt man an, daß der Mensch nicht dieselbe Begabung zur Entdeckung von GOTT, FREIHEIT und UNSTERBLICHKEIT besitze wie für Physik und Psychologie[17]; und die Wissenschaftsgeschichte bestärkt uns in dieser Sicht. Damit eröffnet sich eine interessante Frage für die Logik, der ich sehr viel Nachdenken gewidmet habe; und ich kam zu dem für mich vollkommen zufriedenstellenden Ergebnis, daß die Kraft des Menschen, die Wahrheit durch Divination zu entdecken[18], gar nicht so begrenzt ist.[19]

Meine Antwort auf diesen Einwand könnte ich hier nicht ausführen, auch nicht in einem Text, der an einem Stück vorgetragen werden sollte. Sie würde aber zeigen, daß von jedem denkbaren allgemeinen Verhalten einer Gattung, das für das künftige Leben ihrer Individuen dienlich oder nicht dienlich wäre, erwartet werden kann, daß es die Gattung auch instand oder nicht instand setzt, ihre Stellung in dieser Welt zu behaupten; und ich würde darüber hinaus in der pragmatizistischen Interpretation dieser Antwort zeigen, daß der Glaube[20] an das *Ens necessarium* den Individuen für das ewige Leben hernach dienlich oder nicht dienlich wäre, je nachdem, ob er wahr oder falsch wäre. Und folgerichtig wird hier auf Erden die natürliche Selektion ganz selbstverständlich zur Pflege dieses Glaubens beitragen, wenn er wahr ist, und zu seiner Unterdrückung, wenn er falsch ist, geradeso, wie die natürliche Selektion im Blick auf die Alltagsmoral wirkt.

8. [Auszug aus:] Ein vernachlässigtes Argument für die Realität Gottes Zueignung an einen erträumten Freund*

An den Freund meiner Träume

Andere mögen diesen Text prüfen; Du[1] jedenfalls wirst ihn lesen, so Du auch nur der Bewohner einer Traumwelt bist. Bringe zu dieser Lektüre die Voreingenommenheiten mit, wie sie in Deinem Geiste schon existieren: Allein papierene Zweifel – das sind gespielte und cartesianische Zweifel – laß beiseite. Wirklicher Zweifel ist ein zu beunruhigender Zustand, als daß er unerkannt an uns vorübergehen könnte. Dann werde ich in Deiner Person den Reichtum eines freimütigen, aufgeschlossenen, wissenschaftlichen Kritikers mein eigen nennen, und das nicht nur in den Punkten, worin Du geneigt sein magst, mir zu widersprechen, sondern auch in denen, worin wir beide allzu voreilig zu demselben Schluß gekommen sind. Vor allem bin ich mir dessen gewiß, daß Du kein abschließendes Urteil über das theologische Argument, das ich hier zwar beschreiben, aber nicht explizieren kann, fällen wirst, bevor Du nicht selbst damit innig vertraut bist. Denn die Wahrheit ans Licht zu bringen, wie immer sie ausfallen mag, das ist es, was wir beide tun wollen.

Laß Dir ausreichend Zeit für das Nachdenklichsein!

Im Schlafen und im Wachen habe ich immer wieder von Dir, lieber Leser, geträumt. Doch heute beglückwünsche ich mich selbst, daß Du wahrscheinlich zum ersten Mal davon erfährst, daß es eine Person meines Namens gibt; und für den Fall, daß Du jetzt auch zum ersten Mal von dem bedeutenden Argument hörst, das ich vortragen will – ich meine, als Argument zum ersten Mal hörst, denn als Tatsache, und zwar eine, die überzeugt, kann es Dir nicht neu sein –, bietet sich mir die Gelegenheit zu erfahren, wie ein vernünftiger Kopf wie Du die Kraft dieses Arguments beim ersten Mal einschätzt; und zwar *per se*, frei von aller Künstlichkeit der Argumentation oder Herabsetzung, wie sie durch den Ruf dessen, der das Argument vorträgt, veranlaßt sein möchte.

Doch fürchte ich, einige von denen, die diese Seiten durchblättern, werden in Gefahr kommen. Denn infolge meines Mangels an Klarheit, meiner Ungeschicklichkeit in der Präsentation des Arguments und meines wirren Stils ist leider zu erwarten, daß, anstatt jemanden zu diesem Seiteneingang des Hauses Gottes zu verlocken – und daß dies möglich sein könnte, ist allerdings meine Hoffnung –, ich die, die zu lesen versuchen, langweilen werde, so daß sie den Artikel nur überfliegen und bloß einen vagen, falschen und dem Argument im wesentlichen unangemessenen Begriff davon erhalten; womit sie für immer von dem Gewinn ausgeschlossen wären, die volle Kraft des Arguments zu spüren, wie es sich frisch und neu dem menschlichen Geist einzuprägen vermag. Nun weiß ich wohl, daß diese Gefahr nicht bestünde, wenn ich gerade mit diesen Leuten von Angesicht zu Angesicht reden könnte. Denn alles andere als eloquent, was Themen des Alltags betrifft, steht meine Rede bei diesem Gegenstand mir doch wie ein gleichmäßig fließender Strom für Stunden zu Gebote. Wie ein bekannter Zeitgenosse dazu bemerkte: Es ist, wie wenn man einen Wasserhahn aufdreht. Die aber, zu denen ich spreche, sind weit davon, gelangweilt zu sein: Sie sind sehr beeindruckt, denn sie kennen mich natürlich und wissen, wie sehr jede kunstvolle Rede meine Kräfte übersteigen würde. So kam mir der Gedanke, ich könnte möglicherweise die Differenz zwischen Schreiben und Sprechen dadurch verringern, daß denen, die meinen Text prüfen werden, gleich zu Beginn offen gesagt wird, mit wem sie es zu tun haben. So soll denn diese Überlegung, so fragwürdig sie sein mag, alles andere aufwiegen.

Mein Vater galt als der führende Mathematiker seiner Zeit. So hatte ich schon früh reichlich Gelegenheit, eine Vielzahl berühmter Personen ganz unterschiedlicher Art mit den Augen eines Kindes zu beobachten, und ich habe erstaunlich wenig Durchschnittsmenschen gesehen. Es muß 1857 gewesen sein, also im Alter von zwölf Jahren, als ich nach meiner Erinnerung im Zimmer meines älteren Bruders Whateleys *Logik* fand und meinen Bruder fragte, was Logik denn bedeute. Als nächstes sehe ich mich ausgestreckt auf seinem Teppich liegen und das Buch verschlingen. Spätere Prüfungen haben gezeigt, daß ich es damals schon begriffen haben muß, und seither hatte ich immer eine große Leidenschaft für Logik, wenn meine Ausbildung auch speziell auf Mathematik, Physik und Chemie ausgerichtet war. Im Jahr 1887, nachdem ich zu einigem Ansehen unter den amerikanischen Wissenschaftlern gelangt war – jedenfalls genug, um einen Menschen von sehr geringem Ehrgeiz zufriedenzustellen –, zog ich mich dorthin zurück, wo ich die geringsten Ablenkungen von meinen Logikstudien zu erwarten hatte: in den wildesten Bezirk der Nordstaaten, südlich der Adirondacks und östlich der Alleghanies.[2]

Wie erfolgreich meine Studien gewesen sind, ist eine Frage, die in letzter Instanz meine Leser zu entscheiden haben.

Seit der Zeit, da ich als Junge zum ersten Mal damit begann, über die Frage nach dem Sein Gottes nachzudenken – und unter Gott war nicht irgendein Gott zu verstehen, sondern der Gott, an den religiöse Menschen aller Bekenntnisse in dem Maße glauben, wie sie wahrhaft religiös sind –, seit der Zeit und bis heute schien es mir immer vernünftig, davon auszugehen, daß es für den Fall, daß Er real ist, auch gute Gründe für diesen Glauben geben muß; und das in anderer Weise, als daß auf irgendeine Autorität hin geglaubt würde, was nur bei den einfachsten Menschen Anklang finden könnte. Ob es sich dabei um gültige Schlußfolgerungen handelt oder nicht, ich neige zu der Auffassung, daß die Mehrheit jener bescheiden denkenden Menschen, die sich – entgegen gewichtigen Überzeugungen anderer – durch Gründe von der Realität Gottes überzeugen ließ, dies tatsächlich und gemeinsam mit einem großen Teil der gebildeteren Menschen aufgrund des [Arguments][3] getan hat, das ich zu beschreiben vorhabe. Die Theologen haben darauf selten großes Gewicht gelegt, weil es ihnen trotz seiner Überzeugungskraft kein logisches Argument zu sein schien. Dies wiederum erklärt sich aus ihrer verkehrten Theorie der Logik; und aus diesem Grund muß der Hauptgegenstand des vorliegenden Textes die kurz gefaßte Rechtfertigung einer Theorie der Logik sein, nach der das in Frage stehende theologische Argument logisch gesehen so korrekt ist, wie seine Überzeugungskraft gewiß.

Demgemäß habe ich vor, zwei Argumente zu skizzieren, wobei das eine das andere stützt. Obwohl die Stärke des späteren, das ich das bescheidene Argument nennen will, von jedem Menschen nachempfunden werden kann, beruht es doch auf zu vielen Prämissen, um vollständig dargestellt zu werden. Nehmen wir seine allgemeine Beschreibung als Untersatz und eine bestimmte Theorie der Logik als Obersatz, so folgt aus einem einfachen Syllogismus, daß das bescheidene Argument logisch korrekt ist und daß folglich jeder, der seine Prämissen anerkennt, keine Skrupel haben muß, seine Konklusion zu akzeptieren. Aber es ist natürlich notwendig, den Obersatz zu begründen, die Theorie der Logik, und es ist hinlänglich klar, daß diese Aufgabe, soll sie durchgängig in zufriedenstellender Weise erfüllt werden, verlangen würde, die gesamte kritische Logik durchzugehen und zu zeigen, daß die zur Debatte stehende Theorie jede Art von Argument befriedigend erklärt. Innerhalb verständlicher Begrenzungen kann ich nun nicht mehr als die wichtigsten *Gattungen* von Argumenten berücksichtigen. So viel aber will ich auch tun. Die Nebenargumente gemischten Charakters kann ich in diesem Rahmen nicht durchgehen, obwohl sie für wirkliches Schlußfolgern von großer Bedeutung sind. Außerdem ist der kritische Zweig der Logik in Wirklichkeit weit mehr von dem äußerst schwierigen und immer noch umstrittenen analytischen Zweig abhängig, als es den Anschein hat; und diese Probleme wären für nicht vorgebildete Leser nur schwer verständlich zu machen, ganz zu schweigen von der schwierigen Aufgabe, für die wissenschaftlichen Lösungen jener Probleme die Grundlagen zu schaffen. Doch haben wir glücklicherweise einen Instinkt für Rationalität, auf den sich die in der Logik nicht ausgebildeten Leser verlassen sollten. Obwohl ich hier also keine durchgängig wissenschaftliche Verteidigung meiner Theorie der Logik vorlegen kann, hoffe ich doch, daß sie sich in angemessener Weise darstellen läßt.

Das „bescheidene Argument", das ich schon erwähnt habe, kann wie folgt beschrieben werden. Laß einen Menschen mit der Kontemplation der drei Welten beginnen, und zwar in allen Formen ihrer Erhabenheit und Allgemeinheit[4]: der Welt sinnlicher Erfahrung oder des physikalischen Universums; der Welt des Geistes[5] in seinen hohen und niederen Formen; und der Welt der reinen Ideen oder willkürlichen Hypothesen – einschließlich derer, die beispielsweise die reinen Mathematiker erforschen. Laß diesen Menschen so lange und ohne Übereilung darüber nachsinnen, bis von selbst und ohne Zwang die Vermutung aufkommt, daß diese drei Welten möglicherweise einen gemeinsamen Urheber und Erhalter haben. Laß ihn weiter und ohne jede Hast, dies bestätigen oder bestreiten zu wollen, diese Idee bloß als Idee wohl bedenken, und er wird entdecken, daß er von ihr ganz und gar durchdrungen ist. Erst dann, und angenommen, daß es sich wirklich so verhalten sollte, laß ihn sich selbst fragen: Welche Art von Bestätigung ist für diese Konjektur überhaupt zu erwarten? Offensichtlich würde solch ein Wesen [being] das Begriffsvermögen eines Menschen so weit überragen, daß keiner eine Voraussage darüber wagen könnte, wie dieses Wesen [Being] sich verhalten würde. Wenn das Nachsinnen dieses Menschen wirklich tiefgründig, ernsthaft und bescheiden gewesen ist, muß er schon erkannt haben, daß geradeso, wie kein Farbton und keine Klangstimmung vorzüglich sein kann außer in ihren Bedeutungsrelationen, auch nichts angemessen beurteilt werden kann außer von dem Auge, das alles erfaßt. Er muß aber auch einen schwachen Eindruck davon bekommen haben, daß es zwei Dinge sind, die als gut zu gelten haben: Menschen müssen erdulden und kämpfen. Eine der Vollkommenheiten der Welt muß folglich darin bestehen, daß es Schmerzen gibt, die Menschen zu erleiden haben; eine andere darin, daß es Böses gibt, das die Menschen bekämpfen sollten.[+6] Solche Überlegungen werden einem Menschen die Art von Vorhersagen nahelegen, wie er sie von jener Hypothese herleiten kann, und deren Eintreffen wird ihn von der Wahrheit der Hypothese überzeugen. Denn obwohl er nicht begreifen kann, was der Eine Unbegreifliche sich entschließen wird zu tun, ist der Mensch doch mit einer Kraft begabt, den Einfluß zu verstehen, den der Eine Heilige auf ihn ausübt. Der Märtyrer, der sich selbst mit einer übermenschlichen Kraft ausgestattet sieht, seine Hand in die Flamme zu halten (und wer ist sicher, keine derartigen Erfahrungen zu kennen?), muß darin – nicht daß es ohne die vorherigen Mitteilungen [Gottes] ein Beweis sein könnte – doch eine wunderbare Bestätigung einer Idee erkennen, die er nicht einmal daraufhin für sich selbst vollständig zum Ausdruck bringen kann, weil sie für den menschlichen Geist einfach zu groß ist. So würde ich das „bescheidene Argument" beschreiben, ein Gedankengang, zu dem sich der einfachste Mensch zu erheben vermag.

Nun wird die logische Kritik dieses Argument überprüfen, es wissenschaftlich und kühl auf seine Gültigkeit hin untersuchen. Daß Menschen die Kraft zu erfolgreicher Forschung besitzen, bezweifelt keiner von uns. Ein Fisch ist sich seiner Fähigkeit zu schwimmen nicht weniger sicher, als der Mensch seiner Fähigkeit zu verstehen. Wir wollen damit beginnen, diesem Prozeß nachzugehen, und später versuchen herauszufinden, was jeder Stufe die Gültigkeit verleiht, die sie besitzt. Wenn wir zum ersten Mal damit anfangen, über unsere Gedanken nachzudenken, so stoßen wir darauf, daß wir schon von einer ganzen Reihe von Dingen fest überzeugt sind, so zum Beispiel davon, daß eine gewöhnliche Flamme heiß ist. Es liegt nun im Wesen der Überzeugung [belief], zufriedenstellend zu sein, und der Zustand des cartesianischen Zweifels ist bloßer Schein oder Selbstbetrug. Denn wirklicher Zweifel ist höchst beunruhigend, und niemand ist dazu fähig, aus einem natürlichen und zufriedenen Zustand der Überzeugung in einen Zustand des unruhigen Zweifels zu wechseln, es sei denn, eine noch stärkere Überzeugung zwingt ihn zu zweifeln. Wir können nicht von Zufriedenheit zur Unzufriedenheit übergehen, bloß weil wir mit der Zufriedenheit unzufrieden sind. Es würde sich nicht um Zufriedenheit handeln, wenn wir mit ihr unzufrieden wären. Folglich kann wirkliche Forschung, die ihrer eigenen Natur gemäß mit Zweifeln beginnt, nur durch jene externe kognitive Kraft angetrieben werden, die wir *Erfahrung* nennen. Das heißt, sie muß entweder aus einer Erfahrung hervorgehen, die einer früheren Überzeugung entgegensteht oder wenigstens dem entgegen ist, was wir geglaubt *hätten*, hätten wir vor der Erfahrung überhaupt über die Sache nachgedacht. Mit anderen Worten, Forschung hat ihren Ausgangspunkt in einer *überraschenden* Erfahrung. Die erste Aktion des Denkens, die zur Überraschung hinzutritt, besteht dann entweder in einer Erinnerung an solche Umstände, die, falls wir gleich an sie gedacht hätten, die Überraschung verhindert hätten (ein Fall, der aus logischer Sicht kaum der Erwähnung wert ist), oder sie besteht in einer *Konjektur*, daß das überraschende Phänomen irgendwie mit einer anderen Tatsache innerhalb unseres Kenntnisbereichs in Zusammenhang steht. Wieviele andere Tatsachen dieser Art gibt es? Auch der geschickteste Teilnehmer am Spiel der zwanzig Fragen – bei dem sich eine Person einen *wirklich auffallenden* Gegenstand im Blick darauf ausdenkt, daß die andere

Partei Fragen stellt, die mit ‚ja' oder ‚nein' beantwortet werden können – hat gewöhnlich seine zwanzig Fragen ausgeschöpft, bevor er herausfindet, welches der ausgedachte Gegenstand gewesen ist, es sei denn, es ist ein allzu bekannter Gegenstand gewählt worden. Daran zeigt sich, daß die Gegenstandsklasse, aus der der Spieler, der die Antworten gab, seine Auswahl getroffen hatte, aus annähernd 2^{20} oder etwa einer Million einzelner Gegenstände besteht. Insofern ist vollkommen klar, daß die Zahl der Tatsachen, von denen jeweils eine durch eine Konjektur möglicherweise mit einer überraschenden Tatsache in Zusammenhang gebracht werden könnte, zumindest eine Million beträgt. Falls nun die, die eine Konjektur vornehmen, sich dabei völlig im Dunkeln befänden – was zum Beispiel für einige mittelalterliche Alchemisten zutreffen dürfte, die möglicherweise der Vermutung nachgingen, daß das überraschende Ergebnis eines Laborversuchs mit dem Winkelabstand zwischen zwei Planeten zum selben Zeitpunkt in Verbindung zu bringen sei –, wenn das zuträfe, müßten im Durchschnitt etwa eine halbe Million völlig verkehrter Konjekturen angestellt werden, bevor zufällig die richtige getroffen würde. Doch es genügt schon, an die Zeit, die Arbeit und die Kosten zu denken, wie sie allgemein erforderlich sind, um in der Physik eine angesehene Theorie tatsächlich zu widerlegen, damit wir zu der Überzeugung kommen: daß dann, wenn der menschliche Geist keine entschiedene Tendenz zur Aufstellung wahrer physikalischer Konjekturen hätte, die Physik in zwei- oder dreitausend Jahren noch nicht den großartigen Aufbruch hätte schaffen können, der ihr tatsächlich gelungen ist. Die dunkelsten Geheimnisse der Natur haben, anstelle von einer halben Million falscher Konjekturen, nicht einmal zwanzig davon nötig gemacht. Ich erinnere mich, daß Whewell[7] es als beispiellosen Fall anführt, daß Kepler achtzehn falsche Hypothesen bezüglich der Umlaufbahn des Mars ausprobierte, bevor er herausfand, daß es sich um eine Ellipse mit der Sonne im

Brennpunkt handelte, auf welcher der Planet gleiche Flächen in gleichen Zeiten beschreibt. Nun war jede dieser Hypothesen aus mehreren zusammengesetzt, und zumindest drei davon waren teilweise wahr. Galileo brauchte nur eine irrige Vermutung bei der Frage nach der Art der Beschleunigung eines fallenden Körpers. Nichts in der Physik war rätselhafter als die Natur des Lichts. Die erste falsche Konjektur war die, daß die Strahlen vom Auge ausgingen; die zweite hatte darin recht, sie als Schwingungen zu betrachten, doch Newton verwarf diese Hypothese zugunsten der Theorie der Emission, von der es, glaube ich, drei Formen gab. Zählen wir diese zu fünf irrigen Theorien zusammen, so folgten als nächstes zwei über quer verlaufende Schwingungen im Äther, und diese sind, wenn auch eine von beiden kaum fehlerhaft war, schließlich der Wegbereiter für die elektromagnetische Theorie gewesen, die als die achte und richtige angesehen werden kann. Für zwei Geheimnisse der Physik kann gelten, daß schon die allererste definitive Theorie die richtige war. Die eine war Bernoullis[8] kinetische Gastheorie, denn Boyle und andere scheinen nur vage Begriffe von der Natur der „Elastizität"[9] der Luft gehabt zu haben. Die andere Theorie war noch weit großartiger, denn generationenlang schien es so zu sein, daß tatsächlich nichts für sie sprach: Ich meine Daltons Atomtheorie. Sie galt als begründet durch das Gesetz der einfachen multiplen Proportionen[10]; doch die Theorie war nicht in der Lage zu zeigen, warum tausend Wasserstoffatome gerade tausend Chloratome anziehen und nicht genausogut tausend und eines. Es würde kaum ausreichen, ein halbes Dutzend unabhängiger Fassungen dieser Struktur zu zählen [ ][11] anderes Tier, Gattungen, sind solche durch Ernährung und Fortpflanzung. Um an Futter zu kommen, ist ein gewisses Verständnis von Mechanik erforderlich; zur geschlechtlichen Fortpflanzung bedarf es einer Vorstellung davon, wie andere Individuen derselben Spezies fühlen, handeln und Zeichen benutzen. Die Entwicklung des einen Instinkts ist Sache der Physik, die des anderen der Psychologie, und diese beiden Richtungen theoretischer Naturwissenschaft[12] sind die einzigen, in denen die Menschen ausgesprochen erfolgreich waren; die Mathematik ausgenommen, deren Ideen zugleich die der Mechanik sind. Wie, und ob überhaupt, diese Überlegungen für ein theologisches Argument von Vorteil sind, ist eine Frage, die wir am dafür geeigneten Ort bedenken müssen. Eine weitere Frage, die wir für eine spätere Behandlung vorzumerken haben, ist die, ob dieser erste Schritt der Untersuchung anders schließen kann, wenn von „Schließen"[13] gesprochen werden soll, als im Modus der Frage – falls die Grammatiker einen solchen Modus zugestehen. Sicher ist, daß dann, wenn eine Reihe von Erfahrungen zu nichts weiter führt, als eine Idee im Modus der Frage nahezulegen, uns das bloße Auftreten der Vermutung die Garantie gibt, daß es sich hierbei um eine Gedankenbewegung mit den wesentlichen Eigenschaften dieser ersten Stufe einer wissenschaftlichen Untersuchung handelt. Ich bezeichne diese Form der Schlußfolgerung[14] oder, wenn es so gewünscht wird, diesen Schritt auf dem Wege zu einer Schlußfolgerung, worin sich eine erklärende Hypothese zum ersten Mal nahelegt, mit dem Namen *Retroduktion*, sofern sie von einem Konsequens zu einem hypothetischen Antezedens zurückgeht. Doch während dies erklärt, warum ich die Vokabel ‚Retroduktion' gewählt habe, um meine Auffassung zum Ausdruck zu bringen, verlange ich als Erfinder dieses Begriffs auch das Recht, seine Definition festzulegen: als Übergang des Denkens von der Erfahrung von etwas, E, zur Prädizierung eines Begriffes aus der schöpferischen Kraft des Geistes[15], wobei der Gegenstand der Prädikation eine im einzelnen bestimmte Klasse ist, zu der E gehört, oder ein indefiniter Teil einer solchen Klasse.

9. [Briefauszug: An Lady Welby]*

Milford, Pa.
14. Dez. 1908

Verehrte Lady Welby!

Bitte entschuldigen Sie, daß ich auf diesem Papier schreibe, alles andere ist mir überraschenderweise ausgegangen, bis auf dieses hier, das einem Brief an Sie eigentlich nicht angemessen ist; zudem ist es ½4 Uhr nachts, und ich bin 5 oder 6 Meilen vom nächsten Schreibwarengeschäft entfernt.

Ich kann Ihnen kaum sagen, wie ich mich gefreut habe, als ich letzten Samstag Ihre Handschrift auf dem Briefumschlag erkannte; und noch größer war die Freude, als ich sah, daß Sie sich zu einigen Punkten meines Hibbert-Artikels geäußert haben. Denn ich bin ganz besonders daran interessiert zu erfahren, wie unterschiedliche Menschen darüber denken; obwohl es unglücklicherweise so ist, daß die, die das ganze für Blödsinn halten, mich dies allein durch ihr Schweigen vermuten lassen. Besonders gespannt bin ich, wie vernünftige Frauen darüber denken, denn ich glaube, daß Frauen nicht so leicht durch Theorien der Logik zu beeinflussen sind und ihr Instinkt in solchen Dingen besser funktioniert als der von Männern.

[...]

Sie fragen, was ich darunter verstehe, daß Religion „bewiesen" wird, ob damit „überprüft" oder „logisch bewiesen" gemeint ist. Ich antworte, daß die Frage nach der Wahrheit der Religion darauf zielt, was wahr *ist*, und nicht darauf, was auf der Grundlage willkürlicher Hypothesen, wie sie in der reinen Mathematik vorkommen, *wahr sein würde*; der allein mögliche Beweis ist also der der Überprüfung [testing]. Wenn es zum Beispiel um die Frage geht, ob der Koh-in-Noor-Diamant beim Hochwerfen *in vacuo* eine Parabel mit vertikaler Achse beschreiben wird, dann kann der Beweis nicht darin bestehen festzustellen, beim Kohinoor handele es sich um einen Körper, der ein Gewicht habe, und alle Körper mit Gewicht bewegten sich auf diese Weise *in vacuo*. Denn hier geht es um die Tatsachenfrage, ob der Diamant ein Gewicht hat oder nicht, das heißt, ob er *dasselbe* Gewicht in jeder Höhe und zu jedem Zeitpunkt hat, und das kann man nur durch Überprüfung wissen; und um angemessen überprüfen zu können, muß man einen Blick auf den Gegenstand werfen. Denn wir wissen bereits, und das ist eine Tatsache, daß alles, was sichtbar ist, ausgenommen optische Bilder oder Illusionen, auch ein Gewicht hat. Wenn nämlich für den Beweis einer gegebenen experimentellen Aussage eine Mischung von Überprüfung und mathematischem Schließen erforderlich wäre, dann würde man letzteres nicht als charakteristisches Merkmal des Beweises ansehen, denn mathematisches Schließen ist, recht verstanden, Bestandteil jeder Überprüfung. Ich widerspreche allerdings energisch, wenn der mathematische Beweis zum einzigen „logischen Beweis" gemacht werden soll. Im Gegenteil, ich behaupte, daß „Überprüfen" der einzige logische Beweis in allen Fragen ist, die sich auf Reale Objekte[1] beziehen. Der mathematische Beweis zeigt lediglich, daß eine willkürlich gewählte Hypothese eine andere einschließt; und eine solche Schlußfolgerung kann in Tatsachenfragen nur deshalb von Interesse sein, weil wir dann, wenn eine Überprüfung zeigt, daß eine willkürliche Hypothese annähernd erfüllt ist, annehmen, daß dies auch für ihre mathematischen Konsequenzen gilt. Das ist aber nicht bewiesen, bevor es nicht überprüft ist.

[...]

Unter *Glaube* [*belief*] verstehe ich ganz einfach, etwas für wahr zu halten – wirkliches, echtes, praktisches Fürwahrhalten –, ob es sich bei dem Geglaubten um die Atomtheorie handelt, die Tatsache, daß dies ein Montag ist, daß diese Tinte ziemlich schwarz ist, oder was immer Sie wollen. Sie werden sagen, daß ein Glaube auch falsch sein kann. Denn die größte Sicherheit, die wir über irgend etwas haben können, ist zum Beispiel die, daß dieses Papier weiß oder weißlich ist – oder so zu sein *scheint*. Doch es ist leicht zu zeigen, daß diese Überzeugung falsch sein kann. Denn das Urteil kann sich niemals auf die Erscheinung selbst, nämlich zum Zeitpunkt, als es gefällt wurde, beziehen, sofern der Gegenstand des Urteils durch *kollaterale* Vertrautheit bekannt gewesen sein muß. Es kann kein Urteil über den Vorgang des Urteils selbst geben. Die alten *Insolubilia* wie „dieser Satz ist falsch" sind dafür Beispiele. Wenn der Satz falsch ist, denn dies ist alles, was er behauptet, muß er wahr sein; und wenn er wahr ist, muß er, da er dies bestreitet, falsch sein.[2] Ein Glaube, der nicht falsch sein kann, wäre ein unfehlbarer Glaube, und Unfehlbarkeit ist ein Attribut der Gottheit. Die Frucht vom Baume der Erkenntnis, von der Satan zu Adam und Eva sagte, daß sie dadurch Gott gleich würden, bestand genau in der Lehrmeinung, daß es eine Art von Unfehlbarem Glauben gäbe. Und das mußte auch so sein; denn durch die Behauptung, ein Unfehlbarer Glaube sei Glaube an Gott, den unergründlichsten aller Gegenstände, stellte sich diese Lehre als noch weit blasphemischer heraus und wurde als Mittel eingesetzt, das Christentum solange zugrunde zu richten, bis die Religion der Liebe mit dem Odium theologicum verwechselt wurde.

10. Bedeutungslehre und Logik*

In diesem Beitrag möchte ich dem LESER, im Blick auf seine Zustimmung oder Ablehnung, einige Analysen vorlegen, die sich mit dem Verhältnis der SEMIOTIK[1] oder der allgemeinen Physiologie der ZEICHEN ZUR LOGIK, verstanden als Theorie des Schlußfolgerns, beschäftigen. Ich kann darin nur soviel tun, daß ich vortrage, was mir gegenwärtig ausreichend sicher zu sein scheint; denn die Argumente, die mich zu dieser Auffassung geführt haben, lassen sich nicht, ohne daß ihnen Unrecht geschähe, auf ein paar Seiten komprimieren. Ich werde aber mit allen Kräften versuchen, diese Gedanken noch im Zusammenhang eines Buches vorzustellen, damit sie der kritischen Prüfung zur Verfügung stehen; ob meine Arbeitskraft allerdings für eine Aufgabe dieser Größenordnung noch ausreichen wird, steht dahin. Unterdessen ist vielleicht doch ein Blick auf die Ergebnisse von Interesse, zu denen ich gelangt bin, und das dürfte von besonderem Wert sein für die, die künftig in ihren Forschungen ähnliche Richtungen einschlagen, wie ich es getan habe.

Ein Argument ist selbstverständlich ein ZEICHEN[2]; und zwar ein ZEICHEN für die Wahrheit seiner Konklusion. Denn an erster Stelle ist das Argument ein ZEICHEN für die Wahrheit seiner Prämissen; und dann ist diese Wahrheit ein ZEICHEN für die Wahrheit der Konklusion, und genau dafür ist das ARGUMENT selbst ein ZEICHEN. Ich sage nicht, daß jedes ZEICHEN, das für ein anderes ZEICHEN steht, *ipso facto* auch ZEICHEN dessen ist, wofür jenes andere als ZEICHEN steht; aber in diesem Falle ist es so.[3]

Daraus folgt, daß es eine ziemlich enge Verwandtschaft zwischen der BEDEUTUNGSLEHRE, soweit sie der SEMIOTIK[a] entspricht oder einen Zweig von ihr darstellt, und der LOGIK im gerade bestimmten Sinne dieses Wortes gibt.[+4] Dies wird oft nicht so verstanden, und ich denke, das geschieht infolge der Auffassung, wie sie häufig auch in Büchern zum Ausdruck kommt, die diese Meinung teilen: daß die Theorie des Schlußfolgerns von Aristoteles, von Apelt[5] (!) oder von anderen ungenannten Autoren zur Vollendung gebracht wurde. Diese Vorstellung ist so falsch wie nur möglich. In Deutschland sind falsche Auffassungen von

[a] Die Wörter, die ich „groß" schreibe, so wie in diesem Satz „BEDEUTUNGSLEHRE" und „SEMIOTIK", sind in der Weise herausgehoben, um den LESER darauf aufmerksam zu machen, daß ihr genauer oder annäherungsweise genauer Sinn, in dem sie hier verwendet werden, an irgendeiner Stelle dieses Beitrags erklärt wird.

der Natur des Schlußfolgerns noch allgemein verbreitet und von einer Bedeutung, die vielen Argumenten eine Strenge verleiht, die ihnen nicht im entferntesten zukommt; während auf der anderen Seite Argumente von offensichtlich großem Gewicht aus demselben Grunde vollständig übersehen werden. Die Relationenlogik, die so tiefgreifende Wirkungen hat, daß sich die deduktive Schlußfolgerung in ganz anderer Weise darstellt, ist nur von einer sehr kleinen Gruppe wirklich studiert worden, und selbst dort meist mit ein wenig Mißtrauen gegenüber ihrer wahren Bedeutung. Die Lehre vom Zufall, die konkurrenzlos als der wichtigste Beitrag zur Logik seit dem Beginn der modernen Wissenschaft betrachtet werden muß, ist von den Logikern völlig vernachlässigt worden; sie haben sie den Mathematikern überlassen. Die Mathematiker, in der Art, die wir an ihnen zu bewundern pflegen, taten zuerst das, was ihnen hier zu tun aufgegeben war. Doch Mathematiker neigen zu der Vorstellung, daß alle Probleme auf die Weise behandelt werden können, die sich auf ihrem eigenen Gebiet als erfolgreich bewährt hat; und wenn sie sich dann mit einer Frage anderer Art zu befassen haben, geschieht es, daß große Mathematiker, und die kleinen nicht minder, lächerliche Fehler machen. So geschehen im Falle des „Wahrscheinlichkeitskalküls", und das hat ohne Zweifel dazu beigetragen, der wahren Natur nicht-mathematischen wissenschaftlichen Schlußfolgerns die Anerkennung zu versagen.

Während des Mittelalters konnte sich die Logik naturgemäß nicht über einen gewissen Punkt hinaus fortentwickeln, solange es naturwissenschaftliche[6] Forschung überhaupt noch nicht gab und folglich auch keine Beispiele für wissenschaftliches Schlußfolgern vorlagen, die eine Erklärung verlangt hätten. Geradeso wie die Dampfmaschine abgewartet werden mußte, bevor die Thermodynamik es zu etwas bringen konnte, so konnte die Theorie des Schlußfolgerns nur geringe Bedeutung erlangen, bevor das schlußfolgernde Denken nicht wirkliche Triumphe aufzuweisen hatte. Doch bedenkt man den Stand der Wissenschaften während jener Epochen, so sollte anerkannt werden, daß ihre Logik die Erwartungen mehr als erfüllte. Sie war in einem besseren Zustand als die moderne Logik, sieht man von der Arbeit der Mathematiker einmal ab; und hätten die Logik-Studien nach dem Aufkommen der modernen Wissenschaften mit demselben Ernst, mit dem sie zuvor betrieben wurden, fortgesetzt werden können, ich für mein Teil habe keinerlei Zweifel, daß damit Großes für unser wissenschaftliches Zeitalter erreicht worden wäre. Doch unglücklicherweise hat sich die gesamte christliche Kirche der modernen Wissenschaft entgegengestellt, weitgehend auch schon im Falle ihres Vorläufers: des Wiederauflebens der Gelehrsamkeit. Die Universitäten waren in der Hand der Kirche und widersetzten sich der neuen Gelehrsamkeit. Die Theologen von Konstantinopel[7] und ihre Schüler kannten keine Logik oder Metaphysik; aber die „Dunces"[8] – die Schüler des Duns, Männer, die seinem subtilen Denken in keiner Weise gewachsen waren – als die Obskurantisten der Universitäten hinzustellen, darin waren sich die Kirchen natürlich einig mit den einzigen Feinden des großen Analytikers[9], die es wagten, mit seinen Schülern in die Auseinandersetzung einzutreten: den NOMINALISTEN. Die Befürworter der Erneuerung übernahmen dementsprechend die NOMINALISTISCHE Einstellung – den Worten nach; denn sie haben diesem Gegenstand niemals genügend Aufmerksamkeit gewidmet, um zu wissen, was das eigentlich war, dem sie ihre Zustimmung gaben. Nachdem sie das aber getan hatten, ließen sie das ganze Thema, weil es ihnen unangenehm war, einfach fallen. Denn für diese erklärten Liebhaber der Literatur war strenges Schlußfolgern, vor allem bezüglich abstrakter Gegenstände, eine solche Beschwernis, die durchzuhalten sie nicht die Kraft hatten. Die Philosophen nach ihnen haben diese Fragestellung nie mehr wirklich aufgenommen, aber alle miteinander sind seither im NOMINALISMUS großgeworden, haben diesen niemals im Ernst in Frage gestellt und sich bloß mit mehr oder weniger extremen Formen dieser Lehre auseinandergesetzt. Demgemäß blieb die gesamte moderne Welt NOMINALISTISCH[10], und das ungeachtet der Tatsache, daß der NOMINALISMUS den meisten und am besten begründeten Ergebnissen der modernen Wissenschaften glatt entgegengesetzt ist. Es ist schon ein wunderliches Beispiel für die Macht der Tradition, daß dann, wenn einer dies alles entdeckt, er gewöhnlich nicht den NOMINALISMUS aufgibt, für den er keinerlei Nachweis führen kann, sondern versuchen wird, seine wissenschaftliche Überzeugung soweit zu modifizieren, bis der NOMINALISMUS wieder seinen Platz einzunehmen scheint. Was ist NOMINALISMUS? Er wird gewöhnlich folgendermaßen formuliert: „Nichts ‚Allgemeines' ist REAL".[11] Doch was bedeuten diese beiden Worte! Das Wort „REAL" wird ungeachtet seiner Verwendung in der METAPHYSIK auch in einem rechtlichen Sinn gebraucht, so wenn wir von „‚real' property"[12] sprechen; und dieser rechtliche Gebrauch, der weit älter ist als der, um den es uns hier geht, hat überhaupt keine Beziehungen zu letzterem und ist von einem anderen Sinn von *res* abgeleitet, so daß ich denke, wir sollten jenen rechtlichen Gebrauch als ein anderes Wort betrachten. Jedenfalls haben wir damit nichts zu tun. Was das Wort *realis* in seinem metaphysischen Gebrauch angeht, so hat sich bei mir der Eindruck festgesetzt, daß ich ihm bei Alexander von Hales oder Albertus Magnus oder bei einem der Scholastiker des frühen XIII. Jahrhunderts[13] begegnet bin[b]. Es handelte sich jedenfalls um

[b] Nachdem ich dies geschrieben hatte, kam mir wieder in Erinnerung, daß Dr. Rudolph Eucken in seiner „*Geschichte und Kritik der Grundbegriffe der Gegenwart*", Leipzig: 1878, S. 226, *Fußnote*, die Bemerkung macht, daß „*realis*" in Abaelards *Dialectica* vorkommt. Ich habe seit über vierzig Jahren kaum mehr in die Bücher aus dem XII. Jahrhundert hineingesehen und diese Stelle vollkommen vergessen. Es ist immerhin möglich, daß ich in meinem Gedächtnis etwas in einen frühen Text des folgenden Jahrhunderts verlegt habe, was aus

einen äußerst ungewöhnlichen Ausdruck, bis Duns Scotus ihn aufnahm und so beharrlich benutzte, daß seine Brauchbarkeit sich jedem Studenten an den Universitäten von Paris und Oxford aufdrängen mußte; und so ging das Wort in die englische und französische Alltagssprache ein. Viele Zeitgenossen – ich denke, ich darf sagen: die *meisten* – verwenden dieses Wort gewöhnlich in genau dem Sinn, in dem es von Scotus in die METAPHYSIK eingeführt wurde; wenngleich es eine Reihe von Leuten gibt, Künstlernaturen, die sich in intellektuellen Dingen an keinerlei Regeln halten und das Wort mißbrauchen, so wie sie es auch sonst gerne mit allen anderen Wörtern tun – allem voran solchen, die vom Hörer erhebliche Anstrengungen im abstrakten Denken verlangen. Doch wir wollen diesen falschen Wortgebrauch auf sich beruhen lassen. Denn eine Fachsprache, in der jedes Wort in einem einzigen, bestimmten Sinn gebraucht wird, muß als erste und entscheidende Voraussetzung dafür gelten, daß die einzelnen Wissenschaften auf dem Wege zur Wahrheit vorankommen. Mehr noch als in den anderen Wissenschaften gilt das für die philosophischen Disziplinen, denn in ihnen ist die Bedeutungsanalyse die Hauptantriebskraft ihrer Entdeckungen. Doch es ist eine traurige Tatsache, daß allein die philosophischen Disziplinen auf ein eigenes Glossar verzichten. Wer in Wahrheit etwas lernt, das er zuvor noch nicht wußte, und dies nicht der Stimme eines sterblichen Menschen verdankt, sondern der der VERNUNFT, die in genau den Gegenständen verkörpert ist, worauf jene Wahrheit sich bezieht, der erfährt darin eine Freude, die, wird dies mehrfach erlebt und wohl bedacht, in ihrer

einer schwachen Erinnerung an diese Stelle bei Abaelard stammt. Ich wiederhole, daß dieses Wort vor Duns äußerst selten ist, und ich darf hinzufügen, daß es in seinen frühesten Schriften nicht auftritt, daß es aber wohl in allem vorkommt, was er nach der Einführung dieses Wortes geschrieben hat, so daß wir infolgedessen in der Lage sind, eine nahezu unfehlbare chronologische Einteilung seiner Werke zu geben.

religiösen Tiefe und Bestimmung erkannt wird. Wer dann noch über die Voraussetzungen verfügt, Entdeckungen in einer Forschungsrichtung zu machen, die andere mit ihm nicht recht zu teilen vermögen, der wird wohl den Drang spüren, sein Leben dieser Aufgabe zu weihen – und zwar im vollen Sinne des Wortes „Weihe“[14]; und andere Forscher, die sich Richtungen verschrieben haben, die seiner eigenen nahe verwandt sind, werden mehr als bloße *Kollegen* für ihn sein: sie sind seine *Brüder*[15]. Wenn er bei seiner Arbeit nun auf einen Begriff stößt, der zugleich neu und wertvoll für alle ist, dann sollte seine Loyalität den anderen Forschern ebenso gelten wie der VERNUNFT, die sein Lehrer war, der er diese Freude verdankt und in deren Tiefen und Höhen er so sehr zu Hause ist, daß er diesen Begriff gleich mit einem ganzen Bündel von neuen Wörtern auszustatten vermag, mit deren Hilfe dieser auf neue Gegenstände angewendet und selbst weiter untersucht werden kann. Und wenn er diesen Dienst mit aller Gewissenhaftigkeit, Behutsamkeit und dem Forschungseifer getan hat, den diese Aufgabe verlangt, dann werden seine Brüder diese gute Tat respektieren und damit belohnen, daß sie, erstens, den Gebrauch des von ihm gefundenen Wortes entsprechend den Definitionen, die er ihm mitgegeben hat, genauestens begrenzen und daß sie, zweitens, im Gebrauch dieser Terminologie auch die Begriffe zur Anwendung bringen, um die er die Wissenschaftssprache reicher gemacht hat, ausgenommen in den Fällen, in denen es eindeutig im wissenschaftlichen Interesse liegt, eine andere Terminologie zu benutzen. Das ist der Preis, den der verlangen und der dem gezahlt werden sollte, der einen neuen Begriff einführt.

Wenn dieses Prinzip akzeptiert wird, dann sollte das Wort „REAL“ in der METAPHYSIK die Bedeutung haben, die John Duns ihm gegeben hat, ob das mit der gängigen Wortbedeutung übereinstimmt oder nicht. Ich bin jedenfalls der Auffassung, daß es zwischen dem Begriff bei Duns und dem, was die meisten Menschen mit dem gängi-

Realität -> Duns Scotus

gen Wort verbinden – besonders die, die exaktem Denken verpflichtet sind –, eine Übereinstimmung gibt, wie sie zwischen einem genau festgelegten und einem unklaren Begriff nicht vollständiger sein kann. Im *North American Review* vom Oktober 1871 (in einer Besprechung von Frazers Berkeley-Ausgabe[16]) habe ich den Versuch gemacht, Scotus' Begriff von REALITÄT zu formulieren. Ich habe damals gesagt: „Gegenstände werden unterteilt in Einbildungen, Träume etc. einerseits und Realitäten andererseits. Die ersteren sind solche, die nur insoweit existieren ⟨lies: *sind*⟩, als Du oder ich oder irgendjemand sie sich vorstellt ⟨‚vorstellen' ist zu eng⟩; die letzteren sind solche, die unabhängig von Dir, von mir oder von irgendeiner Zahl von Personen Existenz haben ⟨lies: ‚*Sein*'⟩. Das Reale ist das, was nicht so ist, wie wir es gerade denken, denn es bleibt unberührt davon, als was wir es denken können"; und weiter[17]: „‚das Externe' bedeutet ganz einfach das, was unabhängig davon ist, welches Phänomenon unmittelbar gegenwärtig ist, das heißt, was unabhängig davon ist, wie wir denken oder fühlen mögen; geradeso wie ‚das Reale' das bedeutet, was unabhängig davon ist, wie wir *darüber* denken[18] mögen." In dieser Besprechung habe ich zustimmend Duns' eingeschränkten Begriff des REALISMUS erläutert. Gegenwärtig aber bin ich ein uneingeschränkter REALIST. Wer heute diese Buchbesprechung, aus der ich zitiert habe, noch einmal liest (und ich denke, sie ist es immer noch wert, gelesen zu werden), sollte nicht vergessen, daß sie für einen breiten Leserkreis geschrieben war, dessen Begriffe ich mit diesem Artikel zu klären versuchen wollte, und das nicht mit einem Schlag, sondern schrittweise. Es sind dort noch zwei weitere Versuche genannt, wie die Vorstellung von REALITÄT analysiert werden kann. Eine davon ist die Berkeleys, der die Auffassung vertrat, REAL sei durch zwei Eigenschaften von nichtreal unterschieden: durch seine größere Lebendigkeit und seine Verkettung mit dem, was sonst noch REAL ist. Dazu will ich nur anmerken, daß durch diese Unterscheidung der Sinn von REAL eingeschränkt wird auf Existierendes und darüber hinaus noch auf solches, das unmittelbar wahrgenommen wird.[c][19] Seit 1871 bin ich derselben Vorstellung vom Wesen der Realität treu geblieben. Doch in keiner der Erklärungen, die ich noch lange danach gegeben habe, wurde der Anspruch auf strikte Genauigkeit erhoben; und ich sehe mich zu dem Eingeständnis gezwungen, daß meine zahlreichen Entwürfe zu einer strikten Definition von Realität, die ich seither unternommen habe, doch ziemlich schwache Versuche gewesen sind. Dennoch will ich mich jetzt mit allem Ernst um das bemühen, was ich bisher nicht zustande gebracht habe: dem LESER eine Analyse der REALITÄT zu liefern, so genau, wie ich es nur vermag, und so detailliert, wie es für dieses Vorhaben nötig ist, so daß eine präzise Definition das Ergebnis sein wird.

Ich will mit einer Erklärung beginnen, wie ich sie im Januar 1901 in meiner Kritik an Professor Karl Pearsons NOMINALISMUS für die Zeitschrift *The Popular Science Monthly*[20] vorgetragen habe, nämlich mit den drei Unterscheidungsmerkmalen zwischen genuiner WAHRNEHMUNG und einer Erscheinung, die zwischen schwacher ILLUSION und HALLUZINATION anzusiedeln ist. Dort heißt es[21]: „Ich sehe ein Tintenfaß auf dem Tisch: das ist eine Wahrneh-

[c] Wenn ich mit meiner Arbeit überhaupt einen Beitrag zur Noologie geleistet habe, dann in den Jahren 1862–1868; und die Ergebnisse jener Zeit, darin eingeschlossen die Vorstellung von REALITÄT und die Skizzierung der meisten Gedanken des hier vorliegenden Beitrags, sind enthalten in den drei Aufsätzen im 2. Bd. von Dr. William T. Harris' *Journal of Speculative Philosophy* mit den Titeln: „*Questions concerning certain Faculties claimed for Man*", „*Some Consequences of Four Incapacities*" und „*Grounds of the Validity of the Laws of Logic*". Die vier Unvermögen [incapacities] sind die folgenden: 1. das der unmittelbaren Introspektion, 2. das Unvermögen, etwas zu erkennen, was nicht bereits durch eine vorausgehende Erkenntnis logisch bestimmt wäre; 3. das Unvermögen, ohne ZEICHEN zu denken, und 4. das Unvermögen, irgend etwas zu begreifen, was unerkennbar ist.

mung. Wenn ich meinen Kopf bewege, bekomme ich eine andere Wahrnehmung des Tintenfasses, und diese verschmilzt mit der vorigen. Was ich Tintenfaß ⟨die Erscheinung des Tintenfasses⟩ nenne, ist eine verallgemeinerte Wahrnehmung, eine Quasi-Schlußfolgerung aus Wahrnehmungen, vielleicht könnte man sagen: eine Photomontage von Wahrnehmungen. In diesem psychischen Produkt ist ein Element enthalten, das mir Widerstand leistet und von dem ich von Beginn an ein dunkles Bewußtsein habe. ⟨Damit wollte ich zum Ausdruck bringen, daß in meinem Bewußtsein etwas ist, das mir praktisch klarmacht, daß ich die Erscheinung unmittelbar nicht zum Verschwinden bringen könnte.⟩ Wenn ich daraufhin die Hypothese eines inneren Gegenstandes meiner Gedanken akzeptiere, dann gebe ich dem Bewußtsein des Widerständigen Raum und erkenne damit das Tintenfaß als externes Objekt an.[22] Später allerdings kann dies in Frage gestellt werden. Doch sobald ich dies tue, ⟨1.⟩ werde ich feststellen, daß das Tintenfaß mir zum Trotz dort erscheint. Wenn ich meine Augen abwende, ⟨2.⟩ werden andere Zeugen mir bestätigen, daß das Tintenfaß immer noch an seinem Platz steht. Wenn wir alle den Raum verlassen und die Sache aus unseren Gedanken verbannen, ⟨3.⟩ würde ein Photoapparat doch zeigen können, daß das Tintenfaß dort genau dasselbe wäre[23]: rund, glänzend, durchsichtig und mit demselben dunklen Stoff gefüllt[24]. So oder auch auf andere Weise läßt sich meine Auffassung bestätigen, daß diese Eigenschaften sind, was sie sind, und daß sie fortbestehen bei jeder Gelegenheit, bei der sie sich zeigen, gleichgültig was Du oder ich oder andere Menschen oder Generationen von Menschen darüber denken werden." Demgemäß erscheint die REALITÄT in den folgenden ZEICHEN: 1. in ihrer BEHARRLICHKEIT (in deren ZEICHEN ihre Lebendigkeit wiederum ein ZEICHEN ist), 2. in ihrer Selbigkeit für alle Zeugen, abgesehen von Unterschieden, die nur verstärkende Funktion haben, und 3. in ihren physikalischen Reaktionen; und die REALITÄT ist das, wovon diese ZEICHEN den Nachweis antreten; so daß wir nur fragen müssen, was sie nachweisen, und die Antwort auf diese Frage ist die DEFINITION der REALITÄT *einer* WAHRNEHMUNG.

Was die Zeichen nachweisen, und zwar so gründlich, wie irgendein TATBESTAND[25] nur nachgewiesen werden kann, ist dies, daß wirkliche WAHRNEHMUNGEN ihrer Qualität und ihrer Veranlassung nach TATSACHEN repräsentieren, die sich auf DINGE [Matter] beziehen, die unabhängig von den WAHRNEHMUNGEN selbst sind.

(*Anmerkung*[26]: Es sei mir ganz nebenbei gestattet, meine Genugtuung darüber zum Ausdruck zu bringen, daß jeder fachkundige Kritiker in mir einen Schüler von Berkeley[27] erkennen wird, obwohl ich dessen NOMINALISMUS gänzlich ablehne und seine Leugnung MATERIELLER DINGE, schon zu seiner Zeit schlimm genug, heutzutage lächerlich erscheinen muß; und sein Angriff auf die Vorstellung des Infinitesimalen ist Teil seines Nominalismus. Aber die WAHRHEIT des Berkeleianismus liegt darin, daß in seiner Philosophie – in der *Coenoscopie*, um Benthams großartigen Ausdruck aufzunehmen[28] – sich alles um den Begriff des ZEICHENS dreht; und so auch in seiner METHODEUTIK der NOOLOGIE. Für mich bleibt dabei keinerlei Zweifel, daß Berkeleys Auffassung der WAHRNEHMUNG als einer von Gott ausgehenden Offenbarung in diesem Punkt völlig korrekt ist. Denn ist die REALITÄT Gottes anerkannt, so ist jene Konsequenz nur eine Binsenwahrheit. Doch die WAHRNEHMUNG selbst gibt dies natürlich nicht ausdrücklich zu erkennen; noch kann sie so betrachtet werden, als enthalte sie eine ERKLÄRUNG, die Gott an den WAHRNEHMENDEN richte. Im Gegenteil, es handelt sich um ein einfaches ZEICHEN für – oder einen Hinweis auf – die EXISTENZ MATERIELLER DINGE. Was diese Voraussetzung angeht, von der ich meine, daß sie zu Berkeleys Philosophie notwendig hinzugehört ⟨obwohl *er* natürlich nicht dieser Auffassung war⟩: nämlich die Voraussetzung der REALITÄT Gottes, so sind die dafür gebräuchlichen und bekannten ARGUMENTE als solche LOGISCH GÜLTIG, wie schwach sie auch in einigen Fällen sein mögen; und das Heer der NOMINALISTEN, die dies bestreiten, ist in diesem wie in vielen anderen Beispielen von vernünftiger LOGIK weit entfernt, und das hauptsächlich wegen ihrer verkehrten METAPHYSIK. Der *stärkste* Beweis für das SEIN Gottes ist der folgende: Wer ernsthaft danach fragt ⟨und wer dies tut, muß zuerst vom NOMINALISMUS befreit worden sein, damit nicht länger die Geltendmachung von Gottes REALITÄT mit der Aussage, daß Gott EXISTIERT[29], verwechselt wird; denn damit – weil es sich um einen Widerspruch *in terminis* handelt – wird sich niemand, der bei klarem Verstand ist, auch nur für fünf Minuten befassen wollen⟩; wer wirklich über Gottes REALITÄT nachdenkt[30] und sie als reine Hypothese betrachtet – und wer dies nicht getan hat, ist nicht geeignet, sein Urteil abzugeben –, der wird tatsächlich an sich selbst entdecken, daß er gänzlich unfähig ist, die Hypothese in Zweifel zu ziehen; und das ist für ihn mehr als ein BEWEIS – es ist ein RATIONALER ZWANG[31]. Unterdessen gilt für alle, die diese Erleuchtung für sich selbst noch nicht erlangt haben: Die Zeugnisse dafür liegen zutage, Zeugnisse in erstaunlichem Umfang und überdies ganz unwidersprochen, wenn gilt, wovon ich überzeugt bin: daß alle ATHEISTEN auch NOMINALISTEN sind. Diese Zeugnisse sollten als Nachweis dafür akzeptiert werden, daß der Glaube an Gott ein natürlicher Instinkt ist, vergleichbar mit dem Instinkt, der die verschiedenen Insekten dazu anleitet, ihre Eier dort abzulegen, wo die Larven Futter im Überfluß finden werden ⟨obwohl die Muttertiere mit den Eiern keine experimentelle Erfahrung gemacht haben, es sei denn, sie erinnerten sich daran, selbst Eier gewesen zu sein; und in der Tat, selbst dies würde, für sich genommen, als Erklärung nicht ausreichen⟩. Es wäre nun gewiß der Gipfel der Torheit, solch einen natürlichen Instinkt in Zweifel zu ziehen. Und sicherlich, diese Überlegung sollte genügen, einen Nicht-Nominalisten, einen SCHOLASTISCHEN REALISTEN – fürchtet nur diesen Namen nicht! –, wenn er überhaupt an der Frage Interesse hat, ob Gott wirklich ist oder nicht, dazu zu bringen, es für sich selbst mit den Wirkungen des sorgfältigen Durchdenkens dieser Hypothese zu versuchen und etwa sechs oder sieben Prozent seiner Tageszeit sechs oder sieben Jahre lang dem ernsthaften Versuch mit diesem Experiment zu widmen. Die Übung nämlich ist es, die in jedem Fall von allen Freuden die wohltuendste sein wird. Siehe dazu meinen Beitrag für das *Hibbert Journal* im Oktober 1908.[32]

Eine weitere Überlegung wird bei dieser Abschweifung[33], die selbst schon aus dem Rahmen fällt, durchaus nicht fehl am Platze sein; nämlich die Beobachtung, daß alle LOGIK und alles SCHLUSSFOLGERN auf der Annahme beruhen, daß das UNIVERSUM, daß jedes UNIVERSUM, eine vernünftige Ordnung hat, der unsere VERNUNFT ähnlich ist. Dementsprechend bleibt nur noch zu untersuchen, ob diese UNIVERSALE VERNUNFT etwas ist oder repräsentiert, das auf angemessene Weise mit dem menschlichen GEIST[34] verglichen werden kann. Denn wir dürfen Gottesattribute[35] nicht anders prädizieren als so, daß wir sie in einem vagen und figurativen Sinne gebrauchen. Wenn Gott auch in einem Sinne intelligiblen Wesens ist, bleibt er trotzdem wesentlich unbegreiflich. Daher kann in der Tat gesagt werden, daß jeder von uns an Gott glaubt, und unser Trachten ist allein darauf gerichtet, wie wir dies auf weniger grobe Weise tun können – gewiß ein Gemeinplatz, der trotzdem der Erinnerung wert ist. Mir erschien es immer so, daß in den Jahren um 1875, als viele unserer Wissenschaftler sich gern „Agnostiker" nannten, gerade sie in Wahrheit zu denen gehörten, deren GLAUBE [Faith] an Gott am bestimmtesten war; und gerade weil dies sich so verhielt, haben sie selbst es nicht bemerkt. In ähnlicher Weise denke ich, daß so etwas wie ein in sich konsistenter NOMINALIST eine Unmöglichkeit ist. Und so gründet sich bei Pearson nach langer Diskussion alles auf einen NOMINALISMUS, der explizit behauptet, daß wir selbst es sind, die die NATURGESETZE hervorbringen, wenn er auch zuletzt anmerkt, daß er natürlich nicht die Verkettung von Ereignissen bestreitet.[36] Doch NOMINALISMUS – oder zumindest moderner NOMINALISMUS – besteht genau in der Lehrmeinung, daß das UNIVERSUM ein Haufen Sand ist, dessen Körner nichts miteinander zu tun haben; und zuzugestehen, daß es eine Verkettung gibt, bedeutet, daß es etwas gibt, das nicht INDIVIDUELL und von einer anderen Art REALEN SEINS ist als etwas INDIVIDUELL EXISTIERENDES. *Mais revenons à nos moutons.*)

Ich habe drei Wege aufgezählt, wie wir uns dessen versichern, daß unsere WAHRNEHMUNGEN REAL sind. Selbstverständlich sind viele Dinge REAL, ohne daß sie direkt wahrnehmbar wären. Berkeley selbst erkennt das an; denn für ihn sind Geist und menschlicher GEIST[37] REAL, ungeachtet seines *esse est percipi*. Im § 89 der zweiten Auflage seines *Treatise Concerning the Principles of Human Knowledge* gesteht er zu, daß zwischen den Dingen REALE RELATIONEN bestehen, und wie andere METAPHYSIKER erkennt er bei REALEN DINGEN den Unterschied zwischen SUBSTANZ und AKZIDENZ an (wie man es beispielsweise in den §§ 90, 91 desselben Werkes finden kann). Nun besteht der einzige Sinn, den man aus dieser von Aristoteles und anderen Philosophen vertretenen Unterscheidung herausholen kann, darin, daß die SEINSWEISE von Substanzen analog ist zur Funktion des SUBJEKTES in einem einfachen Satz wie *Sokrates ist sterblich*, so daß es immer dasselbe bleiben kann, obwohl seine AKZIDENTIEN, die dem Prädikat im Satz analog sind, sich völlig verändern oder vielleicht sogar ins Gegenteil verkehrt werden. Folglich kann die identische Substanz, der WIRKLICHE[38] Mensch Sokrates, der sterblich gewesen ist, jetzt vielleicht ein unsterblicher Geist sein. Was die Art der „Analogie" zwischen SEINSWEISE und BEDEUTUNGSWEISE angeht, so werde ich darauf weiter unten zurückkommen. Andererseits ist die SEINSWEISE von AKZIDENTIEN analog zum AFFIRMATIVEN PRÄDIKAT eines einfachen kategorischen Satzes, wie „sterblich" in *Sokrates ist sterblich*. Die alten Logikbücher nennen dies „natum dici de pluribus". Wie sich gleich herausstellen wird, gibt es gute Gründe, einen anderen Sprachgebrauch vorzuziehen; nämlich zu sagen, daß im Bezug darauf, wofür sie jeweils stehen, ein Adjektiv[39] oder ein gewöhnlicher Name in der Einzahl (besonders in Verbindung mit dem unbestimmten Artikel) ‚INDEFINIT' sind. Indefinitheit beinhaltet wesentlich[40] ein *Sein-Können*; ‚ein Mensch' ist immer nur ein Mensch; aber es *kann* dieser, es *kann* jener, es *kann* jeder der Reihe nach *sein*. Die charakteristische Besonderheit des Sein-Könnens besteht nun darin, daß es ein *Nicht-Sein-Können* impliziert. Was aber die Prädikate betrifft, die wirklich von dem prädiziert werden können, was ein Adjektiv oder ein gewöhnlicher Name im Singular BEZEICHNEN [Denote] oder wofür sie stehen – das, für dessen direkte Wahrnehmung die Äußerung als Ersatz bestimmt ist –, so haben einige von diesen Prädikaten eine stärkere „MODALITÄT" als die des Sein-Könnens. Die Geburt eines MENSCHEN in der vollen Lebenskraft eines MANNES und einer FRAU ist beispielsweise ein *Sein-Müssen*, und ein Mensch MUSS eine Wirbelsäule haben, die seinen Körper in zwei Hälften oder Felder teilt; und er IST wirklich (ohne *Sein-Müssen* oder die Negation des Prädikats einzuschließen, wie es für reines *Sein-Können* charakteristisch ist) auffällig behaart, allerdings nur partiell und an manchen Stellen nur rudimentär; und er IST grammatikalisch geordneter Sprache fähig, IST ein Anwender von Werkzeugen oder IST Mitglied einer Stammesgemeinschaft, die meist diese Fähigkeiten besitzt. Doch weitaus die Mehrzahl der wahren Prädikate eines INDEFINITEN Subjektes sind bloße Prädikate des Sein-Könnens. Deshalb ist es zutreffend zu sagen, daß das INDEFINITE nicht dem SATZ VOM WIDERSPRUCH unterliegt. Diese Feststellung wird bei den NOMINALISTEN auf Widerspruch stoßen; doch jedes Argument dagegen wird nur dazu dienen, die Richtigkeit dieser Feststellung zu unterstreichen. Denn ich sage nicht, der SATZ VOM WIDERSPRUCH sei im Falle von INDEFINITEM[41] *falsch.* Das wäre nicht möglich, ohne hierauf genau das anzuwenden, was ich gerade bestreite. Ein Argument gegen das, was ich behaupte, daß nämlich der SATZ vom WIDERSPRUCH nicht anwendbar ist auf ‚Ein Mensch', kann nur darauf hinauslaufen, daß – wenn gilt: ‚Ein Mensch ist groß' und ‚Ein Mensch ist nicht groß' – *dieser* Mensch, während er groß ist, nicht zugleich nicht-groß sein kann. Das ist wahr; und das ist es, was ich meine, wenn ich es ablehne zu sagen, der SATZ VOM WIDERSPRUCH sei *falsch* im Falle von ‚Ein Mensch'. Wenn der Satz aber für die Aussage gilt, daß der große Mensch nicht zugleich nicht-groß sein kann, so ist hier die Rede von einem *existierenden* Menschen, also nicht von INDEFINITEM, sondern im Gegenteil von einem bestimmten Menschen und keinem anderen. Die Lehre des Aristoteles bezüglich der Kontingenz zukünftiger Ereignisse[42] entspricht vollkommen der korrekten LOGIK. In Fragen der METAPHYSIK sagt sie allerdings gar nichts. Alles, was aus ihr folgt, ist dies: Wenn es noch nicht feststeht, ob ich morgen eine bestimmte Handlung ausführen werde oder nicht, dann ist alles, was gesagt werden kann, dies: Ich ‚kann' – wobei ‚kann' einfach als das Futur von ‚mögen'[43] verstanden wird; und wenn dies so gesagt und so verstanden wird, daß die Zukunft in dieser Hinsicht INDEFINIT ist, das heißt, daß *nicht mehr* als ein ‚Sein-Können' in diesem Falle wahr ist, dann ist darin notwendigerweise eingeschlossen, daß ich diese Handlung auch unterlassen kann; das heißt, ich kann sie nicht-tun (im Gegensatz zu ‚Ich *kann* sie *nicht*[44] tun', wobei die Negation nicht auf ‚tun', sondern auf ‚können' bezogen wird).[45] (Dies hat, positiv oder negativ gesehen, nichts zu tun mit der Frage des DETERMINISMUS, denn dabei geht es um eine METAPHYSISCHE Lehre. Und während ich gewiß nicht an den DETERMINISMUS als ABSOLUTE Lehre glaube, bin ich doch entschieden der Auffassung, daß das Was und Wie unseres Denkens von Gehirnzellen abhängt, die nach mechanischen Gesetzen funktionieren; weit mehr jedenfalls, als wir im Akt des Denkens vermuten würden. Es ist nun denkbar, daß stufenweise, organisiert durch diese mechanischen Gesetze und die materiellen Gegebenheiten des Gehirns, die Seele zu solcher Substantialität wächst, daß sie mehr oder weniger fortgesetzt existieren und denken kann, auch wenn ihr Lebensfaden zerschnitten ist. Solch ein semi-idiotisches Nachleben, wie es sich in der Kommunikation mit Medien[46] zu manifestieren scheint, ist keine begeisternde Aussicht; doch nichts könnte das Maß unserer Sehnsucht so sehr erfüllen wie ein Wissen darum, daß unser Schicksal vom HERRN des UNIVERSUMS bestimmt ist.) Um zur LOGIK zurückzukehren: Wenn es keine Verletzung des SATZES VOM WIDERSPRUCH darstellt, daß ich eine bestimmte Handlung ausführen oder nicht-ausführen kann (und es wäre in der Tat völlig grundlos, durch die Behauptung, dieser Fall sei eine solche Verletzung, nun den SATZ VOM WIDERSPRUCH als falsch hinzustellen), dann folgt daraus, daß der SATZ VOM WIDERSPRUCH auf den MODUS des Sein-Könnens nicht anwendbar ist; denn dieser Fall hat die größte Nähe zum Widerspruch, die von zwei Sätzen im MODUS des Sein-Könnens nur erreicht werden kann (während es sich in dem Fall, daß ich eine Handlung *nicht* ausführen *kann*[47], nicht um ein Sein-Können, sondern um das Sein-Müssen der Negation handelt). Gewöhnliche Namen und Adjektive sind von den LOGIKERN immer als ALLGEMEIN oder UNIVERSAL bezeichnet worden, allein wegen ihrer Eigenschaft „*apta nata praedicari de pluribus*", ohne daß dabei beachtet wurde – was ein grober Fehler war –, daß die Worte „*apta nata*" sie ausdrücklich als INDEFINITE Größen oder solche des Sein-Könnens klassifizieren. In Wahrheit ALLGEMEIN ist ein *Was-auch-immer-sein-sollte* oder ein *Wann-auch-immer-da-sein-sollte*, das seine ALLGEMEINHEIT weitergeben wird an ein darauf folgendes *Würde-sein* oder *Würde-da-sein*.[48] Gerade so wie der SATZ VOM WIDERSPRUCH nicht anwendbar ist auf das, was als ein Sein-Können behauptet wird, so ist der Satz vom ausgeschlossenen Dritten nicht anwendbar auf ein Würde-Sein.

Ich habe von SEINSMODALITÄTEN gesprochen, die den BEDEUTUNGSMODALITÄTEN[49] *analog* sind, und Sie werden fragen – Sie, verehrter LESER, Euer Ehren, dessen VERNUNFT der Gerichtshof ist, vor dem ich meinen Einspruch erhebe –, Sie werden mich fragen, worin denn diese „Analogie" besteht, von der die Rede ist. Ich will darauf antworten. Doch es ist keine leichte Sache, eine dermaßen abstrakte Relation exakt zu DEFINIEREN oder auch nur zu beurteilen, ob die DEFINITION korrekt ist oder nicht. Aus diesem Grund wird es am besten sein, mit dem Nachweis zu beginnen, daß solche Analogien existieren. Höchstwahrscheinlich ist sich jeder dessen schon wohl bewußt, und wenn nicht, so wird es durch Beispiele überwältigend deutlich werden. Sie werden sehen, so wie es im Mittelalter wohl bemerkt wurde, als die MODALlehre den wichtigen Stellenwert in Abhandlungen zur LOGIK einnahm, der ihr zukommt und den sie weiterhin einnehmen würde, wäre sie nicht in unseren modernen Lehrbüchern fallengelassen worden; denn sie verlangt Denkanstrengungen von einer Qualität, die bei modernen LOGIKERN, einer Truppe, die sich aus erfolglosen Predigern und Leuten von ähnlicher intellektueller Auffassungsgabe rekrutiert, wohl gefährliche Verletzungen des Denkvermögens verursachen könnte – Sie werden sehen, so wie es in jenen Tagen, als Logik mit unbedingtem Ernst betrieben wurde, immer schon in Geltung stand: Daß die MODI der BEDEUTUNG in erster Linie nicht die PRÄDIKATE VON SÄTZEN und noch weniger deren SUBJEKTE, sondern die KOPULA modifizieren, die Verbindung von beidem, den SATZ, insofern er etwas behauptet. Nun ist eine zusammengesetzte SPRACH- oder GEDANKENFORM, wie sie in einem SATZ vorliegt, *analog* zu dem, was in ihm behauptet wird und selbst aus ähnlichen Elementen zusammengesetzt ist. Mit anderen Worten: Ein SATZ ist analog zu einer TATSACHE. Ein SATZ ist einerseits bezogen auf das SUBJEKT, *worüber* er *spricht*, und auf das PRÄDIKAT, das er von diesem SUBJEKT aussagt; und zwar in genau der Weise parallel, wie die TATSACHE selbst, die darin

Analogie

zum Ausdruck kommt, bezogen ist auf das DING, das vom SUBJEKT BENANNT wird, und auf die Qualität, die Handlung oder die Relation, die sie BEZEICHNET[50]; was dagegen in der KOPULA behauptet wird, ist in ähnlicher Weise parallel zum lebendigen SEIN der TATSACHE. Dies ist die Hauptanalogie; und zusammen mit ihr besteht in jedem Fall eine Analogie zwischen der TATSACHE und dem Sein-Können, der WIRKLICHKEIT oder dem Würde-Sein[51] der KOPULA. Die SUBSISTENZ des DINGES, die EXISTENZ der abstrakten ZUSTANDSFORM [State of things] und die WIRKLICHKEIT (vergangen oder zukünftig) der TATSACHE sind analog und korrespondieren in dieser Reihenfolge mit der ISTHEIT des SUBJEKTS, dem PRÄDIKAT und der KOPULA. Die *Mobilität* einer Masse im physikalischen Sinn ist analog zum Sein-Können eines PRÄDIKATES. Ein geometrischer PUNKT, eine LINIE oder OBERFLÄCHE sind analog zum Sein-Können eines SUBJEKTS. Eine wirkende KRAFT ist analog zum SUBJEKT eines Würde-Seins, ein NATURGESETZ ist analog zur KOPULA oder zum SATZ eines Würde-Seins, und seine genaue unmittelbare Wirkung ist analog zum PRÄDIKAT eines Würde-Seins. Diese Analogien drängen sich jedem, der nur nachdenken will, geradezu auf.

Doch ich hatte versprochen, die Analogie ZU DEFINIEREN. Das wird einfacher sein, wenn wir zunächst untersuchen, wie wir uns der Analogie überhaupt bewußt werden. Die Antwort, die darauf gegeben werden kann, hängt allerdings vom jeweils gewählten METAPHYSISCHEN SYSTEM ab – genauer gesagt, von den GRUNDSÄTZEN der als gültig angenommenen Erkenntnislehre[52]. Nach Kant, oder – weil seine Aussagen recht INDEFINIT sind – gemäß Seite 80 der ersten Auflage[53] der C. d. r. V.[d], haben unsere gewöhn-

[d] *Critik der reinen Vernunft*. Auf der Titelseite schreibt er „Kritik" mit C; und diese Schreibweise war die angemessenere, denn Kant hatte dieses Wort dem Englisch Lockes entlehnt. Es meint die Wissenschaft (oder die *Kunst*, im alten Sinne der „artes") der Kritik; und die angemessene Übersetzung des ganzen Titels ist *Critic of the Pure Rea-*

lichen Gedanken, die sich auf Gegenstände der ERFAHRUNG beziehen, die Form von SÄTZEN; und folglich übertragen wir auf das OBJEKT, an das wir denken, BEGRIFFE, die im Grunde die verschiedenen MODI der BEHAUPTUNG repräsentieren; und so schreiben wir jedem Zustand der Dinge, den wir denken, entweder MÖGLICHKEIT, WIRKLICHKEIT oder NOTWENDIGKEIT zu, obwohl es keinen Grund für die Annahme gibt, daß diese Unterscheidung im SEIN des GEGENSTANDES selbst – dem *Ding an sich* – zu finden ist. Was dies betrifft, so können wir so oder so nichts darüber wissen. Doch jene Begriffe sind gültig für das OBJEKT experimentellen Denkens, weil dieses OBJEKT selbst Produkt des Denkens ist. Daß es sich so verhält, begründet Kant auf drei unterschiedlichen Wegen, und zwar in den beiden Auflagen der C. d. r. V. und in seinen *Prolegomena zu einer jeden künftigen Metaphysik, die als Wissenschaft wird auftreten können*, 1783[e], die zwischen den beiden ersten Auflagen der C. d. r. V. veröffentlicht wurden.

Aristoteles, der nun wirklich ein Grieche war, machte keine dieser beiden auf die Sinne bezogenen[54] Unterscheidungen, weder die zwischen SEIN und ERKANNT-sein, noch die zwischen DENKEN und AUSDRUCK; und weil er schrieb, noch bevor der Begriff der GRAMMATIK eingeführt war, bezog er seine KATEGORIEN offensichtlich aus den Bestandteilen der Rede und betrachtete jene ersichtlich als dieselben BEGRIFFE, ob sie nun auf Worte oder Dinge angewendet wurden, und hielt sie fraglos für „objektiv gültig".

Verehrter LESER, ich werde jetzt vortragen, wie es sich in Wahrheit verhält, und ich werde tun, was in meiner Kraft steht, um Ihnen zu der Einsicht zu verhelfen, daß dies

son. Der Artikel sollte nicht weggelassen werden, denn eine Kritik der Vernunft selbst wäre absurd. Es sind allein die menschlichen Fähigkeiten, die Kant kritisiert: und schon dies ist anspruchsvoll genug.

[e] Um zwei Dutzend Silben zu sparen, könnte man diese Schrift kurz *Prozejkmdawwak* nennen.

auch die Wahrheit *ist.* Mit Hilfe eines Vorgehens, das ich „Logische Analyse“ nenne, will ich zeigen, daß es gerade drei – und nicht mehr – wesentliche Elemente in jedem einzelnen Erkenntnisvorgang gibt; und obwohl zwei von diesen dreien weiter unterteilt werden können, stehen doch die Unterarten keineswegs auf der gleichen Ebene. Der LESER wird bemerken, daß dies trotz meiner Erläuterungen sehr viel tiefes Nachdenken[55] verlangt. Ich selbst hatte, unterstützt durch Kant und andere Autoren, es nicht allzu schwer herauszufinden, daß es diese drei Elemente gibt und wie sie annäherungsweise beschaffen sind. Drei Jahre hindurch hatte ich diese Fragestellung unablässig, Tag und Nacht, vor Augen, und das war mehr als genug. Um meine Vorstellungen aber präzise darstellen zu können, habe ich dreimal so lange gebraucht; wobei ich mich allerdings mit diesem Thema nur gelegentlich befaßt und es absichtlich zweimal für ein Jahr und einmal für drei Jahre fallengelassen habe; und nach alldem hat der Prozeß, mich selbst davon zu überzeugen, daß diese Sache keine Täuschung, sondern eine abgesicherte und ausgesprochen dichte Approximation darstellt, wesentlich mehr Anstrengung erfordert als alles andere und vielleicht doppelt so viel Zeit verlangt, wie ich zuvor dafür hatte aufwenden müssen. Denn obwohl ich bereit bin, wenn es das Unglück so will und es die Umstände von mir fordern, meine sonst von keinem geteilte Auffassung gegen den Protest von Millionen zu verteidigen – und ich hätte wenig Achtung vor einem Menschen, der nicht so handeln würde –, so werde ich doch kein Wort sagen, das bestritten werden kann, bevor ich nicht die möglichen Gegenargumente vollständig übersehe und ganz sicher bin, daß ich die Fragestellung *von jeder Seite* und *sehr viel* tiefergehend behandelt habe als all die, die von einer anderen Position aus argumentieren; und das ist auch der Grund, warum ich so wenig publiziert habe. Ohne Zweifel findet sich in meinen Schriften eine Fülle von kleineren Fehlern; doch aus gutem Grund bin ich davon überzeugt, daß ihre wichtigsten Punkte durch mich selbst zum Gegenstand von strengeren Untersuchungen gemacht wurden, als dies [von anderer Seite] der Fall gewesen ist und noch für etwa eine Generation voraussichtlich der Fall sein wird. Ich sage dies alles nicht, daß es als *succedaneum* für eine rationale Argumentation genommen würde, sondern um den LESER davon zu überzeugen, daß er seine Kräfte nicht an die Phantasien eines Müßiggängers verschwendet, wenn er sich die Mühe macht, sorgfältig die Berechtigung dessen zu prüfen, was ich vortragen werde. Und ich darf wohl darauf verweisen, daß ich zu ganz unterschiedlichen und gut ausgebildeten Wissenschaften, in denen kritisches Urteilsvermögen außer Zweifel steht, meine Beiträge geleistet habe. Mein Hauptmotiv war dabei immer, meine Fähigkeiten im logischen Denken zu verbessern und zu testen; und wenn davon auch nichts von herausragender Bedeutung gewesen sein sollte, so sind doch meine Arbeiten allgemein als solide Diskussionsbeiträge anerkannt worden. Bei einem Treffen der führenden Geodäten Europas, 1875 in Paris[56], zu dem ich eingeladen war, wurde ich in aller Öffentlichkeit vom Präsidenten, General Ibanez, gebeten, meine Auffassung über die Bestimmung der absoluten Beschleunigung der Gravitation – was damals in Angriff genommen wurde – vorzutragen. Daraufhin sah ich mich zu der Antwort gezwungen, daß sie nach meiner Überzeugung einem beständigen Fehler ausgesetzt sei, etwa hundertmal größer als der, der entsprechend der Schwingungselastizität des Messingdreifußes mit Pendel für wahrscheinlich gehalten wurde. Dieser Gedanke war meinen Zuhörern neu, und damals wurde wenig dazu gesagt. Denn Wissenschaftler, wie sie es nun einmal waren, sprechen nicht in der Öffentlichkeit, wenn sich ihre Auffassungen nicht durch genaue Beobachtungen belegen lassen. Doch im nächsten Jahr, während des Treffens in Brüssel[57], berichteten drei der führenden Fachleute von Experimenten, die sie durchgeführt hätten und durch die sie zu der Überzeugung gekommen wären, daß „unser amerikanischer *confrère*" – ja, eine Ente in die Welt gesetzt hätte. Ich erhielt die Nachricht von diesen Äußerungen gerade zu dem Zeitpunkt, als ein drittes Treffen dieser Gruppe – der *Europäischen Gradmessung*[58] oder der Staatlichen Landvermessungsgesellschaften in Europa – bevorstand und in Stuttgart[59] stattfinden sollte. Ich habe sofort bei meinem Vorgesetzten, dem Superintendenten des *Coast and Geodetic Survey*[60], eine Beurlaubung beantragt, um an diesem Treffen teilzunehmen und dort zu verteidigen, was zuvor nur wenig mehr als eine wohlbegründete Auffassung gewesen war, was durch weitere theoretische Analyse und Messungen sich aber in sicheres Wissen verwandelt hatte. Doch der Superintendent war durch die besondere Autorität derer, die sich gegen meine These ausgesprochen hatten, so eingeschüchtert, daß ich nicht in die Lage gekommen wäre, bei diesem Treffen zu erscheinen, hätte ich meine Zuflucht nicht bei einem *Trick* genommen: nämlich durch eine Notiz, die ich auf der Redaktionsseite der New Yorker Tageszeitung unterbringen konnte, die in Washington den größten Einfluß hatte; und dort hieß es, es sei unbedingt nötig, daß *irgendein* Beamter vom Coast Survey zu diesem Treffen beordert würde. Am folgenden Tag bekam ich nicht die Erlaubnis, sondern telegraphisch den *Befehl*, an diesem Treffen teilzunehmen; und nachdem ich über meine Analyse und meine Experimente genau berichtet und meine Aufzeichnungen vorgelegt hatte, erhoben sich meine drei bisherigen Gegner, einer nach dem anderen, und erkannten ohne Vorbehalte an, daß ich recht hatte; denn sie waren WISSENSCHAFTLER auf der Suche nach Wahrheit und wollten nicht Ruhm für sich selbst.

Ich muß allerdings einräumen[61], daß es in der Wissenschaft auch Forscher gibt, die nicht eigentlich „WISSENSCHAFTLER"[62] genannt werden können, wenn darunter die verstanden sein sollen, die in ihrer Forschung die WAHRHEIT dem eigenen Ruhm vorziehen. So habe ich 1882 einen Beweis dafür geliefert, daß die „Lineare Assoziative Algebra“[63] meines Vaters in der Form von MATRIZEN vorgetragen werden kann. Um sicher zu gehen, habe ich das Wort „MATRIX“ nicht benutzt, denn als nicht-professioneller Mathematiker war ich mit der MATRIZENlehre in keiner Weise vertraut, wie sie 1858 durch Cayley[64] in einer unter Mathematikern berühmten Abhandlung bekannt gemacht wurde. Doch durch meine Studien der RELATIONENLOGIK war ich zu genau demselben Gedanken geführt worden; und was ich nachgewiesen hatte, habe ich in dem Satz zum Ausdruck gebracht, daß jede Lineare Assoziative Algebra „in die FORM VON RELATIVEN gebracht werden kann“.[65] Mein Beweis war von größter Einfachheit und Direktheit, und ich habe nie von irgend jemandem gehört, der seine Richtigkeit in Frage gestellt hätte – mit Ausnahme des berühmten Algebraisten Jacob Joseph Sylvester.[66] Er muß vermutet haben, daß mein Beweis eine seiner Entdeckungen, von deren Bedeutung viel die Rede war, als von nur sehr begrenztem Wert erscheinen lasse. Er erklärte immer wieder, er sei außerstande zu erkennen, daß ich meinen Satz überhaupt bewiesen hätte; und die Schwierigkeit bestand nicht darin, daß er nicht gesehen hätte, daß meine „FORMEN VON RELATIVEN“ ganz einfach Matrizen waren. Denn als er mich einmal fragte, was sie denn wären, und ich es erklärt hatte, war er ungehalten, so als ob ich mich eines Plagiats schuldig gemacht hätte, und wetterte: „So, sie sind nichts als Matrizen.“ Hätte er gesagt, daß ich den Beweis meines Satzes nicht erbracht hätte und ihn auch nicht erbringen könnte, weil es sich um eine Binsenweisheit handelte, dann wäre etwas Richtiges an seiner Kritik gewesen; und tatsächlich, als der Beweis zum ersten Mal nach der Vorlage eines Briefes[67], den ich an meinen Vater geschrieben hatte, abgedruckt wurde, war das eine Darstellung, die ein paar Worte zur Erklärung verlangte[68]. Doch Sylvester konnte nie dazu gebracht werden, dem Beweis seine Zustimmung zu geben (solange er in Amerika blieb; und ich habe keinen Grund zu der Annahme, daß sich seine Position in dieser Sache jemals geändert hat)[69]. Der Beweis ist so einfach – jedes Stück an ihm ist so schlicht wie die *Pons asinorum* –, daß ich ihn hier wiederholen werde; denn ich bin sicher, der LESER ist kompetent genug, ihn zu beurteilen. Dazu muß ich allerdings zuerst erklären, worum es sich bei Linearer Assoziativer Algebra handelt, was eine ALGEBRAISCHE MATRIX und was meine „FORMEN VON RELATIVEN" sein sollen.

Eine Lineare Assoziative Algebra wird am besten zu bestimmen sein, nachdem einige der Dinge beschrieben wurden, die zu ihr gehören. Sie enthält in jedem Fall mehr als eine „EINHEIT"; sie kann mit Sicherheit jede endliche MENGE VON EINHEITEN enthalten, und ich habe keine Vorstellung, wieviele das sein werden. Obwohl es sich immer nur um EINHEITEN handelt, sind nicht zwei von ihnen – innerhalb derselben Algebra – GLEICH; nicht mehr, als ein Dollar einer Stunde oder einem Avoirdupois-Pfund[70] GLEICH ist; oder nicht mehr, als zwei unterschiedlich gestaltete Dreiecke, obwohl sie von GLEICHER *Fläche* sind, in der Geometrie GLEICH genannt werden. Denn obwohl sie eine EINHEIT darstellen, haben sie jeweils einen anderen Charakter. Die Eigenschaften[71], durch die sie sich voneinander unterscheiden, sind allerdings gänzlich INDEFINIT[72], und das gilt jenseits der Tatsache, daß sie verschieden sind, und jenseits ihres Verhaltens als MULTIPLIKATOREN und MULTIPLIKANDEN, was ich sofort erklären werde. Was meinen Gebrauch des Wortes „INDEFINIT" betrifft, so benutze ich es vor allem zur Bezeichnung einer bestimmten Weise, in der ein ZEICHEN sich auf ein OBJEKT beziehen oder es indizieren kann; wobei das ZEICHEN für ein OBJEKT steht oder es REPRÄSENTIERT. Doch darüber hinaus verwende ich das Adjektiv „INDEFINIT", um einen bestimmten SEINSMODUS VON OBJEKTEN zum Ausdruck zu bringen, so wie sie für sich selbst zu verstehen sind und ohne auf irgendeine RELATION ZU ANDEREN Objekten Rücksicht zu nehmen, ausgenommen die RELATION DES ANDERSSEINS als sie. Ich nenne ein ZEICHEN „INDEFINIT", wenn es nicht jedes EINZELNE OBJEKT, das es BEZEICHNET, unterscheidet von jedem anderen, das es nicht oder auf andere Weise BEZEICHNET[73]. Insofern ist jeder SATZ ein ZEICHEN; und der SATZ: „Kain tötete seinen Bruder Abel", oder dessen genaues Äquivalent: „Abel wurde von seinem Bruder Kain getötet", ist ein DEFINITES ZEICHEN. Doch der SATZ: „Einer der Brüder Kain und Abel tötete den anderen", ist INDEFINIT, obwohl alle drei Sätze dasselbe Paar von OBJEKTEN, Kain und Abel, bezeichnen. Jedes nicht-relative ZEICHEN BEZEICHNET ein EINZELNES OBJEKT; jedes RELATIVE ZEICHEN bezeichnet eine Sammlung von EINZELNEN OBJEKTEN; jedenfalls so, wie sich mir die Sache darstellt. Der SATZ: „EINIGE Erbsen sind grün", ist genau äquivalent zu: „EINE grüne Erbse ist anders als EINE [andere] grüne Erbse"[74]; denn „eine" impliziert die EXISTENZ zu einer bestimmten Zeit. Der Satz ist also auch äquivalent zu: „Es gibt eine Erbse, die einer anderen darin ähnlich ist, grün zu sein."

Ich beginne nun mit einem Abschnitt, der – wenn es dem LESER so gefällt – einstweilen übersprungen und später gelesen werden kann. Denn daß dieser Abschnitt hierher gehört, dafür gibt es keine zwingenden Gründe, und ich würde ihn gewiß auslassen, wenn ich nicht ganz sicher wäre, daß manche der LESER, an denen ich nun allerdings größtes, um nicht zu sagen leidenschaftliches Interesse habe, über einige Fragen unschlüssig sein werden; wenngleich also diese Dinge nicht unbedingt hierher gehören, könnten entsprechende Zweifel doch zu Ungeduld, Murren und Widerstreben verleiten, und zwar gerade bei den LESERN, die gänzlich unparteiisch und dafür offen sind, sich überzeugen zu lassen, und die deshalb auch zur gründlichsten Kritik fähig sind. So will ich diesen Abschnitt einfügen, und der LESER mag ihn nach Belieben aufnehmen.[75] Für alle, denen dieser Artikel etwas bedeutet, wird auch diese Fragestellung von Bedeutung sein … Man begegnet häufig dem Argument, daß eine vorgegebene Teilung (von welcher Art sie auch sein mag) als künstlich oder „subjektiv“ zu gelten habe und daß es keine reale Vielheit von Teilen in einem gerade in Betracht gezogenen Ganzen gäbe. Denn wenn man versucht, eine Linie zu ziehen oder eine Grenze zwischen zwei fraglichen Teilen zu bestimmen, so wird man feststellen, daß es offenbar nicht den geringsten Grund gibt, die Linie an dem einen und nicht an verschiedenen anderen Orten zu ziehen; manchmal sogar keinen Grund, sie an irgendeinem Ort eher zu ziehen als an *irgendeinem* anderen. Dieses Argument ist nicht nur sehr allgemein und weit verbreitet, es wird zudem von fast allen für äußerst überzeugend gehalten, vielleicht sogar für einen absolut zwingenden Beweis. Ich will nun zeigen, daß dieses Argument – für sich genommen und ohne Unterstützung durch andere Überlegungen – sich nicht nur weniger schreckenerregend darstellt, als es seinem Ruf entspricht, sondern absolut jeder Bedeutung entbehrt. Zuerst einmal ist es kein INDUKTIVES, sondern ein syllogistisches Argument. Es kommt nicht dadurch zustande, daß alle Einzelfälle gesammelt werden, die man ermitteln kann und die als unterschiedliche Arten von Teilen erscheinen, während es doch offensichtlich keinen Grund für die Bestimmung von Trennungslinien in genau der einen und keiner anderen Weise gibt; und wenn dann eine andere und bei weitem zuverlässigere Methode vorliegt – und das in einer großen Vielfalt von Fällen, die auf diese Weise zusammengebracht wurden –, um festzustellen, ob es eine REALE oder eine nur künstliche Vielheit von Teilen gibt, so wird sich nach der Anwendung dieser Methode herausstellen, daß entweder in allen oder in der großen Mehrzahl von Fällen dieser Art die beabsichtigte Teilung illusorisch ist. Ganz offensichtlich kommt es auf diese Weise zu keiner Unterstützung für das Argument. Um was für eine Art von Argument handelt es sich dann? Wir haben es mit dem eigentlichen Wesen des INDEFINITEN zu tun, und zwar in dem folgenden Syllogismus:

Nichts INDEFINITES ist REAL.
Andererseits sind Teile, deren Grenzen nicht an einem bestimmten Ort sind, INDEFINIT.
Ergo, Teile, deren Grenzen nicht DEFINIT sind, sind KÜNSTLICHE Teilungen.

Weil es sich um ein syllogistisches Argument handelt, muß es schon als ganzes zwingend sein, wenn es nicht vollständig scheitern soll. Der Obersatz ist METAPHYSISCHER Natur, und METAPHYSIK ist immer eine ziemlich unsichere Stütze für die LOGIK. Denn wie läßt sich dieser OBERSATZ beweisen? Es handelt sich um den einen der beiden SÄTZE, aus denen die Lehre des NOMINALISMUS besteht. So gesehen hat der SATZ aller Wahrscheinlichkeit nach das volle Vertrauen des LESERS, bewirkt durch die Kraft einer seit den letzten vier Jahrhunderten und länger universal geltenden Tradition. Doch ich bitte meinen LESER, mir zu sagen, woher wir denn wissen, daß *alles* INDEFINITE KÜNSTLICH ist? Das ist eine ebenso wichtige oder beinahe ebenso wichtige Frage wie die, die das Universum uns aufgibt; und Sie und ich, wir wollen doch herausfinden, was in dieser Sache WIRKLICH WAHR ist; und selbstverständlich haben wir uns dabei vorgenommen, alle Vorurteile, alle Traditionen und alle Autoritäten beiseite zu lassen, die bei Fragestellungen wie dieser nicht mehr wissen können als Sie und ich. Es gibt keine Spezialisten für METAPHYSIK; denn diese Wissenschaft argumentiert von den Phänomenen her, die von allen Menschen in gleicher Weise gewußt werden. Aus diesem Grunde hat Jeremy Bentham, Euer CO-NOMINALIST und ein großer Denker, die METAPHYSIK als „COENOSCOPIE" bezeichnet. Woran liegt es dann, daß Sie und ich, die wir in dieser Sache mit dem gleichen Ernst herausfinden wollen, was WIRKLICH WAHR ist, daß wir diesen Gegenstand so unterschiedlich beurteilen? Wenn wir das herausfinden könnten, ließe sich vielleicht ein Weg zur Verständigung finden.[76]

[ ] er [Berkeley] ausdrücklich (*Op. cit.* § 91) in seinem

Festhalten an der Aristotelischen Lehre gibt, doch er vertrat die Auffassung, daß sie [sc. reale Relationen] „in keiner anderen Substanz existieren können als in jenen unausgedehnten unteilbaren Substanzen oder *Geistern*, welche handeln und denken und sie perzipieren".[77] Er hätte sagen sollen, daß AKZIDENTIEN ihrerseits SEKUNDÄRE AKZIDENTIEN haben, die seiner Theorie gemäß Gedanken darstellen, die wiederum Teile von Gedanken sind. „Die Zeit", sagt Berkeley (*Op. cit.* § 98), ist „nichts", und „wenn wir absehen von der Ideenfolge in unserem Geist, so folgt, daß die Dauer eines endlichen Geistes nach der Zahl der Ideen oder Handlungen abgeschätzt werden muß, die einander in eben diesem Geist oder Gemüt folgen. Hieraus ist eine offenbare Konsequenz, daß die Seele immer denkt". Weil es darum geht, was WIRKLICH [Real] wahr ist, und Wahrheit in dieser Weise aus einer bloßen DEFINITION zu deduzieren beweist, daß die DEFINITION tatsachenbezogen konzipiert wurde, liegt insofern ein Fehler vor. Berkeley fährt fort: „und in der Tat wird ein jeder, der in seinen Gedanken oder durch Abstraktion die *Existenz* eines Geistes von dessen *Denken* abzusondern unternimmt, den Versuch, wie ich glaube, nicht leicht finden." Wahr ist, daß dies keine einfache Aufgabe für einen NOMINALISTEN ist, denn sein Denken läßt nur SINGULARITÄTEN als REALES SEIN gelten. In der Konsequenz meint *Denken* also *Vorstellen*, und der NOMINALIST versteht dies – nun gänzlich verkehrt – so, als würden ihm die in jeder Hinsicht schon bestimmten Objekte zur Betrachtung übermittelt. Demnach könnte sich kein Junge ein Pferd wünschen, außer er wünschte es sich von genau dieser Farbschattierung, genau diesem Gewicht, genau auf die Unze, das Alter und den Tag etc. etc. Wer aber anerkennt, daß es einen MODUS der EXISTENZ gibt, der analog ist zum MODUS des WISSENS und den wir ERWARTUNG nennen, das heißt: künftige EXISTENZ; und wer anerkennt, daß es einen anderen MODUS der EXISTENZ analog zu dem des WISSENS gibt, den wir ERINNERUNG nennen, das heißt: vergangene EXISTENZ;

und wer weiterhin anerkennt, daß es neben dem MODUS des SEINS, den wir EXISTENZ nennen, noch zwei weitere gibt, der eine davon ist der des *Würde-Seins* oder des Gesetz-Seins, der andere dagegen der des *Sein-Könnens* [ ]

11. Logische Critique des religiösen Glaubens* (1911)

Eine logische Kritik der Artikel des religiösen Glaubens.[+1]

§ 1. Ich habe erhebliche Zweifel, ob Menschen, die ihr ganzes Leben in den Dienst wissenschaftlicher Forschung stellen, sich im allgemeinen oder im Durchschnitt gesehen durch eine charakteristisch eigene Meinung in Sachen Religion auszeichnen, die unterscheidbar wäre von der anderer Menschen, die mit solchen Gedanken umgehen. Denn der wirkliche Wissenschaftler neigt nicht dazu, eine Meinung einfach kundzutun oder auch nur zu übernehmen, bevor er sich in einer Sache – und wenn möglich aus eigener Erfahrung – auskennt; erst dadurch wird das Gespräch mit anderen, die dieses Wissen nicht haben, lohnend. Doch natürlich hört man in wissenschaftlichen Kreisen öfter verächtliche Bemerkungen über die gängigen religiösen Überzeugungen als ernsthaft gemeinte Sätze zu ihrer Unterstützung; und daraus resultiert der doch weit verbreitete Eindruck, daß wissenschaftliche Arbeit tendenziell zum Skeptizismus, wenn nicht zur Ablehnung des Glaubens führe, jedenfalls was die Religion im Unterschied zur deistischen Philosophie betrifft.[+2] Unter diesen Bedingungen nun, und nachdem die exakte Rechtfertigung aller unterschiedlichen Weisen des Schlußfolgerns verbunden mit den unterschiedlichen Arten und dem Ausmaß von Vertrauen, zu dem die Konklusionen unter unterschiedlichen Bedingungen berechtigen, viele Jahre lang der Hauptgegenstand [meines Interesses] gewesen ist, bin ich entschlossen, mich so weit wie möglich von allen irrationalen Vorurteilen frei zu halten und die Begründungen der wichtigsten Artikel des religiösen Glaubens und die Art und das Maß des Vertrauens, zu dem jene Artikel logisch gesehen berechtigen, noch einmal zu durchdenken.[+3]

§ 2. Ich beginne also damit, die für die verschiedenen Arten des Schlußfolgerns charakteristische Rechtfertigung vorzuführen.

Es gibt drei und nur drei wesentlich verschiedene Arten des Schlußfolgerns, die ich mit den Namen Deduktion, Induktion, Retroduktion unterscheide. Unter Deduktion oder mathematischem Schlußfolgern verstehe ich einen solchen Schluß, der seine Konklusion so gewiß machen wird wie seine Prämissen, wie gewiß diese auch immer sein mögen. (Nebenbei bemerkt, obwohl ich den Vorzug und die Wahrheit in der Form[4] der beiden Prämissen eines einfachen Schlusses anerkenne, finde ich es oftmals doch ihrem Zweck eher dienlich, sie durch ein „und“ zu einer einzigen Kopulativen Proposition zusammenzufassen bzw. zu einem Satz, der das behauptet, was in seinen zwei oder mehr Propositionen enthalten ist; und[5] in diesem Sinne ist dann von „der Prämisse“ anstelle von „den Prämissen“ eines Schlusses zu sprechen.) Unter Induktion verstehe ich einen Schluß, der auf vorläufige Weise schließt, etwas sei wahr für jedes Glied einer Sammlung, oder, wie häufiger gesagt wird, etwas sei wahr für alles, was immer im Rahmen einer bestimmten allgemeinen Gattung auftreten *kann*; und das gilt aus keinem anderen Grund als dem, daß erstens für einen Teil dieser Sammlung oder für eine endliche Auswahl von Elementen dieser Gattung genau dasselbe für wahr erkannt wurde; und daß zweitens die Weise, auf die die charakteristische Eigenschaft dieser Teilsammlung erkannt wurde – nämlich die Eigenschaft, von der her auf das Ganze geschlossen wird –, die ist, daß wir gezwungen oder zumindest autorisiert sind, sie vorläufig, annäherungsweise und mit einiger

Wahrscheinlichkeit für ein Bild dieses Ganzen zu halten. Unter Retroduktion[6] verstehe ich die Art des Schlußfolgerns, durch die wir – aufgrund der Tatsache, daß wir uns mit einem Zustand konfrontiert sehen, der für sich selbst genommen beinahe oder gänzlich unbegreiflich, extrem kompliziert, wo nicht ausgesprochen irregulär oder zumindest überraschend zu sein scheint – zu der Annahme geführt werden, daß es in Wirklichkeit vielleicht einen anderen, klar bestimmten Zustand gibt; denn obwohl wir dafür kein unzweideutiges Zeugnis wahrnehmen, nicht einmal von Teilen dieses anderen Zustandes (oder unabhängig von solch einem Zeugnis, falls es existierte), nehmen wir doch dies wahr, daß der angenommene Zustand ein vernünftiges Licht auf den gegebenen Zustand, mit dem wir konfrontiert sind, werfen würde, ihn begreiflich und damit auch wahrscheinlich (wenn nicht gewiß) oder vergleichsweise einfach und natürlich machen würde.

Daß diese drei Arten des Schlußfolgerns die einzigen sind, die es gibt, ihre Mischformen ausgenommen, davon habe ich mich auf die folgende Weise überzeugt: Seit ich es 1865 – oder früher – gewagt habe, dies zu behaupten[7], bin ich ständig vor einer vierten Art des Schlußfolgerns auf der Hut gewesen, und doch habe ich nicht die geringste Spur davon gefunden; auch bin ich nie auf die entsprechende These eines anderen Forschers, der eine vierte Schlußform gefunden hätte, aufmerksam geworden. Darüber hinaus gibt es einige Anzeichen für Betrachtungsweisen in Sachen Schlußformen, die es als *evident*[+8] erscheinen lassen, daß es *keine* vierte Form geben *kann*. Keine dieser Überlegungen aber reicht dazu aus, alle denkbaren Zweifel zu beseitigen, und aus diesem Grund will ich auch gar nicht versuchen, eine solche hier vorzulegen.[9] Denn die Schwierigkeit, einem anderen eine angemessene Vorstellung vom Wert zweifelhafter Begründungen zu geben, liegt gerade darin, daß ein vorliegender Sachstand *notwendig* oder *unmöglich* sein soll. Aber vielleicht darf ich, ohne aufdringlich zu sein, meine persönliche Überzeugung verteidigen, die auf jene unvollkommenen Nachweise gegründet und mit meiner eifrigen, im Verlauf von fünfzig Jahren aber vergeblichen Suche nach einem solchen Argument verbunden ist: Daß in nicht allzu ferner Zukunft ein vollständiger Beweis der Unmöglichkeit einer vierten Schlußform entdeckt werden wird. Diese meine Überzeugung ist, wenn auch auf besser begründete Weise, analog zu der in unserer Zeit von vielen Mathematikern und Logikern, die sich mit Mengenlehre und „Kardinalzahlen" beschäftigen, vertretenen Auffassung, daß sehr bald ein vollständiger Beweis des Satzes entdeckt würde: Wenn es für zwei Sammlungen, die von As und die von Bs, unmöglich ist, daß jedes A in einer bestimmten Relation zu einem B stünde, zu dem sich kein anderes A in derselben Relation befände, dann muß es so sein, daß es eine Relation gibt, in der jedes B zu einem A steht, zu dem kein anderes B sich in derselben Relation befindet.[10]

§ 3.[11] Mein gegenwärtiges Thema aber ist die Logische Kritik oder die Lehre von der charakteristischen Rechtfertigung für Schlußfolgerungen nach jedem der drei Typen. Doch weil ich diese Lehre auf die Bestimmung der Frage anwenden möchte, wie weit Religiöser Glaube gerechtfertigt ist, werde ich bei meiner Darlegung der Kritik darauf achten, nicht den Blick für ihre Beziehungen zu den wichtigsten Fakten des menschlichen Lebens zu verlieren, und ich muß mir zu diesem Zweck einen Ausflug in die Psychologie gestatten.

Bevor ein Kind zu denken beginnt, besteht die einzige Form von bewußtem Wissen [knowledge], oder, um in der Sprache der Psychologie zu reden: die einzige Form von Erkenntnis [cognition], in seiner Wahrnehmung. Obwohl es uns so erscheint, als würden die Wahrnehmungen unmittelbar durch äußere Objekte hervorgerufen, gibt es doch eine Menge von Fakten, die auf schlüssige Weise zeigen, daß es so nicht sein kann, sondern daß unsere Wahrnehmungen in unserem Geist [mind] und aus geistigem [mental] Material entstanden sein müssen, das unseren

Sinnen noch direkter zugehört. Die Psychologen haben dieses Material häufig als „die ersten Sinneseindrücke" bezeichnet. Ich werde das Wort „erste" auslassen, weil ich der Auffassung bin, daß es eine ungerechtfertigte Voraussetzung enthält. Einige Psychologen haben darauf bestanden, daß der Prozeß, in dem der [menschliche] Geist Wahrnehmungen aus Eindrücken entstehen läßt, strenggenommen ein Schlußfolgern sei, ein „Schluß"[12]; andere dagegen haben dies bestritten. Ich will mich nicht dazu äußern, wie dieser Prozeß *psychologisch* gesehen klassifiziert werden sollte, denn die Psychologie ist nicht mein *Fach*[13]. Doch in logischer Hinsicht bin ich ganz sicher, daß dieser Prozeß in seinen kleinsten Details (mit nur einer Ausnahme), soweit diese bisher ans Licht gebracht wurden, und in all seinen Konsequenzen genau dem Typus von Schlußfolgern analog ist, der hier Retroduktion genannt wird. Doch das eine Merkmal, das hier auszunehmen ist und das es mir verbietet, überhaupt von „Schlußfolgern" zu sprechen, ist dies, daß das Resultat jenes Prozesses uns aufgezwungen wird; und das ohne jede Rücksicht auf unsere Billigung; und insofern handelt es sich um einen automatischen Akt oder eher noch eine *Leistung* unseres Organismus, und nicht um unsere eigene freie Handlung.[14] Nun besteht das Wesen der Logik gerade darin, eine *gute* von einer *schlechten* Schlußfolgerung zu unterscheiden, so wie die Ethik es im Falle von gutem und schlechtem Verhalten tut; und dies nicht nur um der Unterscheidung willen, sondern um uns das Gute zu empfehlen und uns dazu zu drängen, das Böse zu meiden. Dieser *normative* Charakter der Logik schließt in sich, daß das Schlußfolgern unsere eigene freie Handlung ist und keine bloße Leistung unseres Organismus; und ich kann mich nicht erinnern, daß dies in den zweiundzwanzig Jahrhunderten, in denen Logik betrieben wurde, irgend jemand bestritten hätte. Deshalb besteht eine beträchtliche Kluft zwischen der Entstehung einer Wahrnehmung und jeder Art von Schlußfolgern, und das ungeachtet der genauen Analogie zwischen beiden.

Mancher Leser wird dies in Frage stellen wollen. Er wird vielleicht sagen: „Wenn ich einen mathematischen Beweis von Lejeune-Dirichlet oder Weierstraß[15] lese, ist es mir gänzlich unmöglich, der Konklusion nicht zuzustimmen; und selbst für den Fall einer bloß wahrscheinlichen Schlußfolgerung, sofern sie fehlerfrei ist, kann ich nicht anders, als zu der Überzeugung zu kommen, daß dieser Schluß tragfähig ist. Nehmen wir an, auf einer Kirmes zeigt mir eine junge Frau einen großen Sack und versichert mir, daß er bei Eröffnung der Kirmes tausend kleine Kapseln mit Gewinnlosen enthielt. Zu den Gewinnen zählen ein Haus mit Grundstück, goldene Uhren und so weiter bis hinab zu Pfennig-Püppchen und Sinnsprüchen[16]. Ich frage nach dem Preis für einen ‚Griff', das heißt die Erlaubnis, eine Kapsel herauszuziehen. ‚Nur ein Dollar', sagt sie. Ich lege sofort fünfzig Dollar hin und beginne damit, fünfzig Kapseln, nachdem ich sie alle gründlich durchwühlt habe, herauszuziehen, und zwar ohne Unterschied aus allen Teilen des Sackes. Nachdem ich meine fünfzig Preise abgeholt und durchgesehen habe, stelle ich fest, daß ich jetzt glücklicher Besitzer von 39 Pfennig-Püppchen und elf Sinnsprüchen bin. Folglich kann ich nicht anders, als zu dem Schluß zu kommen, daß es nur wenige goldene Uhren unter den Preisen gibt, aber etwa vier Fünftel Pfennig-Püppchen und etwa ein Fünftel Sinnsprüche – obwohl es sich auch anders verhalten kann und ich vielleicht bloß Pech hatte. Doch während ich dies zugestehe, *kann* ich *nicht anders*, als nachdrücklich davon überzeugt zu sein, daß meine fünfzig Lose ziemlich genau die Gesamtheit der Preise repräsentieren. Damit sollte klar sein", wird der Leser fortfahren[17], „daß es, solange ein Mensch logisch denkt, nur eine Konklusion geben kann, die sich durch Schlußfolgern erreichen läßt; und die Rede vom freien Willen kann beim Schlußfolgern nichts anderes als das Verlangen zum Ausdruck bringen, hartnäckig an vorgefaßten Meinungen anstatt an der Vernunft[18] festzuhalten."

Doch wird dieser Leser, wenn er nicht aufs Geratewohl gesprochen, sondern eine bestimmte und wohldurchdachte Meinung zum Ausdruck gebracht hat, hierbei nicht stehenbleiben, sondern er wird weitergehen und – in der Moral genauso wie beim Schlußfolgern – die Lehre vom freien Willen angreifen. Er wird sagen: „Deine Handlungen repräsentieren zwangsläufig und exakt die notwendigen Wirkungen deiner Motive auf deinen Charakter. Es widerspricht der Erfahrung zu behaupten, ein Trinker, der sein Glas schon auf halbem Wege zum Munde führt, sei in der Lage, es abzusetzen und nie mehr einen Tropfen Alkohol anzurühren. Er ist dazu nicht fähig, weil er den Alkohol nicht derart verabscheut, wie es der Abstinenzler tut, der in einer Ecke sitzt und den Trinker beobachtet. Ohne diesen Abscheu vermag er nicht derart gegen seine Motive zu handeln, nicht mehr jedenfalls, als der Abstinenzler möglicherweise aufstehen, sich vorsätzlich betrinken und dann nach Hause gehen würde, um seine Frau zu schlagen; oder als ein junger Mann, der mitten in der Nacht erwacht, an seiner Seite eine schöne Frau entdeckt und nicht zu tun unterlassen kann, was er jetzt einfach tun wird. Unser Verhalten wird von unserer Physiologie beherrscht, das heißt durch unsere Triebe und Verhaltensgewohnheiten[19], und das ist so gewiß und unveränderlich, wie das physikalische Universum von den unveränderlichen Naturgesetzen beherrscht wird. Der Freie Wille ist eine bloße Illusion, die aus unserem Wissen darüber stammt, daß wir tun können, was uns beliebt. Wenn *können* die Freiheit meinen soll, das zu tun, was wir im ganzen vorziehen, *nicht* zu tun, dann haben wir eine solche Kraft nicht."

Solch ein Leser beeindruckt mich durch seine Aufrichtigkeit, und dementsprechend interessieren mich seine Auffassungen. Jedoch, er versteht nicht, was ich mit Freiem Willen meine; und was seine Vorstellung von der Natur angeht, sie sei ausnahmslos von unveränderlichen Gesetzen beherrscht, dazu kann ich nur sagen: sie schlägt allem ins Gesicht, was wir von den Phänomenen wissen. Damit meine ich, daß es dem widerspricht, was sich an den Phänomenen selbst offensichtlich zeigt, und diese Sicht der Dinge ist, wenn ich nicht irre, auch die einmütig vertretene Ansicht. Wir wollen überlegen, was denn unter einem Gesetz zu verstehen ist. Ich unterscheide, obwohl dies *im gegenwärtigen* Kontext vielleicht überflüssig ist, zwischen einem Gesetz und dem Ausdruck für dieses Gesetz, wobei ersteres eine Verhaltensgewohnheit der Natur und letzterer eine Darstellungsform des Menschen ist. Diese Unterscheidung besteht zu Recht, obwohl wir uns das Gesetz nicht denken können, ohne daß es irgendwie zum Ausdruck gebracht oder ausdrucksfähig wäre. Das Gesetz selbst besteht darin, daß gleichbleibend immer dann eine Art von Faktum wirklich eintritt, wenn dies auch für eine andere Art von Faktum gilt, die mit der ersteren in einer vollständig bestimmten Relation steht. Doch läßt sich dies auf verschiedene Weise formulieren. Wenn zum Beispiel ein Körper von einem anderen angezogen oder abgestoßen wird, dann besteht das Gesetz in der Verallgemeinerung der Eigenschaft der Bewegung des einen relativ zu der des anderen; und dies kann auf drei Arten zum Ausdruck gebracht werden. Erstens, indem man sagt, daß die Bewegung eines Körpers entlang einer geraden Linie beschleunigt wird, wenn er mit dem anderen zusammentrifft, 2. daß seine *vis viva*[20] abhängig ist von seiner Distanz zum anderen Körper, und 3. daß der eine Körper um den anderen Flächen mit gleichmäßiger Geschwindigkeit beschreibt.

Ein Gesetz[21] muß zwei logische Eigenschaften vereinen, die normalerweise einander entgegenstehen: nämlich gänzlich *allgemein* und doch zugleich vollkommen *klar* zu sein. Deshalb muß jedes *Einzelereignis*, worauf das Gesetz sich in seinem *Konsequens* bezieht, genau bezeichnet und unterschieden werden von jedem anderen *Einzelereignis* in seinem *Antezedens*[22]. Damit dies vollkommen klar werden kann, will ich zwei Anwendungsbeispiele geben. Zunächst also sei es ein Gesetz, daß die Bewegung eines Körpers entweder direkt auf einen anderen zu oder direkt von ihm weg beschleunigt werde, und das um einen Betrag, der von seiner Entfernung von dem anderen und der Masse des letzteren abhängt. Aber es kann kein Gesetz geben, daß ein Körper sich in irgendeine weitere Richtung, die relativ zu jener anderen ist, bewegt, wenn dazu nicht in seinem Antezedens, auf das hin oder von dem her er sich bewegen wird, etwas erwähnt ist. Das ist offensichtlich.

Daraus folgt, daß die Wirksamkeit eines Naturgesetzes die Zahl der unabhängigen Entitäten niemals vermehren kann; und dementsprechend zeigt sich bei den Gesetzen der Dynamik, daß die Zahl der unabhängigen Konstanten, die notwendig sind, um zwei Systeme vor ihrem Aufeinandertreffen zu beschreiben, niemals als Ergebnis ihres Aufeinandertreffens vermehrt werden kann.

Daraus folgt, daß ein Zuwachs oder eine Vergrößerung der Vielfalt oder Komplexität in der Gesamtheit von reagierenden Objekten niemals das Ergebnis eines Gesetzes sein kann. Doch nun zeigt uns das Teleskop, wie offensichtlich aus Nebeln Sonnensysteme werden; und die Erde, so wie sie sich jetzt darstellt: bewohnt von einer wunderbar vielfältigen Flora und Fauna, ist damit sicher von weniger einfacher Struktur, als sie es im Zustand eines Klumpens aus geschmolzenem Metall und Schlacke einmal gewesen ist. Jedes einzelne Tier scheint im Verlauf seines Wachstums komplexer zu werden verglichen mit dem Ei, aus dem es ursprünglich hervorging; und in der geistigen Welt: War nicht der griechische Geist sehr viel einfacher als der moderne, und ist nicht die Art und Weise, wie Gutes aus Bösem sich entwickelt, ein Beispiel für wachsende Komplexität, die nicht auf ein Gesetz zurückgeführt werden kann? Worauf ist dann aber eine solche Zunahme an Komplexität zurückzuführen?

Erinnern wir uns an die Revolution[23] der Wissenschaftsauffassung etwa A.D. 1800. Eine Kommission nach der anderen, die berühmtesten Mitglieder der Französischen Akademie der Wissenschaften, hatten definitiv erklärt, daß keine Steine je vom Himmel fielen. Das wissenschaftliche Vorurteil widersprach dem Glauben daran sogar noch mehr als der Möglichkeit, daß Menschen fliegen könnten. Nun, das Vorurteil war derart verwurzelt und verbreitet, daß sogar ein englischer Bischof+[24] – von dem ich allerdings noch sagen muß, daß er dafür bekannt war, auf der Kanzel gegen die „fälschlich so genannte Wissenschaft" zu wettern –, als er zufällig an einem Tage in Sienna weilte und ein ganzer Schauer von, wie ich vermute, weißen und heißen Steinen auf einem öffentlichen Platz dieser Stadt niederging, nach Hause schrieb: Er habe für dieses Ereignis so viele Bestätigungen von kompetenten Zeugen erhalten, daß – ja was? Sie meinen, er sei überzeugt worden? Oh nein, dafür sind Vorurteile, und besonders die wissenschaftlichen, viel zu stark; sondern daß – „er nicht wisse, was er denken solle". Wie wir wissen, gibt es heute Berechnungen, daß alle vierundzwanzig Stunden zehn Millionen solcher Steine auf die Erdoberfläche niedergehen!

Nun ist im darauf folgenden Jahrhundert nichts geschehen, wodurch die Kraft des *wissenschaftlichen Vorurteils* geschwächt worden wäre. Die Zahl der Logiker – derer, die wirklich das schlußfolgernde Denken untersuchen – war kaum je geringer. Hier und da gab es einen – so wie De Morgan[25] und mich selbst. Ohne Zweifel hat es generell eine Zunahme an Selbstkontrolle, noch kaum wahrnehmbar, unter den angesehenen Zeitgenossen während der letzten beiden Generationen gegeben. Dadurch wurde im Durchschnitt die Härtnäckigkeit im Verteidigen von Vorurteilen geringer, und die Bereitschaft, auf Argumente zugunsten neuer Auffassungen zu hören, hat zugenommen. Andererseits aber ist inzwischen der durchschnittliche Wissenschaftler weit mehr spezialisiert, und anstatt daß er wie früher eine allgemeine und breite Bildung repräsentierte, hat er sich zum Ignoranten gewandelt, der, wenn überhaupt, außerhalb seines Spezialgebietes intellektuell wenig höher steht als ein durchschnittlicher Photograph. Seine besonders enge, aber gründliche Ausbildung hat ihn zu einer seltsamen Mischung aus Aufklärung und einem Äquivalent von Aberglauben gemacht. Wenn es sich um einen Physiologen handelt, so wird er sich sehr wahrscheinlich über die fragwürdige Rolle jener Überzeugung im klaren sein, die früher als Standardbeispiel für die höchste Stufe der Gewißheit galt: der Glaube [belief] an die eigene persönliche Existenz. Doch für den heutigen Wissenschaftler wird – den überwältigenden Zweifelsgründen zum Trotz – der erste Artikel seines Glaubens [faith] in der absoluten Gleichförmigkeit der Wirkungen des physikalischen Universums bestehen. Das kommt daher, daß seine gesamte Aufmerksamkeit auf die Sequenzen der Phänomene beschränkt ist, deren Auftreten am gleichförmigsten erscheint. Dies ist es, worauf er ständig achtet, während dazu gegensätzliche Erscheinungen wie bedeutungslos an ihm vorüberziehen.

(Ich unterbreche hier meinen Gedankengang zur Erläuterung eines Ausdrucks, der mir gut geeignet zu sein scheint. Weder Augustinus noch Bischof Butler[26] waren bereit, die Wunder, an die sie glaubten, wirklich als Verletzungen dessen zu betrachten, was wir heute die „Naturgesetze" nennen und was in früheren Tagen „der Lauf der Natur"[27] hieß. Doch der Begriff des Wunders wird derart allgemein als synonym mit der Verletzung eines Naturgesetzes verstanden, daß ich den Vorschlag machen will, solche Gesetzesabweichungen, die meist viel zu gering sind, als daß wir sie je feststellen könnten, von deren Auftreten ich aber aus guten Gründen überzeugt bin, „Ultra-Wunder" zu nennen.)

Es gibt ein logisches Prinzip[28], das ich dem Leser im geeigneten Zusammenhang präsentieren werde, wonach es uns verboten ist, irgendein bestimmtes Ereignis – dieses oder jenes in bestimmter Weise bezeichnete Ereignis – für ein „Ultra-Wunder" zu halten. Es verbietet uns aber nicht die Auffassung, daß es solche Ereignisse gibt. Im Gegenteil, dies kann der Fall sein, und ich werde Gründe für meine Überzeugung anführen, daß es ein allgemeines Naturgesetz gibt, wonach in der Natur keine Gleichförmigkeit absolut vollkommen sein kann.

Mir scheint, daß die Natur in allen ihren Bereichen: in der Moral, im Intellekt, im physischen Leben, geprägt ist von der Idee, [sie sei] offenbart [ ]

MANUSKRIPT-INDEX

Das Verzeichnis der für die Übersetzung bearbeiteten Manuskripte (zu den Abkürzungen vgl. in der Bibliographie der Quellentexte) verweist auf die einzelnen Texte nach folgender Systematik:

1. Text-Nr. ohne zusätzliche Anm.-Nr.: Der übersetzte Text entspricht dem genannten MS.
2. Text-Nr. mit einfacher Anm.-Nr.: Auf das genannte MS wird in der Anm. Bezug genommen.
3. Text-Nr. mit + Anm.-Nr.: In dieser Anm. werden aus dem genannten oder anderen MS einzelne Stellen oder Passagen zusätzlich übersetzt.

ANMERKUNGEN

I. Frühe Entwürfe zu Religion und Metaphysik (1859–1870)

1. [*Leben und Religion Mohammeds*]

* Der Übersetzung liegt IMS 39 zugrunde. Dabei handelt es sich um ein Teilstück aus MS 1633, der Sammlung von Peirce' Aufsätzen zu ganz unterschiedlichen Themen aus den letzten beiden Jahren (1857–1859) seiner Studentenzeit am Harvard College in Cambridge. Vgl. zum biographischen Zusammenhang W 1: xv ff., in Verbindung mit den in W 1(1–8) aufgenommenen Textbeispielen aus jener Zeit.

[1] Thomas Carlyle (1795–1881), schottischer Schriftsteller und Historiker, vgl. die Darstellung im DNB III, 1020 ff. – Peirce bezieht sich hier auf Carlyles Schrift von 1841 (dt. Übersetzung seit 1853): *On Heroes, Hero-Worship, and the Heroic in History*, darin: Lecture II: The Hero as Prophet. Mahomet: Islam, London 1891, 39–71. – Carlyle war ein wichtiger Vermittler (und Übersetzer) dt. Literatur und Philosophie der Klassik und Romantik; beeinflußte u. a. R. W. Emerson und damit den amerikanischen *Transzendentalismus* (s. u. Anm. 2).

[2] Im Original (in Anführungszeichen): „all is for the best". Damit ist auf den Gedanken der letztlich guten Weltschöpfung Gottes angespielt, wie er etwa in Leibniz' *Theodizee* (1710) vorgetragen und seither diskutiert wurde; biblisch gesehen wäre vor allem an das „valde bonum" in Gen 1, 31 und den Gedanken der Erwählung in Röm 8, 28–30 zu erinnern. – Es handelt sich hier um Gedanken, wie sie für die Epoche des amerikanischen *Transzendentalismus* (in der ersten Hälfte des 19. Jh.) typisch sind: die literarisch-philosophisch-theologische Verschmelzung aus engl. Tradition, dt. Idealismus und Romantik – verbunden mit der zunehmenden Emanzipation aus einem rigiden Calvinismus. Vgl. bei H. W. Schneider (1957), 157 ff.; E. Flower/M. G. Murphey

(1977), I, chap. 7; und besonders die historisch und systematisch genaue Präsentation durch M. Pütz in der Einl. zur dt. Textausgabe von R. W. Emerson (1990), 27–51. Dort wird die Transzendentalismus-Darstellung von O. B. Frothingham (1876) mit dem Satz zitiert: „Die Transzendentalisten beanspruchten einfach für alle Menschen, was das protestantische Christentum für seine eigenen Erwählten beanspruchte" (zit. nach M. Pütz, in: Emerson, a. a. O. 42 bzw. Anm. 33, S. 293).

[3] Statt wie im Ms. „a certainly believe" muß hier wohl „I certainly believe" gelesen werden.

[4] Im Original: „a great investigator". – Peirce denkt vom Kontext her (wiederum ganz im Anschluß an Carlyle, s. o. Anm. 1) an einen großen Menschen wie Mohammed, der Sache nach aber an Wahrheitssuche überhaupt. Insofern enthält dieser Satz bereits die Grundposition von Peirce' späterer Kosmologie und Forschungslogik in nuce: Ihre treibende Kraft sind Liebe und Wahrheit. Vgl. Teil II: Wissenschaft und Religion, bzw. III.3.

[+5] In IMS 13 (vom 30. März 1857) – ein Aufsatz von drei Seiten unter der Überschrift: „Historical Account of the Celebration of Christmas in New England" (ein weiteres Teilstück aus MS 1633), worin die Auseinandersetzungen um die Festtage Weihnachten und Thanksgiving, wie sie in der puritanischen Tradition Amerikas vorliegen, diskutiert werden – heißt es zum Schluß (p. 3): „Die Schönheit einer solchen Feier liegt in der Spontaneität der Gefühle, die die Feier tatsächlich [really] konstituieren. Jeder Christ muß diese Gefühle haben und wird damit diesem Tag am besten dienen, denn all seine Heiligkeit stammt aus ihnen." – Auch diese Stelle ist bereits ein Beleg für Peirce' später kosmologisch (semiotisch und kategorial) begründete Religionsauffassung, die von einer Gefühlsursprünglichkeit des Glaubens ausgeht, der gegenüber (theologisch-dogmatische) Glaubenssätze und äußere Formen nur entschieden sekundäre Bedeutung haben können.

[6] Im Original: „valilidity" statt „validity".

[+7] Im Original: „the major premiss". – Peirce hat diesen Gedanken in IMS 70 (= MS 920, 919; vgl. dazu I.2, Anm. *), dem [*Treatise on Metaphysics*], direkt zur Begründung des religiösen Glaubens (faith) herangezogen: „Glaube ist nicht für einen Bereich des Denkens eigentümlich oder nötiger als in einem anderen. Wir brauchen den Glauben für jede Prämisse, und nirgends sonst hat er einen Platz. Das ist von Kant und anderen übersehen worden, die einen Unterschied zwischen *Wissen* und *Glauben* machen. Wo immer es Wissen gibt, da ist Glaube. Wo immer es Glaube (im eigentlichen Sinne) gibt, da ist Wissen [...] es gibt ein Deshalb, dessen Obersatz [major premiss] in einem Prinzip besteht, das sich auf den allgemeinen Charakter der Glaubwürdigkeit bezieht. Ohne ein solches ‚Deshalb' zu glauben wäre bloße Leichtgläubigkeit", vgl. die Stelle in W 1(16): 78.

[8] Der folgende Nachsatz steht im Ms. als Fußnote und ist als Erläuterung zum Begriff Syllogismus gekennzeichnet.

[9] Auch hier ist Peirce' spätere Logik der Schlußformen und die Hervorhebung gerade der ersten Prämisse bereits deutlich erkennbar, vgl. dann unten III.3.

[10] Vgl. Carlyle, *On Heroes* (s.o. Anm. 1), a.a.O. 52.

[11] Im Original: „their minds".

[12] Im Ms. steht kein Fragezeichen.

[13] Im Original: „the Turkish race".

[14] Das Subjekt dieses Satzes müßte sich wiederum auf das türkische Volk beziehen, dann aber ist vom *Prinzip* her gedacht der Unterschied zwischen Christentum und Islam aufgehoben.

2. Vergleich unseres Wissens von Gott und von anderen Substanzen

* In MS 921 liegt eine umfangreiche Sammlung von Entwürfen zur Metaphysik vor, die durch die Neugliederung der Mss. für den 1. Band der *Writings* (nach chronologischen und sachlichen Gesichtspunkten) in abgrenzbare Einzelstücke zerlegt und mit parallelen Texten (etwa MS 919, 920, 922) verglichen wurde. Als geschlossenstes Stück dieser frühen Metaphysik ist IMS 70 (aus dem Jahr 1861) zu nennen, vgl. den Abdruck in W 1(16): [*A Treatise on Metaphysics*], aber auch die kleineren Texte aus IMS 53 (aus dem Jahr 1859), vgl. W 1(9–11): [*Three Essays on Infinity and God*]. – Peirce versucht in dieser Zeit, an Begriffen der metaphysischen Tradition (vor allem dem des Unendlichen, aber auch am Gottes- und Schöpfungsbegriff) und in Auseinandersetzung mit der Transzendentalphilosophie Kants und dem Transzendentalismus seiner Zeitgenossen in den U.S.A. (vgl. dazu I.1, Anm. 2) seinen eigenen Denkansatz durchzuführen. Vgl. zum histori-

schen Kontext bei B. Kuklick (1977), chap. 1: „Currents of Thought in Nineteenth-Century Cambridge". – Der Übersetzung liegen zwei kurze Stücke aus MS 921 zugrunde, genauer: aus IMS 52 [*Drafts of a treatise on metaphysics*], an denen die Fragestellung knapp und präzise deutlich werden kann.

[1] Kant schreibt in der *Transzendentalen Analytik*, vgl. KrV, B 306: „Gleichwohl liegt es doch schon in unserem Begriffe, wenn wir gewisse Gegenstände, als Erscheinungen, Sinnenwesen (phaenomena) nennen, indem wir die Art, wie wir sie anschauen, von ihrer Beschaffenheit an sich selbst unterscheiden, daß wir entweder eben dieselbe nach dieser letzteren Beschaffenheit, wenn wir sie gleich in derselben nicht anschauen, oder auch andere mögliche Dinge, die gar nicht Objekte unserer Sinne sind, als Gegenstände bloß durch den Verstand gedacht, jenen gleichsam gegenüber stellen, und sie Verstandeswesen (noumena) nennen." – Es ist deutlich, daß Peirce' Unterscheidung in der Frage des Noumenon hier zunächst der Kants entspricht (vgl. aber unten Anm. 5!): der nur verstandesmäßig und ohne Anschauung gebildete Begriff ‚Baum' kann nicht wirklich gewußt werden; daß Peirce beim Phaenomenon ‚Gott' aber gerade nicht die Differenz von „der Art, wie wir sie anschauen" und „ihrer Beschaffenheit an sich selbst" macht. Genau dadurch eröffnet sich die Chance einer von Kant unterschiedenen Erkenntnislehre und Religionsphilosophie. Die für Peirce dabei später entscheidenden Argumente der Zeichentheorie und Kategorienlehre stehen im Jahr 1859 allerdings noch nicht zur Verfügung.

[2] Der Rest dieser zweiten Seite des Ms. besteht aus gestrichenen Versuchen, diesen einen Satz zu erläutern. Die folgende Seite setzt wiederum mit Datum und neuer Überschrift ein, und darauf folgt eine nahezu identische Seite, die den Eindruck einer Abschrift der vorangehenden macht. In IMS 70, vgl. W 1(16): 82, findet sich dann der gleiche Text unter der Überschrift „Externality".

[3] Diese Bemerkung ist als Zusatz zur Überschrift gekennzeichnet. – Im folgenden Satz ist ein im Ms. offensichtlich fehlendes „think" ergänzt worden.

[4] Es liegt offensichtlich ein doppelter Begriff des „Ungedachten" vor: (1) „unthought" – wie in der These: „An alles Ungedachte wird gedacht", d. h. die Denkbarkeit des Unbedingten muß eingeräumt werden, und was in diesem Sinne nicht denkbar

ist, das *ist* nicht; (2) „unthought-of" – wie hier in den ersten drei Schritten von Folgesatz III, d. h. als aktuelles Denken oder Nicht-Denken von Bedingtem. – Vgl. auch I.3.

+5 Hieraus wird deutlich, wie Peirce seit dem Folgesatz II nun auch Kants Begriff des Noumenon (vgl. oben Anm. 1!) korrigiert hat. Das Intelligible ist nicht defizitär (gemessen an fehlender Anschauung), sondern zeigt eine spezifische Art, etwas zu denken, nämlich „Unbedingtes", das somit auch „erfaßt" wird. – In IMS 70, vgl. W 1(16): 83 (aus MS 922; vgl. oben Anm. 2) findet sich zum Beweis der Zusatz, daß neben *Idealismus* (der Lehre, daß nichts existiert, was nicht Gedachtes wäre) und *Materialismus* (der Lehre, daß alles, was existiert, ungedacht ist) als drittes und als Synthese der beiden vorangehenden ein *Realistischer Pantheismus* unterschieden werden muß: „Das, dessen Sein undenkbar ist und an das doch als Gedachtes gedacht wird, ist Vollkommenheit [Perfection] [...] es wurde gezeigt, daß Vollkommenheit Gott ist. Folglich existiert nichts außer Gott."

3. Die Natur unseres Wissens vom Unendlichen

* Dieser Text ist ebenfalls ein Teilstück aus IMS 52 (aus der Sammlung MS 921), d. h. aus den Entwürfen zu einer Metaphysik. Er stellt sozusagen eine Kurzfassung dessen dar, was in IMS 53 aus MS 858 und MS 921 zusammengestellt wurde, vgl. W 1(9–11). Die aufschlußreiche Skizze in W 1(9): 39 f., findet sich in MS 858 und MS 921: Sie zeigt die Differenz zu Kant darin, daß die Abtrennung des Noumenon im erkenntnistheoretischen Modell aufgehoben (vgl. I.2, Anm. +5) und der Begriff der *Repräsentation* eingeführt wird. – Der Beginn des Textes stellt ausdrücklich die Verbindung zu den beiden Stücken in I.2 her.

1 Hierzu analog sind die Erläuterungen in IMS 53, vgl. W 1(10): 41.

+2 In IMS 53 (aus MS 858), vgl. W 1(10): 42, wird die Fragestellung wie folgt fortgesetzt: „Wo also befindet sich dieser Begriff des Unendlichen im menschlichen Geist [mind]? Bestimmt nicht im Bereich des Bewußtseins, nicht anders als beim vierseitigen Dreieck [...] Wenn etwas die Seele beeinflußt, so tritt seine Wirkung entweder ins Bewußtseinsfeld oder nicht. Im ersteren Fall bezeichnen wir die Modifikation des Bewußtseins als einen wahren Gedanken; im letzteren Fall können wir den Einfluß als unbewußte Vorstellung [idea] bezeichnen. Nun sagt der GLAUBE [FAITH], das Unendliche beeinflusse die Seele – als unendliche. Daraus folgt, daß wir eine unbewußte Vorstellung davon haben. Dorthin also gehört das Unendliche."

4. Einleitendes zur Metaphysik

* Auch hier ist ein kurzer Text aus einer Vielzahl von Entwürfen ausgewählt (wiederum aus MS 921, vgl. IMS 52 u. 57). Peirce versucht, traditionelle Fragestellungen der Metaphysik mit Psychologie und transzendentalphilosophischen Aspekten in neuer Weise zu verbinden. Das gelingt sicher erst nach Einführung von Semiotik, Kategorienlehre und Kosmologie, wie es dann die Pragmatismusvorlesungen (1903) belegen, vgl. Peirce (1973); vor allem auch II.13! Aber die Ansätze in diese Richtung sind überall erkennbar. Eine ausführlichere und gegenüber den Entwürfen gestrafftere Fassung findet sich in IMS 70, vgl. W 1(16): 58ff.

1 Vgl. zum Metaphysikbegriff des 18./19. Jh. den Art. *Metaphysik*, in: HWP 5, 1247ff.

+2 Ein entsprechender Entwurf unter demselben Titel und der zusätzlichen Überschrift „Domain of Metaphysics" (vom 6. Aug. 1860; ebenfalls in MS 921) endet mit dem Satz: „Metaphysik kann man nicht lesen. Sie steht nicht in Büchern, sondern im menschlichen Geist [mind]." – Wie nahe Peirce bei diesen Versuchen bereits den späteren semiotischen Unterscheidungen kommt, zeigt sehr schön die folgende Stelle in IMS 70, vgl. W 1(16): 62:

„Die Unterscheidung, worauf sich *alle* PHILOSOPHIE gründet, ist die zwischen

Bildern [Images] *a priori* und Bildern *a posteriori*

Die Unterscheidung, worauf sich die *Psychologie* gründet, ist die zwischen

Inneren Bildern und äußeren Bildern

Die Unterscheidung, worauf sich die *Metaphysik* gründet, ist die zwischen

Bildern als Bildern und Bildern als Repräsentationen."

5. Beweis der unendlichen Natur des Schöpfers

* Der Übersetzung liegt IMS 61 (= MS 859) aus dem Jahr 1860 zugrunde, vgl. die Publikation des Textes in W 1(12): 44. Am Kopf der Ms.-Seite findet sich noch (in Großbuchstaben notiert) das Wort „INFLUX“ (dt. „Einfließen“, „Einströmen“), einer der für Peirce' frühe Metaphysik zentralen Begriffe, der zumal in der Kant-Kritik eine wichtige Rolle spielt: Zwischen den Dingen, an die wir denken, und ihrem Eindruck in der Seele ist eine „influxual dependency“ anzusetzen, vgl. dazu vor allem die Schema-Skizze in W 1(9): 40 (s. o. I.3, Anm. *). In diesem Sinne überarbeitet Peirce die Kategorientafel Kants: Peirce' Kategorien der Relation sind dann „Community“, „Causality“ und „Influx“, vgl. W 1(18): 91 f., und W 1(53): 530. Peirce hat damit versucht, einen zu seiner Zeit in der religiösen und spiritualistischen Sprache (besonders der Swedenborgianer) gängigen Terminus philosophisch zu präzisieren, vgl. dazu bei D. M. Orange (1984), 5 ff. Seine spätere Kosmologie erst ist die Erfüllung dieses Programms, vgl. die Texte in Teil II.

1 Im Original: „Necessary Sequence“; auch andere Begriffe schreibt Peirce im folgenden mit großen Anfangsbuchstaben.

2 Im Original: „which is Influx“; zu diesem Terminus vgl. Anm. *.

6. Private Gedanken hauptsächlich zur Lebensführung

* Die Übersetzung bietet eine Auswahl aus IMS 55 (= MS 891), einem Notizheft mit 75 Aphorismen, die meisten davon aus dem Jahr 1860, die letzte Eintragung stammt aus dem Jahr 1888. Das Heft wurde offensichtlich, wie die Titelblattdatierung zeigt, am 7. Juni 1860 begonnen, enthält aber frühere Stücke aus dem Jahr 1853. Im Ms. steht das Blatt mit Peirce' Namen (verbunden mit dem ersten Datum und Motto) der eigentlichen Heftüberschrift voran. – Vgl. die auszugsweise Publikation in W 1(2): 4–9.

1 Vergil, *Aeneis* VI, 258: „Weicht fort, Unheilige, weichet!“ übers. v. J. Götte, hg. v. M. Fuhrmann, München 1990 (Bibliothek der Antike).

+2 Der Begriff „Geist“ wird offenbar in doppeltem Sinn verwandt, als Basisbegriff zuerst und als Gegensatz zu Erinnerung dann; im zweiten Satz (auch im Original) kursiv bzw. großgeschrieben. – Das zweite Begriffspaar (LEIDENSCHAFT/GENIE) wird nicht als Gegensatz bestimmt. In der im Ms. folgenden Aufzeichnung Nr. II heißt es dazu: „Genie ist mehr als Denken [reasoning]. Das Prinzip des Genies besteht zusammen mit den Leidenschaften."

[3] Im Original: „Permanence". – Diese erste Kategorie der Relation (nach Kants Schema der Kategorien) ersetzt Peirce in den folgenden Jahren durch den Begriff „Influx" (dt. „Einströmen"), vgl. I.5, Anm. *. – Überhaupt gilt, daß in diesem Schema die letzten drei senkrechten Rubriken bei Kant den drei Kategoriengruppen der Quantität, Qualität und Relation entsprechen.

[4] Im Original: „Thou" (die alte Form der gehobenen und biblischen Sprache für die 2. Pers. Sing.).

[5] Im Original: „Sleep, sleep, today, tormenting cares/Of earth and folly born."

[6] Im Original: „and that it is, in an humble sense, walking with God." – Das Wort „humble" hat Peirce später und im selben Zusammenhang zur Bezeichnung seines Gottesarguments gebraucht, vgl. III.6.

[7] Im Original: „nothing but a polynesian ocean – all isolation". – Peirce meint geographisch den Pazifik, nicht im engeren Sinn Polynesien; vom griech. Wortsinn her („viele Inseln") entspricht der „polynesische Ozean" hier am ehesten dem Gedankengang.

[8] Diese Erklärung der Sünde erinnert an I. Kant, *Die Religion innerhalb der Grenzen der bloßen Vernunft* (1793), Erstes Stück (A 30): „Also muß der Unterschied, ob der Mensch gut oder böse sei, nicht in dem Unterschiede der Triebfedern, die er in seine *Maxime* aufnimmt (nicht in dieser ihrer Materie), sondern in der Unterordnung (der Form derselben) liegen: welche von beiden er zur Bedingung der anderen macht." – Andererseits zeigt diese wie die folgenden Aufzeichnungen, daß Peirce sich nicht der Pflichtethik Kants anschließt, sondern die affektive Basis der Moralphilosophie sucht.

[9] Im Original: „not ‚thou ought' alone, but ‚thou shust'". – Das biblische „Du sollst" in Ex 20 heißt in der King James Version „Thou shalt"; die Form „shust" ist eine Kontraktion der 2. Pers. Sing. past tense, vgl. OED, p. 2764 („shall").

[10] Alle Substantive dieses Satzes und das Adjektv „Very" schreibt Peirce mit großen Anfangsbuchstaben.

[11] Peirce benutzt auch hier das Vokabular Kants, denkt aber die „Einheit des Mannigfaltigen" nicht als Verstandesleistung, sondern aus der Sache selbst; vgl. KrV, § 10 der Transzendentalen Analytik: „Von den reinen Verstandesbegriffen oder Kategorien"; u. zu Peirce' Erneuerung der Kategorienlehre dann vor allem W 2(4); dt. in: Peirce (1986), 147–159. – Im hier folgenden Absatz und in der folgenden Aufzeichnung Nr. XXXVIII kündigt sich Peirce' Pragmatismus an, vgl. dann vor allem *The Fixation of Belief*, W 3(60); dt. in: Peirce (1976), 149–181.

[12] Am Rand des Ms. findet sich die Notiz „St. A.", womit möglicherweise Textbelege für das hier zitierte Beispiel gemeint waren. Die Hg. v. W 1: 533, verweisen dazu auf Thomas Reid, John St. Mill u. David Hume. Es handelt sich um Reids *Essays on the Active Powers of the Human Mind* (1788), darin Essay III: *Of the Principles of Action*, part I, chap. II: *Of Instinct*; vgl. in: Thomas Reid: *Philosophical Works* I/II (Nachdr. der 8. Aufl. Edinburgh 1895) Hildesheim 1967, Bd. II, 549; um Mills *A System of Logic*, New York 1846, 125 (book 2, chap. 3, sec. 3); dt.: *System der deductiven und inductiven Logik*, hg. v. Th. Gomperz, (1884), Bd. 1, Nachdr. Aalen 1968, 215 f.; u. um Humes *An Enquiry Concerning Human Understanding* (sec. 4, part 2); dt.: *Eine Untersuchung über den menschlichen Verstand*, Hamburg 1973, 50.

[13] Peirce schreibt hier und im folgenden wiederum die traditionellen (biblischen) Anredeformen „thee", „thy", „thine".

[14] Peirce' spätere Lehre von der instinktiven, abduktiven Gültigkeit des Gottesgedankens kündigt sich hier – und in der folgenden Aufzeichnung – an; vgl. Teil III!

[15] Anklang an die 5. Bitte des *Vaterunsers*, vgl. Mt 6, 12 u. 14 f.

[16] Im Original: „the basis of Fact is hypothesis."

[17] Im Original: „It is foolishness". – Vgl. I Kor 1, 18 ff.; v. 18 lautet in der King James Version: „For the preaching of the cross is to them that perish foolishness, but unto us which are saved it is the power of God."

[18] Zu Luthers kritischer Distanz gegenüber der Johannes-Apokalypse vgl. seine *Vorrede auf die Offenbarung Sanct Johannis* von 1522, in: WA.DB 7, 404.

[19] Vgl. Gen 1, 26 f.

[20] Im Original: „an infinite universe of space".

[21] Peirce denkt bereits hier Schöpfung und Kosmologie zusammen, vgl. später vor allem II.5 und II.6.

[22] Im Original: „But you, inexperienced reader". – Die Anrede in der 2. Pers. wird hier und im folgenden im Dt. mit der 3. Pers. bzw. 1. Pers. Plur. wiedergegeben.

[23] Im Original: „he is made perfect"; so auch bereits im vorigen Satz. Vgl. Mt 5, 48.

[24] Eine entsprechende Formulierung findet sich in Lk 19, 17, sie steht dort innerhalb des Gleichnisses von den anvertrauten Minen und ist nicht explizit auf Christus bezogen; möglich, daß Peirce auch an Apk 13, 1 u. ö. denkt, die „zehn Hörner" des Tiers aus dem Abgrund in der apokalyptischen Endzeit.

[25] Diese Aufzeichnung bringt genau die Dialektik zum Ausdruck, wie sie Luther unter dem Stichwort der „guten Werke" bzw. des Gott gegenüber „unfreien Willens" gedacht hat, vgl. vor allem Luthers Schrift *Von den guten Werken* aus dem Jahr 1520.

[26] Im Orig.: „truth of emotions [...] truth of conceptions".

[27] Peirce schreibt fälschlich „Anthropomo[]phology". Das OED, p. 91, verzeichnet „Anthropomorphology" als Synonym zu „Anthropomorphism". – Peirce hat dieses zentrale Argument seiner Religionsauffassung und Semiotik später ausdrücklich wiederholt, vgl. in den Pragmatismus-Vorlesungen (1903), CP 5.47, dt. in: Peirce (1973), 52 ff.; oder in MS 693 (1904), dt. in: Peirce (1990), 181; u. III.3, Anm. +17; III.6, Anm. +86.

[28] Dieser Satz kann als Vorläufer der späteren *pragmatischen Maxime* gelesen werden, vgl. W 3(61): 266 (in: *How to Make our Ideas Clear*); vgl. dt. in: Peirce (1976), 195, u. Peirce (1985), 62 ff.

[29] Im Original: „a self subsistent".

7. [*Der Ort unseres Zeitalters in der Geschichte der Zivilisation*]

* Der Übersetzung liegt der Text der Ansprache zugrunde, die Peirce am 12. November 1863 bei einem Treffen der *Cambridge High School Association* gehalten hat und die am 21. November in Auszügen im *Cambridge Chronicle* gedruckt erschien. Vgl. die Kopie dieser Zeitungsseite in MS 1638, eine Abschrift in P 12 und

den Abdruck in W 1(20); insofern gehört die Redaktionsbemerkung (s. u. Anm. 28) hier zur Ms.-Vorlage.

[1] Gemeint ist Francis Bacon (1561–1626), der als Repräsentant und Begründer des engl. Empirismus und damit der neuzeitlichen Wissenschaftseinstellung genannt wird, vgl. diesbezüglich Bacons Hauptschrift: *Neues Organon*, 2 Bde., lat.-dt., hg. v. W. Krohn, Hamburg 1990; s. u. II.4, Anm. 27.

[2] Zu Isaac Newton s. u. Anm. 10 u. vgl. II.5, Anm. 8.

[3] Jamestown (Virginia) wurde zwischen 1606 und 1609 besiedelt, einer der ersten englischen Kolonialstützpunkte auf dem nordamerikanischen Kontinent, vgl. Ed. Channing (1977), vol. I, 164 ff.

[4] Peirce inszeniert sein Zeitalter in apokalyptischen Dimensionen und nach Analogie von Dantes *Göttlicher Komödie* (ca. 1307–21), um wie diese eine weltgeschichtliche Epoche umfassen zu können.

[5] Apk 6, 15 (Luther-Übersetzung).

[6] Apk 6, 14 (Luther-Übersetzung).

[7] Apk 6, 12 f. (Luther-Übersetzung).

[8] Im Original: „Tracts for the Times"; gemeint ist die kirchlich-konservative Bewegung, die seit 1833, ausgehend von Oxford und unter Beteiligung von J. Henry Newman, in Traktaten und Predigten gegen Aufklärungstheologie und Liberalismus den apostolischen Kirchenbegriff zu restituieren suchte, vgl. L. Woodward: The Age of Reform, 1815–1870 (The Oxford History of England XIII), Oxford 1962, 515 ff.

[9] Peirce hat an der Sonderstellung dieser großen Vertreter neuzeitlicher Wissenschaft – auch in kritischer Sicht, wie sie sich im folgenden schon andeutet – immer festgehalten. Vgl. zu F. Bacon oben Anm. 1; zu Descartes III.2, Anm. +10; zu Galilei II.5, Anm. 7, u. III.6, Anm. 58.

[10] Im Original: „Leibnitz". – Peirce nennt eine Auswahl von Philosophen (und darunter den Naturphilosophen, Mathematiker und Physiker Newton!) des 17. Jh.: Thomas Hobbes (1588–1679); Ralph Cudworth (1617–1688), Baruch de Spinoza (1632–1677); John Locke (1632–1704); Nicolas Malebranche (1638–1715); Isaac Newton (1642–1727); Gottfried W. Leibniz (1646–1716). – Die Hg. von W 1: 540, geben den Hinweis, daß sich in MS 1638 (s. o. Anm. *), dem Zeitungsabdruck des Textes, zu diesem Absatz die Randnotiz findet: „Printed wrong".

[11] David Hume (1711–1776); vgl. dann vor allem II.14. – Zum folgenden Zitat verweisen die Hg. von W 1: 541, auf Humes *A Treatise of Human Nature*, book 1, part 3, sec. 3; vgl. dt. in: *Ein Traktat über die menschliche Natur*, Hamburg 1978, 106.

[12] Immanuel Kant (1724–1804); zu Peirce' Kant-Kritik vgl. I.5 oder dann II.4, Anm. +44. – Zu der im folgenden im Sinne Kants zitierten Fragestellung verweisen die Hg. von W 1: 541, auf KrV, A 758 ff. (Kants Kritik der skeptischen Einstellung Humes).

[13] Christian Wolff (1679–1754), dt. Philosoph u. Mathematiker, dessen rationalistische Systemphilosophie zu seiner Zeit weite Verbreitung und Anerkennung fand.

[14] *Kritik der reinen Vernunft* (1781/1787).

[15] Georg Wilhelm Friedrich Hegel (1770–1831); vgl. zu Peirce' späterer Hegel-Kritik II.4, Anm. 21, u. II.13, Anm. +23.

[16] David Friedrich Strauß (1804–1874): *Das Leben Jesu* (1835/36). – Es ist bezeichnend, daß für Peirce die linkshegelianische Religionskritik von Beginn an nicht überzeugend war. Strauß' These, die Göttlichkeit Jesu sei ein Mythos, die Menschengattung als solche trage notwendigerweise die göttlichen Prädikate (die in der Philosophie zu ihrem wahren Ausdruck gebracht würden), entsprach in dieser Form nicht dem amerikanischen Transzendentalismus oder Unitarismus in Harvard, vgl. B. Kuklick (1977), part 1; vgl. auch Anm. 32.

[17] Im Original: „the sense of mankind".

[18] John Hampden (Peirce schreibt „Hampdon"), führender Puritaner, der in den 30er Jahren des 17. Jh. im Süden Neuenglands siedelte und gegen die (unrechtmäßige) Regierungspolitik Charles' I. (1625–1649) Widerstand leistete, vgl. Ed. Channing (1977), vol. I, 401, 485.

[19] Im Original: „Migrations of the Barbarian".

[20] Im Original statt „Otto": „Otho". – Peirce meint die Eroberung Roms durch Otto I. und die folgenden Auseinandersetzungen mit Johannes XII. seit dem Jahr 962.

[21] Im Original: „that of the Mahommedans".

[22] Peirce zitiert (ungenau) Ps 8, 6b (vgl. I Kor 15, 27): „du hast ihm alles zu Füßen gelegt". Die *King James Version* lautet z.St.: „thou hast put all things under his feet".

[23] Im Original: „His service is perfect freedom". – Die Hg.

von W 1: 541 verweisen dazu auf „The Order for Daily Morning Prayer“ im *Book of Common Prayer*, wo es heißt: „God [...] whose service is perfect freedom.“ Biblisch ist zu denken an Stellen wie Röm 8, 21: „Auch die Schöpfung soll von der Sklaverei und Verlorenheit befreit werden zur Freiheit und Herrlichkeit der Kinder Gottes“, oder II Kor 3, 17: „[...] wo der Geist des Herrn wirkt, da ist Freiheit“.

[24] Im Ms. nicht kursiv. – Peirce meint im folgenden offenbar den IV. Akt, 1. Szene (Cassio, Bianca) u. 2. Szene (Rodrigo).

[25] Im Original: „plot“ – wurde bisher im Kontext des literarischen Beispiels mit „Handlung“ übersetzt.

[26] Im Original: „the statement of the proposition“. – Bisher wurde „statement“ mit „Aussage“, „proposition“ mit „Aussagesatz“ wiedergegeben.

[27] Vgl. Hebr 7–10. – Der vorige Gedankengang erinnert demgegenüber an Röm 1 u. 2 (allerdings ohne den Aspekt der Verwerfung von Heiden und Juden!) und entspricht insofern Röm 1, 16b.

[28] Zur hier folgenden Redaktionsbemerkung vgl. Anm. *.

[29] Zum Einfluß der schottischen Common-Sense-Philosophy des 18. Jh. und insbesondere dann William Hamiltons (1788–1856) vgl. bei B. Kuklick (1977), 16 ff.; u. II.3, Anm. +13.

[30] Nach Kants berühmter Formel in KrV, B 75: „Gedanken ohne Inhalt sind leer, Anschauungen ohne Begriffe sind blind.“

[31] Peirce' spätere Kosmologie und sein „objektiver Idealismus“ (vgl. CP 6.102, 6.163; dt. in: Peirce [1988], 179, 209) sind die Erfüllung dieses Programms; vgl. zu den einschlägigen Texten bei Flower/Murphey (1977), 608 ff.; u. vgl. Teil II.

[32] Für „Aufhebung“ steht im Original „refining away“. – Zur Sache vgl. oben Anm. 16.

[33] Peirce zitiert wörtlich (King James Version) aus Jak 1, 27c.

[34] Im Original (in Schreibweise, Interpunktion und Verseinteilung nach dem Abdruck in P 12): „The horseman serves the horse;/The neatherd serves the neat;/The merchant serves the purse;/The eater serves the meat./'Tis the day of the chattel; web to weave and corn to grind./Things are in the saddle, and ride mankind.“ – Es handelt sich um die 7. Strophe aus Emersons Gedicht *Ode*, vgl. auch den Hinweis der Hg. von W 1: 541, auf:

Ralph Waldo Emerson, *Poems*, 7. ed. Boston 1858; vgl. *The Complete Works of Ralph Waldo Emerson*, vol. IX, Boston/New York 1904, 77f. – Das Gedicht ist Rev. W. H. Channing gewidmet, einem leidenschaftlichen Kämpfer gegen die Sklaverei (vgl. die Kommentierung des Gedichts, a. a. O. 427f.).

[35] Vgl. oben Anm. 1; als Beleg könnte *Neues Organon*, Teil I, Nr. 129 angeführt werden; vgl. auch den Hinweis der Hg. in W 1: 541.

[36] Der Gedankengang im folgenden ist dieser: Weil Handlungen immer als auf etwas außerhalb, das Ziel der Handlung, gerichtet gedacht werden müssen, sind sie altruistisch, nicht selbstbezogen; und das impliziert auch einen veränderten Zustand der Welt überhaupt.

[37] Im Original (analoge Bildung zu ‚ego-istisch'): „idistical".

[38] Ebenfalls die latinisierte Analogiebildung „tuistical" (der Schreibfehler im Ms. ist damit korrigiert wie in W 1(20): 113; vgl. W 1: 609.

[39] Die Unterteilung in „dynamisch" und (im folgenden) „mathematisch" stammt aus Kants Erläuterungen zu seiner Kategorientafel im § 11 der KrV (2. Aufl.).

[40] Alexander v. Humboldt (1769–1859), Geograph, Naturforscher, Naturphilosoph. Neben den zahlreichen Expeditionsberichten veröffentlichte Humboldt seit 1845 unter dem Titel *Kosmos* naturkundliche Reflexionen, die früh ins Engl. übersetzt und vor allem in den U. S. A. populär wurden. Vgl. jetzt: *Kosmos und Humanität. Alexander von Humboldts Werk in Auswahl*, hg. v. F. Kraus, Bremen 1960.

[41] Im Original: „with the body of all things, and the unity of the body of all".

[42] Peirce hat diesen Begriff der universalen Kirche auch später immer verteidigt, vgl. II.9, Anm. 11.

8. [*Auszüge aus der III. und VI. Lowell-Vorlesung*]

* Die von September bis November 1866 am *Lowell Institute* in Harvard gehaltenen elf Vorlesungen (vgl. E. Walther [1989], 58ff.) standen unter dem Gesamthema „The Logic of Science; or, Induction and Hypothesis", vgl. W 1: 357 bzw. W 1(41–50); der Text der III. Vorlesung ist auch abgedruckt in NEM 3/1,

218–229; die XI. Vorlesung findet sich unvollständig in CP 7.579–596. – Die Vorlesungen gehören zu den frühen Dokumenten von Peirce' Theorie der Schlußformen bzw. der Logik der Forschung, wie sie ihn sein Leben lang beschäftigten und bis zuletzt immer auch Bestandteil seines Realitäts- und Gottesargumentes geblieben sind, vgl. dann vor allem III.5–8, III.10 und III.11. Neben der ausführlich behandelten Theorie der Induktion zeigen die Vorlesungen aber deutlich auch einen biographisch wie sachlich motivierten *theologischen* Denkzusammenhang: Peirce wendet sich – teils unter dem Einfluß der Familie seiner ersten Frau Harriet Melusina Fay – vom unitarischen Glauben ab und dem trinitarischen, episkopalistischen zu, vgl. dazu die Einl. in W 1: xxx ff. Der deutlichste Niederschlag dieser Wendung zeigt sich in der XI. Vorlesung, W 1(50): 502 ff., vgl. unten Anm. +4. Daneben finden sich ausgeführte theologische Anschlußthemen am Ende der III. und in der VI. Vorlesung. Nur diese letztgenannten Teilstücke werden hier übersetzt. Die XI. Vorlesung liegt in dt. Übersetzung bereits vor in: Peirce (1986), 128–146. – Vorlage für die Übersetzung der III. Vorlesung ist IMS 124 (MS 354); für die VI. Vorlesung IMS 128 (MS 696).

[1] Die Übersetzung beginnt mit dem neuen Absatz in MS 354, p. 20, wobei die im Ms. mit „A" (pp. 25 f.) und „B" (pp. 28–31) überschriebenen Textstücke – wie in W 1(43): 405 ff. – unberücksichtigt bleiben; in NEM 3/1 findet sich der Zusatz „B" auszugsweise als Anm. 1. Die geringfügigen Abweichungen des in W 1: 405 ff., abgedruckten Textes von der Vorlage in MS 354 sind in den textkritischen Hinweisen in W 1: 662 f., notiert. – Peirce hatte im Text zuletzt auf die mathematischen Arbeiten von George Boole: *An Investigation of the Laws of Thought*, London 1854, hingewiesen (vgl. zur Bedeutung von Booles Algebra für Peirce' logische Arbeiten bei E. Walther [1989], 16, 62 f. u. ö.).

[+2] In der folgenden Vorlesung, IMS 125 (MS 355, p. 2 f.), vgl. W 1: 408, hat Peirce diesen Gedankengang noch einmal zusammengefaßt. Dabei heißt es zuletzt: „Ich fuhr fort zu zeigen, in welcher Weise solch eine Auffassung die Religion gefährdet, und zwar insofern, als wir Gott nicht durch Induktion erkennen können, wenn wir die Wahrheit der Induktion nur durch das Licht der Theologie kennen. Tatsächlich hat es mich nicht überzeugen können, daß Gottes *Existenz* ohne irgendwie geartete Unterstützung durch wissenschaftliches Schlußfolgern gezeigt werden kann. Diese Erklärung [sc. der theologisch begründeten Induktion] wurde deshalb als unzureichend abgelehnt." – Mit den im Kontext mehrfach angesprochenen „theologischen Logikern" meint Peirce sicherlich zuerst die Scholastiker und die von ihnen vertretene Zuordnung von Theologie und Logik im Mittelalter, vgl. M. Grabmann (1957); die folgenden Bemerkungen aber zeigen, daß durchaus auch theologische Positionen aus der Erwekkungsbewegung des 19. Jh. angesprochen sind.

3 Im Original: „ultimate conclusion".

+4 Die umgekehrte Sicht der Dinge hat Peirce noch einmal in der XI. Vorlesung formuliert, vgl. IMS 132 (MS 359, p. 22ff.); dazu W 1(50): 502–504 (und auch die dt. Übersetzung der ganzen Vorlesung, in: Peirce [1986]; die Übersetzung dieser Stelle, a.a.O. 144f., wird hier nicht übernommen): „Wie jede menschliche Seele eine relative Philosophie darstellt, so ist dieses Symbol die absolut unerreichbare Philosophie. Dies ist der Schöpfer der Welt, weil sich notwendigerweise alles danach richtet. Ein persönliches Wesen, aus demselben Grund, aus dem alle Symbole persönlich sind, aber darüber hinaus auch der Urquell aller Persönlichkeit [...] Dies unendliche Symbol [...] Hier treffen wir also auf eine göttliche Trinität des Objekts, des Interpretanten und des Grundes. Jedes der drei ist eine vollständige Begründung des Symbols, und doch sind alle drei dazu wesentlich [...] Ich will diese Spekulation jedoch nicht weiterführen, denn sie könnte die religiösen Einstellungen einiger Anwesender verletzen. Ich will nur sagen, wenn jemand dies als Argument für die Heilige Trinität anführen möchte, so muß er darauf achten, daß zuerst das System der Logik akzeptiert werden muß, auf dem das Argument beruht. Und dies könnte zu anderen Dingen im Widerspruch stehen, die man gerne für wahr halten möchte.

Man könnte nun bezüglich dieses Begriffs der Gottheit fragen, ob dies auch ein Gott wäre, zu dem man beten könnte. Hier ist es notwendig, zwischen dem zu unterscheiden, was ich ein geistliches [spiritual] und ein mechanisches Gebet nennen werde [...] Bezüglich der ersten Art von Gebet ist keinerlei Zweifel, daß es seinen Interpretanten im Symbol Gottes findet, denn seine Wahrheit liegt in seiner Gemütsbewegung [...] Andererseits ist die Frage nach der Wirksamkeit der zweiten Art von Gebet ganz und gar eine Frage nach den Fakten [...]".

[5] IMS 128 (MS 696) trägt die Überschrift „Praktische Maximen der Logik" und enthält demgemäß Anwendungsbeispiele von Syllogismen, darunter das des sog. *ontologischen Argumentes*, vgl. dazu auch II.2, Anm. 3. – Die Übersetzung beginnt in MS 696, p. 9; vgl. W 1(46): 446; zur Textkritik vgl. W 1: 669.

[6] Im Original: „does not beg the question".

[7] Das engl. Wort „terms" könnte auch mit „Termini" übersetzt werden. Gemeint ist der Syllogismus aus Obersatz, Untersatz und Konklusion, die wiederum aus Subjekts-, Prädikats- und Mittelbegriff bzw. „term" bestehen. Vgl. zur Übersicht W.V.O. Quine (1974), § 14; W. Härle (1987), 86f.

[8] Vgl. Anselm von Canterbury: *Proslogion/Untersuchungen*. Lat.-dt. Ausg., hg. v. P.F.S. Schmitt, Stuttgart-Bad Cannstatt 1962 (Kap. 2–4). – Vgl. III.3, Anm. 18, u. III.10, Anm. 29.

[9] Peirce beendet mit diesem Satz die Wiedergabe von Proslogion 2; der jetzt folgende Satz bezieht sich offensichtlich auf Proslogion 3, die beiden dann folgenden Sätze auf Proslogion 4.

[10] Peirce schließt sich hier und im vorigen Satz direkt dem Text in Proslogion 2 an, worin der Tor nach Ps 14,1 zitiert wird: „An ergo non est aliqua talis natura, quia *dixit insipiens in corde suo: non est Deus?*"

[11] Es handelt sich um die Diskussion zwischen Anselm und Gaunilo, vgl. jetzt die Textausgabe: *Kann Gottes Nicht-Sein gedacht werden? Die Kontroverse zwischen Anselm von Canterbury und Gaunilo von Marmoutiers*, lat.-dt., hg. v. B. Mojsisch, eingel. v. K. Flasch, Mainz 1989 (excerpta classica 4). – Die Einwände Gaunilos stehen dort unter der Überschrift „Quid ad haec respondeat quidam pro insipiente"/„Was ein Namenloser anstelle des Toren darauf erwidern könnte", a.a.O. 60–81; die im folgenden von Peirce angesprochene Diskussion des Inselbeispiels findet sich a.a.O. 74ff.; Peirce' Schilderung wirkt sehr textnah.

[12] Der Titel steht im Ms. nicht kursiv. – Es handelt sich um Anselms Entgegnung „Quid ad haec respondeat editor ipsius libelli"/„Was der Verfasser dieser kleinen Schrift darauf erwidern könnte", vgl. in der (in Anm. 11) genannten Ausgabe, a.a.O. 82–125.

[13] Es ist diese Differenzierung, worin Peirce später den Kern seiner pragmatizistischen Bedeutungstheorie erkennt und eine wesentliche Stütze seines Realismus sieht, vgl. dazu vor allem die letzten Gedanken in III.10.

9. [*Kritik des Positivismus*]

* Der Übersetzung liegt IMS 146 (MS 970) aus dem Jahr 1867/68 zugrunde, vgl. den Abdruck in W 2(11): 122–130; zur Textkritik W 2: 598f. – Das Ms. trägt keine eigene Überschrift.

[1] Mit der zu Beginn genannten „positiven Philosophie" meint Peirce die entsprechende Schul- und Begriffsbildung im 19. Jh. – vgl. zur Übersicht die Art. *Positivismus*, in: HWP 7, 1118ff., u. in: EP 6, 414–419 –, wie sie vor allem auf Claude-Henri de Saint-Simon (1760–1825), Auguste Comte (1798–1857) und Ernst Mach (1838–1916) zurückgeht; vgl. die entsprechenden Art. in: EP 7, 275–277 (Saint-Simon); EP 2, 173–177 (Comte); EP 5, 115–119 (Mach); vgl. zu A. Comte II.3, Anm. 11; II.11, Anm. 3; III.6, Anm. 23. – Peirce' Aufnahme der Diskussion um Religion und Wissenschaft in diesem Zusammenhang dürfte durch Francis E. Abbots Rezensionsart. *Positivism in Theology* (zu H. Spencers *First Principles*, London 1862) mitveranlaßt sein (vgl. den Hinweis der Hg. von W 2: 518), der in der Zeitschrift *The Christian Examiner* (1866), 234–267, erschienen war. Das Stichwort *grand être* geht auf A. Comtes biologisch-humanistische Beschreibung des Menschen zurück und findet sich beispielsweise in seiner Einleitung zum *Catechisme Positiviste ou Sommaire Exposition de la Religion Universelle* (1891), 63. Abbots Rezension von 1866 verweist gleich zu Beginn auf A. Comtes *Cours de Philosophie Positive* (1830–42); zu Abbot selbst vgl. EP 1, 2f. – Zu den folgenden Bemerkungen zum „theistischen Hauptprinzip" vgl. auch I.1, Anm. 2; s.u. Anm. 10.

[2] D.h. der Skeptizismus müßte als Weltanschauung begriffen werden, der dieselbe Leidenschaft und Prägungskraft für das praktische Leben zukäme wie der Religion. Peirce dürfte dies für einen inneren Widerspruch halten, weil, wie oben bereits gesagt, die (philosophische) Leidenschaft des Denkens zur Religion – und gerade nicht zur (leidenschaftslosen) distanzierten Skepsis führt.

[3] Zur späteren Kritik des Nominalismus im Zusammenhang der Kosmologie vgl. II.11.

[4] Im Original: „*The doctrine that it implies, that knowing a thing* to be *probable is not knowledge*". – Dieser Grundsatz ist unvereinbar mit Peirce' Bestimmung von Wissenschaft als *Methode* der Wahrheitsfindung, vgl. II.8.

[5] Bernardus Carnotensis († ca. 1130), platonischer Philosoph der Schule von Chartres; Lehrer von Johannes v. Salisbury (ca. 1115–1180), in dessen *Metalogicon* III, 2 das von Peirce genannte Zitat Bernhards überliefert ist, vgl. Ioannis Saresberiensis, *Metalogicon*, ed. J.B. Hall, 1991 (CChr.CM 98), 106. Peirce besaß ein Exemplar der Editio princeps Parisina (1610) dieses Werkes, wie aus der Liste seiner 1881 an die *Johns Hopkins University* verkauften Logik-Bücher hervorgeht (vgl. dazu E. Walther [1989], 177 f.). Die Hg. von W 2: 518, verweisen zudem auf C. Prantl (1955), Bd. 2, 127, Anm. 93. – Der zitierte Text lautet in Übersetzung: „Weil die Weiße [albedo] die unbefleckte Jungfrau bezeichnet, und *sie ist weiß* [albet], wenn sie ins Brautgemach eintritt oder im Ehebett ruht, doch weiß [album] bezeichnet sie selbst, aber befleckt." – Vgl. zum philosophiehistorischen Zusammenhang M. Grabmann (1957), 407 ff.; P. Dronke (1988), 358 ff., 446.

[6] Die Hg. von W 2: 519, verweisen auf Francis E. Abbot (1836–1903), s. o. Anm. 1; u. John Fiske (1842–1901); Philosoph und evolutionistischer Kosmologe, vgl. in: EP 3, 204 f. – Beide waren seit Beginn der 70er Jahre Mitglieder des *Metaphysical Club*, vgl. dazu bei J. Brent (1993), 83 f.

[7] Vgl. oben Anm. 1. – Als Textbeleg wäre zu denken an Auguste Comte: *Discours sur l'Esprit Positif/Rede über den Geist des Positivismus*, hg. v. I. Fetscher, Hamburg 1979, 27 (in der Übers. v. Fetscher): Der menschliche Geist verzichtet „fortan auf absolute Forschungen [...] und beschränkt seine Bemühungen auf das von da an rasch sich entwickelnde Gebiet der echten Beobachtung [...]". Es gilt von jetzt an als „*Grundregel*, daß keine Behauptung, die nicht genau auf die einfache Aussage einer besonderen oder allgemeinen Tatsache zurückführbar ist, einen wirklichen und verständlichen Sinn enthalten kann."

[8] Diese Kritik an einer ewig und allein rational-gesetzlich gedachten Welt, die letztlich unveränderlich und starr sein müßte, nimmt bereits die spätere Lehre des *Tychismus* vorweg, vgl. dazu vor allem II.10 und II.14.

[9] Peirce hat auf diese These einer sinnlosen Zufallswelt, die er hier als Summe positivistischer Ansichten resümiert, seit Mitte der 80er Jahre mit seinen Arbeiten an einer *Metaphysik der Evolution* geantwortet, vgl. vor allem II.4.

[10] Peirce' späteres Theodizee-Argument entspricht diesem Gedankengang, vgl. II.1, Anm. 4, u. oben Anm. 1.

11 Peirce gibt damit im Grunde die Prinzipien von Humes Erkenntnistheorie an, vgl. David Hume: *Eine Untersuchung über den menschlichen Verstand*, Hamburg 1973, bes. Kap. II–IV. Zu Peirce' Kritik an Hume vgl. dann vor allem II.14.

12 Auch diese Positionbestimmung nimmt Peirce' spätere Erklärungen zur Religion – als lebenspraktischer Angelegenheit, vgl. II.8 u. II.9 – und zum Gottesargument, vgl. III.4 u. III.6, voraus.

13 Im Original: „so far as it asserts or denies something with respect to possible impressions of sense or their sensible relations"; vgl. oben Anm. 11.

14 Dem entspricht der Grundgedanke in Peirce' programmatischen Aufsätzen von 1868/69 im *Journal of Speculative Philosophy*, vgl. W 2(21, 22, 23); u. in: Peirce (1992a); dt. in: Peirce 1976, 13–105: „Keine Erkenntnis, die nicht von einer vorhergehenden Erkenntnis bestimmt wird, kann also erkannt werden" (W[21]: 210; Peirce, 1976, 34). – Peirce hat auch später seine Erkenntnistheorie gerne in dieser Metaphorik formuliert, weil darin bereits das – erkenntnistheoretisch vorausgesetzte – Kontinuum der Phänomenwelt impliziert ist, vgl. z. B. in *Wie unsere Ideen zu klären sind*, W 3(61): 263; dt. in: Peirce 1976, 189: „Denken ist ein Melodiefaden, der durch die Folge unserer Empfindungen läuft."

15 Peirce formuliert hier das positivistische Prinzip anders als bisher: „as it concludes something observable"; vgl. zuletzt Anm. 13.

16 Peirce ist hier auf dem Weg, die Möglichkeitsbedingung von Aussagen in spezifischer Weise an die Möglichkeit von Beobachtungen zu binden; ein metaphysisches Prinzip, das dann in der *pragmatischen Maxime*, besonders in ihren späteren Ergänzungen, zum Ausdruck kommen (vgl. Peirce [1976], 195 mit Anm. 20) und in der Konditionalität des „*would be*" bestimmt werden wird, vgl. CP 5.482; dt. in: Peirce (1976), 519; u. III.10.

17 Vgl. zu Peirce' später (1903) formulierter Kant-Kritik CP 6.95; dt. in: Peirce 1988, 405f.

18 Im Original: „as being matters of intuition". – Zu Peirce' Kritik der Intuition vgl. die oben in Anm. 14 genannten fast gleichzeitigen Artikel im *Journal of Speculative Philosophy*.

10. [*Henry James: Das Geheimnis Swedenborgs*]

* Peirce hat im April 1870 in der Zeitschrift *The North American Review*, vol. 110, Henry James', Sr., Buch über Swedenborg rezensiert: *The Secret of Swedenborg: being an Elucidation of his Doctrine of the Divine Natural Humanity*, Boston: Fields, Osgood & Co. 1869; vgl. Selected Works (1983), vol. 7. – Eine Kopie von Peirce' Text findet sich in P 54, vgl. den Wiederabdruck in W 2(41): 433–438. – Henry James, Sr. (1811–1882), der Vater des Schriftstellers Henry James, Jr., und des Psychologen und Philosophen William James, war geprägt vom neu gewonnenen Wohlstand und der strikten presbyterianischen Frömmigkeit seines aus Irland in die U. S. A. (1789) eingewanderten Vaters. In H. James', Sr., Schriften verbinden sich Kritik am überkommenen Calvinismus mit dem lebensweltlich-kosmologischen Festhalten an christlicher Religiosität, letzteres unter dem Einfluß Emanuel Swedenborgs (vgl. Anm. 1). – Zu Biographie und Lebenswerk vgl. die Einl. von G. Gunn zu dem Textbd.: *Henry James, Senior. A Selection of his Writing*, ed. by G. Gunn, Chicago 1974, bes. 14–28.

1 Ein Textauszug aus *The Secret of Swedenborg* findet sich in der Ausgabe: *Henry James, Senior. A Selection of his Writings* (vgl. oben Anm. *), Kap. 3: „The Swedenborgian Inheritance". – Emanuel Swedenborg (1688–1772), Naturwissenschaftler, Bergbauingenieur, Autor mystischer Offenbarungen bezüglich der „Lehren des Herrn für die Neue Kirche", hatte für Henry James', Sr., kosmologische Liebesreligion vorbildhafte Bedeutung. Vgl. zu Swedenborg den Art. in: RGG 6, 535 f.; u. in: ER 14, 192 f. Eine systematische Übersicht seiner philosophisch-theologischen Lehre gibt der Bd.: E. Swedenborg: *Angelic Wisdom concerning The Divine Love and the Divine Wisdom* (lat. Ausg. 1763; engl. 1794), New York 1976. – Peirce selbst hat zeitlebens Henry James', Sr., Schrift *Substance and Shadow* (Boston 1863) sehr geschätzt, die ebenfalls unter dem Einfluß von Swedenborg steht, vgl. nur den Beginn von Peirce' Aufsatz *Evolutionary Love*, CP 6.287, dt. in: Peirce (1988), 236; vgl. dazu auch III.1, Anm. 10. – Diese in der Tendenz ganz anders gelagerte Rezeption Swedenborgs in den U.S.A als in der dt. philosophischen Tradition wird am deutlichsten im Vergleich mit Kants Schrift aus dem Jahr 1766: *Träume eines Geistersehers, erläutert durch Träume der Metaphysik*.

[2] Im Original: „The matter of deepest moment to the heart is the matter of deepest moment to the head."

[3] Im Original: „that he shall create".

[4] Peirce zitiert hier und im folgenden die Vorlage nicht exakt, vgl. zur Textkritik die „Editorial Notes" in W 2: 548.

[5] Dies ist der Grundgedanke der Zuordnung von „belief" und „doubt", Überzeugung und Zweifel, wie ihn Peirce dann 1877 in *The Fixation of Belief* entwickelt hat, vgl. W 3(60); dt. in: Peirce (1976), 149 ff.

[6] Peirce hat auch später in dieser Hinsicht weiter gearbeitet und eine empirische Prüfung religiöser Erfahrung nicht ohne weiteres für sinnlos erklärt, vgl. vor allem II.3 u. II.7.

[7] Der Art. *Common Sense*, in: EP 2, 155–160, enthält einen besonderen Abschnitt über die „Scottish School". – Zu Peirce' eigener Positionsbestimmung eines „kritischen Commonsensismus" in der Zeit nach 1900 vgl. die Texte in CP 5.502 ff.; auszugsweise dt. in: Peirce (1976), 490 ff.; vgl. auch II.1, Anm. 7.

[8] Peirce' eigenes Gottesargument ist als eine mögliche Erfüllung dieses Anspruchs zu lesen, vgl. III.5–9.

[9] Gemeint ist der aristotelische Hylemorphismus bzw. die Lehre von *dynamis* und *energeia*, vgl. die entsprechenden Passagen im Art. *Form und Materie*, in: HWP 2, 977 ff.

[10] Hier ist vor allem an die ma. Lehren, bes. die thomistische zu denken, vgl. HWP 2, 999 ff.

[11] Entgegen der Ms.-Vorlage in P 54 werden hier und im folgenden die Kursivsetzungen übernommen, wie sie in W 2(41) vorgeschlagen wurden, vgl. zur Textedition in W 2: 623.

[12] Peirce' Zitierung stimmt wiederum nicht ganz mit dem Original überein, vgl. die Text-Ausg. in den *Selected Works*, vol. 7, p. 49.

[13] Vgl. a. a. O. (s. o. Anm. 12), 137.

[14] Im Original: „it will afford [...] much spiritual nutriment"; „spiritual" wurde in diesem Text bisher (wegen des Swedenborg-Kontextes, s. o. Anm. 1) auch im Dt. mit „spirituell" übersetzt. Hier zuletzt handelt es sich um eine Anspielung auf I Kor 10, 3 f.: „spiritual meat" bzw. „spiritual drink" (King James Version). – Daß diese abschließende Wertung bezüglich Henry James, Sr., ernst gemeint ist und tatsächlich auch für Peirce selbst gilt, belegt noch eine späte und hierzu gleichlautende Äußerung aus dem Jahr 1911, vgl. MS 675, zit. in den *Editorial Notes*, W 2: 548.

II. Wissenschaft und Religion (1877–1901)

1. [*Wissenschaftliches Denken und unser Glaube an Unsterblichkeit, Gott und Moralität*]

* Der Übersetzung liegt IMS 321 (aus dem Jahr 1877/78) zugrunde, in dem MS 863 u. MS 892 unter dem auch hier angegebenen Titel zusammengefaßt werden, vgl. die *Chronological List* in W 3: 555. Es handelt sich bei beiden Mss. um Entwürfe bzw. Fragmente. MS 863 ist auf Briefpapier geschrieben; die im Original durch Linien voneinander abgesetzten ersten fünf Abschnitte machen den Eindruck einer Stichwortsammlung für einen größeren Text.

1 Im Original: „faith" (dasselbe Wort wird für IMS 321 bereits in der Überschrift benutzt); gegen Ende dieses Satzes steht „the loss of these beliefs" für „Glaubensverlust".

2 Im Original: „spiritual beliefs".

3 Im Ms. findet sich an dieser Stelle eine Einfügung: Anstelle eines (gestrichenen) „or" sollte vielleicht „together with" stehen. Die Übersetzung schließt einfach mit „und" an.

4 Zum Theodizeeproblem vgl. I.1, Anm. 2; I.9, Anm. 10; u. vor allem III.3, Anm. +15.

5 Im Original: „the mature heart of our age".

6 Peirce hat in späteren Schriften an zwei weiteren Stellen die Transsubstantiationslehre als Beispiel gewählt, vgl. in dem Programmaufsatz des Pragmatismus *Wie unsere Ideen zu klären sind* (1878), W 3(61): 265 f.; dt. in: Peirce (1976), 193 f.; bzw. Peirce (1985 a), 58 ff.; und in einem der Texte zum Pragmatizismus (1902), CP 5.541; dt. in: Peirce (1976), 325 f.

7 Vgl. I.10, Anm. 7; II.3, Anm. +13.

8 Hier endet MS 863. Mit dem folgenden Absatz beginnt MS 892.

9 Die Formulierung „the greatest good of the greatest number" zitiert die Maxime der utilitaristischen Ethik in der Tradition von J. Bentham und J. St. Mill, vgl. dazu H. Deuser (1993), Kap. 5.

10 Im Original: „fellow creature".

2. *Die Ordnung der Natur*

* Es handelt sich um den fünften aus der Reihe von sechs Artikeln in der Zeitschrift *The Popular Science Monthly*, die Peirce dort 1877/78 zu philosophischen Fragen der Naturwissenschaft veröffentlicht hat, vgl. die vollständige Reihe in W 3(60–65) und in Peirce (1992a). Der Übersetzung liegt der Zeitschriftentext, vgl. P 122, zugrunde: *Illustrations of the Logic of Science. By C. S. Peirce, Assistant in the United States Coast Survey. Fifth Paper. – The Order of Nature* (1878); vgl. den Wiederabdruck in W 3(64): 306–322; in Peirce (1992a), 170–185; und zuvor in CP 6.395–427. Eine erste dt. Übersetzung ist erschienen in Peirce (1985b), 110–126; die fünf anderen Artikel dieser Reihe finden sich (teilweise in Auszügen) übersetzt in: Peirce (1976), 149–250. Der Text wird hier in neuer Übersetzung vorgelegt. – Peirce schreibt „Nature“ durchweg mit großem Anfangsbuchstaben, ohne daß dies in der Übersetzung eigens kenntlich gemacht wird.

1 Peirce denkt an die aus den Traditionen Indiens hervorgegangene Religion des *Buddhismus*, dafür spricht auch der dann explizite Religionsvergleich am Ende dieses Textes (s. u. Anm. 33). In der indischen Tradition steht der Tief-Schlaf als Beispiel göttlicher Erlösung von allem Irdischen (vgl. RGG 5, 1418 f.), die buddhistische Gottesvorstellung ist explizit nichttheistisch, vgl. den Art. *Buddhismus*, in: TRE 7, 317 ff.

2 Etienne Vacherot (1809–1897), franz. Philosoph und Politiker. Peirce bezieht sich auf *La Religion. Expliquée par la Psychologie*, Paris 1869, II. Buch, Kap. 5; vgl. D. M. Orange (1984), 29 f.

3 Peirce meint den ontologischen Gottesbeweis, vgl. I.8, Anm. 5; III.3, Anm. +18. – Peirce beginnt hier, die Unterscheidung von Existenz und Realität auf den Gottesgedanken anzuwenden, was dann ein wesentliches Element seines Gottesargumentes sein wird, vgl. vor allem III.6 sowie zum Gottesgedanken im ganzen H. Deuser (1993), Kap. 2.

4 In seiner Spätphilosophie formuliert Peirce dann ein solches „erstes Kapitel der Logik“, vgl. III.4 – allerdings nicht (wie hier noch diskutiert) im Sinne eines Faktums oder Gesetzes im Kanon der Naturwissenschaften.

5 Im Original: „*ensemble*“. – Peirce vertritt bereits hier die Nachordnung der Logik gegenüber der Phänomenologie, vgl. dazu die Einl. von H. Pape zu Peirce (1988) u. Peirce (1990).

[6] Peirce denkt an die Atomtheorie der griech. Naturphilosophen Leukipp (* 480/470 v.Chr.) und Demokrit (ca. 460–ca. 370 v. Chr.).

[7] Gemeint ist das Buch von Pierre Simon de Laplace: *Exposition du système du monde*, Paris 1798; vgl. EP 4, 391–393; hier findet sich auch das berühmte Zitat gegenüber Napoleon, a. a. O. 392.

[8] John Tillotson (1630–1694), anglik. Theologe u. int. berühmter Prediger, seit 1691 Erzbischof von Canterbury. Peirce zitiert aus einer Predigt mit dem Titel „The wisdom of being religious", die Hg. der CP verweisen dazu auf die Werkausg., London 1820, vol. 1, 346. Das Zitat ist wörtlich, vgl. in der Ausg. *The Works of the Most Reverend Dr. John Tillotson, Late Lord Archbishop of Canterbury*, 10 vol., Edinburgh 1760, vol. 1, 23.

[9] Vgl. Anm. 8: Edinburgh 1760, ebd.

[10] Augustus De Morgan (1806–1871), schottischer Mathematiker u. Logiker. – Die Hg. von W 3: 530, verweisen auf A. De Morgan: *Formal Logic: or, The Calculus of Inference, Necessary and Probable*, London 1847, 39; ders.: *On the Structure of the Syllogism* [...], in: Transactions of the Cambridge Philosophical Society 8 (1849), 379–408; ders.: *On the Syllogism, No. V* [...], in: ebd. 10 (1864), 428–87.

[11] Vgl. dazu oben Anm. b.

[12] Peirce' spätere Analysen zum Zufallsargument setzen immer bereits hier an, vgl. besonders zu IMS 494 (MS 875) von 1883/84: [*Design and Chance*], W 4(79); dt. in: Peirce (1988), 113–125 (dort fälschlich als MS 975 bezeichnet), die Darstellung im Blick auf Peirce' späteren Begriff des *Tychismus* in: H. Deuser (1993), Kap. 3.

[13] Mit der veränderten Fragestellung bezogen auf die Wahrnehmung spricht Peirce jetzt von „qualities"; mit „Eigenschaften" wurde das engl. Wort „characters" übersetzt.

[14] Im Original: „depends on a law of our organization".

[15] *The Probability of Induction*, vgl. W 3(63); dt. (auszugsweise) in: Peirce (1976), 224–228.

[16] Vgl. *A Brief Biographical Dictionary*. Compiled and arranged by Ch. Hole, with additions and corrections by W. A. Wheeler, New York 1866.

[17] Im folgenden Aufsatz dieser Reihe (dem sechsten, vgl. oben Anm. *) diskutiert Peirce diese Schlußform – neben De-

duktion und Induktion – als *Hypothese*, vgl. W 3(65); dt. in: Peirce (1976), 229–250. – Es kündigt sich damit die später als *Abduktion* oder *Retroduktion* bezeichnete Schlußform an, die dann im Gottesargument die entscheidende Rolle spielt, vgl. III.6, Anm. 39.

[18] Peirce geht es um die Unterscheidung, daß die Güte der Induktion nicht aus dem empirischen Befund selbst stammt, sondern aus der Korrespondenz dessen, was vorweg festgelegt (d. h. worüber als interessante Fragestellung entschieden) wurde und dann (empirisch) bestätigt werden kann; kurz: die Induktion ist ein rationales und methodisches Verfahren, kein naturalistischer Effekt. – Vgl. zu dieser generellen Einstufung von Peirce' vielseitigen Untersuchungen des Induktionsproblems bei Chr. Hookway (1985), 208 ff.; hier bes. 210 f.; u. zur Kommentierung der „Predesignation" bei I. Riemer (1988), 24–32.

[19] Vgl. John St. Mill: *A System of Logic, Ratiocinative and Inductive: Being a Connected View of the Principles of Evidence, and the Methods of Scientific Investigation,* London (1843) 1865; dt.: *System der deduktiven und induktiven Logik,* hg. v. Th. Gomperz (1884), Bd. 1, Nachdr. Aalen 1968. Die entsprechenden Belege finden sich in Buch III, Kap. III, § 1. – Vgl. zu J. St. Mill auch II.11, Anm. 4.

[20] Vgl. J. St. Mill, a. a. O. § 3.

[21] Diese drei Bestimmungen „importance, interest, or obviousness" hatte Peirce bereits oben zu Beginn des III. Abschnitts (unmittelbar vor seiner Definition der Induktion) angeführt.

[22] S. o. Anm. 15.

[23] Vgl. oben Anm. 19.

[+24] Im Original: „*every event must have a cause*". – Damit wiederholt Peirce das Prinzip De Morgans, vgl. oben Anm. 10, in anderer Fassung. – In IMS 494 (MS 875), vgl. W 4(79): 547, aus dem Jahr 1883/84 (vgl. oben Anm. 12) wird noch weitergehend formuliert: „Wenn wir akzeptieren sollen, daß jedes Ereignis eine Ursache hat, dann sind wir nach allen Grundsätzen der Konsistenz verpflichtet zuzugestehen, daß jede Tatsache eine Erklärung, einen Grund hat."

[25] Mit diesem Abschnitt wendet Peirce die Diskussion des Induktionsproblems in die Perspektive der Evolution bzw. seines (später so genannten) *Tychismus*, vgl. die Hinweise in Anm. 12.

[26] Vgl. G. Berkeley: *An Essay Towards a New Theory of Vision* (1709), in: The Works of George Berkeley, Bishop of Cloyne, vol. I, ed. by A. A. Luce/T. E. Jessop, London 1948, p. 171, secs. 2/3; dt.: *Versuch über eine neue Theorie des Sehens*, hg. v. W. Breidert, Hamburg 1987. Ein Fazit zu Berkeleys Analysen bezüglich des Raumes findet sich in den §§ 130, 154. – Vgl. zu Berkeley auch II.14, Anm. 7.

[27] Im Original: „adaptation"; bereits im vorigen Satz wurde „adapted" mit „Veranlagung" übersetzt.

[28] Im Original: „conceptions". – Das dt. Wort „Vorstellung" dient sowohl zur Übersetzung von „conception" (sonst „Begriff") als auch von „idea".

[29] Vgl. zur Wiederaufnahme dieser Fragestellung dann besonders II.4.

[30] Die Hg. der CP verweisen auf den letzten Abschnitt (zum Thema „Realität") des Aufsatzes *How to Make Our Ideas Clear*, vgl. W 3(61): 271 ff.; dt. in: Peirce (1976), 201 ff.

[31] Vgl. zur Fortsetzung dieser Thematik vor allem II.8.

[32] Vgl. oben Anm. 2.

[33] Vgl. oben Anm. 1.

[34] Beide Beispiele sind eine ironische Bezugnahme auf zwei für den biblischen Glauben zentrale Wundergeschichten des *Alten Testaments*, vgl. I Reg 18, 20–46 (Elijas Feuer- und Regenwunder auf dem Berg Karmel in Auseinandersetzung mit den Baalspriestern) u. Jos 10, 12–14 (während der Amoriterkriege läßt Josua als Heerführer und im Namen Gottes Sonne und Mond „stillstehen").

[35] Im Original: „every individual of our race".

[36] Ein Text wie II.9 zeigt dann noch deutlicher, daß es Peirce einerseits um die strikte Ablehnung von konfessionalistischem Dogmatismus, andererseits um die Bewahrung humaner Religiosität geht; erst wo beides nicht mehr unterschieden werden kann, taucht – um der Wahrheit und der Wissenschaft willen – als Alternative der Verlust von Religion bzw. Atheismus auf.

3. [Wissenschaft und Unsterblichkeit]

* Der Text liegt ursprünglich in zwei Publikationen vor: P 347 bezieht sich auf die erste Fassung in der Zeitschrift *The Christian*

Register, vol. LXVI, Boston, Thursday, April 7, 1887 (Number 14). Die zu diesem Thema von zahlreichen Wissenschaftlern gelieferten Beiträge wurden im selben Jahr unter dem Titel *Science and Immortality. The Christian Register Symposium, Revised and Enlarged* (Edited and Reviewed by S. J. Barrows, Boston 1887) noch einmal veröffentlicht, vgl. unter P 348. In diesem Band findet sich Peirce' Beitrag als Kap. XX, mit seinem Namen als Überschrift und dem Zusatz: „Member of the U.S. National Academy". Auch Peirce hat seinen Text für diese Ausgabe an manchen Stellen überarbeitet und im 1. Absatz einen Satz eingefügt. Die Übersetzung folgt dieser 2. Fassung; vgl. auch die Publikation in CP 6.548–556. – Peirce hat in mehreren Entwürfen seit Mitte der 80er Jahre die Frage nach Wundern mit der nach Spiritualismus und Telepathie verbunden und einer wissenschaftlichen Diskussion zuführen wollen. Es handelt sich vor allem um die Manuskripte MS 877–884, davon sind MS 878 in CP 6.557–587 (*Logic and Spiritualism* aus dem Jahr 1905) und MS 881 (auszugsweise) in CP 7.597–688 (*Telepathy* aus dem Jahr 1903) publiziert. Peirce nimmt damit an einer zeitgenössischen Debatte teil, die für ihn einerseits für die Frage nach der Geltung naturwissenschaftlicher Methoden (der Physik und Psychologie) und andererseits für die Bewährung seiner tychistischen Kosmologie (Problem der Unableitbarkeit des Zufalls), des Common-Sense-Pragmatizismus und damit für die Frage der Wahrnehmung von Erstheitsphänomenen geradezu ein Testfall war. So enthält der Text CP 7.597 ff. wesentliche Argumente zu Peirce' Theorie der Wahrnehmung, verbunden mit seiner mathematischen Auffassung der Kontinuität und der metaphysischen und realistischen Auffassung der Zeit; in CP 6.557 ff. führt die Diskussion auf kosmologische Fragen im Sinne der Kategorie der Erstheit (s. u. Anm. +6 und +14). – Peirce' Position in dieser Debatte ist sehr schön komprimiert in einer Stelle aus MS 877, p. 2/4 („Kurze Skizze einer geplanten Artikelserie über die Kosmologie von Diesseits & Jenseits"; ein späteres Fragment, vom *Peirce Edition Project* auf das Jahr 1908 datiert): „Wenn es überhaupt solche Wirkungen gibt (und wir haben keinen Grund, sie in einem absoluten Sinne zu leugnen), dann müssen sie zum allermindesten in ihren Manifestationen entsprechend den verfeinerten Methoden heutiger Wissenschaft untersucht werden. Diese Überlegung sollte aus sich selbst heraus schon genügen.

Doch darüber hinaus zeigen die in Frage stehenden Phänomene weder die Einfachheit noch die Regelmäßigkeit von Wirkungen elementarer Kräfte; sie sind vielmehr gekennzeichnet durch die Komplexität und offensichtliche Launenhaftigkeit aufgrund schwieriger Bedingungen, wie sie vergleichbar in der Großhirnrinde vorkommen. Kurz, sie scheinen auf einen Ursprung in einem physiologischen Organ des Geistes hinzudeuten. Aus diesen Gründen ist die Hypothese des Spiritualismus der irgendeiner natürlichen oder fundamentalen Kraft als Ursache der Phänomene unendlich vorzuziehen."

[1] Aus MS 880 geht hervor, daß Peirce unter der protestantischen Wunderauffassung die These versteht, alle Wunder im *Neuen Testaments* seien zu akzeptieren, nicht aber die späteren in der Zeit nach dem NT; dagegen versteht er unter den römisch-katholischen Wundern bevorzugt die im Rahmen der Kirchengeschichte bekannten und tradierten. Es ist klar, daß deshalb die protestantische Auffassung von vornherein als inkonsistent erscheinen muß.

[2] Es handelt sich um die Publikation der im Text dann auch namentlich genannten Autoren Ed. Gurney/F.W.H. Myers/F. Podmore: *Phantasms of the Living*, London/New York 1886 (2nd impression 1918). – Peirce bezieht sich damit auf eine damals ausgesprochen aktuelle und verbreitete *naturwissenschaftliche* Debatte. Wie detailgenau und sachkritisch er die zur Begründung des Phänomens der Telepathie vorgelegten Daten analysiert hat, belegen seine beiden Rezensionsartikel in den *Proceedings of the American Society for Psychical Research* (1887), vgl. P 352 u. P 354 (Entwürfe dazu in MS 884). – Die in der Publikation von Gurney u.a. vertretene Position wird am besten durch die drei Thesen deutlich, wie sie in der Einleitung formuliert sind, vgl. die Ausg. von 1918, lvi (§ 18): „I. Experiment proves that telepathy – the supersensory transference of thoughts and feelings from one mind to another – is a fact in Nature. II. Testimony proves that phantasms (impressions, voices, or figures) of persons undergoing some crisis, – especially death, – are perceived by their friends and relatives with a frequency which mere chance cannot explain. III. These phantasms then, whatever else they may be, are instances of the supersensory action of one mind on another [...]" – Für die Aktivitäten der von Peirce genannten *Society for Psychical Research* sind ebenso typisch die beiden Dokumenta-

tionsbde. von F. W. H. Myers: *Human Personality and its Survival of Bodily Death*, London/New York/Bombay 1903; darin wird auf die *Phantasms of the Living* bereits als Standardwerk verwiesen. – Auch W. James bezieht sich in seinen Gifford Lectures (1901/02) auf die Arbeiten von Myers, vgl. W. James (1982), 591 f., Anm. 25. – Zur Wissenschaftsgeschichte vgl. Th. H. Leahey: *A History of Psychology. Main Currents in Psychological Thought*, Englewood Cliffs/New Jersey 1987.

[3] Im Original steht an erster Stelle „pitiable shade", dann „a mere ghost of its former self".

[4] Im Original: „The flower that once has bloomed forever dies."

[5] Eine gute Übersicht zur Bedeutung von *Herbert Spencer* (1820–1903) für die amerikanische Philosophie geben E. Flower/ M. G. Murphey (1977), vol. II, 528 ff., vgl. hier bes. 532: „Since Spencer conceives knowable reality in terms of mechanics, his ‚law of evolution' is an attempt to reduce all evolution to a mechanical process analogous to that described by the nebular hypothesis [...] By a living organism, Spencer means an unstable material organization which sustains itself by a continual adjustment of internal to external relations."

[+6] Die Hg. der CP verweisen auf die parallele Stelle in CP 6.58 ff., ein Textstück aus dem *Monist*-Artikel von 1892 *The Doctrine of Necessity*; dt. in: Peirce (1988), 159–178, bes. 173 ff. – Die kosmologischen Zusammenhänge dieser These sind am Ende von MS 878 (vgl. dazu oben in Anm. *) sehr knapp und klar zusammengefaßt. Peirce unterscheidet zunächst (vgl. CP 6.582) drei Formen von Philosophie, die „elliptische" (die „Bewegung der Natur" hat weder einen Anfangs- noch einen Endpunkt), die „parabolische" (die Entwicklung der Natur tendiert zu demselben „Nichts", aus dem sie stammt) und die „hyperbolische" (so wie Prämissen und Konklusionen die Vernunft bestimmen, so bestimmt die Differenz von „Ursprung" und „Ziel" die Entwicklung der Natur). In CP 6.585 (hier sind Peirce' Korrekturen der Druckfahne in den Text aufgenommen) heißt es dann: „Die hyperbolische Philosophie muß als Ausgangspunkt etwas annehmen, das *frei* ist und weder eine Erklärung verlangt, noch eine Ableitung zuläßt. Das Freie ist lebendig; das unmittelbar Lebendige ist *Gefühl*. Gefühl wird folglich als Ausgangspunkt angenommen, und zwar unkoordiniertes Gefühl, dem seine Mannigfaltigkeit implizit ist. Im Blick auf das Prinzip des Fortschritts oder Wachstums muß etwas vorausgesetzt werden, nicht im Ausgangspunkt selbst, aber als kontinuierlich sich verstärkend von seinem infinitesimalen Beginn an. Dabei kann es sich nur um ein Prinzip des Wachstums von Prinzipien handeln, eine Tendenz zur Verallgemeinerung. Demnach kann angenommen werden, daß das Gefühl dazu tendiert, sich mit Gefühl zu verbinden und sich ihm anzugleichen, und daß die Handlung dazu tendiert, unter einer allgemeinen Formel oder Verhaltensgewohnheit die lebendige Freiheit und innere Intensität des Gefühls zu ersetzen. Diese Tendenz zur Verhaltensbildung wird durch diese Verhaltensgewohnheit selbst zunehmen. Verhaltensgewohnheiten tendieren dazu, Gefühle zu koordinieren, die dadurch in eine zeitliche und räumliche Anordnung gebracht werden. Gefühle, die in bestimmter Weise und in einem bestimmten Grade koordiniert sind, konstituieren eine Person; wenn sie dissoziieren (wie es bisweilen geschieht, wenn Verhaltensgewohnheiten zerbrechen), hört die Personalität auf zu bestehen. Gefühle, über deren Relation zu benachbarten Gefühlen die Verhaltensgewohnheit eine solche Macht hat, daß wir keine Spur von Spontaneität in ihrer Wirksamkeit mehr entdecken können, kennt man unter dem Namen tote Materie. Die hier skizzierte Hypothese, deren Konsequenzen in verschiedenen Richtungen und mit Exaktheit bis in bemerkenswerte Details nachweisbar sind, scheint mit Beobachtungen in einem Ausmaß im Einklang zu stehen, wovon ich hier keine Vorstellung vermitteln kann; und sie gibt eine rationale Beschreibung des Zusammenhangs von Körper und Seele. Diese Theorie, soweit ich bisher ihren Konsequenzen nachgehen konnte, gibt wenig oder keine Unterstützung für den Spiritualismus, doch ist sie offensichtlich weniger ungünstig als irgendeine der anderen annehmbaren Philosophien." – (Dieser Textabschnitt weist deutlich auf die kosmologischen Zusammenhänge des Gottesarguments voraus, s. u. II.13 u. III.7.)

[7] Die Hg. der CP verweisen auf H. Spencer, *First Principles*, New York 1864, II, chap. 18; vgl. *Grundlagen der Philosophie*, übers. v. B. Vetter, Stuttgart 1875; u. II.5, Anm. 20.

[8] Im Original: „which is not reversed".

[9] Im Original: „conservative character".

[10] Der Sprachgebrauch „necessitarian" oder „necessitarians" (s. u. II.10), den Peirce in dieser Sache mit seinen Zeitgenossen

teilt, wird im Dt. beibehalten. Der dafür heute übliche Ausdruck wäre sonst „deterministisch" bzw. „Deterministen", so die dt. Übersetzung in: Peirce (1988), 159 ff. (s. o. Anm. 6).

[11] Zu A. Comte vgl. I.9, Anm. 1; die Belegstelle findet sich in: A. Comte: *Cours de Philosophie Positive, Tome deuxième, contenant la Philosophie Astronomique et la Philosophie de la Physique*, Paris (1830), 5e Édition 1893 (reprint 1968), 19. Leçon, p. 4.

[12] Adrien-Marie Legendre (1752–1833), franz. Mathematiker, vgl. MW II, 30; es müßte sich um ein Beispiel aus Legendres *Zahlentheorie* handeln, sie erschien in 3. Aufl., Paris 1830; in dt. Übersetzung v. H. Maser (1886), 2. Aufl. Leipzig 1893.

+[13] Im Original: „good sense". Eine Unterscheidung von „Common Sense" und „good sense" ist im Dt. schwer möglich. Die Übersetzung benutzt für „good sense" hier die auch im Dt. gängige Wendung „gesunder Menschenverstand" (im Sinne von „vernünftiges Urteilsvermögen") und läßt „Common Sense" (vgl. I.10, Anm. 7) als Fremdbegriff unübersetzt. – In einer hierzu ganz analogen Notiz in IMS 505, p. 1 (MS 868; einem vierseitigen Fragment zum Thema Religion und Wissenschaft, datiert auf 1884; vgl. W 4: 614) heißt es: „Religion muß vernünftigem Urteil [good sense] unterworfen werden. Sie steht immer in der Gefahr der Übertreibung. ‚Religiöse Exzesse', das ist genau der richtige Ausdruck von seiten derer, die sich zur Welt zählen. Moralität kann nicht übertrieben werden. Logik kann nicht übertrieben werden, und sie unterliegt nicht dem gesunden Menschenverstand [good sense], sondern umgekehrt: Die Logik ist das Grundgesetz [law] des gesunden Menschenverstandes. Doch wird Religion nicht maßvoll aufgenommen, führt sie zum Wahnsinn; und das *nicht*, wie manchmal behauptet wird, weil sie verfälscht würde, sondern aufgrund dessen, was ihrem Wesen am meisten entspricht – des mystischen Elementes in ihr. Es führt nicht allein zum Wahnsinn, sondern auch auf direktem Wege zur Unreinheit, und das von den frühesten phallischen Kulten bis zur modernen Zeltmission. Ich behaupte also, daß das Mysterium [mystery] der wichtigste Teil der Religion ist. Eine Religion ohne Wunder kann es geben, das heißt, ich sehe keinen Grund, warum dies nicht so sein sollte, auch wenn es vielleicht nie der Fall gewesen ist. Aber eine Religion ohne Mysterium, ohne etwas, das sich vom Gewöhnlichen unterscheidet – wie im Konfuzianismus –, verliert den Charakter der Religion. Ich sage nicht, es könnte eine Religion ohne einen Gott geben, doch eine theosophische Lehre als solche konstituiert noch keine Religion."

+14 Die Bedeutung, die für Peirce dem Common-Sense-Argument (vgl. Anm. +13) gerade auch im religionsphilosophischen Zusammenhang zukommt, wird an folgenden parallelen Ms.-Stellen besonders deutlich: In MS 878 (vgl. dazu oben in Anm. 6) gibt Peirce im Verweis auf Thomas v. Aquin und Calvin das Beispiel der doppelten Prädestination (CP 6.570) und bemerkt dazu: „Konklusionen, zu denen Menschen gelangen, ohne zu wissen wie, sind besser als solche, die durch eine unwissenschaftliche Logik verstärkt werden. Aufgrund ihrer Logik kamen der *Aquinate*, wo nicht *Calvin*, zu der Überzeugung, daß es eine der Hauptfreuden der Seligen sein werde, über die Brüstung des Himmels zu schauen und unten die Verdammten zu beobachten, wie sie sich in Qualen und Raserei winden: Aufgrund ihres Instinkts oder durch einen halbbewußten Schluß wird ein Bauernmädchen innerlich diese Lehre zurückweisen, trotz all des Ehrenwerten, das der Pastor auch sagen mag." – Peirce selbst hat in den Druckfahnen am Rande aus Thomas' Sentenzenkommentar zitiert, 4. Buch, dist. 50, q. 3(sic!), a. 4 (es handelt sich um 4SN, ds50, qu2, ar4, in: S. Thomae Aquinatis Opera Omnia 1: In Quattuor Libros Sententiarum, ed. R. Busa, Stuttgart-Bad Cannstatt 1980, 707 f.); und ebenso aus Calvin, Institutio III, 23, 7!, vgl. CP 6.570 Anm. 1. – In einem weiteren Beispiel geht Peirce an dieser Stelle auf das instinktiv eingehaltene Inzest-Verbot ein, und in CP 6.571 heißt es dann: „Die Weitergabe der Gebote des gesunden Urteilsvermögens vom Vater auf den Sohn bewirken das Wachstum des Common Sense. Auf der Basis breiter alltäglicher Erfahrung, einem weit wertvolleren Fundus an Wahrheit als die Ansammlung der speziellen Erfahrungen der Menschen (wissenschaftlicher und außergewöhnlicher), haben sich in einem Teil des menschlichen Geistes die Funktionen entwickelt, die am empfindlichsten und untrüglichsten sind und die durch zahllose Generationen hindurch von neuem überlegt und überprüft wurden; wer würde solch eine Konklusion zu bestreiten wagen, wenn sie eindeutig zur Sache erfolgt und direkt in der Kompetenz des gesunden Menschenverstandes steht?" – Schließlich kommt Peirce in CP 6.573 erneut auf das Christentum zu sprechen; eine ausführlichere Fassung dieser Stelle findet sich in MS 879, p. 30: „Doch in den Gebieten der Religion, der Politik und der sozialen Ideen muß man nicht lange nach Beispielen suchen, in denen eine ursprüngliche Ansicht von Generation zu Generation auf ganz unsensible Weise modifiziert wurde. Die Diskussion vergangenen Winter hat gezeigt, wie sich unter den Presbyterianern ein bestimmtes Element religiöser Überzeugung seit den Tagen der Westminster Confession auf Kosten eines anderen verstärkt hat. Das Christentum besteht aus zwei Elementen, dem thaumaturgischen und dem spirituellen: und das letztere hat in der Auffassung der Gläubigen seit den frühesten Tagen und bis heute allmählich gegenüber dem ersteren an Boden gewonnen, und das trotz der Windeln, worin eine reflektive Theologie den Glauben [faith] gebunden hat, um seine Weiterentwicklung zu verhindern. Ich glaube, wir werden in der künftigen Geschichte der protestantischen Kirchen ein noch schnelleres Wachstum zu gewärtigen haben, fast die Hypertrophie von Elementen des religiösen Glaubens." – Wird MS 879 auf das Jahr 1890 datiert (vgl. Robin [1967]), so bezieht sich Peirce auf die 1889/90 aktuellen Diskussionen um eine Revision der Glaubensartikel der *Westminster Confession* durch die Presbyterianer. Deren Geschichtsschreibung bezeichnet inzwischen diese Epoche als „Resistance to Social and Cultural Change", vgl. M. W. Armstrong/L. A. Loetscher/Ch. A. Anderson (Ed.): *The Presbyterian Enterprise. Sources of American Presbyterian History*, Philadelphia 1956, chap. 10, 244 ff.

4. Eine Vermutung über das Rätsel [*der Sphinx*]

* Der Übersetzung liegt MS 909 aus dem Jahr 1887/88 zugrunde, ein Typoskript mit mehreren Textvarianten. Entwürfe bzw. Varianten finden sich darüber hinaus in MS 904, MS 906 u. 907 (beide ebenfalls Typoskripte). MS 909 ist in eigenwilliger Weise (nämlich in Verbindung mit MS 901; vgl. in: CP 1.369–372; 1.376–378) in CP 1.354–368; 1.373–375; 1.379–416 zum ersten Mal publiziert worden. – Aus MS 909, p. 1/2, geht hervor, daß Peirce ein Buch unter diesem Titel geplant hatte; unter der Hauptüberschrift findet sich der Zusatz „[Vignette of Sphynx]", weshalb hier „der Sphinx" zur Erläuterung hinzugefügt wurde. Eine Bemerkung auf p. 2 lautet: „NOTIZEN für ein Buch mit dem Titel: EINE VERMUTUNG ÜBER DAS

RÄTSEL, mit einer Vignette der Sphinx unter dem Titel. Und wenn das Buch jemals geschrieben wird, was bald geschehen soll, wenn ich nur in die Lage komme, es zu tun, dann wird es eines von denen sein, die die Geburt einer neuen Zeit bedeuten." – Der Text ist *das* bedeutende Dokument für Peirce' neue Kosmologie der 80er und 90er Jahre, worin er seine inzwischen entwickelte kategoriale Semiotik in eine Metaphysik der Evolution überführt, vgl. zum werkgeschichtlichen Übergang bei D. M. Orange (1984), 40 ff. – Die Datierung auf 1887/88 geschieht mit dem *Peirce Edition Project* und korrigiert die Datierung auf 1890 bei Robin (1967) bzw. in CP 1.354; vgl. jetzt auch den Textabdruck in: Peirce (1992a), 245–279.

[1] Der Übersetzung liegt die erste von vier unterschiedlichen Einleitungen (ohne daß diese im Ms. so bezeichnet würden) zugrunde, wie sie sich in MS 909 finden; anders als in CP 1.354 f., wo die dritte abgedruckt ist, während die erste Einleitung für das „Preface" in CP 1.1 (zum Teil!) benutzt wird. – Das Typoskript zeigt zahlreiche Korrekturen und Überschreibungen, oft als alternative Formulierungen oder Zusätze zwischen den Zeilen. Die Übersetzung integriert – soweit möglich – alle Varianten.

[2] Petrus Ramus (Pierre de La Ramée, 1515–1572), franz. Philosoph, Calvinist, Kritiker der aristotelischen Logik; Pythagoras (6. Jh. v. Chr.), vorplatonischer gr. Philosoph und Mathematiker; Thomas Brown[e] (1778–1820), schottischer Philosoph, kritischer Anhänger der Common-Sense-Schule, vgl. EP 1, 401 ff.

[3] Im Original hier: „conceptions"; im folgenden Satz steht „Vorstellungen" für „ideas".

[+4] Unter den offensichtlichen Varianten zu dieser Stelle (MS 909, p. 37; MS 907; vgl. auch MS 906) findet sich auch das handgeschriebene, siebenseitige MS 904, das wie folgt beginnt: „I. Die vertrauten Vorstellungen des Ersten, Zweiten, Dritten, die jeder täglich tausendfach benutzt, haben eine Bedeutungsfülle, an die gewöhnlich kaum gedacht wird. Unter dem Ersten verstehe ich in keiner Weise das Eine, vom dem Parmenides sprach, nämlich die synthetisierende Einheit und ein Ganzes. Ich denke ganz schlicht an das, was sich als erstes, unmittelbar, frisch darstellt, ohne Gegenstand eines Vorausgehenden zu sein, und also spontan und frei ist." – Das im folgenden gebrauchte Bild Adams beim ersten Öffnen seiner Augen im Paradies charakterisiert treffend, was Peirce unter *Erstheit* versteht, vgl. III.5, Anm. +1.

[5] Im Original: „The scarfed bark puts from her native bay/" [...] „doth she return,/With overweathered ribs and ragged sails." – W. Shakespeare: *Der Kaufmann von Venedig*, II. Akt, 6. Szene (dt. Übers. v. A. W. Schlegel).

[6] Peirce denkt an den Differentialkalkül und seine Entwicklung (z. B. bei Leibniz) seit dem 17. Jh., vgl. O. Becker (1964), 158 ff.

[7] Im Original: „if your creed is"; das Wort „creed" steht auch für Bekenntnis oder Glaubensbekenntnis.

[8] Die Ausgangsrelation: A (Verkäufer), B (Käufer), C (Gegenstand des Handels), D (Kaufpreis), wird überführt in die Relation (1): A (Verkäufer), B (Käufer), E (das gemachte Geschäft); und in die Relation (2): C (Gegenstand des Handels), D (Kaufpreis), E (das gemachte Geschäft). – Im Original sind in diesen beiden Fällen B und C gerade vertauscht, was in der Übers. korrigiert wurde.

[9] Im Original: „triple" (für dreifach) und „quadruple" (für vierfach).

[10] Peirce versucht hier, eine allgemeinverständliche Darstellung seiner Relationenlogik bzw. der Logik der Relative zu geben, die im Kontext zugleich mit der Kategorienlehre und der von da aus entworfenen Kosmologie verknüpft ist. – Zur Bedeutung von Peirce' Logik und Kategorienlehre allgemein vgl. K. Oehler (1984), 52 ff.; einer der Grundtexte zur Logik der Relative aus der Zeit vor dem Text *Eine Vermutung über das Rätsel* findet sich in W 4(66): *Note B: The Logic of Relatives* (1883); aus der Zeit danach vgl. *Die Logik der Relative*, in: Peirce (1986), 269 ff. – Die Grundstruktur dieser Logik ist, abgesehen von ihrer mathematischen und formalen Fassung, am einfachsten durch die zeichnerische (von Peirce „diagrammatisch" genannte) Darstellung der Relationen nachzuvollziehen, vgl. dazu die auf K. L. Ketner (1986) zurückgehende Übersicht bei L. Schulz (1990), 285 ff.

[11] Im Original: „game of follow my leader"; gemeint ist ein Kinderspiel, bei dem ein Anführer Dinge vormacht, die alle anderen nachahmen müssen.

[12] Vgl. Ps 8, 3.

[13] Die Kegelschnitte ergeben entweder Kurven, die unter bestimmten Bedingungen Ellipsen, Parabeln oder Hyperbeln darstellen, vgl. EM 2, 334 f.; oder – wenn die Schnittebene durch die

Kegelspitze verläuft – Geraden; letztere nennt Peirce dann „degenerierte Kegelschnitte", dt. „ausgeartete" oder, vgl. MW 1, 894 ff., „singuläre". – Im folgenden unterscheidet Peirce davon dann Kurven dritten Grades („cubics") und ihre entsprechend „degenerierten" Formen, vgl. EM 2, 478 f.

14 Im Original: „real relations and relations of reason". Derselbe Gedanke findet sich (mit näheren Angaben) in den *Cambridge Conferences Lectures* (1898), vgl. in: Peirce (1992b), 150. – Vgl. den Art. *Relation* I u. II, in: HWP 8, 578–595.

15 Benjamin Thompson Rumford (1753–1814), Chemiker u. Physiker, in Massachusetts geb., lebte in Europa; Benjamin Franklin (1706–1790), amerik. Naturwiss. u. Politiker; die Hg. von Peirce (1992a) verweisen auf die Nennung beider in W 4(16).

16 Im Original: „mind"; dt. hier (wegen der sachlichen Nähe zu Kants *transzendentaler Analytik*) mit „Verstand" übersetzt.

17 Im Original nicht kursiv, aber Peirce schreibt „Internal" und „External" jeweils mit großem Anfangsbuchstaben.

18 Im Original: „thirds"; im Dt. kann nicht immer zwischen „third" und „thirdness" sprachlich problemlos unterschieden werden.

19 Der Beleg findet sich in den *Erzählungen aus 1001 Nacht*, gleich zu Beginn der *Erzählung von dem Kaufmann und dem Dschinni*. – „Dschinn" heißt ein (meist) böser Geist oder Dämon im arabischen Volksglauben; Peirce schreibt im Original „genie".

20 Im Original: „reason objectified".

21 Gemeint ist die Differenzierung der Idee der Zweitheit in ihre „genuine" und „degenerierte" Art, wie sie dann in der Unterscheidung von realen und gedachten Relationen bzw. „internen" und „externen" Zweitheiten wiederkehrt (s. o. Anm. 14 u. 17). – Vgl. zur kritischen Einstufung Hegels, dann im Zusammenhang der Pragmatismus-Vorlesungen (1903), bes. die 2. u. 3. Vorl., in: Peirce (1973), 42 ff. u. 96 ff.; auch II.13, Anm. +23.

22 Zum „differential calculus" s. o. Anm. 6.

23 Das hier eigentlich vorgesehene Kapitel II findet sich nicht in Peirce' Typoskript. – Die Hg. der CP haben deshalb an dieser Stelle ein Stück aus einem anderen Ms. eingesetzt (CP 1.369–372), vgl. dazu oben in Anm. *.

24 Mit den Hg. von Peirce (1992 a), 256, wird hier „important [role]" gelesen.

Zweitheit genuin degeneriert
Relation real gedacht
Zweitheit extern intern

[25] Thales von Milet (640/39 [624?] – 546/45 v. Chr.). – Der griech. Begriff „arche" im folgenden Satz steht im Original nicht kursiv.

[26] Mit den Hg. von Peirce (1992 a), 257, wird hier „[method]" eingefügt.

[27] Vgl. oben I.7, Anm. 1.

[28] Damit endet Kap. III, es ist unvollständig geblieben. – Zum hier vorgetragenen Grundgedanken der kosmologischen Spontaneität eines Ersten vgl. dann vor allem II.13 u. III.7.

[29] Im Original: „in the presentations of sense".

[30] Vgl. I. Kant: *Kritik der Urteilskraft* (1790), Einl.; in Kants Terminologie: Erkenntnisvermögen, Gefühl der Lust und Unlust, Begehrungsvermögen.

[31] An dieser Stelle schien in der Typoskript-Vorlage (p. 12/13) eine Lücke zu sein; in CP 1.376–378 wurden deshalb wieder Stücke aus einem anderen Ms. eingesetzt (vgl. oben Anm. *). Im weiteren Verlauf von MS 909 findet sich aber eine Seite (p. 47), die exakt die Lücke füllt und im Seitenwechsel an p. 12 anschließt; dem folgt die Übersetzung. Mit den Hg. von Peirce (1992a), 258, wird in der Seitenvorlage die handschriftliche Eintragung „mein" in Z. 7 als „mien" (dt.: „Ausdruck", „Aussehen") gelesen, die Eintragung in Z. 10 als „history".

[32] Zur Bedeutung von Johann N. Tetens (1736–1807) vgl. den Art. *Psychologie* (Abschnitt B), in: HWP 7, 1601–1606; zu seiner Philosophie in: EP 8, 96; u. unten Anm. 35.

[33] Platons Dreiteilung der Seele findet sich in der *Politeia*, Buch IV, 439 d–441 c; Diogenes Laertius berichtet darüber, ebenso über Pythagoras, vgl. *Leben und Meinungen berühmter Philosophen*, Buch I–X, Hamburg 1967, III/90 (Platon); VIII/30 (Pythagoras); daß Platon auf die Pythagoreer zurückgreift, sagt Diogenes Laertius in III/8.

[34] Im Original: „feelings of pleasure and pain". – Das sind zugleich die zentralen Stichworte des Utilitarismus seit J. Bentham. Statt mit „Freude und Leid" kann hier und im folgenden aber (im Anschluß an Kant, s. o. Anm. 30) auch mit „Lust und Unlust" übersetzt werden; zu Peirce' kritischer Anknüpfung an die utilitaristische Ethik vgl. II.1, Anm. 9.

[35] Vgl. J. N. Tetens: *Philosophische Versuche über die menschliche Natur und ihre Entwicklung* (1777), Abschnitt I.3: „Ist das *Gefühl* die Grundkraft der Seele?"; vgl. in: J. N. Tetens: *Sprachphilosophi-*

sche Versuche, eingel. v. E. Heintel, hg. v. H. Pfannkuch, Hamburg 1971, 96ff. – Peirce hat sich in einem hierzu sachlich genau parallelen Ms. in gleicher Weise auf Tetens bezogen, vgl. CP 7.539–541.

[36] Im Original: „warp and woof"; ein Bild aus der Sprache der Weberei: „Kette" als die längs, „Schuß" als die quer verlaufende Fadengruppe (Kettfäden und Schußfäden).

[37] Vgl. oben S. 126f.

[38] Vgl. oben S. 128.

[39] Peirce bezieht sich auf den von Duns Scotus geprägten Begriff der „haecceitas", vgl. L. Honnefelder, Art. *Duns Scotus* II, in: TRE 9, 237.

[40] Vgl. I. Kant: *Kritik der reinen Vernunft,* B 131ff. (§ 16): „Von der ursprünglich-synthetischen Einheit der Apperzeption".

[41] Im Original: „sense" – wurde bisher meist mit „Empfindung" übersetzt.

[42] Nach den fortlaufenden Seiten im Typoskript endet hier Kap. IV. – Andererseits ist die dann folgende Seite (p. 16) offensichtlich ohne Anschluß, woraus die Hg. der CP den Schluß zogen, hier fehlten Teile der Vorlage. In CP 1.384 wurde aber nur der letzte Absatz von p. 16 aufgenommen, dessen Kant-Kritik (s. u. Anm. +44) in den bisherigen Kontext zu passen schien. Doch zeigt der vorangehende Text auf p. 16, daß diese Seite eindeutig in den Zusammenhang des folgenden Kap. V gehört – mit dem die Übersetzung hier weitergeführt wird.

[43] Vgl. hier und im folgenden die oben S. 137 gegebene doppelte Aufgliederung des polaren Empfindens.

[+44] Es ist offensichtlich dieser Fall, den Peirce in der oben genannten Textvariante (s. o. Anm. 42) bespricht und mit einem kritischen Hinweis auf Kant verbindet (vgl. auszugsweise in CP 1.384). Die Stelle lautet im weiteren Zusammenhang (MS 909, p. 16 Mitte bis zum Ende der Seite): „Die physiologische Erklärung der Synthesis aufgrund von externem Zwang ist weniger transzendental. Es handelt sich ganz einfach darum, daß Vorstellungen als extern verbunden gedacht werden, weil sie durch dieselbe allgemeine Nervenerregung entstanden sind, oder anders gesagt, sie stehen in einer mehr oder weniger engen Beziehung, entsprechend ein und derselben Entladung über ein und dieselbe Nervenbahn, die mehr oder weniger an dem Aufkommen der Vorstellung beteiligt war. Vorstellungen gelten als direkt verbunden, wenn eine sich in die andere entlädt, das heißt, wenn die eine kurz vor und die andere kurz nach einer Bewegung nervlicher Energie gegenwärtig ist. Kant vertritt die falsche Auffassung, daß die Vorstellungen getrennt gegeben und dann durch den menschlichen Geist zusammengedacht werden. Dies entspricht seiner Lehre, daß eine geistige Synthesis jeder Analyse vorausgeht. In Wirklichkeit ist es so, daß sich etwas darstellt, das selbst keine Teile hat, trotzdem aber durch den menschlichen Geist analysiert wird; mit anderen Worten, daß es Teile hat, bedeutet, daß der menschliche Geist hernach diese Teile darin erkennt. Solche Teil-Vorstellungen sind in Wirklichkeit nicht in der ersten Vorstellung als solcher enthalten, obwohl sie aus ihr herausgelöst werden. Es handelt sich um einen Fall destruktiver Destillation. Dann, wenn wir sie getrennt haben, überdenken wir sie, und wir werden unwillkürlich von einem Gedanken zum anderen gebracht, darin liegt die erste wirkliche Synthesis. Eine frühere Synthesis als diese ist eine Fiktion. Der ganze Begriff der Zeit gehört zur genuinen Synthesis und sollte hier unter dieser Rubrik nicht behandelt werden".

45 Dies gilt selbstverständlich nur für die klassische Physik, auf die sich Peirce hier (1887/88) bezieht und die er damit bereits problematisiert; vgl. dazu vor allem die Texte zur Kosmologie, in: Peirce (1988), und darin das Vorwort von I. Prigogine.

46 Michael Foster (1836–1907); engl. Physiologe, Gründer des *Journal of Physiology*, 1878. – Das Zitat findet sich in: M. Foster, *A Text Book of Physiology*, 3rd Ed., London 1879, 647 (Appendix: On the Chemical Basis of the Animal Body).

47 Die folgende Formel für das Nuklein findet sich bei M. Foster (s. o. Anm. 46), a. a. O. 672. – Der Terminus (im Original) „nuclein" wird im OED, p. 1953, definiert als: „The principal constituent of cell-nuclei" und ist belegt seit 1878; (im Original) „proteid" als: „A term applied in England from 1871 to the class of organic compounds previously known as ‚protein bodies' or ‚substances' (Ger. *proteïn-stoffe*), and now by preference called ‚proteins'" (OED, p. 2335).

48 „Vis viva", vgl. OED, p. 3640: „the operative force of a moving or acting body, reckoned as equal to the mass of the body multiplied by the square of its velocity."

49 Im Original hier und im folgenden: „protoplasmic mass"; bisher: „mass of protoplasm".

[50] Im Original folgt noch: „Here the chemical idea" – und damit bricht der handschriftliche Zusatz ab. – Die Hg. der CP verweisen dazu auf einen sachlich parallelen Text aus dem Jahr 1892, der sich in CP 6.238-271 findet: *Man's Glassy Essence*; dt. in: Peirce (1988), 210–234; zum Protoplasma vgl. bes. 221 ff.

[51] Charles R. Darwin (1809–1882); zu Peirce' früher kritischer Auseinandersetzung mit Darwin vgl. die Einl. v. M. H. Fisch in W 1: xix f.; im übrigen s. u. Anm. 53 u. II.14, Anm. 18.

[52] Die Tabelle im Typoskript, p. 25, enthält zahlreiche Rechenfehler, sie wird hier nach der korrigierten Fassung in Peirce (1992 a), 271, übernommen.

[53] Im Original: „survival of the fittest"; vgl. die genau entsprechende Argumentation in II.5, Anm. 31 u. 32.

[54] Im Original: „sporting".

[55] Vgl. *Kritik der reinen Vernunft*, I. Teil: Die transzendentale Ästhetik, 1. Abschnitt: Von dem Raume; oder: *Prolegomena*, §§ 6 ff. (Wie ist reine Mathematik möglich?), bes. § 12.

[56] Die Hg. von Peirce (1992b) verweisen auf Carl F. Gauß, *General Investigations of Curved Surfaces*, Princeton 1902, art. 20; vgl. *Disquisitiones generales circa superficies curvas* (1828), in: Gauß, Werke, Bd. IV (Göttingen 1873), Nachdr. Hildesheim 1973, 217–258; hier: 244 ff. – Vgl. auch II.11, Anm. 11.

[57] Vgl. Jos 10, 12 f. (s. o. II.2, Anm. 34); zu Phoenix' Vorlesungen geben die Hg. von Peirce (1992a), 384 (Anm. 23) u. 383 (Anm. 34), den Nachweis: *Phoenixiana; or Sketches and Burlesques*, New York 1856, 51 ff. – John Phoenix war das Pseudonym von George Horatio Derby (1823–1862), amerikan. Soldat und Humorist, dessen Texte, zunächst publiziert in Zeitungen und Zeitschriften, Mitte der 50er Jahre einigen literarischen Ruhm genossen, vgl. DLB 11/1, 114–123. – Vgl. II.5, Anm. 11 u. 12.

[58] Die Hg. von Peirce (1992 a) verweisen auf Aristoteles' *Physik*, 195 b,31 – 198 a,13.

[59] Die Hg. der CP verweisen auf Carus Lucretius' *De rerum natura*; gemeint ist die Stelle: Buch II, 216–293.

[60] William Whewell (1794–1866), engl. Philosoph u. Wissenschaftshistoriker, vgl. EP 8, 288 f. – W. Whewell: *The Philosophy of the Inductive Sciences* (1847), 2 vols., London/Edinburgh 1967 (The Historical and Philosophical Works of William Whewell, vols. V/VI).

61 Zu John Stuart Mill vgl. II.11, Anm. 4; hier bes. sein wissenschaftstheoretisches Hauptwerk: *System der deduktiven und induktiven Logik*, 3 Bde., übers. v. Th. Gomperz (Leipzig 1886), Nachdr. Aalen 1968; dazu auch II.2, Anm. 19f.

62 Zur Logik der Induktion vgl. oben II.2.

63 Vgl. oben Anm. 39; Peirce bildet hier im Engl. die Pluralform „haecceities".

64 Im Original: „brutal fact".

65 Zu Kants Bestimmung des „regulativen Prinzips" vgl. *Kritik der reinen Vernunft*, B 536ff. u. B 670ff. – Peirce' Hinweis auf die Scholastiker bezieht sich auf Johannes Eck: *In summulas Petri Hispani extemporaria et succincta* [...] (1516), bezogen auf Petrus Hispanus: *Summulae Logicales*; beide Titel waren in Peirce' Besitz, wie seine Verkaufsliste gegenüber der Johns Hopkins University zeigt, vgl. I.9, Anm. 5.

66 Peirce schreibt im allgemeinen nur „law", wo die dt. Übersetzung meist „Naturgesetz" lauten muß.

67 Im Original: „his antipode".

68 Im Original: „coincidence".

69 Vgl. zur kosmologischen Implikation des triadischen Denkens bereits oben in Kap. I dieses Textes!

70 Im Original: „actions".

71 Im Original: „self-generative". – Mit dieser Folgerung aus seiner Hypothese der Verhaltensbildung (habit-taking) nimmt Peirce die modernen Konzepte der Selbstorganisation der Materie bzw. ihrer autopoietischen Strukturen vorweg; vgl. weitere Hinweise in: H. Deuser (1993), Kap. 3 u. 4.

72 Vgl. hier und im folgenden II.13 u. III.7.

5. [*Fallibilismus, Offenbarung, Kontinuität und Evolution*]

* Der Übersetzung liegt MS 955 zugrunde. (In CP 1.141–175 sind ausgewählte Teilstücke daraus publiziert worden.) Wahrscheinlich handelt es sich um Entwürfe für den unter P 470 genannten Vortrag, den Peirce am 21. Mai 1892 unter dem Titel *Synechismus* vor der *Graduate Philosophical Society of Harvard University* gehalten hat. Jedenfalls gehört MS 955 in den sachlichen Kontext dieses Vortrags, und die Datierung auf 1892 ergibt sich dann aus dem Vortragstermin bzw. aus Peirce' Hinweis darauf in

der 8. Cambridge Vorlesung (1898), vgl. in: Peirce (1992b), 242 u. Anm. 1. – Das Ms. umfaßt 57 handgeschriebene Seiten, darunter zahlreiche Varianten und Neueinsätze. Vom *Peirce Edition Project* werden noch vier Seiten aus MS 589 (pp. 51–54) zu MS 955 gerechnet (eine analoge Erörterung der Exaktheit der Induktion).

+1 In einer Variante zu dieser Einleitung des Textes, vgl. MS 955, p. 57, findet sich die folgende Formulierung: „Jede noch so genau bestimmte Angabe des Wertes einer kontinuierlichen Quantität ist mit einiger Wahrscheinlichkeit im Irrtum. Wenn der Engel Gabriel – der oftmals im verleumderischen Verdacht stand und von dem man vermutet hat, daß er herniedersteigt und die unglaublichsten Geschichten erzählt –, wenn er bezeugen würde, daß die ursprüngliche Höhe der großen Pyramide zu der Grenzlinie ihrer Basis *exakt* in dem Verhältnis stand wie der Durchmesser eines Kreises zu seinem Kreisumfang, dann *vielleicht* müßte ich mich geschlagen geben."

2 Peirce schreibt im Ms.: „with a *not*". Der Textabdruck in CP 1.143 konjiziert zu Recht „with[out]" und verweist auf die „Wikked Bible" von 1631, in der beim 7. Gebot die Negation fehlte. – Zum folgenden vgl. Röm 11, 33f.

3 Die folgende Analyse der „direkten Erfahrung" ist mit der späteren Diskussion der Gotteserfahrung in Teil III.5–9 zu vergleichen, aber auch bereits mit II.11.

4 Für die Fortsetzung des Textes finden sich im Ms. – nach einem offenbar fehlenden Stück – drei nahezu gleichlautende Fassungen. In CP 1.147 ist die kürzeste gewählt, weil sich dadurch im weiteren Text die wenigsten Anschlußschwierigkeiten ergeben. Der Übersetzung liegt der Beginn der dritten Fassung (MS 955, p. 8) zugrunde, die dann ihrerseits nach den ersten beiden Absätzen durch den weiter fortlaufenden Text (p. 9) ersetzt wird.

+5 In MS 865, das mit den Worten „Religiöser Infallibilismus [...]" beginnt (diese ersten Seiten sind auszugsweise übernommen in CP 1.8–14), gibt Peirce dann ein genaueres Bild davon, wie er sich kirchliche Reformen vorstellt (vgl. dazu auch II.8 u. II.9!). Dort heißt es (MS 865, p. 5–7): „Und nun zum Verhältnis des Fallibilismus zur Religion. Ich gestehe, daß nach meiner unmaßgeblichen Meinung große Veränderungen in den Kirchen im Laufe der nächsten dreißig Jahre zu erwarten sind –

bis zur endgültigen Kapitulation derer, die jetzt als die liberalen Parteien bekannt sind; nämlich teilweise eine Rückkehr zur ursprünglichen Einfachheit des Glaubens [belief], verbunden mit einer Spiritualisierung der Bekenntnisse – und bis zu einer beträchtlichen Erweckung des religiösen Glaubens [faith] und des religiösen Lebens. Damit ich nicht wie ein Orakel erscheine, will ich kurz die Gründe für meine Auffassung darstellen. Zunächst, was die Gegenwart betrifft: Beschränktheit [dense‹ness?›], Unwissenheit und Rückständigkeit können dem Druck des wissenschaftlichen gesunden Menschenverstandes [good sense] nicht lange widerstehen; und deshalb kann die moderne Bibelkritik nicht länger verleugnet werden. Im ersten Morgengrauen können die Menschen sich noch einreden, daß es die Nacht sei, die weiter regiere; nicht mehr aber, wenn der volle Glanz der Sommersonne einmal über dem Horizont aufgegangen ist. Die Ergebnisse der Bibelforschung müssen dann akzeptiert werden, und wenn der Augenblick der Zustimmung gekommen ist, dann wird sich zeigen, daß diese Forschungsergebnisse sehr viel weiter reichen, als man angenommen hatte. Sie anzuerkennen ist undenkbar, ohne daß ein Großteil der calvinistischen Theologie in Stücke zerspringen wird. Dabei geht es besonders um die Teile, in denen die Erlösung des Menschen als das indirekte Ergebnis einer Art göttlicher Buchführung dargestellt wird, denn dadurch werden ganz allgemein die Wege Gottes abhängig gemacht von einer gewissenhaften mathematischen Berechnung. Die Sinnlosigkeit und wenig erbauliche Klassifikation [dessication ‹classification?›] dieser ganzen Vorstellung von den höchsten Dingen wird dann in aller Deutlichkeit herauskommen. Gerade diese harte, ungeistliche Denkweise ist das Zahnrad, das das Getriebe der calvinistischen Theologie in Bewegung hält. Die Veränderungen werden deshalb sehr viel weiter und tiefer gehen, als es die Führer der liberalen Parteien in den Kirchen heute bereit sind gutzuheißen. Doch das ist nicht alles: Diese Veränderungen werden weite Kreise derjenigen Menschen zum Anschluß an die Kirchen einladen, die jetzt der Religion gegenüber indifferent erscheinen, diese Indifferenz aber nicht mehr länger aufrechterhalten können; und ebenso jene aus den Reihen der Agnostiker, die ihre negative Überzeugung [belief] dann als unbefriedigend empfinden. Die Folge wird sein, daß die gegenwärtigen Liberalen und ihre Nachfolger sich als die Konservativen wiederfinden werden. Nun entspricht es nicht der Natur der Theologen, daß sie dann, wenn sie selbst einmal vor aller Gefahr der Exkommunikation sicher sind, sich nicht ihrerseits danach umsehen, wen sie verfolgen könnten."

6 Zu Benjamin Franklin vgl. II.4, Anm. 15, u. II.10, Anm. 12.

7 Galileo Galilei (1564–1642), ital. Mathematiker, Physiker u. Astronom, Begründer der neuzeitlichen mathematischen und experimentellen Physik; vgl. bei E.J. Dijksterhuis (1956), 375–399. – Vgl. auch I.7, Anm. 9; III.6, Anm. 58.

8 Isaac Newton (1642–1727), engl. Mathematiker und Physiker; Hauptwerk (der klass. Mechanik): *Philosophiae Naturalis Principia Mathematica* (1687); vgl. bei E.J. Dijksterhuis (1956), 519–533. – Vgl. auch I.7, Anm. 10; II.11, Anm. 8 u. 13.

9 Hermann v. Helmholtz (1821–1894), dt. Physiologe u. Physiker; Helmholtz hat das Prinzip der Energieerhaltung erstmals in einem Vortrag des Jahres 1847 formuliert, d. h. die Formulierung im Ms. („vor etwa 40 Jahren") kann nicht zur Datierung herangezogen werden, vgl. die irrigen Angaben in der Fußnote zu CP 1.155, p. 64, bzw. oben Anm. *.

10 Die beiden letzten Zeilen auf p. 19 des Ms. – obwohl sie von Peirce selbst nicht gestrichen wurden – sind offenbar zu ersetzen durch die erste Zeile auf p. 20 (der Textabdruck in CP 1.155 hat umgekehrt entschieden). Im Sinne des Kontextes und der beiden ersetzten Zeilen ist dann allerdings die Konjektur anzubringen, daß statt „I cannot stop here..." besser: „I can stop here..." gelesen werden muß.

11 Zum Pseudonym *Phoenix* vgl. in II.4, Anm. 57.

12 Zum Bibelstellennachweis (Jos 10, 12–14) vgl. II.2, Anm. 34.

13 Im Original die (veraltete) Form „despight" statt „despite".

14 Im Original: „arcana".

15 Zu den in Peirce' Gesamtwerk sich durchhaltenden Fragen gehört die nach der (metaphysischen) Denkbarkeit des Unendlichen, vgl. dazu I.2–5. – Es ist hier sehr schön zu beobachten, wie die offensichtlich in den frühen Texten (mit den dort zur Verfügung stehenden Mitteln) schwer darstellbare Frage nun wieder aufgenommen werden kann, und zwar ohne sich vom Geist der Wissenschaft zu verabschieden. Die wissenschaftliche Methode und Peirce' Ausarbeitung der Logik liefern jetzt gerade

die Mittel, Metaphysik undogmatisch und nicht nominalistisch verkürzt zu verteidigen.

[16] Zu dieser für Peirce so typischen Verbindung von logischen, metaphysischen und „lebenswichtigen" („vitally important") Fragen vgl. dann vor allem II.13.

[17] Im Ms. findet sich an dieser Stelle neben „Matilda in Engaged" noch das dann gestrichene Wort „Treherne". Das folgende Zitat gibt Peirce offenbar aus der Erinnerung, es bezieht sich auf die englische Komödie „Engaged" von W.S. Gilbert, in der *Belinda Treherne* auftritt mit den Worten: „Belvawney, I love you with an imperishable ardour which mocks the power of words. If I were to begin to tell you now of the force of my indomitable passion for you, the tomb would close over me before I could exhaust the entrancing subject..." – Vgl. in: *Plays by W. S. Gilbert*, ed. with an introduction and notes by George Rowell, Cambridge 1982, pp. 137ff.: „Engaged. An entirely original farcical comedy" (erste Aufführung 3. Oktober 1877); das Zitat von Belinda Treherne findet sich p. 141.

[18] Für „Glaubensgemeinschaft" steht im Original „sect". – Ludwig (Louis) Büchner (1824–1899), dt. Mediziner und populärster Vertreter des Materialismus; vgl. *Kraft und Stoff. Empirisch-naturphilosophische Studien. In allgemein-verständlicher Darstellung*, Frankfurt/M. (1855), 4. Aufl. 1856.

[19] Von den im Original nicht numerierten Seiten werden hier – nach einem von Peirce gestrichenen Absatz – zwei Seiten im Ms. übersprungen (pp. 40f.). Sie bieten einen Neueinsatz in der Diskussion von Evolutionismus und Wachstum, nehmen dabei schon genannte Elemente auf und andere vorweg, die im folgenden Text wieder angesprochen werden. Wie in CP 1.174 wird der laufende Text mit p. 42 im Ms. fortgesetzt. – Peirce hat an vielen Stellen versucht, Evolution und Wachstum in Kurzfassung zu diskutieren, vgl. II.4, Kap. VI; II.6; vgl. auch den 1891 veröffentlichten ersten Aufsatz der *Monist*-Reihe: *Die Architektonik von Theorien*, in: Peirce (1992a), 285–297; dt. in: Peirce (1988), 141–158; s.u. Anm. 32.

[20] Vgl. *The Works of Herbert Spencer: A System of Synthetic Philosophy*, vol. VI (The Principles of Sociology, vol. I), (1904), Nachdr. 1966, 459ff. (§§ 228f.); u. II.3, Anm. 5; II.11, Anm. 5.

[21] Im Original: „if we prefer English to Spencerese, – *diversification*."

22 Im Ms. findet sich an dieser Stelle zwischen den beiden Gliedsätzen ein „and", das aber die offensichtlich beabsichtigte Satzkonstruktion stört und zu streichen ist. Die Übersetzung folgt der stillschweigenden Konjektur in CP 1.175.

23 Peirce schreibt auch hier „grow", aber im Dt. kann die Vokabel „wachsen" nicht an allen Stellen eingesetzt werden. Vgl. die entsprechenden Hinweise in II.6, Anm. 1.

24 Peirce hat „fiat" nicht durch Anführungszeichen hervorgehoben. Der lat. Text von Genesis 1 gebraucht diese Verbform für das göttliche „Es werde"!

+25 Peirce hat im Ms. die folgenden beiden Zeilen gestrichen: „Never mind the why and wherefore/Law is painted blind and therefore." – Die beiden Zeilen sind, wie Douglas Anderson ermittelt hat, einem Liedtext von *Gilbert and Sullivan* nachgebildet (aus der Operette *H. M. S. Pinafore*).

26 Vgl. Anm. 23.

27 Im Original: „a matter of degree".

28 Im Ms. ist dieser Teil des Satzes in Klammern gesetzt.

29 Vgl. die entsprechende kosmologische Hypothese in II.4, Kap. I.

30 Im Original: „chance"; mit diesem Begriff verbindet Peirce sonst seine Lehre des Tychismus. Im vorhergehenden Satz wurde „accident" im Dt. mit „bloßem Zufall" übersetzt. – Vgl. II.2, Anm. 12 u. 25.

31 Im Original: „So careful of the type she seems,/So careless of the single life". – Vgl. *The Works of Alfred Lord Tennyson. Poet Laureate*, London/New York 1887, 261 („In Memoriam A. H. H.", LV).

32 Die Diskussion der Evolutionstheorien bricht hier ab, die restlichen Seiten des Ms. enthalten nur noch fragmentarische Entwürfe und gestrichene Passagen. – Peirce hat die genannte Dreiteilung der Evolutionstheorien an anderer Stelle vollständiger ausgeführt, vgl. oben Anm. 19; sowie den fünften Aufsatz der *Monist*-Reihe. *Evolutionary Love*, in: Peirce (1992 a), 352–371; dt. in: Peirce (1988), 235–263, bes. 244–251. – Das zuletzt entwickelte Exempel des Glücksspiels ist analog dem in II.4, Kap. VI.

6. [*Evolution, Liebe, Synechismus*]

* Der Übersetzung liegt MS 954 zugrunde, ein Text, der vom *Peirce Edition Project* auf das Jahr 1892 datiert wird. Das Ms. gehört (wie bereits II.5; vgl. auch die letzten zehn Seiten in MS 956 und MS S-71) zu der Vielzahl von Versuchen, die unterschiedlichen Evolutionstheorien einer kritischen philosophischen Darstellung zu unterziehen. – Die Handschrift im Ms. zeigt ein unterschiedliches Schriftbild im ersten Teil, den ersten fünf Seiten (in der Übersetzung: den ersten drei Absätzen), im Vergleich zu MS 954, pp. 6–15.

[1] Für „Entwicklung" steht im Original „growth", vgl. dazu in II.5, Anm. 23; und s. u. Anm. 7.

[2] Thomas Robert Malthus (1776–1834), engl. Pfarrer, Prof. für Geschichte und Ökonomie, Vf. einer einflußreichen Bevölkerungslehre. – Seine politische Ökonomie hat, nach Selbstaussagen von Darwin, tatsächlich solchen Einfluß gehabt, wie ihn Peirce hier vermutet; vgl. den Art. zu Malthus von A. Flew, in: EP 5, 145–147.

[3] Peirce verwendet hier das Wort „necessitarian" zur Charakterisierung der mechanistischen bzw. deterministischen Auffassungen in der Physik des 19. Jh. Vgl. zu Peirce' Kritik dieser Interpretation der Naturgesetze vor allem auch II.10 u. II.14.

[4] Im Original: „to an unsophisticated mind".

[5] Der hier rekonstruierte Satz ist im Ms. nicht ganz exakt bzw. unvollständig, von Sinn und Kontext her aber klar.

[+6] Diese ethisch-christlich begründete Gegenüberstellung von Habgier und Selbstverleugnung (bzw. Nächstenliebe) findet sich analog in dem 1893 publizierten Text *Evolutionäre Liebe*, dt. in: Peirce (1988), hier bes. 238–243; vgl. CP 6.290–295 und Peirce (1992a), 354–358. – In einem materialethischen Artikel zum Thema Strafvollzug – unter der Überschrift *Dmesis* (das gr. Wort wäre mit dt. „Bändigung", „Zähmung" zu übersetzen) in der Zeitschrift *The Open Court* vom 29. September 1892, pp. 3399–3402, hat Peirce mit aller Konsequenz die gleiche Position vertreten, vgl. P 512 (in MS 885 bzw. MS 885[s] finden sich nur Fragmente des Textes). Dort heißt es unter Bezug auf Hebr 11, 1b („Überzeugtsein von Dingen, die man nicht sieht"): „Es ist erstaunlich, wie der christliche Glaube seit dem Erscheinen der ‚Entstehung der Arten' dahingeschmolzen ist – besonders unter der Geistlichkeit! Ob dies für den christlichen Glauben, verstanden als die Anerkennung einer Bekenntnisformel, gilt oder nicht, ich bin sicher, es trifft zu, nimmt man den Satz in seinem mehr geistlichen Sinn, nämlich bezüglich der Einstellung des Geistes zur Natur, wodurch die Wahrheit der Seligpreisungen axiomatischen Charakter erhält. Es ist dies eine völlig banale Bemerkung, daß die allgemeine Idee von solch hyperbolischen Aussagen [zu Peirce' Begriff „hyperbolischer Philosophie" vgl. CP 6.582–585] das erste Prinzip des Christentums zum Ausdruck bringt, aus dem sich alles andere ergibt. Ich bin einer von denen, die diese Vorstellung für das Herzstück wahrer Philosophie halten" [...] (p. 3399). – „Im Ergebnis heißt das, wir haben überhaupt kein Recht, Kriminelle zu bestrafen" (p. 3400). – „Die bei weitem bedeutendste Wirkung auf die Gesellschaft im ganzen wird darin bestehen, daß sie unmittelbar unter dem Eindruck von öffentlicher Ablehnung und öffentlichem Bereuen des vorhandenen Hasses gegenüber Kriminellen steht. Gegenwärtig gelten zwei Evangelien. Das eine ist das Evangelium Christi. Es verkündigt, daß Gott Liebe ist; daß die Liebe das kreative, lebendigmachende, evolutionäre Prinzip des Universums ist; und daß wir nur in den Geist der Liebe eintreten können, indem wir sehen, wie er wirkt, und indem wir unser Vertrauen in ihn setzen, und daß wir dann in der Lage sein werden, ein neues Stadium der Menschheitsentwicklung hervorzubringen. Das andere Evangelium ist das der politischen Ökonomie und natürlichen Auslese. Es lehrt, daß der Motor allen Fortschritts, die Erlösung der Welt in einer Kombination aus bestialischer Leidenschaft, rücksichtslosem Egoismus und der Gier besteht, die Schwachen auszulöschen. Nun gibt es genügend Leute in dieser Welt, die dumm genug sind und den Versuch machen, diese beiden Evangelien zugleich anzuerkennen. Sie betrachten das Evangelium des Hasses als den Rahmen ihrer Überzeugung und suchen ihn mit Ornamenten zu verschönern, die sie dem Evangelium der Liebe entrissen haben. Doch es gilt der tiefe Sinn des Wortes Jesu: Ihr könnt nicht Gott und dem Mammon dienen [vgl. Mt 6, 24]" (p. 3401 f.).

[7] Im Original hier (und im folgenden Satz) wiederum: „growth" (s. o. Anm. 1) – der für Peirce' Auffassung von Evolution entscheidende Begriff.

[8] Im Original: „to take habits". – Vgl. zum ganzen vor allem III.7.

[9] Vgl. dazu II.3 u. III.2.

[10] August Weissmann (1834–1914), dt. Zoologe und Anhänger des Darwinismus.

[11] Jean-Baptiste-Pierre-Antoine de Monet, Chevalier de Lamarck (1744–1829), franz. Botaniker u. Zoologe, früher Vertreter einer (evolutionären) Deszendenztheorie; vgl. Jean-Baptiste de Lamarck: *Zoologische Philosophie* (1808), Teile 1–3, Leipzig 1990/91 (Ostwalds Klassiker der exakten Wissenschaften, Bde. 277–279), hier bes. Teil I, Kap. VII; zum folgenden Giraffenbeispiel a.a.O. 197f.

[12] Im Original: „moner"; neuer Terminus des 19. Jh. für kleinstes organisches Leben (Einzeller), vgl. OED, p. 1835 („from moner to man").

7. Unsterblichkeit im Licht des Synechismus

* Der Übersetzung liegt MS 886 aus dem Jahr 1893 zugrunde (vgl. den Abdruck des Textes in CP 7.565–578). Im Ms. findet sich direkt unter der Überschrift der Zusatz „By C. S. *Peirce*" und oben auf dem Blatt die Notiz „*For the Open Court*", d.h. der Text war zur Publikation in der Zeitschrift gedacht, in der Peirce vor allem 1892/93 im Gespräch mit dem Herausgeber, Dr. Paul Carus, die Thematik Wissenschaft und Religion behandelt hat; vgl. dazu auch II.8, Anm. 3, und II.9; und zur Übersicht der *Open Court*-Publikationen bei K.L. Ketner, *Comprehensive Bibliography* (1986), 98f., 164. – Varianten zum Text finden sich in MS S70, dazu s.u. – MS 946 besteht aus Fragmenten zu einem Text mit der Überschrift „An Outline Sketch of the Synechistic Philosophy", worin auch der Gegenbegriff zu „synechistic", nämlich „diechistic", ausdrücklich genannt wird (vgl. MS 946, p. 1).

[1] Im Original: „*synechism* is the English form".

[2] Gemeint ist der 3. Artikel der *Monist*-Serie 1891–93: *The Law of Mind*, vgl. CP 6.102–163; Peirce (1992a), 312–333; dt. in: Peirce (1988), 179–209. Der Hg. von CP 7 verweist bes. auf CP 6.103 zur parallelen Definition des Begriffs Synechismus. – Zum im folgenden verwendeten Begriff „indefinit" vgl. III.10.

[+3] In MS S-70, p. 3, findet sich hierzu die folgende Variante:

„Die Frage, die ich hier stellen möchte, ist die: Vorausgesetzt, der *Synechismus* würde allgemein anerkannt, was der Fall sein muß, sobald wieder gründlicher Logik betrieben wird, welchen Einfluß wird diese Lehre für die Vereinigung [onement] von Religion und Wissenschaft haben?"

[4] Der Hg. von CP 7 verweist auf Peirce' Rezension zu N. Lobatchewskys *Geometrische Untersuchungen* in CP 8.91 ff.; vgl. P 485 bzw. N 1, 135–138.

[5] Es handelt sich um Fragment 6, 1 f.; vgl. *Die Fragmente der Vorsokratiker*, hg. v. H. Diels/W. Kranz, Bd. I (1974), 232. – Peirce setzt kein Komma innerhalb des Zitats und schreibt versehentlich am Ende εἶναι statt ἔστιν. Die Übersetzung ist der von Peirce angeglichen: „being is, and not-being is nothing".

[6] Der Hg. von CP 7 verweist zum Vergleich auf CP 1.171, d. h. auf den Zusammenhang von Kontinuität und Fallibilismus in II.5.

+[7] In MS S-70 findet sich zum folgenden eine ausführlichere Fassung: „Die Gebete der Brahmanen sprechen die erste Person an. Das Vichan Sagar beginnt mit der Hymne: ‚Ich bin das reine und unendliche Selbst, glückselig, ewig, offenbar und alles durchdringend, das, was allem, das Namen und Form hat, zugrunde liegt.' [Im Unterschied zum Text von MS 886 steht hier statt ‚substrate': ‚substratum', und statt ‚that owns': ‚that has'.] Darin liegt eine große religiöse und philosophische Wahrheit; und niemand wird so albern sein zu denken, damit sei eine Verherrlichung des schwachen Individuums beabsichtigt. Im Gegenteil, es versinkt beinahe in seiner Nichtigkeit. Mancher wird sagen, dies sei pantheistisch. Darauf erwidere ich, daß das Wort Pantheismus eines der zahllosen Scheltwörter eloquenter Theologen darstellt und keinen bestimmten Sinn hat. Wenn in diesem Kontext nicht die Lehre vom Heiligen Geist gemeint ist, weiß ich nicht, was sonst darunter verstanden werden soll. Pantheismus im eigentlichen Sinn ist eine metaphysische Lehre und hat als solche nichts mit Religion zu tun; und das gerade genannte Gebet ist nicht Metaphysik, sondern bringt bloß eine Wahrnehmung zum Ausdruck und hat es wie alle Wahrnehmung mit dem Phänomenalen zu tun. Ich gebe zu, daß die Brahmanen damit eine Metaphysik verbinden, doch das ist eine andere Sache."

[8] Im Original: „communication from mind to mind".

[9] Im Original: „with its Author".

[10] Der Hg. von CP 7 verweist auf Edward Stanton Huntington: *Dreams of the Dead*, veröffentlicht unter dem Pseudonym Edward Stanton, Boston 1892. – Peirce hat im selben Jahr diesen Roman rezensiert, vgl. P 505 bzw. N 1, 165 f.

[11] Der Hg. von CP 7 verweist auf Gustav Freytag: *Die verlorene Handschrift*, Leipzig 1869. – Der Roman erreichte eine hohe Verbreitung und erschien seit 1888 in Übers. auch bei einem New Yorker Verleger.

[12] Im Original: „which constitutes him one of the eternal verities". – Zum Begriff „spirituell" [„spiritual"] vgl. I.10, Anm. 14.

8. Die Vermählung von Religion und Wissenschaften

* Der Übersetzung liegt P 545 zugrunde (vgl. auch CP 6.428-434), ein weiterer Text aus dem Zusammenhang der Diskussionen in der Zeitschrift *The Open Court*, hier: vom 16. 2. 1893 (vgl. II.7, Anm. *; und II.9). – MS 866 ist zwar nicht als Entwurf für P 545 anzusehen, zeigt aber sachlich im wesentlichen analoge Positionen, s. u. Anm. +3.

[1] Vgl. die hierzu gleichlautende Begriffsbestimmung in II.11 u. III.3.

[2] Im Original: „penessential" – als Wortbildung mit dem lat. „paene".

[+3] Peirce' Begriffsbildung einer „Religion of Science" ist im Dt. nicht direkt wiederzugeben, zumal der Ausdruck „Religionswissenschaft" bereits einen anderen Sinn hat, nämlich eine bestimmte Einzelwissenschaft (science) bezeichnet, die sich mit dem Gegenstand Religion beschäftigt. – Peirce' Artikel von 1893 erscheint bezeichnenderweise in der Zeitschrift *The Open Court*, die sich im Untertitel programmatisch als „A Weekly Journal Devoted to the Religion of Science" definiert. Sie wurde von Edw. C. Hegeler (1835–1910), dem Gründer auch des *Monist* (vgl. zur Bedeutung dieser Zeitschrift für Peirce die Einl. von N. Houser in: Peirce [1992a], xxvi ff.; vgl. auch II.10), ins Leben gerufen, und Dr. Paul Carus war ihr leitender Hg. – MS 866 beginnt mit den Worten: „Um Religion und Wissenschaft miteinander zu versöhnen, scheinen auf jeden Fall zwei Dinge notwendig zu sein. Die Wissenschaft muß ihr mechanistisches Denken abschwächen [...] Die Religion andererseits muß ihren Infallibilismus abschwächen" (p. 1). Im folgenden heißt es weiter: „Wie viele Menschen haben sich selbst gesagt, wissenschaftliche Erfahrung und Methoden ließen es als dumm erscheinen, an etwas anderes als Materie und Bewegung zu glauben – und dies müssen wir freimütig anerkennen; doch unsere persönlichen religiösen Erfahrungen führen uns in die Gegenwart unseres Vaters und Erlösers – und wir glauben auch dies mit aller Leidenschaft" (p. 2). – „Dies ist eine allgemeine Frage, die abhängig ist vom allgemeinen Geist der Wissenschaft, ihrer Methode und Wissenschaftsphilosophie einerseits, und vom Geist der Religion andererseits; und nur durch die allgemeine Entwicklung des wissenschaftlichen und des religiösen Denkens kann es zu einer Lösung kommen" (p. 3). Am Ende (p. 5) wird deutlich, daß Peirce hier den Ausdruck „religion of science" nicht im Sinne der oben im Text bestimmten Bedeutung einer „wissenschaftlichen Religionsauffassung" versteht, sondern als die von anderen vertretene ungute Verbindung von mechanistischem Denken und Infallibilismus, eine ganz unpersönliche Konstruktion, deren Fürsprecher dann „Katechismen", „Homilien", „Dogmatik" und „Teilnahmslosigkeit" hervorbringen, kurz: das Zerrbild von wirklicher Religiosität.

4 Die Fragen nach Teleologie und Ethik hat Peirce später – und dann konsequenter im Sinne des Programms, das hier bereits vorgelegt wird – auf einem breiteren Stand der Diskussion in anderer Weise beantwortet, vgl. dazu II.13 und II.14.

9. Was ist christlicher Glaube?

* Der Übersetzung liegt P 548 zugrunde, ein weiterer Artikel aus *The Open Court*, hier: vom 27. 7. 1893 (vgl. auch CP 6.435–448). MS 887 enthält Textentwürfe für diese Publikation, mit der die öffentliche, aber auch die interne Diskussion zwischen Peirce und dem Hg. der Zeitschrift, Dr. Paul Carus, fortgesetzt wird, s. u. Anm. 11; und vgl. II.8, Anm. * u. Anm. 3.

1 Im Original: „warp and woof"; vgl. dazu II.4, Anm. 36.

2 Das – neben *Apostolicum* und *Nicaenum* (vgl. BSLK, 21–30) – dritte Hauptsymbol der christlichen Kirchen, das *Symbolum Athanasii*, beginnt mit den Worten: „Quicunque vult salvus esse [...]" und wird meist nach seinem ersten Wort benannt. Es stammt

wohl aus dem 6. Jh., belegt erst im 7. Jh., und stellt dogmatische Lehrsätze bezüglich Trinität und Christologie zusammen, wie sie als allgemeine Bekenntnisbasis der alten u. ma. Kirche in Geltung waren. – In CP 6.438 heißt es fälschlich „symbolum quodcumque".

[3] Peirce spricht von „The Teaching of the Twelve Apostles". Die Schrift wird heute meist unter dem gr. Titel *Didache* (Lehre) zitiert. Der Text wurde 1873 entdeckt, 1883 erstmals ediert und enthält ethische Unterweisungen und Anordnungen, Bestimmungen für Rituale, kirchenrechtliche Kapitel und hymnische Stücke, aber keine dogmatischen Bekenntnisformeln. Die Datierung schwankt zwischen ca. 100 und spätem 2. Jh. n. Chr. – Im Original (P 548) findet sich eine Fußnote mit Nennung der engl. Ausg. von R. D. Hitchcock/F. Brown, New York 1884, und Ph. Schaff, New York 1890. – Vgl. Ph. Vielhauer, *Geschichte der urchristlichen Literatur*, Berlin/New York 1977, § 58; und die Textedition in: *Die Apostolischen Väter*. Gr.-dt. Parallelausg., neu übers. u. hg. v. A. Lindemann/H. Paulsen, Tübingen 1992.

[4] Hier muß „believe" mit „glauben" übersetzt werden.

[5] Im Original: „the universal Christian conscience".

[6] Vgl. Mt 22, 37–40; Peirce zitiert v. 40 im Wortlaut der *King James Version*.

[7] Zu denken ist an Joh 3, 16 ff.; aber auch an I Joh 4, 7 ff. – Vgl. die dazu genau analoge Position im *Monist*-Artikel (1893): *Evolutionary Love*, in: Peirce (1992 a), 352 ff.; dt. in: Peirce (1988), 235 ff.; s. o. II.6, Anm. +6.

[8] Peirce meint hier nicht das Gebot der Gottes- und Nächstenliebe, sondern die damit zusammenhängende *Goldene Regel*, die sich im NT in der positiven Fassung findet (Mt 7, 12; Lk 6, 31; vgl. auch Röm 13, 8–10) und die in den Hochreligionen – auch in anderen Fassungen – breit belegt ist.

[9] Vgl. II.5, Anm. +5.

[10] Samuel Ward McAllister (1827–1895) wurde 1892 berühmt durch den Ausdruck „die Vierhundert" – bezogen auf eine Gästeliste der New Yorker High Society, vgl. EAI 11, 655.

[11] Es ist dieser Absatz des Artikels, auf den der Hg. des *Open Court*, Paul Carus, in einer Notiz noch am Ende desselben Heftes der Zeitschrift (Nr. 309 vom 27. 7. 1893, p. 3750) reagiert. Dort heißt es, die Gründung einer „Kirche für die wissenschaftlich Gebildeten" sei nicht das Interesse der Zeitschrift *The Open Court*.

Ihr Begriff einer „Religion of Science" beziehe sich allein auf das Prinzip, „daß religiöse Wahrheit auf derselben Basis beruhe wie wissenschaftliche Wahrheit". Und zu Peirce' Anspielung auf Aberglaube und die Arbeit *in* der Kirche heißt es: „Wir haben weniger Vertrauen als er in die Wirksamkeit von Kniefällen. Die Arbeit muß zwar mit ehrwürdiger Hingabe geschehen, aber nicht mittels dieser Hingabe. Sie kann, in oder außerhalb der Kirche, nicht mittels Frömmigkeit geschehen, sondern allein durch den Geist wissenschaftlicher Forschung, an dem sich die Kirchen ernsthaft versündigt haben." – Vgl. auch II.8, Anm. +3.

[12] Im Original: „colonel", d.h. Peirce bleibt im militärischen Bild dieses Abschnitts religiöser Sprache.

10. [*Auszug aus:*] *Antwort auf die Nezessitaristen. Erwiderung auf Dr. Carus*

* Der Übersetzung liegt P 525 zugrunde (Entwürfe dazu finden sich in MS 958), Peirce' Artikel in *The Monist*, vol. 3 (Juli 1893), 526–570. Die publizierte Fassung des Textes ist in 31 §§ gegliedert, dem entspricht der Abdruck in CP 6.588–618. – Diese Entgegnung auf Paul Carus gehört ganz in den Zusammenhang der von Peirce im *Monist* 1891–93 publizierten fünf Artikel zur evolutionären Metaphysik und Kosmologie, vgl. in: Peirce (1992a), 285–371; die ersten beiden Artikel finden sich dt. in: Peirce (1976), 266–312; alle fünf Artikel dt. in: Peirce (1988), 141–263. – P. Carus (vgl. II.8, Anm. +3) hatte im *Monist* 1892 auf Peirce' Kritik des Nezessitarismus bzw. Determinismus reagiert (vgl. die in: Ketner [1986] unter O 478 u. O 481 genannten Artikel), und Peirce gibt jetzt eine detaillierte Antwort, in der er sich Punkt für Punkt auf Carus bezieht und im § 2 des vorliegenden Artikels (vgl. CP 6.589) dazu eine Seitensynopse zum Vergleich beider Artikel vorlegt. – Für die Übersetzung sind allein die §§ 25 u. 26, pp. 556–567, ausgewählt (vgl. CP 6.612 f.), wobei die Seitenverweise auf die Artikel von P. Carus nicht übernommen werden.

[1] Peirce bezieht sich damit vor allem auf den ersten der Aufsätze in der *Monist*-Reihe: *Die Architektonik von Theorien* (Januar 1891), vgl. die bibliogr. Hinweise in Anm. *.

[2] Zu Leben und Werk von Paul Carus (1852–1919) vgl. bei E. Walther (1989), 406, Anm. 6. Der vollständige Titel lautet: *Ursache, Grund und Zweck. Eine philosophische Untersuchung zur Klärung der Begriffe*, Dresden 1883.

[3] Im Original: „the mind of the community".

[4] Zu Peirce' Kosmologie „ex nihilo" vgl. II.6, Anm. 8.

[5] Im Original: „manifold specificalness".

[6] Die Hg. der CP verweisen auf CP 6.297, ein Resümee zur Vorgeschichte evolutionären Denkens in dem Aufsatz *Evolutionäre Liebe*, vgl. in: Peirce (1992a), 358 f.; dt. in: Peirce (1988), 243 f.; vgl. auch II.5, Anm. 30.

[7] Vgl. oben Anm. 4.

[8] Vgl. den 3. Aufs. der *Monist*-Reihe, 1891–93, s. o. Anm. *.

[9] Die Hg. der CP notieren hierzu die im selben Jg. des *Monist*, p. 599, erfolgte Antwort von Dr. Carus: „Mr. Peirce' Ausweg ähnelt dem Verschwinden eines Mediums aus einem Raum ohne Türen. Er muß durch die vierte Dimension hinausgelangt sein. Das Argument ist so scharfsinnig, daß ich es nicht erkennen kann."

[10] Der 2. Aufsatz der *Monist*-Reihe, 1891–93, s. o. Anm. *. In Peirce (1976) wird dabei „necessity" mit „Nezessarismus" übersetzt, in Peirce (1988) mit „Determinismus".

[11] Vgl. dazu Peirce (1992b), 202 ff.; bzw CP 6.71 ff.; dt. in: Peirce (1988) 270 ff. – aus dem Artikel *Verursachung und Kraft* von 1898.

[12] Im Original: „one-fluid-theory". – Zu Benjamin Franklin vgl. II.4, Anm. 15, u. II.5, Anm. 6; zu seiner Theorie der Elektrizität A. Heller (1965), 479; bzw. B. Franklin: *Briefe von der Elektrizität*, übers. v. C. Wilcke, Einl. v. J. Heilbron, Braunschweig/Wiesbaden 1983.

[13] Die Hg. der CP verweisen auf I. Newton, *Principia Mathematica*, I, 9 ff.; vgl. II.5, Anm. 8.

[14] Die Hg. der CP verweisen auf den 3. Brief an Clarke, § 4; vgl. in: V. Schüller (Hg.): *Der Leibniz-Clarke Briefwechsel*, Berlin 1991, 37 f.; vgl. auch I.7, Anm. 10.

[15] Zu vergleichen ist Kants „transzendentale Ästhetik" in der *Kritik der reinen Vernunft* (erster Teil).

[16] Im Original: „manifold diversity or specificalness". – „Manifold specificalness" wird mit „Mehrfachbestimmtheit" wiedergegeben (s. o. Anm. 5); „diversity" wird – im Kontext der

evolutionistischen Wachstumsmetaphorik – mit „Mannigfaltigkeit", „diversification" im folgenden mit „Vervielfältigung" übersetzt.

[17] Vgl. die analoge Behauptung „direkter Erfahrung" Gottes in II.11, Anm. 21.

[18] Zur Diskussion des „ontologischen" Arguments vgl. II.2, Anm. 3.

[19] Im Original (für „Fähigkeit zur Vervielfältigung"): „diversificacity". – Peirce kommt damit auf einen seiner Ausgangspunkte zurück, s. o. Anm. 4.

[20] S. o. Anm. 10.

[21] Peirce bezieht sich auf § 7 des vorliegenden Aufsatzes (vgl. CP 6.594), s. o. Anm. *.

[22] Im Original: „the Ancient of Days", der „Alte" (steht für den Gottesnamen).

11. [Wissenschaft, Erfahrung, Gott]

* Der Übersetzung liegt MS 860 zugrunde (vgl. den kurzen Textauszug in CP 6.492–493). Das Ms. wird vom *Peirce Edition Project* (entgegen Robin [1967] und der Angabe zu CP 6.492) auf ca. 1894 datiert. Zu MS 860 ist offensichtlich eine Seite (p. 6) aus MS 866 zu zählen, s. u. Anm. +12. – Das Ms. beginnt mit einem von Peirce wieder gestrichenen Einleitungsabsatz, der auf die Fragen nach der „Seele" und einer „anderen Welt" als allgemeine philosophische Probleme hinweist, die gegenwärtig sowohl von den Kirchen wie von den philosophischen Schulen nur ganz unzureichend beantwortet würden. Die Übersetzung setzt mit dem daran anschließenden Absatz ein.

[1] Im Ms. ist zu Beginn von p. 2 etwa ein Drittel der Zeilen von Peirce selbst gestrichen. Dieser Teil sowie die Anschlußstücke unmittelbar davor (am Fuß von p. 1) und danach (auf p. 2) sind hier ausgelassen.

[2] Vgl. die analogen Formulierungen zu Beginn von II.8.

[3] Zu A. Comte vgl. I.9, Anm. 1.

[4] John Stuart Mill (1806–1873), engl. Philosoph, Ökonom, Staatsbeamter; Hauptvertreter des engl. Utilitarismus und einer positivistischen Wissenschaftslehre, vgl. EP 5, 314–323; II.2, Anm. 19; II.4, Anm. 61.

[5] Herbert Spencer (1820–1903), engl. Philosoph und Vertreter einer eigenständigen Evolutionstheorie; vgl. II.3, Anm. 5; II.5, Anm. 20.

+[6] Eine hier von Peirce gestrichene Passage bezieht sich auf den Gegensatz von nominalistischer und realistischer Philosophie und endet mit dem Satz: „Der Realist sagt, daß es einen solchen entschiedenen Gegensatz zwischen Realität und Allgemeinheit nicht gibt, denn die höchsten Realitäten sind *Gesetze*, *Typen*, *Eigenschaften*, *Personalitäten*, und das sind *lebendige Ideen*."

+[7] Zu den hier im Ms. offensichtlich fehlenden Seiten gehört noch der Satz auf p. 7 (nach der Seitenzählung der in MS 860 vorhandenen Blätter; die Seite selbst ist von Peirce mit p. 15 notiert, die vorige trug die Ziffer 10): „So geschah es im Mittelalter zur Zeit der großen Häretiker; und seit sie sich vorgenommen haben, die Arbeit der Wissenschaft zu bevormunden, haben sie immer wieder aus metaphysischen Gründen gegen wissenschaftliche Schlußfolgerungen Einspruch erhoben."

[8] Vgl. II.5, Anm. 8.

[9] Jean-Bernard-Léon Foucault (1819–1868), franz. Physiker; weltberühmt wurde sein Pendelversuch zum Nachweis der Erdrotation (1851).

[10] Peirce hat im Rahmen seiner Tätigkeiten für den *U. S. Coast Survey* selbst Pendelversuche und Messungen zur Gravitation durchgeführt, vgl. die Einl. zu W 3, XXIII ff., u. W 4, XXVII ff., zusammen mit seinen Untersuchungsergebnissen, die in W 4 dokumentiert sind.

[11] Carl Friedrich Gauß (1777–1855), Mathematiker u. Physiker in Göttingen; Bernhard Riemann (1826–1866), Mathematiker in Göttingen. Vgl. die Textausg.: *Gaußsche Flächentheorie, Riemannsche Räume und Minkowski-Welt*, hg. v. J. Böhm/H. Reichardt, Leipzig 1984. – Eine kurze Übersicht zu Peirce' eigener wissenschaftlicher Praxis gibt M. H. Fisch (1986), 376 ff.; vgl. auch II.4, Anm. 56.

+[12] An dieser Stelle hat Peirce etwa ein Drittel der Textseite gestrichen. Auf einem sonst nicht zu integrierenden Blatt in MS 866, p. 6, findet sich eine Passage, die inhaltlich genau dem (noch erkennbaren) gestrichenen Textstück entspricht und hier in die Übersetzung eingegliedert wird. Am Fuß dieser Seite steht noch die Klammerbemerkung: „*Zurück zur letzten Seite*". – Der fortlaufende Text nach MS 860 beginnt wieder mit: „Doch die Nominalisten [...]".

13 S.o. Anm. 8.

14 Im Ms. sind hier wiederum einige Zeilen gestrichen, sie betreffen den axiomatischen Charakter dieser These, deren erster Folgesatz sich gegen die Selbstsicherheit richten muß. – Die Übersetzung schließt nicht mit einem Nebensatz an, sondern beginnt einen neuen Hauptsatz.

15 Mit dem deutschen Wort „Zufall" wird Peirce' Begriff „chance" übersetzt, worin auch die Bedeutungen von Glücksfall und Wahrscheinlichkeit mitzudenken sind; vgl. II.5, Anm. 30.

16 Im Original: „the warp, if not the woof"; zu diesem Sprachbild vgl. II.4, Anm. 36.

17 Die ersten Zeilen des folgenden Absatzes sind im Ms. (p. 14) wiederum gestrichen. Mitten im folgenden Satz beginnt der Teilabdruck aus diesem Ms. in CP 6.492–493!

18 Das „Unerkennbare", im Engl. „Unknowable", war bereits eine Problemstellung in Peirce' frühen Versuchen zur Metaphysik, wenn auch in anderer Terminologie, vgl. I.2; im Zusammenhang des *Synechismus* vgl. II.7.

19 William Hamilton: *Lectures on Metaphysics and Logic* (1859 ff.), Nachdr. Stuttgart-Bad Cannstatt 1970; vgl. z. B. Bd. 1, 153 ff.; vgl. auch I.7, Anm. 29.

20 Peirce hat z. B. in seiner Pearson-Rezension von 1901 diese Wahrnehmungstheorie präzisiert, vgl. P 802 bzw. CP 8.132–156; und dazu H. Deuser (1993), Einl./II.

21 Vgl. II.10, Anm. 17.

+22 Das Ms. bricht mit dieser Seite ab. – Die letzten vollständigen, von Peirce gestrichenen Zeilen lauten: „Kurz, darin sind alle die Fälle eingeschlossen, deren Fragestellung Subjekt und Prädikat enthält. Ich schließe die Fragen aus, die allein aus Subjekt oder Prädikat bestehen, wie z. B.: Was ist in diesem Sack?, oder: Wo finde ich einen guten Koch?"

12. Religion und Politik

* Der Übersetzung liegt MS 894 aus dem Jahr 1895 zugrunde; es wurde unvollständig publiziert in CP 6.449–451. – Der Text steht sachlich II.9 sehr nahe und wäre auch gut als Beitrag für

The Open Court denkbar gewesen (vgl. II.9, Anm. * u. Anm. 11). Peirce hat dort aber nach 1893 keine Artikel mehr publiziert.

[1] In der Zeit der 2. Präsidentschaft des Demokraten St. Grover Cleveland (1893–1897) galt die *Chicago-Plattform* als aktuelles Parteiprogramm der *Demokraten*; zur weltanschaulichen Bedeutung dieses Programms vgl. einen Zeitungsartikel der *Atlanta Constitution* vom 8. 11. 1894, in: *History of U. S. Political Parties*, vol. II (1860–1910), ed. by A.M. Schlesinger, Jr., New York 1973, 1543 ff.

[2] Vgl. II.6, Anm. +6, u. II.9.

[3] Es ist dieser Grundgedanke aus Peirce' Wissenschaftstheorie, der auch für die Beurteilung der Religion gilt; vgl. II.11.

[4] Peirce nennt hier nur die Orte „Trent, Lambeth, Geneva", gemeint sind: das Konzil von Trient, das sog. Tridentinum (1. Periode: 1545–47), als Beispiel für die katholische Bekenntnisbildung in der Zeit der Gegenreformation; die Konferenzen von Lambeth, dem Sitz des Erzbischofs von Canterbury, 1867 und 1888 als Weltversammlungen der Anglikanischen Kirche; und der Genfer Katechismus von 1545 als Beispiel für Bekenntnistexte der reformierten Kirchen in der calvinistischen Tradition des Protestantismus.

[5] Hierzu muß als theologischer Kontrapunkt zumindest auf Luthers Erklärungen zum 1. Artikel oder zum 1. Satz des *Vaterunser* im *Kleinen Katechismus* hingewiesen werden, vgl. BSLK 510 f., 512; vgl. zum 3. Artikel im *Großen Katechismus*, BSLK 660 f.; aber auch auf § 183: „Gott ist die Liebe", in Schleiermachers *Der christliche Glaube* (1821–1822), bzw. § 167 (1830/31). – Zu den wissenschaftlichen Voraussetzungen der nordamerikanischen Theologie vgl. D. Ritschl (1971); Edw. Farley (1989), chap. 5.4. – Vgl. II.13, Anm. 11.

[6] Zu Francis Bacon vgl. I.7, Anm. 1.

13. Ereignislogik

* Der Übersetzung liegen MS 940 und MS 941 aus dem Jahr 1898 zugrunde, sie sind publiziert in CP 6.1–5 (dort wurde der Satzanfang von MS 940, p. 1, nicht übernommen) und CP 6.214–237. Daß die beiden Mss. zusammengehören, hat Peirce selbst am Ende von MS 940, p. 11, vermerkt („Here insert the 8 pages mar-

ked N^8"). MS 940 trägt die Überschrift „Logic of Events", MS 941 „Notes for 8 Lectures". – Peirce hat auf Einladung von W. James 1898 in Cambridge die sog. *Cambridge Conferences Lectures* halten können, acht Vorträge unter dem Gesamttitel „Reasoning and the Logic of Things". Die schwierige Organisation und die (aus biographischen Gründen) in jenen Jahren für Peirce bereits tragische Vorgeschichte dieser populär ausgerichteten Vortragsreihe hat K. L. Ketner inzwischen aus Briefen und anderen Quellen rekonstruiert, vgl. die Einl. von K. L. Ketner u. H. Putnam zu Peirce (1992 b). Damit ist auch die Zuordnungsfrage von zwei bis dahin nicht klar beziehbaren Manuskriptgruppen gelöst, daß nämlich MS 435 – 446, die bei Robin (1967) unter dem Titel „Detached Ideas on Vitally Important Topics" gesammelt sind, mit der Gruppe unter dem Stichwort „Logic of Events", zu der die meisten Texte von MS 940–952 zu zählen sind, zusammengehören. – Was die von Peirce zunächst ins Zentrum gerückte Idee der „vitally important topics" betrifft, d. h. die gerade auch für die Religionsphilosophie entscheidende Frage nach der lebenspraktischen Bedeutung und dem primären Erfahrungsbezug von Gefühl und Glaube, so kann hierzu auf die in vielem parallelen Erörterungen in III.3 u. III.4 verwiesen werden. Auszüge aus den ersten Vorträgen der *Cambridge Conference* finden sich vor allem in CP 1.649–677 (MS 435), CP 1.616–648 (MS 437) und in der von Ketner besorgten Auswahl in Peirce (1987), 38–42 u. 45 f. Mit der letzten Vorlesung der Reihe aber wollte Peirce seine Kosmologie als „objektive Logik" einbeziehen, mußte aber versuchen, die mathematisch-logischen Voraussetzungen so knapp und populär wie möglich darzustellen. Das geschieht vor allem in MS 948 (teilweise publiziert in CP 6.185–213; vgl. die tatsächlich gehaltene 8. Vorlesung in: Peirce [1992 b], 242 ff.), worin Peirce von Zahlen- und Mengentheorien ausgehend seinen Begriff der „Kontinuität" ableitet, dann auf die kosmologisch ausgelegten Kategorien bezieht und explizit von „Schöpfung" spricht (s. u. Anm. +22). In MS 940/941 gibt Peirce eine Rechtfertigung für seinen Begriff von Metaphysik (die im selben Denkzusammenhang objektiver Logik verankert ist), d. h. für den theoretischen Aspekt seiner Religionsphilosophie.

[1] Die Hg. der CP verweisen auf CP 1.244 ff., einen Text aus dem Zusammenhang von Peirce' *Minute Logic* von 1902, vgl. MS

425 ff.; eine Übersicht aus den Entwürfen findet sich in Peirce (1986), 376 f.; vgl. auch die entsprechende Klassifikation der Wissenschaften in Peirce (1983), 39 ff., u. III.3, Anm. 5.

[2] Im Original: „Moral or Psychical Sciences". „Moral" ist hier im Sinne der engl. Tradition der Moralphilosophie zu verstehen, vgl. den Art. *Moral,* in: HWP 6, 156 ff. – Wie Peirce die „Psychical Sciences" in Einzeldisziplinen aufgegliedert sieht, zeigt seine „Leiter der Wissenschaften" in MS 693, dt. in: Peirce (1990), 191 f.

[3] Im Original: „physical sciences".

[4] Im Original: „luminiferous ether".

[5] Im Original: „professors".

[6] Im Original: „Both classes are practical men." – Peirce stellt im folgenden dem „practical man" den „scientific man" gegenüber, und während zu den Praktikern die Börsenmakler ebenso wie die Pfarrer zu zählen sind, werden die Wissenschaftler mit dem religiösen Pathos der Wahrheitssuche ausgezeichnet. Vgl. dazu auch die analoge Wissenschaftsauffassung und entsprechende Aufteilung in drei Gruppen von Menschen in III.3.

[7] Vgl. Mt 18, 1–5 u. Joh 3, 3.

[8] Im Original: „the practical teacher". – Der Satzanschluß verlangt im Ms. die Wiedereinsetzung des Relativpronomens „who" (so auch in CP 6.3, p. 3), das Peirce mit anderen Wörtern gestrichen hatte.

[9] Im Original: „by every physiological means".

[10] Mit CP 6.3, p. 3, wird hier gelesen: „may have [been] the instruments of bringing home to men['s] hearts".

[11] Es handelt sich um das Werk von Philip Schaff: *The Creeds of Christendom,* 3 vol., New York: Harper and Brothers, 1878, eine Textsammlung aller christlichen Bekenntnisse von der Zeit der frühen Kirche bis in die amerikanische freikirchliche Gegenwart, dazu mit historischer Einleitung. – Nach Peirce' oft geäußerter und kosmologisch begründeter Auffassung besteht das Grundprinzip der ursprünglichen ebenso wie der modernen (christlichen) Religionsentwicklung in der Lehre der Liebe, wie sie sich am besten im Johannes-Evangelium ausgedrückt findet, vgl. dazu vor allem II.6, II.9 u. II.12. Peirce' Urteil über die Bekenntnistexte ist aber insofern zu modifizieren (vgl. bereits oben II.12, Anm. 5), als sich bezüglich des ersten Glaubensartikels, des ersten Gebots und bezüglich der Christologie auch

Hinweise auf Gottes Liebe finden, beispielsweise in der Westminster Confession (1647), chap. II/I, das Gottesattribut „most loving“ (vgl. bei Schaff, vol. III, 606).

[12] Im Original: „standard faith“.

[13] Von fern klingt hier S. Kierkegaards Ableitung des Religiösen in seinem frühen Werk *Furcht und Zittern* an (Kopenhagen 1843). Sicher liegt keinerlei direkter Einfluß vor, aber beiden gemeinsam ist die allgemein protestantische Kultur, verbunden mit einer im 19. Jh. weit verbreiteten Bekehrungsfrömmigkeit, wie sie dann sehr bewußt bei W. James: *The Varieties of Religious Experience*, den Gifford Lectures 1901/02 (dt.: Die Vielfalt religiöser Erfahrung [1982]), zum Thema gemacht wird.

[14] Wie in CP 6.3, p. 4, geschehen, muß im Ms. hier „is“ als Verb des Satzes ergänzt werden.

[15] Im Original: „Christian army“.

[16] Die Hg. der CP verweisen auf CP 5.589, vgl. MS 442, eine Textstelle zur Unterscheidung von „Überzeugung“ (belief) und der natürlich sich einstellenden wissenschaftlichen Hypothese. Es handelt sich um ein Ms. aus den Entwürfen für die *Cambridge Conferences Lectures*, vgl. oben Anm. *.

[17] Im Original: „in psychics or in physics“; vgl. oben Anm. 2.

[18] Die Hg. der CP verweisen auf die genauere Diskussion der Schlußformen in CP 2.619 ff.; es handelt sich vor allem um den Aufsatz aus dem Jahr 1878: *Deduction, Induction, and Hypothesis*, vgl. W 3(65); bzw. Peirce (1992 a), 186 ff.; dt. in: Peirce (1976), 229–250. Vgl. auch III.6/Abschn. III.

[19] Vgl. die Definition der Religion in II.8.

[20] Im Original: „proposition“.

[21] Im Original: „the germinal nothing, in which the whole universe is involved or foreshadowed.“

+[22] In MS 948, p. 24 (vgl. CP 6.199 bzw. in: Peirce [1992 b], 259 f.; s. o. Anm. *), hat Peirce die Verbindung zwischen dieser Kosmologie der ursprünglichen Potentialität und der Schöpfungstheologie direkt formuliert: „Doch dürfen wir uns das nicht so vorstellen, daß die Qualitäten voneinander getrennt entstanden und nachträglich erst in Relation zueinander getreten sind. Es war gerade umgekehrt. Die allgemeine und unbestimmte Potentialität wurde eingeschränkt und heterogen. Wer diese Vorstellung [idea] für sich selbst dadurch zum Ausdruck bringt, daß er sagt, Gott der Schöpfer habe dies so und so bestimmt, tut dies vielleicht insofern unbedacht, als er den Gedanken in ein [sprachliches] *Gewand* gekleidet vorträgt und sich damit der Kritik aussetzt; doch ist dies im Grunde und der Sache nach die einzige philosophische Antwort auf das gestellte Problem. Denn damit werden die Ideen [ursprünglicher Potentialität] so gedacht, daß aufgrund der ihnen innewohnenden Erstheit plötzlich ein *vorläufiger* Seinszustand entsteht. Doch nicht so, daß dieses Entstehen zu Vereinzelungen führte; denn käme es dazu, gäbe es nichts, um das Vereinzelte zu verbinden. Was entsteht, reagiert aufeinander, und so kommt es zu einer Art Existenz. Genau diese Reaktion und diese Existenz bezeichnen jene Leute als Gottes Geist [mind], und ich denke wirklich, daß es dagegen keinen Einwand gibt – außer daß es sich anstelle der Deutlichkeit, um die wir uns in der Wissenschaft bemühen, um eine Einkleidung in sprachliche Figuren handelt. Denn alles, was wir über „Geist" wissen, stammt vom Verhalten der Tiere, die ein Gehirn oder Ganglien haben wie wir selbst – oder, am weitesten von uns entfernt, wie eine Küchenschabe. Solch ein Wort [wie Geist] auf *Gott* anzuwenden ist genau dasselbe, wie wenn Gott in alten Bildern als betagter Mann dargestellt wird, der sich von oben über eine Wolke lehnt, um herabzuschauen. Bedenkt man die *Vagheit der Intention*, so wie sie von einem *nicht-theologischen* Künstler vorgestellt wird, kann man dies nicht als einen Fehler, sondern eher als in einem lächerlichen Sinne figurativ bezeichnen."

+23 Die Hg. der CP verweisen auf die geistesgeschichtliche Einordnung Hegels, wie Peirce sie (gemäß seiner Kategorienlehre) in den Pragmatismus-Vorlesungen von 1903 gegeben hat, vgl. Peirce (1973), 98 f.; Peirce (1976), 365 f. Zu denken ist auch an den Vergleich mit Hegel schon im Aufsatz über *Evolutionäre Liebe*, in: Peirce (1988), 251, 258. – Auch in MS 947 (vgl. in Auszügen in CP 1.40–42) finden sich entsprechende Einstufungen Hegels; in MS 947, p. 1, ganz im Sinne des Beginns von II.13, daß die verfehlte Entwicklung der Metaphysik auf ihre Behandlung durch die Theologen zurückgeführt werden müsse: „Denn in den letzten vierhundert Jahren standen die Theologen außerhalb der Entwicklung von Leben und Denken der Welt. Das läßt sich sehr schön im Falle Hegels zeigen, der zwar die Vertreter der Einzelwissenschaften verachtete, aber doch die Bedeutung der Kontinuität zum zentralen Thema machte, und dies war gerade die Idee, der das Hauptinteresse der Mathematiker und Physiker galt und die sie seit drei Jahunderten verfolgt hatten [...] Meine Philosophie ist eine Wiederbelebung Hegels, wenn auch in einem ungewöhnlichen Aufzug." – Vgl. auch II.4, Anm. 21.

24 Mit CP 6.218, p. 149, ist hier in MS 940, p. 10, statt „to" der Artikel „the" zu lesen.

25 Dieser Gedanke, daß Potentialität zuerst sich selbst bestimmt, erscheint im Gottesargument (s. u. III.7) in der Fassung, daß aus ursprünglichem Nichts die Tendenz zur Bildung von Verhaltensgewohnheiten erwächst.

26 Zur Schlußform der Hypothese (bzw. Abduktion oder Retroduktion) vgl. dann vor allem III.6.

27 Mit dem folgenden Absatz beginnt der Text von MS 941, vgl. oben Anm. *.

28 Im Original: „*vividness*"; die Hg. der CP verweisen auf eine parallele Begriffsbestimmung in CP 1.308 f. (einem Text über Phaneroskopie aus dem Jahr 1905, vgl. MS 298).

29 Im Original: „*liveliness*". – Vgl. II.10 (die Textstelle zu Anm. 17).

+30 Peirce trägt hier unter dem Aspekt des *Quale*-Zeichens die ontologischen Konsequenzen der Kategorie Erstheit vor; vgl. zur semiotischen Ableitung bereits die 9. Lowell-Vorlesung von 1866, in: Peirce (1986), 113 ff.; vgl. auch H. Papes Einleitung in: Peirce (1990), 48 f. – Der kosmologische Zusammenhang dieser kategorialen Semiotik (unter dem Aspekt der Erstheit: Tychismus) wird explizit wiederum in MS 948 (vgl. oben Anm. +22), wo es auf p. 26 f. (vgl. CP 6.201, p. 137 f., bzw. in: Peirce [1992 b], 260 f.) heißt: „Ich denke auch, daß das, was ein Erstes ist, *ipso facto* empfindungsfähig ist. Wenn ich in der Vorstellung von Atomen Abweichungen zulasse – was ich tue –, so halte ich diese Abweichungen für äußerst gering, denn ich stelle mir Atome so vor, daß sie nicht absolut tot sein können. Das verstehe ich aber nicht ganz so, wie es im physikalischen Sinne von den Materialisten aufgefaßt wird, daß nur eine kleine Dosis Empfindung hinzukäme; denn diese, das gebe ich zu, wäre allerdings zuwenig. Was ich meine, ist folgendes: Alles, was es gibt, besteht Erstens aus Gefühlen [feelings], Zweitens aus wirkenden Kräften [Efforts], Drittens aus Verhaltensgewohnheiten [Habits] – all dies ist uns unter psychischem Aspekt vertrauter als unter physischem; und ebenso meine ich, daß tote Materie dann nur die letzte Konsequenz aufgrund vollständiger Verhärtung von Verhaltensgewohnheiten wäre, nachdem das freie Spiel des Gefühls und die rohe Irrationalität der Kraftwirkungen bis zum vollständigen Tod reduziert sind. Nun möchte ich annehmen, daß dieses Ergebnis der Evolution selbst in unseren Bechergläsern und Schmelztiegeln [im Labor] noch nicht ganz erreicht ist. So daß ich, wenn ich von Zufall [chance] spreche, nur einen mathematischen Terminus wähle, um die charakteristischen Eigenschaften von Freiheit und Spontaneität auch exakt zum Ausdruck zu bringen."

[31] Die Hg. der CP verweisen auf CP 6.376 f., Peirce' Definitionen und Übersicht zum Begriff „unity" in *Baldwin's Dictionary of Philosophy and Psychology*, New York/London 1901. – Zu Peirce' Kant-Kritik unter diesem Aspekt vgl. vor allem in der 6. Lowell-Vorlesung von 1903, CP 6.95; dt. in: Peirce (1988), 405 f.

[32] Im Ms. steht am Satzende kein Fragezeichen, sondern ein Punkt. – Zur Unterscheidung von Logik und Psychologie im Zusammenhang der Wahrnehmungstheorie vgl. Peirce' Pearson-Rezension von 1901, P 802 bzw. CP 8.132–156; bes. 8.144 ff.

[33] Im Original: „have any continuity". Peirce formuliert hier Konsequenzen aus seiner Philosophie des *Synechismus*, vgl. dazu II.5, II.6 u. II.7; auch wiederum MS 948, die 8. Vorlesung der *Cambridge Conferences Lectures* unter dem Titel *The Logic of Continuity*, in: Peirce (1992b). – Peirce' Begriff des Kontinuums und dessen religionsphilosophische Konsequenzen werden sehr gut verständlich in der Darstellung von M. Raposa (1989), 41–44, 51 ff.

[34] Peirce schreibt im Ms. von hier an „quale" ohne Unterstreichung und im folgenden auch „qualeconsciousness" ohne Bindestrich.

[35] Im Original: „one appealing to one experiment and the other to another." – Das Beispiel erinnert nicht zufällig an die von Peirce immer wieder vorgenommenen Erläuterungen der Kategorien, der Semiotik und des Pragmatismus durch die Farbwahrnehmung und das Experiment mit der Härte des Diamanten, vgl. bereits die frühe Kategorienschrift, in: W 2(4); dt. in: Peirce (1986), 147–159; und die späte Schrift von 1905: *Issues of Pragmaticism*, vgl. CP 5.438 ff., bes. 5.453 u. 5.457; dt. in: Peirce (1976), 454 ff., bes. 467 f. u. 471 f.

[36] Peirce bildet hier den Plural „qualeconsciousnesses". – Gemeint ist, daß das Quale-Bewußtsein einerseits wie in einer Pho-

tomontage aus verschiedenen Elementen *ein* Bild erfaßt; andererseits bestehen unsere gedanklichen Operationen auch ständig aus Zusammensetzungen, d.h. aus einer Mehrzahl solcher Erfassungen.

[37] Mit dieser Erläuterung ist noch einmal der Gegensatz zu Kants Lehre von der (primären) synthetischen Einheit als Leistung des Verstandes formuliert, s.o. Anm. 31.

[38] Horaz: *Satiren* II, 86; dort bezogen auf den Weisen (sapiens), von dem gilt: „Fortis, et in se ipso totus, teres atque rotundus".

[39] Der Anredecharakter des Textes als Teil der konzipierten Vorlesungsreihe (vgl. oben Anm. *) kommt hier zum Abschluß des Ms. besonders deutlich zum Ausdruck.

[40] Vgl. Gen 11, 1–9.

[41] Im Original: „a Bedlam of strange deeds". Das OED, p. 189, informiert, daß „Bedlam" für Bethlehem steht, hier zu beziehen auf St. Mary of Bethlehem, das 1247 gegründete Hospital in der Nähe von London, seit 1330 auch Anstalt für Geisteskranke, woraus sich später stehende Wendungen mit „Bedlam" für „Verrücktheit" erklären (auch in Verbindungen wie „Babel and Bedlam").

14. Die Idee eines Naturgesetzes

* Der Übersetzung liegt MS 872 aus dem Jahr 1901 zugrunde; vgl. HP 2, 880–889, und den kurzen Auszug in CP 1.133–134 (dort fälschlich auf 1894 datiert). Das Ms. gehört zu einer ganzen Gruppe von Textentwürfen für einen Beitrag, den Peirce im Zusammenhang seiner Lohn-Arbeiten (Rezensionen und Übersetzungen) für die *Smithsonian Institution* geplant hatte, vgl. MS 869 – 873; der zunehmend schwierige Briefwechsel mit dem Sekretär der *Smithsonian Institution*, S.P. Langley, ist publiziert in: Peirce (1966), 270–288. Die von Ph. P. Wiener nachgezeichnete Geschichte der unterschiedlichen Textfassungen (in: Peirce [1966], 275–279) zeigt die Tragik der Mißverständnisse zwischen dem naturwissenschaftlichen Philosophen Peirce und seinen nur-naturwissenschaftlich denkenden Kollegen, vor allem aber auch Peirce' finanzielle Notlage, u.a. bewirkt durch die zunehmende Einsamkeit, in der er seine universal orientierten

philosophischen und religionsphilosophischen Ortsbestimmungen vornahm. Das bekannte Muster, Hume einfach als den (wissenschaftlich) modernen Denker und (deshalb) Kritiker des alten Wunderglaubens hinzustellen, war eben nicht Peirce' Position – und das aus wissenschaftstheoretischen Gründen. – MS 872 ist die erste und geschlossenste Fassung des von Peirce geplanten Beitrags (auf der ersten Seite des Ms. findet sich ein Stempelaufdruck „S. P. L." [für: S. P. Langley] „APR 19 1901"); die dritte Fassung ist publiziert in: Peirce (1966), 289–321; MS 869 findet sich in CP 6.522–547.

[1] Der Begriff „Stylometrie" dient zur Bezeichnung statistischer Methoden in der Linguistik, vgl. OED, suppl., p. 1197, und geht auf A. De Morgan (vgl. II.2, Anm. 10) zurück, der 1851 diese Methode im Zusammenhang der Untersuchung des Corpus Paulinum vorgeschlagen hat, vgl. den Art. *Statistical Linguistics*, in: *Int. Encyclopedia of Linguistics*, vol. 4, 1992, 74.

[2] In der engl. Satzkonstruktion (vgl. MS 872, p. 9) ist zu Beginn ein „As" zu ergänzen. – Vgl. zur These der wissenschaftlichen Rückständigkeit der Metaphysik II.13.

[3] Im Original: „‚good sense'"; vgl. dazu II.3, Anm. +13.

[4] Dt.: *Ein Traktat über die menschliche Natur*, übers. v. Th. Lipps (1904–06), NA v. R. Brandt, Hamburg 1973. – In MS 939 (aus dem Jahr 1905) findet sich eine weitere kritische Anknüpfung an dieses Werk Humes.

[5] Georg Wilhelm Friedrich (nicht Augustus, wie Peirce schreibt), der Enkel Georgs II., Sohn der Prinzessin Auguste von Sachsen-Gotha, wurde am 14. Mai 1738 geboren.

[6] Hermannus Boerhaave (1668–1738), niederl. Botaniker, Chemiker u. berühmter Mediziner seiner Zeit.

[7] George Berkeley (1685–1753), irischer Philosoph u. Theologe, Hauptvertreter des engl. Empirismus; vgl. EP 1, 295–304. – Vgl. auch II.2, Anm. 26, u. III.10, Anm. 27.

[8] William Warburton (1698–1779), anglik. Theologe, seit 1759 Bischof von Gloucester. Der 1. Bd. des Werkes *The Divine Legation of Moses demonstrated on the principles of a Religious Deist* [...], erschien 1737/38; der 2. Bd. 1741; vgl. DNB 20, 758–768. – Peirce schreibt im Titel fälschlich „Legislation" statt „Legation".

[9] William Wollaston (1660–1724), engl. Moralphilosoph und Theologe. Das Buch *The Religion of Nature Delineated* erschien 1722 und erlebte allein bis 1750 acht Auflagen, vgl. EP 8, 344 f.

[10] Joseph Butler (1692–1752), engl. Theologe, Jurist und Philosoph, seit 1750 Bischof von Durham. Sein Hauptwerk: *The Analogy of Religion, Natural and Revealed, to the Constitution and Course of Nature*, Oxford 1736, wurde 1756 von J.J. Spalding ins Dt. übers., vgl. TRE 7, 496f. – Vgl. auch in III.2, Anm. 49, u. III.11, Anm. 26.

[11] Isaac Watts (1674–1748), engl. Liederdichter und (theologisch-philosophischer) Schriftsteller.

[12] Samuel Clarke (1675–1729), engl. Theologe und Philosoph, vgl. EP 2, 118–120; vgl. auch II.10, Anm. 14.

[13] Francis Hutcheson (1694–1746), irischer Moralphilosoph, Professor in Glasgow, vgl. EP 4, 99–101.

[14] Thomas Woolston (1670–1731), engl. Theologe, deistischer Freidenker; seine Traktate zur Kritik des Wunderglaubens erschienen 1727–29; vgl. EP 8, 347f. – Vgl. auch die analoge Nennung durch Peirce in MS 869, bzw. in: CP 6.543; und vgl. III.2, Anm. 57.

[15] Peter Annet (1693–1769), engl. Deist und Freidenker, vgl. EP 1, 127f.

[16] Vgl. die analoge Stelle in MS 869, bzw. in: CP 6.537.

[17] Vgl. zu dieser Kritik des Nominalismus z.B. II.11.

[18] Zur Bedeutung der evolutionären Wende nach dem Erscheinen von Darwins *Entstehung der Arten* (1859) vgl. bei Max H. Fisch (1986), 19ff.; zu Peirce' kritischer Sicht der Evolutionstheorie vgl. II.6.

[19] Diese Zahl ergibt sich aus bestimmten biblischen Zeitangaben, bevorzugt aus den Stammbäumen und Altersangaben in der sog. *Priesterschrift*, vgl. Gen 5, 1ff.; 7, 6; 11, 10ff.; 12, 4; 21, 5 etc.; Ex 12, 40. Ausgehend von solchen urzeitlichen Datierungen läßt sich dann über die Königszeit Israels bis zu Christi Geburt eine Zahl von etwa 4000 Jahren ermitteln.

[20] Im Original: „the science of morals".

[21] Zu J. St. Mill vgl. II.11, Anm. 4. – Das Zitat ist übers. nach der dt. Ausg. v. Th. Gomperz: J. St. Mill: *System der deduktiven und induktiven Logik. Eine Darlegung der Grundsätze der Beweislehre und der Methoden wissenschaftlicher Forschung*, Bd. 1 (Ges. Werke, Bd. 2), (Leipzig 1884) Neudr. Aalen 1968, VII.

[22] Im Original (für „weiterentwickelt"): „growing"; vgl. zum Begriff des Wachstums in II.5, Anm. 23.

[23] Im Original: „practical arts".

III. Gottesargument

1. [Zwei Briefe an William James]

* Peirce' Briefe an William James sind Dokumente einer lebenslangen Freundschaft in der intensiven Nähe und gleichzeitigen Kritik wissenschaftlich zuletzt doch unvereinbarer Konzeptionen. Die Bedeutung von W. James für Peirce' (finanzielles) Überleben während der letzten Jahrzehnte in Milford, Pennsylvania, ist ein Aspekt dieser Freundschaft (vgl. II.13, Anm. *), ein anderer ist ihre Gemeinsamkeit und Differenz in Sachen Pragmatismus, Religion und Gottesbegriff. Die Biographie von J. Brent (1993) gibt davon ein beredtes Zeugnis, z. B. mit dem Briefdokument vom 13. März 1897, vgl. Brent, 258 ff. – Der Briefwechsel als ganzer ist bislang nicht ausgewertet, einzelne Stücke finden sich in CP 8.249–318, darunter auch der Brief vom 23. Juli 1905 zum Thema „Theismus", vgl. CP 8.260–263. Der Übersetzung liegen Peirce' handschriftliche Entwürfe im Umfeld dieses Briefes zugrunde (aus MS L 224), und zwar vom 22./23. u. 26. Juli 1905. Chr. Kloesel und N. Houser ist es zu verdanken, daß diese Texte hier zugänglich gemacht werden können.

1 Der Hg. von CP 8.260 verweist auf James' Art. *La Notion de Conscience*, in: *Archives de Psychologie* 5 (1905), 1–12. – Es handelt sich um die Publikation eines Vortrags (vom 30. 4. 1905 beim Int. Kongress für Psychologie in Rom), der eine Reihe von Art. im *Journal of Philosophy, Psychology, and Scientific Methods* (1904/05) zusammenfaßt.

2 Thomas Reid (1710–1796), schottischer Philosoph, wichtigster Vertreter der Philosophie des *Common Sense*, vgl. I.6, Anm. 12, u. I.10, Anm. 7; zu Berkeley vgl. II.14, Anm. 7; zu Kant, vgl. *Kritik der reinen Vernunft*, B XXXIX; B 275.

3 Vgl. P 802 bzw. CP 8.132–156, Peirce' kritische Rezension von K. Pearsons *The Grammar of Science*, in: *Popular Science Monthly 58*. Peirce schreibt im Ms. abgekürzt „Pop Sci". – Vgl. auch II.11, Anm. 20.

4 „Ding an sich" auch im Original dt. geschrieben. – Vgl. zu Kant I.3, Anm. *, u. II.13, Anm. 31 u. 37.

5 Gemeint sind die für 1905 geplanten *Adirondack Summer School Lectures*, vgl. III.3, Anm. *, u. J. Brent (1993), 301.

+6 In einem unvollständig erhaltenen Briefentwurf vom 23.

Selbstmord

Juli heißt es im selben Zusammenhang: „Nichts kann mir tröstlicher sein als meine Religion. Als ich diesen Brief begann, fühlte ich mich aus vielerlei Gründen im tiefsten Elend. Besonders deshalb, weil die Hoffnung, in dieser Sommer-Akademie vier Vorlesungen zu halten, auf grausame Weise geschwunden ist, und ich sehe keine Chance mehr, zu meinem Logik-Kurs zu kommen. Allein schon dies über meinen Theismus zu schreiben, hat mich sehr getröstet. Nicht aus Verzweiflung rührt deshalb meine Absicht, bald Selbstmord zu begehen. Ich halte dies für ein klares Recht eines Menschen, der anderen zu nichts mehr dienen kann, und für eine schlichte Pflicht dessen, der Gefahr läuft, anderen Menschen, die ihn nicht mehr brauchen, zur Last zu fallen. Wenn ich all das Gute, das ich zu tun vermöchte, nur tun könnte, indem ich die Menschen zu denken lehrte, würde ich über kein Leid klagen, das damit verbunden wäre."

[7] Zu W. James' Gottesauffassung im Sinne des von ihm sog. „Über-Glaubens" (over-belief) vgl. vor allem die letzte (22.) Vorlesung und die Nachschrift zu *Die Vielfalt religiöser Erfahrung* (The Gifford Lectures Edinburgh 1901/02; dt. 1982).

[8] Vgl. hier und im folgenden die analogen Passagen in CP 8.262.

[9] Peirce schreibt beide Worte mit großen Anfangsbuchstaben: „Living Power".

[10] Zu Henry James, Sr., vgl. oben I.10, Anm. * u. Anm. 1. Das religionsphilosophische Hauptwerk: *Substance and Shadow: Or Morality and Religion in their Relation to Life: An Essay upon the Physics of Creation* (Boston 1863), Selected Works (1983), vol. 8, enthält vor allem in chap. X die Behandlung des Bösen und der Sünde. – Vgl. auch die analoge Stelle in CP 8.263. Die damit angesprochene kosmologische Theodizee geht in ihrer Vermittlung durch H. James, Sr., auf Swedenborg zurück und hatte für Peirce – wegen seiner lebenslangen Krankheit – auch biographische Bedeutung, vgl. dazu J. Brent (1993), 36; u. auch III.3, Anm. +15.

[11] Hier endet der Briefentwurf vom 22. 7. 05, der folgende trägt seine handschriftliche Datierung erst am Ende.

+[12] In MS 288, zwei Notizheften aus dem Jahr 1905 (die durchlaufende Seitenzählung darin stammt von Peirce selbst, beschrieben ist meist nur die jeweils rechte Heftseite), findet sich (p. 155/157) als ausdrücklich pragmatizistische Positionsbeschreibung die folgende Stelle: „Der Gottesbegriff – wenn Be-

summum bonum: ästh-eth-log!

griff [concept] hier das richtige Wort ist – ist notwendigerweise extrem vage, und Widersprüche lassen sich dann nicht vermeiden; es sei denn, wir geben uns, wie es einige Pragmatisten tun, mit einem endlichen Gott zufrieden, was ich mit Entschiedenheit ablehne; und ebenso ist es mit jedem anderen niederen Begriff, welcher der Sache nicht wert ist. Ich sehe nicht, daß wir mit Gottes *Sein* etwas anderes meinen können als ein unbestimmtes Sein. Doch in dieser Hinsicht, in der ein Begriff vage und daher für Selbstwidersprüchlichkeit anfällig ist, kann es sich offensichtlich nicht um eine pragmatizistische Bedeutung handeln, also auch nicht um die Bedeutung eines Verstandesbegriffs. Vielleicht ist es hilfreich, von einer rationalen Emotion zu sprechen, jedenfalls handelt es sich um einen bekannten Typus von Repräsentation. Wenn ich sage, ‚ein [some] Mensch kann eine Tonne heben', so folgt daraus nicht, daß ‚ein' für mich keine Bedeutung hat; doch diese Bedeutung genauer zu beschreiben bringt mich in Verlegenheit."

[+13] In MS 289 (ebenfalls aus dem Jahr 1905), p. 5, findet sich im Zusammenhang der Erörterung der Allgemeinheit von Naturgesetzen die Bemerkung: „Der Pragmatizismus erklärt, daß dann, wenn es objektiv wahr ist, daß die Natur sich jenen Formeln entsprechend verhält, diesen Gesetzen im Universum oder seinem Demiurgen* dieselbe Seinsweise zukommt wie unseren verstandesmäßigen Verhaltensgewohnheiten in uns." – In der Fußnote hierzu heißt es: „*Damit bleibt dieses Wort unbestimmt im Blick auf Endlichkeit oder Unendlichkeit, denn ich reserviere den Terminus Gott (mit großem G) für die absolute Gottheit."

[14] Vgl. II.13, Anm. 11.

[15] Im Original hier: „semeiotic".

[16] In MS 288 (s. o. Anm. +12) findet sich p. 23/25 eine Erläuterung des Zusammenhanges von Vernunft (reason) und Selbstkontrolle in ihrer jeweiligen Darstellung des *„summum bonum"*, die an erster Stelle eine ästhetische, an zweiter eine ethische, an dritter eine logische Präzisierung findet.

2. *Antworten auf Fragen über meinen Glauben an Gott*

* Der Übersetzung liegt MS 845 zugrunde. Weil darin zunächst 11 Seiten fehlten (pp. 21–31), wurde der Text in CP 6.494–521

nur unvollständig publiziert (vgl. Robin [1967]). Inzwischen sind die fehlenden Seiten aufgefunden, dem Ms. zugeordnet und auf das Jahr 1905 datiert (*Peirce Edition Project*); zum ersten Mal zusammen mit dem ersten Teil publiziert in K.L. Ketners Edition von Peirce (1987), 86–91 (worin der letzte Teil des MS 845, pp. 36–58, allerdings nicht aufgenommen wurde). – Der Text zeigt, daß Peirce auf wirklich ihm vorgelegte Fragen, nämlich seines Bruders, antwortet, s.u. Anm. 25 u. 47.

1 „Supreme Being" wird mit „Allerhöchstes Sein" übersetzt, „Supremacy" mit „allerhöchste Macht". – Die Hg. der CP verweisen auf den Beginn des IV. Teils in Humes *Dialogen*, in dem die Differenz zwischen metaphysischem Gottesbegriff und anthropomorphen bzw. mystischen Vorstellungen vorgenommen wird. – Zu Beginn des II. Teils wird in Humes Schrift bereits zwischen den Eigenschaften Gottes (Gottes „Natur") und der bloßen Existenzfrage unterschieden, und zudem hat Hume aufgrund des Theodizeeproblems dann im IX. Teil ausdrücklich die „Unendlichkeit" Gottes durch ein „endlich" gedachtes Bild seiner Vollkommenheit ersetzen wollen, was Peirce explizit *nicht* tut, siehe dazu III.1 und III.3, Anm. +15. – Vgl. die dt. Ausgaben von D. Hume, *Dialoge über natürliche Religion,* hg. v. G. Gawlick, Hamburg [7]1993; hg. v. N. Hoerster, Stuttgart 1981.

2 Vgl. III.1, Anm. +12.

3 Vgl. hier und im folgenden die sachlich analogen Stellen in III.10, bes. zu Anm. 11.

4 Auch „real property", engl. Ausdruck für „Grundbesitz", „Immobilien".

5 Die Hg. der CP verweisen auf *Physicorum Liber* I, tract. 1, cap. I, in dem die Physik als Teil der „philosophia realis" eingeführt wird; vgl. Alberti Magni *Opera Omnia*, tom. IV, pars I, Münster 1987.

6 Die Hg. der CP verweisen auf *Sententiarum Libri*, III, distinctio 34; vgl. Johannes Duns Scotus: *Opera Omnia* VII.2, 728f. (scholium 8); vgl. z.B. auch *Opera Omnia* XII, 68.

7 Im Original (hier wie zuvor und im folgenden): „belief".

8 Im Original: „precide". – Peirce hat im Anschluß an mittelalterlichen (lateinischen) Sprachgebrauch für diesen Abstraktionsvorgang („praecisio") das Wort „to precide" gebildet und hier verwendet. Er gibt darüber Rechenschaft in dem Artikel: *Issues of Pragmaticism* (1905), vgl. CP 5.438ff.; bes. 5.449; dt. in:

Peirce (1976), 463 ff.; und in verschiedenen Lexikondefinitionen, in: *The Century Dictionary and Cyclopedia* (1899), u. in: *Dictionary of Philosophy and Psychology* (1902); vgl. die Stellenangaben in: Ketner (1986), P 373, P 872 u. P 873. Die Hg. der CP verweisen hier auf CP 1.549 Anm., wo ein solcher Nachweis zitiert wird.

[9] Die Hg. der CP verweisen wiederum auf CP 5.448; dt. in: Peirce (1976), 463; vgl. oben Anm. 8 u. 2.

+[10] Die Hg. der CP verweisen auf *De civitate Dei*, XI, 26. Dort findet sich die Formulierung Descartes' (cogito ergo sum) nur der Sache, nicht dem Wortlaut nach (vgl. *Der Gottesstaat*, 1. Bd., dt. v. C. J. Perl, Paderborn 1979, 756/758): „Nam et sumus et nos esse novimus et id esse ac nosse diligimus [...] sed sine ulla phantasiarum vel phantasmatum imaginatione ludificatoria mihi esse me idque nosse et amare certissimum est [...] Si enim fallor, sum. Nam qui non est, utique nec falli potest; ac per hoc sum, si fallor." – In einer kurzen Einsendung an die Zeitschrift *The Open Court*, Juni 1893, vgl. P 547, schreibt Peirce unter der Überschrift „Cogito Ergo Sum" und aus Anlaß eines Descartes betreffenden Hinweises in einem vorausgegangenen Artikel u. a.: „Descartes' Position ist die, daß der Geist [mind] durch einen klaren Akt der Wahrnehmung von der Erkenntnis des *cogito* zur Erkenntnis des *sum* sicher und unwiderstehlich voranschreitet; und daß es keinen Sinn macht, dies als unlogisch zu bezeichnen, weil die fragliche Gedankenbewegung der Logik weit vorausliegt. Ich bin meinerseits weit davon entfernt, dies verteidigen zu wollen, sondern will nur die historische Tatsache feststellen."

+[11] Eine analoge Kritik des bloß theoretischen Zweifels hat S. Kierkegaard in der 1842/43 konzipierten Schrift *Johannes Climacus oder De omnibus dubitandum est. Eine Erzählung* vorgelegt, vgl. in: Kierkegaard, Ges. Werke, 10. Abtlg., Düsseldorf/Köln 1967, 109–159. – In MS 753, einem Fragment über die drei Schlußformen Retroduktion, Deduktion und Induktion (vom *Peirce Edition Project* auf das Jahr 1906 datiert), findet sich auf p. 3 die folgende Illustration zum Problem des Zweifels: „Nun ist ein Zweifel ein wirklicher [real] Zustand des Geistes [mind]. Es ist eine Sache zu *sagen*, daß man zweifelt, eine andere, [wirklich] zu zweifeln. So wie es eine Sache ist, sich bei einem Begräbnis ein Taschentuch vor das Gesicht zu halten und darauf zu warten, bis man in der Kutsche sitzt und das Witzemachen beginnt, und eine ganz andere Sache, wirklichen [real] Schmerz zu erfahren."

[12] Vgl. vor allem II.5 u. II.6.

[13] Im Original: „paper doubts"; vgl. dazu auch III.8.

[14] Im Original: „precided"; s.o. Anm. 8.

[15] Vgl. D. Hume: *Treatise of Human Nature*, dt.: Hamburg 1978, Buch I: Über den Verstand, 245 f.: *„daß alle Schlußfolgerungen, die Ursachen und Wirkungen betreffen, lediglich auf der Gewohnheit beruhen und daß Glauben viel eigentlicher Akt des fühlenden als des denkenden Teils unserer Natur ist."*

[16] Im Original: „succedaneum". – Gleichlautende Stellen zu diesem Textzusammenhang in der Aufnahme Humes finden sich in MS S 57, pp. 2–4.

[17] Francis Herbert Bradley (1846–1924), engl. idealistischer Philosoph (Oxford), beeinflußt von Hegel; vgl. EP 1, 359–363.

+[18] Zu diesem Übergang – bevor die Gedankenführung neu einsetzt und im meditativen Naturbild das beschreibt, was Peirce 1908 „Musement" nennen wird (vgl. III.6 u. 7) – findet sich in MS 861 eine Variante (ein Fragment offenbar aus Entwürfen). Dort heißt es auf p. 1: „Nun denken Sie vielleicht, was ich bisher gesagt habe, sei die Einleitung zu einem Argument für die Realität Gottes. Keineswegs. Es handelt sich einfach um eine Erklärung dafür, daß ich in dieser Sache nicht argumentiere. Denn was ich als meine Auffassung vertrete, ist dies, was ebenso für mich wie für alle Menschen gilt: Wenn sie ernsthaft die Sache bedenken und ihr Herz prüfen wollen, dann werden sie entdekken, daß sie Gott von Grund auf *lieben* und daß sie *gezwungen* sind zu glauben. Das ist keine Logik; doch *Noth kennt kein Gebot* [im Original dt.]. Man kann sich einfach nicht wehren."

[19] An dieser Stelle ist der in CP 6.501 publizierte Text unterbrochen (vgl. oben Anm. *).

[20] Gerbert von Aurillac (938–1003), Mönch aus Franken, Vermittler antiker Gelehrsamkeit u. Förderer der Wissenschaften, Berater der Kaiser Otto I. bis Otto III.; seit 999 als Silvester II. Papst in Rom. – Theophanu, byzantinische Prinzessin, seit 972 Gemahlin von Otto II. u. nach seinem Tod (983) in verantwortlicher Position für den Fortbestand des Kaiserreiches.

[21] Zur Geschichte der nominalistischen Philosophie, die Peirce hier mit Petrus Abaelardus verbindet und im folgenden bis ins 19. Jh. führt, vgl. zur Übersicht den Art. Nominalismus, in: HWP 6, 874–888; vgl. auch III.10, Anm. 10 u. 13.

[22] Im Original: „generals"; hier könnte auch mit dem schola-

stischen Fachwort „Universalien“ (lat. universalia) übersetzt werden. – Vgl. zur Fragestellung auch W. Stegmüller (1974).

[23] Alexander Bain (1818–1903), schottischer Philosoph, zeitweise Mitarbeiter von J. St. Mill; Jeremy Bentham (1748–1832), engl. Philosoph und Jurist, Begründer des Utilitarismus, vgl. II.4, Anm. 34; John Gay (1699–1745), engl. Moralphilosoph, seine Assoziationspsychologie beeinflußte die utilitaristischen Denker nach ihm; John Grote (1813–1866), engl. Moralphilosoph in Cambridge; David Hartley (1705–1757), engl. Moralphilosoph und Assoziationspsycholge; James Mill (1773–1836), schottischer Philosoph und Wirtschaftswissenschaftler, Mitglied der utilitaristischen Bewegung, vgl. EP 5, 312 ff.; zu John Stuart Mill vgl. II.11, Anm. 4.

[24] „Dunce“ steht heute im Engl. für „Dummkopf“! – Vgl. zum philosophiehistorischen Kontext auch III.10, Anm. 8.

[25] Dieser Satz zeigt, daß das Ms. auf wirklich an Peirce gerichtete (traditionelle) Fragen der sog. „natürlichen Theologie“ antwortet. Es müßte sich dann um eine Antwort an einen der Brüder Herbert Henry Davis Peirce (1849–1916) oder James Mills Peirce (1834–1906) handeln, vgl. J. Brent (1993). – Zum im folgenden genannten Artikel aus dem Jahr 1867 vgl. W 2(4); bzw. in: Peirce (1992a); dt. in: Peirce (1986), 147–159.

[26] Vgl. in: W 2(22); bzw. in: Peirce (1992a); dt. in: Peirce (1976), 40–87. Die Entscheidung für den scholastischen Realismus findet sich W 2(22): 239 f.; Peirce (1976), 77 f.

[27] Vgl. in: W 2(48); bzw. in: Peirce (1992a); dt. (in Auszügen) in: Peirce (1976), 106–138; vgl. auch III.10, Anm. 16.

[28] Vgl. die beiden Artikel in: W 3(60) u. W 3(61); bzw. in: Peirce (1992a); dt. in: Peirce (1976), 149–182 u. 182–214; vgl. auch III.6, Anm. 71; und zum biographischen Kontext bei E. Walther (1989), 130 ff.

[29] Zur Pearson-Rezension vgl. III.1, Anm. 3. – Zu den im folgenden genannten Aufsätzen für den *Monist* vgl. die bibliographischen Hinweise bei E. Walther (1989), 320; zu den bisherigen Publikationen vgl. P 1078, P 1080 u. P 1128; bzw. in: CP 5.411 ff. (dt. in: Peirce [1976], 427 ff.); CP 5.438 ff. (dt. in: Peirce [1976], 454 ff.); CP 4.530 ff.

[30] Francis Ellingwood Abbot war Mitglied des legendären *Metaphysical Club* in Cambridge, vgl. M. Fisch, Einl. zu W 3: XXX ff.; E. Walther (1989), 99 ff.; J. Brent (1993), 83; vgl. auch I.9,

Anm. 6. – Der im folgenden genannte Josiah Royce (1855–1916) kann als Schüler von Peirce aus der Zeit an der Johns Hopkins University gelten; im Unterschied zu Peirce vertritt Royce einen von Hegel beeinflußten „absoluten Idealismus". Peirce hat 1885 Royces Buch *The Religious Aspect of Philosophy* rezensiert, vgl. CP 8.39–54; dt. in: Peirce (1976), 253–265, s.u. Anm. +45.

[31] Vgl. P 474 u. P 525; auch in: CP 6.35 ff. (dt. in: Peirce [1988], 159–178); CP 6.588 ff., vgl. oben II.10.

[32] Im Original: „preciss"; s.o. Anm. 8.

[33] Hartes Schleifmittel aus Silicium und Kohlenstoff.

[34] Mit dem folgenden Absatz beginnt der Textteil (MS 845, pp. 32–58), wie er in CP 6.502 ff. publiziert ist.

[35] James Boswell (1740–1795), schottischer Schriftsteller und berühmter Biograph (*The Life of Samuel Johnson*, 1791).

[36] Im Original: „whether there really *is* such a being".

[37] Peirce verweist damit wiederum auf das von ihm hochgeschätzte Buch *Substance and Shadow* von Henry James, Sr.; s.u. Anm. 42.

[+38] MS 861, p. 1 ff., enthält hierzu eine Variante (vgl. bereits oben in Anm. +18); ebenso MS 857 (ein Fragment von fünf Seiten), das im Zusammenhang von Entwürfen zu einer wohl 1906 geplanten Reihe von populären Vorlesungen steht, die Peirce in MS 876 unter dem Titel „Suggestions for a Course of Entretiens leading up through Philosophy to the Questions of Spiritualism, Ghosts, and finally to that of Religion" geplant hatte. MS 857, p. 1, – unter der Überschrift „Lecture I." – beginnt mit dem Programm: festzustellen, „was ein vernünftiger Zeitgenosse über Religion denken sollte"; konstatiert dazu aber als erstes, daß dieser Fragestellung meist schon die praktische Annahme vorausgeht, nur auf die Argumente zu hören, die zu dem Schluß kommen, „daß es keinen Gott gibt oder daß wir über solch ein Wesen nichts wissen können." Im folgenden (p. 2/3) heißt es dann: „Es gibt dreizehn Argumente – oder Argumenttypen – zum Beweis der Existenz eines Gottes. Jedes von ihnen wird in seiner Darstellung gewöhnlich von dem freimütigen Eingeständnis begleitet, daß die anderen zwölf allesamt falsch sind. Dagegen hat die Mehrzahl der Philosophen unserer Zeit, die versucht haben, aus der Philosophie eine Wissenschaft zu machen, diese Dreizehnergruppe [baker's dozen] für ‚nutzlos' erklärt. Soweit die Philosophiegeschichten sich herabgelassen haben, von ihrem bescheidenen Diener Kenntnis zu nehmen – ganz unnötigerweise, wie mir scheint –, haben sie mich als einen ‚Skeptiker' oder einen ‚modernen Hume' betrachtet. Nun, offen gesagt, dieser moderne Hume ist der Meinung, daß die agnostischen Philosophen unserer Zeit von dem Willen bestimmt und beherrscht wurden, keinem Argument Gültigkeit zuzugestehen, das möglicherweise auf die Existenz Gottes schließen könnte. Und was die Philosophen betrifft, die für Gott den Terminus das ‚Absolute' einsetzen – nach meiner Auffassung hat dies nichts mit Gott zu tun, gleichgültig, ob es ein Absolutes gibt oder nicht. Ich für mein Teil denke nicht, daß unter den angesprochenen dreizehn Argumenten eines ist, daß nicht eine vorsichtige Erwägung verdient hätte. Ich lege wenig Wert auf die Vorurteile der Menschen in der einen oder anderen Richtung. Ich will, soweit ich es vermag, an die Wahrheit der Sache herankommen, gleichgültig auf welcher Seite diese Wahrheit liegen mag." – Peirce hatte 1901 das im selben Jahr erschienene Buch von A. Caldecott, *The Philosophy of Religion in England and America*, für die Zeitschrift *The Nation* rezensiert, vgl. P 793; bzw. N 3, 41–43. – Eine schöne Parallelstelle zur Frage nach dem Begriff des „Absoluten" findet sich in MS 284 (unter der Überschrift „Die Basis des Pragmatizismus" aus dem Jahr 1905), p. 3: „Ich für mein Teil sollte befürchten, mißverstanden zu werden, wenn ich sagen würde, ich glaube an das Absolute. Denn ich bin einer derjenigen, die sagen: ‚Wir glauben an Gott, den allmächtigen Vater, Schöpfer von Himmel und Erde und aller Dinge, der sichtbaren und *unsichtbaren*' [Peirce zitiert nach dem Wortlaut des 1. Artikels des Nicänischen Glaubensbekenntnisses], wobei ich unter den unsichtbaren Dingen solche verstehe wie Liebe, Schönheit, Wahrheit, das Prinzip des Widerspruchs, Zeit etc. Es ist klar, daß ich vom Schöpfer dieser Dinge nur eine sehr vage analogische Vorstellung haben kann, und der Pragmatizismus verlangt mit Sicherheit nicht, daß alle meine Überzeugungen genau bestimmt sein sollten."

39 Vgl. CP 6.7 ff. (dt. in: Peirce [1988], 141–158); CP 6.35 ff. (dt. a. a. O. 159–178); CP 6.102 ff. (dt. a. a. O. 179–209); CP 6.238 ff. (dt. a. a. O. 210–234); CP 6.287 ff. (dt. a. a. O. 235–263); vgl. II.5 u. II.6.

40 Charles Bernard Renouvier (1815–1903), franz. Philosoph, vgl. EP 7, 180–182; vgl. Ch. Renouvier & L. Prat: *La Nou-*

velle Monadologie, Paris 1899; die Schöpfungslehre findet sich im Art. CXXX: La creation. La perfection du monde. L'homme et le monde, p. 463–466.

[41] Die Hg. der CP verweisen hierzu auf Peirce' Lehre des Kontinuums und den damit verbundenen Gedanken von Schöpfung als anfänglichem Sprung von Möglichkeit zu möglicher Verhaltensbildung, vgl. CP 6.185–237 u. II.13, Anm. +22.

[42] S.o. Anm. 37 u. vgl. zuletzt in III.1, Anm. 10.

[43] Peirce schreibt: „Miss Maria Fay [...] spiritual lady". – Es handelt sich um Maria Denny Fay (* 1820), ein Mitglied der Familie Fay, aus der Peirce' erste Frau Harriet Melusina stammte, vgl. J. Brent (1993).

[44] S.o. Anm. 42 u. vgl. II.6 u. III.3, Anm. +15.

[+45] Die Hg. der CP verweisen auf die parallele Stelle in CP 4.67 (vgl. MS 409, pp. 186f., aus dem Jahr 1893), wo es im Zusammenhang der Erörterung des Begriffs der Möglichkeit heißt: „das substantiell Mögliche bezieht sich auf die Information einer Person, die alles weiß, was jetzt existiert, ob es sich um einzelne Tatsachen oder Gesetze handelt, einschließlich all ihrer Konsequenzen. Dies geht nicht so weit wie die Allwissenheit Gottes; denn die, die einen freien Willen anerkennen, nehmen an, daß Gott ein direktes intuitives Wissen zukünftiger Ereignisse hat, auch dann, wenn es in der Gegenwart nichts gibt, was diese determiniert. Mit anderen Worten, sie nehmen an, daß ein Mensch vollkommen frei ist, eine vorliegende Handlung zu tun oder nicht; und doch weiß Gott bereits, ob der Mensch es tun wird oder nicht. Das erscheint für viele als glatter Widerspruch in sich selbst; und so ist es auch, wenn wir Gottes Wissen so denken, als wäre es unter die Dinge zu zählen, die zum gegenwärtigen Zeitpunkt existieren. Doch das ist eine reduzierte Auffassung, Gott so zu denken, daß er der Zeit unterliegt, die doch richtiger eine Seiner Schöpfungen ist. Wörtlich genommen ist Voraus-Wissen gewiß widersprüchlich zur Freiheit. Doch wenn wir sagen, daß Gott – obwohl er wissend ist (wobei das Wort *wissen* in einem trans-temporalen Sinn benutzt wird) – niemals gewußt hat, nicht weiß und nicht wissen wird, dann behindert dieses Wissen in keiner Weise die Freiheit." – Die Hg. der CP geben einen weiteren Hinweis auf eine parallele Erwähnung der Allwissenheit Gottes in CP 4.583 (einem Text über Peirce' graphische Logik aus dem Jahr 1906, vgl. MS 490); vgl. auch zum selben

Thema bereits in der Royce-Rezension von 1885 in: CP 8.44; dt. in: Peirce (1976), 263.

[46] Vgl. G.W. Leibniz: *Die Theodizee*, übers. v. A. Buchenau, Hamburg 1968, 1. Teil, § 8.

[47] Dieser Satz belegt wiederum das tatsächliche Vorliegen eines Fragenkatalogs, s. o. Anm. 25.

[48] Im Original: „esthetic spiritual perfection"; vgl. III.1, Anm. +16.

[49] Die Hg. der CP verweisen auf Augustinus: *Contra Faustum*, XXVI, 3; vgl. in: CSEL 25/1, 251–197, hier: 731; vgl. auch Augustinus: *Über den Gottesstaat* X/12 u. XXI/8, dt. in: Bibliothek der Kirchenväter, Augustinus, 2. Bd., Kempten/München 1914, 94 f.; 3. Bd., 1916, 374 f. – Thomas v. Aquin: *Summa Theologiae*, I, q. 105, a. 6. – Zu J. Butler s. o. II.14, Anm. 10; aus Butlers Hauptwerk: *The Analogy of Religion*, kommen hier vor allem die jeweiligen Kap. VII in Teil I u. Teil II in Frage.

[50] Die Hg. der CP verweisen u. a. auf CP 6.47 ff., ein Teilstück wiederum eines der Monist-Artikel aus dem Jahr 1892, dt. in: Peirce (1988), 168 f., s. o. Anm. 39.

[51] Die Hg. der CP verweisen auf: Renouvier: *Essais de Critique Générale* (1854–97), in 2 Bdn., Paris 1912; Fouillée: *La Liberté et Le déterminisme*, Paris 1872; Delboeuf: *Déterminisme et Liberté* (dreiteilige Artikelserie), in: Revue Philosophique 13 u. 14 (1882). – Zu Renouvier s. o. Anm. 40; Joseph Delboeuf (1831–1896), belgischer Philosoph, Logiker und Psychologe; Alfred Fouillée (1838–1912), franz. Philosoph und Soziologe; in der 6. Aufl. (1914) von *La Liberté* gibt Fouillée im Vorwort Hinweise auf Nietzsche, die Pragmatisten, insbesondere W. James, und H. Bergson.

[52] Die Hg. der CP verweisen auf CP 6.522 ff., eines der Mss. aus dem Jahr 1901 (MS 869), worin Peirce sich mit Humes Wissenschaftslogik ausführlich auseinandergesetzt hat, vgl. II.14, Anm. *. – Humes berühmtes Kapitel der Wunderkritik findet sich im X. Abschnitt der *Enquiries Concerning Human Understanding* (1748); dt. *Eine Untersuchung über den menschlichen Verstand*, Hamburg [12]1993.

[53] Die Hg. der CP verweisen zum Vergleich auf die dann in CP 7.162–255 publizierten Texte, die dort unter dem Titel *The Logic of Drawing History from Ancient Documents* (aus dem Jahr 1901) zusammengestellt sind; vgl. dazu MS 690 (vgl. auch in: HP 2, 705–800), MS 691 – und zur Kritik an Hume MS 692. Es handelt

sich um die Diskussion mathematischer Wahrscheinlichkeitsanalysen bei der Bewertung von historischen Dokumenten.

54 Im Original: „the German critics".

55 Im Original: „Biblical criticism".

56 Die Hg. der CP verweisen auf die parallele Stelle in CP 1.617, ein Text im Zusammenhang der Cambridge-Vorlesungen 1898, vgl. dazu Text II.13, Anm. *, u. in: Peirce (1992b), 105f.

57 Thomas Woolston: *Six Discourses on the Miracles of Our Saviour, in View of the Present Controversy between Infidels and Apostates and Defences of his Discourses*, (London 1727–30), Nachdr. New York/ London 1979; vgl. II.14, Anm. 14.

58 Die Hg. der CP verweisen auf Origenes' (s.u. Anm. 65) Kommentar zu Joh 4,46; u. *In Exodum Homilia VII* – vgl. Origines Werke, Bd. 6/1 (Die griechischen christlichen Schriftsteller der ersten drei Jahrhunderte), Leipzig 1920, 204 ff. (zu Ex 15, 22 ff.); Origines: *Das Evangelium nach Johannes*, übers. v. R. Gögler, Einsiedeln 1959; Origines: *Der Kommentar zum Evangelium nach Mattäus*, eingel. u. übers. v. H. J. Vogt, 1. Teil, Stuttgart 1983.

59 Hume hat nach dem literarischen Mißerfolg seines Frühwerks, des *Traktats über die menschliche Natur* (1739/40), ab 1742 Sammlungen philosophischer Essays und schließlich im *Enquiry concerning Human Understanding* (1748 bzw. 1758) Umarbeitungen und Kurzfassungen seiner Philosophie publiziert.

60 Vermutlich ist hier an Beispiele zu denken, wie sie W. James etwa zur gleichen Zeit in den Gifford Lectures von 1901/1902 dargestellt und kommentiert hat: *The Varieties of Religious Experience. A Study in Human Nature*, vgl. II.13, Anm. 13.

61 William Crookes (1832–1919), britischer Chemiker u. Physiker, der sich auch mit Okkultismus beschäftige; John William Strutt, Lord Rayleigh (1842–1919), engl. Physiker, vgl. R.B. Lindsay: *Men of Physics: Lord Rayleigh – The Man and his Work*, Oxford 1970; Shadworth Hollway Hodgson (1832–1912), engl. Philosoph. – Die Hg. der CP verweisen auf: Crookes: *Researches in the Phenomena of Spiritualism*, London 1874; bzgl. Rayleigh: A.C. Doyle: *History of Spiritualism*, London 1926, vol. 1, p. 181, Hodgson: *A Further Record of Observation of Certain Phenomena of Trance*, in: Proceedings of the S.P.R. 13 (1897/98), 285–582. – Vgl. II.3, Anm. * u. Anm. 2.

62 Antoine Henri Becquerel (1852–1908), franz. Physiker, Nobelpreis 1903.

[63] Michelangelo (1475–1564); Raffael (1483–1520).

[64] Dante Alighieri (1265–1321); George Byron (1788–1824); Alfred de Musset (1810–1857).

[65] Origenes (185–254), s. o. Anm. 58; Regierungszeit von James II.: 1685–88.

[66] Zur gesamten Fragestellung vgl. bereits Peirce' XI. Lowell Lecture aus dem Jahr 1866, W 1(50): 503 f.; dt. in: Peirce (1986), 145 f.

[67] John Tyndall (1820–1893), britischer Physiker; die Hg. der CP verweisen auf Tyndall: *The "Prayer for the Sick:" Hints Towards a Serious Attempt to Estimate Its Value,* in: *Contemporary Review* 20 (1872), 205–210.

[68] Vgl. I Reg 18, 16 ff. (Elija und Ahab auf dem Berg Karmel).

[69] Das „tägliche Brot", vgl. Mt 6, 11 u. Lk 11, 3 im gr. NT. In CP 6.516 ist das gr. Wort (entgegen dem Ms., p. 51) falsch geschrieben.

[70] Simon Newcomb (1835–1909), amerik. Astronom u. wiss. Schriftsteller. – Die Hg. der CP verweisen auf S. Newcomb: *Principles of Political Economy,* New York 1886; und auf Peirce' Kritik dieser Wirtschaftslogik in CP 6.290 f., den Aufsatz über *Evolutionäre Liebe,* dt. in: Peirce (1988), 238 ff.; vgl. auch oben Anm. 12.

[71] Zur Pearson-Rezension von 1901 s. o. Anm. 29.

[72] Im Ms. steht hier ein Fragezeichen.

[73] Zur Frage der Unsterblichkeit vgl. II.3 u. II.7.

[74] Vgl. Mt 28, 20; auch an die entsprechende Formulierung in Lk 24, 29 wäre zu denken („Bleibe bei uns; denn es will Abend werden"); vgl. dazu die hier naheliegende Interpretation von A. N. Whitehead: *Prozeß und Realität,* Frankfurt am Main 1984, 386 u. 604 f.!

[75] Sprachzentrum in der Großhirnrinde, benannt nach dem franz. Chirurgen Paul Broca (1824–1880).

[76] Vgl. dazu vor allem I Thess 4, 13–18, u. I Kor 15.

3. [Auszug aus der] I. Vorlesung für die Adirondack Summer School 1905

* Dieser Entwurf zu einer Reihe von Vorlesungen, die nicht gehalten werden konnten, findet sich in MS 1334; vgl. auch III.1,

Anm. 5. – Es handelt sich um 49 paginierte und einige zusätzliche Seiten. Davon ist p. 35 f. publiziert in CP 1.284; in der von K. L. Ketner hg. Abtlg. von *Classical American Philosophy* finden sich die pp. 1–3 u. pp. 7–22 (vgl. Peirce [1987], 38 u. 46–48). – Übersetzt wird als Auszug allein dieser sich deutlich abhebende erste Teil (pp. 1–22). Der im Ms. darauf folgende Teil (pp. 23 ff.) behandelt im einzelnen Peirce' späte Wissenschaftsklassifikation im Blick auf die Bedeutung der Logik und der Zeichentheorie. Vgl. zu diesen Zusammenhängen in Peirce' Spätwerk die Einl. v. H. Pape zu Peirce (1990).

1 Das betrifft Peirce' Zeit als Dozent für Logik in Baltimore (1879–84), vgl. die Einleitung von N. Houser zu W 4: xix ff.

2 Julius Wilhelm Richard Dedekind (1831–1916), dt. Mathematiker in Braunschweig, Hauptarbeitsgebiete: Zahlentheorie und Mengenlehre; vgl. Dedekind: *Gesammelte mathematische Werke,* 3 Bde., Braunschweig 1930–32.

3 Zu Auguste Comte vgl. I.9, Anm. 1 u. 7; auch die EB 6, 188, nennt als Vorläufer für Comtes Klassifikation u. a. Burdin und Saint-Simon, s. u. Anm. 4.

4 Robert Flint (1838–1910), Theologe und Religionsphilosoph an der Universität in Edinburgh; Peirce bezieht sich auf R. Flint: *Philosophy as Scientia Scientiarum, and A History of Classification of the Sciences,* 1904, vgl. die Rezension in: N 3, 215–218. – Zu Charles Burdin vgl. Peirce' Hinweise in: N 3, 169 f. u. 217. – Zu Saint-Simon vgl. I.9, Anm. 1.

5 Ein von Peirce ausgeführtes Schema seiner „Leiter der Wissenschaft" findet sich z. B. in MS 693 aus dem Jahr 1904, vgl. die dt. Übersetzung in: Peirce (1990), 190 ff. – Vgl. auch II.13, Anm. 1.

6 Vgl. die analoge Stelle in MS 283, dt. in: Peirce (1990), 308; vgl. auch Peirce' Definition von Wissenschaft in II.8.

7 In der Textausgabe von Ketner (s. o. Anm. *) fehlt an dieser Stelle ein Satzteil, a. a. O. 47. – Vgl. zur Sache wiederum II.8 u. II.11.

8 Im Original (hier, wie immer an entsprechenden Stellen) der an biblische u. religiöse Sprache anklingende Ausdruck: „brethren".

9 Vgl. die parallele Stelle in III.4, Anm. 2.

10 Mit der Textausgabe von Ketner, a. a. O. 47, wird hier für „can" im Ms. „can't" gelesen.

[11] Im Original: „to worship God in the development of ideas and of truth".

[12] Vgl. hier und im folgenden wiederum Peirce (1990), 308 f. – Samuel Taylor Coleridge (1772–1834), engl. Dichter und Philosoph; zu seinen phil. Arbeiten vgl. EP 2, 134–138; u. Coleridge: *Versuche über die Methode*, hg. v. H. Schrey, St. Augustin 1980.

[13] Die Bezeichnungen werden hier im Original übernommen. Für „Taxospude" hat das Ms. auch die Schreibweise „Taxospoud". Es handelt sich um eine künstliche Bildung aus gr. τάξις (Ordnung) und gr. σπουδή (Eifer, Anstrengung), vgl. Aristoteles' Charakterisierung des σπουδαῖος ἀνήρ in Ethica Nic. I/6, 1098 a. – Entsprechend bildet Peirce dann im folgenden eigene Begriffe für die Praxis-, die Ordnungs- und die Entdeckungswissenschaft.

+[14] Mit Datum vom 20. Juni 1906 beginnt Peirce in MS 864 ein kleines Heft mit der Eintragung: „Notizen für mein kleines Buch über Religion. Es sollten etwa 30000 Wörter sein. Es sollte mit einer Skizze der logischen Kritik beginnen. Zuerst die Wissenschaftslogik, dann die Logik der praktischen Dinge. Beides entwickelt aus unkritischen und vagen Prämissen." – Das Heft enthält aber nur *eine* weitere beschriebene Seite, eine Art Inhaltsübersicht, die zeigt, wie eng Peirce Religiosität und wissenschaftliche Wahrheitssuche miteinander verbunden sieht:

„Der allgemeine Charakter des Buches / Sein Inhalt / Sein maßvoller, diplomatischer Ton, seine Untertreibung bis an die Grenze der Unaufrichtigkeit / Der Wissenschaftler als solcher kümmert sich nicht um die Weitergabe [movement]. Er ist ein Lernender, kein Lehrer. Er wurde gezwungen, sich als Schriftsteller zu bemühen, doch das liegt außerhalb seines Lebens und Denkens als Wissenschaftler. / Wissenschaftliche Ungenauigkeit. Position außerhalb der Wissenschaft / Analysiert nicht die Ursachen oder das Wesen der theologischen Position./Wahrheitsliebe. Starkes Empfinden, daß es so etwas wie Wahrheit gibt. / Wahrheit will heraus. Ihre überwältigende Kraft. / Der Impuls zu lernen und der Impuls zu lehren. / Die Methode der Wissenschaft, Dinge vorläufig zu akzeptieren. Alles zu versuchen / Der Wissenschaftler hat weder gegen Mystizismus noch gegen vage Vorstellungen besondere Einwendungen zu machen. Er ist kein Nominalist. Doch was er beanstandet, ist eine Methode, die nicht für Forschung offen ist. Nichts ist unwissenschaftlich außer dem, dessen Wirkungen nicht als Diagramm dargestellt und beobachtet werden können. Nichts ist antiwissenschaftlich außer dem, was sich gegen Forschung abschottet. / Quellen des Widerstandes gegen Wissenschaft / 1. Konservatismus / 2. Ursprüngliche, natürliche Überzeugungen [beliefs] und Gefühle [sentiments]. Die menschliche Natur bekämpft bisweilen die Wissenschaft / 3. Die eigentliche Theologie – / 4. Widerstand gegen den ‚Indizienbeweis'. Tendenz, Dokumente gegenüber Monumenten vorzuziehen / Dogmatismus. Wie auch immer eine Lehre ihre Verbreitung erlangt, es ist der Herdentrieb [gregarious spirit], der zum Dogmatismus führt. Dies ist antiwissenschaftlich und jetzt der kennzeichnende Charakter von Wissenschaft aus zweiter Hand, die keine Wissenschaft ist, sondern nur aus alten Bauteilen der wahren Wissenschaft besteht."

+15 Die sich hier abzeichnende Stellung zum *Theodizee-Problem* (vgl. oben III.1, Anm. 10, u. III.2, Anm. 44) kommt noch schärfer zum Ausdruck in MS 890, vermutlich bereits aus dem Jahr 1892/93 (*Peirce Edition Project*). Das MS besteht aus zwei Teilen unterschiedlichen Inhalts: zwei Seiten zum Theodizee-Problem, vier Seiten zum ontologischen Gottesbeweis (zum zweiten Teil s. u. Anm. +18); p. 1, beginnt mitten in einem Satz:

„[ ] wollen nicht das Wort ἀγάπη, weil es nicht als eigene Entität betrachtet [werden sollte], sofern es sich nicht um eine Leidenschaft handelt, sondern um eine ruhige Emotion, eine Fürsorge, ein Wohlwollen oder, wie das Lukasevangelium es nennt, den guten Willen, εὐδοκία [vgl. Lk 2, 14]. Die Lehre des Johannesevangeliums wurde immer als die große geistliche [spiritual] Wahrheit des Christentums anerkannt, sein Grundprinzip.

Für Johannes ist dies eine metaphysische Wahrheit. Die anderen Evangelisten haben dies nicht gesehen, weil sie die Sache von ihrer praktischen Seite her betrachtet haben. Die groben philosophischen Fehler, die die Kirche begangen hat – und zwar entgegen dem im Leben Christi vorherrschenden Geist –, lagen darin, nicht zu sehen, daß ἀγάπη und ἄγαθος, christliche Liebe und Güte, sollen sie als Gegensätze zu Haß und Sünde behauptet werden, herabsinken auf die φιλία des Empedokles [gr. Naturphilosoph, 483/82–423]; dann ist Leidenschaft mit einer Gegenleidenschaft koordiniert, und der Gott, der Liebe ist, ist nichts als ein Rivale des Teufels, der Haß ist. Der einzige Ausweg hieraus und die einzige Lösung des Problems des Bösen besteht darin anzuer-

theodizee

kennen, daß die Allerhöchste Liebe Haß als eine endliche Spielart ihrer selbst umfaßt und daß Sünde eine Schöpfung Gottes und als solche auf einer bestimmten Entwicklungsstufe gut ist.

Gott hat Freude am Bösen."

16 Auch hier ist mit Ketner (s. o. Anm. *) „in time" statt „it time" zu lesen.

+17 Im Original: „put ourselves in God's shoes". – Peirce' erkenntnistheoretisch und ontologisch motivierter Anthropomorphismus schließt kosmologisch und theologisch gerade *kein* begrenztes Gottesbild ein. Das wird sehr deutlich in der folgenden Notiz (MS 889, nur eine beschriebene Seite; vom *Peirce Edition Project* auf das Jahr 1909 datiert): „Als eine Illustration für die niedrige, oder besser: für die nicht erhabene, weil unentwickelte Religion im Buch der Psalmen – obwohl sie im Vergleich mit der verborgenen Mythologie des europäischen Altertums, speziell des griechischen, von hochstehendem Charakter ist – will ich darauf aufmerksam machen, daß in den Psalmen durchgängig der Schöpfer dafür gepriesen wird, *rechtschaffen* zu sein [virtuous; möglicherweise ist „righteous/righteousness" gemeint, vgl. Ps 31, (1)2]. Nun, was ist in diesem Zusammenhang unter *Rechtschaffenheit* [virtue] zu verstehen? Lediglich die menschlich gesehen ideale Handlungsweise [conduct]. Den Schöpfer für seine Übereinstimmung *damit* zu preisen – hat Er doch dieses Ideal im Menschen geschaffen, und zwar in dem Ausmaß, wie es dem menschlichen Geist gerade entspricht –, was ist dies anderes als eine blasphemische Beleidigung des Schöpfers, wenn es denn dem Menschen möglich wäre, seinen Schöpfer zu beleidigen? Es gibt kein Maß menschlicher Vorstellung von Verdienst, das im geringsten anwendbar wäre für den Schöpfer dieses Ideals, obwohl dieses Ideal – weil es als Relikt einer Implantation durch den Schöpfer anzusehen ist – von seiten des Menschen Verehrung fordert und auf seine Handlungsweise anzuwenden ist. Der Schöpfer steht über allen menschenmöglichen Idealen. Menschliche Vorstellungen von Verdienst auf Ihn anzuwenden ist ein Greuel."

Gottesbild

+18 Damit ist Peirce' Ablehnung des *ontologischen Gottesbeweises* begründet, vgl. dazu den zweiten Teil von MS 890, wo es heißt: „Das Subjekt einer Aussage oder dies, worum sich alles dreht, kann in keinem Fall durch eine noch so spezifische Beschreibung nachgewiesen [indicated] werden. Das wurde im vorigen Artikel gezeigt, und dabei handelt es sich um eine philosophische Wahrheit von Bedeutung. Aus ihr ergibt sich zum Beispiel, wie Kant sehr genau gezeigt hat, der Fehler von Anselms Argument, daß Gott notwendig existiere, weil Existenz schon in der Idee Gottes enthalten sei." – Weitere Formulierungen in diesem Zusammenhang sind von Peirce gestrichen; alles läuft auf Kants Resultat hinaus, Existenz könne nicht real prädiziert werden. Die folgenden drei restlichen Seiten des Ms. enthalten fragmentarische Überlegungen zur Lebensführung religiöser Menschen, zu natürlichen Überzeugungen („natural beliefs") und zur Frage, ob Zufall „a priori" unverstehbar sei. – Eine weitere klare Äußerung zum ontologischen Argument findet sich in MS 693 (aus dem Jahr 1904), wiederum im Kontext der Frage nach dem Ursprung von Gewißheit in der Logik, vgl. dt. in: Peirce (1990), 205 f. u. 214 f. – Vgl. auch I.8, Anm. 8 ff., u. III.10, Anm. 29.

4. Das erste Kapitel der Logik

* Der Übersetzung liegt eine Aufzeichnung aus MS 277 (dem von Peirce so genannten „Prescott Book") zugrunde, und zwar pp. 91–103 (wobei immer nur jede zweite Seite des Heftes beschrieben ist, während sich auf den jeweiligen Rückseiten mathematische Notizen finden). Es handelt sich um ein in Pappe und mit Leinenrücken gebundenes Notizbuch in Heftgröße. Die Außenaufschrift *The Prescott Book* ist mit roter Tinte geschrieben, die erste Textseite hat die Aufschrift: „C. S. Peirce / *1907 May* / Begun at 22 Prescott St / Continued at 8 Prescott Hall June 8," – vgl. auch III.5.

1 Im Original: „brethren"; vgl. III.3, Anm. 8.

2 Vgl. III.3, Anm. 9.

3 John Flamsteed (1646–1719), engl. Astronom und Geistlicher, Begründer des Sternenkatalogs (Flamsteed-Nummern); Friedrich Wilhelm August Argelander (1799–1875), dt. Astronom, bedeutende Untersuchungen des Fixsternhimmels (Sternatlas).

4 Vgl. Mt 5, 6.

5 Michael Faraday (1791–1867), engl. Physiker und Chemiker, der wichtige Grundbegriffe der modernen Physik geprägt hat; zu Isaac Newton vgl. II.5, Anm. 8.

6 „Jenseits" – auch im Original dt.

[7] Peirce bildet das Kompositum „child-man".

[8] Charles Dickens: *Bleak House*, ed. by G. Ford/S. Monod, New York (Norton Critical Editions) 1977; vgl. zur Interpretation des Romans bei A. Maack: *Charles Dickens. Epoche – Werk – Wirkung*, München 1991. – Der sozialkritische Roman porträtiert die engl. Gesellschaft der Mitte des 19. Jh. in der Tendenz, die göttliche Ordnung mit ihrer faktischen Verkehrung in der wirklichen Welt zu konfrontieren. Peirce geht es im folgenden darum, daß Gott nicht an moralischen Maßstäben gemessen werden kann, die kosmologische Perspektive löst für Peirce das Theodizee-Problem, s. o. III.3, Anm. +15.

[+9] Im Ms. ist in diesem Satz ein „that" zu streichen. – Die Aufzeichnung endet mit zwei voneinander teilweise abweichenden Schlußabschnitten. Der längere wird im Text übernommen, der kürzere (direkt hier auf derselben Seite im Ms. folgend) hat den Wortlaut: „Das darf nicht so verstanden werden, daß diese Trichotomie oder Dreiteilung der Lebensarten [character of life] auf irgendeine besondere Beschaffenheit in der Anatomie des Gehirns zurückzuführen ist. Natürlich kann es eine Eigenschaft in der Konstruktion des Gehirns geben, aus der unter allen Umständen und notwendig folgen müßte, daß – wenn es ein Bewußtsein gibt, das im Gehirn als seinem Organ eine externe Welt repräsentiert – es dann drei Darstellungsweisen des Bewußtseins geben muß, die dem Fühlen, der Willens-Wahrnehmung [Volition-sensation] und dem Denken entsprechen und zu deren Darstellung das Bewußtsein in der Lage sein sollte. Ich sehe zwar nicht, daß dies der Fall ist, aber ich bestreite es auch nicht; es liegt außerhalb der Grenzen meiner Untersuchung. Doch selbst wenn es so sein sollte, behaupte ich, daß dieser dreifache Charakter des Lebens nicht auf solch einen Aufbau des Gehirns zurückzuführen ist."

[10] Im Original: „aggregate of lives". – Vgl. zu Peirce' trichotomischer Kategorienlehre vor allem II.4.

5. Ein „Argument" für das Sein Gottes

* Diese Aufzeichnung findet sich in MS 277 auf den Seiten mit der Paginierung 129 u. 131; zu diesem Notizheft, dem *Prescott Book*, vgl. III.4, Anm. *.

+1 Es handelt sich um eines der ersten Dokumente für die Arbeit am *Neglected Argument* (III.6), das dann im Oktober 1908 im *Hibbert Journal* publiziert wurde. – Im Briefwechsel mit Prof. Cassius Jackson Keyser (für die Redaktion des *Hibbert Journal*), der offenbar am 2. April 1908 beginnt (vgl. die an der Columbia University, New York, vorhandene Briefsammlung; vgl. auch MS L 233), findet sich mit Datum vom 10. April 1908 ein ausführlicher Brief, in dem Peirce in 10 Punkten mögliche Themen seiner Philosophie vorstellt, die für eine Publikation in dieser Zeitschrift in Frage kämen; unter Punkt 3, p. 5, heißt es: „weil ich glaube, daß das Hibbert Journal für theologische Diskussionen aufgeschlossen ist, würde ich gerne einen wenig bekannten ‚Beweis' des Seins Gottes behandeln. Genau genommen ist es nicht der Beweis *selbst*, sondern eine Darlegung dessen, was ich für eine Tatsache halte; und zwar eine, die – wenn sie wahr ist – zeigt, daß ein vernünftiger Mensch, werden bestimmte Wahrheiten von allgemeiner Bedeutung nur gebührend beachtet, unweigerlich zum Glauben an Gott geführt wird. Die behauptete Tatsache ist die, daß ein Mensch, der mit wissenschaftlicher Wahrheitsliebe und ohne Lust an sinnloser Metaphysik die Gott-*Hypothese* meditiert und im Lichte dieser Hypothese lange nachsinnt [contemplates] über das gesamte geistige Universum, im Allgemeinen und im Detail, und auf dieselbe Weise über das Universum der Natur und das der Ideen – daß dieser Mensch sich leidenschaftlich in die Schönheit der Hypothese, dann in ihre Nützlichkeit und schließlich in ihre Vernünftigkeit verlieben wird; und am Ende wird er entdecken, daß er gar nicht anders kann, als in einem vagen Sinn zu glauben, daß Gott wirklich [really] ist. Denn es ist absurd, Gott *Existenz* zuzuschreiben; Existenz nämlich bedeutet lediglich, mit dem Rest des Universums in Reaktion zu stehen; auch in keine andere Schublade läßt sich Gott einschließen." – Eine weitere Spur der Vorentwürfe findet sich in MS 905, einem in braunes Leder gebundenen Heft mit Goldschnitt, das unter der Gesamtüberschrift „One, Two, Three" Notizen und Entwürfe zur Formulierung der phänomenologischen Kategorien enthält. Die Inhaltsübersicht zu Beginn zeigt, daß auch ein Kapitel „X. The absolute" u. „XIII. Theism" vorgesehen waren. In einem der geschlosseneren Textzusammenhänge, der mit p. 1 zu zählen beginnt, findet sich auf p. 2 die Notiz: „Über [durchstrichen: ein kleines] ein anspruchsloses Argument für [durchstrichen: das Sein] die Realität Gottes. 16. Apr. 1908". Die Textstelle beginnt mit dem – ebenfalls dann gestrichenen – Satz: „Ein Argument kann selbstverständlich nicht so mitgeteilt werden, wie man sagt, daß Information ‚mitgeteilt' wird: Es verlangt die aktive Mitarbeit seines Interpreten." Der gesamte Text ist stark biographisch geprägt, wendet sich direkt an den Leser und enthält das Motiv des Traumes, wie es sich dann in MS 842 ausgeführt findet (s. u. III.8). Auf p. 14 im selben Kontext wird noch einmal als Überschrift wiederholt: „Über ein anspruchsloses Argument für die Realität Gottes". Der darauf beginnende § 1 befaßt sich mit der Logik wissenschaftlicher Forschung. – MS 905 zeigt zudem, wie eng für Peirce das Gottesargument mit der Kategorienlehre verknüpft ist (vgl. III.4, Anm. 10). Das hier konzipierte Kap. I nämlich wird charakterisiert (p. 6) als „Hypothese über den Aufbau des Universums [...] auf den ersten Blick [...] Was Adam dachte, als er zum ersten Mal die Augen öffnete [...]"; vgl. zu diesem Bild bereits II.4, Anm. +4.

2 Nach der Entzifferung durch das *Peirce Edition Project* wird gelesen: „I shall call it an ‚argument' for short, but it ought not properly to be called an ‚argument' [...]"

3 Nach der Entzifferung durch das *Peirce Edition Project* wird gelesen: „At the same time, the criticisms of a mode [of] conviction by a man [...]"

4 Im Original: „the great body of truth".

5 Nach der Entzifferung durch das *Peirce Edition Project* wird der letzte Satzteil gelesen: „and earnest observer of refutations of his own errors."

6 Wegen unvollständiger Korrekturen im Ms. muß wie folgt konjiziert werden: „that [I] was born into [...]".

6. Ein vernachlässigtes Argument für die Realität Gottes

* Der Text wird im folgenden übersetzt und in Abschnitte gegliedert nach der Vorlage der publizierten Fassung in *The Hibbert Journal. A Quarterly Review of Religion, Theology, and Philosophy*, vol. VII, 90–112 (Oktober 1908), vgl. P 1166. Dem liegt die Manuskriptfassung in MS 841, pp. 1–64, zugrunde. Allerdings zeigen zahlreiche Abweichungen (und vor allem auch die Gliederung in die Abschnitte I – V), daß Peirce' Ms. vor der Drucklegung noch

einmal bearbeitet wurde, wofür es sonst keine weiteren Vorlagen gibt. Textvarianten – aus 11 zusätzlichen Seiten (unterschiedlicher Seitenpaginierung) in demselben MS 841 sowie aus MS 843 – werden in Auszügen an wichtigen Stellen in den Anmerkungen mitgeteilt. Das Manuskript belegt den im *Hibbert Journal* erschienenen Text allerdings nicht vollständig. Im Vergleich mit der in den *Collected Papers* abgedruckten Fassung (der P 1166 zugrundeliegt) ergibt sich: CP 6.452–480 entspricht dem Text in MS 841, pp. 1–64; die Manuskriptfassung trägt zudem am Ende die Unterschrift „C.S. Peirce" und die Ortsangabe „Milford, Pennsylvania"; CP 6.481–485 hat dagegen keine vollständig erhaltene Manuskriptvorlage (es finden sich allerdings jeweils 3 Manuskriptseiten mit der Seitenzählung p. 12/15/16 in den Varianten von MS 841 und MS 844, die Peirce' Arbeit an diesem Zusatz belegen). Der Text im *Hibbert Journal* endet mit der Unterschrift „C.S. Peirce" und der Ortsangabe „Westfall, Pennsylvania". – Die Zusätze zum Ms. bzw. zur publizierten Fassung finden eine Erklärung in Peirce' Brief an W. James vom 17. Nov. 1908, s.u. Anm. +68.

+1 Eine Textvariante in MS 843 (eine der Seitenzählungen: p. 3) gibt die folgende Definition: „Mit dem Eigennamen ‚Gott' werde ich mich auf das Sein beziehen, das jene Attribute besitzt, die ich der traditionellen Auffassung gemäß für die wesentlichsten halte; das heißt, wenn auch Sein Wesen unbegreiflich bleibt, hat Er ohne Zweifel Attribute, die mit der genauen Extension der Begriffe Allwissenheit, Allmacht und unendliche Güte bezeichnet werden. Dieser Satz schließt einen endlichen Gott aus [...]".

+2 Das englische Wort „REALLY" läßt sich an dieser Stelle im Dt. nur schlecht durch eine entsprechende Bildung von „REAL" wiedergeben, obwohl genau dieser Begriff von Peirce hier gemeint und so im übernächsten Absatz dann auch definiert ist. Die religionsphilosophische Bedeutung gerade dieser Begriffsbestimmung läßt sich sehr schön der hierzu parallelen Definition im *Century Dictionary* (1889) entnehmen, wo Peirce „real" wie folgt definiert: „[...] *Real* unterscheidet sich von *wirklich* [*actual*], weil das, was nur keimhaft oder *in posse* ist, insofern es das Vermögen hat, sich zu einer bestimmten Wirklichkeit [actuality] zu entfalten, real ist und unabhängig davon, was wir darüber denken mögen. Reale Objekte sind entweder außerhalb des Geistes, wenn sie nämlich überhaupt von unserem Denken unabhängig sind, oder sie sind innerhalb des Geistes, wenn sie vom Denken, wiewohl nicht vom Denken über sie abhängen“ (zit. nach der Übers. v. B. Kienzle, in: Peirce [1988], 468).

[3] Die Übers. hilft sich in diesen Fällen damit, solche Wörter – um eine im Dt. entsprechend auffällige Hervorhebung zu erreichen – nicht nur mit großem Anfangsbuchstaben (wie im Engl.), sondern im ganzen mit Großbuchstaben zur schreiben.

[+4] Diese Definition von REAL durch EIGENSCHAFTEN [Properties] hat Peirce in einer Aufzeichnung vom 9. Sept. 1908 in seinem Logik-Notizbuch, MS 339, wie folgt kommentiert: „Was das REALE betrifft, so bin ich in den letzten Tagen zu dem Schluß gekommen, daß meine Definition im *Hibbert Journal* nicht ratsam war, weil sie Anlaß für eine Menge von verwirrenden Problemen gibt, die wenig oder keinen Sinn machen. Besser ist die Formulierung, daß das REAL ist, was wahrhaft ein Attribut besitzt, und zwar unabhängig davon, ob letzteres von einem einzelnen endlichen Geist [mind] oder von einer einzelnen Gruppe dieser Art ersterem zugeschrieben wird; damit sind diese unlösbaren und unsinnigen Probleme vermieden.“

[5] Im Original: „Actually“; s. o. Anm. +2.

[6] Im Original: „brutally“. – Peirce hat im Brief an Lady Welby vom 14. Dezember 1908 diesen Sprachgebrauch ausdrücklich verteidigt und erläutert, s. u. III.9.

[7] Dieser Satz zur Begriffsbestimmung im Vergleich zu Baldwin fehlt in MS 841, er findet sich aber in der gedruckten Fassung, vgl. P 1166, p. 91; und entsprechend in CP 6.454. – Die Hg. der CP verweisen auf J. M. Baldwin: *Thought and Things. A Study of the Development and Meaning of Thought or Genetic Logic*, vol. I. London 1906, 261, wo es heißt: „The control, therefore, by its own natural development, tends to pass over to the type called in the case of memory ‚mediate‘, or indirect [...] *The subject self is no more nor less than the immanent organizing movement of experience.*“ (Vgl. den Nachdruck dieses vierbändigen Werkes in der Reihe *Classics In Child Development*, New York: Arno Press, 1975.) – Die im Text gemeinte Unterscheidung zielt offenbar darauf ab, daß „selbst-kontrolliert“ nicht auf den Gegensatz von „willkürlich“/ „unwillkürlich“ bezogen werden soll, weil beides nicht auf ein menschlich selbstbewußt und rational kontrolliertes Verhalten hinausläuft.

[+8] In den Textvarianten zu MS 841, p. 6, findet sich die folgende Stelle: „Die drei Universen der Erfahrung sind jedermann vertraut. Sie sind nicht definierbar, weil es sich um drei einzelne Aggregate handelt; aber sie können durch Beschreibung BEZEICHNET werden."

9 In MS 841, p. 6, findet sich nicht (wie in P 1166, p. 91) „living constitution", sondern „living institution".

10 Im Original: „belief"; zu Peirce' pragmatistischer Position (und den Hauptschriften aus dem Jahr 1877/78) vgl. III.2, Anm. 28.

11 Im Original: „growth"; vgl. II.6, Anm. 1.

12 Peirce' Abkürzung für „Neglected Argument" wird im Dt. beibehalten.

13 Anspielung auf Joh 3, 8: „Der Geist/Wind weht, wo er will"; Peirce schreibt in der King James Version: „It bloweth where it listeth." – In biographischen Rückblicken hat Peirce immer wieder auf Friedrich Schillers *Ästhetische Briefe* (*Über die ästhetische Erziehung des Menschen, in einer Reihe von Briefen*, 1795) als eine seiner frühesten Lektüreerfahrungen hingewiesen, und der Einfluß von F. Schillers Begriff des „Spieltriebs" auf das N.A. wird von Peirce im Brief an Lady Welby (vgl. SS, 77) auch ausdrücklich benannt; vgl. dazu auch M. Raposa (1989), 107, 128 f.

14 Dieser Einschub in Klammern fehlt in MS 841, p. 10.

15 Im Original: „‚Musement'". Durch die Übersetzung mit ‚Versonnenheit' für ‚Musement' (ein Wort, das Peirce in dieser Weise neu bildet) – und im folgenden der ‚Versonnene' für ‚Muser' und ‚Nachsinnen' für ‚Musing' – soll annäherungsweise dem engl. Bedeutungsfeld von „to muse" (dt.: nachsinnen, denken, grübeln) entsprochen werden.

16 Im Original: „belief".

17 Der Begriff der *Kontinuität* hat hier das ganze Gewicht von Peirce' Philosophie des *Synechismus*, nämlich seiner Lehre, daß raumzeitlich kontinuierliche Zusammenhänge real sind und menschliches Bewußtsein daran partizipiert. Religiosität, das pure Spiel der Versonnenheit, ist sozusagen die tiefste Form solcher Partizipation. – Zur Philosophie des Synechismus vgl. II.5, II.6; II.7; II.13.

18 In MS 841, p. 11, folgen hier noch die Worte: „und Wahrhaftigkeit vor sich selbst" [and self-veracity].

19 Im Original benutzt Peirce hier den Gräzismus „nychthemeron".

[20] Dieser letzte Schritt in der Abfolge der Wahrnehmungsstufen zeigt eine ungewöhnliche Formulierung, denn eine Theorie des „Selbst" liegt bei Peirce nicht explizit vor, und durch das Wort „communion" für „Gemeinschaft" hat die Stelle zudem einen möglichen religiösen Doppelsinn. Eine Parallele hierzu findet sich wohl bereits in der 2. Pragmatismusvorlesung von 1903, vgl. CP 5.57 (dt. in: Peirce 1976, 357), hier allerdings in der Terminologie von *Ego* und *Non-Ego*. – Im übrigen wäre zum Vergleich an Hegels erste Kapitel in der *Phänomenologie des Geistes* zu denken; und daß eine Theorie des Selbst in semiotischer Hinsicht und im Zusammenhang der Philosophie des Synechismus sich geradezu aufdrängt, zeigt V.M. Colapietro (1989), hier bes. Kap. IV, 61–97.

[21] Anspielung auf: W. Shakespeare: *Der Kaufmann von Venedig* I, 1, wo es heißt (in der Übers. von A.W. Schlegel): „Es gibt so Leute, deren Angesicht/Sich überzieht gleich einem stehnden Sumpf,/Und die ein eigensinnig Schweigen halten,/Aus Absicht, sich in einen Schein zu kleiden/Von Weisheit, Würdigkeit und tiefem Sinn –/Als wenn man spräche: ‚Ich bin Herr Orakel:/Tu ich den Mund auf, rühr sich keine Maus!'"

[22] Vgl. François Rabelais (1494–1553); *Gargantua und Pantagruel*, Roman in fünf Büchern, dt. Übers. v. F.A. Gelbcke (1880), neu hg. v. H. u. E. Heintze, Leipzig (Sammlung Dietrich) 1970.

[23] Vgl. I.9, Anm. 1, u. III.3, Anm. 3.

[24] „Indefinit" muß hier wohl so verstanden werden wie in III.10, Anm. 41, festgelegt: als die Unbestimmtheit des Sein-Könnens eines Namens.

[25] Für „Erkenntnis des Vorgangs" im Original nur „acknowledgement".

[26] Edgar Allan Poe (1809–1849); die Erzählung *The Murders in the Rue Morgue* erschien 1841. Die Hg. der CP verweisen auf eine bestimmte Stelle, vgl. *The Complete Works of E.A. Poe*, ed. by J.A. Harrison, vol. IV/Tales, vol. III (1902), New York: AMS Press, 1965, 168f., die – hier etwas ausführlicher zitiert – in dt. Übers. lautet: „Es scheint mir, als ob das Rätsel gerade aus jenem Grunde für unlöslich angesehen wird, der bewirken sollte, daß man seine Lösung für einfach hält – ich meine das Übertriebene im Charakter und in allen wesentlichen Einzelheiten der Tat [...] Aber gerade durch diese Abweichungen von der Bahn des Gewohnten findet der Verstand, sofern das überhaupt möglich ist,

seinen Weg auf der Suche nach der Wahrheit. Bei solchen Untersuchungen wie derjenigen, der wir uns jetzt widmen, sollte man nicht so sehr fragen: Was ist geschehen? als vielmehr: Was ist geschehen, das nie zuvor geschah?" – Vgl. *Der Mord in der Rue Morgue*, in: E.A. Poe: *Erzählungen*, Stuttgart/Hamburg 1965, 157.

[27] Im Original: „pleasure and pain". Die beiden Grundbegriffe des utilitaristischen Prinzips in der Formulierung von J. Bentham werden hier – entsprechend der dt. Übers. von A. Pieper – mit „Freude und Leid" übersetzt; vgl. den Auszug aus Benthams Hauptwerk: *An Introduction to the Principles of Morals and Legislation* (1789); dt. *Eine Einführung in die Prinzipien der Moral und der Gesetzgebung*, in: O. Höffe (Hg.), *Einführung in die utilitaristische Ethik. Klassische und zeitgenössische Texte*, München 1975, 35 ff. – Vgl. II.1, Anm. 9, u. II.4, Anm. 34.

[28] Im Original steht für „Vorstellung" hier „conception". – Die Hg. der CP verweisen auf eine sachlich parallele Stelle zur Erörterung von „Freude und Leid" in CP 1.333 (aus MS 299 aus dem Jahr 1905).

[29] Im Original: „musings".

[30] Im Original auch hier „growth", s.o. Anm. 11.

[+31] Diese Überlegung gründet in Peirce' kosmologischer Lehre des *Tychismus*; vgl. dazu bereits in II.2, Anm. 12 u. 25; und dann vor allem II.10. – Im Brief an Prof. Keyser (vgl. III.5, Anm. +1) vom 14. Mai 1908 (aus der Briefsammlung der Columbia University, New York) verweist Peirce ausdrücklich auf seine Arbeiten zur Kosmologie, seine Lehren des Tychismus und Synechismus; auf p. 3 heißt es dann: „Ich würde das Argument für Gottes Realität mit dem Tychismus verknüpfen." – Eine Kurzfassung des Tychismus gibt Peirce ebenfalls in Briefentwürfen an Prof. Keyser vom Oktober 1908, vgl. MS L 233.

[+32] Im Original: „of his whole threefold environment". Dieser grammatische Rückbezug durch das Possessivpronomen „his" auf „the Muser" (der Versonnene) ist hier im Dt. nicht unmittelbar auszudrücken. Die „dreifältige Umgebung" meint die drei Universen der Erfahrung, und für das Pathos dieser Stelle mag zusätzlich eine Textvariante aus MS 843, p. 16 f., stehen, in der es heißt: „Warum sollte es die drei Universen überhaupt geben? Warum sollte nicht alles überhaupt nichts sein? Haben wir nicht ein Recht, ist es nicht eine Art Pflicht, solange wir es nicht besser wissen, anzunehmen, daß der menschliche Geist auf jede seiner Fragen eine Antwort finden kann? Doch folgt daraus nicht in letzter Konsequenz, daß dann, wenn das Ganze der drei Universen sterben würde – und das nicht nur ihrer bloßen Form nach, sondern in ihrer eigentlichen Substanz –, in diesem völligen Tod eine Gewißheit neuen Lebens wäre? Tritt nicht tatsächlich mit der Geburt eines jeden Kindes eine neue Triade von Universen ins Leben?"

33 Die Hg. der CP verweisen hierzu auf CP 6.177 ff. – Das Problem ist zentral für Peirce' Philosophie des Synechismus bzw. des Kontinuums (s. o. Anm. 17), vgl. dazu Peirce' kurzgefaßten Art. *Kontinuität* für das *Century Dictionary* (1889), aufgenommen in CP 6.164; dt. in: Peirce (1988), 452 f.

34 Im Original: „Believing that proposition".

35 Die Hg. der CP verweisen hier auf CP 5.397 ff., d. h. eine Stelle in Peirce' Schrift von 1878 *How to Make Our Ideas Clear*, vgl. dazu oben Anm. 10.

36 Peirce verwendet hier das Partizip Futur von lat. inquiro, das dem engl. „inquiry" (dt. „Untersuchung") entspricht.

37 Das engl. Wort für „Vermutung" ist „conjecture", das im Dt. auch in technischem Sinne verwendet werden kann, so daß im folgenden – nach der genaueren Erklärung der „Vermutung" – auch mit „Konjektur" übersetzt wird. – Für „Schlußfolgerung" benutzt Peirce hier den technischen Ausdruck „consequent", das Konsequens (im Gegensatz zum Antezedens), vgl. HWP 4, 977 ff. – Die Hg. der CP verweisen bezüglich des Syllogismus auf den frühen Text von 1878: *Deduction, Induction, and Hypothesis*, vgl. CP 2.619–644; bzw. in: W 3(65); Peirce (1992a), 186–199; dt. in: Peirce (1976), 229 ff.; für die hier im Zusammenhang des Gottesarguments vorgetragene Funktion der Konjektur bzw. Hypothese (Abduktion oder Retroduktion) ist aber Peirce' Darstellung in den Pragmatismus-Vorlesungen von 1903 hinzuzuziehen, vgl. CP 5.189 ff.; dt. in: Peirce (1973), 252 ff.

38 Im Original: „inquirer". – Im MS 841 hat Peirce das Wort „HYPOTHESE" in diesem und im folgenden Satz mit großem Anfangsbuchstaben geschrieben, was im *Hibbert Journal* (vgl. in P 1166 und folglich auch in CP) nicht übernommen wurde.

39 Peirce gebraucht Retroduktion, Abduktion und Hypothese wechselweise; vgl. bereits in II.2, Anm. 17. – Die Hg. der CP verweisen hier wiederum (s. o. Anm. 37) auf entsprechende Ka-

pitel in CP 2 und in CP 5 (Pragmatismus-Vorlesungen, CP 5.180ff., dt. in: Peirce [1973], 240ff.). Vgl. als Übersicht zu Peirce' Theorie des Schlußfolgerns: I. Riemer (1988); für den Kontext des Gottesarguments: H. Deuser (1993), Kap. 7/III.

40 Im Original: „the explained wonder".

41 Der folgende Teil des Satzes fehlt im MS 841 und findet sich erst in P 1166 bzw. CP 6.471. – Zu Peirce' Aufnahme von Euklid vgl. die näheren Erläuterungen in MS 693 (aus dem Jahr 1904), dt. in: Peirce (1990), 166–237; bes. 219ff. u. Anm. 62, S. 422; vgl. Euklid: *Die Elemente.* Buch I–XIII, Nachdr. Darmstadt 1991.

42 Vgl. zu „Korollarium" und (im folgenden) „Theorem" auch hier die Erläuterungen zu Euklids *Elementen* in und zu MS 693, in: Peirce (1990), 237; u. Anm. 70, S. 423. – Die Hg. der CP verweisen auf eine parallele Textstelle in CP 2.267.

43 Im Original: „Ideas".

44 Im Original: „Sentential"; hier gebraucht im Sinne einer endgültigen Entscheidung, vgl. OED, p. 2730.

45 Das Zitat findet sich (nahezu wörtlich) in: *The Works of Francis Bacon*, Bd. 1 (London 1858), Nachdr. Stuttgart-Bad Cannstatt 1963 (prima pars des *Novum Organum*: Distributio operis), 137: „Ea enim de qua dialectici loquuntur, quae procedit per enumerationem simplicem [...]". – Vgl. zu Bacon I.7, Anm. 1.

46 Die Hg. der CP verweisen hier und im folgenden (zur „Graduellen Induktion") wiederum auf CP 2.756ff. – ein Textstück, das aus MS 842, einer Variante zum Gottesargument, stammt; vgl. dazu III.8, Anm. *.

47 Die Hg. der CP verweisen auf *Kritik der reinen Vernunft*, A 154–158; B 193–197.

48 Im Original: „Pure Ideas". – Vgl. dazu oben (Anm. 8) die Definition des ersten „Universums der Erfahrung"; dort wurde im Kontext „Ideas" mit „IDEEN" übersetzt.

49 Zur Schreibweise „Critik" vgl. in III.10, Fußnote d, u. III.11, Anm. +1. – Die Hg. der CP verweisen bezüglich der Gliederung der Logik in „Spekulative Grammatik", „Kritik" und „Methodeutik" auf CP 2.93; vgl. zur Übersicht H. Papes Einl. zu Peirce (1986), 71; B. Kent (1987).

50 Peirce schreibt hier auch „Man" mit großem Anfangsbuchstaben.

51 Im Original: „belief", s.o. Anm. 35.

[52] Im MS 841 findet sich statt der Formulierung „a symptom of its being instinctive" (so in P 1166 bzw. CP 6.476): „a sign that it is instinctive".

[53] Im Original: „divining the reasons of phenomena" – wird hier bewußt im Anklang an Schleiermachers Begriff der *Divination* übersetzt; vgl. dazu bei R. Daube-Schackat (1985).

[54] Jacques Babinet (1794–1872), franz. Physiker und populärer Wissenschaftsautor.

[55] Im MS 841 schreibt Peirce hier immer „Hypothesis" mit großem Anfangsbuchstaben, s.o. Anm. 38.

[56] Die hier folgende Argumentation gegen den Zufall als alleiniges Erklärungsmuster nimmt wieder Peirce' Lehre des *Tychismus* auf, vgl. oben Anm. 31; vgl. auch II.5 u. II.6.

[57] Im Original: „reason"; vgl. II.2, Anm. +24.

[58] Vgl. in der dt. Ausgabe: G. Galilei: *Dialog über die beiden hauptsächlichsten Weltsysteme*, übers. v. E. Strauss, hg. v. R. Sexl/ K. v. Meyenn, Stuttgart 1982, 407. – Vgl. zu Galilei II.5, Anm. 7.

[59] Vgl. den Art. *Assoziation*, in: HWP 1, 548–553.

[60] Dieser Einschub in Parenthese fehlt in MS 841.

[61] Dieser Übersetzung liegt der Wortlaut in MS 841, p. 62, zugrunde: „little utility". In P 1166 bzw. CP 6.479 findet sich dagegen die Formulierung: „little futility", was analog mit „das bißchen Nichtigkeit" übersetzt werden müßte. – Das Wort „*really*" (dt. *wirklich*) im folgenden Satz ist nur in MS 841 in Anführungszeichen gesetzt.

[62] Zu Peirce' Theodizee-Auffassung vgl. III.3, Anm. +15, u. III.8, Anm. +6. – Der folgende Satz hat wiederum keine Vorlage in MS 841, hier schließt direkt der letzte Satz dieses Absatzes an.

[+63] An dieser Stelle finden sich in MS 841 zwei Sätze, die in P 1166 bzw. CP 6.480 fehlen: „Das ist unvermeidlich. Ich überschritte [sonst] die Grenzen meines Aufsatzes." – Zu dem zurückliegenden Textabschnitt bemerkt Peirce im Brief an Prof. Keyser (vgl. III.5, Anm. +1) vom 5. Juli 1908: „Es müßte gezeigt werden, daß für den Fall, daß die Hypothese wahr ist, die Unendlichkeit Gottes nicht Deduktionen im Wege steht, die faktisch auf konditionale Vorhersagen hinauslaufen, und deren Verifikation wäre ein induktiver Beweis der Hypothese. Weiterhin würde von den drei von mir ausgedachten Menschen-Typen ein Vertreter des zweiten – der aktuelle Logikkenntnisse besitzt – Einwände erheben, die ihm geeignet erschienen, mein Argument zum Gegenstand des Spottes zu machen; und auf diese Einwände wäre zu antworten. Wenn der letzte Teil meines Artikels abgetrennt und zu einem zweiten Artikel gemacht würde, wäre Raum geschaffen, um die etwas trockenen Teile beleben zu können; und das ganze würde auf eine respektablere Grundlage gestellt."

64 Hier und im folgenden müßte nach der Vorlage von MS 841 (anders als in P 1166 bzw. CP 6.480) „Hypothesis" im Dt. eigentlich mit „HYPOTHESE" wiedergegeben werden, vgl. oben Anm. 3.

65 MS 841 schreibt „Pragmatism".

66 Im Original: „faith".

67 In MS 841 ist „plausibility" hier nicht mit großem Anfangsbuchstaben geschrieben.

+68 Hier endet MS 841, s. o. Anm. *. – Die Hg. der CP hatten schon zu Beginn von Abschnitt V in einer Fußnote auf Peirce' Brief an W. James vom 17. November 1908 hingewiesen (aus MS L 224), in dem es (hier ausführlicher zitiert) heißt: „Und ich muß Dir sagen, daß ich ziemlich überrascht und sogar schockiert war zu sehen, daß mein Hibbert-Aufsatz veröffentlicht wurde; denn ich hatte nie mit der Möglichkeit gerechnet, daß der letzte Teil davon publiziert würde, und ich hatte keine Korrekturfahnen erhalten." – Aus dem Brief geht weiter hervor, daß die Redaktion (Prof. Keyser) des *Hibbert Journal* Peirce um einen Zusatz gebeten hatte, den er nur widerwillig lieferte, es der Redaktion aber freistellte, daraus zu publizieren. Peirce' Vorbehalte bezogen sich offenbar auf die hier folgende Rechenschaft hinsichtlich Pragmatismus/ Pragmatizismus bzw. die damit verbundene namentliche Nennung und Kritik seiner Kollegen.

69 Vgl. hier wiederum Peirce' Programmschrift von 1878, s. o. Anm. 51 u. Anm. 10.

70 Im Original: „habits of conduct". An sich kann Peirce' Begriff „habit" allein schon mit „Verhaltengewohnheit" übersetzt werden; „conduct" tritt sonst häufig in der Verbindung „conduct of life" auf und ist dann mit „Lebensführung" wiederzugeben. Im Kontext dieser Stelle ist aber auch „conduct" mit „Verhalten" zu übersetzen.

71 Die Hg. der CP verweisen hierzu auf CP 5.12f. In CP 5.1 – 13 sind einschlägige Texte zur Vorgeschichte des Pragmatismus zusammengestellt. Zu verweisen ist natürlich auch auf die 1.

Pragmatismus-Vorlesung (1903), vgl. CP 5.14ff., dt. in: Peirce (1973); Peirce (1976), 337f. – Die im folgenden von Peirce genannten Publikationen sind im November (nicht Dezember) 1877 und im Januar 1878 erschienen, die französischen Ausgaben im Dezember 1878 und im Januar 1879, vgl. W 3(60): *The Fixation of Belief*; W 3(61): *How to Make Our Ideas Clear*; W 3(66): *Comment se fixe la croyance*; W 3(67): *Comment rendre nos idées claires*. – Zur Geschichte des sog. „Metaphysical Club" vgl. die Einl. von M. H. Fisch in: W (3): xxixff.

72 Vgl. W 3(60): 242; dt. in: Peirce (1976), 149.

73 Vgl. W. James: *The Will to Believe and Other Essays in Popular Philosophy*, (1897) 1979; der Aufsatz *Der Wille zum Glauben* ist dt. erschienen in: E. Martens (Hg.), Texte der Philosophie des Pragmatismus (1975), 128–160.

74 Die Hg. der CP verweisen auf einen späteren Artikel: *What Pragmatism is Like*, in: *Popular Science Monthly* 71 (1907); vgl. zum ganzen bei E. Walther (1989), 330, 339. – Im *Hibbert Journal*, vgl. P 1166, wird der Name Papini fälschlich „Papirie" geschrieben.

75 Die Hg. der CP verweisen auf CP 5.414 aus dem Aufsatz *What Pragmatism is* (1905); vgl. dt. in: Peirce (1976), 432.

76 Die Hg. der CP verweisen auf den Abdruck dieses Artikels (aus dem Jahr 1902) in CP 5.1.

77 Zur Interpretation dieser Stelle vgl. H. Deuser (1993), Kap. 7, Anm. 24 u. 28.

+78 In der Fortsetzung einer der Textvarianten von MS 843, woraus bereits oben in Anm. +1 zitiert wurde, heißt es (pp. 4–7): „Ich hätte besser hinzugefügt, daß ich unter GOTT *nicht* ein Wesen verstehe, das bloß ‚naturimmanent' ist; sondern ich verstehe darunter JENES WESEN, das jeden Inhalt der Welt idealer Möglichkeiten, der Welt der physikalischen Tatsachen und der geistigen Welt geschaffen hat, und dies ohne jegliche Ausnahme. Denn das Argument, das ich zu bedenken geben und, nebenbei gesagt, als ‚Das vernachlässigte Argument' bezeichnen will, wäre für kein anderes Wesen wahr außer für GOTT. Doch verstehe ich unter ‚GOTT' nicht wie andere Autoren ein derart unergründliches Wesen, daß von Ihm überhaupt nichts gewußt werden kann. Ich meine, daß das meiste, was wir von Ihm wissen, auf Ähnlichkeiten beruhen muß. Dementsprechend ist Er so sehr einem Geist ähnlich und ähnelt so wenig einem einzelnen EXISTIERENDEN (wobei unter einem EXISTIERENDEN oder ei-

Analogie?

nem Objekt, das EXISTIERT, ein Ding zu verstehen ist, das rohen Zwängen unterliegt und mit allen anderen EXISTIERENDEN reagiert) und ist in Seiner NATUR einer idealen Möglichkeit so sehr entgegengesetzt, daß wir zwanglos formuliert sagen können, Er ist ein GEIST [a Spirit, or Mind]. Sofern wir eine allgemeine Eigenschaft in seinen drei Universen: der geistigen Welt, der des Existierenden und der wirklichen Tatsachen sowie der der Ideen (d. h. der idealen Möglichkeiten), entdecken können – wie es beispielsweise in jedem der Universen vor *Vielfalt* nur so wimmelt –, können wir vielleicht sagen, daß Er die Vielfalt seiner Geschöpfe liebt, wenn wir auch keinen Grund dafür haben anzunehmen, daß diese Vielfältigkeit auf Ihn auch nur dieselbe Art von Eindruck macht wie auf uns. Neben diesen beiden Arten des Wissens von GOTT gibt es eine dritte, und mir scheint es eine Torheit zu sein, daß ein Mensch, dem sie begegnet, dies leugnet. Ich verstehe darunter, daß wohl jedes menschliche Wesen, das das Alter der Reife erreicht, zu irgendeinem Zeitpunkt so etwas wie ein Anzeichen fühlt, das wie von einer höheren Macht kommt und ihn dazu aufruft, seine Kräfte für irgendeine Aufgabe zu sammeln, sei sie nun aktiv oder passiv bestimmt. Ganz dementsprechend ist der Stich, den wir im Gewissen spüren, wenn wir dabei sind, sagen wir, taktlos oder unter Mißachtung der Frage der Loyalität zu handeln. Zweifellos sollte solch ein Wink bestenfalls zur Verzögerung der Handlung führen, bis er Gegenstand ruhiger Kritik werden kann. Trotz allem zeigt sich darin, daß in praktischer Hinsicht und bis zu einem gewissen Grad der menschliche Geist dazu fähig ist, das zu interpretieren, was zwanglos formuliert vielleicht als die Ideen Dessen bezeichnet werden kann, der die drei Welten regiert [the Governor of the three worlds] (vorausgesetzt es gibt einen, der regiert), und dann wäre es töricht, dies zu leugnen oder in bestimmten Fällen zu vergessen."

79 Eine erneute Gliederung des Arguments erfolgt im Zusatztext (MS 844), s. u. III.7, Anm. 11. Vgl. zu Peirce' Systematik und Dreigliedrigkeit im N. A. bei D. R. Anderson (1990); H. Deuser (1993), Kap. 7, Anm. 10.

80 Im Original: „conduct of life". – Für die folgenden Erörterungen finden sich in den Textvarianten von MS 841 und MS 844 drei Blätter (mit den Seitenzahlen 12/15/16), die als Vorlage angesehen werden können; vgl. dazu oben in Anm. *.

[81] Giacomo Leopardi (1798–1837), ital. Dichter; vgl. *Das Gedankenbuch. Aufzeichnungen eines Skeptikers*, hg. v. H. Helbling, München 1985.

[82] Die Hg. der CP verweisen auf CP 5.375, eine Stelle in dem schon genannten Aufsatz *The Fixation of Belief*, vgl. W 3(60): 247 f.; dt. in: Peirce (1976), 157 f.

[83] Die Hg. der CP verweisen hier auf eine parallele Stelle in CP 5.552 u. CP 5.555 f. (aus dem Jahr 1906). – Zur Philosophie von Ferdinand C. S. Schiller vgl. in: E. Martens (Hg.), Texte der Philosophie des Pragmatismus (s. o. Anm. 73).

[84] Vgl. II.10.

[85] Im Original: „Real generals".

+[86] Die Hg. der CP verweisen auf F. C. S. Schiller: *Humanism*, London 1903, p. 314, Anm., und: *Studies in Humanism*, London 1907, p. 295. – Eine sachlich hierzu parallele Notiz findet sich in MS 331. Dort formuliert Peirce die Differenz zum Pragmatismus von W. James und F. C. S. Schiller wie folgt (pp. 2/3/4): „Professor James gab der Sache eine etwas abweichende Wendung, so daß sie [sc. die pragmatische Maxime] die Vorgabe für ein Experiment mit seinem Ergebnis umfaßt [...], doch das eine/ meint, daß alles Denken seine endgültige Interpretation in der Wirkung findet, das andere, daß die endgültige Interpretation im Gefühl [feeling] liegt [...] Es liegt auf der Hand, daß [sc. Schillers] Anthropomorphismus und der Pragmatismus eng verbunden sind; doch bestehen Peirce und einige andere darauf, daß eine praktische Maxime die Vorstellung von der Zukunft einschließt und daß die Vorstellung von der Zukunft eine der Unendlichkeit ist, weshalb ein endlicher Gott [god] für den menschlichen Instinkt nicht zufriedenstellend sein kann."

[87] Die Hg. der CP verweisen auf W. James: *Pragmatism*, New York 1908, p. 59 ff.; vgl. jetzt in W. James (1975).

[88] Im Original: „willing to believe"; s. o. Anm. 73 (zu W. James).

7. Zusatz zu dem Artikel
Ein vernachlässigtes Argument für die Realität Gottes

* Mit diesem Titel ist der (im Schriftbild als einheitlich erkennbare) Haupttext in MS 844 überschrieben. Vom Anlaß her gehören diese Seiten offenbar noch zu den vom *Hibbert Journal*

erbetenen Zusätzen zum ursprünglichen Ms. (s. o. III.6, Anm. *), doch zeigen Schreibstil, Seitenzählung und Inhalt auch so viel Eigenständigkeit, daß dieser Text hier separat genommen werden soll. Die Hg. der CP haben in CP 6.486–491 diesen Manuskriptteil dem Gottesargument direkt angeschlossen. Das weitere Material aus MS 844 enthält teils Varianten zu MS 841, p. 1–64, teils zu den Zusatzblättern aus MS 841, die hier wiederum in Bruchstücken (pp. 12/15/16) die Vorlagen für CP 6.484–485 erkennen lassen, vgl. auch hierzu III.6, Anm. *, u. +68). Die Datierung des Textes erfolgt gegen Robin (1967) auf 1908, vgl. dazu auch unten Anm. +13. – Zu den auch hier praktizierten Großschreibungen in der dt. Übers. vgl. III.6, Anm. 3.

+1 Die Übers. des engl. Wortes „nest" mit dt. „Gruppe" verliert die ursprüngliche Bildkraft (Nest, Satz, Serie) des Ausdrucks (vgl. oben III.6, Anm. 79). Daß Peirce an dem Bild „Nest" gelegen war, zeigt eine Textvariante zu Beginn von MS 844, in der es heißt: „Wie ein Satz [nest] von Schachteln, worin eine die andere enthält und sich auf sie bezieht, besteht das N. A. aus drei Argumenten. Das innerste ist das bescheidene Argument, das bei jedem Menschen Anklang findet, vom ungebildetsten Bauern bis zum schärfsten analytischen Philosophen; nur vorausgesetzt, daß er ein echtes Interesse an dem Problem hat, wie bloße IDEEN, WIRKLICHE [Actual] Vorkommnisse (Dinge und Ereignisse) und lebendige Tendenzen (genauso wie Gesetze) überhaupt in REALES SEIN gelangten."

2 Peirce selbst hat hier dem engl. Wort „determination" die dt. Übersetzung „*Bestimmung*" in Klammern hinzugefügt.

+3 In einigen der zahlreichen Entwürfe zum Haupttext des N.A., die in MS 843 gesammelt sind, findet sich auch die folgende Reflexion über die Stellung der natürlichen Theologie (hier auf einer Manuskriptseite mit der Paginierung p. 8): „Doch was für ein Thema ist es, den ersten Satz der Natürlichen Theologie in abgekürzter Form denkenden Menschen vorzulegen! Sie ist verbraucht und abgedroschen durch die Reflexionen all derer, die sich selbst Theisten, Atheisten oder Agnostiker nennen. Weil Interesse die Vorbedingung für aktive Aufmerksamkeit ist, fürchte ich, daß mein Artikel nur von sehr wenigen kritisch gelesen werden wird."

4 Die Manuskriptvorlage (p. 4) hat an dieser Stelle das engl. Wort „any", doch eine kürzere Variante zu dieser Seite schreibt

„an omniscient being“ (was offenbar dem Text in CP 6.489 zugrundegelegt wurde).

[5] Im Original steht für „innere“ hier „visceral“, für „Sinnesempfindung“ bzw. „Empfindung“ steht „sensation“.

[6] Vgl. III.1, Anm. 1. – Zu diesem Abschnitt finden sich im Ms. Varianten (die zusätzlichen Seiten p. 4, 5, 6), die dann die Grundlage für CP 6.491 bilden (s. u. Anm. 15). Der hier unmittelbar folgende Text entspricht CP 6.490.

[7] Zur Stellung dieses Abschnitts im Zusammenhang vgl. B. L. Clarke (1977); zur Interpretation der Einzelschritte der folgenden Kosmologie vgl. H. Deuser (1993), Kap. 7/V.

[8] Vgl. III.6, Anm. 69, 71.

[9] Die Hg. der CP verweisen auf: *Philosophical Conceptions and Practical Results*, in: The University of California Chronicle (1898), 24 ff.; vgl. jetzt in: W. James (1978), 123 – 139. – Vgl. hierzu und im folgenden die analogen Formulierungen in III.6, Anm. 73.

[10] Vgl. III.6, Anm. 74.

[11] Vgl. III.6, Anm. 75.

[12] Im Original: „A disembodied spirit, or pure mind, has its being [. . .]“ – Die Unterscheidung von „spirit“ und „mind“ kann im Dt. nicht mitvollzogen werden.

[+13] Peirce hat in zwei Aufzeichnungen vom 28. u. 29. Aug. 1908, die sich in seinem Logik-Notizbuch, MS 339, finden, hierzu parallel seine Kosmologie erläutert. Unter der Überschrift „Hypothetische Kosmologie der beiden Welten, der hiesigen und der jenseitigen“ [the here and the hereafter] bzw. „Hypothetische Kosmologie der hiesigen und der jenseitigen Welt“ [of the Here and the Hereafter] heißt es dann: „Die Kosmologie oder die erklärenden Wissenschaften zeigen dann bezüglich der DREI UNIVERSEN zumindest auf plausible Weise, wie die DREI UNIVERSEN aus einem vorausgehenden Zustand hervorgegangen sind. Die Gegenstände dieser Wissenschaften sind aber genau die Phänomene, die uns allen vorliegen. Die Aufgabe der Kosmologie besteht deshalb darin zu zeigen, wie all die Phänomene aus einem Zustand, der durch ihr absolutes Fehlen charakterisiert ist, hervorgebracht wurden; und die Logik verlangt, daß dieses Problem gelöst werden muß. Doch sie muß einige Dinge in diesem vorausgehenden Zustand annehmen, und zwar die, die in jedem auch nur möglichen Zustand der Dinge REAL sein würden, das heißt, ein *Ens Necessarium.* Dann ist dieses Ens necessarium das PRINZIP aller Phänomene und muß der Urheber und Schöpfer von allem sein, was jemals an IDEEN, EREIGNISSEN oder LOGOI beobachtet werden könnte. Der Logik liegt nun die Annahme zugrunde, daß die Methode und Sequenz kreativer Akte, die alle Menschen nach hinreichender Beobachtung und Reflexion für vernünftig zu halten sich gezwungen sehen – daß dies die Sequenz wirklicher Schöpfung wäre. Denn was man gezwungen ist zu glauben, das hält man *ipso facto* für wahr. Solange wir aber den Stand des Geistes nicht erlangt haben, worin dieser Prozeß letztlich resultiert, müssen wir in dieser Sache so urteilen, wie wir das von den Anhaltspunkten her können, die uns zur Verfügung stehen." – Soweit die beiden letzte Absätze (mit der internen Paginierung 295r) der Aufzeichnung vom 28. Aug. 1908. In der folgenden Aufzeichnung vom 29. Aug. (interne Paginierung 296r) findet sich unter dem Konzept für einen geplanten § 7 dieser Kosmologie die folgende Notiz: „Obwohl das *Ens necessarium* – ich will nicht sagen mysteriös, denn es ist so weit wie möglich davon entfernt, ein Mysterium zu sein – für uns vollkommen unfaßbar ist, denn Er [ist] in erhabener Weise unendlich, während wir endlich sind, verlangt doch die Logik unerbittlich, eine Analogie anzunehmen – die für uns notwendigerweise vage bleibt – zwischen den Elementen unserer Vernunft und Ihm. Denn wäre sie nicht, wir könnten überhaupt nichts endecken."

[14] Peirce schreibt diesen hebr. Ausdruck aus Gen 1, 2: „tohu bohu". – Vgl. zum folgenden auch II.13, Anm. 25.

[15] Hier endet der Hauptteil des Ms. – Der folgende Abschnitt schließt eigentlich an eine vorausliegende Stelle an und gehört zu den Textvarianten (s. o. Anm. 6). In CP 6.491 ist entgegen dem Ms. der Textanfang verändert worden, um besser an CP 6.490 anzuschließen! Aus demselben Grund wurden gleich im folgenden ersten Satz in CP 6.491 die Worte „an dritter Stelle" ausgelassen.

[16] Die Hg. der CP verweisen hier zum Vergleich auf CP 6.418, s. o. II.2, Anm. 27, 28.

[17] Hier bricht die Übernahme des Ms. in CP 6.491 ab.

[18] Im Original: „divining"; vgl. zur „Divination" u. „divinatorischen Kraft" in III.6, Anm. 53, bzw. Abschnitt IV.

[19] Dieser Satz ist im Ms. gestrichen. Auch im folgenden Absatz sind einzelne Satzteile gestrichen, die allerdings nicht übersetzt werden müssen.

[20] Im Original hier und im folgenden: „belief".

8. [*Auszug aus:*] Zueignung an einen erträumten Feund

* Der Übersetzung liegt MS 842 zugrunde, eine eigenständige Variante des Gottesarguments von weit über hundert Ms.-Halbseiten: als ausführliche Diskussion der Schlußformen, vor allem der Induktion. Ein Teil davon, beginnend auf p. 44 des Ms., wurde in CP 2.755–772 (mit Auslassungen) publiziert. Im folgenden werden nur die charakteristischen Einleitungsabschnitte übersetzt – einschließlich der Analyse der ersten Schlußform, der „Retroduktion"; das entspricht den Manuskriptseiten pp. 1–29. – Das Ms. wird von Robin (1967) auf das Jahr 1905 datiert; dagegen spricht aber der deutliche Zusammenhang mit allen anderen Texten zum N.A., vor allem die Datierung der ersten Entwürfe in Peirce' Notizen aus dem Jahr 1908, vgl. III.5, Anm. *, u. +1.

1 Peirce schreibt hier und durchgehend in den beiden ersten Textabschnitten die im Engl. heute nicht mehr gebräuchlichen, z. B. der Bibelübersetzung (King James Version) entsprechenden älteren Formen des Personalpronomens „thou, thee, thine, thy" und auch dementsprechende Verbalformen, d. h. er wählt bewußt einen gehobenen, verfremdenden Sprachstil. Vgl. die in III.5, Anm. +1, zitierte Stelle aus MS 905 über die besondere Mitteilungsform, die sich von bloßer Informationsweitergabe unterscheidet.

2 Zu diesem Lebensabschnitt, der mit dem Umzug nach Milford, Pennsylvania, beginnt, vgl. J. Brent (1993), 185 ff. – Die Szene seines ersten Logik-Studiums hat Peirce mehrfach beschrieben, vgl. bei Brent (1993), 48; E. Walther (1989), 37. Es handelt sich um Richard Whately: *Elements of Logic*, London 1826.

3 Das Wort „Argument" fehlt hier offensichtlich zwischen p. 9 u. p. 10 des Ms.

4 Im Original: „contemplating in all sorts of elevated general ways the three worlds". – Vgl. Text III.6, Anm. +8, die „UNIVERSEN der Erfahrung".

5 Peirce nennt hier (gemessen an der Kategorienlehre, vgl. Anm. 4) zuerst das zweite Universum der Erfahrung, dann das dritte, zuletzt das erste.

+6 Zur Theodizee vgl. bereits in III.6, Anm. 62, u. vor allem

Theodizee

Text III.3, Anm. +15. – In MS 843 findet sich noch die folgende Parallelstelle: „Er [sc. der Mensch] stünde mit sich in Widerspruch, würde er wegen der Existenz des Bösen Klage führen, wenn klar ist, daß dies die präzise Definition des Bösen ist: ‚das, was die Menschen bekämpfen sollten'; folglich ist nichts böse, was Menschen nicht abwehren können [...]" (Ms.-Seite mit der Paginierung 33 [korrigiert aus 35]). – „Die Menschen können nicht vollständig einsehen, warum Gott uns Schmerzen zufügt; was sie aber einsehen können, ist dies, daß der Schmerz gleichbedeutend ist mit einem Instinkt, bestimmte Gefühle zu vermeiden, und daß seine Existenz mit der allgemeinen Idee des Universums wunderbar harmonisiert: daß dessen Ziele sich stufenweise entwickeln" (eine Ms.-Seite mit der Paginierung 35.6).

[7] Zu William Whewell vgl. II.4, Anm. 60.

[8] Im Original fälschlich: „Bernouilli's". – Daniel Bernoulli (1700–1782), schweizer. Mathematiker u. Physiker, Begründer der Hydrodynamik u. Gastheorie.

[9] Im Original: „elater"; vgl. OED, p. 840: von gr. ἐλατήρ, „the expansive or ‚elastic' property inherent in air or gases". – Robert Boyle (1627–1691), engl. Physiker u. Chemiker; vgl. E.J. Dijksterhuis (1956), 510–512.

[10] John Dalton (1766–1844), engl. Mathematiker, Physiker u. Chemiker; zur Atomtheorie vgl. A. Heller (1965), 556.

[11] Die Ms.-Seite p. 27 fehlt!

[12] Im Original: „theoretical science"; vgl. III.7, Anm. 16.

[13] Im Original: „‚concluding'".

[14] Im Original: „inference". – Vgl. im folgenden: III.6, Anm. 37.

[15] Im Original: „a concept of the mind's creating".

9. [*Briefauszug: An Lady Welby*]

* Für Peirce' letztes Lebensjahrzehnt ist der Briefwechsel mit Victoria Lady Welby (1837–1912) ein menschlich bewegendes und sachlich unersetzbares Dokument, denn für Peirce, ohne sie persönlich zu kennen, wird Lady Welby zur singulären Gesprächspartnerin im Blick auf die Grundlinien seiner Spätphilosophie; vgl. die Einl. zur Textedition der Briefe (SS, xv-xxxiv) v. Ch.S. Hardwick; ebenso E. Walther (1989), 307 f.; J. Brent (1993), 292, 295 f. – Der Briefwechsel beginnt 1903 und bezieht sich von da an auf die jeweiligen Arbeitsvorhaben und Publikationen, darunter auch Peirce' Gottesargument (N. A.; vgl. III.6, Anm. 12) – nach der Veröffentlichung im *Hibbert Journal* 1908. Im Brief vom 4. 12. 1908 stellt Lady Welby Fragen zum N. A., die sich vor allem auf Peirce' Begriff der „ROHEN WIRKLICHKEIT" der Tatsachen (vgl. III.6, Anm. +8, im Zusammenhang der Bestimmung der *Universen der Erfahrung*), auf die Überprüfung der Hypothese und schließlich seinen Begriff des religiösen Glaubens beziehen (SS, 63–66). Peirce antwortet in zwei ausführlichen Briefen vom 14.12. (SS, 66–72) u. 23. 12. 1908 (SS, 73–86; vgl. auch die Auszüge in: Peirce [1987], 43–45). Wie immer werden darin Fragen der Religionsphilosophie verknüpft mit bedeutungslogischen und semiotischen Themen; beide Briefe enthalten zudem bekannte Positionen, wie sie in Peirce' Texten zu einer wissenschaftlichen Religionsauffassung seit den 90er Jahren vertreten werden. Der erste Brief aber ist in seinen religionsphilosophischen Teilen als Kommentar zum N. A. zu lesen und wird deshalb der Übersetzung zugrunde gelegt; der zweite Brief, ein Summarium zu Peirce' Religionsauffassung, wird in wenigen Auszügen in den Anmerkungen dokumentiert.

[1] Peirce schreibt auch hier „Real" im Engl. mit großem Anfangsbuchstaben, vgl. III.6, Anm. 3.

[2] Der Hg. der SS verweist hierzu auf die Diskussion des Problems, die Peirce in Auseinandersetzung mit der Logik von Ernst Schröder vorgelegt hat, vgl. CP 3.446 (aus dem Jahr 1896).

+[3] Eine genauere Erläuterung zum Begriff *Glaube* findet sich dann im Brief vom 23.12. (vgl. SS, 74–76): „Nun will ich Ihnen von meiner Seite vortragen, wie *ich* die Bedeutung des Begriffs Glauben [faith] bestimmen würde. Der neutestamentliche Be-

Erläuterungen zum Begriff „Glauben"

griff ist πίστις, und dessen Grundbedeutung ist *Vertrauen*; d. h. Glaube [belief] an etwas nicht im Sinne eines Wissens oder der Annäherung an ein Wissen über den Inhalt des Glaubens, sondern ‚impliziter Glaube', wie die Katholiken sagen, d. h. ein Glaube an etwas aus der Überzeugung [belief] heraus, daß ein Zeuge, der uns etwas bestätigt, dies nicht tun würde, wenn es nicht so wäre. Daher benutzen die späten Autoren des klassischen Griechisch, wie Platon und Isokrates, und die frühen Autoren des allgemeinen Griechisch, wie Aristoteles, den Begriff für mittelbare Überzeugungen, jeden Glauben, der sich wohlbegründet auf einen anderen Glauben stützt. Das heißt, diese Autoren benutzten πίσ[τ]ις für eine verbürgte Überzeugung; und sie tun dies auch im Sinne einer *Versicherung* für eine Überzeugung. Doch der englische Begriff ‚faith' konnte dafür nicht verwendet werden, ohne dem Sprachgebrauch allzuviel Gewalt anzutun, wofür es überhaupt keinen Grund gibt. Ich denke, was das Wort zum Ausdruck bringen soll und worauf es eingeschränkt werden könnte, ohne den Sprachgebrauch zu sehr zu zwingen, das ist *der Glaube [belief], den der Gläubige selbst nicht erkennt,* oder besser (da dies nicht eigentlich Glauben genannt werden kann [)], der Glaube, nach dem er seine Lebensführung zu richten bereit ist, ohne zu erkennen, was es genau ist, wonach er sich richtet. Wenn ich zum Beispiel nicht weiß, was im Liddell & Scott als Bedeutung von πίστις steht, zugleich aber davon überzeugt bin, daß das, was auch immer dort als Bedeutung angegeben wird, die richtige ist, dann habe ich den *Glauben* [*faith*], daß es sich so verhält. Wenn mir jemand sagt: ‚Oh, ich kann einfach nicht glauben [believe], daß dies unser einziges Leben ist; denn täte ich es, ich würde mich so elend fühlen, daß ich unverzüglich Selbstmord beginge', so entgegne ich, daß er den *Glauben* [*Faith*] hat, die Lebensbedingungen seien für einen einzelnen Menschen nicht unerträglich schlecht oder dies zumindest nicht in *seinem* Fall. Jeder echte Wissenschaftler, d. h. jeder, der zu einer sozialen Gruppe gehört, deren Mitglieder alle gewöhnlichen Lebensantriebe zugunsten des Verlangens opfern, ihre Überzeugungen in einem Gegenstandsbereich mit verifizierten Wahrnehmungsurteilen, die mit ordnungsgemäßen Schlußfolgerungen verbunden sind, in Übereinstimmung zu bringen; ein solcher Wissenschaftler hat aus diesem Grunde wirklich den Glauben, daß das Universum durch Vernunft regiert wird, oder, mit anderen Worten: durch Gott; auch wenn er nicht ausdrücklich erkennt, daß er an Gott glaubt – er hat den Glauben an Gott, so wie ich den Terminus Glaube [Faith] benutze. Ich kannte zum Beispiel einen Wissenschaftler, der die letzten Jahre seines Lebens der Lektüre theologischer Literatur widmete in der Hoffnung, dadurch zum Glauben an Gott zu finden, der aber nicht im mindesten zu einem Bewußtsein gelangte, auch nur den geringsten Glauben dieser Art zu haben; und dennoch versuchte er mit aller Leidenschaft weiterhin, gerade mit den falschen Mitteln seinen größten Herzenswunsch zu erfüllen. Er war nach meiner Auffassung ein leuchtendes Beispiel für den Glauben an Gott. Denn bezüglich der Welt der Erscheinungen von schlußfolgerndem Denken überzeugt zu sein, heißt zu glauben, daß sie durch Vernunft regiert werden, und das heißt: von Gott. Das ist für mich ein hoher und heilsamer Glaube. Man ist oft in der Situation, daß man gezwungen ist, etwas anzunehmen, d. h. sich auf einen Satz [proposition] einzulassen, den man eigentlich als höchst zweifelhaft ansehen sollte. Um hier aber tatkräftig und ohne sich selbst zu widersprechen agieren zu können, muß man Zweifel in der Sache ganz unberücksichtigt lassen. Es ist ein gewaltiger Unterschied zwischen *dieser* Einstellung und der, einen solchen Satz für abgesichert zu halten. Letzteres bedeutet nur, sich mit der Eitelkeit vollkommenen Wissens aufzublasen, und das läßt keinen Raum für den Glauben [Faith]."

[+4] Hier endet der Brief vom 14.12. – Unter dem Datum vom 23. 12. 1908 findet sich neben den bekannten Hinweisen zum „odium theologicum" (SS, 76; vgl. vor allem auch II.9) dann noch die folgende Stelle: „Denn der Grund für meine Kritik an den Glaubensbekenntnissen besteht gerade darin, daß jedes von ihnen ursprünglich dazu entworfen wurde, eine solche Trennung herbeizuführen, und das im Gegensatz zu den Ideen dessen, der gesagt hat: ‚Wer nicht gegen mich ist, der ist für mich' [Peirce liest im Sinne von Mk 9, 40 bzw. Lk 9, 50b gegen den Wortlaut von Mt 12, 30]. Übrigens habe ich mit großer Sorgfalt das Buch von W. B. Smith, *Der vorchristliche Jesus*, gelesen und habe kaum Zweifel, daß es alles in allem zuverlässig ist. Ich denke, daß das Christentum wahrscheinlich eine Weiterentwicklung des Buddhismus war, modifiziert durch den jüdischen Glauben an einen lebendigen Gott." – William Benjamin Smith war Prof. für Mathematik und Philosophie in New Orleans, sein Buch: *Der vorchristliche*

Jesus nebst weiteren Vorstudien zur Entstehungsgeschichte des Urchristentums, erschien in dt. Übers. in Jena 1906. Smith' Thesen werden ausführlich dargestellt und forschungsgeschichtlich eingeordnet im hierzu einschlägigen Standardwerk von Albert Schweitzer: *Geschichte der Leben-Jesu-Forschung* (1906), Bd. 2 der Ausg. Hamburg 1972, 476 ff. – Peirce' (kritische und im theologiegeschichtlichen Sinne des Wortes *liberale*) Stellung zum dogmatischen Problem der Person Jesu wird sehr deutlich in zwei weiteren Dokumenten des Jahres 1908: Im Brief an Prof. Keyser vom 14. Mai (vgl. III.6, Anm. +31), p. 3/4, berichtet Peirce u. a. von zwei Buchprojekten, einem ersten zur Logik und einem zweiten zur Darstellung seiner Sicht „der Gesamtidee des Christentums, ausgenommen insofern es sich auf Jesus bezieht"; und in einem kurzen offenen Brief an den Hg. der Zeitschrift *The Open Court* (vgl. II.7, Anm. *), Paul Carus, schreibt Peirce: „Ich möchte Ihnen gegenüber zum Ausdruck bringen, daß ich Ihren Aufsatz über moderne Theologie im Aprilheft des *Open Court* mit voller Überzeugung für wirklich *großartig* halte. Ihre These, daß es einerseits eine Jesus-Legende gibt, die nach denselben Prinzipien zu bewerten ist wie jede andere, daß das Christentum aber im ganzen weder von dieser Art ist, noch sich zu einem erheblichen Grad von daher entwickelt hat, sondern eine schrittweise Evolution des Common Sense, die von einer Christus-Idee herkommt, darstellt – das scheint mir eine wirklich große und lebendige Wahrheit zu sein; und ich bin um so mehr bereit, sie zu akzeptieren, weil sie meiner inneren Überzeugung von der Wahrheit und Würde des Christentums entspricht. Damit rückt die für uns spezifische Religion unmittelbar an eine erhabene Stelle – indem sie in der Entwicklung der Menschlichen Vernunft gründet, auf die alle Wahrheit sich beziehen muß. Dies scheint mir eine großartige und wahrhaft schöne Idee zu sein, als deren Anhänger ich mich bekenne, wie wenig das auch bedeuten mag" (vgl. den Textabdruck in P 1178 vom Mai 1908).

10. Bedeutungslehre und Logik

* Der Übersetzung liegt MS 641 im Vergleich mit MS 642 zugrunde. Peirce hat das Ms. am 3. Nov. 1909 begonnen (die Seitenzählung ist jeweils mit Datum und Uhrzeit versehen). Im

Titel übernimmt Peirce den auf Lady Victoria Welby (1896) zurückgehenden Begriff „Significs" (Bedeutungslehre), vgl. OED, p. 2822: „A proposed science and educational method based upon the importance of realizing the exact significance of terms and conceptions, and their influence on thought and life." – Vgl. auch in der Einl. v. Ch. S. Hardwick zur Edition von SS, xix ff., u. III.9, Anm. *.

[1] Im Original hier (u. teilweise im folgenden): „Semeiotic".

[2] Wo im Dt. sonst nicht erkennbar, sollen auch hier die Wörter als ganze mit Großbuchstaben geschrieben werden, die Peirce definitorisch hervorgehoben sehen wollte, vgl. im folgenden seine eigene Fußnote a) u. ebenso in III.6, Anm. 3. – Das gilt hier auch für die Anrede des LESERS, vgl. zu Peirce' „mäeutischem" Vorgehen (in bezug auf Hörer und Leser) den Beginn von III.3!

[3] Zur Erläuterung dieses Zusammenhanges: Ein Argument besteht aus seinen Prämissen und der aus ihnen folgenden Konklusion. Dann gilt: (1) Ein solches – in Symbolen einer Logiksprache oder in Sätzen der Alltagssprache verlaufendes – Argument ist an „erster Stelle" im Blick auf seinen inneren Duktus zu betrachten, d.h. ausgehend von seinen Prämissen; sie bezeichnen jeweils, wofür sie *wahr* sind. (2) Aus den (wahren) Prämissen folgt ihre Konklusion, die folglich *bezeichnet* wird von der Wahrheit der Prämissen her, und das Argument ist nichts anderes als dieser zweite Vorgang, Wahrheit zu bezeichnen. (3) D.h. die Relation Zeichen – Bezeichnetes tritt hier so auf, daß die auf beiden Stufen bezeichnete Wahrheit dieselbe ist, nur daß die benutzten Zeichen (Prämissen, Konklusion, Argument) sich in jeweils eigener Perspektive darauf beziehen. – Vgl. zu den Grundbegriffen von Peirce' später Zeichentheorie bei H. Pape (1989), Kap. 10.

[+4] In einer ganzseitigen Variante von MS 641 (mit der Paginierung p. 2, d.h. zu beziehen auf die Fußnote a) – der Datierung nach bereits am 2. Nov. geschrieben, der Kontext zu dieser Seite aber fehlt – findet sich der folgende Text: „Die meisten der technischen Begriffe, die in diesem Beitrag definiert oder erklärt werden, sind hier in einem weiteren Sinne gebraucht, als das sonst üblich ist, oder sie bekommen eine etwas andere Bedeutung, oder es werden neue Begriffsanalysen oder Bedeutungsperspektiven vorgeschlagen. Damit der Leser dies in Erinnerung behält, sollen solche technischen Begriffe in diesem

Beitrag durchweg „großgeschrieben" werden, hier z. B. „ARGUMENT", „ZEICHEN", „KONKLUSION". Der Begriff ‚ARGUMENT' wird von den Logikern gewöhnlich in dreifachem Sinn benutzt, nämlich: 1. für die KOPULATIVE PRÄMISSE, d.h. für den kopulativen Satz, dessen Satzglieder so viele verschiedene PRÄMISSEN darstellen, daß sie eine KONKLUSION rechtfertigen; und im Falle einer komplizierteren Schlußfolgerung umfaßt das ‚ARGUMENT' die gesamte Verwendung der PRÄMISSEN, die zu solch einer Rechtfertigung beitragen, schließt aber nicht die KONKLUSION selbst mit ein; und eine hiervon abweichende Auffassung (die nach meiner Ansicht nicht empfehlenswert ist) besteht darin, alles als ein ARGUMENT zu betrachten, was als solches vorgebracht wird; 2. für ein ARGUMENT im ersten Sinne *plus* seine KONKLUSION; 3. für den Mittelbegriff [im Syllogismus] oder was dem nahekommt. Die dritte Begriffsbestimmung ist schwerlich die der englischen Tradition. Die erste empfiehlt sich am ehesten durch ihre allgemeine Verwendung; doch die zweite wird sich durchsetzen."

5 Vgl. Otto Apelt: *Beiträge zur Geschichte der griechischen Philosophie*, (Leipzig 1891) Nachdr. Aalen 1975.

6 Das engl. Wort „scientific" muß im folgenden manchmal mit „naturwissenschaftlich" übersetzt werden, um im Dt. den von Peirce gemeinten Akzent der modernen, induktiven, methodischen Wissenschaftseinstellung richtig zu treffen.

7 Peirce hatte hier zunächst „the Greeks" geschrieben und dann durch „the Constantinopolitans" ersetzt.

8 Vgl. III.2, Anm. 24.

9 Mit diesem Wort ist nachträglich der Name „Duns" überschrieben. – Vgl. zur Schule des *Scotismus* den Art. *Scotism*, in: EP 7, 344f.

10 Vgl. III.2, Anm. 21.

11 Vgl. III.6, Anm. +4.

12 Vgl. III.2, Anm. 4

13 Zur folgenden Fußnote (die in MS 641 auf einer späteren p. 9 vom 23. Nov. notiert wurde) vgl. die ausführlichere Textvariante zu Beginn von MS 642 u. wiederum III.2, Anm. 21, 22. – Vgl. Petrus Abaelardus: *Dialectica*, hg. v. L. M. de Rijk, Assen (1956), 1970, 166 („realiter"). Die genannte Fußnote bei Eucken findet sich im Kap. „Realismus – Idealismus" und lautet: „Realis finde ich zuerst in Abälard's Dialektik, realitas ist eine Schöpfung des Duns Scotus."

[14] Im Original: „„devotion"".

[15] Das Wortspiel im Engl. wird hier so wiedergegeben, daß das neutralere Wort „brothers" mit „Kollegen" übersetzt wird, um den religiösen Sinn des Wortes „Brüder" dann als Übersetzung von „brethren" erst zu verwenden.

[16] Vgl. W 2(48): 462–487; Peirce (1992a), 83–105; dt. (in Auszügen) in: Peirce (1976), 106 ff. Das folgende Zitat findet sich in W 2: 467; vgl. auch Text III.2, Anm. 27. – Die von Peirce selbst hier in MS 641 eingefügten Erläuterungen stehen in spitzen Klammern; der im Ms. vor Beginn des Zitats eingesetzte Nachweis „(p. 454)" bezieht sich auf die Originaledition, vgl. P 60, und ist in der Übersetzung ausgelassen.

[17] Vgl. W 2: 470. Der von Peirce auch hier gegebene Zitatnachweis „(p. 456 et seq.)", bezogen auf die Originaledition, ist in der Übersetzung ausgelassen.

[18] In der Zitatvorlage, vgl. W 2: 470; bzw. P 60, p. 456, steht auch an dieser Stelle (so wie im vorigen Halbsatz): „denken oder fühlen" [think or feel].

[19] Vgl. die in der Fußnote genannten Aufsätze aus den Jahren 1868/69 in W 2(21/22/23); entsprechend in: Peirce (1992a); dt. (nicht vollständig) in: Peirce (1976), 13–105. Die von Peirce im Ms. zu den Titeln beigefügten Seitenangaben zur Erstausgabe sind in der Übersetzung ausgelassen. – Der von Peirce verwendete Terminus *Noologie* geht auf J. Benthams Klassifikationen der Wissenschaften zurück, denen Peirce sich auch sonst terminologisch gern angeschlossen hat, und bezeichnet „the science of the understanding" (vgl. OED, p. 1941).

[20] Vgl. P 802 bzw. CP 8.132–156; vgl. dazu II.11, Anm. 20, u. III.1, Anm. 3.

[21] Peirce' verweist an dieser Stelle in Klammern auf p. 301 der Erstveröffentlichung, vgl. P 802. – Der Text ist nicht ganz exakt wiedergegeben und wird durch (hier in der Übers. in spitze Klammern gesetzte) Kommentierungen erweitert.

[22] Der letzte Satzteil lautet in MS 641, p. 16: „and acknowledge the inkstand to be an external object"; in der Vorlage dagegen (vgl. Anm. 21): „and admit the inkstand to the standing of an external object".

[23] Der letzte Satzteil lautet in MS 641, p. 17: „the inkstand there just the same"; dagegen in der Vorlage: „the inkstand still there, with the same...".

[24] Der letzte Satzteil lautet in MS 641, p. 17: „and having the same opaque stuff within"; dagegen in der Vorlage: „and with the same opaque liquid within".

[25] Im Original: „Actual Fact".

[26] Die folgenden beiden Abschnitte des Textes sind im Ms. mit „*Note*" eingeleitet und stehen im Original in eckigen Klammern. Zusätzlich findet sich die Randnotiz: „Dies ist keine Fußnote, sondern soll genauso wie der übrige Text gedruckt werden." – Die Klammern in der Klammer werden in der Übers. mit spitzen Klammern gekennzeichnet.

[27] Zu G. Berkeley vgl. II.14, Anm. 7.

[28] Zu den Begriffen der Wissenschaftsklassifikation vgl. den Art. *Phaneroskopie, Phaneron,* in: HWP 7, 460 f.; vgl. auch in Text III.3, Anm. 5; u. zum folgenden Begriff der *Noologie* oben Anm. 19. – Zu J. Bentham vgl. III.2, Anm. 23.

[29] Peirce hat sich an mehreren Stellen kritisch zum sogenannten *ontologischen Argument* geäußert, so in der VI. Lowell-Vorlesung von 1866, vgl. I.8, Anm. 8 ff.; vgl. auch III.3, Anm. +18.

[30] Im Original: „meditates".

[31] Im Original: „*Rational Compulsion*".

[32] Vgl. III.6.

[33] Die Übers. basiert auf der Konjektur „digression".

[34] Für „menschlichen GEIST" im Original: „Mind".

[35] Im Original: „Attribute of God". – Zum folgenden vgl. II.13, Anm. +22.

[36] Zur Kritik an Pearson s. o. Anm. 20.

[37] Im Original: „spirits" für „Geist"; „Minds" für „menschlicher GEIST". – Vgl. Berkeleys *Principles*, 1. Aufl. 1710; die dt. Ausg., *Eine Abhandlung über die Prinzipien der menschlichen Erkenntnis*, übers. v. F. Überweg (1869), neu hg. v. A. Klemmt, Hamburg 1979, enthält die Zusätze der 2. Aufl., vgl. zu § 89 a a. a. O. 75 f.

[38] Im Original: „Real".

[39] Konjektur: „ad[j]ective".

[40] Das Ms. besteht ab p. 24 aus Zusatzseiten, die Peirce gesondert numeriert (zur Seitenzahl 24 jeweils mit den Bruchzahlen 1/2 bis 25/26); s. u. Anm. 76.

[41] Im Original: „Indefinites".

[42] Im Original: „Future Contingents". – Vgl. zur Frage der contingentia futura den Art. *Kontingenz*, in: TRE 19, 544–559.

[43] Im Original: „may"; das bisherige „May-be" bzw. „May-

being" muß im Dt. ebenso wie das hier folgende „Can-be" mit „Sein-Können" übersetzt werden.

44 Im Original: „not-perform" u. „*cannot* perform".

45 Der folgende Abschnitt steht im Ms. in eckigen Klammern.

46 Zu Peirce' Beschäftigung mit Spiritualismus, Telepathie etc. vgl. II.3 u. II.7.

47 S. o. Anm. 44.

48 Im Original: „*Whatever-should-be*", „*Whensoever-should-there-be*"; „*would-be*", „*there-would-be*". – Im folgenden schreibt Peirce dann „Would-be", das im Dt. nicht analog zu „May-be" („Sein-Können"), sondern mit „Würde-Sein" übers. werden soll.

49 Im Original: „Modes of Being" u. „Modes of Meaning"; für „Meaning" ist zuvor (unvollständig) „Signifi" geschrieben – und dann gestrichen worden (eine Erinnerung an den Begriff „Significs" im Titel des Aufsatzes).

50 Im Original: „Named" für „BENANNT"; „Signifies" für „BEZEICHNET".

51 Im Original: „the May-being, the Actuality, or the Would-being"; für „Actuality" stand zuerst „Isness".

52 Im Original: „the Doctrine of Erkentnisslehre" [sic!].

53 Peirce schreibt in diesem Satz „Seite" selbst dt. – Gemeint ist KrV, A 80: die Kategorientafel, und darin besonders die drei Kategorien der Modalität (im Anschluß an die Urteilstafel in KrV, A 70).

54 Im Original (für „auf die Sinne bezogen"): „sensely" – ein offenbar von Peirce gebildetes Wort.

55 Im Original (für „tiefes Nachdenken"): „meditation".

56 Zu Peirce' Arbeiten für den *U. S. Coast Survey* und zu seinen Pendel-Experimenten in dieser Zeit vgl. die Einl. von M. Fisch zu W 3 u. von N. Houser zu W 4; zum Aufenthalt in Paris vgl. W 3: xxv; W 4: xxviii.

57 Vgl. hier und im folgenden wiederum W 4: xxviii.

58 Im Original dt.

59 Im Original: „Stuttgard".

60 Der Titel ist für die Übers. hervorgehoben.

61 Das Ms. wird hier gelesen als: „I am forced [to] confess".

62 Im Original: „Men of Science"; vgl. III.3, Anm. 11.

63 Vgl. zu dieser im folgenden besprochenen Arbeit die Einl. von N. Houser in W 4: xxxvi ff.; es handelt sich um Peirce' Zeit als Dozent für Logik an der Johns Hopkins University.

[64] Arthur Cayley (1821–1895), engl. Mathematiker u. Astrophysiker; vgl. W 4: xxxix, u. Peirce' Kommentierung in den einschlägigen Texten in W 4(39–47); vgl. auch in: Peirce (1992b), passim.

[65] Vgl. W 4(41): 321.

[66] James (nicht: Jacob, wie Peirce irrtümlich angibt) Joseph Sylvester lehrte Mathematik an Johns Hopkins, vgl. W 4: xxxviii ff.; zur im folgenden beschriebenen Auseinandersetzung zwischen Peirce und Sylvester vgl. W 4: lii ff.

[67] W 3(47); vgl. dazu W 3: 567!

[68] Zu p. 24 19/20 liegt im Ms. eine Variante vor, die nach Peirce' eigener Datierung (Stundenangaben auf den Ms.-Seiten) früher geschrieben und offensichtlich ersetzt wurde durch den jetzt fortlaufenden Text.

[69] Entsprechend dem Sinn des Satzes und aufgrund des Textvergleichs mit der in Anm. 68 genannten Variante ist hier die schließende Klammer eingefügt worden.

[70] Im Original: „a pound averdepois"; Handelsgewicht, 1 Pfund.

[71] Im Original (hier wie zuvor für „Charakter"): „characters".

[72] S. o. Anm. 41.

[73] Für „Bezeichnet" steht hier und unmittelbar zuvor im Engl.: „Denote(s)".

[74] Im Original (für EINIGE und EINE): „Some".

[75] Am Ende dieses Satzes ist offenbar das Wort „want" zu ergänzen, so daß gelesen werden kann: „when they [want]".

[76] Hier enden die Zusatzseiten (s. o. Anm. 40). Die im Ms. jetzt noch folgenden beiden Seiten, p. 25 u. 26 (geschrieben am 8. Nov. 1909), schließen aber nicht nahtlos an p. 24 (vor den Zusatzseiten, geschrieben am 7. Nov. 1909) an, sondern sachlich direkter an p. 23, nämlich an die Bemerkungen zu Berkeley, s. o. Anm. 37. – Zum Verweis auf J. Bentham, s. o. Anm. 28.

[77] In der Übers. v. F. Überweg, s. o. Anm. 37, a. a. O. 77. – Das dann folgende Zitat aus § 98 findet sich a. a. O. 80.

11. Logische Critique des religiösen Glaubens

* Peirce hat im Jahr 1911 in zahlreichen Entwürfen eine Abhandlung unter diesem und ähnlichen Titeln konzipiert, vgl. vor

allem MS 846 – 856. Die früheste Datierung ist offenbar die in MS 847: 23. Jan. 1911; Titel: „First Rough Draught of the Substance of A Logical Examination of the Christian Creed in Brief Summary“. Ab MS 849 (datiert auf den 9. Apr. 1911) steht im Titel statt „Christian Creed“ (dt.: christlicher Glaube bzw. Glaubensbekenntnis) „Religious Faith“, und so bis MS 855. – Der Übersetzung liegt der Text aus MS 856 zugrunde, weil hier die Verbindung von religiöser Fragestellung und logischer Kritik (im Sinne von Peirce' Klassifikation der Wissenschaften) noch am klarsten (wenn auch hier fragmentarisch) durchgeführt ist. MS 856 ist nicht von Beginn an datiert, auf einzelnen Seiten finden sich aber die Angaben: 5. bzw. 7. Apr. 1911. Die für die Übersetzung gewählte Gesamtüberschrift („Logical Critique of the Creed of Religion“) findet sich auf einem einzelnen Blatt zu Beginn von MS 856 und stellt wohl die allgemeinste Fassung all der Titelüberlegungen aus diesem Zeitraum und zu dieser Thematik dar. – Wie vor allem MS 851 u. 852 erkennen lassen, hatte Peirce ein zweiteiliges Werk geplant, in dem die Begründung der Religiosität mit den für Peirce' Gesamtwerk entscheidenden drei Grundformen des Schlußfolgerns verbunden werden sollte. Die Einführung in die religiöse Thematik wird auch betont mit einem biographischen, also ganz persönlichen Einstieg verknüpft (MS 847, 850, 851); meist bestehen die Entwürfe aber nur aus Übersichten bzw. den ersten Ausführungen zur Theorie des Schlußfolgerns, so vor allem in MS 846 (undatiert, abgedruckt in CP 7.97–109, gehört aber offensichtlich zu den Entwürfen aus dem Jahr 1911). Ebenfalls zu dieser Gruppe gehören Stücke aus MS 838 (p. 1: 10. Apr. 1911; p. 5: „Notes for Essay on The Justification of Reasoning“, 22. Feb. 1912), MS 677 („A Sketch of Logical Critic“ bzw. „Critics“, 29. Apr. 1911) und MS 514 (worin ein Blatt mit der Seitenzahl „1“ die Überschrift „A Logical Criticism of some Articles of Religious Belief“ trägt; andere Blätter gehören offenbar zur Thematik gemäß der Gliederung in MS 855 bzw. deren Entfaltung in MS 856 (dazu s. u.).

+1 Im Original hier: „A Logical Criticism of the Articles of Religious Belief.“ – Peirce hat in MS 848, p. 10 (im biographischen Zusammenhang seiner frühen Lektüre von Kants *Kritik der reinen Vernunft*) darauf hingewiesen, daß der Titel „Critik“ auch von Kant ursprünglich mit „C“ geschrieben worden sei und (wie im Englischen bei der Bezeichnung von Wissenschaftssparten üblich) ohne Artikel gebraucht werden sollte. Kritik („critic", „criticism") ist einerseits seit J. Locke eine Disziplin der Logik, andererseits im französischen Sprachgebrauch von „critique" als philologisch-literarische Kritik aufzufassen (vgl. Art. „Kritik", in: HWP 4). Während Peirce an dieser Stelle in MS 848 wie ebenfalls in MS 641 (s. o. III.10, Anm. d) auf die Tradition seit Locke hinweist, also in Bezug auf Kant die logische Disziplin der Kritik herausstellen will, zeigt der in MS 856 zu findende Gesamttitel „Logical Critique" bezüglich des religiösen Glaubens durchaus auch den anderen Aspekt von „Kritik"; und beidem gerecht zu werden war offenbar das Ziel aller Ms.-Entwürfe. – Das bestätigt die in MS 855 (eine Textseite) zu findende Gliederung, der MS 856 dann entspricht. MS 855 hat die Überschrift „Contents of Rough Draughts of Logical Critique of Religious Faith" und nennt die folgenden Paragraphen (zu § 2 u. § 3 hier in gekürzter Fassung):

„§ 1. Die Verachtung des religiösen Glaubens, wie sie in Kreisen von Wissenschaftlern zu finden ist (wenn auch zweifelhaft)."

„§ 2. Die Absicht dieses Werkes. Drei und nur drei wesentlich voneinander unterschiedene Arten des Schlußfolgerns."

„§ 3. Mein Thema ist Logische Kritik verbunden mit dem wirklichen Leben der Menschen."

+2 Eine konkretere Situationsbeschreibung dieser Art gibt Peirce in dem – nur aus dieser einen Seite bestehenden – MS 851 (vom 23. Apr. 1911), nämlich im Entwurf eines „Vorworts": „Der Verfasser dieses Textes ist ein Wissenschaftler. Er hat keine brillante Entdeckung gemacht, doch wird sich kaum jemand finden, der vom Geist der Wissenschaft vollkommener durchdrungen wäre, als er es von seiner Kindheit an gewesen ist. So beeindrukkend seine Kenntnisse sind, der Verfasser fürchtet, diese müssen seinen Lesern im selben Maße wissenschaftlich eng, pedantisch und hölzern vorkommen. Nun lassen sich wohl kaum zwei geistige Tendenzen denken, die so vollkommen im Gegensatz zueinander stehen, wie der Geist der Wissenschaft und der Geist der Religion. Das religiöse Leben beginnt im Gefühl; und dieses erste Gefühl wird eifersüchtig gehegt und gepflegt: ‚Behüte dein Herz mit allem Fleiß', damit es seinem ursprünglichen Ideal treu bleibe, wie es im Spruch des hebräischen Weisen heißt, ‚denn daraus geht das Leben' [Peirce zit. fast wortgetreu Sprüche/Proverbs 4, 23 in der King James Version]. Doch auch der Wissenschaftler muß ‚sein Herz hüten', aber der Zweck, zu dem er dies tut, ist dem des religiösen Eiferers diametral entgegengesetzt. Anstatt daß er Wache hält über das, was er in seiner unschuldigen Jugend gelernt hat, um es zu bewahren, muß der Wissenschaftler sich vor veralteten Wegen des Denkens hüten und sich bereithalten, all sein Wissen aus früheren Jahren über Bord zu werfen, sobald Raum für die Entwicklung von Vorstellungen verlangt wird, die neuen Entdeckungen entspringen. In einer derart persönlichen Angelegenheit wird es für mich unerträglich, weiter in der dritten Person zu sprechen. In dieser Hinsicht wird der Leser in mir einen passionierten Wissenschaftler entdecken; und die ersten Christen empfanden keinen gründlicheren Abscheu gegenüber der Unreinheit des Heidentums ihrer Kindheit als ich gegenüber Äußerungen, wie ich sie früher von der Kanzel über die ‚vollkommene Inspiration' der Bibel hörte, etc."

+3 In den biographischen Entwürfen hat Peirce diesen Aspekt noch deutlicher gemacht, so in MS 848 (auf einer mit p. 6 paginierten Seite). Im ausführlichen Bericht über Charaktereigenschaften seiner Vorfahren spricht er über Emotionalität und persönliche Wärme: „Ich muß gestehen, daß ich diese Emotionalität in einem übertriebenen Ausmaß geerbt habe, und damit gibt es natürlich eine Tendenz, die mich für eine kühle und unparteiische Beurteilung unserer Religion disqualifiziert. Doch ich werde mich darum bemühen, daß dieser Zug nicht die Erlaubnis erhält, mich bei dieser Untersuchung mehr zu beeinflussen, als es berechtigtermaßen der Fall sein sollte."

4 Im Original (p. 2): „truth-of-form of".

5 Im Ms., p. 3, ist hier für „a" ein „and" zu lesen.

6 Vgl. zum Begriffsgebrauch in III.6, Anm. 39.

7 Zu denken ist an die Harvard-Vorlesungen von 1865 und die Lowell-Vorlesungen von 1866 (und verwandte Texte aus dieser Zeit), vgl. W 1(27–40); W 1(41–51).

+8 Mit diesem Wort beginnt p. 5 von MS 856. Zuvor findet sich ein Blatt, auf dem Peirce seine Weise, die Seitenzahlen zu bezeichnen (mit verschiedenen Formen von Umfassungslinien), erläutert; gemeint sind offenbar die verschiedenen Stufen von Neufassungen derselben Gedankengänge oder alternativer Fortsetzungen in den Varianten des Ms. In diesem Fall ist es so, daß der zunächst weitergeführte Text auf p. 6 mit dem angekündigten

§ 3 beginnt und auf den pp. 6–12 (wobei von p. 8 drei Fassungen vorliegen) die Diskussion sehr bald zu einer Einführung in Peirce' Logik der *Existentiellen Graphen* übergeht. Dieser Zusammenhang der Themen Religion, Schlußlogik, Semiotik und Existentielle Graphen ist in Peirce' späten Manuskripten ständig zu finden, so in diesem Zusammenhang auch in MS 514. Peirce' Alpha-, Beta- und Gamma-Graphen sollen dabei die Aussagen-, Prädikaten- und Modallogik ersetzen können, vgl. dazu Einführung (v. H. Pape) und Texte, in: Peirce (1990), 53 ff. u. 392 ff.; K. L. Ketner: *Elements of Logic* (1990 a). – Im folgenden wird der Übers. die zweite Forts. in MS 856 zugrundegelegt, d. h. die alternativen Seiten beginnend mit p. 5 bis zum Abbruch des Ms. auf p. 19. In den darauf noch folgenden Textvarianten von MS 856 finden sich erneut zwei weitere Forts., jeweils pp. 5–10 (wiederum mit einzelnen Varianten): Im zweiten Fall handelt es sich um eine Forts. der Diskussion der Existentiellen Graphen, im ersten Fall um eine Diskussion der Wahrscheinlichkeitstheorie im Blick auf Deduktion und Induktion. Diese schließt (fragmentarisch) mit einer Bemerkung zu *Leibniz*, einem Beispiel dafür, wie Peirce' Logik der Schlußformen und sein Prinzip der Forschung „in the long run" (vgl. hier p. 7) immer auch auf seine Theorie des Unendlichen bezogen ist; auf p. 9 f. heißt es: „(Leibniz' Lehre des Unendlichen, die in einigen alten Textbüchern zum [Infinitesimal-]Kalkül noch gelehrt wird, ist unlogisch und falsch. Die wahre Lehrauffassung ist die folgende: Die kleinste *Menge* oder Größe einer *Sammlung* [collection], die größer ist als jede endliche Sammlung, kann ‚die abzählbare [denumeral] Menge' genannt und mit ∞ bezeichnet werden. Dann gilt, wenn F eine endliche Menge ist, $F + \infty = \infty$, $F \times \infty = \infty$, $\infty \div F = \infty$ und $\infty^F = \infty$. Aber $2^\infty = \infty^\infty > \infty$ und $2^{(2^\infty)} > 2^\infty$ und so weiter ad *infinitum*. 2^∞ ist die Menge aller möglichen irrationalen Werte, während die Menge der ‚algebraischen Zahlen' oder möglichen Wurzeln aus algebraischen Gleichungen nur ∞ ist. Ich glaube, ich war der erste, der bewiesen hat, daß $2^\infty > \infty$ und daß in der Tat $2^x > x$, wenn x ein unendlicher Wert ist (so wie $x = 2^\infty$). Ich werde unten diesen Beweis als Illustration einer Deduktion vorlegen." – Zum Zusammenhang dieses mathematischen Beispiels mit Peirce' Theorie des Kontinuums bzw. seiner Lehre des *Synechismus* vgl. M. Raposa (1989), 43 f. – Eine weitere, wesentlich kürzere und fragmentarische Variante von 4 Seiten (pp. 5–7, p. 7 zweifach) findet sich in

MS 514. Dort ist erkennbar, an welcher Stelle Peirce mit § 3 des Gesamtentwurfs beginnt (s.u. Anm. 11), während in MS 856 die Paragraphengliederung an dieser Stelle fehlt.

9 Peirce' generelle These der nicht weiter reduzierbaren Dreistelligkeit bzw. der Reduzierbarkeit aller höherwertigen Relationen auf die Zahl drei (vgl. II.4!) dürfte inzwischen durch die Arbeit von R. W. Burch (1991) bestätigt sein.

10 Zu Peirce' Auseinandersetzung mit G. Cantors Mengenlehre und Begriff des Unendlichen vgl. in: Peirce (1992b), 45f., 78, 158.

11 Der Zusatz „§ 3" wird an dieser Stelle aus der Parallelfassung in MS 514 übernommen, s.o. Anm. 8.

12 „Schluß" – im Original dt. – Peirce schreibt Begriffe wie „Reasoning" oder „Impression" häufig mit großen Anfangsbuchstaben (ohne daß die Übers. dies hier kenntlich macht); vgl. zur Begründung dieser Eigentümlichkeit in III.6, Anm. 3, u. III.10, Anm. 2.

13 „Fach" – im Original dt.

14 Im Original (für „Akt" und „Handlung"): „act".

15 J. Peter G. Lejeune-Dirichlet (1805–1859), dt. Mathematiker dt.-belgischer Abstammung; bedeutende Arbeiten zur Zahlentheorie und mathematischen Physik. – Karl Th. W. Weierstraß (1815–1897), dt. Mathematiker; prägend für die moderne Funktionentheorie.

16 Im Original: „penny dolls and testaments".

17 Die Anführungszeichen zur Abgrenzung der Zwischenbemerkung fehlen im Ms. p. 10, und ebenfalls am Ende dieses Satzes der direkten Rede.

+18 Wie sehr sich Peirce' Auffassung der Vernunft (Reason) von der des hier fiktiv eingeführten Fragestellers unterscheidet, zeigt sehr schön eine Stelle in MS 514, pp. 46–48, aus einem der Textzusammenhänge zur Begründung der Existentiellen Graphen: „Diese rätselhafte Sache, die wir Vernunft nennen, die, ohne Druck auszuüben, Wahrheit und Gerechtigkeit herbeiführt, die mächtigsten aller Kräfte in einer Welt von [Konjektur: „of" für „a"] wilden und habgierigen Menschen, diese Vernunft wirkt allein durch Zeichen: gesprochen, geschrieben, ‚gezeichnet' oder vorgestellt. Was all unsere wunderbaren Maschinen möglich gemacht hat: die drahtlose Telegraphie, das Telephon, das Grammophon und tausend andere Wunder, das ist der Differentialkalkül, durch den Wissenschaftler gelernt haben, wie Experimente von Bedeutung anzulegen sind. Woraus besteht dieser ‚Differentialkalkül'? Es handelt sich um ein System von *Zeichen*, von dem großen Philosophen Leibniz erfunden, obwohl Sir Isaac Newton unabhängig davon etwas ähnliches entwickelt hat; und andere Mathematiker, so der scharfsinnige Denker Fermat, haben dazu beigetragen [Pierre de Fermat (1601–1665)]. Was die Vernunft für sich selbst ist – ob sie irgendetwas ganz aus sich selbst heraus ist, darüber können wir nichts sagen. Sie ist rätselhaft. Sie ist das, was dem Leben des Menschen seinen Wert verleiht und ihm zur Selbstkontrolle verhilft. Sie wirkt durch Worte und andere Zeichen. Napoleon Bonaparte sitzt auf seinem Pferd, beobachtet eine große Schlacht und denkt ‚für sich selbst' darüber nach. Ein Offizier reitet heran und flüstert ihm etwas ins Ohr. Worum handelt es sich? Nur leichte Vibrationen und Erschütterungen teilen sich der Luft aus der Kehle des Offiziers mit, zu kraftlos, um eine Fliege zu stören, und erreichen Napoleons Ohr. Dieser nimmt einen Block heraus, macht einige Notizen auf ein Blatt und reicht es einer Ordonnanz. Welches Ergebnis können diese Kleinigkeiten hervorbringen? Die Konsequenz ist, daß jetzt Tausende sterbend auf dem Schlachtfeld liegen und daß am nächsten Tag eine machtvolle Regierung und das von ihr regierte Volk in tiefster Verzweiflung in die Knie gezwungen werden. Wie konnten jene kraftlosen Luftwellen derartiges bewirken? Sie wurden bewegt von jener rätselhaften Sache, die wir Vernunft nennen, die offenbar nur als *Kommunikation* auftritt und darin ihr Wesen hat. Im Buch Genesis heißt es, ‚Gott *sprach*: Es werde Licht!', und es ward Licht. Zu wem oder zu was sprach Gott so? Die ganze Sache ist rätselhaft. Natürlich ist nicht gemeint, daß Gott auf Englisch oder Hebräisch oder überhaupt mit Hilfe von Vibrationen der Luft gesprochen hätte. Doch scheint es allerdings so gemeint zu sein, daß in einer besonderen Art von Kommunikation, und ohne daß eine rohe Kraft einwirkte, vielleicht die Macht der Überredung verborgen liegt, die es sogar vermag, einen solchen Segen für die Welt wie das Licht zu erschaffen."

19 Im Original: „impulses and habits".

20 Zur *vis viva* vgl. II.4, Anm. 48.

21 Zu diesem Absatz, p. 14, findet sich in den Varianten am Ende von MS 856 noch eine ausführlichere Fassung (pp. 15–18),

in der die folgenden Beispiele breiter diskutiert werden. Die Übers. folgt dem Haupttext bis zum Ende dieser Fassung auf p. 19.

[22] Vgl. III.6, Anm. 37.

[23] Im Ms., p. 15, ist hier – aufgrund von anderen Korrekturen im Satz – noch das Wort „what" zu streichen.

+24 Dasselbe Beispiel hat Peirce bereits in MS 882 und MS 881 notiert. Zwar steht MS 882 sachlich im Zusammenhang mit MS 881 („Telepathie", 1903), vgl. den Abdruck in CP 7.597 ff. (vgl. II.3, Anm. 2), stammt aber nicht aus derselben Zeit. Die Hg. der CP datieren MS 882 auf das Jahr 1895, vgl. die kurzen Auszüge in CP 7.597, Anm. 3, u. die Erwähnung von Chladni in CP 7.598 (aus MS 881). – Das Exempel jenes „Bischofs der englischen Kirche" findet sich in MS 882 auf einer mit p. 17 numerierten Seite, und am Fuß dieser Seite ist die Erläuterung hinzugefügt: „Es war der Akustiker Chladni, der 1794 damit begann, den himmlischen Ursprung dieser Steine zu predigen. Seine vollständige Geschichte zu diesem Gegenstand wurde 1819 veröffentlicht. Die Wahrheit hatte sich seit 1804 durchgesetzt." – Ernst F. F. Chladni (1756–1827), dt. Naturwissenschaftler (vgl. A. Heller [1965], 532 ff.); das von Peirce genannte Buch hatte den Titel *Ueber Feuermeteore und die mit denselben herabgefallenen Massen*, Wien 1819.

[25] Zu Augustus De Morgan vgl. II.2, Anm. 10.

[26] Vgl. zu dieser Frage II.14, hier bes. Anm. 10.

[27] Im Original: „the course of nature".

[28] Gemeint ist der *Tychismus*, vgl. II.2, Anm. 12; II.5, Anm. 30; II.10; zum theologischen Zusammenhang vgl. vor allem II.13, Anm. +22.

BIBLIOGRAPHIE ZUR FORSCHUNGSLITERATUR

Im allgemeinen werden Textnachweise und Zitate in der heute üblichen Weise (Name des Autors/Herausgebers, Jahreszahl der Veröffentlichung, evtl. Bandzahl, Seitenzahl) belegt. Zu besonderen Abkürzungen im Rahmen der Textedition vgl. die Einleitung, Abschn. 5.

A. Bibliographien

Ketner, Kenneth L. (Hg.) (1986): A Comprehensive Bibliography of the Published Works of Charles Sanders Peirce with a Bibliography of Secondary Studies, Bowling Green (Ohio), 2. Aufl.

Kloesel, Christian W. (1982): Bibliography of Charles S. Peirce 1976 through 1980, in: The Monist 65, 246–277.

Ueding, Wolfgang M. (1983): A German Supplement to the Peirce Bibliographies, 1877–1981, in: American Journal of Semiotics 2, 209–224.

Walther, Elisabeth (1987): Eine Ergänzung zu den bisher veröffentlichten Peirce-Bibliographien, in: Semiosis 48, 36–58.

B. Hilfsmittel

Becker, Oskar (1964): Grundlagen der Mathematik in geschichtlicher Entwicklung, Freiburg, 2. Aufl.

Channing, Edward (1977): History of the United States, vol. 1: The Planting of a Nation in the New World, 1000–1660, New York (1905, 1933), reprint.

Deissler, A./Vögtle, A. (Hg.) (1980): Neue Jerusalemer Bibel. Einheitsübersetzung mit dem Kommentar der Jerusalemer Bibel, Freiburg i.Br.

Dijksterhuis, E. J. (1956): Die Mechanisierung des Weltbildes, aus d. Holländ. übers. v. Habicht, H., Berlin.

Dronke, Peter (Hg.) (1988): A History of Twelfth-Century Western Philosophy, Cambridge.

Grabmann, Martin (1957): Die Geschichte der scholastischen Methode. Nach gedruckten und ungedruckten Quellen. Bd. 2: Die scholastische Methode im 12. und beginnenden 13. Jahrhundert, Graz (Nachdr. d. Ausg. Freiburg i.Br. 1911).

Härle, Wilfried (1987): Systematische Philosophie. Eine Einführung für Theologiestudenten, München, 2. Aufl.

Heller, August (1965): Geschichte der Physik von Aristoteles bis auf die neueste Zeit, Bd. 2, Wiesbaden (Neudr. d. Ausg. Stuttgart 1882).

Prantl, Carl (1955): Geschichte der Logik im Abendlande, Bd. 1–4, Graz (Nachdr. d. Ausg. Leipzig 1855–70).

Quine, Willard v. Orman (1974): Grundzüge der Logik, Frankfurt am Main.

The Holy Bible. Authorized King James Version, Oxford.

Vries, Josef de (1983): Grundbegriffe der Scholastik, Darmstadt, 2. Aufl.

C. Abgekürzt zitierte Werke

Zitiert wird in der Regel nach Abkürzung, (evtl.) Band- u. Seitenzahl.

BSLK Die Bekenntnisschriften der evangelisch-lutherischen Kirche, Göttingen 1982, 9. Aufl.

CCSL Corpus Christianorum. Series Latina. Turnholt 1954 ff.

DLB Dictionary of Literary Biography, Bd. 11/1, hg. v. Trachtenberg, S., Detroit (Michigan) 1982.

DMS Dictionary of Mathematical Sciences, hg. v. Herland, L., New York 1965.

DNB The Dictionary of National Biography, Bd. 1–22, hg. v. Stephen, L./Lee, S., London 1973 ff. (Nachdr. d. Ausg. 1885 ff.).

EAI The Encyclopedia Americana. International Edition, Bd. 1-30, hg. v. Cane, B. S. u. a., Danbury (Connecticut) 1983.

EB Encyclopædia Britannica, Bd. 1–24, hg. v. Ashmore, H. S. u. a., Chicago 1962.

EKL Evangelisches Kirchenlexikon. Internationale theolo-

	gische Enzyklopädie, Bd. 1–3, hg. v. Fahlbusch, E., Göttingen 1986 ff., 3. Aufl.
EM	Encyclopaedia of Mathematics, Bd. 1 ff., Dordrecht 1988 ff.
EP	Encyclopedia of Philosophy, Bd. 1–8 (in 4), hg. v. Edwards, P., New York 1972.
HWP	Historisches Wörterbuch der Philosophie, Bd. 1 ff., hg. v. Ritter, J./Gründer, K., Basel 1971 ff.
LM	Lexikon bedeutender Mathematiker, hg. v. Gottwald, S. u. a., Frankfurt am Main 1990.
LPW	Lexikon der philosophischen Werke, hg. v. Volpi, F./Nida-Rümelin, J., Stuttgart 1988.
MW	Mathematisches Wörterbuch, Bd. 1 u. 2, hg. v. Naas, J./Schmid, H. L., Berlin 1974 (Nachdr. d. 3. Aufl.).
OED	The Compact Edition of the Oxford English Dictionary. Complete Text Reproduced Micrographically, Bd. 1–3, hg. v. Burchfield, R., Oxford 1987 (zitiert wird nach den durchlaufenden Seitenzahlen dieser Ausg.).
RGG	Die Religion in Geschichte und Gegenwart, Bd. 1–6 (u. Reg.), hg. v. Galling, K., Tübingen 1957 ff., 3. Aufl.
TPS	Transactions of the Charles S. Peirce Society: A Quarterly Journal in American Philosophy, 1965 ff.
TRE	Theologische Realenzyklopädie, Bd. 1 ff., hg. v. Krause, G./Müller, G., Berlin 1977 ff.
WA.DB	Die Deutsche Bibel, Bd. 1–12. In: D. Martin Luthers Werke. Kritische Gesamtausgabe, 4. Reihe, Weimar 1906–61.

D. Forschungsliteratur

Alexander, Gary (1987): The Hypothesized God of C. S. Peirce and William James, in: Journal of Religion 67, 304–321.

Almeder, Robert F. (1980): The Philosophy of Charles S. Peirce: A Critical Introduction, Totowa (New Jersey).

Almeder, Robert F. (1985): Peirce's Thirteen Theories of Truth, in: TPS 21, 77–94.

Altshuler, Bruce (1982): Peirce's Theory of Truth and the Revolt Against Realism, in: TPS 18, 34–56.

Anderson, Douglas R. (1986): The Evolutions of Peirce's Concept of Abduction, in: TPS 22, 145–164.

Anderson, Douglas R. (1987): Creativity and the Philosophy of C.S. Peirce, Dordrecht.

Anderson, Douglas R. (1989): An American Argument for Belief in the Reality of God, in: International Journal for the Philosophy of Religion 26, 109–118.

Anderson, Douglas R. (1990): Three Appeals in Peirce's Neglected Argument, in: TPS 26, 349–362.

Anderson, Douglas R. (1992): Realism and Idealism in Peirce's Cosmogony, in: International Philosophical Quarterly 32, 185–192.

Apel, Karl-Otto (1975): Der Denkweg von Charles S. Peirce. Eine Einführung in den amerikanischen Pragmatismus, Frankfurt am Main.

Apel, Karl-Otto (1976): Von Kant zu Peirce/Szientismus oder transzendentale Hermeneutik?, in: Ders., Transformation der Philosophie, Bd. 2: Das Apriori der Kommunikationsgemeinschaft, Frankfurt am Main, 157–219.

Appleby, Peter C. (1963): A Critical Study of Ch. S. Peirce's Philosophical Theology, Ph. D., Austin (Texas).

Arroyabe, Estanislao (1982): Peirce. Eine Einführung in sein Denken, Königstein.

Ayim, Maryann (1974): Retroduction: The Rational Instinct, in: TPS 10, 34–43.

Ayim, Maryann (1976): The Marriage and Divorce of Science and Religion in Ch. S. Peirce's Philosophy, in: Philosophy in the Life of a Nation (Bicentennial Symposium of Philosophy), New York, 217–223.

Bastian, Ralph J. (1953): The ‚Scholastic' Realism of Ch. S. Peirce, in: Philosophy and Phenomenological Research 14, 246–249.

Beckmann, Jan P. (1978): Realismus und Pragmatismus: Zum Möglichkeitsbegriff bei Duns Scotus und Peirce, in: Bérubé, C. (Hg.), Regnum Hominis et Regnum Dei. Acta Quarti Congressus Scotistici Internationalis, Bd. 1, Rom, 333–345.

Bernstein, Richard J. (Hg.) (1965): Perspectives of Peirce, New Haven (Connecticut).

Bishop, Donald H. (1981): Peirce and Eastern Thought, in: Ketner, K. L. u. a. (Hg.), Proceedings of the C. S. Peirce Bicentennial International Congress, Lubbock (Texas), 265–270.

Boler, John F. (1963): Charles Peirce and Scholastic Realism. A Study of Peirce's Relation to Duns Scotus, Seattle.

Bosco, Nynfa (1964): Peirce and Metaphysics, in: Moore, E. C./Robin, R. S. (Hg.), Studies in the Philosophy of Ch. S. Peirce, Second Series, Cambridge (Massachusetts), 345–357.

Brent, Joseph (1993): Charles Sanders Peirce. A Life, Bloomington (Indiana).

Britton, Karl (1938): Introduction to the Metaphysics and Theology of Ch. S. Peirce, in: Ethics 49, 435–465.

Brunning, Jacqueline (1993): Charles S. Peirce on Time, in: Borsche, T. u. a. (Hg.), Zeit und Zeichen. Schriften der Académie du Midi, Bd. 1, München, 69–77.

Burch, Robert W. (1991): A Peircean Reduction Thesis. The Foundations of Topological Logic, Lubbock (Texas).

Burhenn, Herbert (1980): Functionalism and the Explanation of Religion, in: Journal for the Scientific Study of Religion 19, 350–360.

Burks, Arthur W. (1941): The logical foundations of the philosophy of Ch. S. Peirce, Ph. D., Ann Arbor (Michigan).

Burks, Arthur W. (1949): Icon, Index, and Symbol, in: Philosophy and Phenomenological Research 9, 673–689.

Burrell, David B. (1968): Knowing as a Passionate and Personal Quest: C. S. Peirce, in: Novak, M. (Hg.), American Philosophy and the Future. Essays for a New Generation, New York, 107–137.

Carus, Paul (1893): The Founder of Tychism, in: The Monist 3, 571–622.

Caspar, Ruth (1980): The „Neglected Argument" Revisited: From C. S. Peirce to Peter Berger, in: The Thomist 44, 94–116.

Clarke, Bowman L. (1974): The Argument from Design – A Piece of Abductive Reasoning, in: International Journal for Philosophy of Religion 5, 65–78.

Clarke, Bowman L. (1977): Peirce's Neglected Argument, in: TPS 13, 277–287.

Claussen, Regina/Daube-Schackat, Roland (Hg.) (1988): Gedankenzeichen. Festschrift für Klaus Oehler zum 60. Geburtstag, Tübingen.

Clayton, John (1984): Art. Gottesbeweise II (Mittelalter) und III (Systematisch/Religionsphilosophisch), in: TRE 13, 724–784.

Colapietro, Vincent M. (1987): Toward a Truly General Theory of Signs, in: TPS 23, 205–234.

Colapietro, Vincent M. (1989): Peirce's Approach to the Self. A Semiotic Perspective on Human Subjectivity, New York.

Comstock, W. Richard (1981): A Behavioral Approach to the Sacred: Category Formation in Religious Studies, in: The Journal of the American Academy of Religion 49, 625–669.

Conkin, Paul K. (1968): Puritans and Pragmatists: Eight Eminent American Thinkers, New York.

Corrington, Robert S. (1987): The Community of Interpreters. On the Hermeneutics of Nature and the Bible in the American Philosophical Tradition, Macon (Georgia).

Dalferth, Ingolf U. (1984): Existenz Gottes und christlicher Glaube. Skizzen zu einer eschatologischen Ontologie, München.

Dalferth, Ingolf (1989): Art. Glaube, in: EKL 2, 193–202.

Daube-Schackat, Roland (1985): Schleiermachers Divinationstheorem und Peirce's Theorie der Abduktion, in: Selge, K. V. (Hg.), Internationaler Schleiermacher Kongress Berlin 1984, Bd. 1, Berlin, 263–278.

Daube-Schackat, Roland (1987): Zur Anwendung der Peirceschen Zeichentheorie auf Grundprobleme der Hermeneutik, Diss., Hamburg.

De Marco, Josef P. (1972): God, Religion and Community in the Philosophy of Charles Sanders Peirce, in: The Modern Schoolman 49, 331–347.

De Marco, Josef P. (1971): Peirce's Concept of Community: Its Development and Change, in: TPS 7, 24–36.

Dettloff, Werner (1982): Art. Duns Scotus, in: TRE 9, 218–231.

Deuser, Hermann (1987): Gottes Handeln – Rechtfertigung, Versöhnung und Erlösung, in: Härle, W./Preul, R. (Hg.), Marburger Jahrbuch Theologie I: Handeln Gottes, Marburg, 33–55.

Deuser, Hermann (1989): Art. Phaneroskopie, Phaneron, in: HWP 7, 460 f.

Deuser, Hermann (1991): Das Selbst als Inkarnation von Selbstanwendung, in: Kienzle, B. /Pape, H. (Hg.), Dimensionen des Selbst, Frankfurt am Main, 443–450.

Deuser, Hermann (1992 a): Christliche Religion – Zeichen unter Zeichen?, in: Engemann, W./Volp, R. (Hg.), Gib mir ein Zeichen. Zur Bedeutung der Semiotik für theologische Praxis- und Denkmodelle, Berlin, 31–43.

Deuser, Hermann (1992b): Humes pragmatistisches Argument für die Realität Gottes, in: Müller, W. E./Schulz, H. H. R. (Hg.), Theologie und Aufklärung, Festschrift für G. Hornig, Würzburg, 228–241.

Deuser, Hermann (1993): Gott: Geist und Natur. Theologische Konsequenzen aus Charles S. Peirce' Religionsphilosophie, Berlin.

Deuser, Hermann (1993a): Gotteserfahrung und Existenzkategorie, in: Held, K./Hennigfeld, J. (Hg.), Kategorien der Existenz, Festschrift für W. Janke, Würzburg, 493–503.

Deuser, Hermann (1994): Die phänomenologischen Grundlagen der Trinität, in: Härle, W./Preul, R. (Hg.), Marburger Jahrbuch Theologie VI: Phänomenologie, Marburg, 45–67.

Deuser, Hermann (1995): Zeichenkonzeptionen in der Religion vom 19. Jahrhundert bis auf die Gegenwart, in: Posner, R. u. a. (Hg.), Semiotik. Ein Handbuch der zeichentheoretischen Grundlagen von Natur und Kultur, Berlin.

Eco, Umberto/Sebeok, Thomas A. (Hg.) (1985): Der Zirkel oder Im Zeichen der Drei. Dupin, Holmes, Peirce, München.

Eco, Umberto (1987): Semiotik. Entwurf einer Theorie der Zeichen, München.

Esposito, Joseph L. (1979a): The Development of Peirce's Categories, in: TPS 15, 51–60.

Esposito, Joseph L. (1979b): On the Origins and Foundations of Peirce's Semiotic, in: Brock, J. E. u. a. (Hg.), Studies in Peirce's Semiotic. A Symposium by Members of the Institute for Studies in Pragmaticism, Lubbock (Texas), 19–24.

Esposito, Joseph L. (1980): Evolutionary Metaphysics: The Development of Peirce's Theory of Categories, Athens (Ohio).

Fairbanks, Michael (1962): A Note Concerning Peirce's Debt to Hegel, in: New Scholasticism 36, 219–224.

Fann, Kuang T. (1970): Peirce's Theory of Abduction, Den Haag.

Farley, Edward (1989): Theologia. The Fragmentation and Unity of Theological Education, Philadelphia.

Feibleman, James K. (1945): Peirce's Use of Kant, in: Journal of Philosophy 42, 365–377.

Feibleman, James K. (1946): The Revival of Realism, Chapel Hill (North Carolina).

Feibleman, James K. (1970): An Introduction to the Philosophy of Ch. S. Peirce. Interpreted as a System, Cambridge (Massachusetts).

Fisch, Max H. (1971): Peirce's Arisbe: Greek Influence in his later Philosophy, in: TPS 7, 187–210.

Fisch, Max H. (1986): Peirce, Semeiotic, and Pragmatism: Essays by Max H. Fisch, hg. v. Ketner, K. L./Kloesel, Ch., Bloomington (Indiana).

Fitzgerald, John J. (1966): Peirce's Theory of Signs as Foundation for Pragmatism, Paris.

Fitzgerald, John J. (1976): Ambiguity in Peirce's Theory of Signs, in: TPS 12, 127–134.

Flower, Elisabeth/Murphey, Murray G. (1977): A History of Philosophy in America, Bd. 1 u. 2, New York.

Freeman, Eugene (1934): The Categories of Ch. S. Peirce, Chicago.

Freeman, Eugene (Hg.) (1983): The Relevance of Charles Peirce, La Salle (Illinois).

Gallie, Walter B. (1947): The Metaphysics of C. S. Peirce, in: Proceedings of the Aristotelian Society 47, 27–62.

Goodwin, Robert P. (1961): Ch. S. Peirce: A Modern Scotist?, in: New Scholasticism 35, 478–509.

Goudge, Thomas A. (1947): The Conflict of Naturalism and Transcendentalism in Peirce, in: Journal of Philosophy 44, 365–375.

Goudge, Thomas A. (1950): The Thought of C. S. Peirce, Toronto (Canada).

Greenlee, Douglas (1976): Peirce's Concept of Sign: Further Reflections, in: TPS 12, 135–147.

Grünewald, Marc (1992): Art. Realismus, II.4. Ch. S. Peirce, in: HWP 8, 161 f.

Grünewald, Marc (1994): Charles S. Peirce's semiotischer Realismus, in: Härle, W./Preul, R. (Hg.), Marburger Jahrbuch Theologie VI: Phänomenologie, Marburg, 101–141.

Gullvåg, Ingemund (1981): Wittgenstein and Peirce, in: Johannessen, K. S./Nordenstam, T. (Hg.), Wittgenstein – Ästhetik und transzendentale Philosophie. Akten eines Symposiums in Bergen (Norwegen) 1980, Wien, 70–85.

Haas, William P. (1964): The Conception of Law and the Unity of Peirce's Philosophy, Fribourg.

Harrison, Stanley M. (1979): Charles S. Peirce: Reflections on Being a Man-Sign, in: Proceedings of the American Catholic Philosophical Association 53, 98–106.

Hartshorne, Charles (1941 a): Charles Sanders Peirce's Metaphysics of Evolution, in: New England Quarterly 14, 49–63.

Hartshorne, Charles (1941 b): A Critique of Peirce's Idea of God, in: Philosophical Revue 50, 516–523.

Hartshorne, Charles (1949): Chance, Love and Incompatibility, in: The Philosophical Review 58, 429–450.

Hartshorne, Charles (1952): The Relativity of Nonrelativity: Some Reflections on Firstness, in: Wiener, Ph. P./Young, F. H. (Hg.), Studies in the Philosophy of Ch. S. Peirce, Cambridge (Massachusetts), 215–224.

Hartshorne, Charles (1964): Charles Peirce's „One Contribution to Philosophy" and his Most Serious Mistake, in: Moore, Edward C./Robin, Richard S. (Hg.): Studies in the Philosophy of Charles Sanders Peirce, Second Series, Amherst (Massachusetts), 455–474.

Harvey, Austin (1967): Die Gottesfrage in der amerikanischen Theologie der Gegenwart, in: ZThK 64, 325–356.

Hausman, Carl R. (1974): Eros and Agape in Creative Evolution: A Peircean Insight, in: Process Studies 4, 11–25.

Hausman, Carl R. (1979): Value and the Peircean Categories, in: TPS 15, 203–223.

Hausman, Carl R. (1987): Metaphorical Reference and Peirce's Dynamical Object, in: TPS 23, 381–409.

Hausman, Carl R. (1993): Charles S. Peirce's Evolutionary Philosophy, Cambridge.

Herms, Eilert (1974): Metaphysik und Christentumstheorie. Beobachtungen und Erwägungen zu Josiah Royces „religiöser Philosophie" und Fundamentaltheologie, in: ZThK 71, 410–455.

Herms, Eilert (1991): William James, in: Speck, J. (Hg.), Grundprobleme der großen Philosophen: Philosophie der Neuzeit, Bd. 5, Göttingen, 68–114.

Honnefelder, Ludger (1978): Zum Begriff der Realität bei Scotus und Peirce, in: Bérubé, C. (Hg.), Regnum Hominis et Regnum Dei. Acta Quarti Congressus Scotistici Internationalis, Bd. 1, Rom, 324–332.

Honnefelder, Ludger (1982): Art. Duns Scotus/Scotismus II: Die

Rezeption des scotischen Denkens im 20. Jh., in: TRE 9, 232–240.

Honnefelder, Ludger (1990): Scientia transcendens. Die formale Bestimmung der Seiendheit und Realität in der Metaphysik des Mittelalters und der Neuzeit (Duns Scotus – Suárez – Wolff – Kant – Peirce), Hamburg.

Hookway, Christopher (1985): Peirce, London.

Houser, Nathan (1987): Peirce's Early Work on the Algebra of Logic: Remarks on Zenon's Account, in: TPS 23, 425–440.

Johnson, Henry C., Jr. (1992): Charles Sanders Peirce and the Book of Common Prayer: Elocution and the Feigning of Piety, unveröffentl. Ms.

Johnson, Paul E. (1941): The Inductive Approach to God, in: Journal of Philosophy 38, 375–382.

Jones, Royce (1976): Is Peirce's Theory of Instinct Consistently Non Cartesian?, in: TPS 12, 348–366.

Kane, Robert/Phillips, Stephen H. (1989): Hartshorne, Process Philosophy, and Theology, New York.

Kemp-Pritchard, Ilona (1978): Peirce on Individuation, in: TPS 14, 83–100.

Kemp-Pritchard, Ilona (1981): Peirce on Philosophical Hope and Logical Sentiment, in: Philosophy and Phenomenological Research 42, 75–90.

Kempski, Jürgen v. (1951): Ch. S. Peirce und die Apagoge des Aristoteles, in: Menne, A. u. a. (Hg.), Kontrolliertes Denken. Untersuchungen zum Logik-Kalkül und zur Logik der Einzelwissenschaften. Festschrift zum 60. Geburtstag von Wilhelm Britzelmayer, Freiburg, 56–64.

Kempski, Jürgen v. (1952): Ch. S. Peirce und der Pragmatismus, Stuttgart (Neuaufl. 1992).

Kent, Beverly E. (1977): Objective Logic in Peirce's Thought, in: TPS 13, 142–146.

Kent, Beverly E. (1987): Charles S. Peirce. Logic and the Classification of the Sciences, Kingston.

Ketner, Kenneth L. (Hg.) (1981 a): Proceedings of the C. S. Peirce Bicentennial International Congress 23, Lubbock (Texas).

Ketner, Kenneth L. (1981 b): The Best Example of Semiosis and its Use in Teaching Semiotics, in: American Journal of Semiotics 1, 47–83.

Ketner, Kenneth L. (1986): Peirce's „Most Lucid and Interesting

Paper". An Introduction to Cenopythagoreanism, in: International Philosophical Quarterly 26, 375–392.
Ketner, Kenneth L. (1987): Identifying Peirce's „Most Lucid and Interesting Paper", in: TPS 23, 539–555.
Ketner, Kenneth L. (1988): The Importance of Religion for Peirce, in: Claussen, R./Daube-Schackat, R. (Hg.), Gedankenzeichen. Festschrift für Klaus Oehler zum 60. Geburtstag, Tübingen, 267–271.
Ketner, Kenneth L. (1990 a): Elements of Logic. An Introduction to Peirce's Existential Graphs, Lubbock (Texas).
Ketner, Kenneth L. (1990 b): Peirce's Sentimental Conservatism, unveröffentl. Ms., Lubbock (Texas).
Klawitter, Jörg (1984): Charles Sanders Peirce: Realität, Wahrheit, Gott: Einblicke in Leben und Werk des Begründers des Pragmatismus, Würzburg.
Klein, J. (1960 a): Art. Universalienstreit des MA, in: RGG 6, 1151–1157.
Klein, J. (1960 b): Art. Nominalismus, in: RGG 4, 1505–1508.
Kluxen, Wolfgang (1978): Die Originalität der skotischen Metaphysik. Eine typologische Betrachtung, in: Bérubé, C. (Hg.), Regnum Hominis et Regnum Dei. Acta Quarti Congressus Scotistici Internationalis, Bd. 1, Rom, 303–313.
Kolenda, K. (1980): Peirce on Person and Community, in: Rice University Studies in Philosophy 66, 15–32.
Krausser, Peter (1960): Die drei fundamentalen Strukturkategorien bei Charles S. Peirce, in: Philosophia Naturalis 6, 3–31.
Krolikowski, Walter P. (1964): The Peircean Vir, in: Moore, E. C./ Robin, R.S. (Hg.), Studies in the Philosophy of Charles Sanders Peirce, Second Series, Cambridge (Massachusetts), 257–270.
Kuklick, Bruce (1977): The Rise of American Philosophy. Cambridge, Massachusetts, 1860 – 1930, New Haven (Connecticut).
Kuklick, Bruce (1985): Churchmen and Philosophers. From Jonathan Edwards to John Dewey, New Haven (Connecticut).
Leonard, Henry S. (1937): The Pragmatism and Scientific Metaphysics of C. S. Peirce, in: Philosophy of Science 4, 109–121.
Lovejoy, Arthur O. (1946): Notes and Documents. A Note of Peirce's Evolutionism, in: Journal of the History of Ideas 8, 351–354.

Lowe, Victor (1964): Peirce and Whitehead as Metaphysicians, in: Moore, E. C./Robin, R. S. (Hg.), Studies in the Philosophy of Charles Sanders Peirce, Second Series, Cambridge (Massachusetts), 430–454.

Madden, Edward H. (1956): Chance and Counterfacts in Wright and Peirce, in: Review of Metaphysics 9, 420–432.

Madden, Edward H. (1961): Chauncey Wright and the Foundations of Pragmatism: Peirce, James, and Dewey, New York.

Mahowald, Mary B. (1976): Peirce's Conception of God and Religion, in: TPS 12, 367–377.

Mahowald, Mary B. (1985): Review of Donna M. Orange: Peirce's Conception of God, in: TPS 21, 430–434.

Martin, Richard M. (1979): On the Logic of Idealism and Peirce's Neglected Argument, in: Idealistic Studies 9, 22–32.

McCabe, Russell T. (1973): The Origin and Role of the Categories in Experience and Inquiry. A Comparison of the Theories of Kant and Peirce, Ph. D., Chapel Hill (North Carolina).

McCarthy, Jeremiah E. (1984): Semiotic Idealism, in: TPS 20, 394–434.

McKeon, Charles K. (1952): Peirce's Scotistic Realism, in: Wiener, Ph. P./Young, F. H., Studies in the Philosophy of Charles Sanders Peirce, Cambridge (Massachusetts), 238–250.

Melvil, Yuri K. (1966): The Conflict of Science and Religion in Charles Peirce's Philosophy, in: TPS 2, 33–50.

Meyers, Robert G. (1985): Peirce's Doubts About Idealism, in: TPS 21, 223–239.

Michael, Fred (1988): Two Forms of Scholastic Realism in Peirce's Philosophy, in: TPS 24, 317–348.

Moore, Edward C. (1952): The Scholastic Realism of C. S. Peirce, in: Philosophy and Phenomenological Research 12, 406–417.

Moore, Edward C./Robin, Richard S. (Hg.) (1964): Studies in the Philosophy of Charles Sanders Peirce, Second Series, Amherst (Massachusetts).

Moore, Edward C./Robin, Richard S. (Hg.) (1994): From Time and Chance to Consciousness. Studies in the Metaphysics of Charles Peirce. Papers from the Sesquicentennial Harvard Congress, Oxford.

Moore, George E. (1968): On the World as General, in: TPS 4, 90–100.

Moore, George E. (1981): On an Alleged Incompatibility between Peirce's Metaphysics and His Pragmatism, in: Ketner, Kenneth L. (Hg.), Proceedings of the C. S. Peirce Bicentennial International Congress 23, Lubbock (Texas), 169–178.
Moxter, Michael: Über das Traditionelle in der Kategorienlehre des Charles S. Peirce. Bemerkungen zu ihrer Rezeption bei K.-O. Apel, in: Koch, D./Bort, K. (Hg.), Kategorie und Kategorialität. Historisch-systematische Untersuchungen zum Begriff der Kategorie im philosophischen Denken. Festschrift für Klaus Hartmann, Würzburg, 227–249.
Murphey, Murray G. (1961): The Development of Peirce's Philosophy, Cambridge (Massachusetts) (Neuaufl. 1993).
Murphey, Murray G. (1965): On Peirce's Metaphysics, in: TPS 1, 12–25.
Murphey, Murray G. (1967): Art. Peirce, Charles Sanders, in: EP 6, 70–78.
Muses, Charles A. (1950): Centrality in the Ethics of Peirce, in: Personalist 31, 289–303.
Nadin, Milhai (1980): The Logic of Vagueness and the Category of Synechism, in: The Monist 63, 351–363.
Nagel, Ernest (1933): Charles Peirce's Guesses at the Riddle, in: Journal of Philosophy 19, 365–386.
Nagy, Paul J. (1976): Pragmatism and American Pietism, in: TPS 12, 166–181.
Nauta, Doede Jr. (1981): Peirce's Three Categories Regained Toward an Interdisciplinary Reconstruction of Peircean Frame Work, in: Ketner, K. L. u. a. (Hg.), Proceedings of the C. S. Peirce Bicentennial International Congress, Lubbock (Texas), 121–126.
Nesher, Dan (1981): Peirce on Realism, Reality, and Existence, in: Ketner, K. L. u. a. (Hg.), Proceedings of the C. S. Peirce Bicentennial International Congress, Lubbock (Texas), 247–250.
Neville, Robert C. (1980): Creativity and God. A Challenge to Process Theology, New York (Neuaufl. 1992).
Neville, Robert C. (1988): The Depths of God, in: Journal of the American Academy of Religion 56, 1–24.
Neville, Robert C. (1989): Recovery of the Measure, Interpretation and Nature, Albany (New York).
Neville, Robert C. (1992): The Highroad around Modernism, Albany (New York).

O'Connor, Daniel D. (1964): Peirce's Debt to F.E. Abbot, in: Journal of the History of Ideas 25, 534–564.

Ochs, Peter W. (1979): Charles Peirce's Metaphysical Conviction, Ph.D., New Haven (Connecticut).

Ochs, Peter (1985): Torah, Language, and Philosophy: A Jewish Critique, in: International Journal for Philosophy of Religion 18, 115–122.

Ochs, Peter (1988): Charles Peirce's Unpragmatic Christianity: A Rabbinic Appraisal, in: American Journal of Philosophy and Theology 9, 41–73.

Oehler, Klaus (Hg.) (1984): Aristoteles: Kategorien, Berlin (Aristoteles. Werke in dt. Übers. 1/I).

Oehler, Klaus (1993): Charles Sanders Peirce, München.

Oehler, Klaus (1995): Sachen und Zeichen. Zur Philosophie des Pragmatismus, Frankfurt am Main.

Oliver, W. Donald (1964): The Final Cause and Agapasm in Peirce's Philosophy, in: Moore, Edward C./Robin, Richard S. (Hg.), Studies in the Philosophy of Charles Sanders Peirce, Second Series, Cambridge (Massachusetts), 289–303.

Orange, Donna M. (1983): Peirce's Falsifiable Theism, in: American Journal of Semiotics 2, 121–127.

Orange, Donna M. (1984): Peirce's Conception of God. A Developmental Study, Lubbock (Texas).

Pape, Helmut (1978): Zeichen und Existenz: Ein ontologisches Problem der Peirceschen Zeichentheorie und Metaphysik, in: Lange-Seidel, A. (Hg.), Zeichenkonstitution. Akten des 2. semiotischen Kolloquiums, Bd. 1, Regensburg, 139–145.

Pape, Helmut (1989): Erfahrung und Wirklichkeit als Zeichenprozeß. Charles S. Peirce Entwurf einer spekulativen Grammatik des Seins, Frankfurt am Main.

Pape, Helmut (1993): Charles S. Peirce über Zeit und Zufall, in: Borsche, T. u.a. (Hg.), Zeit und Zeichen. Schriften der Académie du Midi, Bd. 1, München, 47–67.

Parker, Kelly (1990): C.S. Peirce and the Philosophy of Religion, in: The Southern Journal of Philosophy 28, 193–213.

Pfeifer, David E. (1979): Peirce's Application of Semiotic to God, in: Brock, J.E. u.a. (Hg.), Studies in Peirce's Semiotic. A Symposium by Members of the Institute for Studies in Pragmaticism, Lubbock (Texas), 89–100.

Pfeifer, David E. (1981): Charles Peirce's Contribution to Religious Thought, in: Ketner, K. L. u. a. (Hg.), Proceedings of the C. S. Peirce Bicentennial International Congress, Lubbock (Texas), 367–375.

Pinborg, J. (1972): Logik und Semantik im Mittelalter. Ein Überblick, Stuttgart.

Potter, Vincent G. (1967): Charles Sanders Peirce on Norms and Ideals, Amherst (Massachusetts).

Potter, Vincent G. (1973): 'Vaguely like a Man': The Theism of Charles S. Peirce, in: Roth, R. J. (Hg.), God Knowable and Unknowable, New York, 241–254.

Potter, Vincent G. (1976): C. S. Peirce's Argument for God's Reality: A Pragmatist's View, in: Armanti, J. (Hg.), Essays in Honor of Joseph Papin, Villanova, 224–244.

Potter, Vincent G./Shields, P. B. (1977): Peirce's Definitions of Continuity, in: TPS 13, 20–34.

Potter, Vincent G./Shields, Paul B. (1981): Peirce on Continuity, in: Ketner, K. L. u. a. (Hg.), Proceedings of the C. S. Peirce Bicentennial International Congress, Lubbock (Texas), 135–139.

Potter, Vincent G. (1988 a): Charles S. Peirce: Action Through Thought – The Ethics of Experience, in: Ders. (Hg.), Doctrine and Experience, New York, 87–103.

Potter, Vincent G. (1988 b): The Recovery of Religious Experience, in: Versus 49, 81–89.

Proudfoot, Wayne (1985): Religious Experience, Berkeley (California).

Ransdell, Joseph M. (1976): Another Interpretation of Peirce's Semiotic, in: TPS 12, 97–110.

Raposa, Michael L. (1984 a): Art, Religion and Musement, in: The Journal of Aesthetics and Art Criticism 42, 427–437.

Raposa, Michael L. (1984 b): Habits and Essences, in: TPS 20, 147–167.

Raposa, Michael L. (1985): Boredom and the Religious Imagination, in: Journal of the American Academy of Religion 53, 75–91.

Raposa, Michael L. (1986): Review of Orange's „Peirce's Conception of God“, in: The New Scholasticism 60, 235–238.

Raposa, Michael L. (1987): Peirce's Theological Semiotic, in: The Journal of Religion 67, 493–509.

Raposa, Michael L. (1989): Peirce's Philosophy of Religion, Lubbock (Texas).

Ratschow, Carl-Heinz (1968): Gott existiert. Eine dogmatische Studie, Berlin, 2. Aufl.

Reese, William L. (1952): Philosophic Realism: A Study in the Modality of Being in Peirce and Whitehead, in: Wiener, Ph. P./ Young, F. H. (Hg.), Studies in the Philosophy of Charles Sanders Peirce, Cambridge (Massachusetts), 225–237.

Reese, William L. (1960/61): Peirce on Abstraction, in: Revue of Metaphysics 4, 704–713.

Rescher, Nicholas (1978): Peirce's Philosophy of Science, London.

Riemer, Ines (1988): Konzeption und Begründung der Induktion. Eine Untersuchung zur Methodologie von Charles S. Peirce, Würzburg.

Ritschl, Dietrich (1971): Die Wissenschaftsproblematik der Theologie in der amerikanischen Diskussion, ein Überblick, in: Sauter, G. (Hg.), Theologie als Wissenschaft, München, 294–324.

Roberts, Don D. (1970): On Peirce's Realism, in: TPS 6, 67–83.

Roberts, Don D. (1978): An Introduction to Peirce's Proof of Pragmaticism, in: TPS 14, 120–131.

Roberts, Don D. (1981): Peirce's Proof of Pragmatism and His Existential Graphs, in: Ketner, K. L. u. a. (Hg.), Proceedings of the C. S. Peirce Bicentennial International Congress, Lubbock (Texas), 301–306.

Rodgers, William J. (1978): Ch. S. Peirce Theistic Metaphysics, Ph. D., New York.

Rohatyn, Dennis (1982): Resurrecting Peirce's „Neglected Argument" for God, in: TPS 18, 66–74.

Rohatyn, Dennis (1983): Peirce and the Defense of Realism: The Unfolding of Pragmatic Logic, in: TPS 19, 45–61.

Rosensohn, William L. (1974): The Phenomenology of Charles S. Peirce. From the Doctrine of Categories to Phaneroscopy, Amsterdam.

Rosenthal, Sandra B. (1968): The Would-be Present of C. S. Peirce, in: TPS 4, 155–163.

Rosenthal, Sandra B. (1981): C. S. Peirce: Pragmatism, Semiotic Structure, and Lived Perceptual Experience, in: Ketner, K. L. u. a. (Hg.), Proceedings of the C. S. Peirce Bicentennial International Congress, Lubbock (Texas), 147–153.

Rosenthal, Sandra B. (1992): Art. Peirce, Charles Sanders

(1839–1914), in: Becker, L.C./Becker, C.B. (Hg.), Encyclopedia of Ethics, Bd. 2, Chicago 1992, 944–946.

Savan, David (1952): On the Origins of Peirce's Phenomenology, in: Wiener, Ph.P./Young, F.H. (Hg.), Studies in the Philosophy of Charles Sanders Peirce, Cambridge (Massachusetts), 185–194.

Savan, David (1965): Decision and Knowledge in Peirce's Philosophy, TPS 1, 35–51.

Scherer, Bernd M. (1984): Prolegomena zu einer einheitlichen Zeichentheorie. Ch.S. Peirce Einbettung der Semiotik in die Pragmatik, Tübingen.

Schneider, H.J. (1984): Art. Nominalismus, in: HWP 6, 874–888.

Schneider, Herbert W. (1957): Geschichte der amerikanischen Philosophie, Hamburg.

Schoenenberg, Michael (1980): Die Entwicklung der Fundamental-Kategorien von Charles S. Peirce. Eine historisch-systematische Darstellung, Diss., Stuttgart.

Schönrich, Gerhard (1991): Schellings Metaphysik in der Naturphilosophie von Peirce, in: Allgemeine Zeitschrift für Philosophie 16, 1–22.

Schulz, Lorenz (1988): Das rechtliche Moment der pragmatischen Philosophie von Charles Sanders Peirce, Ebelsbach.

Schulz, Lorenz (1990): Die Religionsphilosophie von Charles Sanders Peirce. Eine Skizze, in: Testimonianza Religiosa E Forme Espressive 2, Perugia, 273–334.

Schulz, Lorenz (1991): By Their Fruits You Shall Know Them: Eschatological and Legal Elements in Peirce's Philosophy, in: Kevelson, R. (Hg.), Peirce and Law, New York, 131–151.

Sebeok, Thomas A. (1981): The Play of Musement, Bloomington (Indiana).

Segal, Robert A. (1980): The Social Sciences and the Truth of Religious Belief, in: The Journal of the American Academy of Religion 48, 403–413.

Short, Thomas L. (1981 a): Semeiosis and Intentionality, in: TPS 17, 197–223.

Short, Thomas L. (1981 b): Peirce's Concept of Final Causation, in: TPS 17, 369–382.

Skagestad, Peter (1979): C.S. Peirce on Biological Evolution and Scientific Progress, in: Synthese 41, 85–114.

Skagestad, Peter (1981): The Road of Inquiry: Charles Peirce's Pragmatic Realism, New York.
Smith, John E. (1952): Religion and Theology in Peirce, in: Wiener, Ph. P./Young, F. H. (Hg.), Studies in the Philosophy of Charles Sanders Peirce, Cambridge (Massachusetts), 251–267.
Smith, John E. (1978): Purpose and Thought: The Meaning of Pragmatism, New Haven.
Smith, John E. (1979): Peirce's Religious Metaphysics, in: International Philosophical Quarterly 19, 407–425.
Smith, John E. (1981): The Tension Between Direct Experience and Argument in Religion, in: Religious Studies 17, 487–497.
Spiegelberg, Herbert (1956): Husserl's and Peirce's Phenomenologies: Coincidence or Interaction, in: Philosophy and Phenomenological Research 17, 164–185.
Stegmüller, Wolfgang (1974): Glauben, Wissen und Erkennen, in: Ders., Glauben, Wissen und Erkennen. Das Universalienproblem einst und jetzt, Darmstadt, 3. Aufl., 1–47.
Taylor, Elisabeth (1986): Peirce and Swedenborg, in: Studia Swedenborgiana 6, 25–51.
Thagard, Paul G. (1977): The Unity of Peirce's Theory of Hypothesis, in: TPS 13, 112–121.
Thompson, Manley H. (1964 a): The Paradox of Peirce's Realism, in: Moore, E. C./Robin, R. S. (Hg.), Studies in the Philosophy of Charles Sanders Peirce, Second Series, Cambridge (Massachusetts), 133–142.
Thompson, Manley H. (1964 b): Peirce's Experimental Proof of Scholastic Realism, in: Moore, E. C./Robin, R. S. (Hg.), Studies in the Philosophy of Charles Sanders Peirce, Second Series, Cambridge (Massachusetts), 414–429.
Trammel, Richard L. (1971): Ch. S. Peirce's Understanding of Religion, Ph. D., New York.
Trammel, Richard L. (1972): Religion, Instinct and Reason in the Thought of Ch. S. Peirce, in: TPS 8, 3–25.
Trammel, Richard L. (1973): Charles Sanders Peirce and Henry James the Elder, in: TPS 9, 202–220.
Turley, Peter T. (1975): Peirce's Cosmic „Sheriff", in: Journal of the History of Ideas 4, 717–721.
Turley, Peter T. (1977): Peirce's Cosmology, New York.

Tursman, Richard (1987): Peirce's Theory of Scientific Discovery. A System of Logic Conceived as Semiotic, Bloomington (Indiana).

Ueding, Wolfgang M. (1981): Die Abduktion bei Charles Sanders Peirce. Historische und systematische Untersuchungen zur dritten Schlußart, Mag. (masch.schr.), Münster.

Vaught, Carl G. (1986): Semiotics and the Problem of Analogy: A Critique of Peirce's Theory of Categories, in: TPS 22, 311–326.

Walther, Elisabeth (1962): Die Begründung der Zeichentheorie bei Ch. S. Peirce, in: Grundlagenstudien aus Kybernetik und Geisteswissenschaft 3, 33–44.

Walther, Elisabeth (1989): Charles Sanders Peirce. Leben und Werk, Baden-Baden.

Wartenberg, Gerd (1971): Logischer Sozialismus. Die Transformation der Kantschen Transzendentalphilosophie durch Ch. S. Peirce, Frankfurt am Main.

West, Cornel (1989): The American Evasion of Philosophy. A Genealogy of Pragmatism, Basingstoke (New Hampshire).

Wiener, Philip P. (1949): Evolution and the Founders of Pragmatism, Cambridge.

Wiener, Philip P./Young, Frederic H. (Hg.) (1952): Studies in the Philosophy of Charles Sanders Peirce, Cambridge (Massachusetts).

Wilson, Daniel J. (1990): Science, Community, and the Transformation of American Philosophy, 1860 – 1930, Chicago.

Wohlgemuth, Rolf (1993): Charles S. Peirce. Zur Begründung einer Metaphysik der Evolution, Frankfurt am Main.

Wolde, Ellen J. van (1989): A Semiotic Analysis of Genesis 2–3. A Semiotic Theory and Method of Analysis Applied to the Story of the Garden of Eden, Assen/Maastricht.

Wolter, Alan B. (1977): An Oxford Dialogue on Language and Metaphysics, in: The Review of Metaphysics 31, 615–648; 32, 323–348.

Zeman, J. Jay (1964): The Graphical Logic of C. S. Peirce, Ph. D., Chicago.

Zeman, J. Jay (1986): Peirce's Graphs – the Continuity Interpretation, in: TPS 4, 144–154.

REGISTER*

Sachen

* Die folgenden Register wurden erstellt in Zusammenarbeit mit Ulrich Lincoln, Gesche Linde, Martin Schmuck und Anita Seebach. Kursiv gesetzte Seitenzahlen verweisen auf die Anmerkungen.

Personen*

* Nur in den Anmerkungen genannte Hg.- und Übers.-Namen wurden nicht in das Register aufgenommen.

Bibelstellen